走遍全球 GLOBE-TROTTER TRAVEL

中美洲

危地马拉　哥斯达黎加

伯利兹　萨尔瓦多　洪都拉斯　尼加拉瓜　巴拿马

Central America

日本《走遍全球》编辑室　编著

中国旅游出版社

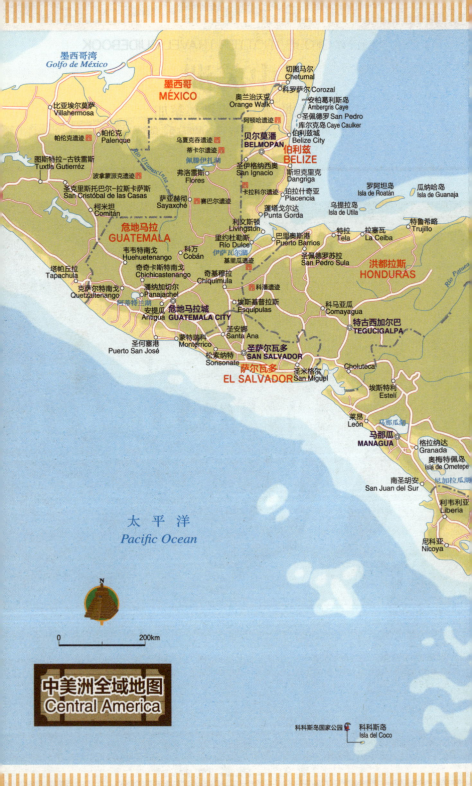

墨西哥湾
Golfo de México

墨西哥
MÉXICO

比亚埃尔莫萨
Villahermosa

帕伦克遗迹
Palenque 帕伦克
Palenque

图斯特拉-古铁雷斯
Tuxtla Gutierréz

波拿蒙派克遗迹

圣克里斯托巴尔-拉斯卡萨斯
San Cristóbal de las Casas

柯米坦
Comitán

危地马拉
GUATEMALA

塔帕丘拉
Tapachula

韦韦特南戈
Huehuetenango

克萨尔特南戈
Quetzaltenango

奇奇卡斯特南戈
Chichicastenango

潘纳加切尔
Panajachel

阿蒂特兰湖

安提瓜 危地马拉城
Antigua GUATEMALA CITY

蒙特瑞科
Monterrico

圣何塞港
Puerto San José

松索纳特
Sonsonate

乌夏克吞遗迹
蒂卡尔遗迹
佩滕伊扎湖

弗洛雷斯
Flores

萨亚赫彻
Sayaxché

赛巴尔遗迹

科万
Cobán

奇基穆拉
Chiquimula

圣安娜
Santa Ana

萨尔瓦多
EL SALVADOR

切图马尔
Chetumal

科罗萨尔 Corozal

奥兰治沃克
Orange Walk

安柏葛利斯岛
Ambergris Caye

阿顿哈遗迹

圣伊格纳西奥
San Ignacio

卡拉科尔遗迹

利文斯顿
Livingston

里约杜勒斯
Río Dulce

基里瓜遗迹

埃斯基普拉斯
Esquipulas

科潘遗迹

圣佩罗 San Pedro

库尔克岛 Caye Caulker

伯利兹城
Belize City

贝尔莫潘
BELMOPAN

伯利兹
BELIZE

斯坦克里克
Dangriga

珀拉什奇亚
Placencia

蓬塔戈尔达
Punta Gorda

巴里奥斯港
Puerto Barrios

圣佩德罗苏拉
San Pedro Sula

特拉
Tela

拉塞瓦
La Ceiba

科马亚瓜
Comayagua

罗阿坦岛
Isla de Roatán

乌提拉岛
Isla de Utila

瓜纳哈岛
Isla de Guanaja

特鲁希略
Trujillo

洪都拉斯
HONDURAS

里约帕图卡

特古西加尔巴
TEGUCIGALPA

圣米格尔
San Miguel

圣萨尔瓦多
SAN SALVADOR

乔卢特卡
Choluteca

埃斯特利
Estelí

莱昂
León

马那瓜湖

马那瓜
MANAGUA

格拉纳达
Granada

奥梅特佩岛
Isla de Ometepe

尼加拉瓜湖

南圣胡安
San Juan del Sur

利韦利亚
Liberia

尼科亚
Nicoya

太平洋
Pacific Ocean

N

0   200km

中美洲全域地图
Central America

科科斯岛国家公园   科科斯岛
Isla del Coco

中美洲时差

墨西哥

伯利兹城
弗洛雷斯   伯利兹   罗阿坦岛
危地马拉   圣佩德罗苏拉   洪都拉斯
危地马拉城   特古西加尔巴
圣萨尔瓦多   尼加拉瓜
萨尔瓦多   马那瓜

加勒比海

UTC−5
（中国时间−13）

UTC−6
（中国时间−14）   圣何塞
哥斯达黎加   巴拿马城
巴拿马
太平洋   哥伦比亚

※中美洲7国都不采用夏令时

Isla del Santanilla(HN)

莫斯基蒂亚
Mosquitia

伦皮拉港
Puerto Lempira

Río Coco

Cayos Misquitos

卡贝萨斯港
Puerto Cabezas

尼加拉瓜
NICARAGUA

加 勒 比 海
Caribbean Sea

Río Grande

Isla de Providencia(CO)

圣安德烈斯岛（哥伦）
Isla de San Andrés(CO)

El Rama

布卢菲尔兹
Bluefields

马伊斯岛（科恩岛）
Islas del Maíz

圣卡洛斯
San Carlos

Río San Juan

河雷纳火山
(1633m)
克萨达
Quesada

托图格罗国家公园

利蒙港
Puerto Limón

圣何塞
SAN JOSÉ

卡塔戈
Cartago

Puerto Viejo

钱吉诺拉 Changuinola

科隆
Colón

波托韦洛
Portobelo

圣巴拉斯群岛
Archipiélago de San Blás

蓬塔雷纳斯
Puntarenas

哥斯达黎加
COSTA RICA

马努埃尔·安东尼奥
国家公园

卡诺岛
Isla del Caño

科尔科瓦杜国家公园

博科特
Boquete

戴维
David

博卡斯
Bocas del Toro

埃尔巴耶
El Valle

佩诺诺梅
Penonomé

巴拿马城
PANAMA CITY

巴拿马海峡

巴拿马
PANAMÁ

Yaviza

圣地亚哥
Santiago

柯义巴岛
Isla de Coiba

哥伦比亚
COLOMBIA

中美洲动物图鉴

图鉴构成

中文名称 ⟶

学术名 ⟶

褐喉三趾树懒
Bradypus variegatus

身长 ⟶ 60cm

披毛目树懒科

栖息地

🌲 = 热带雨林

🌀 = 海岸地带

⛰ = 山岳地带

褐喉三趾树懒
Bradypus variegatus

60cm

披毛目树懒科

刺豚鼠
Dasyprocta punctata

50cm

啮齿类刺豚鼠科

绿双冠蜥
Basiliscus plumifrons

20cm

有鳞目美洲鬣蜥科

黑嘴巨嘴鸟
Ramphastos ambiguus

55cm

䴕形目巨嘴鸟科

卷尾猴
Cebus capucinus

40cm

灵长目卷尾猴科

环锁西貒
Tayassu tajacu

90cm

偶蹄目西貒科

美洲鳄
Crocodylus acutus

280cm

鳄目鳄科

领簇舌巨嘴鸟
Pteroglossus torquatus

40cm

䴕形目巨嘴鸟科

鬃毛吼猴
Alouatta palliata

60cm

灵长目蛛猴科

黑栉尾蜥
Ctenosaura similis

50cm

有鳞目美洲鬣蜥科

厚嘴巨嘴鸟
Ramphastos sulfuratus

45cm

䴕形目巨嘴鸟科

绿巨嘴鸟
Aulacorhynchus prasinus

30cm

䴕形目巨嘴鸟科

褐鹈鹕
Pelecanus occidentalis
110cm
鹈形目鹈鹕科

玫红丽唐纳雀
Piranga rubra
15cm
雀形目裸鼻雀科

小隐蜂鸟
Phaethornis longuemareus
10cm
雨燕目蜂鸟科

凤尾绿咬鹃（格查尔鸟）
Pharomachrus mocinno
35cm
咬鹃目咬鹃科

皇家燕鸥
Sterna maxima
50cm
鸥形目鸥科

黄喉歌雀
Euphonia hirundinacea
15cm
雀形目裸鼻雀科

铜头丽蜂鸟
Elvira cupreiceps
7cm
雨燕目蜂鸟科

紫头美洲咬鹃
Trogon violaceus
25cm
咬鹃目咬鹃科

裸喉虎鹭
Tigrisoma mexicanum
60cm
鹳形目鹭科

灰蓝裸鼻雀
Thraupis episcopus
15cm
雀形目裸鼻雀科

白颈蜂鸟
Florisuga mellivora
10cm
雨燕目蜂鸟科

褐拟棕鸟
Psarocolius montezuma
50cm
雀形目拟鹂科

大白鹭
Ardea alba
101cm
鹳形目鹭科

线纹䴕雀
Lepidocolaptes souleyetii
20cm
雀形目䴕雀科

亚马孙绿鱼狗
Chloroceryle amazona
30cm
佛法僧目翠鸟科

五彩金刚鹦鹉
Ara macao
85cm
鹦形目鹦鹉科

书中的各式符号·缩写　书中及地图上用 作为旅游咨询处的标识，其余图例如下所示。

为了让读者了解到所介绍城市在该国的位置，特意将介绍的城市在地图中用★标识

- **MAP** 对应的地图页
- **住** 地址
- **☎** 电话号码
- **URL** 网址
- **开** 营业时间·开闭馆时间
- **费** 费用·入场费

前往目的地的交通方式

图标	名称
飞机	飞机
巴士	巴士
小巴	小巴
火车	火车
船	船

BELIZE

伯利兹城市

伯利兹城 *Belize City*

乘坐飞机前往伯利兹的主要城市，也是伯利兹的中心城市

伯利兹城市中心附近的住宅区

人口 ▶ 5.7 万

伯利兹城
MAP p.121/A2

旅游咨询处 BTB
MAP p.127/B2
住 64 Regent St.
☎ 227-2420
开 周一～周四　8:00～17:00
周五　　　　8:00～16:00
可以使用英语和西班牙语沟通。在国际机场内也有服务窗口。

货币兑换
市内的 ATM 都可以直接提现（伯利兹元），伯利兹国内基本可以直接使用美元。酒店大多都认可伯利兹元、兑换率利用可兑换人民币，请提前备好美元和伯利兹元。

热带航空
☎ 226-2012
URL www.tropicair.com
除了连接伯利兹国内各地的航线，还有前往危地马拉的弗洛雷斯，洪都拉斯的圣佩德罗、苏拉，以及墨西哥的图兰的航班。

玛雅岛航空
☎ 223-5794
URL www.mayaislandair.com

国际机场及国内机场概述
距离伯利兹市中心以西 16 公里的地方便是菲利普·S.W.歌德逊国际机场（BZE），而运营的伯利兹国内航线的伯利兹城机场（TZA）则位于更高市中心，从机场位置相距较远，一定要提前确认你的航班从哪个机场起飞，不要搞错。从伯利兹城机场打车自往市内的费用约为 US$4，需 5 分钟，从国际机场打车往市内的费用则是 US$25，需时 30 分钟。

伯利兹国内唯一可以称作都市的便是伯利兹城了。因为这里曾经有风灾登陆，首都便从伯利兹城迁往了贝尔莫潘，但伯利兹城虽然在名义上是前首都，事实上却仍是伯利兹对外的国际窗口，国内共有 1/5 的人口生活在伯利兹城，是伯利兹名副其实的经济及商业中心。

居民大多数都是称为克里奥尔人的非洲系欧洲人，女性大多都是卷发搭配各式彩色发饰，年轻人则多是牙买加风格的彩色脏辫。街上经常可以看到扭着大屁股潇洒走路的中年女性。游览市内时迎面吹来从加勒比海到来的海风，搭配街角的雷鬼音乐，这就是伯利兹城的灵魂温度。

伯利兹城的城市面积虽然不大，但却是中美洲少见的，保留着英国殖民时代风格的城市，在城内转转锐不定就会有吸引你的意外之处。此外这里也是前往库尔克岛、圣佩德罗等人气度假地以及各个古代遗迹的交通要冲，所以几乎是游客的必经之地，时间充裕的话不如多在城内住几天，感受下这里的氛围。

🚍 交通方式

飞机

圣佩德罗每天都有 25 班由热带航空和玛雅岛航空经营的航班前往菲利普·S.W.歌德逊国际机场（航程 15-20 分钟，费用 US$86），前往伯利兹城机场的航班则有 23 班（航程 20-30 分钟，费用 US$52）。如果提前预约，航行于伯利兹城与圣佩德罗的飞机还可以在库尔克岛顺道停留，航程 10-20 分钟，几乎相同的费用可前往库尔克岛。如果购买往返机票，还会有 15% 的折扣优惠。

●中美洲内的主要航线→ p.338

相比于直接从街面起步，搭乘在酒店门口等候的出租车更加安全。大多数出租车都没有安装公里表，上车前商量好价格。不同于普通家用车的白色车牌，出租车的车牌是绿色的。

切里斯餐厅
Chelles

◆ 至今经营已有百余年历史的老牌餐馆
位于散步小路上的餐馆，1909 年开业，拥有悠久的历史。白天很多当地的商务人士都来这里用餐，傍晚则是外国游客的用餐时间，价位约在₡2500～4000。

Map p.237/B3

住 Av. Central, Calle 7 y 9
☎ 2221-1369
开 24 小时
AMV
免费 Wi-Fi

冒险者酒店
Adventure Inn

◆ 邻近国际机场的小型高档酒店　虽然酒店规模较小。但是设备完善级别堪称高档。酒店内设有餐厅、酒吧、泳池、健身房等各式设施，坐落在远离市区的僻静之地，非常安逸。从这家邻近国际机场的高档酒店前往市内，打车约 10 分钟。

高档　Map p.236/C1

住 50m al este de Los Arcos , Cariari
☎ 2239-2633
Fax 2293-2778
URL www.adventure-inn.com
ADMV　34 间
免费 Wi-Fi
⑤⑩ US$104～（税+13%）

▦=设有空调　▩=未设空调　◨=房间内有淋浴设施　◪=公用淋浴设施　◻=设有电视　◼=未设电视
⑤=单人间房费　⑩=大床房、双人间房费　※ 酒店房费通常以房间为单位收费而非人住人数

地图图例

H 酒店

R 餐馆

S 商店

B 银行

N 上网场所

@ 网咖

✉ 邮局

☎ 电话局

文 学校

⊘ 西班牙语学校

🎬 电影院

☡ 遗迹

ℹ 旅游咨询处

♟ 教堂

⊗ 警察局

✚ 医院

✈ 机场

⚓ 港口

🚏 巴士总站、巴士站

🌲 国家公园、自然保护区

◤ 潜水点

※ 本书地图中设有划为"治安恶劣地区"及"多加注意"的大致区域，请各位游客根据自身情况量力而行。

住房信息

MAP 地图页对应位置

⊞ 地址

☎ 电话号码

📠 传真号码

URL 网址

⊞ 营业时间·开闭馆时间

⊞ 费用·入场费

⊞ 税费

⊞ 房间数

⊠ Wi-Fi情况

CC 信用卡

　A 美国运通卡

　D 大来卡

　J JCB卡

　M 万事达卡

　V Visa卡

■本书的特点

　　本书以打算前往中美洲7国旅游的读者为受众群体，介绍中美洲7国各城市的交通线路、观光看点、各色酒店及餐厅信息，帮助读者朋友可以深度体会中美洲旅游的乐趣。当然如果你是跟团旅行，本书中的丰富内容也会令你如虎添翼。

■关于书中所记载的信息

　　编辑部尽量收集当时最新、最正确的信息，但是当地的规矩或手续可能会有所变化，而且对于信息的理解也可能存在歧义。基于这些情况给读者带来的损失本社不承担任何责任，请提前了解。另外也请你为了自身利益，根据自身情况与立场灵活运用书中的旅游信息及建议，做出最好的判断。

■当地取材及资料调查时期

　　2017~2018年

■关于读者的来信

　　读者的投稿会在段落开头标有信封图案，文章末尾会写明（投稿年度）相关信息，尽量尊重作者的原文，保持原汁原味的旅行感受。编辑部对于记载的相关信息也有追踪调查，避免发生误导读者的情况。追踪调查过的文章还会在相关信息的末尾附上例如"2017"等调查的年份字样。

■关于地名及名称

　　本书中出现的地名及名称尽量以公认的汉语所表达，但部分当地特色浓厚的名称及罕有的地名则会以音译形式呈现给各位读者，敬请谅解。

走遍全球 GLOBE-TROTTER TRAVEL GUIDEBOOK

中美洲
危地马拉　哥斯达黎加
伯利兹　萨尔瓦多　洪都拉斯
尼加拉瓜　巴拿马
—— Contents

2
特辑1

了解各国看点及世界遗产

中美洲 7 国概况

4
特辑2

探访充满魅力的历史古都

游览西班牙殖民统治时代遗留下的世界遗产!

8
特辑3

中美洲世界遗产中最具代表性的巨大遗迹

一场关于玛雅文明的古代与现代之旅

12
特辑4

探险昆虫学家带我们解读
哥斯达黎加生物宝库

哥斯达黎加的多样魅力

18
特辑5

想在中美洲 7 国大买一番!

礼物目录

20
特辑6

山珍海味

中美洲菜肴图鉴

危地马拉
GUATEMALA · 23

伯利兹
BELIZE · 121

出发前请务必阅读！旅行中的突发情况及安全知识 ······ 29、167、183、213、298、346

尼加拉瓜
NICARAGUA 203

萨尔瓦多
EL SALVADOR 157

洪都拉斯
HONDURAS 177

相关书籍介绍

走遍全球 墨西哥

●**价格 128.00**

  介绍以陆路方式通往中美洲 7 国时的必经关口国家——墨西哥的旅游工具书。书中囊括了收录在世界遗产名录中的古代遗迹、加勒比海的度假胜地及自然风光、异域风格的殖民古都，以及与其接壤的中美洲各国边境信息等丰富内容。

  京东、当当等图书网均可购买。

旅游关键词

城中心　Centro

城镇的中心地区，各国首都等大城市通常是以古老的旧城区作为市中心。

大教堂　Catedral

面向城市中央公园而建的大教堂，通常在这里供奉这座城市的守护圣人。

市集　Mercado

当地居民日常采买的集市，此外城镇中还能在路边及广场看到不少露天摊。

巴士总站　Terminal

中美洲各国主要以巴士作为交通工具，巴士总站也是连接每座城市的枢纽。

中美洲7国概况

Vamos a conocer Centroamérica

库尔克岛→p.134
加勒比海的度假胜地，在珊瑚礁潜水可谓人气项目

蒂卡尔遗迹→p.108
堪称中美洲最大规模的古代城市遗迹群，神殿林立

②

④

伯利兹城
Belize City

贝尔莫潘
BELMOPAN

伯利兹 ▶ p.121
Belize

加勒比海海域坐拥着大量野生珊瑚礁群，周边的度假村几乎都可以实现浮潜活动，此外这里的古代遗迹也很有看点。

观光看点	
古代玛雅遗迹	★★★★☆
旧殖民城市	★★☆☆☆
自然·度假村	★★★★☆

弗洛雷斯
Flores

墨西哥
MÉXICO

基里瓜遗迹→p.95
作为8世纪前后遗留下来的玛雅遗迹，在这里可以看到当时艺术性浓厚的石碑与祭坛

圣佩德罗苏拉
San Pedro Sula

克萨尔特南戈
Quetzaltenango

③

⑥

科潘遗迹→p.198
邻近危地马拉国境线，是古代科学文化深厚的玛雅遗迹

⑦

危地马拉城
GUATEMALA CITY

①

圣安娜→p.172
古都内不仅有位于市中心的哥特式教堂，古老的剧院也很有看点

特古西加尔巴
TEGUCIGALPA

安提瓜→p.40
备受短期停留游客及旅居游人喜爱的旧殖民城市

⑤

圣萨尔瓦多
SAN SALVADOR

危地马拉 ▶ p.23
Guatemala

中美洲最具人气的国家，古代遗迹散布在这个国家的各地，不少原住民都习惯穿着传统服饰进行日常生活，村落中经常可以看到露天市集。

观光看点	
古代玛雅遗迹	★★★★★
旧殖民城市	★★★★★
自然·度假村	★★★☆☆

萨尔瓦多 ▶ p.157
El Salvador

几座古代遗迹散落在萨尔瓦多的领土之中，在萨尔瓦多国内各地都可以见到散发着旧殖民时期风格特色的建筑，自然景观的开发也在有条不紊地进行中。

观光看点	
古代玛雅遗迹	★★★☆☆
旧殖民城市	★★★☆☆
自然·度假村	★★★☆☆

格拉纳达→p.222
城中建有不少巴洛克风格的教堂与修道院，是近期旅游热度逐渐攀升的古城所在地

莱昂
León

⑧

马那瓜
MANAGUA

⑨

莱昂→p.218
中美洲最大规模的大教堂便建在这座旧殖民城市之中

格拉纳达
Granada

洪都拉斯 ▶ p.177
Honduras

以科潘为代表的古代遗迹堪称最大看点，加勒比海沿岸的岛屿与海滩的自然风光也是极佳的，你还可以在洪都拉斯国内的度假村体验潜水活动。

观光看点	
古代玛雅遗迹	★★★★☆
旧殖民城市	★★★☆☆
自然·度假村	★★★★☆

蒙特韦尔德自然保护区→p.270
你在这里有机会观赏到各式各样中美洲特色的野生动植物，是哥斯达加国内最具人气的自然保护区

⑫

利韦利亚
Liberia

圣何塞
SAN JOSÉ

马努埃尔·安东尼奥国家公园→p.260
既可以在热带雨林感受大自然的森林氧浴，也可以在海滩体验清凉海水浴的国家公园

⑪

N

太 平 洋

0 ——— 200km

由7个不大的国家共同构成的中美洲是连接北美洲和南美洲的桥梁。古代玛雅城市遗迹与中世纪殖民时期留下的旧殖民风格古都散布在中美洲各地。拥有太平洋及加勒比海沿岸的海滨沙滩、热带雨林丛生的中美洲堪称大自然的宝库。各式度假村更可以令你在休养的同时深度领略大自然的美景。中美洲共有17处联合国教科文组织认定的世界遗产，是很有人气的旅游目的地。

加 勒 比 海

尼加拉瓜 ▶ p.203
Nicaragua

格拉纳达和莱昂这两座古都内遗留有许多旧殖民时代的建筑。当然，火山和加勒比海各岛屿的自然风光也是美不胜收。

观光看点	
古代玛雅遗迹	☆ ☆ ☆ ☆ ☆
旧殖民城市	★ ★ ★ ★ ☆
自然·度假村	★ ★ ★ ☆ ☆

哥斯达黎加 ▶ p.229
Costa Rica

因生态旅游而闻名的自然之国。到访这里的绝大多数游客都是为了一睹马达加斯加的自然景观，如绿咬鹃这样的珍奇鸟类也可以在这里一饱眼福。

观光看点	
古代玛雅遗迹	☆ ☆ ☆ ☆ ☆
旧殖民城市	★ ★ ★ ☆ ☆
自然·度假村	★ ★ ★ ★ ★

托尔图格罗国家公园→p.282
可以搭乘小船参观热带雨林及各式动物的加勒比海沿岸国家公园

利蒙
Limón

博卡斯德尔托罗
Bocas del Toro

⑬   ⑩

戴维
David

中美洲世界遗产一览

危地马拉
❶ 安提瓜历史地区　Centro Histórico de Antigua（1979年收录）→p.4、40
❷ 蒂卡尔遗迹　Tikal（1979年收录）→p.8、108
❸ 基里瓜遗迹　Quiriguá（1981年收录）→p.95

伯利兹
❹ 伯利兹堡礁保护区　Belize Barrier Reef Reserve System（1996年收录）
→p.134、p.140

萨尔瓦多
❺ 霍亚·德塞伦遗迹　Joya de Cerén（1993年收录）→p.170

洪都拉斯
❻ 科潘遗迹　Copán（1980年收录）→p.9、198
❼ 雷奥普拉塔诺生物圈保护区　Reserva Biológica Río Plátano（1982年收录，1996~2007年·2011年列为危机遗产）Map p.177/A2

尼加拉瓜
❽ 老莱昂城遗迹　León Viejo（2000年收录）→p.220
❾ 莱昂大教堂　Catedral de León（2011年收录）→p.5、220

哥斯达黎加
❿ 拉阿米斯塔德国际公园　Parque Internacional la Amistad（1983年收录）MAP →p.229/B2
⓫ 科科斯岛国家公园　Parque Nacional Isla del Coco（1997年、2002年收录）MAP 文前图
⓬ 瓜纳卡斯特自然保护区　Área de conservación Guanacaste（1999年、2004年收录）→p.288
⓭ 迪奎斯三角洲石球以及前哥伦比亚人首长居住地　Asentamientos cacicales precolombinos con esferas de piedra de Diquís（2014年收录）→p.250

巴拿马
❿ 拉阿米斯塔德国际公园　Parque Internacional la Amistad（1990年收录）MAP →p.291/B1
⓮ 波托韦洛和圣弗伦索　Portobelo, San Lorenzo（1980年收录，2012年列为危机遗产）→p.311、312
⓯ 达连国家公园　Parque Nacional del Darién（1981年收录）MAP →p.291/B2
⓰ 老巴拿马城考古遗迹及巴拿马城历史地区　Panamá Viejo, Centro Historico de Panamá（1997、2003年收录）→p.5、300、302
⓱ 柯义巴岛国家公园　Parque Nacional Coiba（2005年收录）MAP →p.291/B1
* 本书中世界遗产名称可能会与世界遗产名录中的稍有差异。

巴拿马 ▶ p.291
Panamá

首都巴拿马城的历史区域中仍留有不少殖民时期的古旧建筑，很有韵味，巴拿马运河沿岸的各大国家公园中野生鸟类种类繁多，自然氛围浓厚。你还可以在这里探访安巴拉族、库纳族等原住民的特色村落。

观光看点	
古代玛雅遗迹	☆ ☆ ☆ ☆ ☆
旧殖民城市	★ ★ ★ ★ ☆
自然·度假村	★ ★ ★ ★ ☆

⓮

⓰ 巴拿马城
PANAMA CITY

埃尔巴耶
El Valle

巴拿马城→p.296
16世纪建造的旧城区及历史遗迹依然可以在巴拿马的首都巴拿马城中看到

⓯

哥伦比亚
COLOMBIA

⓱

Central America

古城酒店
更令旅途
锦上添花

游览西班牙
殖民统治时代遗留下的世界遗产

VAMOS A VISITAR CIUDAD COLONIAL

中美洲各国几乎都留有西班牙人殖民统治时期遗留下的异域风格建筑，有的城市更被收录在世界遗产名录之中，去这些城市参观肯定会不虚此行，留下美好的旅行回忆。

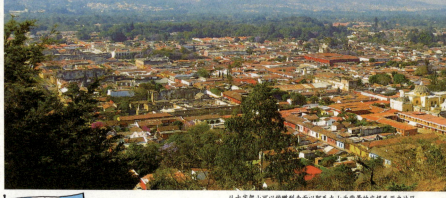

从十字架山可以俯瞰到南面以阿瓜火山为背景的安提瓜历史地区

危地马拉

安提瓜历史地区
CENTRO HISTÓRICO DE ANTIGUA ▶ P.40

　　作为危地马拉国内最具人气的旅游城市，不仅外国游客络绎不绝，不少本国的居民也会利用周末时间来参观危地马拉城。这里在 16~18 世纪曾是西班牙殖民政府的首都，异域风格的旧殖民时期建筑至今仍点缀着这座城市。从北面的十字架山（→ p.48）可以将城中历史区域的景色尽收眼底。

美喜德教堂（→ p.45）周边的钟楼也是城镇的地标之一

古都酒店

波萨达唐罗德里戈酒店
Posada de Don Rodrigo

　　钟楼以南 100 米左右的老牌酒店，占地宽敞，客房围绕天井而建。

酒店餐厅每天 13:00 会举办由马林巴琴演奏的传统音乐

来这里领略危地马拉的传统文化吧！

洁白的莱昂大教堂历史感厚重，是中美洲最大规模的基督教堂

古都酒店

埃尔孔本托酒店
El Convento
→ p.221

步行 5 分钟便可以抵达莱昂大教堂。酒店由圣弗朗西斯修道院的遗迹改建而成，庭院的树木修整得令人赏心悦目。

酒店内部的大堂还留有旧时礼拜堂的祭坛

在这家酒店可以充分体验修道院的历史感喽！

尼加拉瓜

莱昂大教堂
CATEDRAL DE LEÓN ▶ P.220

　　虽然这片地区只有莱昂大教堂这座建筑收录在世界遗产名录之中，但莱昂大教堂所在的历史地区同样洋溢着浓厚的旧时殖民时期的别样氛围。尼加拉瓜代表诗人达里奥的故居便位于这里。现在故居作为博物馆对外开放（→ p.220），你在这座古城中可以看到各式教堂与修道院，仿佛穿越时空一般，十分复古。

红色砖瓦的古建筑与教堂鳞次栉比，与东北方向新城区的高楼大厦形成鲜明对比

古都酒店

中央酒店
Central

　　面向独立广场，地理位置优越，作为 1874 年巴拿马城中第一家开业的酒店，颇具历史感，经过翻修后于 2016 年在此开门迎客。

各层客房的价格都是一样的，所以尽量挑选视野好的高层客房吧

巴拿马

巴拿马城历史地区
CENTRO HISTÓRICO DE PANAMÁ ▶ P.296

　　现代城市巴拿马城的市中心——卡斯柯别哈（历史地区）收录在世界遗产名录之中。2012 年后随着城内的治安逐步改善，酒店和餐馆相继开业，外国游客以及其他城市的巴拿马人都接踵而来，尤其是周末的巴拿马城会格外热闹。你在这里不仅可以看到西班牙殖民统治时期遗留下的各式建筑，几处教堂的遗迹也非常具有看点，不要错过。

巴拿马的夏天可谓酷暑，游览城镇的时候不要忘了休息，劳逸结合！

多姿多彩的巴拿马城
1日游行程

EXCURSIÓN EN CIUDAD DE PANAMÁ

巴拿马城作为列为世界遗产的名胜而世界知名。住宿在历史古城区的酒店之中，游览时以出租车连接各景点会让旅行效率提高不少。友情提醒，巴拿马城一年四季都十分炎热，观光时别忘了劳逸结合，多为身体补充水分。好了，接下来我们便开始游览这座令世界各地游客都心生向往的美妙城市吧！

以水坝作为旅行起点

MAP p.297 参照

10:00~12:00

1 米拉弗洛雷斯水坝 (→ p.305)

位于巴拿马运河太平洋一侧的水坝，设有站席可以观看水坝调节水位引导船舶进港的场面，此外还可以参观介绍运河建设历史、解读大坝水闸系统如何进行水位调节的博物馆。

大都会
自然公园

大型船只通过运河的水坝驶进巴拿马城

阿尔布鲁克机场

午餐为海鲜菜肴

肘山

12:30~14:00

2 水产市场 (→ p.301)

选择在水产市场解决午餐，市场售卖的海鲜都是当天清早由渔民刚刚从大海里捕捞而来的，当然，市场内餐厅选用的也是当天最新鲜的食材，不用担心卫生安全问题，撸起袖子大饱口福吧。

周游巴拿马城选择搭乘出租车！

如果游览巴拿马城，强烈推荐物美价廉而且安全性很高的出租车作为出行工具。几乎所有景点附近都有出租车在等客，避开6:00~9:00及17:00~19:00的上下班高峰，道路上几乎畅通无阻。收费标准为区域制，各区间的费用大致如下。

- 米拉弗洛雷斯水坝
  →水产市场　　　　　US$15
- 水产市场
  →老巴拿马城考古遗迹　US$12
- 老巴拿马城考古遗迹
  →历史区域　　　　　US$12
- 历史区域→缇娜哈斯餐厅　US$5

以黄色为主色调，黑白色为点缀的巴拿马出租车

你在这里可以品尝到各种鲜美的海鲜佳肴

伴随着手风琴和手鼓编织出的美妙音乐，表演者也开始翩翩起舞

奥玛尔公园

当地特色晚餐

20:00~22:00

5 晚餐还可以欣赏传统舞蹈表演（→ P.307）

一天的游览结束之后，返回酒店稍作休息，便可以起身前往位于新城区的缇娜哈斯餐厅。每晚9点，巴拿马各地具有代表性的传统舞蹈便会在餐厅内上演，最好在表演前结束用餐，以便更专心地欣赏巴拿马人美妙的舞姿。

卡门教堂

S 综合广场购物中心

世界遗产就在这里

14:30~15:30

3 老巴拿马城考古遗迹（→ P.302）

西班牙人在16世纪前半叶开始在太平洋的彼岸修建殖民城市，但美好的城市建筑在17世纪因海盗的袭击毁于一旦，现在这里遗留着旧时教堂和居民街的残垣断壁，来到这里会有种穿越时空的错觉。

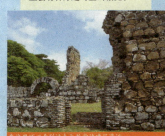

在这里可以看到过去大教堂的建筑遗迹

观光的重头戏

16:00~18:30

4 巴拿马历史区域
（→ p.300 ~ 301）

被称为卡斯柯别哈（历史地区）的巴拿马历史区域中随处可见精美的教堂及旧殖民时期的古建筑，沿着海岸边的小路漫步则可以看到东北方向新城区中现代气息十足的高楼大厦。许多民间工艺品店也都开设在这里，是购买馈赠亲友礼物的好去处。

教堂由五座旧殖民风格的建筑组成

许多酒店都建在历史地区，方便游客观光游览，把历史地区当作自己饭后的遛弯场地岂不美哉

巴拿马湾

1km

N

中美洲世界遗产中最具代表性的巨大遗迹

一场关于玛雅文明的古代与现代之旅

玛雅及中美洲的古代文明史 ▶p.201

Cultura Maya Sitios Arqueológicos

热带雨林中静静矗立的巨大古代城市遗迹，将你的思绪迁引到神秘的古代——中美洲是屈指可数可以让你近距离接触这些经过历史长河洗礼，静静讲述古老故事的遗迹所在地。

古代 Antiguo

危地马拉

蒂卡尔遗迹

TIKAL ▶ P.108

秘密丛林中隐藏着这座巨大的神殿

如果想拍摄Ⅰ号神殿的照片，最好登上Ⅱ号神殿取景。Ⅰ号神殿就坐落在视野开阔的大广场之上。

危地马拉北部佩滕省的丛林中矗立着一座占地面积2平方公里的正方形遗迹。其中最大的看点便是名为大广场的中央广场。高约47米的Ⅰ号神殿与高约38米的Ⅱ号神殿分立在大广场的两侧。现在推测在8世纪时大约有6万人曾在这里生活。

TRAVEL TOPICS

蒂卡尔遗迹的门票需要提前在国家农业信贷银行 Banco Nacional de Credito Rural 购买，出示护照或护照的复印件，支付当地的货币便可以购买门票。危地马拉国内所有的国家农业信贷银行窗口都受理蒂卡尔遗迹的门票业务。此外运营弗洛雷斯市内往返蒂卡尔遗迹观光班车的旅行社也提供代卖门票服务。在前

一天的14:00前购买会更方便你第二天的遗迹观光。以上信息为本书调查时的情况，具体信息请前往危地马拉各地的旅游咨询处进行确认。

弗洛雷斯新机场内便设有国家农业信贷银行柜台，因为机场里的客人很少，在这里购票几乎不用排队。

位于洪都拉斯西面的科潘省的科潘遗迹，现推测其在7世纪便曾达到文化顶峰，现在遗迹中留存着颇具艺术性的祭坛和各式石碑。在大大小小的神殿、古代球场、贵族居住遗迹和墓地中最吸引游客眼球的便是刻有神秘文字的古老台阶。你还可以在遗迹入口附近的石雕博物馆近距离观赏数件出土于科潘遗迹的文物展品。

洪都拉斯

科潘遗迹
COPÁN ▶ P.198

王之石碑是件不折不扣的艺术佳品

TRAVEL TOPICS

　　首先遗迹入口附近的石雕博物馆便很有看头，长约18.5米、高约14米、纵深12.5米的罗萨里拉神殿便设立在博物馆的正中央。在卫城中发掘出的这尊神殿，现在已经被复原成历史中记载的大小。据说8世纪时神殿便被施以红色的华丽装饰，你在这座石雕博物馆中可以从还原如初的神殿建筑上感受古代都市科潘曾经的繁荣光景。此外发掘于遗迹的祭坛和石碑也在修复，还原后于博物馆中进行展出，游客朋友们可以近距离品味观赏。

石雕博物馆中最大的展品，富丽堂皇的罗萨里拉神殿

打造于俗称"18只兔子"的第十三代统治者统治时期的石碑，堪称科潘鼎盛时期的石碑艺术品

9

阿蒂特兰湖畔的
玛雅原住民村落一日游

MAP p.64参照

现代 Moderno

Excursión en Lago de Atitlán

位于危地马拉海拔1560米的阿蒂特兰湖，被称为世界最美的湖泊。湖畔周边的村落中生活着许多玛雅的原住民，他们穿着红色、蓝色等各式传统服饰，有种说不出道不明的神秘魅力。你可以搭乘小船巡访湖畔边的各个村落。

> 有时间的话不妨来这里顺道转转

圣胡安·拉·拉古纳
（→p.64）

以民间手工艺品而出名的村落，特别是这里的纺织品，在工艺品商店中经常可以看到脚踩织机的女性纺织工作者。棉质地的各色披肩、羊毛斗篷与挂毯都是不错的旅游纪念品。

主要售卖以纺织品为主的各式手工艺品

9:30 ~ 10:30
② 圣佩德罗·拉·拉古纳（→p.64）

作为规模比较大的原住民村落，周边村子的村民都会来这里的市场交易农作物与日用杂货，你可以在这里看到不少外村人的身影。此外许多欧美国家的旅居者也挑选在这里生活，托他们的福，你可以找到不少餐馆和酒店。

> 阿蒂特兰湖的地标！

圣佩德罗火山（3020米）
Volcán San Pedro

> 在这里小憩一下

品尝下用当地咖啡豆烘焙的醇香咖啡

马路上随处可见穿着传统服饰的原住民女性

11:00 ~ 12:30
③ 圣地亚哥·阿蒂特兰（→p.69）

位于潘纳加切尔对岸，也是阿蒂特兰湖畔最大的原住民村落。其他村落中几乎都是只有女性穿着传统服饰，而这个村子的男性村民也会日常穿着传统服饰。你在这里可以发现不少制作工艺品的小店铺和纺织工坊，村中心几乎每天都会开办露天市集，十分热闹。

穿着条纹裤子、头戴帽子的当地男性

> 在这里吃顿午饭休整一下

推荐从阿蒂特兰湖捕获的马哈鱼料理

2km

N

湖畔的栈桥停靠着前往湖畔各方向的小船，此外这里的视野也很开阔

START!

这里的工艺品要比潘纳加切尔便宜，不妨在这里选购

15:30 ~ 16:30

⑤ 圣卡塔利娜·帕罗波（→p.67）

虽然村子不大，但这里也售卖类似于潘纳加切尔出产的手工艺品，女性们通常身着蓝色传统服饰。

8:30 出发

① 潘纳加切尔
（→p.58）

堪称周游湖畔最不容错过的观光城市，这里也设有往返危地马拉城的旅游巴士。酒店和餐馆都可以在这里找到，时间充裕的话不妨住上一晚。从湖畔的栈桥可以搭乘小船游湖，市场附近设有合乘皮卡站。

阿蒂特兰湖

从这里换乘陆路交通

在这里购买礼物吧！

在纺织工坊工作的女性

14:00 ~ 15:00

④ 圣安东尼奥·帕罗波（→p.68）

从湖畔到村落间构成了一个地表的斜坡，有明显的坡度。村子中可以看到几家纺织品工坊和店铺，沿坡路向上走便是位于村中心的教堂。村子的女性大多穿着以蓝色和紫色为主调的传统服饰，这里也是巡游观光船线路的终点，还没有购买旅行纪念品的客人不要错过最后采购礼物的机会。

村子的女性穿着的传统服饰几乎都差不多，仿佛是村服一般

搭乘巡游观光船游览！

每天 8:30 从潘纳加切尔始发的 Naviera Santa Fe 旅行社的游船十分便利。分别会在圣佩德罗·拉·拉古纳停留 1 小时，圣地亚哥·阿蒂特兰停留 1 小时 30 分钟，圣安东尼奥·帕罗波停留 1 小时，方便你自由游览湖畔的各式村落。

巡游观光船（→p.63）每天都有航班

搭乘公共交通

从潘纳加切尔可以搭乘合乘皮卡前往东南方向的圣卡塔利娜·帕罗波、圣安东尼奥·帕罗波。前往圣胡安·拉·拉古纳、圣佩德罗·拉·拉古纳等地则可以搭乘合乘小船。公共交通都是根据搭乘时间收费，合乘皮卡每 10~20 分钟收取 Q3~5，合乘小船每 20 分钟~1 小时收取 Q20~30。

搭乘合乘小船前往西南方向

当地人常用的交通工具——合乘皮卡

当地三轮出租车——图库图库

生物宝库
哥斯达黎加的多样魅力
EXPLORATORY ENTOMOLOGIST IN COSTA RICA

拥有充足自然资源的哥斯达黎加也是"生态旅游的发祥地"。
这个面积仅有 5.11 万平方公里的国家，却拥有地球上 5% 的生物物种。
接下来就有请在国际业界都颇负盛名的探险昆虫学家为读者们介绍哥斯达黎加
的大自然与生态物种。

Cephalotes leafcutter ants
龟蚁属切叶蚁
切取新鲜的树叶及花瓣带回巢穴，并在蚁巢内营造菌类生长的环境，栽培小蘑菇来为蚁群提供食源。哥斯达黎加国内生活着 30 余种切叶蚁。

绿咬鹃
是鸟类爱好者们憧憬在有生之年亲眼目睹的"梦幻鸟类"，但随着地球温室效应的影响它们的数量正在逐渐减少，已被指定为濒危灭绝鸟类。

Profile
西田贤司

探险昆虫学家、摄影家。

1998 年开始在哥斯达黎加国立大学进行昆虫的生态研究。现在被哥斯达黎加的各所大学以及世界各国的研究机构所委托，继续从事昆虫的调查与研究。

photo by
Yoshiki Nakano

🌳 何为哥斯达黎加的自然魅力？

在这片狭小的国土内囊括着各式各样的自然环境，生物的多样性也被浓缩其中。30% 以上的国土都被设立为国家公园及自然保护区，单纯在一个公园或保护区内也可以观测到各式各样的野生生物物种，可谓自然和人类融为一体。打个比方，秘鲁的蝴蝶大约有 4000 种，而哥斯达黎加的蝴蝶则有 1400 余种。但要知道，哥斯达黎加的国土面积仅是秘鲁的 1/3，如此足以说明哥斯达黎加压倒性的生物密度。

生态环境大体可以分为五种类型，每一类都独树一帜。而中美洲不但将北美洲和南美洲的生物要素都网罗其中，在地形和气候方面，除了众所周知的热带雨林和热带旱生林外，还有奇里波山所在的高山地区。北纬 10° 的地理位置也令哥斯达黎加无论是否时至雨季都季节分明。

杂色松鼠 Sciurus variegatoides
中美洲的特有松鼠品种，共有 14 种亚种，其中 7 种都栖息在哥斯达黎加。用两只前腿拿着番石榴进食的样子十分可爱。

蓝头绿身裸鼻雀 Thraupidae
只栖息在哥斯达黎加和巴拿马西部的多彩鸟类。在生长着苔藓的地表搭窝，并会把窝搭得和周遭的树木几乎是相同的颜色。

以哥斯达黎加作为生物调查活动的理由

哥斯达黎加不仅是没有军队体系的非武装中立国，自然保护体系也十分出色，国家的物种多样性很高。另外这里的教育制度也是吸引我前往哥斯达黎加的一个因素，生物相关的基础知识在哥斯达黎加的教育系统内浩如烟海，通过现有的书籍及学术论文进行生物调查可谓如虎添翼。此外这里的治安也是中美洲几个国家中相对较好的，但是最近这里的物价开始升高，治安问题也逐渐多了起来，所以我还是偏向在无论是治安还是居民素养都更优质的蒙特韦尔德进行研究和调查。

我个人很喜欢高山环境，而物种丰富的热带云雾森林更是充满了大自然的无穷魅力。于是便从首都圣何塞近郊的科罗纳多搬家到蒙特韦尔德，进而生活了四年的时间。蒙特韦尔德的电气、水道、公路等公共基础设施都相对完备，是个对于观光和研究都十分方便的地方。

拥有鲜明生物多样性的热带云雾森林

我所生活的蒙特韦尔德是个浓缩物种多样性的好地方。南美洲的动植物位于加勒比海岸，北美洲的动植物则身处太平洋海岸，因为两地有 100 米的高度差，因而观测到的动植物会不尽相同。蒙特韦尔德云雾森林受到加勒比海的上升气流影响，经常被云雾覆盖，即使是晴天也会下雨，经常可以看到"太阳雨"。此外因为湿度很大，即使在非雨季植被也依旧郁郁葱葱。这里也经常会刮起大风，天气说变就变，更加促进了该地环境的多变与物种的多样性。强风还可以促进植物种子与花粉的传递，有利于物种的繁衍生息，兰花便是强风的获利者，蒙特韦尔德云雾森林的兰花种类在哥斯达黎加国内是最为丰富的。

长戟犀金龟 Dynases Hercules
世界身材最大的甲虫，是身长 17 厘米以上的甲虫之王。长犄角上生长着宛如牙刷毛的茶色绒毛，是与其他雄甲虫战斗时的主要武器。

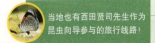

当地也有西田贤司先生作为昆虫向导参与的旅行线路！

国艺旅行社 Goyi Tours
▶ p.237/B3　圖 Hotel Balmoral, 2F, San José
☎ （506）2010-7208　URL www.goyitours.com

海伦闪蝶 Morpho helenor
闪蝶中的一种，在哥斯达黎加共栖息着9个品种。因为翅膀的纹路只会反射太阳光中的蓝光，所以才呈现出这种梦境般的美妙蓝色。

🌳不可思议的昆虫奇妙世界

世界金龟品种中身材最大的长戟犀金龟、闪耀着金属光泽的丽花金龟、挥舞着近乎透明翅膀的透翅蝶，各色极具魅力的昆虫都可以在哥斯达黎加国内得以一见。而相比这些特色昆虫，略显普通的常见昆虫更是数不胜数。大多数昆虫的生活环境都是与相应的植物相依相生，所以只要特定的植物生长于此，适应这种植物营造的生态环境的相应昆虫也会相继出现。目前推测哥斯达黎加全国的昆虫多达35万种，但实际的数量说不定比这个数字还要再多上一些。

切叶蚁作为美洲大陆热带地区的代表昆虫，从远古时期便开始自己栽培小蘑菇为它们的种群提供食源。培育小蘑菇的过程中不但要悉心地呵护它们，更要营造出适合这些小蘑菇生长所需的营养土壤。整个蚁群角色分明，蚁后坐镇大局，大型的工蚁守护巢穴，小型工蚁细心培育蘑菇，中型工蚁担任切割树叶并搬运的工作，各类蚂蚁协调工作，有条不紊。

角蝉拥有像角一样的坚硬突出物，长度大约5毫米。虽然非常不起眼，但目前哥斯达黎加国内确认的200余种角蝉都是通过犄角的细微不同而进行品种区分的。它们有的像树枝的突刺般聚集在树干周围，有的则会像蜜蜂一样拟态栖息，生态种类可谓五花八门。热带云雾森林的角蝉种类则更加丰富，仿佛它们是卷入了专为角蝉物种所设计的进化风暴一般，现在完全不知道世间究竟有多少种角蝉存在。接下来我的工作便是在这片热带云雾森林里探索并发现至今仍未记录在案的角蝉，以及更多的未知生物。

角蝉 Treehopper
与蝉并非同一个物种，拥有各式各样的颜色和形状。可以将自己拟态成植物的嫩芽和树叶，或是水滴乃至昆虫的粪便。

🌳依靠多姿多彩的颜色与拟态外表在自然界中生存

当我们看到闪蝶时，会被它如蓝宝石般美丽的翅膀所震撼，使得初到哥斯达黎加的游客产生"这里昆虫的外表都十分夺人眼球"的第一印象。其实这首先是由于哥斯达黎加身处临近赤道的地理位置，紫外线极强。另外，惹眼的靓丽外表不仅可以为异性求爱锦上添花，对于恐吓敌人也有实质性的作用。

昆虫的拟态现象大体可以分为两类。一是将自己化作树叶树枝，融入环境，进而降低捕食者发现自己的可能。二是将自己拟态为蜜蜂或蚂蚁等拥有毒针的昆虫，威慑捕食者，降低被吞食的可能。但是至今仍有很多无法解释的拟态行为。

我所研究的课题之一——"植物寄生虫"也很不可思议。昆虫幼虫在很小的时候便钻进植物之中，刺激所寄生植物的叶片和根茎，进而开始掌控植物该部分的发育进程。外界乍一看以为是植物的花苞或果实，你完全想象不到其实那是个虫卵。虫卵内部便是幼虫所生存的空间，它们以虫卵壁为食物来源。这些植物寄生虫经常可以在热带云雾森林里看到，在这片土地气温降低，风雨交加之时，寄生在植物身上是它们最好的生存手段。

New Issue！

西田先生参与编著的《热带美洲昆虫与其他节肢动物》一书是一本全彩色的昆虫入门级丛书，虽然是英文版本，但应该对喜爱昆虫的朋友很有启发。

蜂鸟 Trochilidae
1秒内可以挥动翅膀50次以上，是世界上体格最小的鸟类。它们了解花蜜的所在位置，每次采蜜都不会失手。

白外叶蝠 Ectophylla alba
动物界中珍贵的白色蝙蝠，整日栖息在蝎尾蕉的叶片之间通常是1只公蝠和几只妻亲雌蝠生活在一起。

舌蜂
它们是为兰花传播花粉的知名伙伴，身体大多为金属色。雄蜂汲取兰花花蜜，雌蜂负责传播。

栖息于大自然乐园中的鸟类与动物现状

全世界10%，约850种鸟类都栖息在哥斯达黎加的国土范围之内。特别是难得一见的蜂鸟，可谓这里最普通的物种，野生蜂鸟的品种也有很多。宛如长有胡子的胡子鸟和挥舞翅膀时会发出奇妙音乐的舞鸟也都可以在哥斯达黎加一饱眼福。绿咬鹃的数量逐渐在蒙特韦尔德地区减少，受地球温室效应影响，鸌鹟巨嘴鸟就将生存地区迁移到了高地，而将绿咬鹃的雏鸟当作为它们的食物。虽然在鸟类爱好者圈子中巨嘴鸟的人气很高，但因为它们是杂食性动物，几乎是其他所有鸟类的潜在敌人。

在蒙特韦尔德自然保护区中也能看到各式各样的哺乳类动物。南美浣熊、白喉卷尾猴、蜘蛛猴、犰狳等动物都是这里的常住居民。野生郊狼也会不时出现在这片森林哟。因为美洲狮是夜行性动物，所以很难在白天看到，但晚上有时还是可以用夜视照相机观察到它们的身影。别害怕，因为森林里物种丰富，至今也没有听到它们吃人的事件发生。

由于哥斯达黎加的人口数量不多，所以整个国家都非常有利于生态旅游和自然保护项目的发展进行。这里的动物对人也没有太大的威胁，并且由于来到哥斯达黎加的观光客逐渐增多，动物反而越来越习惯了人类的存在。在丛林中遇到西貒群时，它们大多数都没有警戒状态，即使与它们靠近到1米左右的距离也安然无恙。动物下降的警备心态或许对人类来说是个利好消息，但确实不可否认，即使是在大自然中生活的野生动物也失去了些许天生的野性。

象鼻虫 Weevil
象甲科的一科，以兰花为食，头部前面有特化成和象鼻一样长的口器，用其来吃一朵又一朵兰花的嫩骨朵。目前只知道象鼻虫的幼虫是依靠兰花生存，更详细的生态信息还是未来的研究课题。

生态旅游的注意事项

参加生态旅游的游客普遍会认为自己即将在一个酷暑的热带国度展开此次中美洲之旅。其实哥斯达黎加远没有想象的那么炎热，相反，这里气温偏低甚至会有寒意。即使是海拔较低的地区早晚时段也都能感受到阵阵凉意。特别是在蒙特韦尔德以及圣何塞这些海拔1000~1500米的高地，如果没有件外衣可是无法愉快旅行的。旅行前准备好长衣长裤，做好防寒与下雨的准备，如果前往高山地带，一件羽绒夹克、一双手套可谓保暖的利器。无论是海拔较低的地区还是海拔较高的高地，紫外线都非常强烈，墨镜和防晒帽也都是必备物品。

毒蛇经常栖息在海拔较低的地区，近年由于温室效应的缘故，高地也要有防范毒蛇的意识。特别是拥有剧毒的三色矛头蝰蛇，经常将身体和地面化作一个颜色，如果你在林间小路中一不留神踩到了它们，立马便会被咬。所以如果能穿一双高帮且外皮坚硬的长靴会更安全。穿梭于茂密的热带雨林之中，谁都不知道将会发生什么，最好穿戴完备的装备再进入森林。另外不要乱碰树干树枝，接触植物前要先询问向导，这些注意点都是要时刻牢记在心的准则。要知道，即使是对自然保护区熟知的大自然研究者们，也会遭遇各式各样的问题，作为外行人的游客就更要多加小心了。

人类目前解读的多样性环境只是大自然中非常小的一部分，前往大自然旅行，一定要对大自然抱有十足的敬意，谨言慎行，才可以在哥斯达黎加安全地体验并感受大自然的无穷乐趣。

哥斯达黎加
动物观察区域及最佳时期
NATURALEZA DE COSTA RICA

当地向导推荐的 **6** 处

国土面积不大但地形变化丰富的哥斯达黎加，根据地势不同，气候乃至生态系统也多种多样。热带云雾森林、热带雨林、热带旱生林都分布在哥斯达黎加的国土之中。不同的季节可以观察到的动物也不尽相同，配合相应季节进行动物观测，来一趟令你难忘的中美洲之旅吧。

洛斯绿咬鹃国家公园 (→ p.255)
P. N. Los Quetzales

热带云雾森林

携带望远镜和有望远功能的相机更加有利于观察

限定观测季节
12月~次年3月

绿咬鹃在观测季节以外会不时出现在或高或低的宽阔地域之间

因为在季节适宜的时间可以很轻松地找到绿咬鹃搭巢并养育雏鸟的地点，所以目睹绿咬鹃并非难事。但是自己去找绿咬鹃的居所就是另当别论。难于上青天了，一定要有当地向导带路才可以。

蒙特韦尔德自然保护区 (→ p.270)
P. B. Monteverde

热带云雾森林

有向导相伴才会更大概率地看到珍奇动物

最佳观测季节
2~4月

栖息在这里的蜂鸟多达十余种

蒙特韦尔德自然保护区近乎常年都下着小雨，只有2~4月期间降雨概率较小，可以更加舒适地游览。另外保护区内的扩展项目很多，是游客的热门观光地。如果你打算观赏鸟类，最好在最佳时节即2~4月到访这里。

马努埃尔·安东尼奥国家公园 (→ p.260)
P. N. Manuel Antonio

热带雨林

漫步林间小路后便可以抵达优美的沙滩

最佳观测季节
全年

慵懒的树懒栖息在树上

从太平洋岸边的沙滩一直蔓延到茂密的热带雨林，是很有人气的国家公园。与向导共同探索丛林可以更大概率地见到野生动物。

卡诺乃格罗野生保护区 (→ p.281)

R. N. Caño Negro

热带雨林

外表美丽的绿色王蜥

向导发现野生动物的身影后便会及时停船

最佳观测季节
全年

从阿雷纳火山山脚下的拉福图纳小镇搭乘迷你小巴或小船前往卡诺乃格罗野生保护区。有向导陪伴的小船全年都能近距离欣赏沿途栖息的野生鸟类、猿猴及各类昆虫，有向导的慧眼帮助才会更容易有新发现。

托图格罗国家公园 (→ p.282)

P. N. Tortuguero

热带雨林

虽然夜晚禁止拍摄产卵的海龟，但白天在海边可以随意拍摄遇见的海龟

泛船游览的途中可以看到许多水鸟

最佳观测季节
7~9 月

面向加勒比海，年降水量超过 5000 毫米，环境宛如南美洲的亚马孙河途经的热带雨林。可以观赏到海龟产卵的季节是到访这里最好的时间。野生鸟类与各类爬虫类的种类在这里也非常多样。

帕洛贝尔德国家公园 (→ p.288)

P. N. Palo Verde

热带旱生林

黑腹树鸭等珍稀鸭类常年在这里繁衍生息

被热带旱生林包围的湿地地区

最佳观测季节 12 月~次年 4 月

这座国家公园中除了繁茂的热带旱生林地区，还有被潺潺流水所滋养的美丽湿地。园内常年都栖息着各种鸟类，当然最棒的季节还要数可以观测到从北美洲迁徙而来的白鹭及朱鹭等各类迁徙鸟类的美妙时期。

想在中美洲7国大买一番！

礼物目录

Catálogo de Souvenir

旅行的乐趣之一便是购物。中美洲各国都可买到各式各样的精美礼物。旅游城市内的工艺品商店、市场、超市都是挑选礼物的好去处。各个国家既有些类似的手工艺品，也有只在该国才能买到的原创商品，希望你能挑选到心仪的礼物。

Accesorio 饰品

发卡
Pinza para Cabello
以巴拿马国旗颜色为主题的条纹状发卡。US$3~

耳饰
Pendientes
以蜂鸟为题材的木质耳饰。US$30~

女士披肩
Chal
危地马拉原住民手工制作的精美披肩，冬季时可以当作围脖使用，也十分时尚。US$4~

金字塔形状的吊坠
Colgante de Piramide
以玛雅遗迹中的金字塔为主题的吊坠。US$5~

鹫形象的项链坠
Colgante de Águira
选用火山岩和翡翠打造的鹫形的吊坠，价格不算便宜。US$15~

鸽子外形的吊坠
Colgante de Paloma
陶瓷制作的口笛，鸽子外形的吊坠十分讨巧。US$3~

危地马拉特产品

萨尔瓦多特产品

巴拿马特产品

编织手链
Pulseira Textil
选用危地马拉纺织布料编织的精美手链。US$2~

罗梅罗大主教的手链
Pulseira de Romero
描绘萨尔瓦多民族英雄罗梅罗大主教的手链。US$2~

玛雅日历造型的手链
Pulseira de Calemdario Maya
合金材质的玛雅日历图纹造型手链，适合男性佩戴。US$3~

巴拿马棒球帽
Gorra de Béisbol
Liga Panamá
巴拿马国内棒球联盟球队的精致球队棒球帽复刻品。US$10~

Moda 时装

尼加拉瓜特产品

洪都拉斯特产品

国家队球衣
Uniforme de Fútbol
中美洲足球劲旅洪都拉斯队的队服。US$20~

棒球队队服
Uniforme de Béisbol
尼加拉瓜最热门的运动便是棒球，售卖国家知名的棒球队球衣。US$12~

T恤衫
Caseta
哥斯达黎加经常可以看到以野生动植物为主题的T恤衫，种类多样。US$15~

※ 商品售价为本书调查时的市价，可能会有所变动。标注 × × 特产品的商品是只在该国才能买到的，其余商品则是各国都有可能售卖类似的物品。

Artesanía 民间工艺品

小布包
Bolso
危地马拉的纺织物编制而成的 A5 纸张大小的小布包。US$8~

零钱包
Cartera
选用布料及牛皮制作的尼加拉瓜特色零钱包。US$3~

零钱包
Cartera
布质零钱包，烟盒大小，可谓十分称手。US$2~

小鸟支架
Obra de Ave
以萨尔瓦多的国鸟——翠鸟为造型的小支架。US$2~

巴拿马特产品

吊床床单
Hamaca
以布作为主要材料的尼加拉瓜特制床单。根据面料及设计不同价格也不尽相同。US$15~

画作
Pintura
明信片大小的油画作品。图案经常是危地马拉的代表场景或生物。US$10~

刺绣纺织品
Mara
库纳族制作的刺绣小物件。布包（US$12~）、杯垫（US$1~）等都以精致素朴的刺绣图案。

Comida y Bebida 食物·烟酒

Artículo doméstico 杂货

尼加拉瓜特产品

朗姆酒
Ron
中美洲各国最常见的酒品便是朗姆酒，酒精度数 40 度左右，也有小瓶装，方便携带。US$7~

雪茄
Tabaco
海拔较高的地区盛产烟叶，其中尼加拉瓜的埃斯泰里烟叶最为出名。五根小型雪茄套装 US$3~，大雪茄单根 US$5~。

保温玻璃杯
Taza térmica
虽然外表为透明玻璃造型，实则为塑料材质，内胆则是金属材质，保温效果很好。US$12~

圆珠笔
Bolígrafo
笔杆上有一只可爱的小海龟模型，十分可爱。US$1~

辣椒酱罐头
Salsa Picante
选用墨西哥辣椒制作的辛辣辣椒酱。有的罐头只有手掌大小，非常方便携带。US$2~

茶包
Rosa de Jamaica
当地将茶包称为 Rosa de Jamaica，朱槿花茶包通常为 20 包一盒。US$3~

巧克力粉
Chocolate
用热水或热牛奶冲开饮用，略微带有肉桂风味的巧克力冲调饮料。US$5~

咖啡
Café
中美洲各地都种植着阿拉比卡咖啡豆，推荐购买每 460g 价位在 US$8~15 之间的高品质咖啡豆。即使同一品牌的咖啡也会因为烘焙方式的不同而产生不同的酸度、苦感乃至香味。具体可以咨询店员，他们可是大隐隐于市的咖啡专家。

危地马拉　洪都拉斯　哥斯达黎加　巴拿马

萨尔瓦多　尼加拉瓜

山珍海味

中美洲菜肴图鉴
Menú de la Comida

下文将介绍中美洲各国都可以吃到的大众菜肴、蕴含丰富原住民文化的传统菜，以及甄选各式山珍海味烹制的本土特色菜肴。

危=危地马拉　伯=伯利兹　萨=萨尔瓦多
洪=洪都拉斯　尼=尼加拉瓜　哥=哥斯达黎加
巴=巴拿马　下文的菜品在中美洲各国的普通餐馆都可以品尝到，相同菜式不同的国家及地区可能烹调的方式会有所不同。

肉菜
Carne

中美洲烤牛肉·香肠
Churrasco Tipico　危 洪
烤牛排以及刷有辣酱的烤香肠。餐盘中还会添加沙拉与蔬菜，保持饮食健康。

铁扦烤串
Pincho　危 萨 洪
烤串的一种，以肉和蔬菜作为食材。

烤鸡串
Brocheta de Pollo　危 洪 尼
与铁扦烤串类似的制作手法。点菜的时候最好嘱咐一下是烤嫩点还是焦点。

西红柿炖牛肉
Ropa Vieja　巴
当地名字的字面意思是"旧衣服"，用西红柿炖煮碎牛肉的巴拿马风味菜肴。

烤猪排
Chuleta de Cerdo　危 伯 萨 洪 尼 哥 巴
选用肉量丰富的大猪排烤制而成，咬上一口便肉汁横流。

烤牛宝
Huevos de Toro　尼
即烤牛睾丸。也称为 Criadila，牛羊的睾丸在中美洲各国都是人气食材。

西红柿炖牛舌
Lengua Tomatada　危
无论是牛舌还是西红柿都被炖得软烂，配大白米饭一起吃非常下饭。

炖牛杂
Mondongo　危 萨 洪 尼 哥 巴
几乎中美洲各国都有的家常菜，大多数国家都会炖汤喝。

肉类拼盘
Surtido Nicaragüence　尼
烤牛肉、烤猪肉、烤鸡肉、烤香肠都是拼盘的座上客，为了饮食平衡还会添加一些蔬菜。

烤鸡胸
Pollo a la Plancha　危 洪 尼 哥
将薄薄的鸡胸肉用盐和洋葱腌制后烤制而成。

烤鸡腿
Pollo Asado　危 伯 萨 洪 尼 哥 巴
各国都可以吃到的常见肉菜，但不同地区的烹饪方式有所不同，带来截然不同的风味。

炸鸡
Pollo Frito　危 伯 萨 洪 尼 哥 巴
街边小摊以及快餐店中最常见的菜品。

　※ 几分熟用语：嫩一些，生一点=泼扣·艾乔（poco hecho）
　　焦一点，全熟=比燕·艾乔（bien hecho）

葱香烤黄花鱼
Corvina al Ajo 尼 哥 巴
将从哥斯达黎加海域捕捞的黄花鱼搭配洋葱烤制而成的菜肴。

炸石首鱼
Corvina Frita 尼 哥 巴
将新鲜捕捞的石首鱼过油炸制而成。

葱香烤马哈鱼
Mojarra Frita Ajo 哥 洪 尼
养殖鱼类中价格最低廉的便要数马哈鱼了，al Ajo 指的是配洋葱烤制而成。

酸橘汁腌鱼
Ceviche 危 伯 尼 哥 巴
用洋葱、红椒、香菜以及柠檬汁腌制的沿海地区鱼肉菜。

烤扇贝
Seashell Steak 伯
伯利兹度假区的特色烤扇贝菜式，扇贝肉质肥美，绝对吃得过瘾。

龙虾菜肴
Langosta 伯 洪 尼 巴
选用加勒比海打捞的龙虾做汤或烧烤。

香烤虹鳟
Trucha a la Plancha 哥 巴
选用养殖的新鲜虹鳟作为食材，a la Plancha 便是烧烤的意思。

水煮文蛤
Almejas 巴
将新鲜的文蛤吐净沙子后水煮，是很好的前菜和下酒菜。

鱼肉汉堡
Burrito de Pescado 哥 巴
面饼中夹裹鱼肉及蔬菜的中美洲特色汉堡。

炖鸡汤
Sancocho 哥 巴
巴拿马最常见的大众菜，将带骨老母鸡与芋头一起炖煮而成，咸鲜美味。

辣香鸡汤
Chirmole 危 伯
加入辣椒等调味料熬制的黑色浓汤。是尤卡旦半岛知名的当地美食。

热辣火鸡汤
Chuleta de Cerdo 危
将带骨火鸡肉与蔬菜一同在香辣汤中炖煮，是危地马拉科潘地区的著名菜肴。

果香海鲜汤
Tapada/Sere 危 伯 巴
将螃蟹、鲜虾等海鲜与香蕉、椰奶一同焖炖而成的加里富纳人的民族菜品。

西红柿辣鸡汤
Pepián 危
大量加入西红柿与香料，长时间炖煮鸡肉与蔬菜，味道辣辣的，越吃越香。

蔬菜鸡肉汤
Jocón 危
将鸡肉与各式蔬菜一同炖煮，味道浓郁，危地马拉风格的特色菜品。

Arros 米饭

红豆饭
Gallo Pinto 尼 哥 巴
中美洲特色的红豆饭，搭配肉类及鸡蛋蔬菜一起上盘。

椰香豆饭
Rice and Beans 伯
煮饭时加入豆子和椰肉，出锅后搭配肉类一起食用的伯利兹及加勒比海岸菜肴。

海鲜炒饭
Arros con Camarones 尼 哥 巴
添加虾仁、洋葱的巴拿马特色炒饭。

Otras 其他小吃

红薯猪皮
Yuca con Chicharron 萨 洪 尼
把炸红薯和炸猪皮混合在一起吃的油炸小吃。

特色馅饼
Pupusa 危 萨
玉米粉擀制的玉米饼中夹裹肉馅、奶酪及豆子烤制而成的大众主食。

蕉香肉饼
Tamal/Chuchito 危 伯 萨 洪 尼 哥 巴
玉米饼中裹肉后放在香蕉皮中蒸制而成。

炸馅饼
Empanada 哥
玉米饼中夹裹肉馅和奶酪炸制而成的小吃。

炸香蕉
Platano Frito 洪 尼 哥 巴
选用没有甜味的大香蕉切块炸制而成，有的地区也选用甜香蕉制作这道小吃。

香炸猪皮
Vigorón 尼
蔬菜丝搭配刚出油锅的炸猪皮一起食用，是非常常见的街头小吃。

各国代表啤酒

中美洲各国都有自己的啤酒 Cerveza，可以都买来尝尝，看看哪款最合你胃口。

加洛啤酒
Gallo 危

伯利金啤酒
Belikin 伯

皮尔森啤酒
Pilsener 萨

帝国啤酒
Imperial 哥

托纳啤酒
Toña 尼

萨尔瓦维达啤酒
Salva Vida 洪

巴拿马啤酒
Panamá 巴

用餐指南

中美洲的餐馆分为可以品尝到精致地道菜肴的餐馆 Restaurante、平价饭馆 Comedor、主营简餐的咖啡馆 Cafeteria。部分餐馆的菜单没有配图只有文字，这时候游客如果掌握几句本地话，便能有更棒的用餐体验。"餐厅的主打菜是什么？"（Quál recomendaría？奎尔·瑞康达瑞阿）；如果觉得旁边客人的菜品十分诱人，便可以说"给我也来一份和那个一样的"（Pediré uno igual que ése 佩迪瑞·乌诺·伊瓜尔·凯·耶斯）。当然有的餐馆菜单上也会附上图片，更加方便食客点菜。自助餐厅用餐就更容易了，将喜欢的菜品夹到盘子里享用即可。

自助餐厅的菜品选择更是当场使可简单决定，看真正的"图"，甚至还能闻闻味再做决定

危地马拉
GUATEMALA

伯利兹
洪都拉斯
萨尔瓦多
尼加拉瓜
危地马拉
哥斯达黎加
巴拿马

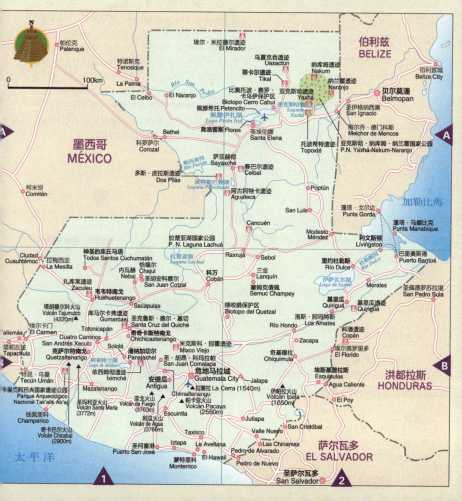

帕伦克
Palenque

特诺斯克
Tenosique

La Palma

El Ceibo

El Naranjo

埃尔·米拉多尔遗迹
El Mirador

乌夏克吞遗迹
Uaxactún

蒂卡尔遗迹
Tikal

比奥托波·赛罗·卡乌伊保护区
Biotopo Cerro Cahuí

佩滕希托 Petencito

弗洛雷斯 Flores

圣埃伦娜
Santa Elena

纳库姆遗迹
Nakum

纳兰霍遗迹
Naranjo

亚克斯哈遗迹
Yaxhá

亚克斯哈保护区
Laguna
Yaxhá

伯利兹
BELIZE

伯利兹城
Belize City

贝尔莫潘
Belmopan

圣伊格纳西奥
San Ignacio

梅尔乔·德门科斯
Melchor de Mencos

墨西哥
MÉXICO

柯米坦
Comitán

Bethel

科罗萨尔
Corozal

多斯·皮拉斯遗迹
Dos Pilas

萨亚赫切
Sayaxché

Río San Pedro

帕西翁河
Río Pasión

佩滕伊扎湖
Lago Petén Itzá

赛巴尔遗迹
Ceibal

派特斯巴顿湖
Laguna Petexbatún

阿古阿特卡遗迹
Aguateca

Poptún

托波希特遗迹
Topoxté

亚克斯哈·纳库姆·纳兰霍国家公园
P.N. Yaxhá-Nakum-Naranjo

San Luis

Cancuén

蓬塔·戈尔达
Punta Gorda

蓬塔·马纳比克
Punta Manabique

加勒比海

Ciudad
Cuauhtémoc

拉梅西亚
La Mesilla

扎库莱遗迹
Zaculeu

内瓦赫
Nebaj

恰胡尔
Chajul

圣安科寨尔
San Juan Cotzal

拉楚亚湖国家公园
P.N. Laguna Lachuá

拉楚亚湖
Laguna Lachuá

科万
Cobán

Raxrujá

Sebol

兰金
Lanquín

里约杜尔塞
Río Dulce

杜尔塞河
Río Dulce

利文斯顿
Lívingston

巴里奥斯港
Puerto Barrios

神圣的库胡马塔
Todos Santos Cuchumatán

韦韦特南戈
Huehuetenango

库尔尔弗遗迹
Gumarcaaj

萨卡普拉斯
Sacapulas

圣克鲁斯·德尔·基切
Santa Cruz del Quiché

塞姆克佩伊
Semuc Champey

绿咬鹃保护区
Biotopo del Quetzal

洛斯·阿马特斯
Los Amates

Río Hondo

基里瓜
Quiriguá

基里瓜遗迹
Quiriguá

Morales

圣佩德罗苏拉港
San Pedro Sula

塔胡穆尔科火山
Volcán Tajumulco
(4220m)

托托尼卡潘
Totonicapán

克萨尔特南戈
Quetzaltenango

埃尔·卡门
El Carmen

塔帕丘拉
Tapachula

圣安德烈斯·塞库鲁
San Andrés Xecul

库亚特罗·卡米诺斯
Cuatro Caminos

索洛拉
Sololá

奇奇卡斯特南戈
Chichicastenango

潘纳加切尔
Panajachel

圣·胡恩·科马拉帕
San Juan Comalapa

阿蒂特兰湖
Lago de Atitlán

科潘遗迹
Copán

奇基穆拉
Chiquimula

萨卡帕
Zacapa

埃尔佛罗里多
El Florido

talismás
El Carmen

特昆·乌曼
Tecún Umán

卡里克阿坎阿国家遗迹公园
Parque Arqueológico
Nacional Tak'alik Ab'aj

钱佩里科
Champerico

奇卡巴尔火山
Volcán Chicabal
(2900m)

马萨特南戈
Mazatenango

伊西姆切遗迹
Iximché

依西姆彻遗迹

圣利莫利火山
Volcán Santa María
(3772m)

菲戈火山
Volcán de Fuego
(3763m)

阿瓜火山
Volcán de Agua
(3766m)

危地马拉城
Guatemala City

安提瓜
Antigua

查尔特南戈
Chimaltenango

拉塞拉 La Cerra (1540m)

帕卡亚火山
Volcán Pacaya
(2550m)

Mixco Viejo

Jalapa

埃斯基普拉斯
Esquipulas

伊帕拉火山
Volcán Ipala
(1650m)

阿瓜·卡连特
Agua Caliente

埃尔波伊
El Poy

洪都拉斯
HONDURAS

埃斯昆特拉
Escuintla

Taxisco

Iztapa

圣何塞港
Puerto San José

蒙特里科
Monterrico

La Avellana

El Hawaii

Jutiapa

Valle Nuevo

San Cristóbal

Las Chinamas

佩德罗·德·阿尔瓦拉多
Pedro de Alvarado

Pedro de Nuevo

萨尔瓦多
EL SALVADOR

圣萨尔瓦多
San Salvador

太平洋

0   100km

国旗

两侧的蓝色分别代表太平洋与加勒比海，中间则描绘着国鸟绿咬鹃。

国名

危地马拉共和国
República de Guatemala

国歌

《快乐的危地马拉》
Himno Nacional de Guatemala

面积

约 10.89 万平方公里

人口

约 1724.5 万（2018 年数据）

首都

危地马拉城 Guatemala City（正式名称为西班牙语的 Ciudad de Guatemala）。首都人口约为 215 万，首都圈人口大约为 470 万。

领导人

现任总统吉米·莫拉莱斯 Jimmy Ernesto Morales Cabrera（2016 年 1 月就任，任期 4 年）。

政体

立宪共和制，国民议会为一院制（议员名额固定在 158 人）。

民族构成

玛雅原住民 46%、梅斯蒂索人（欧洲人与印第安原住民的混血人种）及欧洲裔 30%，其余民族（加里富纳人、辛卡人等）24%。

宗教

基督教 65%、新教 30%、其余教派 5%。原住民普遍信奉传统宗教与基督教结合的特有宗教。

语言

官方用语为西班牙语，原住民则通用基切语、喀克其奎语、玛姆语等 22 种玛雅语系以及加里富纳语系。

→旅行会话 p.348

※ 首都的全称是努艾巴·危地马拉·德·拉·阿森希恩 Nueva Guatemala de la Asuncion，国际上简称为危地马拉城。当地人通常将其称为危地马拉、危地或首都。

危地马拉旅游资讯
URL www.visitguatemala.com

货币及汇率

货币单位为格查尔 Quetzal（简称为 Q），复数情况用 Quetzales 表示。1 格查尔 Quetzal=100 分 Centavos（简称为 c），2019 年 3 月 22 日的汇率为 Q1 ≈ 0.87 元，US$1 ≈ Q7.63。纸币分为 1、5、10、20、50、100、200 格查尔共 7 种面值。硬币分为 1、5、10、25、50 分及 1 格查尔 6 种面值。当地支持与美元的货币互换，根据银行不同关于是否收取手续费、每次的兑换额度乃至汇率等规定也都有所不同。便利店及部分高档酒店、大商场中设有 ATM 机，可以使用信用卡在此直接取钱。

旅行资金准备→ p.343

1c 5c 10c 25c

50c Q1 Q1

Q5 Q10

Q20 Q50

Q100 Q200

小贴士 危地马拉货币兑换小谈：危地马拉通常只接受本国货币格查尔（部分高档酒店或旅行社可能接受美元支付）。如果在国内来不及兑换格查尔货币，可以携带美元抵达危地马拉后再进行兑换。银行的 ATM ↗

如何拨打电话

从国内往危地马拉打电话

| 国际电话
识别号码

00 | + | 危地马拉的
国家代码

502 | + | 区号
（去掉前面第一个0）

×× | + | 对方的
电话号码

×××××× |

从危地马拉往国内打电话

| 国际电话
识别号码

0 | + | 中国的
国家代码

86 | + | 区号
（去掉前面第一个0）

×× | + | 对方的
电话号码

×××××× |

电话及邮政→ p.344

※ 信用卡的普及率由高到低为 Visa、Master Card、American Express。Diners Club 和 JCB 的信用卡通常只在首都和安提瓜两地可以使用。

签证

危地马拉尚未与中国建交。与我国未建立外交关系的国家，一般都未设使（领）馆。所以中国内地和香港都没有办法办理危地马拉的签证。中国公民申办危地马拉签证时首先要有和危地马拉建交的国家签证，最知名的便是美国签证。持有效期大于 6 个月的美国签证，前往设有危地马拉大使馆的国家（如韩国、美国）办理签证即可。

护照

进入危地马拉前有效期要在 6 个月以上。

出入境

乘坐飞机途经美国，需要美国签证。在美国进行转机或停留时一定要注意，启程到美国前，所有通过豁免签证计划来到美国的旅游人士必须通过旅游授权电子（EVUS）系统（→p.335）取得授权。详情请参照美国大使馆官网介绍。

机票内通常包含出境税及机场使用费。

穿越中美洲国家边境→ p.338

（1）APELLIDOS 姓
（2）NOMBRE 名
（3）DOCUMENTO 护照号码
（4）NACIONALIDAD 国籍
（5）PROFESION 职业

（6）FECHA DE NACIMIENTO 出生日期（以日期、月份、年份的顺序填写）
（7）SEXO 性别（F=女性，M=男性）
（8）PAIS DE NACIMIENTO 出生国家
（9）PAIS DE RESIDENCIA 居住国家
（10）MOTIVO DE VIAJE 到访目的（TURISMO=观光）
（11）DIRECCION PREVISTA 住宿地点
（12）NUMERO DE VUELO 航班号
（13）PAIS DE PROCEDENCIA 从哪国而来（入境危地马拉前所在的国家）

出入境卡填写范例

（14）PAIS DE DESTINO 往哪国而去（之后要去的国家）

【出入境税】

乘坐飞机出入境时，机票中已经包括了出入境税费。陆路交通进出危地马拉时，要征收 Q20 的税金。

从中国乘坐飞机前往危地马拉

目前国内并未开设直飞危地马拉的航班，你可以搭乘美国航空或达美航空在美国转机前往危地马拉。通常飞机航线的目的地城市都是危地马拉城，算上转机的等待时间，需要 17~25 小时便可抵达危地马拉。

美国前往中美洲的主要航线→ p.333

（几乎 24 小时营业）可以支持写有 Cirrus、PLUS 等字样的信用卡直接提现（上限为 Q2000~3000）。银行支持美元与格查尔的货币互换，利用 ATM 直接取钱的汇率与银行的汇率不会有太大出入。

气候

　　5~10 月为危地马拉的雨季，11 月~次年 4 月是旱季，当地将雨季称为冬季，旱季称为夏季。雨季中普遍每天都会下好几次雨，而且都是暴雨级别，飓风也通常在雨季出现。所以 12 月~次年 4 月更适合前往危地马拉旅行。雨季中的 8 月偶然会有晴天，12 月~次年 4 月没时间的话就挑 8 月吧。探访位于热带地区海拔较低的玛雅遗迹最好是在 1~3 月期间。早晚气温宜人，而且也没有太多蚊虫叮咬的烦恼。相反时值雨季的 6~8 月是蚊虫活动最频繁的时期，一定要做好防蚊措施。

　　内陆地区海拔 1500~2000 米的地方常年都比较温暖，气候宜人。相反热带地区海拔较低的地带，全年都可以用酷暑难耐来形容。

　　当地人称雨季（5~10 月）为冬季，顾名思义，下雨后确实会体感较凉，但在白天穿一身短袖短裤也是没问题的。海拔超过 2000 米的高原地带早晚时段都比较冷，一定要做好保暖工作，尽量多带些衣物。

危地马拉城的全年气候表

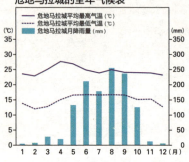

- 危地马拉城平均最高气温（℃）
- 危地马拉城平均最低气温（℃）
- 危地马拉城月降雨量（mm）

时差与夏令时

　　比中国晚 14 小时，中国 0:00 的时候，危地马拉是前一天的 10:00，危地马拉未设夏令时。

危地马拉节日（主要节假日）

　　以下为 2019 年间的主要节假日时间表。每年复活节的时间都会有所变动（不固定日期的节日用 ★ 标记），需要实际确认。

安提瓜的复活节活动

1 月	1/1	新年
4 月	（4/20~22 2019 年）	★ 复活节
5 月	5/1	劳动节
6 月	6/30	危国军人日
8 月	8/15	圣母升天日（亦称"圣母升天瞻礼""圣母安息节"）
9 月	9/15	独立纪念日（国庆）
10 月	10/20	革命纪念日
11 月	11/1	西洋清明节
12 月	12/25	圣诞节
	12/31	除夕

工作时间

　　以下介绍的是一些营业场所的工作时间，商店、餐馆等服务业会有所不同。服务游客的行业一般都会将工作时间延长一些。

【银行】

　　周一~周五通常营业时间为 9:00~18:00，部分银行会在 17:00 结束营业。有的银行周六也会营业，营业时间到 12:00。所有银行周日及节假日都休息。

【政府及一般企业】

　　周一~周五 9:00~12:00、13:00~17:00。

【商店】

　　每天的营业时间通常在 9:00~18:00，部分商店会在周日休息。观光场所的民间工艺品店有的会全年无休。

【餐馆】

　　通常每天在 11:00~15:00、18:00~22:00 之间营业。

电压及插座

　　电压 120V，频率为 50Hz。插座为两眼扁平插座（A 类型），但电压可能不太稳定，推荐携带变压器和转换插头。出发前请再次确认你的电器标准。

A 类型的常见插座

视频制式

　　与中国的 PAL 制式不同，危地马拉是 NTSC 制式，在危地马拉购买的 DVD 无法在国内播放。

小费

习惯支付小费。

【出租车】

通常不用额外支付小费。

【餐馆】

餐馆的结算单上如果包含服务费则无须额外支付小费，通常将总餐费的10%作为小费支付即可。街头的平民餐馆无须支付小费。

【酒店】

拜托行李工搬运行李或提出打扫房间服务时，通常支付US$1~2。

【参团】

通常将旅游费的10%给向导作为小费。

饮用水

酒店及餐馆水龙头流出的水通常都可以直接饮用。但是在集市或街头小餐馆用餐时，为防万一，还是饮用瓶装矿泉水最为妥当（当地矿泉水品牌为阿瓜·普拉 agua pura）。在超市和杂货店都可以轻松买到矿泉水。在餐馆点冷饮时，饮料里的冰块可能是用非饮用水制作而成的，尽量不要加冰。

邮政

危地马拉从2016年8月开始停止邮政业务。各城市的邮局都停业关闭。如果打算向国内邮寄小型包裹，可以委托FedEx及DHL等民营邮政公司。直至本书出版时，危地马拉的国营邮局仍未恢复营业。

税金

中档以上的酒店便会加收额外税费

日常商品的税率为12%，危地马拉旅游局收录的酒店及餐馆还会将税费提升到22%，其中包含了旅游局加收的观光税费。经济型酒店以及街头小餐馆会在收费时将税费含在账单之中。

安全及突发情况

【强盗、小偷】

说实话危地马拉并不是一个十分安全的国度，即使是首都危地马拉城，出现强盗和小偷也是最稀松平常的事情了。当然，最主要的受害者便是我们初来乍到的观光客了。弗洛雷斯、潘纳加切尔、安提瓜等观光胜地治安虽也说得过去，但还是不要接近当地的危险地带，尤其不要独自行动，晚上外出更要加倍小心。

游客最常遭遇的不测便是行李丢失，在公交站等车时要多留神自己的随身行李，切记不要让它们离开视线范围。

【医疗事项】

各个城市都设有医院和诊所，如果你受伤或身体有所不适，联系酒店的工作人员一般他们都会带你前往最近的医院。但这里医生的医术不是很高，如果是重病还是推荐尽快回国医治。

当地的药品药效很强，对于东方人来说可能会引起不适，最好是自带药品以防万一。

报警电话 110、120

旅行中的突发情况及安全知识→ p.346

年龄限制

危地马拉法律规定未满18岁不得饮酒及抽烟。观光景区的门票有学生票和儿童票。有的景区还有专门的外国游客票，如果出示在当地语言学校的学生卡及居住卡，可以享受危地马拉的国民门票价格乃至学生票价格。所以如果你在危地马拉留学，去参观游览时可不要忘了带学生卡哟。

度量衡

和中国一样，长度单位为米，重量单位除了千克以外，也用磅。

※1Libra（缩写为lb）=1磅=16Onza=460g

其他

公共场合禁止饮酒，被发现的话将被处以Q5000的罚款，请多加注意。

【参观教堂】

参观教堂等宗教设施时一定要入乡随俗。进入建筑物后要脱帽，不要穿着大背心短裤这种过于暴露的着装。不能把饮料食品带进教堂。

【拍摄照片】

原住民普遍比较反感被游客拍照，如果打算拍照，最好先询问下他们的意见。通常教堂内部禁止拍照。

【洗手间】

城中的餐馆和购物商场通常都设有洗手间。收费的公共卫生间需要向管理人员支付Q0.5后才能进入使用。由于当地水压较低，上完厕所不要把卫生纸扔进便池，直接扔到垃圾桶即可。

危地马拉城

Guatemala City (Ciudad de Guatemala)

浓缩危地马拉国家政治与经济的核心城市

面向中央公园的国家文化宫殿

人口▶ 215 万

危地马拉城
MAP p.23/B1

行政区
　市内分为 1~25 个街区
（但没有 20、22、23 三个街区）

旅游咨询处 INGUAT
MAP p.31/C1
🏠 7a Av. 1-17, Centro Cívico, Z 4
☎ 2421-2800
URL www.visitguatemala.com
🕐 周一～周五 8:00~16:00
　市区地图，前往各地区
的公交车时刻表、酒店信
息、旅游景区的信息都可以
在旅游咨询处获取，工作人
员普遍会讲英语。

货币兑换
　在奥罗拉国际机场中
设有几处可以提供货币兑换
业务的窗口，但汇率很不划
算，尽量少换一些。市内的
银行提供货币兑换服务，
办理时需要出示护照。为了
安全起见，最好前往第十街
区的银行兑换货币或使用这
里的 ATM 取钱等（取钱的
上 限 为 Q2000~3000）。可
以提取美元的银行比较少见，
Internacional 建筑中有一家。
银行每天可支持的兑换金额
在 US$100~200 之间。

拉奥罗拉国际机场
MAP p.30/B1
　拉奥罗拉国际机场 La
Aurora（GUA）的地面建筑
设为出发大厅，半地下部分
的建筑空间则是抵达大厅。
除了部分国内航线外，其余
包括国际航线在内的所有航
线的搭乘口都在飞机滑行
轨道的西面。进入出发大厅
时需要出示护照。
　从机场打车前往旧城区
（第 1、4 街区）费用大约在
Q100，前往新城区（第 10、
13 街区）的费用在 Q60 左右。

　1775 年由现在的安提瓜迁都于此，直至今日，危地马拉城一直担任
着危地马拉首都的角色。众所周知，危地马拉是个地震频发的国家，首
都能够设在这里，可见危地马拉城的地理位置还是比较安全的。
　这片海拔 1500 米的高原地带，使得危地马拉城这座城市即使身处热
带仍气候宜人；此外迁都后这里确实没有发生过大规模的地震，因此危
地马拉城吸引了越来越多的危地马拉人迁移至此，进一步促进了这座城
市的蓬勃发展。
　乘坐飞机进入危地马拉这个国家时，通常都是先抵达危地马拉城。
从飞机上俯瞰这座城市便可以了解到这里的结构。峡谷之间的盆地并非
纯天然的自然景观，各式建筑物及居民楼都会映入你的眼帘。无论是贫
民街还是高楼大厦都充分利用着这片土地，实在在在不留余地地在这里
打牢根基。飞机抵达的拉奥罗拉国际机场距离市中心不是很远，从飞机
上欣赏这片你未曾下足的中美洲土地，内心的期待与不安不禁会令你心
跳加快，想着马上便要开始危地马拉之旅，不由兴奋起来。当然安全起
见，我们其实更加推荐你游览安提瓜进而代替治安较差的危地马拉城。
要知道，虽然危地马拉城作为危地马拉的政治与经济中心不断发展并壮
大，但随之产生的贫富差距以及各式犯罪也是不容忽视的社会问题。肮
脏与杂乱在这座城市可以说是随处可见，不过这也是危地马拉城的独特
氛围吧。
　国际上统称这里为危地马拉城，当地人又称之为瓜地马拉 Ciudad de
Guatemala，凯皮透 Capital（首都），有时候也简称为危地。

🌀 交通方式

飞机

　危地马拉的国内航线目前只开设了危地马拉城与前往蒂卡尔遗迹的
关口城市弗洛雷斯之间的航线。哥伦比亚阿维安卡航空公司及 TAG 航空
每天都有 3 班航班（全程 45~55 分钟，费用 US$140~181）。

▶中美洲内的主要航线 → p.338

  前往弗洛雷斯的国内航线同样需要经历和搭乘国际航线时相同的检查步骤。行李检查及海关检查（虽然
只是通行即可）都是需要花费时间的，一定要多预留些时间。最好提前 2 小时到达机场。早班航班经常
会因为浓雾的影响而停飞或者晚点数小时，提前做好准备。

巴士

第四街区设有从危地马拉前往危地马拉各地的巴士总站，在第1、9街区中也设有小型车站。远距离移动选择指定座位的长途巴士既廉价又安全，但是第1街区的车站附近治安较差，上下车时一定要注意安全。

市内交通方式▶ 从酒店前往公交站时一定要搭乘出租车（按公里收费，价格在Q30～60），安全第一是旅行的关键。

指定座位的长途巴士

危地马拉城始发前往各地的巴士信息

目的地	车站所在地·时刻表	所需时间	费用
安提瓜	从位于23 Calle 的车站（MAP p.30/A1）上车、5:00～21:00期间每小时有数班	1.5 小时	Q10
潘纳加切尔	从第8街区的车站（MAP p.30/B1）搭乘 Rebuli 旅行社（☎2230-2748）运营的巴士，每天6:00～16:00期间每小时各有一班	3 小时	Q25～30
克萨尔特南戈	Fuente del Norte 旅行社（MAP p.31/B2 ☎2251-3817）每天有7班，此外 Linea Dorada 旅行社（MAP p.31/B2）也有相应巴士	4 小时	Q35～70
奇奇卡斯特南戈	从第8街区的车站（MAP p.30/B1）搭乘 Quichelence 旅行社及 Mashenita 旅行社（☎2240-3316）运营的巴士、每天4:30～17:30期间每小时有3班	3 小时	Q20
韦韦特南戈	从第7街区的车站（MAP p.30/B1）搭乘 Velasquez 旅行社（☎2240-3316）的巴士、每天6:00～16:30期间每小时有一班，此外 Los Halcones 旅行社每天 7:00、14:00、17:00 固定发车	5.5 小时	Q50～95
科万	Escobar Monja Blanca 旅行社（MAP p.31/B2 ☎2238-1409）每天4:00～17:00期间每小时各有一班	4.5 小时	Q50～75
埃斯基普拉斯	Rutas Orientales 旅行社（MAP p.31/C2 ☎2253-7282）每天4:30～18:00期间、每小时各有2班	4 小时	Q50
巴里奥斯港	Litegua 旅行社（MAP p.31/B2 ☎2232-7578）每天的4:30～19:00期间每小时各有1班	5～6 小时	Q80～150
弗洛雷斯	Fuente del Norte 旅行社（MAP p.31/B2 ☎2251-3817）运营的巴士每天共有10班。AND 旅行社（P31/B2 ☎2251-0610）运营的巴士每天设有2班。Linea Dorada 旅行社（p.31/B2 ☎2415-8900）的巴士每天共有4班	8～10 小时	Q180～280
圣萨尔瓦多	Melva 旅行社（MAP p.30/B1 ☎2331-0874）的巴士在5:15～16:15期间、每天开设1班。Platinum 旅行社（☎2369-7070）运营的巴士每天设有6班。此外 Pullmantur 旅行社以及 Mermex 旅行社、El Condor Oro 旅行社、Centroamerica 旅行社也都设有长途巴士方便游客前往	5～6 小时	Q120～280

巴士始发站

危地马拉当地相同的运营线路也并非由一家巴士旅行社垄断，经常出现几家旅行社的巴士都可以到达同一个目的地的情况。各旅行社巴士的设备与费用并不尽相同，最好提前确认要搭乘哪个旅行社的巴士。几乎所有前往外阜的巴士都会途经位于第7街区蒂卡尔富利大酒店（→p.36）前的公路，如果搭乘非指定座位的巴士，都可以从这里上车，该街区的治安还是比较好的。巴士搭乘指南参照 p.120。

TICA 旅行社（国际巴士）
MAP p.30/B1 外
🏠 Calzada Aguilar Batres 22-55、Z 12 ☎2473-3737
6:00、14:00 发车，到圣萨尔瓦多收费 US$23，中途换乘前往马那瓜的车费为 US$62，前往圣何塞的车费为 US$91，前往巴拿马城的车费为 US$135。

市内出租车费用

出租车分为严格按照公里收费以及可以讲价还价两种运营模式。搭乘公里收费出租车从第10街区前往第1街区费用在 Q30～60 之间，最低价格 Q25。

Taxi Amarillo
☎ 2470-1515、2229-5959
黄色车体的无线出租车。

市内交通

　　危地马拉市市内的公交线路比较复杂，除了从第1街区到第4街区的短距离移动以外，不建议初来乍到的游客搭乘更多的市内公交。此外市内公交也会发生抢劫事件，尽量不要携带贵重物品，简装出行最为妥当。上车前最好先向司机或售票员询问清楚后再交钱乘坐，以免坐错车。车费基本为Q1~。

电话局 TELGUA

MAP p.31/B2
开 周一～周五　7:00~19:30
　　除了第1街区的电话局外，城内还有几处小型电话局。

中央市场
Mercado Central

MAP p.31/A2
开 周一～周六　8:00~18:00
　　周日　8:00~13:00
　　位于大教堂北面的2层大型市场。地上为停车区域，地下则是宽阔的市场交易区。地下一层设有很多面向游客的工艺礼品商店，地下二层则是售卖生鲜食品的卖场及简易餐馆。

国家文化宫殿

MAP p.31/A2
开 周一～周六　9:00~16:00
￥ Q40
　　建于大教堂一侧的国家文化宫殿，游客可以进入宫殿内部参观。每小时都有西班牙语和英语的导游讲解，因政治因素影响经常会不定期关闭。

吸引众多游客到此的国家文化宫殿

危地马拉城　漫步

建在城中心的大教堂

　　市内分为1~25个街区，当地用Zona表示英语中的Zone。

　　中央公园 Parque Central、大教堂、国家文化宫殿等观光景点都位于第1街区。从警察局前一直延伸到中央公园的6a Av. 是第1街区最热闹的大街。旧城区的存在也使得第1街区更有味道。拱形钟楼、邮局、警察局以及众多教堂都是旧殖民风格的古代建筑，很有看头。铁路博物馆所在的旧火车站北面便是可以前往其他城市的巴士车站，周边的治安情况不是很好，尽量避免在夜晚经过这里。第4街区的市政厅街上设有旅游咨询处 INGUAT 和绘有梅里达壁画的国家剧院。

　　第9街区改革之塔东面贯穿新城区的改革大道 Av. La Reforma 一路向南延伸。东侧第10街区则云集着各国的大使馆及高档酒店，面向外国人经营的餐馆和酒吧所在的比瓦地区 Zona Viva 也从第10街区延伸开来。

　　拉奥罗拉国际机场所在的第13街区，除了3座国家博物馆外还有动物园和民间工艺品市场。机场东侧的拉斯·阿梅里克斯路上设有大型超市及面向家庭出游者的家庭餐馆，周日则会化身为步行街，随处可见家庭出游的当地人与外国人，十分热闹。

小贴士　除市内常见的公交车以外，不时还可以看到名为"Trans Metro"的绿色循环巴士。购买专用的公交卡后即可乘车，每次收费Q1。这种循环巴士行驶于公交专线，上下车的地方都设有专业的警备员，搭乘十分安心。

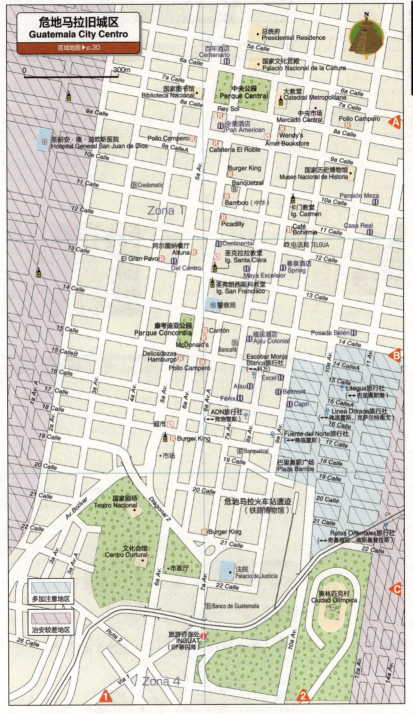

危地马拉旧城区
Guatemala City Centro

区域地图 ▶ p.30

0 ———— 300m

総統府
Presidential Residence

百年酒店
Centenario

国家文化宮殿
Palacio Nacional de la Cultura

7a Calle

国家图书馆
Biblioteca Nacional

中央公園
Parque Central

大教堂
Catedral Metropolitana

8a Calle

Rey Sol

全美酒店
Pan American

中央市場
Mercado Central

Pollo Campero

圣胡安·德·迪欧斯医院
Hospital General San Juan de Dios

Pollo Campero

Wendy's

Arnet Bookstore

9a CalleA

Cafeteria El Roble

9a Calle

10a Calle

Burger King

国家历史博物馆
Museo Nacional de Historia

11 Calle

Credomatic

Banquetzal

Pensión Meza

12 Calle

Bamboo (中华)

卡门教堂
Ig. Carmen

10a Calle

Casa Real

Zona 1

Picadilly

Café
Bohemia

11 Calle

阿尔图纳餐厅
Altuna

Continental

电话局 TELGUA

13 Calle

El Gran Pavo

圣克拉拉教堂
Ig. Santa Clara

12 Calle

春泉酒店
Spring

Del Centro

Maya Excelsior

14 Calle

圣弗朗西斯科教堂
Ig. San Francisco

13 Calle

警察局

15 Calle

康考迪亚公園
Parque Concordia

Cantón

Posada Belén

15 CalleB

McDonald's

殖民酒店
Ajau Colonial

14 Calle

14 CalleA

16 Calle

Delicadezas
Hamburgo

Bancafé

Escobar Monja
Blanca旅行社
（→科尔）

10a Av.

11 Av.

17 Calle

Pollo Campero

Excel

15 Calle

Litegua旅行社
（→巴里奥斯港）

18 Calle

Ajau

Fénix

Belmont

15 CalleA

Capri

Linea Dorada旅行社
（→弗洛雷斯、克萨尔特南戈）

19 Calle

ADN旅行社
（→弗洛雷斯）

16 Calle

超市

Fuente del Norte旅行社
（→弗洛雷斯）

17 Calle

Burger King

Banquetzal

巴里奥斯广场
Plaza Barrios

18 Calle

市场

19 Calle

19 Calle

20 Calle

20 Calle

国家剧场
Teatro Nacional

危地马拉火车站遗迹
（铁路博物馆）

21 Calle

Burger King

21 Calle

Rutas Orientales旅行社
（→奇基穆拉、埃斯基普拉斯）

22 Calle

文化会馆
Centro Curtural

市政厅

22 Calle

法院
Palacio de Justicia

奥林匹克村
Ciudad Olímpica

多加注意地区

治安较差地区

Banco de Guatemala

旅游咨询处
INGUAT
（旧移民局）

Zona 4

小贴士　从方尖碑前往机场的沿途会经过建于16世纪的水道桥遗迹（→ Map p.30/B1）。搭乘出租车时，如果时间充裕不妨下车参观一下。但是这里人迹罕至，要多加注意安全。

国家考古学民族学博物馆

MAP p.30/B1

机场到博物馆区间的路面常年是强盗揽财的路段，尽量乘坐出租车前往。从第1街区到博物馆的费用在Q70左右，从第10街区出发的费用在Q50左右。

☎ 2475-4399

🕐 周二～周五　9:00~16:00
　周六·周日　9:00~12:00、
　　　　　　　13:30~16:00

💰 Q60

拍照时不准使用闪光灯，不可录像。

博物馆由20世纪初期的建筑改建而成

展出各地古代遗迹中出土的文物

国家考古学民族学博物馆

Museo Nacional de Arqueologíay Etnología(MUNAE)　　　★★★

凝聚危地马拉古代玛雅文明要素的博物馆。在亲身探访各地古老的玛雅遗迹前一定先来这里走一走。

馆内根据时代不同进而分隔了不同展区。在这里可以看到卡米纳尔·胡尤遗迹、蒂卡尔遗迹、彼德拉斯内格拉斯遗迹、塔卡里克·阿巴夫遗迹等古代遗迹中出土的各式文物乃至玛雅民族服饰。

许多保存完好的巨大石碑和陶器都可以在展馆中看到。其中彼德拉斯内格拉斯遗迹出土的文物上还描绘着战争中国王拷问俘虏的古老图案。从卡米纳尔·胡尤遗迹中出土的巨型石碑被摆在馆内中庭的喷泉中心，从这座石碑可以感受到墨西哥中央高原托尔特克文明对这里的潜在影响。对于交通不便的北部低地遗迹地区，虽然我们很难亲身前往，但那里出土的众多文物都陈列在展馆之中，完全省去了舟车劳顿。

蒂卡尔遗迹国王陵墓中出土的翡翠工艺品以及精致的陶瓷器皿、装饰品也都在这家博物馆陈列，是博物馆的一大看点。

博物馆的中庭陈列着各式石碑

MAP p.30/B1

面向国家考古学民族学博物馆而建

☎ 2472-0467

🕐 周二～周五　9:00~16:00
　周六·周日　9:00~12:00、
　　　　　　　13:30~16:00

💰 Q50

馆藏丰富的卡洛斯·梅里达所绘作品

卡洛斯·梅里达国家近代美术馆

Museo Nacional de Arte Moderno Carlos Mérida　　　★★

以危地马拉的代表画家卡洛斯·梅里达（1891~1984年）的作品为核心内容的美术馆。卡洛斯·梅里达参加了墨西哥壁画运动，与墨西哥"壁画三杰"里维拉、西凯罗斯、奥罗斯科进行了很深入的交流，继而创作了更多优秀的作品，并将壁画运动延伸到了整片美洲大陆。此外梅里达也参与到墨西哥壁画运动象征之一的墨西哥国家第一高中的壁画创作之中。在略显漫长的壁画运动之中，许多墨西哥画家都参与其中，但危地马拉的画家从始至终也几乎只有梅里达一人。你在这家美术馆便可以看到众多梅里达的优秀作品，不由得对这位危地马拉国内最有国际知名度的画家肃然起敬。

墨西哥的艺术大师很少在作品中表达对政治的看法，偶尔会有批判权力过剩的题材出现。但梅里达的作品通过其充满抽象性与独立性的画面，在整个北美大陆都很具有影响力。

危地马拉城市中心市政街上市政厅的壁画也是出自梅里达之手。

馆内展出国内外许多著名画家的杰出作品

小贴士　首都区域的交通量逐年增长，特别是早晚上下班高峰时段经常堵车，旅游时尽量错峰出行。从酒店前往机场或公交站时最好提前询问酒店的工作人员，看是否预留的时间有富余量。

伊希切尔民族服饰博物馆

Museo Ixchel del Traje Indígena ★★

位于弗朗西斯科·马洛昆大学内的博物馆。馆如其名，博物馆内展出危地马拉原住民的各式传统服饰，种类多达120余种。

来到这里率先前往位于二层的影像解说厅，通过15分钟西语或英语的介绍片了解博物馆及展出内容。随后便可以

建在大学空地上的博物馆

动身前往各展区。馆内介绍了西班牙殖民前最原始的玛雅纺织物，以及殖民后文化融合期、产业革命后期、现代流行时期等各个时代的不同纺织品。其中选用各式不知名花草挑染的衣物以及祭奠仪式服装都很有看点。

此外一位名为卡门·彼得森的画家还创作了61幅以玛雅原住民为题材的水彩画，来到这里一定不要错过。博物馆并设的商店售卖危地马拉各地高品质的纺织品及民间工艺品，甚至还有介绍各地服装及相应地区出处甚至配有地图信息的服装照片集，很有纪念价值。此外这里还设有图书馆与咖啡厅，非常适合打发时间。

波波尔·乌博物馆

Museo Popol Vuh ★★

建于弗朗西斯科·马洛昆大学内，介绍玛雅文明的博物馆。太平洋海岸到高地间出土的玛雅陶器是这里的看点。此外还展出有西班牙人殖民后受西班牙文化影响的玛雅民间工艺品以及美术工艺品。危地马拉国内各地区的考古学资料搭配每个时代详细的文案解说，方便你更加深入地了解玛雅文明高品质的各式文物。

伊希切尔民族服饰博物馆
MAP p.33
☎ 2331-3739
URL www.museoixchel.org
🗓 周一～周五　9:00~17:00
　　周六　　　9:00~13:00
🚌 Q35

提前预约可以邀请向导陪伴。英语向导Q35~65，西班牙语向导Q20~45，不可以拍摄照片。

从改革大道向东走，沿坡路上行15分钟便可以抵达马洛昆大学的正门。打车前往会更加便利。从第1街区、第10街区到这里的费用大约在Q30。

波波尔·乌博物馆
MAP p.33
☎ 2338-7896
URL popolvuh.ufm.edu
🗓 周一～周五　9:00~17:00
　　周六　　　9:00~13:00
🚌 Q35，拍摄费用为Q15

禁止使用闪光灯拍摄，摄像要额外收费Q25。博物馆建于伊希切尔民族服饰博物馆的斜对面。

上／博物馆内设有咖啡馆
下／玛雅的出土文物展示

比瓦地区周边
Zona Viva
区域地图 ▶p.30

拉艾斯坦西亚西亚餐厅
La Estancia
美国大使馆
Zona 9
圣卡洛斯新酒店
San Carlos
波罗·坎佩罗
Pollo Campero
拉斯托雷斯酒店
Las Torres
西班牙广场
Plazuela España
希尔顿花园酒店
Hilton Garden Inn
卡米诺皇家威斯汀酒店
Westin Camino Real
巴塞罗酒店
Barceló
克拉罗旅行社
Internacional
方尖碑
Obelisco
洛斯·普罗塞勒斯商场
Les Proceres

波波尔·乌博物馆
Museo Popol Vuh
弗朗西斯科·马洛昆大学
卡尔多斯餐厅
7 Caldos
伊希切尔民族服饰博物馆
Museo Ixchel del Traje Indígena
艾莱拉·太兰迪医院
Hospital Herrera Llerandi
佩科利诺
Pecorino
Hedmam Alas旅行社
（→科潘、蒂卡尔）
拉迪逊酒店
Radisson
最佳西方豪华酒店
Best Western Stofella
库莱斯塔修道院
Kloster
Zona 10
卡奥餐厅Kacao
埃尔·格兰·帕沃餐厅
El Gran Pavo
洲际酒店
Real InterContinental
乐料理Tanoshi
Arin Cuan

卡米纳尔·胡尤遗迹

Sitio Arqueológico de Kaminal Juyú

★★

卡米纳尔·胡尤遗迹

🗺 p.30/A1

🕐 每天 8:00~16:00

🚌 Q50

从第 10 街区搭乘出租车花费 Q50~70 便可以到达这里。因为附近的治安并不是很好，出行还是要选择打车，而且不要轻易走出遗迹观光圈。

遗迹也是原住民进行祭奠仪式的场所

宛如小山般大小，名为蒙戈的神殿遗迹

位于危地马拉住宅区的古代玛雅遗迹公园。在 1991~1993 年间，由外国企业出资开掘这里的文物，并于 2012 年开设小型出土品展示室。

虽然遗迹就位于危地马拉市内，但知名度却不大，外国游客很少到访这里。随着不断开掘探索卡米纳尔·胡尤遗迹，玛雅文明的相关文物不断出土，危地马拉政府也认识到了这里的重要性，开始着重进行遗迹的相关保护工作。

卡米纳尔·胡尤意为"死者之丘"，在公元前 4 世纪~公元 6 世纪的时间段曾乍现在历史的长河之中。公元 2 世纪后逐渐开始没落，并被墨西哥中央高原最大的城市特奥蒂瓦坎所吞并，此后这里孕育出了崭新的城市文化，最终毁灭的时间现推测为 11 世纪。

鼎盛时期，这座神殿都市曾有 10 平方公里的巨大面积。一直延伸到现在拉奥罗拉国际机场附近的水道桥遗迹附近。虽然至今仍未弄清这个水坝的用途，但可以肯定这里曾属于卡米纳尔·胡尤的一部分，进而可以推测当时都市的占地面积。卡米纳尔·胡尤遗迹中的金字塔称为蒙戈（土山之意）。是当时的居民填土建造而成。

刚迁都危地马拉城之时，城里共有 200 余座蒙戈金字塔，但随着城市的不断开发，许多蒙戈金字塔都被掩埋到了新兴建筑的地下，目前市内可见的蒙戈金字塔仅存 7 座左右。

在卡米纳尔·胡尤遗迹中出土了许多重要的古代文物。其中一尊在玄武岩上刻有人物像的 10 号石碑可谓玛雅文明的一级美术品。目前这座石碑仅存 1/3，现在的高度便达到了 1.3 米，可以推测石碑的原高度曾高达 3 米。

遗迹内留存下来大面积的土质宫殿残骸。作为玛雅文明中独特的拱形土质建筑，这类"土质玛雅建筑"是只有在这里才能得以一见的，可见卡米纳尔·胡尤遗迹独一无二的存在价值。

名为阿克罗波利斯的屋顶结构

危地马拉城的实用信息

大使馆

伯利兹大使馆 Embajada de Belize
住 Euro Plaza Torre 2 of. 1502, 5 Av. 5-55, Z 14
☎ 2367-3883
开 周一～周五 9:00～12:00、14:00～16:00

移民局 Migración
MAP p.31/C1
住 6a Av. 3-11, Z4
☎ 2411-2411

　　每周一～周五的 8:00～16:30 可以进行签证的延长手续，出签时间是第二天的 14:00～16:00。
　　申请时需要递交护照原件及 2 张信用卡正反面的复印件。必须提供 2 张照片，费用为 US$15。

旅行社

克拉克旅行社 Clark Tours
MAP p.33
住 7a Av.14-76, Z 9, Plaza Clark
☎ 2412-4700
URL www.clarktours.com.gt

　　危地马拉最知名的大型旅行社。在巴塞罗酒店和卡米诺皇家威斯汀酒店中均设有分店，支持网上预约服务，除了售卖危地马拉国内的旅游商品外，还提供各式以危地马拉作为旅行起始点或终点的多国旅游行程。

医院

中央医院 Hospital Centro Medico
MAP p.30/B2
住 6a Av. 3-47, Z 10
☎ 2279-4949
URL www.centromedico.com.gt

　　综合医院，设有急诊窗口，医生会讲英语。

艾莱拉·杰兰迪医院
Hospital Herrera Llerandi
MAP p.33
住 6 Av. 8-71, Z 10
☎ 2334-5955
URL www.herrerallerandi.com

航空公司

哥伦比亚阿维安卡航空 Avianca
住 Av. Hincapie 12-22, Z 13
☎ 2470-8222
URL www.avianca.com

TAG 航空 Tag Air
住 Av.Hincapie y 18 Calle #213 Hangr K-4, Z 13
☎ 2380-9494
URL tag.com.gt

巴拿马航空 Copa
住 Edif.Euro Plaza Torre 3 P.B. 102, 5 Av. 5-55, Z 14
☎ 2385-5500
URL www.copaair.com

西班牙国家航空 Iberia
住 Edif. Galerías Reforma 507/508, Av. la Reforma 8-60, Z 9
☎ 2202-4949
URL www.iberia.com

美国航空 American Airlines
住 H Barceló, 7 Av. 15-45, Z 9
☎ 2422-0000
URL www.aa.com

联合航空 United Airlines
住 Edif.Unicentro, 7 Nivel, 704, 18 Calle 5-56, Z 10
☎ 2385-9610
URL www.united.com

达美航空 Delta Airlines
住 18 Calle 24-69, Z 10
☎ 2375-0960
URL www.delta.com

信用卡公司

美国运通 American Express
万事达卡 MasterCard
维萨 VISA
（以上信用卡办事处都位于同一个地址）
住 Plaza el Robel, 7 Av. 6-26, Z 9
☎ 2361-0909

大来卡 Diners
住 7 Av.2-39, Z 4
☎ 2338-6801

小贴士　游客的 90 天的旅行签证可以申请延长服务（但只能延长一次）。如果你的停留期超过了签证上的限定时间，则会被认为是非法滞留，会被处以 Q100 以及相应天数的附加费用，每天加收 Q10。

酒店
Hotel

中高档酒店普遍聚集在比瓦地区 Zona Viva 的第 10 街区周边。附近还有许多餐厅、旅行社以及大型银行。中档酒店以及商务酒店则分布在第 9 街区以及第 13、14 街区的居民区中。第 1 街区中云集着不少平价酒店。入住酒店时一定要多加留意酒店周围的氛围、酒店员工的态度乃至客房的安全防护状态。

卡米诺皇家威斯汀酒店
Westin Camino Real

◆优雅外观与完备的客房设施，内外兼修 弧线形建筑外观引人注目，酒店内部设有网球场、健身房、桑拿室和宽阔的会议间，可谓实打实的设施完善。

高档	Map p.33

- 住 Av.Reforma y 14 Calle，Z 10
- ☎ 2333-3000
- URL www.caminoreal.com.gt
- CC ADJMV
- 🛏 279 间
- 📶 免费 Wi-Fi
- 費 ■□🚿📺 Ⓢ US$169~（税 +22%）

蒂卡尔富利大酒店
Grand Tikal Futura

◆酒店外观宛如蒂卡尔遗迹的神殿外观 位于城市主干路上的高层城市酒店。可以为你预约当地旅游线路及租车服务。并设的购物商场中还开设着各类餐馆及银行，十分便利。如果你发愁机场到酒店的交通问题，这家酒店还为你提供有偿的机场接送服务。

高档	Map p.30/A1 外

- 住 Calzada Roosevelt 22-43，Z 11
- ☎ 2410-0800
- URL www.grandtikalfutura.com.gt
- CC ADJMV
- 🛏 205 间
- 📶 免费 Wi-Fi
- 費 ■□🚿📺 Ⓢ US$105~、Ⓓ US$113~（税 +22%）

希尔顿花园酒店
Hilton Garden Inn

◆地理位置优越的人气酒店 邻近改革大道的中型规模酒店。可以步行前往第 10 街区的热闹街市，出行十分便利。酒店周围有很多商业街，经常可以看到商务人士的身影。此外附近有不少餐馆和咖啡馆，用餐方便。

高档	Map p.33

- 住 13 Calle 7-65，Z 9
- ☎ 2423-0909
- fax 2334-4546
- URL www.hiltonhotels.com
- CC ADJMV
- 🛏 108 间
- 📶 免费 Wi-Fi
- 費 ■□🚿📺 Ⓢ US$101~、Ⓓ US$114~（税 +22%）

最佳西方斯多菲拉酒店
Best Western Stofella

◆典雅精巧，如家一般 邻近第 10 街区热闹街市的酒店，周围开着不少餐馆，用餐方便。内部的布置非常舒适，令人心旷神怡。你在这家规模不大不小正合适的温馨酒店中可以感受到家一般的温暖。

高档	Map p.33

- 住 2a Av. 12-28，Z 10
- ☎ 2410-8600
- fax 2331-0823
- URL www.stofella.com
- CC ADJMV
- 🛏 60 间
- 📶 免费 Wi-Fi
- 費 ■□🚿📺 Ⓢ US$74~、Ⓓ US$83~（税 +22%）

■ 设有空调　□ 未设空调　🚿 房间设有淋浴设施　🚿 公用淋浴设施　📺 设有电视　📺 未设电视

拉斯托雷斯酒店
Las Torres

◆ 位于第 10 街区内的小型酒店　虽然设立在治安良好的街区，但酒店的价格可谓十分公道。所有客房均提供冰箱，酒店大堂还有烤箱、微波炉等设备，方便住客旅行生活。

全美酒店
Pan American

◆ 邻近中央公园的旧殖民风格酒店　紧邻中央公园，无论是酒店大堂还是客房都萦绕着旧殖民风格的独特韵味，可以感受到扑面而来的奢华气息。

赫尔曼诺佩德罗酒店
Hermano Pedro

◆ 邻近机场，提供接送服务　位于安静的住宅区之中，在弗洛雷斯也开有分店。你在这里可以感受到家庭般舒适的客房环境。而且从机场驾车 2 分钟即可抵达酒店，无论你是清晨还是夜间飞抵的航班，时间安排都非常方便，提

前进行酒店预约的话还可以为你提供机场的接机服务。

殖民酒店
Ajau Colonial

◆ 价格公道服务友善　像名字中说的那样，是一家旧殖民风格浓厚的特色酒店，客房内的家具很有殖民时期的味道，整体给人一种复古的感觉。早餐和午餐额外收费，但酒店内就设有餐厅这一点还是十分便利的。

餐馆
Restaurant

新城区中除了危地马拉当地的本土菜肴餐馆，经营墨西哥菜、意大利菜等各国美味的餐馆也都纷纷将店铺开在这里。经营中餐及日本料理的餐馆也不罕见，可谓想吃哪口，就能吃到哪口。在旧城区 6a Av. 大道附近则汇集了许多平价菜馆及快餐店，简易的露天摊位也大多分布在这片区域。

阿林库安餐厅
Arrin Cuan

◆ **可以聆听听马林巴琴演奏的餐馆**　开业已有 30 年之久的知名餐馆，菜品丰富，可以在这里品尝到危地马拉国内各式风味佳肴。此外用餐间隙还可以欣赏马林巴琴的演奏，绝对物有所值。在第 9 街区和安提瓜都开有分店。

Map p.30/A2
🏠 5a Av.3-27, Z 1
☎ 2238-0242
URL www.arrincuan.com
🕐 每天 7:00~21:00
CC ADMV
📶 免费 Wi-Fi

埃尔·格兰·帕沃餐馆
El Gran Pavo

◆ **正宗的墨西哥菜馆**　在危地马拉生活的墨西哥人也经常来此用餐，可见这家餐馆菜品的味道之正宗。菜品丰富，午餐费用 Q60~75，肉菜价格在 Q120 左右。

Map p.33
🏠 6a Av.12-72, Z 11
☎ 2362-0630
🕐 每天 11:00~23:00
CC AMV
📶 免费 Wi-Fi

塔肯特托餐厅
Tacontento

◆ **墨西哥风情十足的餐馆**　建在高档酒店和餐馆云集的商业街上，经营菜式多样的墨西哥佳肴。在这里还可以品尝到地道的龙舌兰酒。

Map p.33
🏠 2a Av.14-06, Z 10
☎ 2312-2939
🕐 周一～周四 7:00~23:00
周五·周六 7:00~次日 1:00
CC AMV
📶 免费 Wi-Fi

佩科里诺餐厅
Pecorino

◆ **气氛很好的意大利菜馆**　经营地道的意大利佳肴，Q89 的生鲜鱼片很受欢迎。意面推荐更有嚼劲的 Al dente 面，十分美味。

Map p.33
🏠 11 Calle 3-36, Z10
☎ 2360-3035
🕐 周一 12:00~23:00
周二～周六 12:00~24:00
周日 10:00~17:00
CC AMV
📶 免费 Wi-Fi

阿尔图纳餐厅
Altuna

◆ **价格公道的西班牙餐馆**　柑橘凉拌海鲜 ceviche（Q75~）及西班牙海鲜饭 paella（Q78）等使用海鲜烹饪的各式料理都非常美味。作为单品的土豆饼也是这里的热门菜之一。餐厅位于圣克拉拉教堂西面不远处，在路口转角处的右手边就可以看到，比较显眼。

Map p.31/B1
🏠 5a Av.12-31, Z 1
☎ 2253-6743
URL restaurantealtuna.com
🕐 周二～周六 10:00~22:00
周日 10:00~17:00
CC ADMV
📶 免费 Wi-Fi

小贴士　如果你想尝尝地道的危地马拉菜肴，推荐你前往第 10 街区的 **R** 卡卡奥餐厅，那里食材的安全性比较放心。此外由于 **R** 阿林库安餐厅位于治安较差的第 1 街区，夜晚用餐的话一定要打车出行。

库罗斯塔餐厅
Kloster

◆**想喝美味啤酒的食客选这里肯定没错** 餐馆经营瑞士菜，知名的瑞士奶酪锅 Q155~，人气大杯生啤 Q90。

Map p.33
- 🏠 13 Calle 2-75，Z 10
- ☎ 2334-3882
- 🔗 www.restaurantekloster.com
- 🕐 周一~周六 12:00~22:00
  周日 12:00~17:00
- 💳 AMV　📶 免费 Wi-Fi

7 卡尔多斯餐厅
7 Caldos

◆**云集各式汤品的汤菜馆** 推荐甄选各式食材烹饪而成的海鲜汤，吃起来可谓是幸福的享受。这家餐馆在第 11 街区也开有分店，预算 Q60~180。

Map p.33
- 🏠 4 Av.7-00，Z 10
- ☎ 2361-8179
- 🕐 周一~周六 7:00~24:00
  周日 7:00~16:00
- 💳 AMV　📶 免费 Wi-Fi

阿博尔德拉维达餐厅
Arbol de la Vida

◆**当地居民非常喜爱的人气餐馆** 位于第 10 街区高档住宅区中的人气素菜馆。周末中午经常会排起长队，可见人气之旺。不少危地马拉人也经常来这里用餐。

Map p.30/B2
- 🏠 17 Calle A 19-60，Z 10
- ☎ 2368-2124
- 🕐 周一~周五 7:30~18:00
  周六·周日 7:30~16:00
- 💳 AMV　📶 免费 Wi-Fi

来来餐厅
Lai Lai

◆**创业于 1982 年的中餐馆** 早茶和下午茶（10:00~14:00）颇受欢迎，其中尤数皮蛋粥（Q65）备受好评。目前已经在市内开有多家分店。

Map p.33 外
- 🏠 12 Calle 5-27，Z 9
- ☎ 2334-4988
- 🕐 周一~周六 10:00~21:00
  周日 9:30~22:00
- 💳 AMV
- 📶 无 Wi-Fi

Imformación

有需求去商场，几乎都能解决

危地马拉作为近年来经济显著增长的国家，大城市的近郊及地方城市陆续建设了大型超市及购物商场等商业设施。危地马拉城中的许多街区也都建有大型商场，银行、电影院以及超市等设施一应俱全，可谓当地居民的福音。商场入口普遍安排持枪保安站岗守卫，打车时直接在商场入口停靠最为安全。

在 Internacional 建筑的斜对面便建有洛斯·普罗塞勒斯商场，这家商场足有 3 层空间，电器店、CD 店、SIM-AN 百货店也都开设于商场之内。一层设有餐饮区，逛街逛累了的话不妨在这里小憩。支付蒂卡尔遗迹入场费的国家农业信贷银行 Banco Nacional de Credito Rural 也可以在这家商场内找到。

商场中有可以歇脚的地方

第 7 街区全美高速路（罗兹贝尔特路）沿线建有不少大型商场、超市以及家具商店。蒂卡尔富利大酒店（→p.36）中也设有银行的服务窗口与旅行社柜台，对于房客来说非常方便。与其相邻的米拉·弗洛雷斯商场属于更加高端一些的当地商场，许多海外品牌均在其中设店，你在这里还可以找到大型书店与私人博物馆，很适合打发空闲时间。不过购物后你手里的大包小包很容易成为小偷强盗的目标，返回酒店途中一定要多加小心。

Ⓢ 洛斯·普罗塞勒斯商场
Los Proceres
- 🗺 p.33　🏠 16 Calle 2，Z10　☎ 2326-3400
- 🕐 周一~周六 10:00~20:00、周日 10:00~19:00
- 🔗 proceres.com

安提瓜
★
危地马拉城

人口 ▶ 3.5 万

安提瓜
MAP p.23/B1

世界遗产
安提瓜历史地区
（1979 年收录）

旅游咨询处
MAP p.43/B3
5a Calle Oriente #11
☎ 2421-2810
🕐 每天 8:00～16:00

货币兑换
　　中央公园附近建有多家银行，你可以在这里用美元兑换格查尔。兑换时需要出示护照，兑换上限通常为US$100～200，银行、高档酒店及药房等设施内还设有ATM，也可以使用ATM提钱。

关于安提瓜名称的说明
　　安提瓜的全称是安提瓜·危地马拉，人们通常简称其为安提瓜。本书中也为了简洁的表达，称其为安提瓜。

安提瓜 *Antigua*

遗留着众多旧殖民风格建筑的危地马拉前首都

每周末在卡门教堂前都会举办民艺品市场

　　从危地马拉城搭乘巴士大约 1 小时便可以抵达安提瓜。这是一座被阿瓜火山等三座火山环环包围的旧殖民风格古城。安提瓜位于海拔 1520 米的高原之上，随处可见旧殖民风格浓厚的建筑以及惬意的石板小路，曾被大地震毁坏的教堂设施也是这里的一大看点。如此颇具历史文化感的安提瓜历史地区，在 1979 年被收录于世界遗产名录。

　　1527 年，当时西班牙殖民政府在他们的第二座首都别哈老城 Ciudad Vieja 被大地震毁坏之后，于 1543 年在这里建造了他们的新首都。作为当时中美洲最繁荣的城市，安提瓜鼎盛时期的常住人口多达 6 万余人。但 1773 年大地震不幸地再次降临危地马拉，而且这次正巧发生在安提瓜这座城市，首都不得不迁都到现在的危地马拉城。当时受大地震波及的教堂及旧殖民建筑至今仍遗留在安提瓜城市之中，仿佛时刻提醒着我们它曾经的辉煌。即使在迁都之后，这里在 1917 年和 1978 年仍经历了 2 次地震，可谓地震的多发地带。

　　每年 3~4 月期间的圣周，可谓安提瓜最热闹的节日时期。城中的街道都被粉饰一新，化身为鲜花之路，重现了旧时耶路撒冷基督教徒进城的场景。来自世界各地的游客为了一睹如此宏大的节日，都会在这个时期到访这里，如果你也有此打算，一定要早些预订当地的酒店（→ p.50）。

　　安提瓜的另一张名片便是这里众多的西班牙语学校。在这座人口仅有 3.5 万人的小城市中，西语学校多达 50 余所，单人 1 对 1 授课在这里的费用也十分便宜，不少为了掌握西班牙语以便前往更多拉丁美洲国家游玩的外国人都会选择在这里学习西班牙语。

城市的著名景点——埃尔·阿尔科钟楼

小贴士　安提瓜当地每月都有免费的旅游丛书《Que Pasa》发放给各国游人，设有英文版和西语版，你可以从酒店或餐馆中免费获取。此外也有网页版可供参考。URL www.quepasaenantigua.com

交通方式

巴士

从危地马拉城第4街区市场内的巴士站（MAP p.30/A1）随时都有前往安提瓜的巴士（用时1小时~1小时30分钟，费用Q10），但出于安全考虑，并不推荐你搭乘公共巴士。从危地马拉城的拉奥罗拉国际机场打车前往安提瓜的费用在US$35左右，此外机场也有旅行社运营的直抵安提瓜的旅游班车（需时1小时，费用US$25~，人数不定），都是更好更明智的出行之选。

前往潘纳加切尔、奇奇卡斯特南戈、克萨尔特南戈、韦韦特南戈等高原城市的巴士站（MAP p.42/B1）位于安提瓜的市场一侧（→p.54），危地马拉城始发的巴士也会途经这里后以齐马尔特南戈作为分叉口进而前往不同的城市，所以你在安提瓜也可以顺路搭乘从危地马拉城首发的各式长途巴士。

旅行社运营的区间班车也很方便游客出行。安提瓜与潘纳加切尔间每天都发车，费用US$15~35，需2小时30分钟~4小时。而发往奇奇卡斯特南戈的班车则仅在露天市集开市的周四及周日运营，费用US$14~25，所需3小时。

市场附近有开往各地的巴士

安提瓜 漫步

安提瓜市内，以大教堂为中心，半径1公里的范围内都是观光看点。市内的街道宛如棋盘一般井然有序，走起来几乎不会迷路。你可以搭乘观光马车、出租车、图库图库（三轮出租车）、租赁自行车或租车进行市内游览。城内的石板路由真正的石子所组成，虽然走起来会有些硌脚，但这座历史古都真的值得你步行来慢慢品味它被历史长河洗礼后的无穷魅力。

城中心大教堂所在的中央公园 Parque Central 是市民及游客最常休憩的场所。公园正中央的喷泉造型是一尊赤裸上身的女性雕像，喷泉的水流正是从女性的乳房喷涌而出，很有特色。设有博物馆的市政厅也是建在公园的正对面，附近警察局、银行、电话局、餐馆、礼品商店、药房等设施可谓一应俱全，出行十分便利。巴士车站（MAP p.42/A1~B1）位于中央公园北面，4a Calle 路西的市场旁，也很好找。

安提瓜城中随处可见旧时教堂的断壁残垣

旅行班车

由旅行社经营，连接危地马拉各城市的旅行班车，相比车内环境脏乱、乘车人种复杂的普通巴士，可以说非常舒适了，而且会将客人送抵酒店，非常方便。

车辆选用小型面包车，有固定的发车时间，但如果未凑满发车人数则会推迟发车时间，最好提前预约班车。旅行社及酒店均可以预约旅行班车，详情请参照p.120。

主要旅行班车旅行社
● Atitrans 旅行社
MAP p.42/B2
☎ 7832-3371
URL www.atitrans.net
● Centroamericana 旅行社
MAP p.42/B2
☎ 7832-5032

安全信息

安提瓜的治安比较不错，夜晚也可以出来散步。但是游客遭遇偷盗的事件也时有发生，夜晚还是要避免前往人迹罕至的小街巷游走。

小贴士 安提瓜的市内移动交通工具，最常见的便是三轮出租车图库图库，费用Q20~30，普通的出租车通常会在大教堂前等客，费用Q30~40，一小时大约收费Q200左右。

拉·阿佐特亚
方向

Posada Real H

卡诺西班牙语语言学校
Cano

齐马尔特南戈、
潘纳加切尔方向

美喜德教堂
Iglesia de la Merced

弗朗西斯科·马洛昆西班牙语语言学校
Proyecto Lingüístico Francisco Marroquín

萨尔萨体育场·

凯索斯·依·
比诺西班牙
语语言学校
Quesos y Vino

莱克勒库西恩
修道院
Convento de la
Recolección

1a Calle Poniente

纺织博物馆
Casa del
Tejido Antiguo

圣海洛尼莫教堂

Casade Santa
Lucia No.2

Posada Ruiz 1

露娜·德·米埃尔
西班牙语语言学校
Luna de Miel

钟楼
El Arco

圣玛利亚·德·海斯斯方向的巴士站

齐马尔特南戈、
安提瓜近郊村落方向的
巴士站

市场
Mercado

2a Calle Poniente

Posada Ruiz 2 H

Imperial
Travel旅行社
（旅行社）

克里斯蒂安
西班牙语语言学校
Cristian Spanish
Academy

埃尔维乔咖啡馆
El Viejo Café

Torero's
Discoteque

露天店铺
星罗棋布

3a Calle Poniente

Centroamericana旅行社
（旅行班车）

埃尔梅森玛利亚酒店
El Mesón de María

中央玛雅西班牙语语言学校
Centro Lingüístico Maya

波萨达瑞福吉欧酒店
Posada Refugio

康帕尼亚·德·
海斯斯修道院

4a Calle Poniente

危地马拉方向的巴士站

民间工艺品市场
Mercado de Artesanias

Pollo
Campero

超市

歌舞伎餐厅
Kabuki

拉斯帕尔马斯餐厅
Las Palmas

康德萨咖啡馆
Cafe Condesa

民间工艺品
市场

波萨达瓦伦蒂诺酒店
Posada Don Valentino

5a Calle Poniente

卡萨·卢斯提卡酒店
Casa Rustica

波萨达拉奎塔酒店
Posada la Quinta

旅游警察局

El Pasaje

El Sitio

阿古斯缇因教堂

Atitrans旅行社
（旅行班车）

DHL
（国际快递旅行社）

电话局
TELGUA

萨伯里克
餐厅
Saberico

6a Calle Poniente

田代公寓民宿
Pension Tashiro

特昆·乌曼西班牙语语言学校
Academia de Español Tecun Uman

面包圈面包房
The Bagel Barn

圣埃斯皮里图教堂

7a Calle Poniente

圣露西亚教堂

别哈老城、圣安东尼奥·
阿瓜斯卡连特斯方向
巴士站

卡米诺皇家酒店
Camino Real

圣何塞教堂

埃尔维乔圣何塞西班牙语语言学校
Escuela San José el Viejo

太阳酒店
Soleil

别哈老城、
圣安东尼奥·
阿瓜斯卡连特斯方向

1

2

Posada de Recoletos

Calle de Recoletos

Calle del Ranchón

Calle de San Lucas

Alameda de Santa Lucia

6a Av. Norte

7a Av. Norte

5a Av. Norte

6a Av. Sur

7a Av. Sur

5a Av. Sur

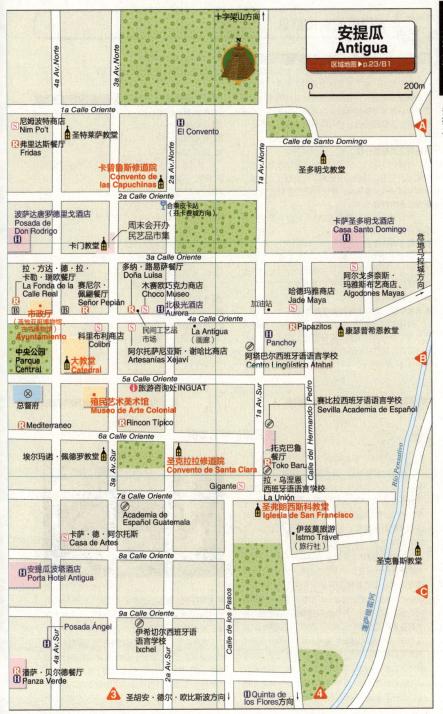

安提瓜
Antigua

区域地图 ▶p.23/B1

0　　　　　　　　　200m

十字架山方向 ↑

N

1a Calle Oriente

尼姆波特商店
Nim Po't

圣特莱萨教堂

El Convento

Calle de Santo Domingo

弗里达斯餐厅
Fridas

卡普鲁斯修道院
Convento de
las Capuchinas

圣多明戈教堂

2a Calle Oriente

合乘皮卡站
（苏卡费城方向）

波萨达唐罗德里戈酒店
Posada de
Don Rodrigo

周末会开办
民艺品市集

卡萨圣多明戈酒店
Casa Santo Domingo

卡门教堂

危地马拉城方向

3a Calle Oriente

拉·方达·德·拉·
卡勒·瑞欧餐厅
La Fonda de la
Calle Real

多纳·路易萨餐厅
Doña Luisa

阿尔戈多奈斯·
玛雅斯布艺商店、
Algodones Mayas

木赛欧巧克力商店
Choco Museo

赛尼尔·佩翾餐厅
Señor Pepián

哈德玛雅商店
Jade Maya

加油站

北极光酒店
Aurora

4a Calle Oriente

市政厅
（圣地亚哥博物馆、
古书博物馆）
Ayuntamiento

科里布利商店
Colibrí

民间工艺品
市场

La Antigua
（画廊）

Papazitos

康瑟普希恩教堂

Panchoy

中央公园
Parque
Central

大教堂
Catedral

阿尔托萨尼亚斯·谢哈比商店
Artesanías Xejaví

阿塔巴尔西班牙语言学校
Centro Lingüístico Atabal

5a Calle Oriente

旅游咨询处 INGUAT

赛比拉西班牙语言学校
Sevilla Academia de Español

总督府

殖民艺术美术馆
Museo de Arte Colonial

Mediterraneo

Rincon Típico

6a Calle Oriente

埃尔玛诺·佩德罗教堂

圣克拉拉修道院
Convento de Santa Clara

托克巴鲁
餐厅
Toko Baru

Gigante

拉·乌涅恩
西班牙语言学校
La Unión

7a Calle Oriente

圣弗朗西斯科教堂
Iglesia de San Francisco

Academia de
Español Guatemala

卡萨·德·阿尔托斯
Casa de Artes

伊兹莫旅游
Istmo Travel
（旅行社）

圣克鲁斯教堂

8a Calle Oriente

安提瓜波塔酒店
Porta Hotel Antigua

9a Calle Oriente

Posada Ángel

伊希切尔西班牙语
语言学校
Ixchel

潘萨·贝尔德餐厅
Panza Verde

圣胡安·德尔·欧比斯波方向 ↓

Quinta de
los Flores方向

小贴士　安提瓜中央公园大道沿路的 ATM 机经常出现盗刷信用卡的事件，请在酒店向工作人员询问安全的 ATM 位置，以便使用。

安提瓜的实用信息

安提瓜始发的旅游行程

相比把治安较差的危地马拉城作为周游危地马拉各地的起点，将安提瓜作为旅游大本营，不仅生活地更安全更放心，费用几乎也没有任何变化，无论是探访蒂卡尔等玛雅遗迹，还是巡游原住民的各式村落，从安提瓜出发都可以轻松实现，何乐而不为呢。

危地马拉城旅游行程

所需约5小时，费用US$25，可以参观危地马拉城市内中央广场附近的国家文化宫殿、大教堂以及国家剧场等众多景点，全天行程收费US$35~。

安提瓜市内行程1

所需约3小时，费用US$20~。是一条步行游览的行程。

安提瓜市内行程2

所需1天，费用US$50~，首先游览中央公园及大教堂、教堂设施以及安提瓜市内的多处建筑遗迹。随后前往近郊的别哈老城及圣安东尼奥、阿瓜斯卡连特斯游览。

潘纳加切尔、奇奇卡斯特南戈旅游行程

所需1天，费用US$85。行程在奇奇卡斯特南戈市内举办市集的周四·周日发团，你可以参观当地的露天市集并畅游阿蒂特兰湖。

蒂卡尔遗迹旅游行程

所需1天，费用US$335。

旅行社

Imperial Travel 旅行社

MAP p.42/A2
住 7a Av.Norte #34
☎ 7832-3234

受理各式旅行行程以及旅行班车的预订缴费报名工作，可以进行英文沟通。

Atitrans 旅行社

MAP p.42/B2
住 6a Av.Sur #7
☎ 7832-3371
URL www.atitrans.net

在危地马拉城和潘纳加切尔市内都设有分店。你可以在这里参报旅行班车及各式旅游团。

Centroamericana 旅行社

MAP p.42/B2
住 4a Calle Poniente #38
☎ 7832-5032

受理前往各地旅行班车的参报工作，也开展危地马拉国内各式旅游团的组团工作。

Tópico

安提瓜的家庭寄宿

传言安提瓜市内的西语学校比餐馆的数量都要多，许多背包客也把"先在安提瓜住上一段时间，掌握一定程度的西班牙语日常对话后再前往中南美洲各个国家"作为经典的旅行策略。而语言学习过程中，既能学习西班牙语又能亲身感受危地马拉文化的便是寄宿在当地的家庭之中生活一段时间了。

寄宿的家庭通常都是当地的普通人家，与在巴士站花言巧语的揽客方式截然不同，一般都是由西班牙语语言学校搭桥介绍，一周最便宜的费用是US$70左右。费用中包含一日三餐，但如果你很适应寄宿的家庭环境，与当地人相处得非常融洽，甚至想给他们露几手中国菜，你也可以借用他们的厨房大显身手，做几道家乡美食。从市内的大型超市及集市都可以采购到丰富的食材，非常方便。但需要注意的是，虽然安提瓜治安不错，但亚洲面孔在这里还是比较惹眼，外出时最好不要多带额外的现金，以免遭遇损失。寄宿在别人家虽没有在酒店居

与危地马拉当地家庭相接触

住来得舒服，生活上还要配合这家人的作息模式，但可以直接体验当地居民的日常生活，还是利大于弊，很有意义的。

此外你也可以通过旅行社申报自己希望在当地家庭寄宿的想法，旅行社合作的寄宿家庭收费通常是一周US$100~150，包含三餐。每年3~4月圣周期间会很难找到当地合适的寄宿家庭，最好提前预约。

小贴士 圣周期间市区部分区域不得驶入出租车，所以返回酒店的路上只能步行，编辑部再次老生常谈，随身行李数量尽量降到最低。

祭祀安提瓜守护圣人圣地亚哥的教堂

大教堂
Catedral
★★★

大教堂
MAP p.43/B3
开 每天 9:00~17:00
费 参观废墟需要 Q8

　　坐落在中央公园的正东面，安提瓜市内地标建筑之一的教堂设施。这座祭祀安提瓜守护圣人圣地亚哥的巴洛克风格大教堂，在每年春季的圣周期间，也是游行车队的必经之地。

　　于 1543~1680 年修建而成，但在之后的几次大地震中多次遭遇重创，几经修复后才以现在的面貌展现给世人。在大教堂的内部现在依然保留着旧时地震后所遗留的断壁残垣，通过这些建筑废墟仍可以想象出曾经这座大教堂的辉煌与气派。

面向中央公园的大教堂

可以参观其中收藏武器及古书的博物馆

市政厅
Ayuntamiento
★★★

圣地亚哥博物馆
古书博物馆
MAP p.43/B3
开 周二~周日 9:00~16:00
费 每家博物馆的入场费均为
Q30

　　安提瓜的市政厅建于中央公园的北面，圣地亚哥博物馆 Museo de Santiago 便设于这座建筑的内部。馆内展出西班牙人从侵略危地马拉到开启殖民时代期间使用过的各式武器防具，除了当时的各类刀剑、铁炮、大炮等物理武器外，西班牙殖民时期实际使用的拷问室也被原汁原味地保留在博物馆之中，很值得一看。

可以参观市政厅内部的博物馆

市政厅的拱形入口处游人如织

　　此外市政厅内还有一家古书博物馆 Museo de Libro Antiguo。在 1660~1821 年的殖民时代期间所印刷的书籍及文献都保存在这里，当时使用的印刷机也在馆内进行展出。

号称拥有中美洲地区最大规模的喷泉

美喜德教堂
Iglesia de la Merced
★★★

美喜德教堂
MAP p.42/A2
开 每天 8:30~17:30
费 参观废墟需要 Q15

　　教堂与中央公园相隔 3 个街区，正面入口处的巴洛克装饰由墨西哥普埃布拉城的职业漆艺匠人打造而成，这座教堂也是美洲大陆宗教美术史中非常上乘的知名教堂。

　　在教堂内部留有地震后的教堂遗迹，宽敞的中庭内则保留着中美洲最大规模的喷泉遗迹。

美喜德教堂引人注目的黄色外观

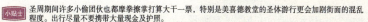
小贴士　圣周期间许多小偷团伙也都摩拳擦掌打算大干一票，特别是美喜德教堂的圣体游行更会加剧街面的混乱程度。出行尽量不要携带大量现金及护照。

卡普鲁斯修道院

MAP p.43/A3
开 每天 9:00~17:00
Q40

留有修道士曾使用过的寝室

卡普鲁斯修道院
Convento de las Capuchinas ★★

中庭的花朵令人心旷神怡

　　在被地震损毁之后卡普鲁斯修道院结束了其身为宗教设施的使命，现在已经是市内几处优美的废墟公园之一。建筑物中几间房间作为安提瓜市内遗迹保护工作办公室被日常使用。修道院内百花争艳，中庭还设有喷泉，美景怡人。修道院中让人印象最深的便是过去修道士曾居住的寝室以及拥有几间小房子的圆形建筑。

圣克拉拉修道院

MAP p.43/B3
开 每天 9:00~17:00
Q40

修道院内常年百花盛开

圣克拉拉修道院
Convento de Santa Clara ★★

圣克拉拉修道院前的广场

　　建于公共洗濯场所在广场前的教堂遗迹。现在这里已经失去了其作为宗教设施的机能，一年四季花期不断，搭配优美的中庭环境，俨然成为了一处市民都纷纷而来的休憩之地。当你来到这里感受如此美妙的氛围时，完全可以理解旧时这里与世隔离，修女们在此修行的那份平静是从何而来了。

莱克勒库西恩修道院

MAP p.42/A1
开 每天 9:00~17:00
Q40

安提瓜市内规模最大的教堂废墟

安提瓜最大的宗教设施遗迹

莱克勒库西恩修道院
Convento de la Recolecioón ★★

　　位于市场西北面的教堂及修道院的建筑遗迹，是安提瓜市内及周边地区各宗教设施遗迹中规模最大的建筑残骸。空地上遗留的断壁残垣以及巨大的石块原料，都是地震后未经任何处理，原汁原味保留下来的，从中可以看出当时地震对安提瓜这座城市所造成的毁灭性冲击。修道院的中庭十分宽阔，除了游人外，不少安提瓜市民也会来这里欢度周末时光。

纺织博物馆

MAP p.42/A1
开 周一～周五　9:00~17:00
　　周六　　　9:00~13:00
Q15（拍摄照片要增至 Q25）

　　提供西班牙语及英语的向导服务解说，纺织课程每小时收费Q200，可以亲身体验纺织的乐趣。

一馆了解危地马拉各地传统服饰

纺织博物馆
Casa del Tejido Antiguo ★

展示并售卖优秀纺织品

　　邻近莱克勒库西恩修道院的小型博物馆，展出危地马拉各地的纺织品及传统服饰，特别对近郊 Sacatepéquez 县的村子有详细的介绍与解说。馆内售卖价格不菲的高档纺织品，如果有你心仪的物件完全可以入手，不用担心质量问题。

小贴士 除了银行设有ATM外，大型礼品商店、高档酒店的大堂、便利店及药房里也会设有ATM机。安提瓜市内可以提取美元的ATM，仅翡翠商店哈德玛雅商店（→p.49）中有。

治病救人的圣人埃尔玛诺·佩德罗之墓便位于教堂之中

圣弗朗西斯科教堂
Iglesia de San Francisco ★★

该教堂是目前安提瓜市内拥有宗教职能的宗教设施中占地面积最大的教堂。教堂内遗留的断壁残垣的规模也仅次于莱克勒库西恩修道院。救死扶伤的宗教圣人埃尔玛诺·佩德罗之墓便埋藏在教堂的空地里。

穿门而入后便是教堂的本堂

为了亲身参拜佩德罗而至此的信徒可谓全年络绎不绝。

利用神学院的古老建筑而改造的宗教美术展馆

殖民艺术美术馆
Museo de Arte Colonial ★

紧接着墨西哥城大学、秘鲁利马大学、美国哈佛大学，美洲大陆上修建的第四所大学便是安提瓜的圣卡洛斯神学院。而这座美术馆便是由该神学院改建而成。内部除了展出神学院旧时与教育相关的展品外，便是以殖民时代宗教美术作品为主的艺术展。展出的作品多出自不知名的画家之手，但从其中压倒性的西班牙宗教美术题材可见基督教对危地马拉这个国家的巨大影响。

亲身感受市民的日常生活

市场
Mercado ★

市场就在巴士站的不远处，售卖生鲜食材及各式日用杂货。你在这里也可以找到民间工艺品，但种类不多。露天集市在每周一、周四、周日开市，不少古代衣物、遗迹中挖掘的物件以及周边村落原住民自己栽种的蔬菜都在集市中售卖，鲜花摊也为这里增添了别样的活力。饿了的话就在集市中的简易餐馆解决一下也是不赖的想法。

新鲜蔬果琳琅满目

在建筑的废墟上远眺的风景也非常不错

圣弗朗西斯科教堂
MAP p.43/C4
开 每天　　8:00~12:00、
　　　　　14:00~17:00
（教堂为每天的8:00~17:00）
费 参观教堂及墓地免费，参观废墟需要Q7

教堂内部不允许摄影及摄像，穿着牛仔裤、短裤、短裙、背心等服装不得入内。此外祭奠及举办活动期间也不允许游客入内。

殖民艺术美术馆
MAP p.43/B3
开 周二~周日　9:00~16:00
费 Q50

市场
MAP p.42/A~B1
开 每天 6:00~18:00

日用杂货在市场中随处可见

小贴士　安提瓜市内受西班牙殖民时期影响，城市构造宛如棋盘般明了，几乎不会迷路。万一迷路了也不要怕，返回建有大教堂的中央公园从头再来即可。

十字架山

MAP p.43/A4 外

十字架山可谓俯瞰安提瓜城市全景的绝佳场所。以前这里曾有强盗出没，现在装备完善的旅游警察经常在此巡视，已经变得非常安全。

一定要登上十字架山一览安提瓜的美景

拉·阿佐特亚

MAP p.55

开 周一～周五　8:30～16:00
　　周六　　　9:00～12:00

费 Q50

每天 9:00～16:00 期间，在大教堂前每小时会有一班前往拉·阿佐特亚的免费迷你巴士。

音乐博物馆中展出各色乐器

可以纵览安提瓜城美景的绝妙场所

十字架山
Cerro de la Cruz　　　★★★

安提瓜将圣地亚哥作为城市的守护圣人，在城镇北侧，有一座立有大十字架的小山，圣地亚哥骑马的雕像也安置在这座小山之上，市民们将这里称为十字架山。从山顶可以俯瞰安提瓜城镇的全景，你还可以从这里掌握各处教堂遗迹的位置。天气好的时候可以直接看到安提瓜后面的阿瓜火山、右侧的菲戈火山以及阿卡特南戈火山等海拔 3000 米以上的雄伟山脉。

建有咖啡博物馆及音乐博物馆

拉·阿佐特亚
La Azotea　　　★★

介绍中用人偶作为辅助解说工具

从大教堂前可以搭乘迷你小巴前往所需约 10 分钟的霍克特南戈村落，这里还建有一座咖啡精酿厂，当你来到这处综合文化设施后绝对会有不虚此行之感。咖啡博物馆 Museo del Café 中还展示了各式咖啡豆及栽培器具。将咖啡豆从栽培到提炼的全过程为到访这里的游客进行详细解说。

此外这里还有一家音乐博物馆 Casa K'ojom，主要展出高原地区原住民的传统乐器。与原住民的音乐及节日相关的影像视频经常会在这里上映。而且这里还有一间介绍 Sacatepéquez 县文化与风俗的展示室，十分值得一看。

Tópico

参观安提瓜郊外的咖啡种植园

危地马拉本土咖啡在全世界都享有美誉。咖啡苗的培育、栽培过程中对干湿度的处理、采摘咖啡豆的时期把控到最后提炼的阶段共同构成了咖啡豆美味的秘诀。

在安提瓜近郊的咖啡种植园芬卡·费城 Finca Filadelfia（MAP p.55）参加咖啡体验活动的游客，便可以深入危地马拉山林，亲身了解咖啡栽培过程的乐趣。

体验活动每天四次，集合时间分别是 8:20、10:20、12:20、13:20，集合地点位于卡普鲁斯修道院（Map p.43/A3），乘坐种植园准备的卡车在山路上行驶 20 余分钟便可以抵达芬卡·费城种植园。

种植园中的每株咖啡豆都被悉心呵护，每年的 11 月～次年 3 月还可以看到咖啡豆收获的场景。

你在园内可以参观日光干燥咖啡豆、精制提炼咖啡豆的全过程，参观过后便会明白如此美妙的咖啡豆离不开煞费苦心的人力劳作以及结出果实前历经日月流转的悉心护理。

在历时 3 小时左右的体验活动结束以后，你在这里还可以进行本土咖啡的试喝环节。如此美妙的危地马拉咖啡（US$2）一定会将你旅途的疲劳一扫而光。

你可以通过安提瓜市内的旅行社参服咖啡体验活动。费用 US$18，当天傍晚前申请成功的话，第二天便可以进行体验。

搭配向导的解说更深入地了解危地马拉咖啡

小贴士 市场附近售卖民艺品的商店多达 100 余家，卡门教堂旁（周末这里会有市集）、中央公园面对的 5a Av. 大道沿路也有规模较大的民间工艺品市场，各式各样的店铺几乎将危地马拉各地的民间工艺品都网罗其中。

商店
Shopping

　　安提瓜及周边村落受原住民的文化影响较深，市内的礼品商店中也随处可见当地的传统工艺品及民间工艺品。此外由于安提瓜郊外有翡翠矿脉，售卖翡翠饰品的商店也不时可见。

哈德玛雅商店
Jade Maya

Map p.43/B4

◆**可以亲眼看到翡翠的制作过程**　售卖翡翠饰品及摆件的翡翠专卖店。从原石的切割到加工、研磨以及打造成品的全过程都对游人公开展现。此外这里还设有一座小型的博物馆专门解说翡翠的内容，可以免费参观，店内设有ATM。

- 4a Calle Oriente #34
- ☎ 7931-2400
- URL www.jademaya.com
- 开 每天 9:00~18:30
- CC ADJMV

尼姆波特商店
Nim Po't

Map p.43/A3

◆**您在这里可以买到玛雅族人的传统服饰**　店铺宛如大型仓库一般，售卖危地马拉各地的特色套头上衣 Huipil（→ p.86），此外还有许多精致的小物件及民间工艺品，商品的产地也都有详细标明，看到心仪的就下手带回家吧。

- 5a Av.Norte #29
- ☎ 7832-2681
- 开 每天 9:00~21:00
- CC AMV

卡萨·德·阿尔托斯
Casa de Artes

Map p.43/C3

◆**云集最高档民间工艺品的博物馆**　馆内网罗危地马拉各地收集的珠宝饰品、传统服装、民间工艺品以及面具收藏。售卖从硬币零钱包、背包（各Q10）等物美价廉的商品到品质高且价格也较贵的各式物品。

- 4a Av.Sur#11
- ☎ 7832-0792
- URL www.casadeartes.com.gt
- 开 每天 9:00~13:00、14:30~18:30
- CC ADMV

科里布利商店
Colibrí

Map p.43/B3

◆**售卖优质民艺品的精品店**　商品多为沉稳色调，平板电脑及智能手机的外壳（Q300 左右）等生活用品都可以在店里找到。

- 4a Calle Oriente #3B
- ☎ 7832-0280
- 开 每天 9:00~18:00
- CC ADMV

阿尔托萨尼亚斯·谢哈比商店
Artesanías Xejaví

Map p.43/B3

◆**售卖原创设计的民间工艺品**　甄选纯天然素材打造的优质民间工艺品。丝绸质地的手工围巾（Q400 左右）是这里的畅销商品。

- 3a Calle Poniente#3
- ☎ 7832-8702
- 开 每天 10:00~18:00
- CC ADMV

木赛欧巧克力商店
Choco Museo

Map p.43/B3

◆**巧克力宛如博物馆展品般陈列其中**　作为一家巧克力专卖店，店内还有玛雅风格巧克力制作课可以参加体验。此外一家提供简餐的咖啡馆也并设其中。

- 4a Calle Oriente #14
- ☎ 7832-4520
- URL www.chocomuseo.com
- 开 周日 ~ 下周四 10:00~18:30
  周五·周六 10:30~19:30
- CC ADMV

酒店
Hotel

安提瓜作为危地马拉国内的代表性旅行城市，设有许多住宿设施。大型高档酒店大多分布在城南地区，市中心以及巴士站附近则是规模较小的经济型酒店，其中利用古建筑改建而成的复古酒店也有不少的占比，如果你长期停留安提瓜，不妨多换几家酒店轮流感受一下。

卡萨圣多明戈酒店
Casa Santo Domingo

◆ 由修道院遗迹改建而成的酒店　坐落在市中心东北面 500 米的地方，由修道院遗迹改建而成，风格独特。至今在酒店院内仍遗留有旧时的教堂废墟，即使你并非房客也可以参观这里的地下埋葬地。酒店内部的家具也很考究，值得一看。

高档	Map p.43/A4

住 3a Calle Oriente #28
☎ 7820-1220
fax 7820-1221
URL www.casasantodomingo.com.gt
CC ADMV　130 间
🛜 免费 Wi-Fi
费 🖥🛏📺Ⓢ① US$184~（税 +22%）

北极光酒店
Aurora

◆ 开业 80 年之久的老牌酒店　位于中央公园以东 2 个街区的位置，是一家旧殖民建筑风格的老牌酒店。周围有许多餐馆及民间工艺品商店，十分便利。虽然酒店的入口看起来不太起眼，开始极狭窄，但其后豁然开朗，内部的庭院非常宽阔，令人内心平静。

高档	Map p.43/B3

住 4a Calle Oriente #16
☎ 7832-0217
URL www.hotelauroraantigua.com
CC ADMV　17 间
🛜 免费 Wi-Fi
费 🖥🛏📺Ⓢ US$80~、① US$85~（税 +22%）

卡萨·卢斯提卡酒店
Casa Rustica

◆ 酒店周围有很多餐馆　规模不大但非常完善的优质酒店。周围建有不少餐馆和咖啡馆，地理位置很便利。虽然不同房费会对应不同的客房，但所有客房的氛围都非常典雅舒适。此外这里还设有可以共用的厨房，方便房客自行烹饪美食。

中档	Map p.42/B2

住 6a Av.Norte #8　☎ 7832-3709
URL www.casarusticagt.com
CC ADMV　🖥 12 间
🛜 免费 Wi-Fi
费 🖥🛏📺Ⓢ US$40~、① US$49~
　🖥🛏📺Ⓢ US$32~、① US$39~

波萨达瓦伦蒂诺酒店
Posada Don Valentino

◆ 价格实惠的新潮酒店　位于中央公园以西三个街区的位置，邻近巴士总站，几乎走几步就能到市场及超市。房费不贵但客房整洁，旅行社柜台并设在酒店之中，可以直接在此预约危地马拉国内的旅游线路及旅行班车。

中档	Map p.42/B2

住 5a Calle Poniente #28
☎ 7832-0384
URL www.posadadonvalentino.com
CC ADMV　18 间
🛜 免费 Wi-Fi
费 🖥🛏📺Ⓢ Q235~、① Q310~

波萨达瑞福吉欧酒店
Posada Refugio

◆ 非常方便收集旅游信息的平价酒店　许多来自世界各地的年轻游客都在此住宿，其中不乏一些长期房客。这里也是了解各家西班牙语语言学校优劣之处的消息流通地。

经济型	Map p.42/B2

住 4a Calle Poniente #30
☎ 7832-7433　CC 不可
🛏 50 间　🛜 无 Wi-Fi
费 🖥🛏📺Ⓢ Q50~、① Q100~
　🖥🛏Ⓢ Q40~、① Q80~

波萨达拉奎塔酒店
Posada la Quinta

◆ 邻近巴士总站的平价酒店　距离巴士总站步行只需要 2 分钟。位于一条建有不少酒店及餐馆的商业街上，房客多半是年轻的欧美人。

经济型	Map p.42/B2

住 5a Calle Poniente #19
☎ 7832-1713　CC 不可
🛏 15 间　🛜 无 Wi-Fi
费 🖥🛏📺Ⓢ Q125~、① Q250~

🖥 设有空调　🖥 未设空调　🛏 房间设有淋浴设施　🛏 公用淋浴设施　📺 设有电视　📺 未设电视
从国内拨打危地马拉当地电话 00+502+× × × ×-× × × ×（→ p.25）

餐 馆
Restaurant

　　安提瓜旧城区开有本土菜馆、意大利菜馆、中餐馆以及日本料理店。饮食上希望节省一些的游客推荐在市场内或市场附近的简易食堂用餐。不少餐馆会在 20:00 便停止营业，而且如果没有食客，甚至会更早关门，比较随意，所以最好尽早用餐。

拉·方达·德·拉·卡勒·瑞欧餐厅
La Fonda de la Calle Real

◆ **安提瓜市内首屈一指的本土餐馆**　作为一家经营安提瓜本土菜肴的餐馆，食客常年络绎不绝。分店就开在总店对面，目前共开有 3 家餐馆。当地特色菜套餐 Q75~100。

Map p.43/B3

住 5a Av.Norte#5
☎ 7832-2696
URL lafondadelacallereal.com
開 每天 8:00~22:00
CC ADJMV
🛜 免费 Wi-Fi

潘萨·贝尔德餐厅
Panza Verde

◆ **在酒店之中便可以享用饕餮美食**　开设在同名高档精品酒店中的高雅餐馆，经营独树一帜的危地马拉创意菜。夜晚还会有爵士乐的演出，气氛很棒，预算 Q300~500，需要提前预约。

Map p.43/C3

住 5a Av.Sur#19　☎ 7955-8282
URL www.panzaverde.com
開 周一 18:00~22:00
　　周二~周日 12:00~15:00、18:00~22:00
CC AMV　🛜 免费 Wi-Fi

埃尔维乔咖啡馆
El Viejo Café

◆ **内饰时尚很受游客欢迎**　潮流的装修风格搭配考究的古董家具。除了咖啡（Q10~）等饮品外还提供当地特色菜肴套餐（Q89~），前菜·沙拉（Q20~）等各式丰富菜品，让你有荤有素，吃得舒服又安心。

Map p.42/A2

住 3a Calle y 6a Av.esq.
☎ 7832-1576
URL www.ekviejocafe.com
開 周日~下周三 7:00~20:00
　　周四~周六 7:00~22:00
CC AMV　🛜 免费 Wi-Fi

多纳·路易萨餐厅
Doña Luisa

◆ **安提瓜代表性的老牌咖啡馆**　1979年便开始营业的小咖啡馆，店内的公告板上介绍了不错的西班牙语语言学校、廉价机票信息以及寄宿家庭的相关介绍，不妨多看几眼。咖啡（Q10~）、蛋糕（Q12~）等简餐也很丰富。

Map p.43/B3

住 4a Calle Oriente#12
☎ 7832-2578
開 周日 7:00~21:30
CC ADMV
🛜 免费 Wi-Fi

托克巴鲁餐厅
Toko Baru

◆ **平价的美味咖喱馆**　邻近圣弗朗西斯科教堂的平价餐厅，菜品价格公道，味道也不赖。菜品除了咖喱外还有印度及尼泊尔异域美食。无论是当地人还是游客都很喜欢这家餐馆。

Map p.43/B4

住 1a Av.Sur#17
☎ 5198-2320
開 周一~周六 12:00~21:30
　　周日 12:00~20:30
CC 不可
🛜 无 Wi-Fi

弗里达斯餐厅
Fridas

◆ **知名的夜晚据点**　以墨西哥画家弗里达·卡罗为主题的餐馆，邻近钟楼。经营墨西哥菜，价格在 Q70~120。二层的夜总会也非常热闹，很受游客喜爱。

Map p.43/A3

住 5a Av.Norte#29
☎ 7832-1296
開 周日 12:00~次日 1:00
CC AMV
🛜 免费 Wi-Fi

小贴士　市场内部设有简易食堂，花费 Q15~20 就能解决早餐和午餐，而且还有西红柿辣鸡汤 Pepian 这样的当地美食。不同食堂的营业时间各有不同，大体都在 7:00~16:00。
从国内拨打危地马拉当地电话 00+502+××××-×××× (→ p.25)

安提瓜的西班牙语语言学校

大多数学校都是讲师1对1的单人授课

　　安提瓜市内目前共有 50 多所西班牙语语言学校，旅游咨询处可以帮你联系学校，你自己也可以直接前往学校参观报名。但交费前还是要多了解该学校的情况。通常可以利用上午的时间听课并观察校内氛围，如果能和校内上课的学生直接交流，听听他们的想法是再好不过的。上课时间通常是每天 8:00~12:00 的 4 小时，每周的周一至周五上课 5 天，但也可以根据你的要求灵活安排具体的上课时间。部分学校如果使用信用卡支付学费，会额外收取 10% 左右的手续费。

　　学校内通常是讲师 1 对 1 授课，如果你认为讲师与自己性格不搭，还可以自由更换其他老师。假如你希望体验家庭寄宿生活，也可以拜托语言学校帮你介绍。

　　此外也有不隶属于语言学校的西班牙语讲师，在咖啡馆和餐馆的公告板中可以看到这类讲师的招生简章，你可以直接按照上面的招生信息与他们联系。费用相比语言学校要便宜些，即使每天上课 4 小时，一周上 5 天课，收费也仅为 US$50~70。

Proyecto Lingüístico Francisco Marroquín

弗朗西斯科·马洛昆西班牙语语言学校　MAP p.42/A2

住 6a Av.Norte#43　☎ 7832-1422
URL spanishschoolplfm.com
图 每天 7 小时授课，每周 5 天 US$200
寄宿家庭一周　收费 US$110~130

　　1971 年开校，是安提瓜最古老的西语学校。讲师很多，学生多的时候将近 100 人，规模很大。通常每天授课 7 小时（8:00~12:00、14:00~17:00），听课时间可以根据你的实际情况灵活安排。此外除了西班牙语外，这里还设有原住民的基切语与喀克其奎语的教学班级，对原住民语言感兴趣的游客不妨在这里选修学习。

Academia de Español Tecun Uman

特昆·乌曼西班牙语语言学校　MAP p.42/B2

住 6a Calle Poniente#34-A　☎ 7832-2792
URL www.tecunumanschool.com
图 每天 4 小时授课，每周 5 天 US$150
寄宿家庭一周 US$120~200

　　提供每周 5 天，每天 5 小时授课，收费 US$170；每天 6 小时授课收费 US$185，甚至有每天上课 8 小时等各类上课模式。此外每天下午学校还会组织前往周边景点的远足活动、影像欣赏活动，夜晚还有萨萨舞的授课等多姿多彩的课外活动。校长马里奥非常稳重，对讲师的教学监督工作也做得很好。

Cano

卡诺西班牙语语言学校

MAP p.42/A2

🏠 Av.del Desengano#21A ☎ 7832-6422
URL canospanish.blog.fc2.com 费 每天 4 小时授课，每周 5 天 US$80 寄宿家庭一周 US$90~

建校已有 30 年之久，邻近美喜德教堂的小型西语学校。虽然学校设施比较朴素，但教师阵容强大，十分负责，教学质量相比其他看上去光彩的学校要高得多。而且学生较少的时期学费还会打折，非常划算。

Centro Lingüístico Atabal

阿塔巴尔西班牙语语言学校

MAP p.43/B4

🏠 1a Av.Norte #6 ☎ 7832-1894
URL atabalspanishschool.com 费 每天 4 小时授课，每周 5 天收 US$88 寄宿家庭一周 US$65~

课上还会为学员介绍危地马拉国内的著名景点及当地人才知道的好地方，可谓让游客学生们带着兴趣学习西班牙语。家庭授课模式由讲师在自己的家中为班级授课，很温馨。除了 1 对 1 授课外，如果你有同伴，还可以两个朋友一起学习，价格也会相对便宜，每天 4 小时授课，每周 5 天的双人课，课费总计 US$132。

Cristian Spanish Academy

克里斯蒂安西班牙语语言学校

MAP p.42/A2

🏠 6a Av.Norte #15 ☎ 7832-3922
URL learncsa.com CC ADMV
费 每天 4 小时授课，每周 5 天 US$185
寄宿家庭一周 US$125~

课程安排井然有序，校内环境也是真可以竖起大拇指。学校还会组织危地马拉的国内旅游团，蒂卡尔遗迹等著名景区的旅游线路都可以自由报名。此外还提供每天上课 5 小时，每周 5 天收费 US$200；每天上课 6 小时，每周 5 天收费 US$215 等多样强化课程。

Centro Lingüístico Maya

中央玛雅西班牙语语言学校

MAP p.42/B2

🏠 5a Calle Poniente#20 ☎ 7832-0656
URL clmaya.com
费 每天 4 小时授课，每周 5 天 US$150
寄宿家庭一周 US$90

1979 年开校的西语学校，简称 CLM。课程质量很受业内认可，并提供每天上课 5 小时，每周 5 天收费 US$160；每天上课 7 小时，每周 5 天收费 US$190 等多样强化课程。但在这里上课需要额外缴纳一次性入校费 US$25。

Sevilla Academia de Español

赛比拉西班牙语语言学校

MAP p.43/B4

🏠 1a Av.Sur #17 C ☎ & fax 7832-5101
URL www.sevillantigua.com CC AMV
费 每天 4 小时授课，每周 5 天 US$125
寄宿家庭一周 US$100~115

讲师多是年轻人，授课很有活力，学生中以荷兰人及德国人等欧洲人居多，几乎每天下午都会有西班牙语的影像资料放映，或是组织学员前往周边的村落远足，小组讨论活动也很热烈。此外学校设有学生专用宿舍，一周的费用是 US$90~125。

Escuela San José el Viejo

埃尔维乔圣何塞西班牙语语言学校

MAP p.42/C2

🏠 5a Av.Sur #34 ☎ 7832-3028 fax 7832-3029
URL www.sanjoseelviejo.com CC ADMV
费 每天 4 小时授课，每周 5 天 US$130

比邻圣何塞教堂的西语学校，校园中有片翠绿的草坪，教室便位于草坪周围一座座圆顶小屋之中。学校旁边还有一个建有泳池及网球场的美丽庭院，这里也提供家居完善的公寓供学生居住，一周的费用为 US$265~。

La Unión

拉·乌涅恩西班牙语语言学校

MAP p.43/B4

🏠 1a Av.Sur #21 ☎ 7832-7337
URL www.launion.edu.gt
费 每天 4 小时授课，每周 5 天 US$175

总校位于圣弗朗西斯科教堂的旁边，在大教堂附近还开有一家分校。许多欧美游客都组团在这里上课，你可以在这里看到许多国家的学生，课程内容也颇受好评。此外这里为了学生灵活安排作息时间及学习进度，还提供每天上课 5 小时、每周 5 天收费 US$195，每天上课 6 小时、每周 5 天收费 US$205 等多样强化课程。如果你选修下午的课程，费用还会打个 8 折。该校也可以为学生介绍寄宿家庭（一周费用在 US$140~160），除了学习西班牙语，还有舞蹈课及火山观光旅游项目，丰富学生的课外生活。

Ixchel

伊希切尔西班牙语语言学校

MAP p.43/C3

🏠 9a Calle Poniente#5 ☎ 7832-3440
URL www.ixchelschool.com CC AMV
费 每天 4 小时授课，每周 5 天 US$195
寄宿家庭一周 US$135~

开设许多有趣的课外活动，提供每天上课 2 小时、每周 5 天收费 US$115 到每天上课 8 小时、每周 5 天收费 US$315 等小时数非常灵活的多样课程。

如何前往近郊的城镇及村落
　　安提瓜市内市场旁便设有巴士总站（Map p.42/A1、B1），巴士班次很多，不用担心没有赶上这班就要等上很久。如果不知道该坐哪辆车，可以将正确的目的地发音告诉巴士司机或是售票员，确认后再上车。有的城镇村落名字发音类似，一定要多加注意，不要上错车。

阿瓜火山山脚下的原住民村落

圣玛利亚·德·海斯斯
Santa María de Jesús ★★

　　安提瓜地震的元凶便是城镇南面壮美的阿瓜火山。而其山脚下的原住民村落，便是圣玛利亚·德·海斯斯村。每年1月喀克其奎族都会在这里举行祭祀仪式。这个村子中的人们常穿的特色套头上衣Huipil（→p.86）非常艳丽。不过这个村子比较封闭，治安也不是很好，需要多加注意。可以把这座村子作为起点，开始攀爬阿瓜火山之旅，但如果你是一个人，还是千万不要擅自爬山，一定要报团旅游。

圣玛利亚·德·海斯斯
MAP p.55
　　前往该地的巴士及迷你小巴每天6:00~19:00发车，每30~40分钟一班，费用Q3.5，需约45分钟。

阿瓜火山山脚下的村落

穿着特色套头上衣的村子女性

曾是殖民政府的第二座首都

别哈老城
Ciudad Vieja ★★

别哈老城
MAP p.55
　　前往该地的巴士车每天5:00~18:00发车，每10分钟一班，费用Q3.5，需约20分钟。

　　这里曾是危地马拉殖民时期的统治者佩德罗·德·阿尔瓦拉多建造的第二座首都。殖民政府的第一座都城，是于1524年在伊希切尔Iximch建立的，但伊希切尔饱受周边原住民的叛乱所扰，在建都3年后的1527年，便将都城迁到阿瓜火山山脚下、安提瓜西南方向大约5公里的别哈老城。

　　1541年阿尔瓦拉多战死在墨西哥的战争中后，他的妻子比阿托里斯·德·拉·奎巴继任了丈夫的总督地位，也是美洲大陆史上第一位女性统治者。可惜随后阿瓜火山大规模喷发，滚烫的火山石和地震对别哈老城造成了毁灭性的创伤，比阿托里斯也丧命于这场自然灾害。戏剧性的是，地震发生在她继任总督的仅仅36小时之后。

　　现在的别哈老城中几乎只剩下了比阿托里斯居城的部分断壁残垣，其余古代遗迹的踪影完全无从寻觅。近年来甚至有研究表明，殖民政府实际的首都其实位于别哈老城东面2公里的地方。抬头仰望近在咫尺的阿瓜火山，设想曾经的文明早已淹没在黄土之中，其实也是它们不错的归宿。

教堂正面的浮雕装饰美轮美奂

设在公园的小纪念碑

小贴士 安提瓜近郊的城镇及村落中也可以买到民间工艺品，价格比安提瓜市内要划算，最省钱的方法便是在市内挑选好心仪的款式再下乡采购。

盛产女性特色套头上衣等优质纺织品的村落

圣安东尼奥·阿瓜斯卡连特斯

San Antonio Aguas Calientes ★★

安提瓜西南方向的典型原住民村落。漫步在竹篱笆小路上，内心不由得十分平静。

这个村子的纺织品在危地马拉国内都算得上首屈一指。普通的织品都是有正反面之分，背面几乎没有任何图案，而这里的纺织品几乎分不出来正反面，两面都有精美的图案，可见这里纺织匠人的技艺高超。

村子里的民艺品市场，二层设有一家小型的纺织品博物馆

但与精美图案相对应的，也是较长的纺织时间，一款精致的特色套头上衣往往需要3个月的时间，即使一件二手套头上衣的价格也有可能在US$50以上。

虽然这里的匠人有一门赚钱的手艺，但他们的生活却非常朴素。你在村子里游览的时候，不少村民都会和你这个外乡人打招呼，村风友善，村民都穿着精美的传统服饰，颜色艳丽多姿。

面向广场还建有一座新哥特式教堂

圣·菲利普·德·海斯斯

San Felipe de Jesús ★

新哥特式教堂周围可以看到不同于安提瓜风格的礼品店及露天零食摊，此外这里也有许多经营危地马拉菜肴的餐馆和饭馆，价格实惠，每道菜的价格在Q15左右。从安提瓜有巴士车可以到达这里，步行也仅需30分钟左右，从市里散步前往这里不失为一个很好的短途旅行。

11月份的风筝祭莫十分知名

圣地亚哥·萨卡特佩奎斯

Santiago Sacatepequez ★★

在每年的11月2日前后，这里都会举行风筝祭奠活动。当天类似于中国的清明节，当地人为了祭祀先祖不需要上班，而圣地亚哥·萨卡特佩奎斯的居民则用一种特别的方式祭奠他们的先祖。他们认为风筝可以架起人间与逝者的桥梁，于是便在埋葬逝者的墓地升起直径2米，颜色各异的圆形大风筝，届时场面非常壮观。这种民俗风筝仪式通常在下午到傍晚期间举行。

通过升起大风筝来祭奠祖先

圣安东尼奥·阿瓜斯卡连特斯

MAP p.55

前往该地的巴士车每天6:00~18:00发车，每小时两班，费用Q3.5，需约20分钟。

圣·菲利普·德·海斯斯

MAP p.55

前往该地的巴士车每天6:00~19:00发车，每小时两班，费用Q3，需约10分钟。也可以步行30分钟前往这个村子。

圣地亚哥·萨卡特佩奎斯

MAP p.55

搭乘前往危地马拉城，途经圣卢卡斯·萨卡特佩奎斯（费用Q6，全程30分钟）的巴士，前行约8公里后换乘前往圣地亚哥·萨卡特佩奎斯的迷你小巴（费用Q3，需约20分钟）即可。

安提瓜周边
区域地图▶p.23/B1

0————5km

齐马尔特南戈
Chimaltenango

圣地亚哥·萨卡特佩奎斯
Santiago Sacatepequez

拉·阿佐特亚
La Azotea
咖啡博物馆
音乐博物馆
Museo del Café
Casa K'ojom

圣卢卡斯·萨卡特佩奎斯
San Lucas Sacatepequez

圣·菲利普·德·海斯斯
San Felipe de Jesús

霍科特南戈
Jocotenango

芬卡·费城（咖啡种植园）

圣安东尼奥·阿瓜斯卡连特斯
San Antonio Aguas Calientes

安提瓜
Antigua

别哈老城
Ciudad Vieja

阿瓜火山（3766m）
Volcán de Agua

圣玛利亚·德·海斯斯
Santa María de Jesús

危地马拉城方向

小贴士 包一辆出租车游览安提瓜近郊也是个很不错的游览方式，从大教堂出发，每小时收费Q200左右。

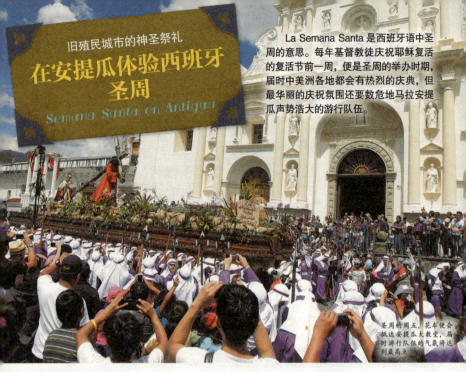

旧殖民城市的神圣祭礼
在安提瓜体验西班牙圣周
Semana Santa en Antigua

La Semana Santa 是西班牙语中圣周的意思。每年基督教徒庆祝耶稣复活的复活节前一周，便是圣周的举办时期，届时中美洲各地都会有热烈的庆典，但最华丽的庆祝氛围还要数危地马拉安提瓜声势浩大的游行队伍。

圣周的周五，花车便会抵达安提瓜大教堂，届时游行队伍的气氛将达到最高点

在安提瓜庆祝圣周

圣周是中美洲的传统节日，从周日复活节前的周四开始，到周日复活节期间的四天时间，一直放假。每年的具体节日时间不太一样，2019年是4月18~21日。

而庆祝圣周活动最火热的便是安提瓜城了。城市中的美喜德教堂、圣弗朗西斯科教堂等权威教堂，在每一位安提瓜市民的年幼时期便在他们的心中埋下了宗教的种子，这也是安提瓜市民虔诚信仰的原因之一，每年的游行队伍中都可以看到众多当地安提瓜市民的身影，而且声势越来越大。

圣周的游行队伍中最大的看点便是驮运基督像与圣母像的人力花车队，穿着宗教服饰的信徒们扛着载有雕像的花车稳重前行。最大的花车全长25米，需要50人以上的信徒抬着，才能缓慢前行。人力车队后面便是数十名乐手组成的乐队，他们演奏的宗教音乐更是为现场的气氛锦上添花。

行进地点及游行高潮

圣周中最容错过的便是周五从美喜德教堂始发的花车队伍了。在天还没亮的凌晨4:00，载有基督像与圣母像的花车便会相继驶离美喜德教堂，展开随后持续时间将近一整天的市内游行。多达数千人的信徒也会从花车驶离教堂开始一路慢慢跟随着队伍的足迹紧密前行，队伍长度甚至可以达到1公里以上，如此规模浩大的队伍会在安提瓜城内缓慢前行，在中午抵达中央公园。

随后队伍便会经过圣弗朗西斯科教堂及安提瓜大教堂，途经钟楼后，于14:00再次返回美喜德大教堂，游客观赏游行队伍最安全的地点便是大教堂及钟楼附近人群较稀少的地方，可以更加方便地掌握身旁的环境。

花车在凌晨4:00便驶离美喜德教堂是每年圣周的惯例

载有圣人像的花车会接二连三地在城市街道中陆续登场，只有购买专用宗教服装并经常向教会捐钱的信徒可以担任身扛花车的人力角色

宛如精美纺织品般的美丽道路，
基督教徒深信通过繁花之路修
成正果才是最美好的过程

在繁花之路被载有其他圣人像
的花车磨损殆尽之时，载有圣
母的花车便会相继在路中出现，
为庆典升温

惊艳的繁花之路

安提瓜圣周的特点之一，便是宛如撒满鲜花、铺上精美绒毯的条条街道。多彩的图案仿佛精致的民间刺绣工艺品，但随着一辆又一辆的花车与人流经过这些美丽的街道，仅需半天的工夫，手工绘制的多彩图案便会消失殆尽。

为了烘托圣周的氛围，安提瓜市民甘愿让自己辛劳的努力在半天中便化为云烟，这种瞬间的美丽仿佛也是他们心中对宗教庆典最完美的诠释。游行队伍所经之处还有许多用心独到的精美装饰，你不用刻意寻找，单是在市内散步便会偶遇很多美妙的瞬间。

游行队伍通过街道的前一天便开始精心作画的职业匠人

其中还有描绘危地马拉国鸟绿咬鹃的图案

安提瓜圣周看点

57

潘纳加切尔 *Panajachel*

周围坐落着许多原住民村落，阿蒂特兰湖畔的观光城镇

人口▶1.1万

潘纳加切尔
MAP p.23/B1

旅游咨询处 INGUAT
MAP p.59/A2
☎ 2421-2953
🕐 每天　　9:00～13:00
　　　　　14:00～17:00
　　位于皇家大道，你可以
在这里了解到巴士车和船只
的出发时间，以及如何前往
周边村落的交通方式。

货币兑换
　　长途巴士站附近的桑坦
德尔路上有一家银行，可以
在这里兑换美元，ATM也
同样可以使用。部分旅行社
和酒店也可以兑换货币，但
汇率相比银行要差一些。城
中药房及高档酒店内也设有
ATM。

图库图库
　　名为图库图库的三轮
车经常可以在城内看到，
10～15分钟的步行距离或者
提着沉重行李时都不妨打一
辆，方便移动，费用Q10~。

在湖畔欣赏阿蒂特兰湖的优美景色

　　在危地马拉城以西150公里的地方，便坐落着有"世界最美湖畔"
之称的阿蒂特兰湖。当地海拔1560米，湖水面积125平方公里，最深
处可达320米。

　　阿蒂特兰湖的形状像是一个蘑菇，湖水南面是圣佩德罗火山（3020
米），而将湖东面封锁得严严实实的，便是延绵不绝的托里曼火山（3158
米）和阿蒂特兰火山（3537米）。群山环抱的自然环境更衬托出阿蒂特
兰湖的分外宁静，偶然会看到一艘小船驶过湖面，并在寂静的湖水上留
下一串白色的涟漪。当你自己乘船行驶在这深蓝色的湖面上时，可能会
有一种滑冰的顺畅感，本是看起来很遥远的村子，一转眼便出现在眼前。
运气好的话还可以看到渔民在一叶扁舟上捕鱼的惬意场景。抵达村子后
刚一下船，村里的孩子便会带着各式民间工艺品蜂拥而至，央求你买上
一个，场面非常生动热闹。

　　湖畔南面是说兹图希尔语的原住民村落，北面则是讲喀克其奎语的
原住民村落。村子中随处可见纺织时将线头缠在头上的圣地亚哥·阿蒂
特兰女性和抽取龙舌兰中的纤维并在庭院中编织包裹的年轻男性。村子
的女性大多在昏暗的房间工作，孩童们则多穿着遮羞布在船厂活泼玩耍，
而姑娘们会将小腿肚都没进湖水之中，热闹地洗着衣服。

　　来到阿蒂特兰湖，不仅可以领略湖畔与火山等遥相辉映的优美自然
风光，还可以近距离接触这里的生活，这
种人与自然恰到好处的融合不由得使我们
这些日常在城市中生活居住的游客为之
动容。

　　潘纳加切尔便是其中一座位于阿蒂特
兰湖畔的小镇，也是知名的观光景点。城
内设有酒店和餐馆，售卖民艺品的礼品店
与露天小吃摊也随处可见，虽然是座观光
城市，但你在这里却可以惬意地享受大自
然的平静与美好。

周边村落的露天市集

小贴士　潘纳加切尔城内在每周二和周五都会举办售卖套头上衣的市集，在位于消防局后的这处露天市场可以以比其他城
镇或村落更加低廉的价格购买特色套头上衣。开市时间是8:00~14:00，最好尽早去赶集，以免好货都被挑走了。

交通方式

巴士

　　危地马拉城第 8 街区的巴士站（**MAP** p.30/B1）每天 6:00~16:00 期间，每小时都有一班前往潘纳加切尔的巴士，费用 Q30，需时 3 小时。旅行社运营途经安提瓜的旅行班车，每天共有 6 班可以抵达潘纳加切尔，费用 US$18~27，需时 3 小时。如果你打算从安提瓜前往潘纳加切尔，可以先坐车到齐马尔特南戈，从这里换乘由危地马拉城始发、前往潘纳加切尔的巴士车。旅行社运营的连接安提瓜与潘纳加切尔的旅行班车每天 4 班，费用 US$15~35，需时 2 小时 30 分钟。

　　奇奇卡斯特南戈始发的巴士每天 6:45~17:00 期间，每 45 分钟~1 小时 30 分钟会有一班，费用 Q15，需要 1 小时 30 分钟，从克萨尔特南戈始发的巴士每天 5:00~15:00 期间共运营 5 班。费用 Q25，需要 2 小时 30 分钟~3 小时。

　　从危地马拉城始发的巴士车终点位于潘纳加切尔城外的市场附近，如果你打算直接在当地寻找酒店，可以在皇家大道与桑坦德尔路的交叉口附近下车，直接和司机交代一句 Centro 他便会懂。

即将开往各地的巴士纷纷振达接客

旅行班车

　　旅行社经营的旅行班车可以直接把顾客送到酒店，非常方便。但是人数不够发车标准的话会推迟发车，最好提前确认空位，争取一上车就能发车。除了旅行社柜台，酒店内也有旅行班车的预约窗口。

经营旅行班车的旅行社

● **Atitrans 旅行社**
MAP p.59/A2
☎ 7762-0152
URL www.atitrans.net

● **Eternal Spring 旅行社**
MAP p.59/B2
☎ 7762-6043
URL www.eternaprimaveraguatemala.com

危地马拉

● 潘纳加切尔

潘纳加切尔
Panajachel
区域地图 ▶ p.23/B1

地图标注：
索罗拉、危地马拉城方向
圣卢卡斯托里曼方向
阿蒂特兰自然保护区 Reserva Natural Atitlán相距 1 公里
圣弗朗西斯科教堂
Vision Azul
巴士公交站（索罗拉、危地马拉城方向）
十字路口咖啡馆 Crossroads Café
Carrot Chic
Atitlán
市场
前往周边村落的巴士搭乘点（圣卡塔利娜、帕罗波、圣安东尼奥、帕罗波方向）
Café Cinema
Maya Pan Café
春意酒店 Primavera
Solo Café
瓜金伯斯餐厅 Guajimbo's
旅游咨询处 INGUAT
Casa Linda
Grand's
消防局
Pana Arte
Tzanjuyu
瑞吉酒店 Regis
礼物商品街
Atitrans旅行社
14 de Febrero
Mario's Room
繁花食堂Hana
何塞·品格宜诺斯餐厅 Jose Pinguinos
阿蒂特兰湖 Lago de Atitlán
圣·佩德罗·拉·拉古纳方向
Eternal Spring旅行社
Garcia
埃尔·索尔酒店 El Sol
登船点
Geleria
哈尔蒂奈斯·德尔·拉戈酒店 Jardines del Lago
The Last Resort
租赁自行车中心
民艺品摊贩小街
阿蒂特兰湖博物馆 Museo Lacustre Atitlán
Buagruis El Aguacatel
埃尔·阿蒂特兰餐厅
圣安东尼奥·帕罗波方向
波萨达堂罗德里戈酒店 Posada de Don Rodrigo
拉戈港酒店 Porta del Lago
Paradise Inn
公园
El Tocoyal
卡萨·拉莫斯酒店 Casa Ramos
游船登船点（Naviera Santa Fe旅行社）
埃尔·卡尤克餐厅 El Cayuco
埃尔·阿蒂特兰餐厅 El Atitlán
Playa Linda
圣地亚哥·阿蒂特兰方向
300m
1
2

潘纳加切尔城内可以算是一个比较安全的区域，但之前曾有步行前往近郊的游客遭遇抢劫的事件发生，所以如果你打算前往潘纳加切尔以外的村子或城镇，推荐搭乘合乘船只、巴士、合乘皮卡或打车前往。

潘纳加切尔 漫 步

图库图库三轮车川流交错的桑坦德尔路

从危地马拉城及索罗拉方向驶来的巴士都会在皇家大道 Calle Real 和桑坦德尔路的交叉叉口停车，而连通市内及阿蒂特兰湖的桑坦德尔路便是潘纳加切尔最繁华的路段。除了酒店和餐馆，邮局、银行以及电话局等功能设施也都设在这条街上，从湖畔步行前往交叉口的巴士站需要约 10 分钟的时间。湖畔周边的酒店及餐馆相比市内要更高档一些。

前往湖畔其他村落所搭乘的小船栈桥共有两处，前往圣佩德罗·拉·拉古纳及湖西方向的船只从城西部的栈桥发船，开往其余村落方向的船只则从潘纳加切尔河口附近的登船点发船。船只发船的时间经常变动，请直接前往栈桥进行确认。栈桥周边也有私人船只会主动拉客，如果你选择搭乘他们的小船，请确认好价格再上船，避免被敲竹杠。

潘纳加切尔 主要景点

可以了解这片地区的历史与地形构造

阿蒂特兰湖博物馆
Museo Lacustre Atitlán ★★

建在酒店院内的博物馆

位于波萨达唐罗德里戈酒店院内的博物馆，展出从阿蒂特兰湖底及周边村落出土的土质器皿，此外你还可以通过图示了解阿蒂特兰湖与周边火山的样貌变迁。通过解说，对于近郊村落的风俗习惯也可以略知一二。

保护并饲育着多种多样的美丽蝴蝶

阿蒂特兰自然保护区
Reserva Natural Atitlán ★★

从潘纳加切尔市内沿西北方向步行 20 余分钟，便会抵达阿蒂特兰酒店西面约 1 公里位置的蝴蝶自然保护区。

这片区域饲养并保护着 35 种以上在危地马拉栖息的珍稀蝴蝶，其他地区难得一见的透明蝴蝶、黑色蝶翼搭配粉色花纹的艳丽蝴蝶，以及从虫蛹到幼虫直至蜕变蝴蝶的华丽过程也都可以在这里一饱眼福。

在保护区中除了蝴蝶以外，你还可以看到栗鼠、犰狳、浣熊等许多其他可爱的小动物，绝对不虚此行。

小贴士 潘纳加切尔湖畔村落的原住民女性会穿着传统服饰在潘纳加切尔市内售卖手工艺品，通常你从她们手里购买物件的话她们都会很乐意和你合影。

酒 店
Hotel

贯穿城市的桑坦德尔路周边云集着各式住宿设施，从高档酒店、中档酒店到经济型的平价酒店都分布于此。其中最常见的当数价格在 Q150~200 之间的酒店类型，湖畔周边则是高档酒店的云集之地，虽然交通不太方便，但优美的风光绝对可以令你放松身心。

拉戈港酒店
Porta del Lago

◆邻近湖畔的大规模酒店 从酒店的泳池便可以欣赏到火山及湖畔美景的高档酒店，你可以在泳池一洗盛夏的炎热，也可以参加酒店组织的阿蒂特兰潜水及冲浪活动，住宿时可以选择包含三餐的优质房型。

高档	Map p.59/B2
住 2a.Av.0-17，Z 2	
☎ 2244-0600　fax 7762-1562	
URL www.portahoteldellago.com	
CC ADJMV　室 100 间	
免费 Wi-Fi	
费 ＝ ＼ TV ⑤ ⑩ US$94~（税 +22%）	

哈尔蒂奈斯·德尔·拉戈酒店
Jardines del Lago

◆可以欣赏到美丽湖景的优质度假酒店 面向湖畔而建，酒店拥有独立的美丽沙滩，各式树木及鲜花也种植在酒店的院子之中，环境宜人。

高档	Map p.59/B1
住 Calle Monterrey　☎ 7732-6114	
URL jardinesdellago.com	
CC AMV　室 34 间	
免费 Wi-Fi	
费 ＝ ＼ TV ⑤ US$70~、⑩ US$90~（税 +22%）	

波萨达唐罗德里戈酒店
Posada de Don Rodrigo

◆并设有博物馆的高档酒店 建在桑坦德尔路最靠近阿蒂特兰湖的路口位置，酒店内还有一家博物馆，空闲的话不妨进去转转。

高档	Map p.59/B1
住 Final de Calle Santander　☎ 7762-2326	
URL www.posadadedonrodrigo.com	
CC ADJMV　室 39 间	
免费 Wi-Fi	
费 ＝ ＼ TV ⑤ ⑩ US$91~（税 +22%）	

瑞吉酒店
Regis

◆别致的庭院令人心旷神怡 位于路口位置，周围氛围安静的酒店，设有小别墅风格的客房，酒店的庭院布置得十分别致。

中档	Map p.59/A2
住 Calle Santander 3a Av.3-47	
☎ 2244-0800　URL www.regisatitlan.com	
CC ADMV　室 26 间	
免费 Wi-Fi	
费 ＼ TV ⑤ ⑩ US$53~	

春意酒店
Primavera

◆邻近巴士搭乘点，出行方便 酒店规模不大但客房干净舒适，一层并设餐厅，很受游客喜爱的一家酒店。

中档	Map p.59/A2
住 Calle Santander　☎ 7762-2052	
URL www.primaveraatitlan.com	
CC AMV　室 10 间	
免费 Wi-Fi	
费 ＼ TV ⑤ US$30~、⑩ US$40~	

卡萨·拉莫斯酒店
Casa Romos

◆坐落在湖畔前的平价酒店 位于湖畔边性价比很高的经济型酒店，透过二层的窗户可以直接看到阿蒂特兰湖及周边的火山风貌，是个不错的住宿选择。

经济型	Map p.59/B2
住 Calle de Lago	
☎&fax 7762-0413	
CC 不可　室 34 间	
免费 Wi-Fi	
费 ＼ TV ⑤ Q180~、⑩ Q280~	

加西亚酒店
Garcia

◆意料之外非常恬静的平价酒店 各国背包客都很偏爱的经济型酒店。客房干净卫生，建于住宅区之中，闹中取静。

经济型	Map p.59/B2
住 14 de Febrero，Z 2	
☎ 7762-2187	
CC 不可　室 28 间	
免费 Wi-Fi	
费 ＼ TV ⑤ Q140~、⑩ Q190~	

＝ 设有空调　＝ 未设空调　＼ 房间设有淋浴设施　公用淋浴设施　TV 设有电视　未设电视
从国内拨打危地马拉当地电话 00+502+××××－×××× (→ p.25)

餐馆
Restaurant

桑坦德尔路是一条非常繁荣热闹的城市主干路，面向游客的各式餐馆及咖啡馆都分布其中。此外栈桥附近也有不少餐馆，在这里的露天席位可以一边欣赏湖光风景一边享用美食。湖畔附近还有许多平价餐馆，其中也有地道的当地美食。

埃尔·阿蒂特兰餐厅
El Atitlán

◆可以欣赏美丽湖景的餐馆　邻近游船停靠的栈桥附近，建于湖畔之边，木屋风格的建筑造型，可以欣赏到优美的湖光景色。海鲜菜肴Q95~160，套餐中包含汤品及墨西哥卷饼。

Map p.59/B2
🏠 Calle del Lago
☎ 7762-0924
🕐 每天 8:00~21:00
💳 AMV
📶 免费 Wi-Fi

瓜金伯斯餐厅
Guajimbo's

◆菜品丰富，气氛明快　位于桑坦德尔路上的乌拉圭餐馆，门脸很大，许多游客都选择在这里用餐。设有丰富的肉菜菜品，主菜价格在Q50~80。

Map p.59/A2
🏠 Calle Santander
☎ 7762-0063
🕐 周五～下周三 7:30~21:30
💳 ADMV
📶 免费 Wi-Fi

何塞·品格宜诺斯餐厅
Jose Pinguinos

◆网罗传统菜肴及精致西餐　菜式以危地马拉本地菜肴为主，周四～周六每天18:30，餐厅中会有马林巴琴的演奏活动，你可以一边用餐一边欣赏动听的民族音乐。

Map p.59/A2~B2
🏠 Calle Santander
☎ 7762-6290
🕐 每天 9:00~22:00
💳 ADMV
📶 免费 Wi-Fi

埃尔·卡究克餐厅
El Cayuco

◆经营美味的阿蒂特兰湖海鲜菜肴　位于环境优美的阿蒂特兰湖畔，是一家规模较大并且比较上档次的当地菜餐馆。从二层的用餐区可以欣赏到美丽的湖景。选用阿蒂特兰湖捕捞的新鲜马哈鱼烹制的炸鱼菜品（Q75）很有人气，推荐你也点上一盘尝一尝。

Map p.59/B2
🏠 Calle de Lago
☎ 7832-1762
🕐 每天 7:30~21:30
💳 AMV
📶 免费 Wi-Fi

十字路口咖啡馆
Crossroads Café

◆很受欧美客人喜爱的热门咖啡馆　号称来到潘纳加切尔绝对不容错过的咖啡馆，有危地马拉国内最棒的咖啡（Q20）、胡萝卜蛋糕（Q30），还有布朗尼等各式甜点。店内还出售成包的各类咖啡豆，方便你即使回到家也可以品味危地马拉的美妙滋味。

Map p.59/A2
🏠 Calle del Campanario 0-27
☎ 5292-8439
🌐 www.crossroadscafepana.com
🕐 周二～周六 9:00~13:00，14:30~18:00
💳 无
📶 免费 Wi-Fi

阿蒂特兰湖周边有许多日常生活使用楚图希尔语和喀克其奎语交流的原住民村落，他们售卖的纺织品和传统服饰非常漂亮，此外木雕以及画作等艺术性很高的民间艺术品也可以在这里淘到。

除了潘纳加切尔~圣克鲁斯·拉·拉古纳的区间公路外，还有许多连接各个村落的小路。你可以搭乘巴士车及合乘皮卡前往目的村子。前往索罗拉、圣地亚哥·阿蒂特兰、圣卢卡斯·托里曼等规模较大的城镇及村落搭乘巴士车比较方便，前往圣安东尼奥·帕罗波、圣卡塔利娜·帕罗波等地则是搭乘合乘皮卡更加灵活且有效率。

此外，如果你打算搭船前往湖西面的圣克鲁斯·拉·拉古纳、圣马尔科斯·拉·拉古纳等村落，乘坐合乘船只前往比较合适。但这些村子周围的公路并不是很完善，下船后在野路行进往往需要花费更多的时间，所以并非热门观光地，合乘船只的班数也比较少，每天只有区区几班。如果你入住的酒店距离栈桥较近，推荐以潘纳加切尔为大本营，多多乘船前往其他村落看一看。

以游客为主要客户群的著名村落都有专门的游船通行，乘坐这类游船一天便可以玩转好几个村子，非常方便。

专门面向湖畔村落游览而设立的游船设施

周游游船（→p.11）

Naviera Santa Fe旅行社的游船在每天8:30发船，于15:30返程归来。费用Q100，途中可以巡游圣佩德罗·拉·拉古纳、圣地亚哥·阿蒂特兰、圣安东尼奥·帕罗波三个村子，并在每个村子停留1小时以供游客自由活动。午餐定在圣地亚哥·阿蒂特兰中，所以还会再延长30分钟，你可以在村内的餐馆及小吃摊品尝地道的炸鱼及本土菜。

通过潘纳加切尔的旅行社便可以报名参加游船项目，当然如果时间来不及也可以直接在登船时间出现在栈桥，和船老大商量商量便能轻松上船。

阿蒂特兰湖周边

小贴士 请留意在搭船点主动和你搭话的非法导游。他们会说"今天的船票临时价格上调，我这里有更合适的价格"，听上去像是捡了个便宜，但实际上会在你乘船后向你索要高额船费。切记不要与他们搭话。

63

圣佩德罗·拉·拉古纳

MAP p.63/A1

从潘纳加切尔搭乘合乘船只的费用为 Q30，所需约 40 分钟。往返费用 Q50。此外周游游船（→ p.63）也可以抵达这里，从圣地亚哥·阿蒂特兰出发的船只每天 6:00~15:00 期间，每小时有 1 班。船费 Q30，所需约 30 分钟。从危地马拉城每天也有 5 班巴士可以前往这里，费用 Q30，需 4 小时。

以种植咖啡豆而知名的圣佩德罗火山山脚下的村子

圣佩德罗·拉·拉古纳
San Pedro la Laguna ★★★

坐落在圣佩德罗火山山脚下，面向阿蒂特兰湖的一个规模相对较大的村子。村子中无论是村民还是建筑都保留了原生态状态，你在这里不太会有商业化的旅游体验。村子中共设有 2 座栈桥，这里的小路也非常古朴，不过在村子中闲转很难一眼便找到酒店及餐馆的招牌，饿了的话需要仔细找找看。村子从 2000 年开始逐渐开展旅游观光事业。

相比潘纳加切尔，这里无论是住宿还是饮食都要便宜一些，当地居民也更加淳朴友善，在这里过上几天田园生活也是很悠然自得的。不过这里村民所穿的服饰并没有太大特色，女性也几乎都用普通的布艺代替传统套头上衣。从栈桥沿着一条坡道步行 5~10 分钟便可以抵达村子的中心地带。教堂和日常市场都设立在此处，每周四和周日路边还会举办集市，周围村落的村民都会到这里选购日用品，非常热闹。

此外每年 1 月下旬和 6 月下旬两个时间段还会举办庆典活动，届时村内的气氛会非常热闹。村子的主要产业便是咖啡豆的栽培，如果你稍微登上圣佩德罗火山，便可以俯瞰到许多种植咖啡豆的大型农园。

村子中心的路边随处可见售卖商品的小贩

圣胡安·拉·拉古纳

MAP p.63/A1

从潘纳加切尔可以搭乘合乘船只前往这里，费用 Q25，需约 40 分钟。从圣佩德罗·拉·拉古纳可以打一辆图库图库三轮车前往这里，需 10 分钟，车费 Q25。

圣佩德罗·拉·拉古纳
San Pedro la Laguna
区域地图▶p.63/A1

栈桥
（潘纳加切尔驶来的船只停靠地）
格兰苏诺酒店
Gran Sueño
神威料理店
Kámui
曼尔拉格公寓
Mansión del Lago
菲塔
Fe
拉斯·克里斯塔利纳斯咖啡馆
Las Cristalinas
Mike's Pizza
巴士乘坐点
教堂
阿蒂特兰湖
米卡索酒店
Mikaso
Cafe La Puerta
西班牙语语言学校
（圣地亚哥·阿蒂特兰驶来的船只停靠地）
栈桥
200m

纺织工坊众多的湖畔村落

圣胡安·拉·拉古纳
San Juan La Laguna ★

位于圣佩德罗·拉·拉古纳西面 2.5 公里处的小村子。村子中心建有一座砖瓦材质的教堂，村民朴素友善。许多国家都支援赞助了村子中的纺织工坊，来这里旅行你可以看到工坊内手工生产小包及围巾的特色工作场面。手工制作天然染色的纺织品深受外国友人喜爱，质量很好，但价格也要比潘纳加切尔的商品贵上不少。从船舶停靠地到村中心的路上便建有一所旅游咨询处，沿路你还可以看到为数不多的几家酒店。

制作民艺品的工坊随处可见

小贴士 在圣佩德罗·拉·拉古纳经营餐馆的老板大多是欧美人，经营本土菜肴的餐馆不好寻找，要提前做好在这里吃汉堡和比萨的心理准备。

酒店 & 餐馆
Hotel & Restaurant

圣佩德罗·拉·拉古纳：村内建有基础平价酒店和餐馆，价格相比潘纳加切尔要便宜一些。村内的土路走着走着就会迷路，勤着点向村民问路肯定没有坏处。

格兰苏诺酒店
Gran Sueño　　　　　　　　　　　　　村内最漂亮的酒店

◆从栈桥步行 3 分钟便可以抵达这家酒店。酒店规模虽然不大，但客房及大堂都很精美，附近也有餐厅，住宿便利。

经济型	Map p.64
🏠 8a Calle 4-40, Z 2	☎ 7721-8110
CC 不可　🛏 11 间　📶 免费 Wi-Fi	
費 ▦ ◣ ▥ Ⓢ Q75~、Ⓓ Q150~	

菲酒店
Fe　　　　　　　　　　　　　面向湖畔的绝佳位置

◆设施完备，平价却干净的经济型酒店。客房内饰很活泼，酒店内并设有餐厅，而且你还可以通过酒店参报旅行团。提供早餐。

经济型	Map p.64
🏠 San Pedro La Laguna	
☎ 3486-7027　URL www.hostelfe.com	
CC 不可　🛏 18 间　📶 免费 Wi-Fi	
費 ▦ ◣ ▥ Ⓢ Ⓓ Q150~ 宿舍房型 Q50~	

米卡索酒店
Mikaso　　　　　　　　　　　坐落在湖畔的小型酒店

◆面向湖面，提供如家般的温暖。提供公共厨房供房客自行烹制佳肴。酒店内设有浴缸、吊床及台球台等丰富设施，同时并设有面向湖面的餐厅。

经济型	Map p.64
🏠 San Pedro La Laguna	
☎ 7721-8232　URL mikasohotel.com	
CC 不可　🛏 16 间　📶 免费 Wi-Fi	
費 ▦ ◣ ▥ Ⓢ Ⓓ Q180~	
▦ ◣ 集体宿舍 Q60~	

拉斯·克里斯塔利纳斯咖啡馆
Las Cristalinas　　　　　　　甄选当地咖啡为你调配

◆可以品尝危地马拉咖啡的纯甄滋味。虹吸式咖啡 Q10、自制蛋糕 Q15，从店内也可以直接购买当地限产的绝佳咖啡豆。

	Map p.64
🏠 San Pedro La Laguna	
☎ 5959-7932　🕐 每天 6:00~21:00	
CC ADMV　📶 免费 Wi-Fi	

神威料理店
Kámui　　　　　在中美洲也能吃到豆腐的日本料理店

◆一家日本女性开的日料店，自家制作豆腐及泡菜，主营素食料理，很受外国游客的喜爱。推荐豆腐汉堡（Q35），你可以在这里吃到天妇罗及寿司卷等传统日式菜品。

	Map p.64
🏠 San Pedro La Laguna	
☎ 5120-3794　🕐 周一 ~ 周六 11:00~18:00（11 月 ~ 次年 4 月 ~20:00）	
CC 不可　📶 免费 Wi-Fi	

Tópico

民间工艺品购买指南

在危地马拉这个原住民人口占比很大的国家，国内居民穿着的传统服饰其实都是出自居民自己之手，手工艺几乎就是他们的日常工作，与生活息息相关，所以当地的纺织品、编织品乃至刺绣的技艺都很高超。

邻国伯利兹、洪都拉斯售卖的民间工艺品等旅游纪念品其实绝大部分也是危地马拉制造。所以危地马拉国内的民间工艺品，无论是数量还是质量都要比其他国家更上一层，城市中经常可以找到民间工艺品市场，时间充裕的话不妨逛一逛，说不定就有你心仪的物件。

其中购买馈赠亲友的礼品最合适的城镇当数潘纳加切尔，这里可谓危地马拉国内民艺品的生产源头，城中有许多店面售卖商品，也有店内的纺织机

在不停生产新商品的工坊，在这些写有 POR MAYOR（批发）招牌的店内大量采购工艺品，可以批发价结算，十分划算。如果选购商品的话，最好都在一家店采购，毕竟买得越多越便宜，但也有部分商店，即使买的量不大，也可以通过批发价结算。此外奇奇卡斯特南戈（→ p.78）的周日集市也是购买工艺品的好去处。选在快闭市的时间采购，商人会为了能最后赚上一笔而再次降价，这时候与商品看对眼，下手肯定错不了。

湖畔村落中售卖各式各样的民艺品

▦ = 设有空调　▥ = 未设空调、◣ = 房间设有淋浴设施　▤ = 公用淋浴设施、◲ = 设有电视　◳ = 未设电视
从国内拨打危地马拉当地电话 00+502+×××-××××（→ p.25）

圣帕布洛·拉·拉古纳
MAP p.63/A1
　　从圣胡安·拉·拉古纳可以搭乘合乘皮卡前往这里，费用Q3，需约15分钟。

选用龙舌兰纤维制作各式手工艺品

圣帕布洛·拉·拉古纳
San Pablo la Lagua
★

乘坐合乘皮卡还可以前往其他村落

　　从圣胡安·拉·拉古纳可以搭乘合乘皮卡车前往这里。村子坐落在一处地势较缓的山腰之上，农业和渔业都很发达。由于这里种植龙舌兰，出产许多用龙舌兰纤维编织的绳子、渔网乃至吊床等手工艺品。

圣马尔科斯·拉·拉古纳
MAP p.63/A1
　　从潘纳加切尔始发的合乘游船费用Q25，需约20分钟。

圣马尔科斯·拉·拉古纳的酒店
H Posada Schumann
☎ 5202-2216
💲 ⑤ Q250~、① Q500~
　　雨季等旅游淡季这家酒店还会有房费折扣。

圣马尔科斯·拉·拉古纳的餐馆
R Allala
☎ 5166-8638
开 周四~下周二 15:00~21:00
　　邻近足球场有一家日式料理店，如果找不到可以问问当地人。老板是位日本女性。

湖畔边上有一排气氛闲适的简易旅店

圣马尔科斯·拉·拉古纳
San Marcos La Laguna
★★

演奏马林巴琴的音乐人

　　位于阿蒂特兰湖畔西面，在背包客圈子中热度很高的观光村落。这里与其他村落之间至今仍未有完善的柏油路，前往这里通常只能靠乘船这一种交通方式。这里也是众所周知的能量比较强的能量场，人杰不敢说，但地灵是当之无愧的。欧美的许多生态学家都特意来此考察。城内还有不少瑜伽教室及有机餐馆，有一种独特的旅游氛围。湖畔旁建有一排规模不大但设备齐全的小酒店，你可以在这里融入大自然的怀抱，恬静地过上几天隐居田园的日子。

圣克鲁斯·拉·拉古纳
MAP p.63/A1
　　从潘纳加切尔始发的合乘游船费用Q20，需约15分钟。

圣克鲁斯·拉·拉古纳的酒店
H El Arca de Noe
☎ 4863-9015
💲 ⑤ ① US$50~
　　比邻栈桥的酒店，并设有餐厅。

从栈桥到村子间的坡路上眺望会有很美的风景

圣克鲁斯·拉·拉古纳
Santa Cruz la Laguna
★

　　从潘纳加切尔乘船约15分钟便可以抵达。村民的套头上衣以红色为底色，非常艳丽。阿蒂特兰湖中渔夫的渔船也都是这个村子包工制作的。栈桥附近坐落着几家小型酒店，很受外国年轻人的欢迎。从湖畔的栈道沿一个陡山坡向上步行约20分钟，便可以抵达原住民居住的小村子。上坡途中回头，可以俯瞰欣赏阿蒂特兰湖的湖光佳色。

在村子公民馆前玩耍的孩子

小贴士　前往圣马尔科斯·拉·拉古纳及圣克鲁斯·拉·拉古纳的合乘船只凑够8人才会发船，如果你比较着急，可以加钱让船家先行出发。

男性套头上衣颜色也十分鲜艳，索罗拉省的省会城市

索罗拉
Sololá ★★

潘纳加切尔以及阿蒂特兰湖畔周边的村落都隶属于索罗拉省。而索罗拉省的省会城市，便是距离潘纳加切尔10公里左右距离，位于潘纳加切尔与危地马拉城之间群山地带的索罗拉城。索罗拉市海拔2113米，相比阿蒂特兰湖还要高出500多米，城镇气温宜人，不过经常会起薄雾。

面向中央公园建造的市政厅

这座人口1万余人的城镇，规模虽与潘纳加切尔类似，但无论男女，城内居民都习惯穿着传统服饰。即使是城内开办的市集，也更有原住民生活居住的氛围。

索罗拉男性所穿着的传统服饰，以红色和粉色为布料的主基调，搭配条纹图案，白格子茶色羊毛腰带也是他们的独特之处。

周二、周五在中央公园周边会举办市集，食材、调味料以及日用杂货都可以在这里购买。许多穿着传统服饰的外村人也会来这里采购，气氛很热闹。

从索罗拉到潘纳加切尔的沿途会经过圣霍尔赫·拉·拉古纳的村落，从这站下车，步行约100米便到达可以欣赏阿蒂特兰湖美景的观景台。

索罗拉
MAP p.63/A2

潘纳加切尔起始的巴士车在每天6:00~18:30期间，每15~20分钟便有一班，费用Q3，需约20分钟。从危地马拉城途经潘纳加切尔前往索罗拉的巴士车需约3小时。

公园中偶遇的当地儿童

蓝色及紫色的套头上衣引人注目

圣卡塔利娜·帕罗波
Santa Catarina Palopó ★★

潘纳加切尔东南方向4公里的一处湖畔村落，前往村子的沿途景色美不胜收，道路两旁的树木与鲜花洋溢着浓郁的大自然气息，偶尔还能看到蜂鸟的身影。湖畔周围的道路只能步行，路面起伏不定，而且非雨季走在土路上很容易崴脚，一定要多加注意。

沿路有许多售卖纺织品的摊位

圣卡塔利娜·帕罗波村中的女性习惯穿以蓝色和紫色为主基调的传统服饰，上面搭配各式几何图案是这里的特色。可以说是湖畔各个村子中色彩搭配最舒服的一款了。男性的短裤也是相同的底色和图案，村子中也售卖类似风格的衣物，很受游客喜爱，潘纳加切尔市内的商贩经常来这里采购。

教堂前售卖柴火的当地女性

圣卡塔利娜·帕罗波
MAP p.63/A2

从潘纳加切尔始发的合乘皮卡每天7:00~19:30期间，每隔15分钟便发一班车。车费Q4，需约20分钟。

小贴士 近年来圣马尔科斯·拉·拉古纳深受欧美嬉皮士的青睐，村子中不时可以看到穿着棉质上衣悠闲散步的嬉皮士身影，他们之中很多是这里的长期居住者，尤其在集市可以看到他们采买日常蔬菜的场景。

从潘纳加切尔始发的合乘皮卡每天 6:00~19:30 期间，每隔 15 分钟便发一班车。车费 Q5，需约 30 分钟。

建在半山腰的湖畔村落

圣安东尼奥·帕罗波

San Antonio Palopó ★★★

位于潘纳加切尔东南面 10 公里的一座日常生活使用喀克其奎语的村落。从村子中心的教堂可以俯瞰到美丽的阿蒂特兰湖。平视时则可以发现这座村落是建在阿蒂特兰湖旁的山腰之上的。村民大多数以务农为生，并使用龙舌兰及芦苇的纤维进行坐垫、毯子等物件的编织。说到这里编织物的特色，是以红蓝紫色为基调，搭配细细的竖条纹，很好看。此外帕罗波的陶器也很出名。

村子以南有一处名为阿瓜埃斯孔迪多 Agua Escondido 的村子，喜欢田园风光的游客完全可以去瞧一瞧，绝对不会失望。

穿着传统服饰的当地女性

村子中的手工艺品主要以编织物为主

托里曼火山山脚下的编织物盛产村

圣卢卡斯·托里曼

San Lucas Tolimán ★★

坐落在海拔 3158 米的托里曼火山山脚下，邻近阿蒂特兰湖。这个村子盛产咖啡豆，从村子中心步行 15 分钟便可以抵达湖畔。

这个村子最大的魅力当数可以欣赏到对岸潘纳加切尔及湖畔遥相辉映的美景以及这里的传统服装。服装以红、绿、黑为主色调，上面会以类似刺绣的手法制作极其细小的斑点最后组成小狗或鸟儿的模样，女性的裙子上也多是和上衣相同的图案，但村子里的男性很少穿着传统服饰。

周二、周五、周日在村里会举办市集，售卖生鲜食材。此外编织品、木雕、画卷也会在市集上售卖，如果有心仪的物件，一定要确认好是否完好，有没有瑕疵，而且不要忘了和老板砍砍价。

潘纳加切尔起始的巴士车在每天 5:30~16:30 期间，每 1~2 小时便有一班，费用 Q10，需约 1 小时，两地之间也有合乘皮卡和迷你巴士频繁发车，需要在戈迪内斯 Godinez 进行换乘。

圣卢卡斯·托里曼的酒店
H Toliman
☎ 7722-0033
室 S US$55~、D US$70~
酒店外观精美，并设有餐厅

售卖小盒干和虾米的摊贩

村里的市集十分热闹

小贴士　圣安东尼奥·帕罗波地区刮起强风时游船无法靠近岸边，只能选择前往圣卡塔利娜·帕罗波（→ p.67）下船或返回潘纳加切尔下船。

圣地亚哥·阿蒂特兰
Santiago Atitlán　　　　　　★★★

从潘纳加切尔到访这里的游客数量不少，这里也是湖畔边规模最大的原住民村落。村内原住民所穿的传统服饰与其他村落一样美丽，白格子的套头上衣上还会有精致的动物刺绣图案，裙子也和上衣的图案相呼应。村子中的老奶奶通常都会在头上戴一个用布带缠了好多圈，宛如帽子的头饰，最外圈的带子上有精美的图案。男性传统服装的短裤是以白色为底色，搭配细条纹，上面还会绣上动物和鸟类的图案，经常刺绣会绣满一整面的裤腿，非常华丽。

村子中每天都有市集，特别是周五和周日的市集会非常热闹。售卖的商品以生鲜食材为主，此外还可以看到居民手工制作的编织品、木雕工艺品，非常适合买来馈赠亲友。

沿着市场背面的台阶向上走，便可以来到小广场，拥有古老历史的弗朗西斯科派系的白色教堂便建在这里。但实际上村民更崇尚土著宗教，信奉叼着香烟的圣马西蒙。

栈桥附近有一家旅行社，你可以通过该社参报火山之旅（Q200）等各式户外项目。也可以雇用向导（向导费每小时Q200）。

圣地亚哥·阿蒂特兰
MAP p.63/B1

潘纳加切尔在每天5:45~16:30期间，共设有8班前往此地的船只，费用Q30，需约1小时。圣佩德罗·拉·拉古纳起始的游船在每天6:00~14:00期间，每小时便有一班前往此地，费用Q25，需约45分钟。从潘纳加切尔也有巡游船（→p.63）可以抵达这里。

潘纳加切尔起始的巴士车在每天6:30~16:00期间，每小时便有一班途经圣卢卡斯·托里曼前往圣地亚哥·阿蒂特兰的巴士，费用Q10，需约2小时。从危地马拉城以及克萨尔特南戈也有直达这里的巴士，每天有4~5班。

集市的水果摊

穿着传统衣着的女性

圣地亚哥·阿蒂特兰的酒店
H Bambú
MAP p.69外
☎ 7721-7332
閉 Ⓢ US$65~、Ⓓ US$85~
小木屋外观的酒店，并设有餐厅

阿蒂特兰湖

栈桥
展望台
售卖民艺品的路边摊
H Bambú 酒店方向

纺织工坊一条街

200m

水果摊

公园

圣地亚哥·阿蒂特兰
Santiago Atitlán
区域地图 p.63/B1

I Tzutuhil

教堂

巴士搭乘点（潘纳加切尔、圣卢卡斯、托里曼方向）

克萨尔特南戈
Quetzaltenango

被爱称为 Xela，群山环抱的绿意之村

乘坐巴士约 15 分钟便可以到达以露天市集闻名的阿尔莫隆加

人口▶ 15 万

克萨尔特南戈
MAP p.23/B1

旅游咨询处 INGUAT
MAP p.71/B2
🏠 7 Calle，11-35
☎ 7761-4931
🕐 9:00～17:00

货币兑换
　城中心的中美洲公园周边云集着各式银行。可以通过银行的 ATM 以及柜台提取美金并兑换格查尔。银行的营业时间通常为周一～周五的 9:00～16:00，许多银行都是由旧殖民风格的建筑改建而成，取钱的同时还可以顺道欣赏建筑，可谓一举两得。

安全信息
　克萨尔特南戈是危地马拉国内人口第二位的大城市，但治安却也不差，城中心的中美洲公园附近有不少餐馆，其中大部分店铺都会营业到深夜，所以夜晚在这片区域漫步也是比较安全的。为了避免遭遇盗窃事件，出门尽量不要携带贵重物品。

近郊的苏尼尔村落居民

　危地马拉国内第二大城市克萨尔特南戈，海拔 2300 米，如果算上周边村子的人数，总人口可是超过 20 万之多。同时，克萨尔特南戈，也是克萨尔特南戈省的省会城市，克萨尔特南戈在原住民语中意为克萨尔岛的城壁。这座城市在被西班牙殖民之前的名字是谢拉夫 Xelajú，因此至今也有当地人将这里爱称为谢拉夫或直接叫"谢拉 Xela"，从危地马拉城等其他城市前往这里时，巴士的目的地也会写做 Xela 或 Xelajú，而非 Quetzaltenango，一定要多加注意。

　克萨尔特南戈是一座被波尔卡诺艾斯山、圣地亚古多山、圣玛利亚山等群山环抱，绿意盎然的城镇。观光看点除了城里旧城区所处的第 1 街区，便是周边众多原住民村落举办的市集了。虽然每个村落市集的特色近年来已经有些趋近同化，缺少独特之处，但还是很有探访的价值，单是去一趟村落和市集，便可以直观了解到在危地马拉人口中占很大比例的原住民文化，绝对不虚此行。

　有的村子以温泉而知名，散发着硫黄特有味道的汤池可以缓解你旅行中的疲惫。此外这里的西班牙语语言学校数量也是仅次于安提瓜的，位列危地马拉国内第二。

　克萨尔特南戈市内最热闹的日子当数每年 9 月 15 日，独立纪念日的前一天了。这天危地马拉全国各校出类拔萃的学生鼓笛队都会会集于此，以游行列队的方式逐一演奏日夜排练的乐章，角逐全国第一的名号。危地马拉各地居民在这天也会纷纷到访克萨尔特南戈，一睹自己国家新生代的青春活力。整个城市届时会变得热闹非凡，绝对不输首都危地马拉城的庆典。此外周围的原住民村落在这天也会进行原住民风格强烈的祭典及游行，同样很有看点。

小贴士 沿剧院（MAP p.71/A1）西面的道路 14a Av.A 向北步行约 20 分钟，便可以抵达售卖食品及日用杂货的市集，而长途巴士的搭乘点就在不远处的 Independencia 路上。

交通方式

巴士

从首都危地马拉城驶来的巴士由多家旅行社运营，Linea Dorada 旅行社每天 2 班，Fuente del Norte 旅行社每天 7 班，Galgos 旅行社每天 5 班，Alamo 旅行社在周二～周四、周六期间每天 6 班，周一 2 班，周五、周日则是每天 1 班。费用 Q35~70 不等，需约 5 小时。

你可以搭乘市中心剧院前的迷你巴士前往巴士总站

从安提瓜驶来的巴士需要在齐马尔特南戈进行换乘，全程 4 小时，费用总计 Q40 左右。

从潘纳加切尔始发的巴士在每天 10:00~16:30 期间 5 班，车费 Q25，需 2 小时 30 分钟~3 小时。

从奇奇卡斯特南戈始发的巴士每天 9:00~14:30 期间运营 8 班，车费 Q20~40，需 3 小时。

从韦韦特南戈始发的巴士每天 5:30~19:00 期间每天 15 班，车费 Q25，需 2 小时 30 分钟。

克萨尔特南戈市内由 Alamo 旅行社及 FDN 旅行社运营的一等巴士，从距离市中心大约 2 公里的东北方向的 Calzada Independencia 大道发车，其他长途巴士则是在市中心西北方向大约 3 公里，邻近市场的密涅瓦巴士总站发车。前往市内中美洲公园的巴士及迷你巴士（车费 Q1）几分钟便有一趟，不用担心错过一班便会等上很长时间的等车事件发生。

克萨尔特南戈
Quetzaltenango
区域地图 ▶ p.23/B1
⚠ 胡安·西塞西班牙语语言学校
Juan Sisay

前往墨西哥国境线

从克萨尔特南戈没有直达墨西哥边境城市拉梅西拉 La Mesilla 的巴士。此外也有需要在韦韦特南戈换乘后前往拉梅西拉的巴士，不过这种换乘的巴士班数更多一些。另外从密涅瓦巴士总站有很多巴士都可以抵达特昆·乌曼。

从克萨尔特南戈始发的旅行班车

Adrenalina Tours 旅行社（☎5308-1486）经营的从克萨尔特南戈前往危地马拉城（车费 US$35）、安提瓜（车费 US$25）、奇奇卡斯特南戈及潘纳加切尔（车费 US$20）的班车，每天都各有 2 班，乘客凑够 2 人以上即可发车，通过酒店前台也可以预约旅行班车。

从巴士总站前往市中心

沿着市集与密涅瓦巴士总站相连的小道往反方向步行 5 分钟，便可以抵达密涅瓦剧院。从这里搭乘前往市中心中美洲公园的迷你小巴即可，5~10 分钟便有 1 班。（MAP p.71/A1）

如果你是从市中心前往密涅瓦巴士总站，则可以从距离中美洲公园西面 2 个街区的 14a Av. 的公交站搭乘北上的迷你小巴，也很方便。（MAP p.71/B1）

密涅瓦巴士总站

学生们刚刚放学回家

小贴士 危地马拉城中的许多旅行社都经营危地马拉城与克萨尔特南戈区间的巴士车。安全系数由高到低排列为 Linea Dorada 旅行社、Fuente del Norte 旅行社、Galgos 旅行社、Alamo 旅行社。其中 Linea Dorada 旅行社的巴士乘客好评度极高，发车时间也几乎都以时刻表为准，令人十分安心。

面向中美洲公园而建的大教堂

中美洲公园的纪念碑

克萨尔特南戈 漫 步

克萨尔特南戈市内共分为 11 个街区，大教堂、中美洲公园、市政厅及博物馆等主要设施都位于市中心的第 1 街区。这一带也是酒店、餐馆、银行的聚集地，随处可见旧殖民风格的老建筑，漫步街区之中很有乐趣。

中美洲公园 Parque Centroamérica 是一座南北向狭长、随处可见各式纪念碑的中心公园。周围则是建于 16 世纪~20 世纪初期的历史建筑群，营造出很复古的街头氛围。公园东南面的一座穹顶建筑便是大教堂 Caterdral。大教堂正面的废墟是 16~19 世纪末期存在于此的圣埃斯皮里图教堂，背面较新的教堂则是迪欧赛斯·德·罗斯·阿尔托斯教堂，于 1899 年修建而成，所以可以说克萨尔特南戈大教堂是两个教堂的精美合成品、教堂南面是一个市场，售卖食品、调料及旅游礼品。

大教堂北面是市政厅，市政厅的中庭彰显着克萨尔特南戈市的精美市章。公园西面的大型建筑是 19 世纪末的市会议员帕萨耶安立奎 Pasaje Enríquez 的府邸遗迹。现在这里被改建为商场对外营业，一层设有西班牙语语言学校、旅行社及许多餐馆，功能十分齐全。

公园南边比邻自然历史博物馆 Museo de Historia 及旅游咨询处 INGUAT，你可以从这里获取许多与旅游相关的实用信息。

历史感厚重的市政厅

自然历史博物馆
MAP p.71/B2
开 周一~周五　18:00~12:00
　　周六·周日　19:00~17:00
费 Q6

克萨尔特南戈的实用信息

西班牙语语言学校信息

克萨尔特南戈市内至今正式登记在案的西班牙语语言学校共有 20 余所。这些语言学校除了正常授课外还会开展体验学习课程，并为学员介绍志愿者活动，收费公道。相对于观光胜地安提瓜，克萨尔特南戈市内会讲英文的当地人更是少数，学一学当地最常用的西班牙语也是对旅行相当有用的。授课通常是每天 5 小时、每周 5 天课，费用 US$120~160。附带三餐的寄宿家庭一周体验费用是 US$180~200。你可以根据学校的学习氛围、地理位置、校内环境等多方面因素挑选最适合自己的学校。每一所学校都接受电话及邮件访问，而且也可以当面交流。部分学校也提供 Skype 的网络授课模式，方便你即使回国也依然可以继续学习西班牙语课程。
URL www.experienceguatemala.com

通过上面的网址你可以一览克萨尔特南戈市内的所有西班牙语语言学校信息。

瑟拉斯玛雅西班牙语语言学校 Celas Maya
MAP p.71/B1
住 6a Calle 14-55, Z 1

☎ 7765-8205
URL www.celasmaya.edu.gt

这所学校是受西班牙塞万提斯协会官方支持的语言学校，课程中甚至有 DELE 西班牙语水平测试的复习方案，你在这里可以安心学习地道的西班牙语。

米格尔·德·赛尔班特斯西班牙语语言学校 Miguel del Cervartes
MAP p.71/B2
住 12 Av.8-31, Z 1
☎ 7765-5554
URL www.learn2speakspanish.com

费用公道，师资良好，前台工作人员十分友善。

胡安·西塞西班牙语语言学校 Juan Sisay
MAP p.71/B1
住 15 Av.8-38, Z 1
☎ 7765-1318
URL www.juansisayspanishschool.org

校长为人直率热情，学生来自世界各地，教室的装潢如家一般温馨。

小贴士　克萨尔特南戈的海拔约为 2300 米，这里已经具备了四季的温差，即使中午气温较高，早晚时段也都是凉意十足的。季节不同清早甚至有低于 10℃ 的气温，一定要做好防寒工作。

酒店 & 餐馆
Hotel & Restaurant

市中心的第1街区中分布着不少中档酒店和平价酒店，从各酒店几乎都可以步行前往中美洲公园，市中心街道旁以快餐店居多，不太用担心花销。如果想更加降低用餐成本，推荐在市场的简易食堂用餐。

博尼法斯公寓酒店
Pensión Bonifáz

◆位置优越的旧殖民风格建筑　位于克萨尔特南戈市中心，是当地设施最完善的舒适酒店。毗邻中美洲公园，周围有不少餐馆和市集，本身所在的位置就可以说是观光宝地了。客房大气典雅，住宿体验舒适。

中档	Map p.71/A2
住 4a Calle 10-50, Z 1	
☎ 7723-1100　fax 7763-0671	
URL pensionbonifaz.com.gt	
CC MV　客房 73 间	
🛜 免费 Wi-Fi	
费 ▤ ▧ ▨ 回 Ⓢ Q625~、Ⓓ Q740~	

卡萨·玛尼安酒店
Casa Mañén

◆旧殖民建筑风格的奢华酒店　选用莫莫斯特南戈特产的布料及民间工艺品布置客房，部分客房中还设有壁炉。酒店规模不大但设施完善，透过窗户还可以欣赏院内精美的中庭环境。提供早餐。

中档	Map p.71/A2
住 9a Av.4-11, Z 1	
☎ 7765-0786　fax 7763-0678	
URL www.comeseeit.com	
CC V　客房 9 间	
🛜 免费 Wi-Fi	
费 ▤ ▧ ▨ 回 Ⓢ Q310~、Ⓓ Q400~	

皇家别墅酒店
Villa Real Plaza

◆地理位置优越的大气酒店　位于中美洲公园的西北面，客房宽敞舒适，一层并设的"别墅餐厅"推荐一尝。

中档	Map p.71/A1
住 4a Calle 12-22, Z 1	
☎ 7761-4045　fax 7761-6780	
CC ADMV　客房 58 间	
🛜 免费 Wi-Fi	
费 ▧ ▨ 回 Ⓢ Q280~、Ⓓ Q380~	

莫德罗酒店
Modelo

◆邻近剧院的便利酒店　酒店规模不大但周围可以找到许多餐馆，出行用餐便利。客房设施完备，服务周到。提供早餐。

中档	Map p.71/A1
住 14a Av.A 2-31, Z 1	
☎ 7761-2529	
CC AMV　客房 19 间	
🛜 免费 Wi-Fi	
费 ▤ ▧ ▨ 回 Ⓢ Q420~、Ⓓ Q525~	

埃尔中心酒店
El Centro

◆设施完备的小型酒店　客房虽然不大，但吹风机、沐浴露等实用设施一样不少。提供早餐。

经济型	Map p.71/B2
住 10a Calle 11-69, Z 1	
☎ 7763-1357	
URL www.elcentrohotel.com	
CC V　客房 24 间　🛜 免费 Wi-Fi	
费 ▧ ▧ ▨ 回 Ⓢ Q160~、Ⓓ Q310~	

卡萨文艺复兴民宿
Casa Renaissance

◆居住体验很不错的小型民宿　由民居改造而成，不提供早餐但设有公共厨房，房客可以自行烹制美食。水和咖啡都是免费提供。值得一提的是，这里还有公共电脑可供房客自由使用。

经济型	Map p.71/B2
住 9a Calle 11-26, Z 1	
☎ 3121-6315　URL elquetzal.go2.jp	
CC V　客房 5 间　🛜 免费 Wi-Fi	
费 ▧ ▨ 回 ⓈⒹ Q175~、	
▧ ▧ ▨ ⓈⒹ Q125~	

阿尔托斯公寓酒店
Pensión Altense

◆南欧风格的建筑非常讨喜　马赛克图案的走廊与鲜花盛开的中庭景观使这座酒店气氛明快，南欧风格的外观建筑也非常讨喜。

经济型	Map p.71/B2
住 9a Calle 8-48, Z 1　☎ 7761-2811	
CC 不可　客房 17 间	
🛜 免费 Wi-Fi	
费 ▧ ▨ 回 Ⓢ Q100~、Ⓓ Q170~	

▤=设有空调、▧=未设空调、▨=房间设有淋浴设施、▧=公用淋浴设施、回=设有电视、▨=未设电视
从国内拨打危地马拉当地电话 00+502+×××-××××（→p.25）

阿尔巴马尔餐厅
Albamar

Map p.71/B1

◆**天花板较高，空间开阔** 位于中美洲公园西南角的餐馆，在克萨尔特南戈市内共有 5 家分店。这家餐馆由历史感较为浓厚的殖民风格建筑改建而成，天花板较高，空间开阔，西红柿辣鸡汤及蔬菜鸡肉汤（两道汤品一共 Q45）等传统美食味道很不错。

- 🏠 12 Av.y 7a Calle
- ☎ 7763-1728
- 🔗 www.albamar.com.gt
- 🕐 每天 6:00~22:30
- 💳 ADMV
- 📶 免费 Wi-Fi

特昆沙龙餐厅
Salon Tecun

Map p.71/A1

◆**周末十分热闹，有种小酒馆的感觉** 位于中美洲公园西北方向的咖啡餐吧。许多语言学校的学生及外国游客都来这里用餐。三明治 Q30~，比萨 Q53~。

- 🏠 12a Av.4-32，Z 1
- ☎ 3301-3441
- 🕐 每天 10:00~24:00
- 💳 AMV
- 📶 免费 Wi-Fi

巴力斯塔·艾斯库查餐厅
Barista Escucha

Map p.71/B1

◆**很受当地居民喜爱的咖啡馆** 面向中美洲公园而建的大型咖啡馆，很多当地人都喜欢来这里用餐。虹吸式咖啡 Q10，早餐套餐 Q36，价格公道。

- 🏠 12 Av.6 calle，Z 3
- ☎ 2411-7272
- 🕐 每天 7:00~22:00
- 💳 MV
- 📶 免费 Wi-Fi

芭比埃拉咖啡馆
Café Baviera

Map p.71/A1

◆**很沉稳的舒适咖啡馆** 中美洲广场以西 2 个街区，设有站位用餐区的咖啡馆，店内选用大量画作及鲜花布置。除了 Q28~ 的咖啡以外还有许多餐单，你在这里还可以购买到刚刚烘焙出锅的新鲜咖啡豆。

- 🏠 5a Calle 13-14，Z 1
- ☎ 7736-8730
- 🕐 每天 7:00~20:30
- 💳 V
- 📶 免费 Wi-Fi

拉·露娜咖啡馆
La Luna

Map p.71/A2

◆**殖民风格浓郁的咖啡馆** 古董家具及各式摆件将咖啡馆烘托得十分复古有格调，在这里用餐仿佛是身处美术馆之中。强烈推荐这里的巧克力拿铁（巧克力味浓郁），价格 Q10~。咖啡 Q8~，种类繁多，绝对会有你心仪的一款。

- 🏠 8a Av.4-11，Z 1
- ☎ 7763-0125
- 🕐 周一～周六 19:00~23:00
- 💳 不可
- 📶 免费 Wi-Fi

萨博·德·拉·印度餐厅
Sabor de la India

Map p.71/A1 外

◆**印度人经营的地道咖喱店** 饮食搭配非常健康的印度人自营的地道餐馆。咖喱 Q36~，价格公道。店内公告板中还有丰富的旅游信息。

- 🏠 2a Calle 15 Av.A 2-34 Callejón 15.Z 1
- ☎ 7765-2555
- 🕐 周二～周日 12:00~21:30
- 💳 AMV
- 📶 免费 Wi-Fi

王大厨中餐
Woon Kooc

Map p.71/A1 外

◆**克萨尔特南戈市内最棒的中餐馆** 从剧院向北步行 10 分钟便可以抵达这家广东菜馆。你在这里可以体验到克萨尔特南戈市中餐的最高水平。

- 🏠 4a Calle 13-28.Z 3
- ☎ 7767-6029
- 🕐 周日 11:00~22:00
- 💳 AMV
- 📶 免费 Wi-Fi

克萨尔特南戈 短途旅行

　　克萨尔特南戈周边，几乎每天都会有村子举办市集。如果你有一周的停留期，不如每天都去不同的村子转转当地的市集，肯定会留下很不错的旅行回忆。其中最推荐周日开市的莫莫斯特南戈，周一开市的苏尼，周五开市的圣弗朗西斯科·埃尔·阿尔托等地。无论你前往哪个村子，都可以实现当天往返克萨尔特南戈。赶在市集最热闹的正午抵达村子，逛到傍晚再坐巴士车回来。近郊有很多温泉，身体疲劳的话就去泡泡解解乏。

距离克萨尔特南戈最近的原住民村落

阿尔莫隆加
Almolonga ★★★

　　从克萨尔特南戈的市中心乘坐巴士向南行进约 6 公里，翻越一座小山后便可以进入位于盆地的阿尔莫隆加。村内的大教堂修建于 16 世纪，周围经常举办市集。村内女性穿着的套头上衣非常漂亮，在周三及周六举办市集之时，你可以看到更多身着传统服装的当地原住民。每年 1 月 28～30 日期间的庆典活动非常出名。此外你从这里前往南面约 2 公里距离，设有温泉浴场的洛斯·巴诺斯也非常方便，洛斯·巴诺斯的公共浴场十分受游客欢迎。

村中心热闹的市集之景

近郊村落开集的日期
周日：莫莫斯特南戈、圣胡安·奥斯本卡科
周一：苏尼
周二：圣米格尔·托托尼卡潘、萨尔卡哈、奥林特佩克
周三：阿尔莫隆加
周四：圣胡安·奥斯本卡科
周五：苏尼、圣弗朗西斯科·埃尔·阿尔托
周六：圣米格尔·托托尼卡潘、阿尔莫隆加

阿尔莫隆加
MAP p.76
　　前往苏尼方向的巴士需 15 分钟，车费 Q2。
　　从克萨尔特南戈市中心出发的巴士，从 10a Calle 及 9a Av 交叉口的加油站发车，每小时有 3 班车。

Información

太平洋沿海低地的玛雅遗迹公园

与向导一同探访这个被森林包围的遗迹公园

　　塔卡里克阿巴夫国家遗迹公园在公元前 800 年～公元前 250 年间曾是这片区域繁荣的交易要地，继而这里建有许多玛雅建筑。现在则作为遗迹公园对外开放。这里曾深受墨西哥湾发源的奥美加文化影响，是一处宝贵的遗迹资源。而且这处遗迹与卡米纳尔·胡尤遗迹（→ p.34）也有很强的关联，这里曾出土刻有最古老纪年历（玛雅历）的石碑以及奥美加风格和玛雅风格的各式石雕，共计 300 余件出土文物。

　　遗迹公园被沿海低地特有的热带森林所包围，并设的小型动物园中还可看到鳄鱼与猴子的踪影，现在基切人仍把这里作为举行祭祀仪式的场所使用。

塔卡里克阿巴夫国家遗迹公园
Parque Arqueológico Nacional Tak'alik Ab'aj
MAP p.23/B1　开 每天 7:00～17:00
费 Q50（包含向导费）

　　从克萨尔特南戈驱车约 1 小时便可以到达这里。途中沿萨马拉河一路南下，在雷塔卢莱乌 Retalhuleu 右转，根据路标攀爬 4 公里左右的山路便可以到达这座遗迹公园。从克萨尔特南戈打车往返遗迹公园的费用在 Q400 左右。安提瓜市内的旅行社也有到访这里的旅行线路，你完全可以从安提瓜参团游览塔卡里克阿巴夫国家遗迹公园。

小贴士　阿尔莫隆加除了周三、周六以外，平日的上午时段也会有小型市集，当地的原住民都会来市集采购所需品。而且从克萨尔特南戈驱车 15 分钟便可抵达阿尔莫隆加，时间富余的游客不如去阿尔莫隆加转一转。

苏尼
Zunil ★★

MAP p.76

从克萨尔特南戈前往苏尼的巴士，每天 7:00~17:00 期间运营，每小时 3 班，需约 30 分钟，车费 Q5。从苏尼还可以搭乘迷你小巴前往富恩特斯乔治纳斯，需 30 分钟。

苏尼的露天市集

位于克萨尔特南戈以南 9 公里，翻过小山途经阿尔莫隆加、洛斯·巴诺斯后便可以看到这座位于半山腰，飘荡着袅袅炊烟的恬静村落，乘坐巴士需约 30 分钟。每周一和周五在大教堂前会举办市集，村民会在这里售卖蔬菜、水果以及各式素朴的陶器等民间工艺品。在每年的 11 月 22~26 日期间，村子中还会举办庆典活动，9 月 15 日的独立纪念日之时会有游行队伍庆祝。

村子里有一处乳白色的公共浴场，南面 6 公里的富恩特斯乔治纳斯 Fuentes Georoginas 也是知名的温泉地（外国人费用为 Q50）。

奥林特佩克
Olintepeque ★

MAP p.76

从邻近克萨尔南戈市场的密涅瓦巴士总站，每天的 6:30~19:00 期间，每 20 分钟有一班巴士前往奥林特佩克，需要 15 分钟，车费 Q2。

市集还可以交易家畜

教堂前有一尊绘有英雄特昆·乌曼的石碑

每周二召开的市集远近闻名，距离克萨尔特南戈大约 6 公里。讲述危地马拉历史的时候绝对会提到奥林特佩克这座村子，很有历史意义。

为什么这么说呢？因为奥林特佩克的民族英雄特昆·乌曼便是在这里，为了守护自己民族的土地，拼死反抗西班牙大将阿尔巴拉德。据说当时村子周围流淌的小河都被鲜血染成了红色，可见当时战斗的激烈程度。为了不遗忘这场民族战争，现在人们便把这条小河用基切语称为血泣艾 Xequije，意为血之河。值得一提的是，这位危地马拉的民族英雄，最终也是于 1524 年 2 月 20 日为了抵抗西班牙人而战死沙场，实为可歌可泣。

当你来到这个小村子，脑海里想象着这里曾发生的热血激战，心里肯定会有更深的旅游感受。

克萨尔特南戈周边的村落

区域地图 ▶ p.23/B1

0 ——— 10km

韦韦特南戈方向
莫莫斯特南戈 Momostenango
洛斯·里斯克斯 Los Riscos
拉斯·努维·西莱斯 Las Nueve Sillas
圣弗朗西斯科·埃尔·阿尔托 San Francisco el Alto
卡罗·米诺斯 Cuatro Caminos
Entronque
圣安德烈斯·谢克尔 San Andrés Xecul
圣米格尔·托托尼卡潘 San Miguel Totonicapán
奥林特佩克 Olintepeque
Salcajá
圣克里斯托瓦尔·托托尼卡潘 San Cristóbal Totonicapán
纳瓦拉 Nahualá
圣胡安·奥斯本卡科 San Juán Ostuncalco
克萨尔特南戈 Quetzaltenango
埃尔·卡门（墨西哥国境线）方向
N
阿尔莫隆加 Almolonga
洛斯·巴诺斯 Los Baños
苏尼 Zunil
富恩特斯乔治纳斯 Fuentes Georoginas
危地马拉城方向

小贴士　从克萨尔特南戈前往苏尼的途中会路过一个名为洛斯·巴诺斯 Los Baños 的村子。这里以天然温泉而出名，设有公共浴场和温水泳池，想要解乏的游客推荐来此一游。

夏季会举行原住民风格强烈的庆典活动

圣米格尔·托托尼卡潘

San Miguel Totonicapán ★★

村子位于海拔 2485 米，被松林覆盖的溪谷地区。人们通常称这里为托托尼卡潘，但附近还有一座名为圣克里斯托瓦尔·托托尼卡潘的村子，名称十分相像，乘车时注意不要搞混。圣米格尔·托托尼卡潘的手工纺织品与陶器

庆典规模浩大

都很出名，每年以圣迈克尔日（9 月 29 日）为中心，在 9 月 24~30 日期间村内还会举行庆典，届时你可以欣赏到各式民族舞蹈。村子里举办市集的时间是周二和周六，如果赶上这两天前往会有更多的旅行收获。

每周都会举办危地马拉国内最大规模的露天市集

圣弗朗西斯科·埃尔·阿尔托

San Francisco el Alto ★★★

是前往韦韦特南戈途中的必经之地，位于海拔 2640 米左右的村子。每周五这个村子都会举办危地马拉国内最大规模，足有足球场大小的露天市集，市场上售卖生鲜食材、日常用品。周围许多村子的原住民都会蜂拥至此购买必需品，场面十分热闹。另外当你前往韦韦特南戈路过安托龙克 Entronque 时，

露天市集中的原住民母子

继续向北步行 5 分钟便可以抵达意为 9 把椅子的拉斯·努维·西莱斯 Las Nueve Sillas。名字的由来是因为面向溪谷的地区设有 9 个玛雅·基切的乌黑色祭坛，巨石般大小，很有压迫感。

盛产纺织品的原住民村落

莫莫斯特南戈

Momostenango ★

以编织色彩鲜艳的斗篷 Poncho 而出名，位于海拔 2224 米处，每周日和周三的市集很是热闹的原住民村落。村子里还有 2 家民宿，村子以北 8 公里处的圣巴托洛 San Bartolo 设有温泉池可供游客解之乏，附近一处名为洛斯·里斯克斯 Los Riscos 的岩石群也是危地马拉国内的国家公园所在地。

色彩艳丽的教堂是这里的地标

圣安德烈斯·谢克尔

San Andrés Xecul ★★

村子里大约 2.5 万的人口中，99.7% 都是玛雅·基切族的原住民。为纺织品染色、制作花纹是这里的主要产业。海拔 2435 米，地标教堂正面以黄色为底色，上面绘有各式动物及天使的图案，村民们以圣马西蒙为信仰对象。从教堂沿着坡路向上走 5 分钟，便可抵达摆有祭坛的民宅（费用 Q5）。

建于 17 世纪的教堂建筑

圣米格尔·托托尼卡潘

MAP p.76

从克萨尔特南戈的罗屯达巴士总站有直达这里的巴士。此外从密涅瓦巴士总站搭乘前往卡罗·米诺斯的巴士，之后换乘前往圣米格尔·托托尼卡潘的巴士也可以到达这里。需约 1 小时，费用 Q6。

圣弗朗西斯科·埃尔·阿尔托

MAP p.76

克萨尔特南戈的密涅瓦巴士总站每天都有一班前往这里的巴士，需约 1 小时，车费 Q6。

设有玛雅·基切祭坛的拉斯·努维·西莱斯

莫莫斯特南戈

MAP p.76

密涅瓦巴士总站每天在 5:00~15:00 期间，每 2 小时有一班前往莫莫斯特南戈的巴士，乘坐其他巴士在卡罗·米诺斯换乘则更有效率。需约 1 小时 30 分钟，费用 Q6。

圣安德烈斯·谢克尔

MAP p.76

密涅瓦巴士总站每天每小时都有 2 班前往这里的巴士，需约 40 分钟，车费 Q4.50。

PAT 旅游咨询处

☎ 5376-6551

📅 周二~周五　19:00~13:00
　　　　　　　 14:00~18:00
　周六　　　　 19:00~13:00

位于教堂旁边的巴士总站旁，除了承接各式旅行团的收客工作外，二层的咖啡馆也提供有机咖啡及各类简餐，饿了的话不妨光顾这里填饱一下肚子。

小贴士　从巴士站步行 10 分钟便可以抵达圣弗朗西斯科·埃尔·阿尔托的村落，市内很少有直达村子的巴士，你可以在巴士车从卡罗·米诺斯前往韦韦特南戈路上的分叉口安托龙克 Entronque 下车，步行前往即可。

奇奇卡斯特南戈

Chichicastenango

原住民基切族文化氛围浓厚的城镇

人口 ► 10.7 万人

奇奇卡斯特南戈
MAP p.23/B1

货币兑换
　　你可以在 Ⓑ Industrial 银行及 Ⓑ G&T 银行的 ATM 机提取美元并在柜台兑换格查尔。银行的营业时间通常是周一~周六的 9:00~18:00，Ⓑ G&T 银行周二休息，但周日的 9:00~14:00 会对外营业。

各地到访这里的交通方式
● 危地马拉城
　　每天的 5:00~17:00 期间，每 20 分钟便有一班前往这里的巴士，需约 3 小时，车费 Q20，节假日的车费为 Q30。
● 克萨尔特南戈
　　每天的 5:00~15:30 期间共有 10 班前往这里的巴士，需约 3 小时，车费 Q20-40。
● 潘纳加切尔
　　每天的 7:00~15:00 期间，每 45 分钟~1 小时 30 分钟便有一班前往这里的巴士，需约 1 小时 30 分钟，车费 Q15。

奇奇卡斯特南戈的旅行社
● Chichi Turkaj 旅行社
MAP p.79/A
🏠 7a Av.5-41，Z 1
☎ 7742-1359
🕐 周一~周五 8:00~20:00
　　周六、周日 8:00~13:00
　　你可以在这里参报周边的各式旅游团，也可以通过这里预约旅行班车。

位于圣托马斯酒店前的 Chichi Turkaj Tours 旅行社

售卖各式民艺品的露天市集

　　位于海拔 2030 米处，基切省的高原地区，城市的全称为圣托马斯·奇奇卡斯特南戈（当地人有时候会将奇奇省略，称其为卡斯特南戈），这个名字在原住民的基切语中意为"紫荆木所生长的土地"。算上周边的村落，人口共计约 10.7 万，生活在市中心的人口则不到 1 万。城内最大的看点当属每周四及周日举办的露天市集，集市当天，周边村落数万名原住民都会一拥而来，十分热闹，市场上从食材、调料、日用杂货到民间工艺品可谓应有尽有。

　　奇奇卡斯特南戈如今作为观光胜地，许多外国游客都会专挑举办露天市集的周四和周日从大城市乘坐旅行班车前往这里游览，但即使如此，市集上危地马拉人的面孔还是要占据绝大多数的，许多原住民都是真正为了生活所需来这里采购各式物品，可见这个市集的日常生活价值。

　　城中心建有一座圣托马斯教堂 Iglesia de Santo Tomás，这里也是 18 世纪初期玛雅神话《部族之书》的发现地。市集当天许多信徒都会来这里焚香，搭配松叶、玫瑰花散落一地的场景，很有宗教氛围。每年 12 月 14~21 日期间的奇奇卡斯特南戈庆典期间，这座教堂更是会人气爆棚，届时你还可以欣赏到五位男性系着绳索攀登在高杆之上，其中一人在高杆上起舞，其余四人借助绳索的连接在空中快速旋转的传统飞行者表演。

市政厅中的恬静壁画

🛈 小贴士　奇奇卡斯特南戈在每周四及周日都会举办露天市集，但其他日子也有小型集市。酒店除了每年 12 月 14~21 日的节日庆典期间房客较多，其他时间几乎都可以不用预约直接前来入住，空房很多。

交通方式

巴士

从危地马拉城等各个城市都有前往奇奇卡斯特南戈的前一站、基切省省会城市圣克鲁斯·德尔·基切的巴士车。巴士总站位于 5a Av. 与 5a Calle 的交叉路口（MAP p.79/A）附近，从安提瓜和潘纳加切尔都可以搭乘旅行班车前往此地。

巴士总站也是合乘皮卡的乘车点

旅行班车

安提瓜城内每天都有前往这里的旅行班车，所需约 3 小时，费用 US$15~25。潘纳加切尔起始的旅行班车需约 1 小时，费用 US$10~15。班车的下车地点通常位于圣托马斯酒店前。

面向圣托马斯教堂建造的卡尔瓦里奥教堂

由五颜六色墓碑组成的墓地，这里也是玛雅仪式的举办场所，很有名的观光场所

奇奇卡斯特南戈 漫 步

前往奇奇卡斯特南戈最好选在举办市集的周四或周日，要知道，这里最大的看点便是城内举办的露天市集了。

抵达奇奇卡斯特南戈后可以先围绕着圣托马斯教堂 Iglesia de Santo Tomás 转一转。露天市集开市当天，中央广场及周边的道路都会被商贩及前来采购各式商品的当地人和游客挤得满满当当，熙熙攘攘，十分热闹。教堂周围也会有一部分区域化作人声鼎沸的露天市集。

蔬果与日用杂货是当地原住民最常采买的商品，而面向游客的民间工艺品也可谓多种多样，能让你挑花了眼。木雕面具、奇奇卡斯特南戈特有的几何图案套头上衣、表面有精美花草刺绣的祷告师服装，等等，从传统服饰衣物到陶器、木艺品，最好多预留出一些时间在这里好好逛一逛。市集中央设有规模很大的大众食堂，价格很划算。

如果你就是为了看看露天市集，那当天往返奇奇卡斯特南戈即可，不过也可以在这里住上一晚，城内建有几家酒店与餐馆，住宿还算方便。如果时间充裕的话，还可以从这里搭乘巴士，大约半小时便可以抵达基切省的中心城市圣克鲁斯·德尔·基切，参观一下位于那里的库马尔卡夫遗迹。

基切族的祷告师

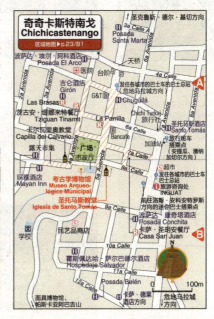

奇奇卡斯特南戈
Chichicastenango
区域地图 ▶p.23/B1

<small>小贴士</small> 参观市中心的圣托马斯教堂时，建议从右手边（南面）的台阶进入教堂，据说从左手边（北面）的台阶进入有违这片地区的原住民宗教信仰，会伤害他们的感情。

考古学博物馆
MAP p.79/B
开 周二～周六　8:00～12:30
　　　　　　　14:00～16:30
　　周日　　　8:00～14:00
费 Q5

圣托马斯教堂
MAP p.79/B

　　游客可以自由进出教堂，但禁止拍照或摄影。每周六的18:00～19:00以及周日的8:00～9:00是礼拜时间。进入教堂时如果礼貌性地捐出Q1～5的布施费会更入乡随俗。

玛雅神话《民族之书》

　　由原住民基切族创作的国家神话《民族之书》，在18世纪初期于圣托马斯教堂被发现而重见天日。该教堂的原址便是玛雅人基切族曾经的神圣灵场。灵场被当时侵略的西班牙人破坏之后，当地人用瓦砾等石材重新在这里搭建了这座圣托马斯教堂。原住民表面上服从西班牙人修建教堂改信基督教，背地里则默默守护着被拉丁文字叙写的历史之书，守护着他们自己的民族遗产。

帕斯卡亚阿巴吉山的山顶设有一座祭坛

帕斯卡亚阿巴吉山
MAP p.79/B 外

　　从市中心沿圣托马斯教堂南面的坡道下行，在第一个转角向西拐，继续步行十分钟便可以抵达面具博物馆及面具工坊（参观免费）。从这里攀登帕斯卡亚阿巴吉之丘约10分钟，便可以抵达山顶布置着黑色像的祭坛。上山时人烟稀少，避免独自前行。

规模不大但展品珍贵

考古学博物馆
Museo Arqueológico Municipal　★★

　　位于广场南面的小型博物馆，展出近郊遗迹中发掘的陶壶、陶俑、翡翠饰品等展品。入口处放置着雨神查克的石碑。与展品相关的解说虽然不多，但展品本身很有学术考古价值，很是贵重。

展出出土于附近的各式陶器

可以在这里观摩到基切族的传统信仰

圣托马斯教堂
Iglesia de Santo Tomás　★★★

　　由西班牙人在1540年修建的基督教堂，祭祀这座城市的守护圣人圣托马斯。这座教堂的基石曾是当地基切族的神圣灵场，西班牙人将其破坏后修造了这座教堂，但当地的原住民依然把这里作为他们的精神圣地，在此供奉他们的宗教信仰。所以你在教堂内可以看到香炉燃烧，松叶散落一地，烛火摇曳之时，祷告师用基切语祈祷的原住民宗教膜拜之景。

随时都香火旺盛的圣托马斯教堂

可以见到基切族的神圣仪式

帕斯卡亚阿巴吉山
Cerro Pascual Abaj　★★

　　位于圣托马斯教堂南面1.5公里的小山坡便是帕斯卡亚阿巴吉山了。山顶种有茂密的松树，其间可以看到一座黑色的祭坛。"帕斯卡亚阿巴吉"的意思便是供奉祭品的祭坛。这里在东南西北四个方向都立有一尊石像，每个石像对应着健康、家人安全等不同的祈祷目的，基切族人会专程来到这里在祭坛中供奉火鸡，焚香祷告，进行向上神祈愿的古老宗教仪式。这个仪式十分神圣，一定要获得许可之后再进行拍照。

　　上山的路上会看到一处制作危地马拉传统舞蹈所用面具及服装的工坊，旁边还有一个小型博物馆。面具的主题多种多样，有长着大胡子的西班牙侵略者，有的描绘着豹子、鹿、猴子等动物形象，用来比喻危地马拉历史与民间神话中的主人公，很适合作为礼物馈赠亲友。

面具博物馆后面的小山便是帕斯卡亚阿巴吉山

小贴士　你在圣托马斯教堂内可以见到基督教与原住民信仰交错融合的奇妙景象。参观时不要妨碍当地居民的行礼朝拜。当地教堂内不允许拍照及摄影，请多加注意。

酒店 & 餐馆
Hotel & Restaurant

除了举行庆典的 12 月份，其他时期到访奇奇卡斯特南戈几乎都不用提前进行酒店预约。许多游客都是住在安提瓜或是潘纳加切尔来奇奇卡斯特南戈一日游，当晚便打道回府，所以这里酒店的空房很多。市中心的街道上有许多面向游客的餐馆，烤肉、意面、当地菜品都可以吃到。

玛雅酒店
Mayan Inn

◆提供马林巴琴的节目表演　位于卡尔瓦里奥教堂以西一个街区的地方，酒店中庭经常有穿着传统民族服饰的男性演奏马林巴琴。每间客房都设有壁炉，内饰时尚。客房内为煤气烧水系统，可以泡个澡。

高档	Map p.79/A~B
住 8a Calle y 3a Av.	
☎ 5966-9584	
URL www.mayaninn.com.gt	
CC AMV　房间数 30 间　免费 Wi-Fi	
费 US$54~　D US$65~（税+22%）	

圣托马斯酒店
Santo Tomás

◆奢华气氛的高档酒店　白色的外墙颜色就反映了这里的奢华气氛，是一家旧殖民风格的高档酒店。中庭还设有一座喷泉，饲养着不少鹦鹉。

高档	Map p.79/A
住 7a Av.5-32　☎ 2255-0448	
URL www.hotelsantotomas.com	
CC ADJMV　房间数 75 间　免费 Wi-Fi	
费 S US$55~、US$65~（税+22%）	

卡萨·德莱酒店
Casa del Rey

◆位于郊外的度假酒店　距离市中心以南约 1 公里的半山腰之上，是一家度假性质的酒店，客房宽敞舒适。

中档	Map p.79/B 外
住 Canton Pachoj Alto　☎ 3009-4604	
URL www.hotelcasadelrey.com	
CC ADJMV　房间数 73 间　免费 Wi-Fi	
费 Q510~	

波萨达·康奇塔酒店
Posada Conchita

◆家庭般温馨的平价酒店　位于圣托马斯教堂北面的道路之上，很适合城市游览及购物。并设有价格公道、菜品美味的卡萨·圣胡安餐厅（→ p.82），可以通过酒店预约旅行班车。

经济型	Map p.79/A
住 8a Calle 6-14	
☎ 4128-0773	
CC AMV	
房间数 5 间	
免费 Wi-Fi	
费 S Q180~、D Q300~	

吉仑酒店
Girón

◆很受欧美游客喜爱的人气平价酒店　邻近市中心，开市日时市场就在酒店不远处，购买馈赠亲友的礼品非常方便。房价便宜，但客房也非常干净舒适，很受欧美背包客的欢迎。酒店并设一家餐厅。

经济型	Map p.79/A
住 6a Calle 4-52, Z 1	
☎ & fax 5601-0692	
CC 不可	
房间数 18 间	
免费 Wi-Fi	
费 S Q100~、D Q150~	

波萨达·埃尔·阿科酒店
Posada El Arco

◆旧殖民风格的小型酒店　邻近拱桥的小型酒店，庭院中种植着花草树木，住宿氛围舒适恬静。

经济型	Map p.79/A
住 4 Calle 4-36　☎ 4584-0061	
CC 不可　房间数 8 间	
免费 Wi-Fi	
费 S Q250~、D Q280~	

霍斯佩达哈·萨尔巴德尔酒店
Hospedaje Salvador

◆房间较多的安静小酒店　这家平价酒店可以容纳不少客人。从圣托马斯教堂右手边的坡道下行右转便可以看到酒店的身影。

经济型	Map p.79/B
住 5a Av.10-09　☎ 7756-1329	
CC 不可　房间数 50 间　Wi-Fi	
费 S Q65~、D Q75~	
S Q35~、D Q55~	

=设有空调、=未设空调、=房间设有淋浴设施、=公用淋浴设施、=设有电视、=未设电视
从国内拨打危地马拉当地电话 00+502+×××-××××（→ p.25）

茨古安·缇娜米特餐厅
Tziguan Tinamit

◆ **开市日可调座无虚席** 建于1989年，城镇的代表餐馆。很受游客喜爱，开市日几乎座无虚席。比萨十分出名，有四种肉可供选择的烤肉套餐（Q82~）及早餐套餐（Q20~）也都很不错。

- 🏠 5a Av.5-67，Z 1
- ☎ 7756-1144
- 🕐 每天 6:00~21:00
- 💳 ADJMV
- 📶 免费 Wi-Fi

卡萨·圣胡安餐厅
Casa San Juan

◆ **当地人的首选餐馆** 经营菜量给力、味道也很受当地人认可的本土菜肴，价格公道（Q80~），提供儿童餐及丰富的简餐，不大吃大喝也完全可以。咖啡 Q10~、酒品 Q15~30，简餐的价格在 Q15 左右。

- 🏠 6a Av.7-28，Z 1
- ☎ 4090-4305
- 🕐 周三～周日 9:30~21:30
- 💳 V
- 📶 免费 Wi-Fi

圣克鲁斯·德尔·基切

[MAP] p.23/B1

奇奇卡斯特南戈每天 5:30~21:00 期间，每小时会有 3~4 班前往这里的巴士，费用 Q6，需约 30 分钟。

前往库马尔卡夫遗迹的单程巴士费用 Q1

库马尔卡夫遗迹

[MAP] p.23/B1

🕐 每天 8:00~16:30
💰 Q30

从圣克鲁斯·德尔·基切的巴士总站打车到这里大约 15 分钟，往返包车的费用则是 Q100 左右。

库马尔卡夫遗迹的神殿遗迹

奇奇卡斯特南戈 ❯ **短途旅行**

郊外仍有古代遗迹的基切省省会城市

圣克鲁斯·德尔·基切
Santa Cruz del Quiché ★★

从奇奇卡斯特南戈搭乘巴士约 30 分钟便可以抵达这座拥有 9 万人口的城市。作为基切省的省会城市，城市的规模相比奇奇卡斯特南戈的中心地区要略大一些。居民日常生活有时候会使用基切语交流。

市中心建有大教堂 Catedral、市政厅及军事博物馆等代表性建筑，直面中央公园，大教堂背面便是日常市场，周日还会有路边市集开市。届时城内外的当地人都会来市场购买蔬菜水果等各式食材及日用杂货，非常热闹。

距离城市 4 公里的地方便是基切族的王国库马尔卡夫 Gumarcaaj（西班牙语称为乌塔特兰 Utatlán）的遗迹。1524 年阿尔巴拉德率领西班牙军队入侵此地，损毁了神殿及许多民宅，随后便用当时建筑废墟的石材就地修建了基督教堂。这里至今也没有进行大规模的复建工作，来到这里可以看到规模很壮观的建筑遗迹。此外还可以通过地道参观当时的秘密洞穴。

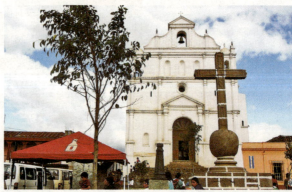

中央公园前的大教堂，硕大的十字架引人注目

[小贴士] 圣克鲁斯·德尔·基切市内虽有几家经济型酒店，但设施不太完善，此外这里也不太适合长时间旅游，很多地方尚未开始开发，最好还是把奇奇卡斯特南戈作为大本营，把圣克鲁斯·德尔·基切作为一日游的目的地，当天往返进行游览。

韦韦特南戈
Huehuetenango

邻近墨西哥国境线的西部高原城市

位于近郊的扎库莱遗迹

韦韦特南戈是位于危地马拉西部的高原城市，海拔 1902 米，这里也是韦韦特南戈省的省会城市，总人口约 11 万。

这个城市的观光看点主要是位于城外的玛姆族 Mam 旧都扎库莱遗迹。此外市中心每天都开办的市集也很值得逛一逛，周边不少村子的当地人都来这里选购所需品。

因为这里距离墨西哥国境线很近，如果你从墨西哥进入危地马拉，不如在这座城市待上一两天，感受下对于危地马拉的第一印象。

交通方式

巴士

危地马拉城始发前往韦韦特南戈的巴士每天 8:00～16:00 期间，每小时便有 1 班（需约 6 小时，费用 Q50～90）。从克萨尔特南戈始发前往韦韦特南戈的巴士每天 6:00～16:00 期间，每小时设有 3 班（需约 2 小时 30 分钟，费用 Q25）。

韦韦特南戈
危地马拉城

人口 ▶ 10.8 万

韦韦特南戈
MAP p.23/B1

货币兑换
市中心地区的银行都可以利用 ATM 提取美金，并提供美元、墨西哥比索以及格查尔的货币兑换业务。

色彩艳丽的粉色大教堂

安全信息
韦韦特南戈城中的治安不错，可以安心步行游览。邻近墨西哥边境线的拉梅西拉则不容乐观，国境线周围可谓毒品贩子及黑帮的长居地，请尽量避免在拉梅西拉住宿，住宿的话最好选择韦韦特南戈。

Imformación

前往墨西哥的交通方式

市中心以南 2 公里 的巴士总站，每天 5:00～19:00 期间，每小时都有多班前往距离危地马拉与墨西哥的国境线最近的城市拉梅西拉的巴士车。需约 2 小时 30 分钟，费用 Q15。拉梅西拉的出入境局周边有设施为你提供格查尔与墨西哥比索的兑换业务。墨西哥一侧的出入境局则位于与拉梅西拉相隔 4 公里的库奥特莫尔城 Ciudad Cuauhtémoc，两地有巴士车及合乘皮卡，出入境

的手续很简单，墨西哥的游客卡也可以在出入境局领取。

从市中心可以在巴士搭乘点（Map.84/A1）搭车前往巴士总站

拉梅西拉的出入境局前设有巴士总站，可以从这里搭乘巴士前往柯米坦 Comitán、圣克里斯托瓦尔－德拉斯卡萨斯 San Cristóbal de las Casas、墨西哥城 Mexico City 等墨西哥主要城市。

 小贴士 巴士总站有很多出租车在等客，从这里搭车前往韦韦特南戈市中心车费大约 Q30，前往扎库莱遗迹的费用是 Q35，从市中心搭车前往扎库莱遗迹的费用也是 Q35。

路上的街市景象

韦韦特南戈　漫　步

　　危地马拉城、克萨尔特南戈、边境城市拉梅西拉等各个城市驶来的巴士都会停靠在市内的巴士总站。下车后如果打算前往市中心，则可以穿过巴士总站前的市场，在马路对面车道的市内循环巴士搭乘点搭乘前往市中心方向的市内循环巴士（Rutal 1），所需约 10 分钟，费用 Q1。

　　市中心建有一座外观优美的粉色大教堂 Catedral。周围还有市政厅及中央公园等设施。酒店和餐馆也大多聚集在市中心的几个街区中，市集几乎每天都在城镇中开办，特别是 4 Callle 附近的集市最为热闹。

韦韦特南戈　主要景点

曾是玛姆族旧都的古代遗迹

扎库莱遗迹

Zaculeu　　　　　　　　　　　　　　　　★★

扎库莱遗迹

MAP p.23/B1
开 每天 8:00~18:00
费 Q50
　从 2 Calle 与 7a Av. 的道路交叉口向西步行约 100 米便可以看到巴士站（Map.84/A1），这里每天 7:30~18:00 期间，每小时都有 1~2 班前往扎库莱遗迹的巴士（需约 20 分钟，费用 Q2.5）。部分巴士仅在扎库莱村停车，不会继续向遗迹行驶，乘车时一定要确认清楚。

当地人也常来参观的扎库莱遗迹

　　距离韦韦特南戈市中心以西 3 公里的位置，位于半山腰的遗迹群便是玛姆族的旧都扎库莱。扎库莱最后的国王凯比尔·巴拉姆在 1525 年被阿尔巴拉德的弟弟贡萨洛所率领的西班牙军队击败，结束了扎库莱的时代。

　　这片建筑群最早可以追溯到 4 世纪，受托尔特克文化的强烈影响，风格可以说是托尔特克与玛雅文化的结合体。其中可以看到神殿及古球场等规整的建筑遗迹，遗迹墙壁用混凝土巩固，对于遗迹迷来说看着可能有些许的别扭。遗迹入口处有一座神殿，神殿屋顶上还有一个托尔特克风格的附属建筑，很值得一看。

　　现在这里与其说是古老遗迹，说是市民的休憩场所其实可能更加合适。节假日许多家庭出游的危地马拉人都会在这里玩耍，很多孩子和年轻人依然在古球场中踢球玩耍。

小贴士　扎库莱遗迹没有单设的售票点，直接从遗迹内的工作人员手中购买门票即可。周日这里对当地人免费开放，但外国人依然要收取费用，所以不要把已经购买的门票搞丢喽。

酒店 & 餐馆
Hotel & Restaurant

　　高档酒店大多位于城镇的郊外，其中不乏度假酒店的身影。市中心则大多以中档酒店和平价酒店为主，附近的餐馆价格也比较便宜。如果想吃更便宜的餐食，可以前往市场中的简易餐馆用餐。

卡萨布兰卡酒店
Casa Blanca

◆规模不大但面面俱到的小型酒店　位于市中心，地理位置方便。酒店内并设有餐厅，不过面向公路的客房不太安静，入住前最好仔细挑选一下客房，多进行比较。

中档	Map p.84/A1
🏠 7a Av.3-41	
☎ 7769-0777	
CC AMV　🛏 15 间	
📶 免费 Wi-Fi	
费 📺🌀📺📺 ⑤ Q220~、Ⓓ Q280~	

皇家公园酒店
Royal Park

◆装潢用心，如家般温馨的酒店　酒店坐落在方便观光的地理位置，客房内设有浴缸，很有人气的酒店。并设价格公道的美味餐厅。

中档	Map p.84/A1
🏠 6a Av.2-34, Z 1	
☎ 7762-7774	
CC MV　🛏 8 间	
📶 免费 Wi-Fi	
费 📺🌀📺📺 ⑤ Q165~、Ⓓ Q320~	

扎库莱酒店
Zaculeu

◆邻近中央公园，去哪里都方便　这家酒店的中庭布置得令人心情舒畅，此外还设有停车场，大堂内提供可以上网的电脑。并设餐厅，用餐方便。

经济型	Map p.84/A1
🏠 5a Av.1-14, Z 1　☎ 7764-1086	
URL www.hotelzaculeu.com	
CC MV　🛏 37 间	
📶 免费 Wi-Fi	
费 📺🌀📺📺 ⑤ Q125、Ⓓ Q250	

玛雅酒店
Maya

◆客房干净舒适　位于大教堂背面的街道里，不太起眼，客房虽然不大，但干净卫生，气氛也很舒服。

经济型	Map p.84/A2
🏠 3a Av.3-55, Z 1	
☎ 7764-0369	
CC 不可　🛏 24 间	
📶 免费 Wi-Fi	
费 📺🌀📺📺 ⑤ Q100~、Ⓓ Q130~	

玛丽酒店
Mary

◆可以享受热水浴的平价酒店　邻近电话局的经济型酒店，外表虽不华丽，但客房整洁卫生。可以冲热水澡，一洗旅途的疲惫。

经济型	Map p.84/A2
🏠 2 Calle 3-52, Z 1	
☎ 7764-1618	
CC 不可　🛏 25 间	
📶 免费 Wi-Fi	
费 📺🌀📺📺 ⑤ Q80~、Ⓓ Q130~	

哈丁餐厅
Jardín

◆经营当地佳肴及下午茶　位于中央公园以西一个街区的大型餐馆。除了当地烤肉及西红柿辣鸡汤等危地马拉当地菜肴外，这里还提供早餐套餐，当然你也可以只在这里单点一杯咖啡，点餐方式多样。用餐预算为 Q30~50。

	Map p.84/A1
🏠 6v Av.2-99, Z 1	
☎ 7769-0769	
🕐 每天 6:00~22:00	
CC 不可	
📶 免费 Wi-Fi	

霍加莱纳比萨店
Pizza Hogareña

◆这里的比萨和意面很受当地人认可　店内布置敞亮，当地食客络绎不绝。经营比萨、意面、肉菜等各式菜肴，一个人的预算在 Q25~50。

	Map p.84/A1
🏠 6v Av.4-49, Z 1	
☎ 7764-3072	
🕐 每天 11:00~21:30	
CC 不可	
📶 无 Wi-Fi	

📺=设有空调　📺=未设空调、🌀=房间设有淋浴设施=公用淋浴设施、📺=设有电视=未设电视
从国内拨打危地马拉当地电话 00+502+××××-×××× （→p.25）

不要错过这里 五彩斑斓的纺织品

Tejidos Coloridos

世界各地都有独特的民族服饰与民间工艺品。而危地马拉可谓首屈一指的民族服饰宝库。120余个村落都有自己村子独特的配色与造型，当地原住民单是看一眼衣服便可以了解这位村民是出自哪个村子。不要小看了危地马拉的民族服饰，无论是眼花缭乱的配色还是精致的手工刺绣，都是你带一件作为旅游纪念的理由。

被称为"危地马拉彩虹"的华丽用色模式足以见得危地马拉纺织品的鲜艳程度。虽然危地马拉的工艺品非常精美，但女性艳丽的传统套头上衣等精美的纺织品更加令人心动。在危地马拉，纺织通常是女性的工作，而且是母亲将手艺传给女儿，可谓代代相传。近年来，受外来文化影响，部分村子固有的图案开始融合现代元素逐渐发生变化，有的村民也开始根据个人喜好穿着其他村子的衣服或是廉价的纺织机产物，而非手工纺织衣物。

传统套头上衣 Huipil
危地马拉女性的传统上衣，直接套头穿着。有的村子会将下摆放入裙子或裤子之中，有的村子则会将下摆直接暴露在外面不塞到下面的衣服里。

传统裙子 Corte
村子不同上面的图案也不尽相同，有条纹的、有格子的，也有素色的。科万的村子还会在裙子上加褶子装饰。

圣安德烈斯·谢克尔村
（→p.77）的传统服装

头饰 Cinta
缩头发扎头发的发饰，扎上头发后就可以像纺织女神伊希切尔 Ix Chel 一样拥有高超的手艺。

腰带 Faja
附有刺绣图案的腰带，女性将腰带卷着系在裙子的上面，男性则系在裤子上使裤子更贴身。

万能布 Tzute
既可以包裹物品也可以是婴儿的襁褓布料，还可以用作头巾。

围巾 Pelaje
大披肩，无论是防寒还是遮阳都很实用。

男性的传统上衣称作卡密萨 Camisa，裤子名为潘塔龙 Pantalón，现在已经有不少危地马拉男性开始穿着商店的成衣而非传统民族服饰。羊毛纺织品相关的工作由危地马拉的男性负责，所以男性的上衣及箱包上经常可以看到毛料的成分。

后带机
名为特拉尔·德·辛图拉 Telar de Cintura 的古老纺织机，用纺织人的腰部发力固定机器，是一款很传统的危地马拉纺织机型。

素材
多以棉线为主，价格便宜颜色鲜艳的腈纶与人造纤维也经常使用。现在逐渐用化学染料代替天然染料。

图案
图案多是编织而来，部分高档衣服会使用刺绣的工艺。各式各样的图案也有各种不同的意义。

神圣的库丘马塔（→p.88）村子中的男性服饰　圣胡安·阿提坦的男性民族服饰

双面都有精美图案的高档纺织品

圣安东尼奥·阿瓜斯卡连特斯 ▶ p.55
San Antonio Aguas Calientes ▶ p.55

位于古都安提瓜近郊的村子，这里的纺织品可谓超一流的技艺，单是一件套头上衣，就正反面都有精美的图案，这种精妙的技艺远近闻名。为什么会正反面都有图案呢？因为在纺织布料的时候是同时进行2张布料的纺织工作，在2张布料都出现图案之后，再将它们合二为一，将有图案的一面都露在外面，才有现在我们看到的精美效果。这种纺织品少则需要6~8个月的时间，多则要长达10个月乃至1年的时间，慢工出细活，最终的市场价格大约要在3000元人民币。而且肩部还绘有各式各样的动植物刺绣，胸部到腹部之间的图案也有各式各样的意义。

使用带后带机进行纺织的当地女性。由母亲传给女儿，这种纺织套头上衣技艺代代相传，可谓原住民文化的象征。

1 将右上角的图案作为参照，织出相同图案但不同颜色的左下方成品 **2** 织有小雏鸡图案的桌布 **3** 身穿年轻时纺织的套头上衣的老奶奶。不同村子的传统图案也不尽相同 **4** 用针（阿古哈 Aguja）细化布料上的精美图案

套头上衣花纹的各式含义

- **分娩之痛**
  穿上衣服背后图案的位置正巧位于心脏和胸部处
- **东南西北**
  代表东南西北四个方向
- **街灯**
  照亮周身的灯光
- **种子**
  咖啡和玉米等的种子
- **石板路**
  代表安提瓜的街道

结婚时用的布艺品

可以用作桌布或壁毯的精美布艺品，新娘子花费1个多月的时间纺织而成。此外也有需要馈赠给亲戚的布艺品，所以结婚前肯定要有1年的准备时间用来制作这些布艺品。

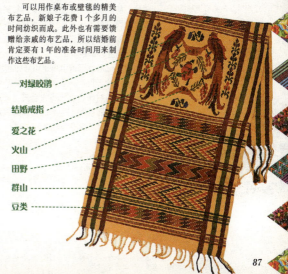

- 一对绿胶鹃
- 结婚戒指
- 爱之花
- 火山
- 田野
- 群山
- 豆类

人口▶ 2.6 万

神圣的库丘马塔

MAP p.23/B1

货币兑换、通信事宜

虽然这里位于深山之中有诸多不便，但位于中央广场的银行还是可以用美元兑换格查尔。部分店铺可以使用电话及网络。

安全信息

在 2000 年 4 月，曾有一个外国旅游团到访这个村子并引发暴乱，最后有人员伤亡的事件发生。当时这个村子中流传着会有盗窃婴儿的团伙出没的传闻，而这个外国旅游团在村子里擅自拍摄居民相片的举动则让村民误认为他们就是这个盗窃团伙进而引发血案。虽然此后没有类似的事件发生，但最好先通过当地的旅游咨询处及旅行社做最新旅游信息的调查确认，千万不要有刺激当地人的举动出现。

巴士运行情况

前往神圣的库丘马塔沿途的道路在非雨季时期比较颠簸，但途中草原与溪谷的美景绝对会给你留下难忘的印象。在神圣的库丘马塔城内教堂前的巴士站，设有开往韦韦特南戈线路的巴士。

往返于神圣的库丘马塔与韦韦特南戈两地的巴士车

神圣的库丘马塔

Todos Santos Cuchumatán

原住民玛姆族的桃花源

穿着传统服饰的神圣的库丘马塔男性村民

沿途一边欣赏海拔 2400 米的库丘马塔山脉的景色，一边颠簸地行进在从韦韦特南戈前往神圣的库丘马塔的土路之上，不知不觉便会抵达位于山间的这座玛姆族原住民村落。初春时节你在神圣的库丘马塔还可以欣赏到星星点点的白色苹果花，给人一种隐世的桃花源之感。

你在危地马拉各地都可以看到配色丰富的各式传统服饰，但这个村子的服装可算是鲜艳亮丽的上上品了。男性穿着白色条纹上衣，无论是袖口还是领口的设计都非常精美，搭配红色条纹裤，配色十分绝妙。已婚女性的套头上衣通常都和自己丈夫的领口是同一款样式，底色则以红色和粉色搭配几何图案为主。腰带为了反衬上衣的鲜艳，通常是淡雅的蓝色。纺织衣物不仅是这里女性村民的主要工作，同样也是男性村民的工作，而且男性村民还会制作精致美观的背包等手工品。以前他们制作的衣服和背包都是自产自用，但近年来随着游客逐渐到访这里，也开始变为商品对外销售。

库丘马塔在玛姆语中是山脉的意思，每年 11 月 1 日是神圣的库丘马塔最盛大的节日——众神之日。当天会举办赛马活动，平时主要干着针线活的男性村民在这天纷纷会骑上骏马一决高下。需要注意的是，神圣的库丘马塔即使是在夏季，入夜后气温也会很低，必须带一件毛衣和外套防寒，一定要注意好保暖。

交通方式

巴士

从韦韦特南戈前往神圣的库丘马塔的巴士每天共有 6 班，车费 Q25，需约 3 小时。

小贴士 神圣的库丘马塔算是一个当地男性经常穿着传统服饰的危地马拉村落了。而且这里的村民不愿意被照相，拍照之前一定要先征求对方的同意。

神圣的库丘马塔 漫步

教堂周围设有巴士车站、村办公室、酒店及简易餐馆等设施。虽然村子里的土路很多，走起来比较不舒服，但仍可以步行游览。周六开办的市集吸引周围村子的许多村民前来选购生活品，你可以欣赏到各个村子的传统服装，平时比较安静的神圣的库丘马塔，在周末

穿着传统服装的少年

一下就会变得热闹好玩了。另外周三也会举办规模较小的露天市集。

从教堂沿着卡萨·法米利尔酒店前的坡路向上走 10 分钟左右便可抵达特库曼图遗迹。你在这里可以看到 2 个小型金字塔、正方形露台以及古广场等设施。此外两座大十字架也很显眼，其中一座十字架是为了悼念在 1982 年内战中被政府军队怀疑与反政府武装组织相勾结而残忍杀害的 200 余名村民。你从特库曼图遗迹可以俯瞰被群山环抱的神圣的库丘马塔村落。

整洁的中央广场

西班牙语语言学校

村子中共有 2 所西班牙语语言学校，其中位于教堂对面左侧坡路下面的语言学校便是努艾博·阿玛杂瑟尔西班牙语语言学校 Nuevo Amanecer，另外一所则是邻近欧特里特·托多斯·桑托斯酒店的伊帕帕诺玛雅西班牙语语言学校 Hispanomaya。这里的语言学校除了教授西班牙语，还有村子中常用的玛姆语课程，你在这里也可以进行寄宿家庭的体验活动。此外你还可以在语言学校体验村内特色的纺织工艺实践活动。

餐馆

村子中可以用餐的场所不是很多，教堂前广场上的简易餐馆是一处物美价廉的用餐场所。外国游客则常在卡萨·法米利尔酒店前的 ℝ Katy 餐厅用餐。具有酒吧 & 咖啡馆功能的 ℝ Tzolkin 除了售卖各类啤酒及酒精饮料，还提供意面、三明治等简餐。

酒店
Hotel

住宿设施的房间内通常只有一张可供休息的床铺，洗澡普遍都是公共浴室。由于这里入夜后气温很低，争取向前台多要床棉被，注意保暖。村子中没有酒店概览指南，大多数酒店坐落在教堂前，距离巴士站步行 1 分钟。

卡萨·法米利尔酒店
Casa Familiar　　　　　　　　　背包客的常用酒店

◆沿教堂背面的山坡上行便可以在左手边看到这家酒店，虽然是公共浴室，但能洗个热水澡还是很舒服的。从酒店的中庭可以欣赏周围群山的美丽景色，酒店入口处还在有一家民艺品商店。

经济型	
☎ 7783-0656	⬛ 9 间
CC 不可	
🛜 无 Wi-Fi	
费 ▧▨ⓈQ150、ⒹQ200	

欧特里特·托多斯·桑托斯酒店
Hotelito Todos Santos　　　　　　村里最漂亮的酒店

◆位于从中央公园的上坡道步行约 50 米的地方，客房美观优雅还提供热水。酒店内并设餐厅，花费 Q20 左右的费用便可以用餐。

经济型	
☎ 7783-0603	⬛ 13 间　CC 不可
🛜 无 Wi-Fi	费 ▧▨ⓈⒹ Q125、
	▧▨ ⓈQ45、ⒹQ90

▦=设有空调 ▨=未设空调 ▧=房间设有淋浴设施 ▨=公用淋浴设施 ▣=设有电视 ▨=未设电视
从国内拨打危地马拉当地电话 00+502+×××-×××× (→p.25)

科万
★

危地马拉城

科万 *Cobán*

危地马拉咖啡的主要产地，上韦拉帕斯省的省会城市

科万市内的城市构造多为上下坡路，是一座山城

人口 ▶ 6.7 万

科万
MAP p.23/B1

旅游咨询处
　　市内虽然没有成型的旅游咨询处，但邻近中央公园的小广场内便立有张贴着城镇地图的公告牌，你在上面还可以找到从科万前往各地的巴士时刻表、城内的酒店指南，以及介绍郊外看点的各类旅行实用信息。

货币兑换
　　市中心大约有 10 家银行，可以用这里的 ATM 提取美元，并通过柜台兑换格查尔。银行的营业时间通常为周一～周五的 9:00~16:00。

科万节日
　　每年的 8 月 8 日是科万的守护圣人圣多明戈的节日。这个节日的前后城里都会变得比较热闹。其中一个相关活动便是每年 7 月最后一个周六举行的名为"拉宾·阿好"（意为族长之女）的原住民女王选举比赛，很有意思。

　　从危地马拉城向北行进约 216 公里，便会抵达海拔 1320 米的上韦拉帕斯省的省会城市——科万。在西班牙殖民时期，以人性手段传道布业，并著有《对于原住民族破坏的简洁报告》等著作的巴尔托洛梅·德·拉斯·卡萨斯主教建造了这座城市。省名中的韦拉帕斯便是"真正的和平土地"的意思。

　　从危地马拉城前往科万的路上会途经山地及田园等多样风光。科万周围有许多 19 世纪德国人开办的咖啡种植园，使得这里一直都是危地马拉咖啡的主要产地。

交通方式

巴士

　　从危地马拉城起始的巴士，在每天 4:00~17:00 期间，每小时运行 1 班。需 4 小时 30 分钟，费用 Q50~75。从科万前往危地马拉城的巴士在每天 3:00~16:00 期间发车。

维多利亚国家公园
Parque Nacional
las Victorias

圣多明戈教堂
Ermite de Santo Domingo

公园入口

卡尔瓦里奥教堂 入口
Iglesia el Calvario

3a Calle

Posada de
Don Juan Matalbatz

3a Calle

科万 Cobán
区域地图 ▶ p.23/B1

Escobar Monja Blanca 旅行社
前往危地马拉的巴士搭乘点

Peñascal

El Refugio

La Paz

Monterey

Fantasia

Cobán Imperial

TELGUA

市政厅

Central

1a Calle

警察局

La Posada

中央公园
Parque Central

大教堂
Catedral

Providencia

市场

0　　　200m

Carretera Antigua de Entrada a Cobán

小贴士　中央公园以北 1 个街区的 2a Calle 的路边经常可以看到售卖蔬菜、水果乃至日用品的摊贩，宛如露天市场一般热闹。你在科万城里可以看到许多穿着上韦拉帕斯地区传统特色服装的当地女性。

科万 漫步

巴士站位于市中心北面的市集一带，往返科万与危地马拉城的巴士搭乘点就在市集的东面。从巴士站沿坡路向南面上坡，之后向西面步行约200米便可以到达建有大教堂与市政厅的中央公园 Parque Central。

市场里穿着传统服饰的当地女性是主力军

中央公园一带是科万市内的高地，周围不仅有酒店、餐馆，还有银行。而简易食堂和小吃摊则大多分布在巴士搭乘点附近。

城镇西北面建有大教堂、维多利亚国家公园等景区，基本上步行10~15分钟便可以到达，时间充裕的话不妨多逛逛。

科万 短途旅行

碧蓝色的美丽河水梯田
塞姆克倩佩
Semuc Champey ★★★

塞姆克倩佩位于科万以东约71公里的地方，这里的河水被石灰岩逐层分段开来，宛如大自然创作的天然梯田。进入景区后步行30分钟便可抵达展望台，从高处一览梯田之中流淌而过的碧蓝河水。如果天气炎热，你还可以直接跳进河水游泳，周末有很多危地马拉当地人来这里纳凉游玩。

沿山路上行便可以从高处俯瞰美丽的河水梯田

可以偶遇梦幻鸟类的神秘森林
绿咬鹃保护区
Biotopo del Quetzal ★★

从科万沿危地马拉城前行，乘坐巴士约1小时便可以抵达绿咬鹃保护区 Biotopo del Quetzal（正式名称为马里奥·达里·利贝拉保护区 Biotopo Mario Dary Rivera）。

这个建于山林之中的保护区分别设有两条全长2公里及4公里的自然散步道，可以在林间漫步游览。途中你可以看到深受原住民崇拜的大树 El arbol de aboles 以及活力四射的小瀑布，林间随处可见对森林特殊生态环境进行解读的解说牌。虽然这里叫作绿咬鹃保护区，但亲眼看见绿咬鹃还是很需要运气加成的，在林间散步，静静聆听这起彼伏的鸟叫声，品味大自然独有的静谧，你将收获内心的平静与久违的安宁。

园区内经常可以看到各式瀑布

科万的酒店

H La Posada
MAP p.90
☎ 7952-1495
⑮ S Q330~、① Q410~

H Posada de Don Juan Matalbatz
MAP p.90
☎ 7951-0811
⑮ S① DQ220~

科万~弗洛雷斯区间

从科万可以搭乘迷你小巴前往佩滕省的城镇。从科万前往萨亚赫彻需约3小时，前往弗洛雷斯需约5小时。虽然有直达的迷你巴士，但班数较少，通过在途中的某个村子换乘会更有效率。迷你小巴的搭乘点位于市中心以北2公里的位置。

塞姆克倩佩

MAP p.23/B2
开 每天 8:00~16:00
⑮ Q50

科万城内的旅行社专营前往这里观光的旅行线路，你也可以通过酒店报名参团。

绿咬鹃保护区

MAP p.23/B2
开 每天 7:00~16:00
⑮ Q20

从科万前往危地马拉城的巴士便可以经过这片保护区，需1小时左右。从危地马拉城前往绿咬鹃保护区则大约3小时30分钟。下车前请提前和司机说一声，要不然很可能会甩站。

绿咬鹃保护区的酒店

H Los Ranchitos del Quetzal
Ⓜ km 160, Purullhá
☎ 4130-9456

每天清晨5:00~6:00左右的时段，院子里的伞树树梢不时会有绿咬鹃小憩。

小贴士 在前往塞姆克倩佩的途中，距离科万约61公里时会遇到一座名为蓝沁的小镇，距离这座小镇2公里的地方流淌着一条名为蓝沁的小河，一处栖息着许多蝙蝠的蓝沁洞 Grutas de Lanquín 便位于这条小河河畔。

埃斯基普拉斯
================

Esquipulas

以黑色基督像而闻名的宗教巡礼之地

城镇的地标建筑大教堂，访客络绎不绝

人口 ▶ 6 万

埃斯基普拉斯
MAP p.23/B2

货币兑换

　　市中心附近建有不少银行，方便你进行格查尔与美元、埃斯拉斯货币伦皮拉的兑换。银行中的 ATM 也可以提取美元。营业时间大体是周一～周五的 9:00~16:00。

国境线信息

　　与洪都拉斯的国境线信息（→ p.340）。

前往洪都拉斯的交通方式

　　埃斯基普拉斯市内中央公园附近的迷你巴士及出租车均可以前往洪都拉斯的边境城市阿瓜卡连特 Agua Caliente，需 30 分钟，费用 Q20。一般都是座位差不多坐满了再发车，通常半小时便可以发一班车。不过从阿瓜卡连特到洪都拉斯的出入境局还有 2 公里的距离，最好打车前往。从埃斯基普拉斯前往另一座边境城市新奥科特佩克 Nueva Ocotepeque 大约也需要 30 分钟的车程，但是这座边境城市的早晚时段治安问题比较严重，最好选在 10:00~15:00 期间穿过边境。

前往洪都拉斯国境线的出租车，一般也是拼车模式，凑够人数才出发

　　埃斯基普拉斯市内大教堂 Basílica 中的黑色基督像 El Cristo Negro 吸引着各地的基督教徒前来朝拜。虽然埃斯基普拉斯只是危地马拉与洪都拉斯国境线附近的一个小镇，但是却吸引着周边城市乃至周边国家的信徒络绎不绝前来。

　　曾有位原住民在现在 Basílica 教堂所在的位置目睹了耶稣下凡的神迹，传言纷纷散开，进而众多原住民请愿，一位名为吉利欧·卡塔涅的雕刻家雕刻了一尊木质的基督受难像。这尊基督像最开始被安放在地方的小教堂，但随着这座小教堂相继出现疾病治愈的奇迹，民众便把受难像在 1758 年转移到了现在的 Basílica 教堂，并制作了现在这尊融合原住民特性与基督教信仰的黑色基督像。就这样这尊基督像便静静在这里看了 200 多年的世事变迁，直至今日整座雕像通体发出宛如青铜器般的光辉，也为这座教堂营造了更高层次的宗教氛围。

　　每年 1 月 15 日埃斯基普拉斯都会举行黑色基督像的游行仪式，你在这天可以看到这座小城内信仰至诚的信徒们对基督教表现出的淋漓尽致的热情与忠诚。1996 年 2 月，曾经的教皇约翰·保罗二世也曾到访此地。

◎ 交通方式

巴士

　　每天 4:30~17:00 期间，每小时都有两班从危地马拉城前往埃斯基普拉斯的巴士，需约 5 小时，费用 Q50。此外埃斯基普拉斯与奇基穆拉 Chiquimula 区间的迷你巴士每天 5:00~18:00 期间，每小时也有 2 班车运营，需约 1 小时，费用 Q15。

小贴士　埃斯基普拉斯作为巡礼之地吸引着危地马拉城周边城市乃至周边国家的信徒纷纷来此朝拜，酒店在工作日空房很多，但在周末经常会满员，最好提前预约。

Basilica 教堂
🕐 每天 6:00~20:00

位于 Basilica 教堂内部的黑色基督像

建有 Basilica 教堂的中央公园几乎一年四季都被大量来此朝拜的信徒所包围，熙熙攘攘。各地抵达这里的巴士站距离公园不是很远，酒店、餐馆以及银行等设施也都大多分布在教堂周围。

城中最大的看点已经不用多说，自然便是 Basilica 教堂与供奉其中的珍贵的黑色基督像 El Cristo Negro。基督像位于教堂正中央的祭坛上，依次排队前行便可以近距离观赏到这尊基督像。首先从教堂的左侧门进入教堂内部，随后逐渐从基督像的背面慢慢靠近，直至可以近距离欣赏。回来的线路上虽说是背对基督像，但虔诚的信徒都会一直直视着基督像倒退着走出教堂，一定要注意不要碰到他们。周日等节假日时间会有大量基督教徒到访这里，教堂内外都会排起长队，最好挑选工作日前往 Basilica 教堂，一睹基督像的尊容。

中央公园旁还有一座市场，受城内的宗教文化影响，商品主要以向基督教徒出售的宗教物件为主，此外还有许多知名小吃，其中糖煮椰子皮做的小零食以及名为阿尼西尤的小糖豆都可以买来尝尝。

酒店 & 餐馆
Hotel & Restaurant

作为基督教徒热衷的巡礼之城，城内设有不少中档酒店和经济型旅馆。大多分布在中央公园周边的步行距离内，此外也有可以俯瞰城镇景色的高地酒店。餐馆也大多聚集在中央公园附近，从早餐到夜宵，全天的用餐你都不用发愁找不到地方解决。

利根大李欧酒店
Legendario

◆市中心设备完善的酒店　大型酒店，店内还设有豪华的泳池，把这里当作度假酒店也没有任何问题。酒店内并设有餐厅，用餐方便。

中档
🏠 3a.Av.y 9a.Calle，Z 1
☎ 7943-1022　CC MV
🛏 42 间
📶 免费 Wi-Fi
费 ⬛➖🛄📺 Ⓢ Q300~、Ⓓ Q400~

波萨达·圣地亚哥酒店
Posada Santiago

◆打开客房窗户即可以看到 Basilica 教堂　建于中央公园右侧，正对 Basilica 教堂正面的经济型酒店。客房规整干净，这个地理位置可谓物超所值。花费 Q30 便可以在酒店享用早餐。

经济型
🏠 2a Av.11-68，Z 1
☎ & fax 7943-2023
CC V　🛏 15 间
📶 免费 Wi-Fi
费 ⬛➖🛄📺 Ⓢ Q200~、Ⓓ Q300~

帕亚奇酒店
Payaquí

◆1976 年开业的老牌酒店　邻近 Basilica 教堂的老牌酒店，酒店的家具都是老古董。设有泳池和餐厅，你还可以在酒店内享受 SPA 按摩，缓解旅途的疲惫。

经济型
🏠 2a Av.11-56，Z 1
☎ 7943-4124
URL www.hotelpayaqui.com
CC MV　🛏 40 间　📶 免费 Wi-Fi
费 ⬛➖🛄📺 Ⓢ Q230~、Ⓓ Q500~

卡斯卡哈尔
Cascajal

◆面向中央公园的便利餐馆　Basilica 教堂近在咫尺，帕亚奇酒店中并设的优秀餐厅。主营肉菜为主的危地马拉菜肴，费用 Q50~90，清早便开始营业，早餐套餐 Q20~30。

卡斯卡哈尔
🏠 2a Av.11-56，Z 1
☎ 7943-1143
🕐 每天 7:00~21:00
CC ADMV
📶 免费 Wi-Fi

基里瓜
危地马拉城

人口 ▶ 2000 人

基里瓜
MAP p.23/B2

世界遗产

基里瓜遗迹
（1981 年收录）

货币兑换

　　基里瓜以及周边的村落几乎都看不到银行设施，所以最好在危地马拉国内其他城市换好格查尔后再前往这里。

重达 20 吨的兽形祭坛

遗迹旁的香蕉种植园

基里瓜 *Quiriguá*

这里留有许多与科潘遗迹具有相同历史价值的贵重玛雅石碑

被精细修复的基里瓜遗迹石阶

　　位于洪都拉斯科潘遗迹以北 50 公里的位置，便是邻近莫塔瓜河的玛雅遗迹基里瓜。这里也是危地马拉带低地地区中最方便游客前往的玛雅遗迹。这里于 1981 年被收录在世界遗产名录之中。提到玛雅古代史，在这片受近郊莫塔瓜河所滋养的土地上建造的基里瓜遗迹，与莫塔瓜河支流科潘河所滋养的科潘遗迹，一定会成为最鲜明的对比对象。基里瓜不仅在悠远的历史长河中有着举足轻重的地位，也是哥伦布抵达美洲大陆前美洲最高石碑的发掘地。

　　用 2 小时的时间就可以将遗迹游览得很全面，所以可以从这里当天往返危地马拉城。此外你也可以住在科潘遗迹和基里瓜遗迹连线的中间地区，方便游览两个最核心的遗迹所在地。

◎ 交通方式

巴士

　　从危地马拉城前往巴里奥斯港方向或是北部城市弗洛雷斯方向的巴士都会途经基里瓜，需约 4 小时，费用 Q50~80。从巴里奥斯港前往危地马拉城，途经基里瓜的巴士需约 1 小时，费用 Q25。

　　基里瓜遗迹位于城市连线的必经之地（km205），从最近的车站下车后乘坐三轮出租大约 10 分钟便可以抵达 3 公里外的基里瓜遗迹，费用 Q10。

　　在基里瓜遗迹游览结束后返回危地马拉城，既可以在之前 3 公里外的巴士站搭乘途经的巴士，也可以乘坐三轮出租前往附近的洛斯·阿斯特雷斯（需约 20 分钟），这里有直达危地马拉城的巴士。

小贴士　基里瓜遗迹周围建有广阔的香蕉种植园，种植园外鲜花环绕。虽然不允许进入种植园参观，但你仍可以从园外近距离观赏园内的大香蕉。

莫塔瓜河流域的繁荣古都

基里瓜遗迹
Quiriguá ★★★

从基里瓜遗迹公园的入口沿步行道前行便可以抵达建有神殿的大广场。可以说基里瓜遗迹的所有看点都是围绕这个大广场设计出来的。除了正中央的神殿遗迹，周围散落的各式石碑、造型奇特的"兽形祭坛"也都是基里瓜遗迹的魅力所在。

基里瓜的石碑深受科潘技法及艺术性的影响，但也结合了自己的独特文化，可谓自成一派。这里在科潘王朝势力走向鼎盛时期的同时，作为依附于科潘的卫星城市而于公元3世纪出现在历史的记载之中。此后这里一直被科潘所支配，但也有一定的自治权，直到公元8世纪在基里瓜出现了一位名为"暴风之王"的领袖，他在即位统治基里瓜14年后，于738年向科潘进攻，并擒获了科潘国王。此后基里瓜便彻底从科潘的统治中独立出来，掌握了莫塔瓜河流域的支配权，并成为危地马拉高地与加勒比海间重要的交易点。作为新大陆古代文明的最高象征，高达11.7米的E石碑，也是在基里瓜独立后势力不断增长的公元771年建造而成的。

在这里可以看到艺术造诣相当高超的各式古代石碑

基里瓜酒店

🏨 波萨达·德·基里瓜
Posada de Quiriguá
☎ 5349-5817
URL www.geocities.jp/masaki_quirigua
料 Ⓢ Q160、Ⓓ Q300

位于基里瓜村子中的平价酒店，步行即可前往基里瓜遗迹。提供早餐。晚餐则是危地马拉菜肴及日式料理，你在这里还可以进行巧克力及墨西哥玉米饼的制作体验。客房只有5间，入住的话最好提前预约。

于公元761年修建的F石碑《伸向天空的双手》极具艺术性。与这尊面向南方，将双手向天空摊开，仿佛在祈祷一般的石碑相对应的，便是面向北方的暴风之王的雕像了，王的功绩逐条镌刻在雕像之上。一北一南，相得益彰。

美丽的野生绿眉翠鸫

基里瓜的石碑（斯特拉）大都于公元8世纪后期修造而成，目前考古确认的最后一件作品便是修造于805年的石碑K。基里瓜从科潘独立后自主掌控属于自己的王朝仅有百余年光景，最终于9世纪初期结束。而基里瓜遗迹则是这百余年历史的浓缩之地，可以说当时有关基里瓜的事件都发生在这片土地上，这片遗迹见证了基里瓜的兴旺与衰落，具有珍贵的历史价值。基里瓜人将他们的历史记录在一座座石碑之上，为后世的我们乃至我们的子孙留下珍贵的历史信息。

除了记载丰富历史信息的石碑之外，神殿附近还有雕刻着奇异动物的"兽形祭坛"，在大岩石上刻画出如此生动的图案，可见当时基里瓜雕刻家的工艺水平之高。遗迹中散落着几处造型各异的兽型祭坛，其中巨龟趴伏的长约4米的大型正方形祭坛P更是不容错过。仔细观察的话，还可以看到岩石上篆刻的当地神圣文字。

石碑的所在地都有一个稻草棚保护

利文斯顿

利文斯顿 *Lívingston*

杜勒斯河下游加里富纳人所生活的港口城市

许多酒店都面向杜勒斯河而建

人口 ▶ 6.2 万

利文斯顿
MAP p.23/A2

从危地马拉城前往这里的交通方式

　　Litegua 旅行社每小时有1~2班从危地马拉城前往巴里奥斯港的巴士，费用Q80~150。抵达巴里奥斯港后搭乘联denomination船只或拼船（→p.97）便可以前往利文斯顿。

货币兑换

　　主干道尽头有几家银行，可以利用里面的 ATM 提取美金并在窗口兑换格查尔。

周末可以在城内聆听加里富纳人独特的蓬塔民族音乐

　　利文斯顿是一座位于杜勒斯河流入加勒比海的河口位置的海港城市。这里曾是伊萨瓦尔湖到杜勒斯河乃至加勒比海，最终向海外出口咖啡豆及香蕉的重要仓库港口。但随着科技逐步发达，现在陆运逐渐代替海运及水路渠道，这里已经失去了曾经的商业价值，目前的人口数大约在6.2万。此外因为陆路交通几乎无法到达利文斯顿，只能通过水路交通才可抵达，来这里有一种仿佛出海前往孤岛的奇妙感觉。这里的居民大多数都是加里富纳人（也称作莫莱诺），是一座非常悠闲自得的小镇。

　　近年来这里深受欧美年轻游客的喜爱，已然成为了一处观光胜地，周末城内大街两旁的餐馆几乎都萦绕着加里富纳人演奏的蓬塔民族音乐，让人觉得虽然身处危地马拉，但宛如是在邻国伯利兹的小港城一般自得其乐。

　　如果要挑一座最没有危地马拉风格的城市，那恐怕首选的便是利文斯顿了。当地闷热的海洋性气候、居民巧克力色的皮肤、头上的小脏辫、蓬塔及雷鬼音乐的独特旋律、自然到不能再自然的英文问候，每一点都体现出危地马拉这个原住民占绝对比例的国度中难得一见的鲜明加勒比文化。每年年底，这里还会举行加里富纳民族活力十足的狂欢节，非常热闹。

　　虽然利文斯顿就在加勒比海边，但如果你期待可以看到碧蓝的海水，这里脏乱的沙滩可能会令你大失所望。不过你可以搭乘小船前往杜勒斯河，沿途能欣赏到各式各样新奇的动植物以及在河边生活的当地居民，会是一场很有意义的旅行。

区域地图 **p.23/A2**

0　　　　　　200m

杜勒斯河

Ubafu
Comercio
Bancafé
快乐水产餐厅
Happy Fish
里奥斯·托罗皮卡莱斯酒店
Rios Tropicales
出入境局
加勒比别墅酒店
Villa Caribe
布佳妈妈餐厅
Buga Mama
文化会馆
Caribe　栈桥
卡萨·罗萨达酒店
Casa Rosada　栈桥
波萨达·埃尔·德尔芬酒店
Posada el Delfin
里约杜勒斯方向
巴里奥斯港方向

小贴士　利文斯顿栈桥附近经常有主动用英语前来搭讪贩卖大麻等的毒品贩子，注意不要和他们有任何交流。

交通方式

船

巴里奥斯港每天在 10:30~17:00 期间都有前往利文斯顿的定期班船，利文斯顿每天的 5:00、14:00 各有两班前往巴里奥斯港的班船，所需约 2 小时。集齐 20 人左右便可以发船的拼船模式船速较快，需约 30 分钟，费用 Q35。从上游杜勒斯河前往利文斯顿的拼船船只则是凑够 10 人便可发船，主要是每天的 9:30 及 14:30 两个时间点发船。途中包含游览在内需约 2 小时 30 分钟，费用 Q135。

如果你想前往其他城市，乘船是你唯一的交通方式

杜勒斯河游览之旅

你可以通过搭乘游船的方式从伊萨瓦尔湖一直游览到利文斯顿的杜勒斯河。沿途可以欣赏到丰富的自然景观，还可以看到各类珍稀鸟类，可谓参观野生鸟类的生态宝库。

利文斯顿 漫 步

从栈桥下船之后穿过公园，便可以看到一条笔直的上坡路，餐厅、酒店以及流动摊贩都聚集在这条主干路上。主干路以外只有几条左右延伸出去的小路，城镇构造非常简单，不会轻易迷路。虽然这里就在中美洲大陆上，但因为陆路交通不发达只能通过水路前往，宛如一座坐落在海中心的离岛，是一处避世的好地方。

酒店 & 餐馆
Hotel & Restaurant

酒店和餐馆大多分布在城中心步行距离范围以内，主干路上也是餐馆和住宿场所的聚集地。你在这里的餐馆可以品尝到利文斯顿的名菜——加里富纳面。当地选用一种名为"塔帕达"的鱼类搭配椰奶熬制的汤品可谓加勒比海岸的风味名菜，有机会的话不妨尝一尝。

加勒比别墅酒店
Villa Caribe — 城里首屈一指的高档度假酒店

◆从客房可以欣赏到加勒比海与杜勒斯河的美丽景色，视野开阔，是家住宿体验最好的度假酒店。部分客房还附带阳台，配着海边的日落，仿佛是身处电影场景之中，奢华浪漫。提供早餐。

高档	Map p.96
Barrio el Centro ☎ 7947-0072	
URL www.hotelvillacaribeguatemala.com	
CC MV　43 间　免费 Wi-Fi	
费 US$104~（税 +22%）	

波萨达·埃尔·德尔芬酒店
Posada el Delfin — 设有泳池的舒适酒店

◆下船后从栈桥向公园方向前行，到了公园后左转再步行 5 分钟左右便可以抵达这座中档酒店。因为周边都是住宅区，所以酒店的环境比较安静。房型中有海景客房。

中档	Map p.96
Barrio el Centro ☎ 7947-0976	
URL www.posadaeldelfin.com	
CC ADJMV　20 间　免费 Wi-Fi	
费 S Q540~、D Q630~（税 +12%）	

里奥斯·托罗皮卡莱斯酒店
Ríos Tropicales — 住宿体验舒适的酒店

◆位于城中心，地理位置优越，方便出行，同时这里也是旅行社旗下的酒店，你完全可以通过酒店前台参报旅行团或预订车票，酒店内设餐厅和酒吧，用餐方便。

经济型	Map p.96
住 Calle Principal ☎ 7947-0158	
CC 无　8 间　免费 Wi-Fi	
费 S Q100、D Q150	
S Q60、D Q100	

布佳妈妈餐厅
Buga Mama — 地理位置优越的人气餐馆

◆由 NGO 经营的旅行类大专学校所开设的餐馆，经营当地菜式、海鲜菜肴、泰国咖喱等各式菜品，预算 Q60~100。

	Map p.96
住 Calle Marcos Sánchez Díaz	
☎ 7947-0891　开 每天 12:00~22:00	
URL www.bugamama.org	
CC ADMV　免费 Wi-Fi	

快乐水产餐厅
Happy Fish — 常年深受游客喜爱的人气餐馆

◆位于主干道尽头的人气餐馆，很受游客喜爱。提供包括蒜蓉烤大虾（Q100）在内的丰富海鲜美食。餐馆内并设旅行社，用餐结束后还可以咨询旅游线路。

	Map p.96
住 Calle Principal del Muelle	
☎ 7947-0661　URL www.happyfishtravel.com　开 每天 7:00~22:30	
CC ADJMV	

■=设有空调 ■=未设空调、■=房间内有淋浴设施 ■=公用淋浴设施、■=设有电视 ■=未设电视
从国内拨打危地马拉当地电话 00+502+××××-××××（→p.25）

里约杜勒斯

危地马拉城

里约杜勒斯 *Río Dulce*

堪称危地马拉小亚马孙的热带自然区域

在杜勒斯河沿岸可以看到各式各样的野生鸟类

人口▶ 4000 人

里约杜勒斯
MAP p.23/B2

货币兑换
　　巴士站所处的中心街道周边建有多家银行，可以使用 ATM 提取美元并兑换格查尔。

里约杜勒斯的名称解释
　　西班牙语中里约 Rio 就是河流的意思，所以相同的地理名词 Rio Dulce 在本书中既有杜勒斯河的意思，也有里约杜勒斯这座城镇的意思，书中会分别注明。

里约杜勒斯的酒店
H Bruno's
☎ 7930-5721
Ⓢ Q220~、Ⓓ Q300~

H Rio Dulce
☎ 7930-5179
Ⓢ Q150~、Ⓓ Q210~

　　从首都危地马拉城前往弗洛雷斯途中会经过一座架在从危地马拉最大湖泊伊萨瓦尔湖流淌而出的杜勒斯河上的大桥，之后可以抵达这座小城——里约杜勒斯。由于这里地处低地，气候高温多湿，所以栖息着许多热带地区的动植物，河流以及湖畔沿岸随处可见木屋风格的酒店及私人别墅，非常惬意。这里也是生态旅游的热门目的地，很受游客欢迎。

　　你在这里可以搭乘名为 launcher 的游船深入大自然，观察各类野生鸟类及花草树木。此外你还可以在下游沿途看到不少水上村落，甚至还可以偶遇乘坐小舟往来各村落的当地村民。知名的港口城市利文斯顿便位于杜勒斯河的河口位置。除了可以乘坐凑齐人数才发船的游船外，你还可以包船游览这片自然区域内各个值得一去的魅力景点。

利文斯顿
Lívingston

弗洛雷斯方向

比奥托波·乔康·马切卡斯
Biotopo Chocón Máchacas

埃尔·高尔菲特
El Golfete

Hacienda
Tijax

杜勒斯河
Río Dulce

里约杜勒斯
Río Dulce

0　　　　　20km

Finca Paraíso

圣菲利普要塞
El Castillo de San Felipe

伊萨瓦尔湖
Lago de Izabal

危地马拉城方向

杜勒斯河流域
Río Dulce

区域地图▶ p.23/A2-B2

通过架设在杜勒斯河上的大桥可以前往里约杜勒斯的周边城市

小贴士　从里约杜勒斯搭乘前往利文斯顿的游船途中会路过埃尔·高尔菲特湖 El Golfete，旅行中有富余时间的话不妨来这里游览一下。你在这里不但可以和大自然亲密接触，运气好的话还可以观察到不少珍奇鸟类。也可以拼船前往埃尔·高尔菲特湖游览。

⦿ 交通方式

巴士

里约杜勒斯位于首都危地马拉城和弗洛雷斯之间正中央的位置，从危地马拉城每小时都有1~2班前往这里的巴士，需5~6小时，费用Q50~180。从弗洛雷斯前往里约杜勒斯的巴士需5~6小时的车程，费用Q75~130。

船只

利文斯顿每天在9:00~13:00期间都有船只前往这里，凑够10人左右即可发船，途中包含游览需约2小时30分钟便可以到达里约杜勒斯，费用Q135。从里约杜勒斯包船游览周围景区，4小时的费用大约Q900。

里约杜勒斯 主要景点

埃尔·高尔菲特
El Golfete ★★★

杜勒斯河上游区域有一片名为埃尔·高尔菲特的湖泊区域。这片属于伊萨瓦尔湖延伸开来的水域栖息着海牛等水生哺乳类动物，这也是这里成为自然保护区的理由之一。

荷叶盛开的美丽湖畔

但说实话你在这里几乎很难目睹海牛的身影，提前预祝你有个好运气。埃尔·高尔菲特也作为野生鸟类的宝库而十分知名，湖畔小岛上经常可以看到栖息在这里的鹭鸟和鸬鹚等野生水鸟，此外，荷叶上朵朵白色荷花形成的"水花交融"的独特光景也是这里不容错过的美景。

埃尔·高尔菲特的下游流域的河流宽度会一下缩短到仅数十米，河畔两旁则是名为 Cañón de Río Dulce 的里约杜勒斯溪谷，两岸的峭壁上树木丛生，十分茂密。

圣菲利普要塞
El Castillo de San Felipe ★★

距离里约杜勒斯3公里的位置，坐落着伊萨瓦尔湖畔的要塞遗迹。西班牙军队为了抵御英国、荷兰等列强诸国的海盗入侵，于1652年修建了这座要塞。此后在17世纪80年代要塞一度遭遇进攻而焚毁严重，但之后便重新修复变成了现在我们看到的样子。危地马拉独立后这里也曾一度化为废墟，在20世纪50年代再次修复后作为历史遗迹向游客等公众开放。你可以搭乘巡游伊萨瓦尔湖的游船远观这座历史久远的要塞遗迹，也可以直接进入参观。现在要塞内依旧留有大炮等防御武器，参观要塞内部建筑也有一套独立的观光线路，你还可以从拥有监视作用的塔楼上俯瞰伊萨瓦尔湖美景。

旅行班车
从危地马拉城及安提瓜等观光城市都可以搭乘旅行巴士前往里约杜勒斯，费用US$20~30。

埃尔·高尔菲特
MAP p.98

杜勒斯河畔的温泉点
杜勒斯河流域有几处温泉点，如果你包船游览，一般都会路过一处甚至多处温泉点，如果你打算进去泡一泡，请穿泳衣。

圣菲利普要塞
MAP p.98
🕐 每天 8:00~17:00
💰 Q20

可以进行内部参观的圣菲利普要塞

弗洛雷斯
危地马拉城

弗洛雷斯 *Flores*

坐拥多处玛雅遗迹的佩滕省核心城市

湖畔城镇弗洛雷斯的空气中都散发着闲适的气息

人口▶ 14 万

弗洛雷斯
MAP p.23/A2

蒂卡尔遗迹
（1979 年收录）

旅游咨询处 INGUAT
MAP p.101/A1
☎ 2421-2957
🕐 8:00~16:00

除了可以从旅游咨询处获取地图等使用资料外，指南站还可以为游客介绍可以参拜旅游团的旅行社，弗洛雷斯机场内就有一处旅游咨询处。

货币兑换

弗洛雷斯岛上的银行位于中央公园东边的街区上，圣艾琳娜地区市场旁的4a Calle 路上也有几家，你可以使用银行的 ATM 提取美元并在柜台兑换格查尔。城内也有不少可以提供美元兑换格查尔的店铺。

从弗洛雷斯机场前往市内

从弗洛雷斯机场 Flores（FRS）搭乘出租车前往圣艾琳娜地区费用为 Q20，前往弗洛雷斯岛的费用为 Q30，需约 10 分钟。这个打车费用是当地旅游局公布的官方价格，如果出现离谱的高价，你可以理直气壮地进行交涉。

前往各地的巴士站位置

市内前往危地马拉各地的巴士及迷你小巴的巴士总站（MAP p.101/B1）位于市内大型市场的北面，每家巴士公司经营的巴士搭乘点不尽相同，不确定的话可以问下当地人如何前往。部分线路在雨季会暂停运营，请提前确认。

弗洛雷斯作为前往蒂卡尔遗迹（→ p.108）的关口城市成为了众多游客偏爱的热门目的地。蒂卡尔遗迹以其庞大的身躯蛰伏在茂密的热带雨林之中，当你穿过层层树木看到眼前这座庞然大物时，会产生叹为观止的强烈感受。亲身漫步在蒂卡尔遗迹公园之中，你会被玛雅文明的高度与深度深深折服，围绕着蒂卡尔遗迹的众多谜团则会把好奇心越来越重的你牵引到周边众多的玛雅遗迹之中，以求能寻得答案。

弗洛雷斯通常分为弗洛雷斯岛及圣艾琳娜地区和圣贝尼特地区。市内景点之一便是漂浮于佩滕伊扎湖 Lago de Peten Itza 上的弗洛雷斯岛。酒店和餐馆也大都分布在这座小岛上，错落有致，气氛很棒。岛上上午人比较稀少，氛围十分惬意，傍晚时分从遗迹游览归来的游客纷纷回到岛上的酒店，小岛也随之热闹起来。弗洛雷斯的巴士总站及市场则位于弗洛雷斯岛对岸的圣艾琳娜地区。这里主要是当地居民的居住地，市场周围可以看到许多来这里采买的当地人。

弗洛雷斯周边也有不少自然景区值得一去，在一个名为埃尔·莱玛特的村子附近便有一处适合步行旅行的自然保护区——比奥托波·赛罗·卡乌伊保护区。行程中要是还有富余时间的话不妨去那里玩一玩。

交通方式

飞机

从危地马拉城可以搭乘哥伦比亚阿维安卡航空公司及 TAG 航空的航班前往弗洛雷斯，每天共有 3 班航班（需 45~55 分钟，费用 US$140~181）。机场位于弗洛雷斯岛东边约 2 公里的地方。

弗洛雷斯机场别名门多·玛雅国际机场

 从伯利兹城可以搭乘热带航空 Tropic Air 的航班前往弗洛雷斯（所需 45 分钟，费用 US$188~）。该航班每天 16:40 从伯利兹城起飞，从弗洛雷斯飞往伯利兹城的航班则是 8:30 起飞。

巴士

危地马拉由 Fuente del Norte 旅行社、Linea Dorada 旅行社、AND 旅行社等运营的巴士每天共有 16 班前往弗洛雷斯。费用 Q180~280，需 8~10 小时。其中大部分巴士都途经里约杜勒斯，目的地也大都是佩滕省的佩滕市 Peten。此外也有从奇基穆拉出发的巴士可以到达弗洛雷斯。

从伯利兹途经边境城市本阙·雷·卡门 Benque Viejo del Carmen 后从危地马拉的边境城市梅尔乔·德·门科斯 Melchor de Mencos 进行换乘即可前往弗洛雷斯。Rosita 旅行社运营前往弗洛雷斯方向的巴士车，在每天 2:30~23:00 期间每小时会有 3 班（费用 Q40，需 2 小时 30 分钟）。迷你小巴（费用 Q40，约需 2 小时）的发车频率则更加频繁，搭乘迷你小巴前往弗洛雷斯更为便利。

从邻近墨西哥的边境城市埃尔纳兰霍 El Naranjo 每小时会有 2 班巴士前往弗洛雷斯，需约 3 小时，费用 Q45。埃尔纳兰霍始发的巴士会途经墨西哥的特诺斯科 Tenosique，从特诺斯科前往弗洛雷斯需 1 小时 30 分钟左右。

巴士总站有前往各地的巴士车及迷你小巴

前往蒂卡尔遗迹的旅行班车

每天 3:00~10:00 期间，每小时都有一班旅行社运营的旅行班车可以带你从弗洛雷斯前往蒂卡尔遗迹。需约 1 小时 20 分钟，费用 Q80。前一天进行预约的话，班车可以直接前往你所居住的酒店接你，返程则是每天 11:00~18:00 期间，同样是每小时一班，你可以挑选适合你时间的班次。

前往伯利兹的国际巴士

从弗洛雷斯可以搭乘各家旅行社运营的前往伯利兹城的迷你小巴，于每天的 5:00、7:30 发车，费用 US$25，需约 5 小时。

小贴士　从弗洛雷斯前往伯利兹的边境城市梅尔乔·德·门科斯可以搭乘旅行出租车安心前往，费用为 US$70 左右，虽然价格偏高，但是几个朋友一起乘坐平摊下来还是比较划算的。所需 1 小时 30 分钟，比乘坐巴士要早到 1 小时，既快捷又舒适。

弗洛雷斯的实用信息

弗洛雷斯始发的旅游行程

下文将介绍代表性的旅游团线路及价格，除下文介绍外还有许多前往玛雅遗迹的特别线路，你可以直接在当地旅行社进行咨询。

从弗洛雷斯出发的旅游团价格相比危地马拉及安提瓜出发的团要更加划算，推荐聘请向导陪伴，只需要额外多出一点费用就可以令你获得意外丰富的知识，从新的视角审视遗迹等神秘景区。假如你一个人独行，游览时有向导在身边陪伴还会更加踏实有效率。通常的发团人数都是 4 人起发。

蒂卡尔遗迹（→p.108）

8:00~17:00，费用 US$70~。费用包含遗迹门票、往返蒂卡尔遗迹的迷你巴士费用、向导费用。

乌夏克吞遗迹（→p.114）

6:00~17:00，费用 US$85~。位于蒂卡尔遗迹以北 24 公里的一处玛雅遗迹。费用包含遗迹门票、往返乌夏克吞遗迹的迷你巴士费用、向导费用。

赛巴尔遗迹（→p.117）

8:00~17:00，费用 US$80~。位于弗洛雷斯以南 70 公里的位置，留有神殿及石碑遗迹。费用包含往返赛巴尔遗迹的迷你巴士费用、向导费用及午餐费。前往阿古阿特卡 Aguateca 遗迹（→p.116）也是相同的费用，8 人参团，其中一人的费用可以优惠为 US$65。

亚克斯哈遗迹（→p.115）

7:00~17:00，费用 US$70~。如果要仔细游览需要花费 2 小时以上的时间，是一处规模很大的遗迹。

费用包含往返亚克斯哈遗迹的迷你巴士费用、向导费用及午餐费。如果在行程中加入拉·布兰卡遗迹及教堂的参观项目，费用为 US$90~。

前往帕伦克

所需约 8 小时，费用 US$25，清晨 5:00 搭乘迷你巴士及船只跨过墨西哥与危地马拉边境，随后在墨西哥换乘迷你巴士前往帕伦克，可以说是唯一的公共交通方案。

旅行社

弗洛雷斯市内有许多旅行社，每家旅行社组织的旅游团费用及服务都无太大区别，基本上旅行社都支持信用卡支付，但会收取额外的手续费，请多加注意。

参观遗迹时有向导陪伴，边听解说边游览是很好的旅游方式，十分推荐。

Aventuras Mayas 旅行社　MAP p.101/B1

住 2a Calle 4-41, Z 1 Santa Elena　☎ 7926-0418
URL www.aventurasmayas.com.gt

可以在这里参报生态旅游、遗迹观光团。

Explore 旅行社　MAP p.101/B1

住 2a Calle 4-68, Z 1 Santa Elena　☎ 7926-2375
URL www.exploreguate.com

经验丰富的遗迹旅行团，二层为酒店（→p.104）这家旅行社的向导质量也备受好评。

Información

蒂卡尔遗迹入场费支付事宜

2017 年 2 月以后，对于进入蒂卡尔遗迹的入场费支付方法有所调整，最近的规定是必须要事先通过银行窗口进行门票的支付。目前蒂卡尔遗迹的门票需要提前在国家农业信贷银行 Banco Nacional de Credito Rural 购买，出示护照或护照的复印件，支付当地的货币便可以换取门票。需要注意的是，购票后门票只有 30 天的有效期，且不得退票。

首都危地马拉城的国家农业信贷银行 Banco Nacional de Credito Rural 在月末通常客流量很大，购买门票会花费很多时间，而弗洛雷斯机场的国家农业信贷银行窗口则几乎全年无休对外营业，且基本不用排队便可购买门票。另外在距离蒂卡尔遗迹还有 17 公里的行车途中，恰巧位于国家公园入口处的地方也有一家国家农业信贷银行，如果你是搭乘出租车或租车自驾前往蒂卡尔遗迹，完全可以通过这里的柜台窗口顺路购买门票，更加节约时间。在作为遗迹关口城市的弗洛雷斯，当地旅行社每天都运营往返市内及蒂卡尔遗迹的旅行班车，你可以向旅行社出示护照或护

照复印件后支付格查尔购买门票或车票，如果你搭乘该旅行社的遗迹班车前往蒂卡尔遗迹，通常车票内就包含了门票费用，你无须额外操心。

在确认人名无误后，工作人员会在蒂卡尔遗迹的门票上盖章确认

需要注意的是，如果你打算在清晨（4:00~6:00）以及傍晚（18:00~20:00）期间额外在蒂卡尔遗迹停留，以及前往博物馆及乌夏克吞遗迹游览，都需要提前购票，所以找到买票的银行的窗口最好趁机一口气同时购买，避免之后游览的麻烦。

进入蒂卡尔遗迹时，在向工作人员出示印有自己名字的门票及护照后，工作人员便会在门票上盖章加以确认后为你放行。同样当你将进入博物馆及乌夏克吞遗迹时，那里的工作人员也会在门票上盖章确认。

弗洛雷斯 漫步

弗洛雷斯岛上随处可见干净便捷的图库图库三轮出租车

说起参观蒂卡尔遗迹，那就不得不提蒂卡尔遗迹的关口城市弗洛雷斯了。通常被我们称作弗洛雷斯的地方是由弗洛雷斯岛、圣艾琳娜地区以及圣贝尼特地区所组成的城区部分 Municipal（行政划分）。但是当地人提到弗洛雷斯，通常指的都是弗洛雷斯岛。

从机场（**MAP** p.101/B2 外）前往距离它 2 公里的圣艾琳娜地区 Santa Elena 的中心位置，打车大概需要 10 分钟时间。连接机场及弗洛雷斯岛的 4 Calle 大道便是酒店、大众餐馆以及公交车站的聚集之路。银行也大都位于 4 Calle 大道两侧。相比弗洛雷斯岛，圣艾琳娜地区的市场内分布着更多价格低廉的简易食堂，这里的酒店也更加平价，适合预算较低的旅行者。相比外国游客，住在圣艾琳娜地区的危地马拉本土游客可能会更多一些，气氛也相对更加热闹。

而漂浮在佩滕伊扎湖的弗洛雷斯岛 Isla de Flores 仅有 2000 余人口，从机场乘坐巴士到这里只需 15 分钟的车程，从巴士总站搭乘图库图库（三轮出租车）只需 5 分钟便可上岛。弗洛雷斯岛与圣艾琳娜地区通过一条全长 500 米，名为勒耶诺的大桥 Puente Rellono 相连接。

巴士车的搭乘点就位于勒耶诺大桥的一端，沿湖泊左手边步行几步，右转沿小坡路上行，便可以来到建有教堂、市政厅及旅游咨询处的市广场。

弗洛雷斯岛面积不大但五脏俱全，酒店、餐馆鳞次栉比，给人非常舒适的旅游体验，步行其中宛如度假地一般，身心都得到了深度放松。此外这里也有许多旅行社，你可以通过旅行社了解各类遗迹行程及实用的旅行信息。从勒耶诺大桥的桥基向左，一路走到尽头便可以抵达游览佩滕伊扎湖的游船搭乘点。

建于弗洛雷斯岛中央公园的教堂

网络
弗洛雷斯市内很多店铺都可以联网，提供 Wi-Fi 服务的酒店及餐馆也很多。

AND 旅行社的巴士搭乘点（**MAP** p.101/B1）位于商场前，购票点位于商场内

危地马拉城巴士搭乘点的注意事项
弗洛雷斯前往危地马拉城的巴士停靠点（**MAP** p.31/B2）集中分布在第 1 街区，许多盗贼都把目标锁定在这些长途巴士的乘客身上。他们通常会一边说着"我可以帮你介绍很棒的酒店"一边却把偷窃之手伸向了你的腰包或裤兜。对于刚坐了十余个小时巴士车的游客来说，一下车的精神与注意力都比较差，很容易成为被盗窃的目标。

所以如果你选择搭乘长途巴士前往目的地，下车时千万不要放松警惕，直到你安全抵达酒店才可以彻底放松下来。部分支持机场接送业务的酒店如果提前委托，也可以提供巴士车站的接送服务，可以的话不如多问一句，说不定就可以为你省下不少麻烦事。

小贴士 弗洛雷斯岛由于观光设施比较集中所以治安很好，即使是夜晚在岛上散步也没有问题。但是对岸的圣艾琳娜地区是当地人的聚集地，夜晚比较乱，治安较差，一定要多加小心。

危地马拉 ● 弗洛雷斯

酒 店
Hotel

　　酒店大多分布在弗洛雷斯岛及圣艾琳娜地区，弗洛雷斯岛的酒店环境更加静谧一些。如果你选择住在圣艾琳娜地区的平价酒店，夜晚外出要多加注意。高档度假酒店坐落在湖畔边等视野开阔的郊外地区。

拉马达酒店
Ramada

◆ 邻近搭船点的高档酒店　坐落在弗洛雷斯岛南面的大型酒店，红白相间的时尚外观引人注目。2014 年装饰一新后重新对外营业，从客房的阳台可以眺望到美丽的湖景，每间客房都布置得很雅致，令人心情平静。

高档	Map p.101/A1

- 住 Ciudad Flores
- ☎ 7867-5549
- URL www.wyndhamhotels.com
- CC AMV
- 房间 50 间
- 📶 免费 Wi-Fi
- 费🛏🚿📺⑤ⓓ US$92~（税 +22%）

佩滕·艾斯普兰迪多酒店
Peten Esplendido

◆ 可以欣赏湖泊及弗洛雷斯岛美景的大型酒店　位于弗洛雷斯岛对岸的勒耶诺大桥一端，从客房可以眺望到弗洛雷斯岛的美景，夜景也十分美丽。餐厅及会议室乃至参报旅行团的窗口都设在酒店之中，十分便利。

高档	Map p.101/B1

- 住 1a Calle 5-01 Z 1，Santa Elena
- ☎ 7774-0700
- URL www.petenesplendido.com
- CC ADJMV
- 房间 62 间
- 📶 免费 Wi-Fi
- 费🛏🚿📺⑤ US$74~、ⓓ US$95~（税 +22%）

德尔·帕缇奥·蒂卡尔酒店
Del Patio Tikal

◆ 拥有宽敞中庭的舒适酒店　坐落在弗洛雷斯岛对岸，圣艾琳娜地区的旧殖民风格酒店，酒店内设有泳池和餐厅，建有喷泉的酒店中庭广场更为这里锦上添花。周围便有一个购物中心，方便购物。

中档	Map p.101/B2

- 住 2a Calle y 8a Av.esq. Z 1
- ☎ 7926-1229
- URL hoteldelpatio.com.gt
- CC A D M V
- 房间 21 室
- 📶 免费 Wi-Fi
- 费🛏🚿📺⑤ⓓ US$54~（税 +22%）

佩滕酒店
Petén

◆ 坐落在弗洛雷斯岛西南侧的老牌酒店　可以欣赏到湖景的老牌酒店，酒店内设有餐厅、泳池等丰富设施。客房以暖色调为主，而且几乎所有客房都可以透过窗户欣赏到美丽的湖景，令人心情舒畅。不同时段可以观赏到佩滕伊扎湖的不同风光。

中档	Map p.101/A1

- 住 Calle 30 de Junio，Ciudad Flores
- ☎ 2366-2841
- CC AMV
- 房间 20 间
- 📶 免费 Wi-Fi
- 费🛏🚿📺⑤ US$41~、ⓓ US$48~（税 +22%）

艾克苏普罗尔酒店
Explore

◆ 旅行社旗下的系列酒店　背向弗洛雷斯岛沿 6a Av. 向南前行，随后在中央公园右转后继续前行 2 个街区便可以看到这家酒店。酒店的一层是同名的旅行社门市，预约参报旅游团非常方便。

经济型	Map p.101/B1

- 住 2 Calle 4-68，Z 1，Santa Elena
- ☎ 7926-2375
- URL www.exploreguate.com/hotel.html
- CC AMV
- 房间 20 间
- 📶 免费 Wi-Fi
- 费🛏🚿📺⑤ US$33~

🖳 设有空调　🛏 未设空调　🚿 房间设有淋浴设施　🚻 公用淋浴设施　📺 设有电视　📺 未设电视

拉·梅萨·德·洛斯·玛雅斯酒店餐厅
La Mesa de los Mayas

经济型　　　　　　　　Map p.101/A1

◆酒店并设的餐厅很有人气　距离佩滕伊扎湖2个街区，位于弗洛雷斯岛中心的酒店。一层设有同名餐厅（p.106），供应味道受好评的当地菜肴。酒店前台还可以参报遗迹观光团，如果你正巧有报团的想法，不妨去和工作人员聊一聊，挑选一个最适合你的旅行团。

住 Av.Reforma，Ciudad Flores
☎ & fax 7867-5268
CC 不可
房 21间
🛜 免费 Wi-Fi
费 ⬛⬛⬛ Ⓢ Q150~、Ⓓ Q250~

皮尼塔酒店
Pinita

经济型　　　　　　　　Map p.101/B1

◆老牌旅行社旗下经营的酒店　由老牌旅行社圣胡安旅行社 San Juan 经营的平价酒店，入住这家酒店可以更方便你与旅行社联系对接。距离勒耶诺大桥不远，方便前往弗洛雷斯岛。学生身份入住酒店还可以享受学生价。

住 6a Av.1-67，Z 1
☎ 7924-8358
CC 不可
房 65间
🛜 无 Wi-Fi
费 ⬛⬛⬛ Ⓢ Q70~、Ⓓ Q90~
　 ⬛⬛⬛ Ⓢ Q40~、Ⓓ Q60~

餐　馆
Restaurant

　　弗洛雷斯岛中开设有不少面向游客的餐馆设施，白天期间每家餐馆都没有几个食客，但到了晚上会一下变得非常热闹。弗洛雷斯岛治安很好，晚上步行往返酒吧也没什么问题。岛内餐馆有的还会经营选用鬣蜥、鹿肉等食材制作的当地菜肴，不妨尝一尝。

埃尔·米拉德尔·德尔·拉戈餐厅
El Mirador del Lago

　　　　　　　　　　　Map p.101/A1

◆可以欣赏到湖景的惬意餐馆　餐馆布置很接地气，二层的露台席位可以欣赏到佩滕伊扎湖以及对岸圣艾琳娜地区的美丽景色。肉类或鱼类构成的本土菜品价格在Q43~72。无论是当地居民还是外国游客都很钟爱这家餐馆，夜晚会非常热闹。

住 Ciudad Flores
☎ 7867-5409
开 每天 12:00~22:00
CC AMV
🛜 免费 Wi-Fi

拉·露娜餐厅
La Luna

　　　　　　　　　　　Map p.101/A1

◆布置时尚的意大利餐厅　这家餐馆内饰时尚，甚至有些复古味道，经营多种鸡尾酒，当然在吧台来一杯啤酒（Q22）也很痛快。余音绕梁的餐馆音乐也相对有品位。意面及海鲜菜式Q60~130。

住 Ciudad Flores
☎ 7867-5443
开 每天 12:00~23:00
CC ADMV
🛜 免费 Wi-Fi

冰爽豆子齐莱罗咖啡馆
Cool Beans el Café Chilero

　　　　　　　　　　　Map p.101/A1

◆外国客人络绎不绝　咖啡馆面向佩滕伊扎湖，可以一边欣赏美丽的湖景一边品味浓醇的咖啡。早餐菜品丰富，人气华夫饼 Q28~，加入水果的升级华夫饼 Q35~，晚上会由咖啡馆转为酒吧，深受年轻客人的青睐。

住 Ciudad Flores
☎ 5571-9240
开 周一～周六 7:00~21:30
CC 不可
🛜 免费 Wi-Fi

米哈罗餐厅
Mijaro

◆ 当地人经常光顾的平价美味餐馆 从弗洛雷斯岛跨过勒耶诺大桥来到圣艾琳娜地区后，从教堂与中央公园之间的上坡路向上走便可以抵达这家大众餐馆，早餐大约在Q20，午餐套餐Q30，无论是早餐还是午餐，费用中都包含饮品。当地菜肴拼盘Super Chapín 价格Q53，菜品非常丰富。

Map p.101/B1

🏠 6a Av.3-40，Z 1，Santa Elena
☎ 7926-3729
🕐 每天 7:00~22:00
CC 不可
📶 无 Wi-Fi

拉·梅萨·德·洛斯·玛雅斯餐厅
La Mesa de los Mayas

◆ 专营极致玛雅料理的特别餐馆 并设在酒店中的餐馆，选用野猪肉、犰狳肉、鹿肉等食材烹饪玛雅风味特色菜肴。菜品价格Q85~100。

Map p.101/A1

🏠 Ciudad Flores
☎ 7867-5268
🕐 周二～周日 7:00~22:00
CC 不可
📶 免费 Wi-Fi

卡皮坦·托尔图卡餐厅
Capitan Tortuga

◆ 休闲意大利餐厅 面向弗洛雷斯岛西侧湖畔的意大利餐馆，意面Q60~，此外还有比萨Q39~ 等物美价廉的各式菜品。

Map p.101/A1

🏠 Ciudad Flores
☎ 7867-5089
URL www.capitantortuga.com
🕐 每天 7:00~22:00
CC 不可
📶 免费 Wi-Fi

佩滕希托
MAP p.23/A2
🕐 每天 8:00~18:00
💰 Q40

弗洛雷斯 ▶ 短途旅行

作为一座天然动物园的湖心小岛

佩滕希托
Petencito ★★

岛与岛之间用吊桥相连

位于佩滕伊扎湖中的小岛，别名 **Paraíso Escondido**（隐秘乐园），现在这个小岛被规划为一座天然的动物园对外开放。你在这里可以近距离观赏鳄鱼、野猪、金刚鹦鹉等野生动物及珍奇鸟类。

由吊桥连接的小岛上至今栖息着美洲豹、蜘蛛猴、狗獾以及各类在佩滕省生活的野生鸟类，是一个十足的野生动物园。如果你想更加深入大自然体

弗洛雷斯岛的西面是游船观光的起始点

验，推荐沿岛上的步行道转一转会是很好的体验，虽然很难有机会看到野生动物，但你可以沿途欣赏到各类珍奇的花草与昆虫，也是不虚此行的。此外岛上还有一个展望台，登上展望台可以一览佩滕伊扎湖的美丽景色。

从弗洛雷斯可以搭乘小船往返佩滕希托，沿途你将欣赏到各类水鸟，配合船上工作人员的相关介绍，仿佛上了一堂生动的野生鸟类生物课，很长知识。而且途中还可以看到生活在佩滕伊扎湖上的水上人家，一睹他们素朴的日常生活。

可以偶遇各类珍奇动物

佩滕伊扎湖畔的热带丛林

比奥托波·赛罗·卡乌伊保护区

Biotopo Cerro Cahuí ★★

坐落在佩滕伊扎湖畔宛如小山般的热带丛林地区，现在这里已经被指定为自然保护区。保护区内设有完备的步行道路，方便游客观察各类野生鸟类，喜欢野营的游客也可以在这里安营扎寨住上一晚。

佩滕省作为危地马拉珍贵的动植物宝库，虎猫、犰狳、蜘蛛猴、鳄鱼等珍稀动物都生活在这个自然保护区。此外这里还栖息着包括巨嘴鸟在内的各类野生鸟类，以及 50 种以上的蝴蝶、24 种珍稀鱼类。

从距离保护区最近的埃尔·莱玛特村步行前往保护区需约 20 分

保护区内的步行道经常可以偶遇野生动物

比奥托波·赛罗·卡乌伊保护区的大门入口

钟。虽然保护区入口前的湖畔道路未经规划，走起来略显不便，但是在这段路途中经常可以看到野生水鸟的身影，还是值得体验的。自然保护区内设有全长约 3 公里及 5 公里的两条步行道，3 公里的步行道是一条不断上行的上坡道，途中还有一个展望台，你从这里可以一览山下美丽的湖光佳景。如果你选择 5 公里的步行道，你既可以走到终点，也可以爬到展望台后便开始折返，可根据自己的时间和体能灵活调整线路。

比奥托波·赛罗·卡乌伊保护区

MAP p.23/A2
开 每天 7:00~17:00
巴 Q40

从弗洛雷斯的巴士总站可以搭乘迷你小巴前往距其 30 公里的埃尔·莱玛特村，每小时 2~3 班，费用 Q25，需约 25 分钟。

前往蒂卡尔遗迹的途中会路过埃尔·莱玛特，那里有几家平价酒店可供经此地的游客住宿，提前预约会有旅行社的迷你小巴接送。

小贴士 弗洛雷斯岛圣塔纳酒店前便是搭船点，你可以从这里上船游览佩滕伊扎湖，2 小时的费用为 Q200~300。旅游淡季可以和船老大沟通，争取让他帮忙打个折。

107

面向大广场的 II 号神殿

蒂卡尔遗迹 *Tikal*

世界遗产

位于危地马拉北部佩滕省的蒂卡尔，坐拥最大规模的玛雅遗迹，也是最重要的城市遗迹所在地。当你穿越茂密的热带雨林，眼前忽然出现这座诺大的世界遗产建筑时，一定会被危地马拉这个最值得参观的观光景点所深深折服。

从先古典时期中期（公元前 800 年）开始，这里便开启了人类生活的篇章，直到公元 1 世纪，这里建立了最早的王朝。从都市建成到毁灭殆尽，整整 800 余年的光阴流转，共有 33 位国王治理过这片土地。在鼎盛时期的 8 世纪，这里的人口一度达到 6 万余人，因此也被称为第一大城市。公元 380 年，随着特奥蒂瓦坎文化对玛雅文化的影响，当时的陶器、石碑上描绘的人物服装以及建筑装饰都反映出浓郁的墨西哥中央高原的文化渲染。在公元 6 世纪，随着特奥蒂瓦坎势力没落之后，蒂卡尔周边的各座城市开始了激烈的权力斗争，有的城市不断壮大势力，有的城市则消失在了历史长河之中。

蒂卡尔所在的热带雨林地区中的各座玛雅城市，在公元 9 世纪以后人口开始逐渐减退，一座又一座城市逐渐荒废。至今"玛雅文明的消失"仍是谜一样的考古问题，目前最靠谱的推测是由于当时人口激增导致环境破坏乃至粮食逐渐短缺，几乎是在当今现代社会中也时常出现的问题，导致了玛雅文明的陨落。

在这片面积宽达 550 平方公里的蒂卡尔国家公园中，1979 年，遗迹周边的热带雨林生态系统也因著名的蒂卡尔遗迹而被收录在了世界复合遗产的名录之中。以至于目前不仅是蒂卡尔遗迹等人文历史资源得到了保护，栖息在这里的动植物也成了针对性保护对象。

蒂卡尔的游览方式

距离迷你小巴搭乘点所在的停车场约 100 米的地方便是遗迹的入口受理窗，出示提前购买的遗迹门票，确认人名无误后便会在你的门票上盖章放行。参观大广场周边等遗迹主要区域也需要花费 2~3 小时，如果仔细游览的话则至少需要半天以上的时间。需要注意的是，蒂卡尔遗迹中禁止给动物喂食或采摘植物，此外因为这里无论是温度还是湿度都是比较高的，游览时尽量穿着方便步行的服装以缓解疲劳，另外也要注意补充水分。

旅游团的向导知识渊博，会为客人从玛雅文化到当地植物等多个方面进行讲解

MAP p.23/A2　**开** 每天 4:00~20:00
费 Q150（如果在 4:00~6:00、18:00~20:00 期间加长游览时间，需要补交 Q100。无论哪种门票，都需要在国家农业信贷银行 Banco Nacional de Credito Rural 提前购买 → p.102）

从距离遗迹所在地大约 60 公里的关口城市弗洛雷斯，许多当地的旅行社都运营前往蒂卡尔遗迹的旅行班车，往返的费用是 Q100，增加向导服务则是 Q150。此外提供酒店接送业务，前一天预约乘坐该旅行班车，第二天一早班车便会开到酒店接客。

大广场
Gran Plaza

　　Gran Plaza 意为大广场，位于蒂卡尔遗迹最中心的位置，周围聚集着遗迹中最壮丽的各式建筑。分别坐落在南北两侧的中央卫城与北卫城的建筑群遥相呼应，而分列东西两侧的 I 号神殿与 II 号神殿更是相得益彰。在中央卫城的南面，尚未发掘的南卫城则被茂密的丛林所覆盖而难觅踪影。在 800 余年的时间长河中，这里曾是历代国王举行仪式的神圣空间，现在仍可以看到这里许多石碑与圆形祭坛都面向北卫城错落有致地排列在广场之中。

　　如果你站在广场中央拍一拍手，便可以在头顶听到周围建筑群反弹回来的阵阵回声，非常神奇，不妨试一试。这也是当时为了广场周围的群众都更容易听到国王的讲话而特意设计的。

I号神殿
Templo I

　　高达约 47 米的雄伟建筑，现在我们看到的建筑是当时为了埋葬公元 700 年左右去世的哈桑·乾·卡维尔王 Hasaw Chan K' awil 而在原有建筑物的基础上改建的神殿建筑。

　　神殿上层建筑拥有蒂卡尔建筑风格中特有的宽大屋顶装饰，下面则是清晰可见的九层基台。神殿内部划分为三个空间，在反 V 字形的拱形天井中可以看到雕刻有国王身姿及美洲豹造型的精美图案，所以这座神殿也被称为"大美洲豹神殿"。

　　九层基台分别代表着下至地下世界，上至坐落着神圣山脉的高原地区，其中最上层的神殿入口便意味着地下世界的入口所在，用洞窟的形式向世人生动地表现出来。

　　金字塔下层则是埋葬着哈桑·乾·卡维尔王的墓室区域，这里曾出土了包括圆形巨型翡翠等各类首饰、使用稀少贝类所组成的铠甲以及彩色陶器在内的各类丰富的陪葬品。你可以在遗迹公园内的蒂卡尔博物馆（→ p.113）以及危地马拉城内的国家考古学民族学博物馆（→ p.32）中近距离观赏这些古老的陪葬品实物。

耸立在大广场东面的 I 号神殿

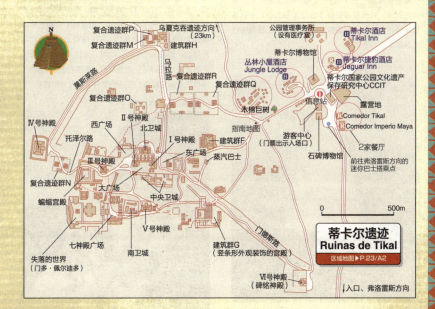

分别建在大广场两侧的 I 号神殿（右）与 II 号神殿（左）

II号神殿
Templo II

与 I 号神殿相对而建的便是这座屋顶刻有精美面具浮雕、别称"假面神殿"的 II 号神殿，建筑高度约 38 米，目前根据考古资料所示，II 号神殿与 I 号神殿建于同一个历史时期。至今尚未探索到这座神殿的墓室位置，从支撑神殿天井的建筑材料以及此前在神殿前方发掘出的刻有王室女性浮雕的古老石碑，都可以推测出这个建筑便是哈桑·乾·卡维尔王后的神殿。沿层层台阶可以一路攀爬到神殿入口附近，可谓绝佳的制高点，可以从高处俯瞰整个大广场。

III号神殿
Templo III

建于大广场的西面，整座神殿高约 55 米，根据神殿内部天井周围的雕刻图案而有"伟大祭司神殿"别名的庞大神殿。根据神殿正门台阶下方的 Estela24 石碑，可以推测这座神殿是于公元 810 年建造而成的。由于此前 III 号神殿遭遇雷击，本书调查时，神殿顶部仍处于修复工程之中，所以禁止攀登神殿，你可以去实地考察下修复工程是否已经结束。

从 IV 号神殿上方眺望 III 号神殿

IV号神殿
Templo IV

作为蒂卡尔遗迹中的压轴看点，从地基到刻有浮雕的精美屋顶，IV 号神殿的总高度约 64.6 米，建成时期可谓当时美洲大陆屈指可数的高层建筑，也是现存规模最大的古代高层建筑遗迹。根据神殿内部刻载的玛雅历（741 年）推测，这座建筑也是建造于 740 年左右。因为这座神殿中刻画了双头蛇的题材，所以这座神殿又被称为"双头蛇神殿"。

IV 号神殿也是遗迹中唯一可以攀登到金字塔形基台顶端的神殿建筑。当你登顶来到高于地面数十米以上的高空，环视着身旁茂密的热带雨林，聆听微风中夹杂的从热带雨林中传来的猴叫、啄木鸟鸣叫等各种动物、各个频率的万物之声，无论是在清晨、日落、白天、傍晚，哪个时间段攀登而上，彼时的情景都会给你留下深刻的美好回忆。

另外，你从神殿顶端还可以俯瞰到蒂卡尔遗迹的中心——大广场。届时大广场区域将会在你的眼里一览无余。视线回到身旁两侧，那距离你最近的便是东面的 III 号神殿，此外，透过树木枝梢还可以看到几乎位于你正对面的 I 号神殿和 II 号神殿的精美屋顶。如果天气很好，你可以跨过 III 号神殿看到更远处的 VI 号神殿。如果将目光聚焦于遗迹的南面，则可以看到被称为"失落的世界"的大神殿建筑。

IV 号神殿顶部，游客总是络绎不绝

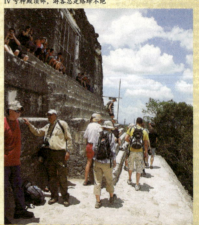

V号神殿
Templo V

面向南卫城，朝北而建，在蒂卡尔遗迹中排名第二高的神殿便是这座V号神殿。神殿的最初基座建于公元550~650期间，而我们目前看到的神殿外观是在公元700年前后翻建而成的。7层古典期前期特色的建筑外观搭配圆滑的边角是V号神殿的特征之一，此外神殿的屋顶上还雕刻了6座雨神像。神殿本体的墙壁是为了支撑诺大的屋顶，厚度足有4.57米，以至于神殿的内部空间其实仅有90厘米左右，非常狭小。从前游客可以攀登的东向台阶紧邻神殿而设，现在则因为腐化严重而禁止游客攀爬。

被丛林树木环抱的V号神殿

VI号神殿
Templo VI

在1951年，由被美国考古队雇用的当地劳工所发现的神殿遗迹，耸立在稍微远离蒂卡尔遗迹中心地区的东南方向。单是顶部的雕饰屋顶便高达12.5米，屋顶背面密密麻麻地雕刻着古代神圣文字，因此也有"碑铭神殿"的别称。文字区域大约有0.8米×1米的面积，虽然损毁比较严重，但目前至少可以确认其中的186个字符。根据考古信息推测，这座神殿建于750年前后，作为神的寝殿及祭祀之用。

别称"碑铭神殿"的VI号神殿

中央卫城
Acrópolis Central

在大广场南面的宽阔区域，可以看到45座遗迹建筑物以及坐拥6座中庭，高度在2~3层的细

从球场欣赏中央卫城

长形宫殿建筑群，这些建筑所组成的中央卫城，目前考古推测便是蒂卡尔王族以及贵族的居住区。卫城指的是在人工搭建的高台上再次搭建建筑物的建筑形式。进入这片区域后，因为四周几乎都是建筑遗迹，视线十分受阻，宛如进入了一座迷宫。虽然许多建筑的屋顶早已消失无踪，但这些古老建筑的本体却仍处于良好的保存状态，看着这些坐落有致、分散各处的各式建筑，不禁可以想象出当时这里的繁华之景。比如看到建筑中设有石椅的房间，搭配墙上的彩色陶器和壁画，铺在地上的动物毛皮和布料，便可以大体推测这里是用来休息的古代寝室。房间的出入口上方都设有榫眼，从前生活在这里的居民先把木棍安插在榫眼之中，再将门帘悬挂在木棍之下做成布帘门，很有智慧。

北卫城
Acrópolis Norte

北卫城位于大广场北面，这里也是蒂卡尔中建筑排列最复杂，用来埋葬历代先王的广阔空间。每当有一位国王下葬之时，这里便要新建一片崭新的建筑物，这种习俗也导致了这里曾经几乎布满了各式庙宇。从公元前350年这里便开始出现建筑物，直到玛雅文明衰退期间，北卫城依然被当作列王墓地使用。但是在20世纪前半叶，这里遭遇了大规模的挖掘活动，导致很大部分的建筑庙宇都失去了精美的原貌，至今已很难对着这片断壁残垣的荒凉遗迹设想出当时建造的众多宏伟庙宇。现在推测北卫城的建筑群几乎都是公元3世纪左右的遗迹，而刻有大型假面浮雕的初期神殿则大多深埋在了地下空间，你可以通过被厚重草棚所保护的屋顶遗迹窥视其中古老的浮雕图案。这里出土的陶器除了在蒂卡尔博物馆以及石碑博物馆中展示外，在首都危地马拉城中的国家考古学民族学博物馆中也有展出。

遗留有多处宫殿遗迹的北卫城

南卫城
Acrópolis Sur

埋藏在茂密的热带雨林之中，是一片仍被丛林守护的未开掘区域。目前还没有详细的遗迹信息，只凭借简单测量及空中俯拍大体了解到南卫城区域目前共有 7 处建于不同平台的建筑群，其中每 4 座小建筑围绕着一座高度约 25 米的正四角锥形建筑而建，很有规律。根据考古专家的推测，目前这里最早期的建筑群可以追溯到前古典时期。

失落的世界（门多·佩尔迪多）
Mundo Perdido

这里是蒂卡尔遗迹中年代最久远的，建于先古典时期，用于举行仪式典礼的区域。因为这里的建筑年代与其他遗迹群有截然不同的时代划分，所以便称这里为门多·佩尔迪多，意为"失落的世界"。大神殿是一座高约 30 米的正四角锥形建筑，西面台阶两侧有先古典时期后期风格的大型假面雕刻图案，大神殿旁边受特奥蒂瓦坎文化影响而拥有 Talud-Tablero 风格的独特建筑物也很值得一看。

位于失落的世界内的大神殿

建筑群G
Grupo G

目前这里被认为是建于古典时期后期的居住区建筑群，位于 VI 号神殿西侧的主建筑物已经过修复并对游客开放参观。主建筑物以 U 形围绕中庭而建，宛如一条灵蛇前行一般。位于蛇头部分的东侧建筑物正面有一个巨大的拱形入口，宛如灵蛇张开了血盆大口。内部共划分出 29 间附带床铺的小房间，宛如玛雅的社区一般。根据建筑物的外观图案，通常称之为"竖条形外观装饰的宫殿"或"墙沟宫殿"。

七神殿广场
Plaza de Los Siete Templos

广场紧邻失落的世界，广场东侧有七座建在同一个基座上的神殿建筑，这也是它的名字由来。广场北面则有 3 座古代球场，南面坐落着细长形的宫殿建筑。现在我们看到的建筑遗迹都是古典时期后期的建筑群，相比这些建筑群，广场的历史年份应该更久远一些。在近年来的调查中，已经在几座神殿的下面发掘出了陶器及蛇头骨等文物，可以推测这里曾用来举行祭祀礼仪。

环境优美的七神殿广场

蝙蝠宫殿
Palacio de Murcielago

位于 III 号神殿与 IV 号神殿之间，左右对称的 2 层建筑，目前二层区域的部分结构已经崩塌，几处本是入口的地方现在宛如一扇扇石质窗户一般，所以也称这里为"窗之宫殿"。你可以在蝙蝠宫殿观赏玛雅人用来睡觉的石椅以及拱形天井。

双子金字塔式复合遗迹群
Complejo de Pirámides Gemelas

本书将复合型建筑群用英文字母分类划分，其中标记为 M~R 的复合遗迹群便是"双子金字塔式复合遗迹群"。

该复合遗迹群分散在蒂卡尔遗迹公园的各地，包括广场东西面正四角锥形神殿建筑的周围、北面被石碑和祭坛包围的区域以及南面拥有 9 扇门的建筑也是复合遗迹群。这些建筑是玛雅人为了庆祝每 20 年一轮回的卡盾日的到来而建造的蒂卡尔特有建筑形式。其中 M、N、O 复合遗迹群是于埋葬在 I 号神殿的哈桑王统治时期建造而成，分别建于 692 年、711 年、731 年。旁边的 Q 及 R 复合遗迹群则是建于蒂卡尔衰落末期最后的国王亚休·努恩·阿茵二世国王统治时期，规模极大，相当震撼。

蒂卡尔博物馆
Museo de Tikal

Map p.109

🕐 周一～周五 8:00~16:30
　　周六、周日 8:00~16:00
💰 Q30

　除了展示遗迹中出土的陶器及装饰品外，于神殿下方发掘的豪华的陪葬品也经过修复在此展出。需要提前通过银行窗口付费购票（→ p.108）。

石碑博物馆
Museo Litico

Map p.109

🕐 周一～周五 8:00~16:30
　　周六、周日 8:00~16:00
💰 Q30

　邻近游客中心，为了保护石碑及石器文物避免阳光直射而在馆内进行展出。入场门票与蒂卡尔博物馆相同，需要提前通过银行窗口付费购票。

蒂卡尔国家公园文化遗产保存研究中心
CCIT

Map p.109

🕐 周一～周五 9:00~16:00
💰 免费

　为保护文化财产而设立的研究中心，受外国的赞助建设而成，近年来出土的装饰品、陶器、石碑等文物也在研究中心内对外展出，可以免费参观。

餐馆

　游客中心前面坐落着两家名为 Comedor Tikal 及 Comeder Imperio Maya 的餐厅，配合着从弗洛雷斯抵达蒂卡尔遗迹的巴士时间，大约从 6:00 开始营业，你可以在这里品尝到选用邻近水域饲养的淡水鱼制作的菜品。

可以在餐馆享用午餐并休息一下

露营地

　露营地中设有饮水处、卫生间等完备的配套设施，住宿费用为每人 Q80，租借帐篷的话每顶 Q40。如果你打算露营，那蚊香以及灯源是必需品。来自全世界的背包客纷纷来此安营扎寨，与大自然近距离亲密接触。

酒店 HOTEL

　蒂卡尔遗迹中共有 3 家酒店，常年都是旅游团的常驻酒店，所以如果你也打算住宿一晚的话最好提前预约确定空房。每家酒店内都设有餐厅，费用虽然较高，但服务很好，菜品也更加丰富。

H 气氛很好的草屋型酒店
蒂卡尔酒店
Tikal Inn　　　　　　**Map** p.109 | 中档

🏠 Parque Nacional Tikal ☎ 7861-2444 📠 7861-2445
🌐 tikalinn.com 💳 AMV 🛏 36 间 📶 免费 Wi-Fi
🛁 ▨ ▥ Ⓢ Ⓓ US$68~（税 +22%）

　铺满层层叶子的小木屋围绕泳池而建，酒店提供遗迹观光的向导服务以及观赏日出的特别线路。木屋室内干净淡雅，住宿体验舒适。

H 阳台上气氛绝佳
蒂卡尔捷豹酒店
Jaguar Inn　　　　　　**Map** p.109 | 中档

🏠 Parque Nacional Tikal ☎ 7926-2411 🌐 www.jagu-artikal.com 💳 ADMV 🛏 19 间 📶 免费 Wi-Fi
🛁 ▨ ▥ Ⓢ Ⓓ US$67~（税 +22%）

　面向蒂卡尔博物馆的酒店，每间客房都设有户外阳台，非常华丽。可以通过酒店预约有偿的机场班车，非常方便。提供早餐。

H 客房种类多样
丛林小屋酒店
Jungle Lodge　　　　　**Map** p.109 | 中档

🏠 Parque Nacional Tikal ☎ 7861-0447 🌐 www.junglelod-getikal.com 💳 ADMV 🛏 50 间 📶 免费 Wi-Fi
🛁 ▨ ▥ Ⓢ Ⓓ US$44~（税 +22%）

　房型包括从山间小屋到奢华的套房房型等各个风格，种类繁多。酒店内设有泳池和酒吧，另外还提供丰富的遗迹观光行程。早餐额外收费。

▨ ＝设有空调　▧ ＝未设空调　🚿 ＝房间设有淋浴设施
🚿 ＝公用淋浴设施、▥ ＝设有电视 ▨ ＝未设电视

经过逐年的不断修复，托波希特神殿的外观已经非常接近它的原貌

蒂卡尔周边的玛雅遗迹

　　佩滕省内有一大片被称为塞尔瓦 Selva 的密林地带，最早在这片土地上生活的居民甚至要早于玛雅文化兴起之前，可谓相当久远。这里作为玛雅文明的中心地带，遗留了许多建有古典时期壮美的神殿建筑的古都遗迹，是一个十分值得一去的遗迹，其中的古老建筑当真可以让你眼花缭乱。但是由于公交班次短缺以及许多道路尚未修缮完备，导致不少遗迹都难以亲眼一见。近年来随着当地政府对于公交道路的不断开发，已经可以去到许多以前无法抵达的神秘遗迹。此外，已经开发的遗迹也都配备了旅游局旗下的观光警察长期在周边巡逻，为游客营造更为安全的旅游环境。下文将为你介绍一些以弗洛雷斯为起点，可以实现一日游或多日往返观光行程的遗迹景点，如果你包车游览或是参加遗迹观光团，游览的效率还会更高（→ p.102）。

（→ p.102）

坐落着 6 处古代神殿的巨大遗迹
乌夏克吞遗迹
Uaxactún　　　　　　　　　Map p.23/A2

　　遗迹内共计 16 座建筑四周均刻有在玛雅文化圈首屈一指，被称为 MASCARON 的巨大假面石雕的前古典时期神殿群十分知名。此外基于天体运作而建造的建筑群也是乌夏克吞遗迹中的看点之一。面向正北方 E-VI 建筑物的三座神殿，从北到南分别被命名为 E-I、E-II、E-III，如果你的视线向 E-VII 的正上方眺望，夏至的朝阳会从这座建筑物的左侧升起，冬至时则会从右侧升起，春分、秋分时节的太阳会从正中央建筑物的拱形结构中探出头来，设计非常巧妙。乌夏克吞王朝于古典时期前期，在公元 378 年曾与蒂卡尔王朝开战，但最终败北，当时蒂卡尔国王的弟弟继承了国位，其英姿便刻画于乌夏克吞遗迹中的石碑 5 之上。现在从埋葬坑的众多男女老少遗体可以判断，当时曾出现了将旧王族赶尽杀绝的惨绝人寰之景。

　　🚪 每天 6:00~18:00　🎫 Q50（需要提前在国家农业信贷银行 Banco Nacional de Credito Rural 购买门票 → p.102）

　　弗洛雷斯每天 14:00 会有前往乌夏克吞遗迹的巴士车发出，于 16:30 途经蒂卡尔后，大约在 18:00 抵达乌夏克吞遗迹，需时 4 小时。前往弗洛雷斯的巴士车则是于清晨 6:30 在乌夏克吞遗迹发车，此外弗洛雷斯也有前往乌夏克吞遗迹的一日游行程。乌夏克吞遗迹附近有不少民宿可以供游客入住，实现你在这里可以多天游览的长期计划。🏨 El Chiclero 酒店庭院的露营费为 Q25，客房住宿费则是 Q100。并设有博物馆和餐厅。

春分当天，太阳会从乌夏克吞遗迹中央神殿建筑的背后探出头来

绿意盎然的亚克斯哈遗迹

意为"绿色水域"，坐落在亚克斯哈湖畔的繁荣遗迹

亚克斯哈遗迹

Yaxhá　　　　　　　　　　　Map **p.23/A2**

　　位于危地马拉与伯利兹之间的边境城市梅尔乔·德·门科斯以西约 40 公里的位置，从这里可以俯瞰亚克斯哈湖与萨库纳布湖的水都遗迹。在遗迹公园入口的正北面，便是建有 216 号神殿的东卫城。在这座巨大金字塔形神殿的北侧，则是一对"双子金字塔形复合遗迹群"。目前从遗迹中共发掘出 500 余处建筑遗迹，水都中主要城市设施的建筑场所都用名为萨库贝（意为白色道路）的堤道相连。从遗迹入口沿着萨库贝一路前行便会到达南卫城。在这片建筑遗迹最密集的区域，你可以发现这里的建筑都是以南北为轴，分散性建造而成的，南面还有延伸向亚克斯哈湖的萨库贝堤道。

🕗 每天 8:00~17:00
💰 Q80（纳库姆遗迹、纳兰霍遗迹、托波希特遗迹通用）
　　弗洛雷斯有前往亚克斯哈遗迹的一日游行程，遗迹附近也有住宿设施方便游客多天游览。

遗留有小规模的卫城建筑

纳库姆遗迹

Nakum　　　　　　　　　　　Map **p.23/A2**

　　位于亚克斯哈湖以北 18 公里处的纳库姆遗迹，从 2005 年便开始了遗迹的保存修复与观光开发工程。虽然至今前往这里无论是步行还是开车，都需要经过凹凸不堪的土路，但舟车劳顿后看到这座矗立在茂密森林中的壮丽神殿群，你还是会感到途中一切的苦累都是相当值得的。这片土地开始有人类居住要追溯到公元前 800 年，但其作为玛雅城市的繁荣期却只是昙花一现。这里在蒂卡尔没落后的 9 世纪中期开始蓬勃发展，但仅过了 100 余年，城市便自动瓦解。纳库姆遗迹沿着霍尔摩尔河岸延伸约 1 公里的长度，向内陆延伸的宽度则是 500 米左右。南北两侧的中心地区由堤道相连，可以看出目前遗留的许多壮丽建筑遗迹在过去繁荣之时都是重要的交通要地。

🕗 每天 8:00~17:00
💰 Q80（亚克斯哈遗迹、纳兰霍遗迹、托波希特遗迹通用）
　　你在弗洛雷斯的旅行社中可以找到将纳库姆遗迹与亚克斯哈遗迹组合的一日游行程。

建在小岛上的后古典时期城市遗迹

托波希特遗迹

Topoxté　　　　　　　　　　　Map **p.23/A2**

　　最初建于 900 年，在 1350 年曾一度废弃使用，但在公元 1450 年再次复建。托波希特意为"拉蒙树的种子"，创始者是拥有

发掘出多处坟冢的托波希特遗迹

亚克斯哈家谱的权力拥有者。如果你分别参观了亚克斯哈与纳库姆遗迹中的神殿建筑，可以发现两地神殿形式完全是两种风格。从亚克斯哈湖畔可以搭船前往托波希特遗迹。

🕗 每天 8:00~17:00
💰 Q80（纳库姆遗迹、纳兰霍遗迹、亚克斯哈遗迹通用）

邻近伯利兹国境线的遗迹

纳兰霍遗迹

Naranjo　　　　　　　　　　　Map **p.23/A2**

　　位于莫潘河与霍尔摩尔河之间的湿地高台上，周边则是被河水所滋养的肥沃河谷地区。这里前往加勒比海岸的交通也非常方便，可谓一片沃土。至今这里的遗迹发掘成果还是较少，仍有很多无法解读的谜团，目前根据遗留下来的石质建筑群以及石碑上雕刻的玛雅文字，大约可以了解公元 3 世纪时期这里的王朝兴亡史。

　　纳兰霍王朝在与其他周边国家争夺统治权的过程中，曾经历了三盛二衰的潮起潮落，刻有美丽石雕的石碑与祭坛既是珍贵的艺术品，也是记录着战争战果、婚姻关系的重要历史文物，通过解读这些石器，可以了解当时权力的更迭与许多人的一生事迹。

🕗 每天 8:00~17:00
💰 Q80（纳库姆遗迹、亚克斯哈遗迹、托波希特遗迹通用）

包含四处遗迹的广大遗迹公园

亚克斯哈·纳库姆·纳兰霍国家公园

Parque Nacional Yaxhá-Nakum-Naranjo　Map **p.23/A2**

　　在弗洛雷斯东面 70 公里处，坐落着这座涵盖亚克斯哈、纳库姆、纳兰霍及托波希特四处遗迹的庞大遗迹公园。这一带的肥沃湿地也是众多迁徙鸟类的栖息地，非常知名，你从这里前往近郊的拉·布兰卡遗迹也很方便。

🕗 每天 8:00~17:00　💰 Q80
　　弗洛雷斯有前往这里的各类旅游团，通常都是收满人数便马上发团，感兴趣的话你可以在弗洛雷斯的酒店或旅游咨询处询问了解详细行程。遗迹公园中设有许多简易住宿设施以及露营地，此外还有几家餐馆。游览时你可以聘请向导，方便更加深入地了解这里的遗迹历史。

曾是皇家宫殿的建筑遗迹

可以在这里了解古玛雅人的日常生活

阿古阿特卡遗迹
Aguateca
Map p.23/A2

阿古阿特卡遗迹位于萨亚赫彻起源的派特斯巴顿河流域以南28公里的位置，坐落在河岸高达90米的悬崖之上。在主广场 Plaza Principal 前有一处宽约3米，深达5米的巨大地沟开口，高达3米的防护墙将周围的农作土地及水源地都包围在遗迹之中，可谓地处高地，极难攻破的要塞城市。

虽然阿古阿特卡易守难攻，但这里还是在公元850年左右最终抵抗不住猛烈的攻击而成为了一座弃城。至今你仍可以在遗迹内当时作为贵族居住场所的建筑中看到许多当时散落一地的日用品，同时，考古队也挖掘出不少当时的翡翠及贝类材质饰品。

现在这里的遗迹景区已经修缮得十分完备，搭配各处的解读牌以及遗迹向导的介绍，你可以在了解当时城市构造的前提下更加深度地游览。此外遗迹中并设规模较小但展品丰富的博物馆设施。

每天 8:00~16:30　免费
从萨亚赫彻乘坐小船沿派特斯巴顿河前行2小时即可抵达，船费 Q500~600（可以和船老大砍价），聘请遗迹向导的收费标准为每小时 Q50 左右。

被认为是玛雅城市的发源地

埃尔·米拉德尔遗迹
El Mirador
Map p.23/A2

弗洛雷斯以北约100公里，邻近墨西哥国境

据推测这里曾是贵族的居住地

线的地方坐落着这座巨大的城市遗迹。遗迹位于茂密的丛林之中，由于目前这里没有开拓出正式的车道，前往埃尔·米拉德尔遗迹的过程会比较困难。但是这里作为历史中曾拥有举足轻重地位的城市，在公元前400年左右的前古典时期到公元元年前后的这段历史时期中曾有过巨大的繁荣光景，至今它仍被认为是玛雅城市文明的发源地。这片玛雅遗迹据推测足有约16平方公里的巨大面积，其中被称为拉丹塔 La Danta 的主神殿的高度甚至达到了72米（还有资料显示其实际高度达到了96米），可谓玛雅建筑中最大型的建筑遗迹。鼎盛时期这里的人口曾达到了8万人之多，目前推测这里失去城市功能大约是在公元9世纪时期。数不胜数的石碑都分布在遗迹之中，2008年这里还出土了描绘"部族之书"中精彩场景的贵重浮雕。

免费
由于道路尚未完善，所以常规行程是5晚6天的远足风格线路。你可以在弗洛雷斯的旅行社参加相关旅游团，费用 US$270~300（4人起发团）

昙花一现的小型城市遗迹

多斯·皮拉斯
Dos Pilas
Map p.23/A1

于公元650年左右，玛雅古典时期后期建造的小规模城市遗迹。目前考古学家认为，多斯·皮拉斯与阿古阿特卡将当时玛雅王朝的首都功能一分为二，分别治理。

虽然这里是当时这片区域最具有势力的领土，拥有对赛巴尔等多座城市的掌控权，但好景不长，在8世纪中期随着多斯·皮拉斯的势力逐渐没落，这片区域便开始进入到群雄割据的时代。

遗迹中心围绕着中央广场建有数个建筑群，东面的建筑物（L5-1）地下发掘出了豪华的陪葬品以及第二代国王的墓穴。西侧建筑物（L5-49）正面的台阶雕刻的神圣文字保留着当时尚未完工的原始模样。在当时城市弃城的状态下搭建的部落建筑，将神殿的建筑材料再利用，搭建了两层厚的防御墙壁，至今可以在中央广场内看到该部落建筑的影子。但也正是因为许多建筑材料都在当时被挪用于兴建这个部落建筑，所以现存的众多遗迹也都是断壁残垣的模样，很难想象到当时的繁荣景象。虽然前往这个遗迹的路程不太轻松，但是弗洛雷斯的旅行社也依然有组织前往这里的旅游团。

免费
从萨亚赫彻搭乘小船沿派特斯巴顿河前行2小时即可抵达，船费 Q500~600（可以和船老大砍价）。

从神殿及石碑可以了解到这里深受托尔特克文化的影响

赛巴尔遗迹

Ceibal　　　　　　　　　　　　**Map p.23/A2**

神殿周围是规整的草坪

位于萨亚赫彻以东 18 公里，距离弗洛雷斯约 70 公里，坐落在弗洛雷斯南面，在公元 700~900 年间，非常繁荣的玛雅古典时期的城市之一，也是这片区域首屈一指的重要遗迹。鼎盛时期这里的人口据推测曾接近 1 万，因为遗迹周边有许多木棉树 Ceiba，所以这里得名赛巴尔 Ceibal。虽然目前这里绝大部分遗迹尚未开放，面对游客开放的只有 500 平方米左右的遗迹群，但你仍可以从中看到保存完好的神殿遗迹以及各式石碑。比邻中央广场 Plaza Central 的建筑群 A，以玛雅遗迹中用来祭祀之用、由特有的金字塔形神殿遗迹以及居民区所组成。建筑群 E 则被用来作为天文观测的遗迹群。其中，金字塔形神殿（A–3 号建筑物）中的 5 座石碑，目前推测是在玛雅祭祀典礼之时制作而成，这 5 座石碑分别位于神殿的四角及正中央的位置，石碑上记载着玛雅历中每个轮回的日期以及庆祝新轮回开始的玛雅文字。

据说公元 600 年前后的建筑物都位于遗迹公园南侧的未发掘地区中，聘请向导后他们便可以带你去那里游览。那片未发掘地区中目前有一部分土地作为露营地对外使用。

遗留在遗迹中的一座石碑

🕐 每天 8:00~16:30
🎫 免费

乘船沿帕西恩河可以前往赛巴尔遗迹，所需约 1 小时，费用 Q550（可以和船老大砍价）。非雨季时期也可以从萨亚赫彻打车前往这里（需约 30 分钟，费用 Q300 左右）。从赛巴尔的下船点沿坡路上行约 30 分钟可以抵达游客中心。

遗迹观光的据点城镇——萨亚赫彻

佩滕省南部蜿蜒向西流淌的帕西恩河流域土地肥沃，地势平缓，是玛雅遗迹的集中分布地之一。目前阿古阿特卡、赛巴尔、多斯·皮拉斯等 3 处遗迹都分散在这里的国家遗迹公园之中。穿越丛林沿着河流追寻各处遗迹的旅途很有探险的感觉。

而遗迹观光的据点城市，便位于帕西恩河与派特斯巴顿河合流的小镇萨亚赫彻 Sayaxché（**MAP** p.23/A2）。从弗洛雷斯巴士总站（**MAP** p.101/B1 外）前往萨亚赫彻的迷你巴士，在每天 5:00~18:00 期间很频繁地发车（需约 1 小时 30 分钟，费用 Q25）。从帕西恩河对岸坐船便可以进入萨亚赫彻。城里基础设施配备完善，下船后沿着 4a Av. 路前行 2 个街区便可以抵达建有市政厅、中央公园以及教堂的城中心。渡口西面则是平价酒店及餐馆的聚集地。

前往阿古阿特卡遗迹、多斯·皮拉斯遗迹的船只从城西河边，派特斯巴顿河上的栈桥发船。前往赛巴尔遗迹的船只则是从帕西恩河的栈桥处发船。船费可以和船老大直接商量，需要注意的

是单独乘船很容易被海上的海盗盯上，最好还是报团游玩比较安全。

萨亚赫彻的近郊还设有国家野生生物保护区以及自然公园，方便你除了亲历当地的人文历史也可以亲密接触大自然，多住上几天也绝对不会感到乏味。但在这里生活请多加注意防虫及饮食卫生，每年 6 月 5~13 日，城内还会举办萨亚赫彻的守护圣人圣安东尼奥的节日庆典，十分热闹。

渡船作为重要交通工具的萨亚赫彻

危地马拉历史
Historia de GUATEMALA

危地马拉作为对天文学、数学等高深学问有深度研究的古玛雅文明的中心地，从前古典时期（前2000年～公元250年左右）、古典时期（250年左右～900年左右）到后古典时期（900年左右～1500年左右）的各个时代，都有原住民在这里传承并发扬着玛雅文化。至今由于只破解了部分玛雅人的文字，所以对于公元前玛雅人的历史文化乃至他们的生活仍不能解读得非常全面。

随着数不胜数的遗迹在危地马拉各地相继被发掘，围绕玛雅文化的解读有了新的认识及发现，国内外学者对于玛雅的神圣文字及石碑上的雕刻的研究也有了新的进展，但全面解读玛雅文化，还仍需要漫长的岁月。

在众多古代城市遗迹中，目前有一段梳理比较清晰的历史。公元前400年左右到公元元年前后的这段前古典时期，名为埃尔·米拉德尔（→p.116）的玛雅城市经历了最早的辉煌时代，在这座古都灭亡之后的古典时期，蒂卡尔（→p.108）文明开始兴起，公元前350年左右开始得到了急速的发展，但最终也于公元562年被卡拉库姆尔和卡拉科尔的联合军队所击败，此后的130年一直是蒂卡尔文明的黑暗时代。

但在662年，一位名为哈桑·乾·卡维尔的国王即位之后，蒂卡尔文明得到了复苏，在哈桑·乾·卡维尔国王及他的儿子伊勤·乾·卡维尔国王的统治时期，蒂卡尔迎来了其最辉煌的鼎盛时期。现在游客看到的绝大部分建筑遗迹都是在这两代国王在位时建造并遗留下来的。

在历史的长河中，历代玛雅原住民都在不断传承他们宝贵的玛雅文化，但随着16世纪西班牙人的入侵，危地马拉沦为了西班牙人的殖民地，玛雅文化也遭遇了毁灭性的破坏。

覆灭了墨西哥中央盆地阿斯帝卡王国的埃尔南·科尔特斯军队的干将之一——佩德罗·德·阿尔巴拉多率领350余名西班牙士兵及6000余名阿斯帝卡原住民所组成的军团，在1523年入侵了玛雅人的领土，随后便相继征服了原住民的各

危地马拉代表的蒂卡尔遗迹

座城市。为了方便西班牙殖民军的战略部署，他们在喀克其奎族的都城依希姆彻（现在的特科潘）建立了最早的殖民首都，开启了现代危地马拉真正的历史篇章。

从古至今，基切族便是危地马拉最大的原住民部落，阿尔巴拉多为了颠覆这一事实，与一直与基切族有矛盾的喀克其奎族临时结盟。但在征服了基切族后，阿尔巴拉多便立马过河拆桥，以压倒性的军事实力将喀克其奎族也掌握在自己的手心里。随着喀克其奎族的势力逐渐衰落，都城依希姆彻失去了其作为首都的价值，于是在1527年，西班牙人建造了现在的别哈老城（→p.54）这座西班牙殖民城市。

西班牙侵略军不满足于仅掌控了危地马拉的领土，相继率军进攻萨尔瓦多及洪都拉斯的领地，随着西班牙的殖民势力不断扩大，危地马拉作为西班牙在中美洲的核心势力所在地而逐渐繁荣起来。而核心权力的象征之一便是西班牙人为了取代被火山喷发所毁灭的别哈老城，前后共花费了230余年的时间，在过去的圣地亚哥市，现在的安提瓜（→p.40）设立了总督府。

随后安提瓜在1773年也遭遇了大地震的毁灭性打击，当时的总人口曾多达6万余人，市内建有32座壮丽的大教堂、15座小教堂以及各个规模不一的礼拜堂。大学、总督府及各类军事设施都错落有致地分布在安提瓜市内，可见当时城市是何等繁华之景。现在已经沦为废墟之城的安提瓜市内依然可以看到过去光辉时期的点点滴滴。大地震过后，于1775年迁都于危地马拉城（→p.28）。

1821年，危地马拉脱离了西班牙的殖民统治而独立治国；与此同时，周边国家萨尔瓦多、洪都拉斯、尼加拉瓜以及哥斯达黎加也都独立建国，所以现在这五个中美洲国家的独立纪念日是同一天也就一点也不奇怪了。五个国家在结束了常年的殖民统治后，抱团组建了中美洲联邦共和国，但自联邦成立之后便内斗无休，最终在相继爆发的内战之后，逐渐开始有国家退出联邦，建立自己的国家。

在危地马拉取得独立的17年后，危地马拉军人卡雷拉夺得危地马拉邦统治权，宣布脱离联邦，并成立危地马拉共和国。此后其余国家也纷纷脱邦成立自己的国家，中美洲联邦共和国走向了解体的最终篇章。而卡雷拉则作为独裁者，统治了危地马拉长达30年之久。

危地马拉在独立之初，民族经济的支柱产业

便是这里最大的出口产品——蓝靛、胭脂红等主色染料。直到欧洲开发研制出蓝色以及深红色的化学染料之前，几乎所有海外地区的染料产业都要依靠危地马拉的自然染料。卡雷拉通过染料出口所获得的丰富财富开始修建危地马拉国内的公路并进行矿业开采，奠定了危地马拉的国家根基。此外，至今闻名世界的"危地马拉"品牌咖啡，也是卡雷拉执政时期的产物。虽然卡雷拉是个专权领导人，但不可否认他对危地马拉做出的伟大贡献。

现在在世界享有盛名的危地马拉咖啡豆则是在1873年胡斯托·鲁菲诺·巴里奥斯当选总统后的时代产物。这位大总统和卡雷拉一样，也是一名独裁统治者，他通过引入德国和英国的资本，在危地马拉国内开始大量普及并栽培咖啡豆，最终使得危地马拉的咖啡豆得以出口，为整个国家带来了盈利，对铁路建设也做出了贡献。但是在咖啡为危地马拉带来财富的同时，为了挑选适合栽培咖啡豆的土地，强行将生活在该地的原住民迁出，并强制劳役当地的廉价劳动力，也是不可忽略的历史事实。至今危地马拉作为世界上最大的咖啡豆出口国之一，依然使用着本国大量廉价的劳动力。

19世纪末，香蕉的栽种技艺也引入到危地马拉国内。美国资本水果公司受到了危地马拉政府的庇护，不断开发加勒比海沿岸地区，开拓出广阔的香蕉种植园。这家水果公司在不断压榨当地劳动力的基础上，使得危地马拉成为颇负盛名的香蕉大国。

进入20世纪40年代，危地马拉迎来了两届民主主义政权，虽然只持续了10年的时间，但却为危地马拉的人民带来了幸福的根本性改变。特别是哈科沃·阿本斯·古斯曼担任总统期间，对危地马拉国内的美国水果公司加以条款约束，对内实行民主改革和土地改革，改善了许多贫苦农民的生活质量。

受到危地马拉社会主义政策影响的拉丁美洲诸国也相继出现年轻的革命家及革命势力，著名的革命家切·格瓦拉当时便身处危地马拉国内，非常活跃。所以危地马拉可谓拉丁美洲解放的导火索。

但随着社会主义势力不断蔓延，受到威胁的美国在1954年从洪都拉斯向危地马拉派遣反革命军，最终推翻了阿本斯的政权。此后的31年间，危地马拉的军人重新夺回了国家的领导权，但被军人统治的危地马拉一直持续着混乱的状态，众多原住民遭到迫害。

1985年根据国民投票，军政府还政于民，比尼西奥·塞雷索当选大总统结束了军事独裁统治时期，但原住民的人权侵害状况仍未得到很好的改善，军事势力至今也仍在危地马拉国内蠢蠢欲动。

1992年获得诺贝尔和平奖的危地马拉人权活动领导人、基切族原住民吉戈贝塔·门楚在自传中讲述了被军事独裁势力严重剥削的原住民农民的烦恼与遭遇。

1996年年初，阿尔瓦罗·恩里克·阿尔苏·伊里戈延作为全国先锋党的候选人在总统选举中获胜，此后他与危地马拉反政府游击队签署了和平协议，结束了危地马拉长达36年的内战，为危地马拉的和平贡献了巨大的力量。

2007年的总统选举中，左翼候选人阿尔瓦罗·科洛姆当选，解决了内战时代结束后的战后补偿及治安对策等许多国内问题，为危地马拉成为和平国家贡献了自己的微薄之力。

2010年5月，热带暴风雨在中美洲登陆，危地马拉各地都遭遇了洪水侵袭，许多人不得不离开家园避难逃生。国家的主要干道也相继失去交通功能，导致危地马拉的经济亏损严重，历经数月才得到修复。当时受灾的观光景区现在已经重新面向游客开放。

危地马拉国内对于大麻等毒品的禁止也是未曾停歇，以萨尔瓦多作为据点的青年暴力团伙马拉斯，多次在危地马拉国内犯下滔天罪行，目前危地马拉为了解决他们的问题正与周边国家共同制定治安策略。

香蕉可谓危地马拉的支柱产业

危地马拉各地都有众多原住民栖息生活

在危地马拉自由行的巴士搭乘指南

对于游客十分方便的旅行班车

危地马拉国内交通主要以汽车为主，城市间的短途移动以及中长距离的陆路移动，都有完善的巴士交通网所覆盖，其中对于游客来说，搭乘十分便利的便是旅行班车了。班车通常将观光城市直线相连，大都提供住宿酒店到目的地酒店Door to Door 的服务，如果你携带着沉重的行李，那搭乘旅行班车更可免除你旅行的疲惫。而且也可以在多个城市换乘旅行班车，以前往更多目的地。

长时间乘车但舒适度极佳的高档客车

从危地马拉城乘坐中长途巴士前往弗洛雷斯、克萨尔特南戈、韦韦特南戈等地未免时间过长，乘坐体验较差，这时候你就可以选择统称为"Pullman"的普尔曼式客车。这种客车内配有厕所、冷暖风空调以及躺椅，即使是长时间旅行也可以舒适度过。部分客车上还会播放最新上映的影片，此外你还可以在中途换乘旅行班车，灵活安排你的危地马拉之旅。

危地马拉当地用作旅行班车的面包车

2 层设计的奢华客车

指定座位的中长途巴士

可以确保每位购买车票的乘客上车后肯定有座的中长途巴士，从危地马拉城延伸到各个主要城市。搭乘这种巴士，基本上都是从始发站的售票处购买车票后乘车，但沿途如果出现空位，也可以半路购买车票乘车。巴士车基本上都是从海外采购，座椅上也有靠垫以优化乘车体验。而且为了安全保险，只会在指定地点停车而非中途临时停车，相比普通的巴士车要安全得多。出发时间也大多谨遵时刻表的时间，大型行李可以存放在巴士车下方的行李舱中。但是危地马拉城的中长途巴士始发站周边几乎都有安全隐患，最好从酒店直接搭乘出租车前往巴士站，以免节外生枝。

危地马拉当地人经常搭乘的大头巴士

危地马拉国内最为常见的大头巴士，由从美国采购的学校校车改造而成，用于联络中距离城市间的交通。座椅是长条椅子，经常出现 2 人长椅却有 3 人乘坐的情形，非常拥挤。不按时刻表发车，乘客上得差不多了便会发车，此外大型行李会存放在车顶上，加重你丢失或被盗窃的不安。司机开车也比较猛，经常发生交通事故，安全性不容乐观。如果你无论如何都想坐坐体验下的话，请选择无论是乘客还是行李都较少的短途巴士体验一下吧。

从巴士总站发车的中长途巴士

大头巴士可谓危地马拉居民重要的代步工具

伯利兹
BELIZE

墨西哥
MÉXICO

切图马尔 Chetumal
圣丽塔遗迹
Santa Rita Archaeological Site
科罗萨尔
Corozal
塞罗斯遗迹
Cerros Archaeological Site

奥兰治沃克
Orange Walk

安柏葛利斯岛
Ambergris Caye

拉玛奈遗迹
Lamanai Archaeological Site

阿顿哈遗迹
Altun Ha
Archaeological Site

圣佩德罗
San Pedro

霍尔干洋保护区
Hol Chan Marine Reserve

弯曲树自然保护区
Crooked Tree

库尔克岛
Caye Caulker

Caye Chapel

加勒比海
加勒比海

伯利兹动物园
The Belize Zoo

St.George's Caye

伯利兹堡礁保护区

Northern Caye

蒂卡尔遗迹
Tikal

冠卡斯特国家公园
Guanacaste
National Park

伯利兹城
Belize City

La Democracia

蓝洞
Blue Hole

Light House Reef

Blackbird Caye

圣伊格纳西奥
San Ignacio

贝尔莫潘
Belmopan

Turneffe
Islands

Lon Caye

Half Moon Caye

苏南图尼奇遗迹
Xunantunich Ruins

卡哈帕奇
遗迹
Cahal
Pech Ruins

水晶坟墓
洞窟
Actun Tunichil
Muknal

蓝洞国家公园
Blue Hole National Park

弗洛雷斯
Flores

梅尔乔德
Melchorde
Mencos

本湫·雷·卡门
Benque Viejo del Carmen

Augustine

斯坦克里克
Dangriga

Glover's Reef

卡拉科尔遗迹
Caracol Archaeological Site

Millionario

South Water Caye

危地马拉
GUATEMALA

玛雅山脉
Maya Mountains

因迪佩登斯
Independence

珀拉什奇亚Placencia

卢把安敦遗迹
Lubaantun Ruins

Monkey River

圣佩德罗·哥伦比亚
San Pedro Colombia

圣安东尼奥
San Antonio

蓬塔戈尔达
Punta Gorda

N

0   50km

利文斯顿方向   巴里奥斯港方向   科尔特斯港

国旗

蓝色的底色代表蓝天和大海，红色象征胜利和阳光，50片绿叶构成的饰环表示纪念该国自1950年开始为争取独立而斗争并最终取得胜利。

国名

伯利兹
Belize

国歌

《自由的土地》
Land of the Free

面积

约2.2966万平方公里

人口

约38.24万（2018年数据）

首都

贝尔莫潘Belmopan，人口约1.6万，国内人口最多的城市当数原首都伯利兹城，算上周边人口，总人口约为5.7万。

领导人

伯利兹作为英联邦成员国，联邦最高领袖为英国女王伊丽莎白二世Queen Elizabeth II，由现任总督科尔维尔·扬代理女王执权。

现任总理是2015年开始第三次连任的迪安·巴罗Dean Barrow，任期5年。

政体

议会制君主立宪制，国民议会为二院制（上院12名议员，下院31名议员）。

民族构成

梅斯蒂索人49%、克里奥尔人（非洲系欧洲人）25%、玛雅原住民11%、加里富纳人（非洲系加勒比人）6%，及其他白人、华人9%

宗教

基督教40%、新教32%，其余还有玛雅教派、加里富纳教派等众多教派，无信仰的人也很多。

语言

官方语言是英语，但西班牙语也很常用，有些标识都是用西班牙语来表示的。此外玛雅语中的凯克奇语、莫潘语、加里富纳语、克里奥尔语等也经常使用。

→旅行会话 p.348

伯利兹旅游资讯
URL www.travelbelize.org

击鼓的加里富纳人

货币及汇率

货币单位为伯利兹元（货币符号为BZ$），通常US$1=BZ$2，2019年4月3日的汇率为BZ$1≈3.3091元。纸币分为2、5、10、20、50、100共6种面值。硬币分为5、10、25、50分（省略为c）以及1伯利兹元（2种样式）共5种面值。

当地支持与美元的货币互换，而且伯利兹当地其实是认可美元的，即使是村子里的小餐馆或是支付巴士费，使用美元都没有问题。可以说在伯利兹国内，认可伯利兹元与美元的商家五五开。本书则将所有的费用用美元US$表示。

旅行资金准备→ p.343

5c　10c　25c　50c　BZ$1

BZ$2

BZ$5

BZ$10

BZ$20

BZ$50

BZ$100

小贴士 伯利兹的货币兑换小谈：伯利兹国内无法进行人民币与伯利兹元的兑换，请至少携带美元前往。US$1=BZ$2是该国公认的美元与伯利兹元的兑换算法，所以美元几乎可以在许多场合使用，无须特 ↗

如何拨打电话

从国内往伯利兹打电话

| 国际电话识别号码
00 | + | 伯利兹的国家代码
501 | + | 区号
（去掉前面第一个0）
×× | + | 对方的电话号码
××××× |

从伯利兹往国内打电话

| 国际电话识别号码
0 | + | 中国的国家代码
86 | + | 区号
（去掉前面第一个0）
×× | + | 对方的电话号码
××××× |

电话及邮政→ p.344

※ 信用卡的普及率由高到低为 Visa、Master Card、American Express。部分高档酒店支持 Diners Club 和 JCB 的信用卡。

签证

伯利兹尚未与中国建交。与我国未建立外交关系的国家，一般都未设使（领）馆。所以中国内地和香港都没有办法办理伯利兹的签证。中国公民申办伯利兹签证时首先要和伯利兹建交的国家签证，最知名的便是美国签证。持有效期大于 6 个月的美国签证，前往设有伯利兹大使馆的国家（如美国、墨西哥）办理签证即可。

此外也可以先将护照资料递交伯利兹移民局，待移民局批准后，持批准信及相关材料到英国驻中国大使馆或领事馆办理签证。

护照

进入伯利兹前有效期要在 6 个月以上。

出入境

乘坐飞机途经美国，需要美国签证，在美国进行转机或停留时一定要注意，启程到美国前，所有通过豁免签证计划来到美国的旅游人士必须通过旅游授权电子（EVUS）系统（→ p.335）取得授权。详情请参照美国大使馆官网介绍。

入境伯利兹时，如果携带的外币超过 US$5000 以上需要向海关申报。

穿越中美洲国家边境→ p.338

（1）Full Name 全名
（2）Sex 性别（Male 男性，Female 女性）
（3）Nationality 国籍
（4）Date of Birth 出生日期，以日期、月份、年份的顺序填写
（5）Country of Birth 出生地
（6）Passport Number 护照号码
（7）Occupation 职业
（8）Mode of Transportation 入境交通方式
（9）Last Port of Embarkation 从哪国而来（入境伯利兹前所在的国家）
（10）Permament Address 现住址
（11）Intended Address of Belize 伯利兹国内地址
（12）Intended Length of stay 停留天数
（13）Purpose of Visit 到访目的
（14）Intended Accommodation 预订住所
（15）Have you visited Belize before 以前是否来过伯利兹
（16）Special Interests 个人兴趣

出入境卡填写范例

【出入境税】

乘坐飞机出入境时，机票中已经包括了出入境税费。陆路交通进出伯利兹时，要征收 US$18.75 的税金。

从中国乘坐飞机前往伯利兹

目前国内并未开设直飞伯利兹的航班，你可以搭乘美国航空或达美航空在美国转机前往伯利兹。通常飞机航线的目的地城市都是伯利

✎ 别兑换伯利兹元。银行的 ATM 机（几乎 24 小时营业）可以支持写有 Cirrus、PLUS 等字样的信用卡直接取现，但提取的货币只会是伯利兹元而非美元，请多加注意。

兹城，算上转机的等待时间，需要 18~24 小时便可抵达危地马拉。

美国前往伯利兹的主要航路→ p.333

气候

5~10 月为伯利兹的雨季，11 月~次年 4 月则是旱季，加勒比海特有的飓风集中在每年的 6~9 月登陆。如果你打算前往伯利兹进行水上运动或遗迹观光，为了避免恶劣天气及蚊虫困扰，最好选择旱季前往伯利兹旅游。因此伯利兹的雨季便是它的旅游淡季，旅游团的价格也相对低廉，如果赶上好天气，则确实可以玩得便宜又痛快。

加勒比海沿海地带湿气较重，白天气温都比较高，太阳下山后受信风影响会比较凉快，特别是海岛特有的海风，更会令你睡个舒舒服服的好觉。

伯利兹全年温度都比较高，着装可以参考国内从初夏到盛夏的着装。但是假如你有前往雨林及玛雅遗迹的行程，为了避免蚊虫叮咬以及树木划伤，穿长袖长裤搭配运动鞋及防晒帽会更加稳妥。如果你在雨季前往伯利兹，雨衣和雨伞是必需品。

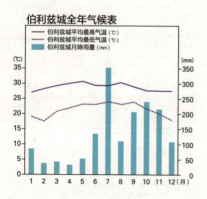

伯利兹城全年气候表

时差与夏令时

比中国晚 14 小时，中国 0:00 的时候，伯利兹是前一天的 10:00，伯利兹未设有夏令时。

伯利兹节日（主要节假日）

以下为 2019 年的主要节假日时间表。每年复活节的时间都会有所变动（不固定日期的节日用★标记），需要实际确认。

1 月	1 月 1 日	新年
3 月	3 月 9 日	国民英雄纪念日
4 月	（4/20~22 2019 年）	★复活节
5 月	5 月 1 日	劳动节
	5 月 24 日	英联邦纪念日
9 月	9 月 10 日	圣乔治节
	9 月 21 日	独立纪念日
10 月	10 月 12 日	哥伦布日
11 月	11 月 19 日	加里富纳人定居日
12 月	12 月 25 日	圣诞节
	12 月 26 日	节礼日

※ 从 9 月 10 日的圣乔治节到 9 月 21 日的独立纪念日期间伯利兹国内一直会举行游行活动。其中每年 9 月第二周的周六会举办最盛大的狂欢节游行。每年 2~3 月在圣佩德罗也会举办狂欢节（谢肉节）。

工作时间

以下介绍的是一般单位的工作时间，商店、餐馆等服务业会有所不同。服务游客的行业一般都会将工作时间延长一些。

【银行】
周一～周五通常营业时间为 8:00~15:00，部分银行会在 17:00 结束营业。有的银行周三的营业时间会截至 13:00，周六也会开门营业，通常营业到 12:00。所有银行周日及节假日都不营业。

【政府及一般企业】
周一～周五 9:00~12:00、13:00~17:00。

【商店】
每天的营业时间通常在 8:00~17:00，周五、周六则会延长到 19:00。大部分商店会在周日休息。观光场所的民间工艺品店有的会全年无休。

【餐馆】
通常每天在 10:00~14:00、17:30~22:00 期间营业。周日大多数餐馆都会停业。

电压及插座

电压 110V，频率为 60Hz。插座为三眼扁平插座（A 类型），但电压可能不太稳定，推荐携带变压器和转换插头。出发前请再次确认你的电器标准。

视频制式

与中国的 PAL 制式不同，伯利兹是 NTSC 制式。在伯利兹购买的 DVD 无法在国内播放。

小费

【出租车】

通常不用额外支付小费。

【餐馆】

餐馆的结算单上如果包含服务费则无须额外支付小费，通常总餐费的 10% 作为小费支付即可。街头的平民餐馆无须支付小费。

【酒店】

拜托行李工搬运行李或提出打扫房间服务时，通常支付 US$1 左右。

【参团】

通常将旅游费的 10% 给向导作为小费，一般为 US$5。

饮用水

酒店及餐馆水龙头流出的水通常都可以直接饮用。但是在集市或街头小餐馆用餐时，以防万一，还是饮用瓶装矿泉水最为妥当。部分餐馆提供的白开水虽然煮沸杀菌后比较安全，但饮料里的冰块可能是用非饮用水制作而成的，尽量不要加冰。

邮政

寄往国内的信封文件（最大重量 20g）收费 US$0.5~，明信片 US$0.3，城镇中几乎没有邮筒，可以前往邮局邮寄或是拜托高档酒店的前台代寄。信件抵达国内需要 1~2 周的时间。

税金

日常商品的税率为 12.5%，部分酒店需要在此基础上加收 9% 的酒店税及 5%~15% 的服务税。中档及以下酒店的的房费中已经包含税费。

中档以上的酒店便会加收额外税费

安全及突发情况

【强盗、小偷】

相比周边国家，伯利兹的治安还是比较不错的，但也曾发生过游客遭遇强盗或小偷的事件。伯利兹城的南面区域为贫民区，建议不要前往。特别是从运河流经的平旋桥到巴士总站的这段路，治安更加恶劣，建议不要步行走这段路。北面的富人区中，如果某个街道没什么路人，行走经过的时候也要多加注意。傍晚之后不要单独外出，多人结伴也要多加提防。有时候强盗还会持枪抢劫。

【医疗事项】

各个城市都设有医院和诊所，如果你受伤或身体有所不适，联系酒店的工作人员，一般他们都会带你前往最近的医院。但这里医生的医术并不是很高，如果是重病还是推荐尽快回国医治。

当地的药品药效很强，对于东方人来说可能会引起不适，最好是自带药品以防万一。

报警电话 911

旅行中的突发情况及安全知识→ p.346

年龄限制

伯利兹法律规定未满18岁不得饮酒及抽烟。观光景区的门票有学生票和儿童票。有的景区还有专门的外国游客票，如果出示国际学生卡，无论你多少岁都可以享受学生票价格。所以如果你还是学生身份，去参观游览时可不要忘了带学生卡哟。

度量衡

伯利兹国内主干路的长度单位为英里，从危地马拉及墨西哥前往伯利兹的公路在进入伯利兹时，公里的单位也会转换为英里（1mi=1.61km）。重量单位为克，液体单位为升。

其他

【参观教堂】

参观教堂等宗教设施时一定要入乡随俗。进入建筑物后要脱帽，不要穿着背心短裤这种过于暴露的服装。不能把饮料食品带进教堂。

【拍摄照片】

原住民普遍比较反感被游客拍照，如果你打算拍照最好先询问下他们的意见。加里富纳人通常会索要拍照小费。

【洗手间】

您在城中游览时如果想要去方便，可以使用餐厅和商场里的卫生间，需要注意的是，用完的厕纸请扔到便器旁的篮筐里，由于中美洲的水压较低，直接扔到便器里很有可能会使下水道堵塞。

圣约翰教堂的内部

伯利兹城 ★

贝尔莫潘

人口 ▶ 5.7 万

伯利兹城
MAP p.121/A2

旅游咨询处 BTB
MAP p.127/B2
🏠 64 Regent St.
☎ 227-2420
URL www.travelbelize.org
🕐 周一～周四　8:00～17:00
　周五　　　　8:00～16:00
　可以使用英语和西班牙
语沟通，在国际机场内也设
有服务窗口。

货币兑换
　市内的 ATM 都可以直
接提现（伯利兹元），伯利
兹国内基本可以直接使用美
元，酒店大多也认可信用卡
支付。没有银行可以兑换人
民币，请提前备好美元前往
伯利兹。

热带航空
☎ 226-2012
URL www.tropicair.com
　除了连接伯利兹国内各
地的航线，还有前往危地马
拉的弗洛雷斯，洪都拉斯的
圣佩德罗、苏拉，以及墨西
哥的坎昆的航班。

玛雅岛航空
☎ 223-5794
URL www.mayaislandair.com

国际机场及国内航线机场
　距离伯利兹市中心以
西 16 公里的地方便是菲
利普·S.W. 歌德逊国际机
场（BZE），而运营伯利兹
国内航线的伯利兹城机场
（TZA）则位于距离中心
以北 3 公里的地方。两个
机场位置相距较远，一定要
提前确认你的航班从哪个机
场起飞，不要搞错。
　从伯利兹城机场打车前
往市内费用约为 US$4，需 5
分钟。从国际机场打车前往
市内的费用则是 US$25，需
约 30 分钟。

伯利兹城 *Belize City*

乘坐飞机前往伯利兹的主要城市，也是伯利兹的中心城市

伯利兹城市中心素朴的住宅区

　　伯利兹国内唯一可以称作都市的便是伯利兹城了。因为这里经常有
飓风登陆，首都便从伯利兹城迁往了贝尔莫潘，但伯利兹城虽然名义上
是前首都，事实上却仍是伯利兹对外的国际窗口，国内共有 1/5 的人口
生活在伯利兹城，是伯利兹名副其实的经济及商业中心。

　　居民大多数都是称为克里奥尔人的非洲系欧洲人，女性大多都是
卷发搭配各式彩色发饰，年轻人则多是牙买加风格的彩色脏辫。街上
经常可以看到扭着大屁股潇洒走路的中年女性。游览市内时迎面吹来从
加勒比海刮来的海风，搭配街角的雷鬼音乐，这就是伯利兹城的灵魂
温度。

　　伯利兹城的城市面积虽然不大，但却是中美洲少见的，保留着英国
殖民时代风格的城市，在城内转转说不定就会有吸引你的意外之处。此
外这里也是前往库尔克岛、圣佩德罗等人气度假地以及各个古代遗迹的
交通方式。

🎯 交通方式

飞机

　　圣佩德罗每天都有 25 班由热带航空和玛雅岛航空经营的航班前往菲
利普·S.W. 歌德逊国际机场（航程 15~20 分钟，费用 US$86），前往伯
利兹城机场的航班则有 23 班（航程 20~30 分钟，费用 US$52）。如果提
前预约，航行于伯利兹城与圣佩德罗的飞机还可以在库尔克岛顺道停留，
航程 10~20 分钟，几乎相同的费用即可前往库尔克岛。如果购买往返机
票，还会有 15% 的折扣优惠。

▶中美洲内的主要航线→ p.338

小贴士 相比于直接从街面拦车，搭乘在酒店门口等候的出租车更加安全。大多数出租车都没有安装公里表，上车
前商量好价格。不同于普通家用车的白色车牌，出租车的车牌是绿色的。

巴士

　　北部线路从墨西哥的切图马尔途经科罗萨尔、奥兰治沃克抵达伯利兹城。南部线路从蓬塔戈尔达途经贝尔莫潘抵达伯利兹城。西部线路则是从危地马拉国境线途经圣伊格纳西奥、贝尔莫潘抵达伯利兹城。

　　前往市内的交通方式▶从巴士总站（MAP p.127/A1）打车前往市内的酒店费用为US$3~6。安全起见，下了巴士车便打车前往酒店比较保险。

从伯利兹城前往各地的巴士车

前往危地马拉的直达巴士

　　直达观光巴士的运行区间为弗洛雷斯～伯利兹城。购票地点位于平旋桥东侧的售票窗口（MAP p.127/A2），每天10:00~13:00期间发车，需约5小时，费用US$25，此外还有直达墨西哥的切图马尔、坎昆等地的巴士车。

伯利兹城始发前往各地的巴士信息

目的地	车站所在地·时刻表	所需时间	费用
贝尔莫潘	5:15~21:30 期间每小时 3~4 班	1.5 小时	US$2.50
圣伊格纳西奥	5:00~21:30 期间每小时 1~2 班	2 小时	US$4
科罗萨尔	6:00~18:00 期间每小时 1 班	2.5 小时	US$4.50~8

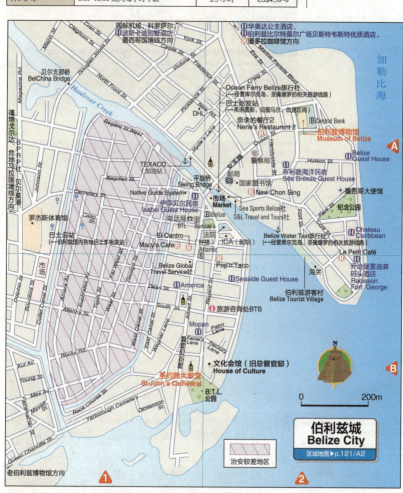

伯利兹城
Belize City

区域地图▶p.121/A2

治安较差地区

小贴士 伯利兹国内的巴士车大多由美国的校车改建而成，从伯利兹前往普拉森西亚以及蓬塔戈尔达的路面状况较差，通常车辆行驶较慢，会多花些时间。预算充足的游客可以选择搭乘飞机前往两地。

邮局

MAP p.127/A2

住 North Front St.

☎ 227-2201

开 周一~周四　8:00~17:00
　　周五　　　8:00~16:30
午休时间为12:00~13:00，
除 EMS 窗口外都停止对外
营业。

电话局 BTL

MAP p.127/A1

住 Church St.

☎ 227-7085

开 周一~周五　8:00~17:00
电话局位于平旋桥的南
面，可以从这里购买私人手
机及 SIM 卡。

主要游船旅行社

● Ocean Ferry Belize 旅行社
☎ 223-0033
URL www.oceanferrybelize.com
● Belize Water Taxi 旅行社
☎ 223-2225
URL www.belizewatertaxi.com

伯利兹游客村

MAP p.127/B2
面向游轮游客的购物中
心，网罗从平价 T 恤衫到
昂贵宝石的各类店铺，餐馆
和酒吧也遍布其中，用餐方
便。通常在游轮抵达的日期
开放，具体时间可以前往伯
利兹旅游咨询处了解。普通
游客在写有 Fort St. 侧入口
出示护照后便可以得到入场
证，由此入村购物即可。

船

　　从伯利兹城前往库尔克岛及圣佩德罗等地，每天都有 20 班以上的游
轮可以搭乘。对于游客来说往来两地还是比较轻松的。

　　平旋桥东面是 Ocean Ferry Belize 旅行社（MAP p.127/A2）的上船点，
游客村旁边则是 Beliza Water Taxi 旅行社（MAP p.127/A2）的上船点。前
往库尔克岛的航班每小时 1~2 班（需 45 分钟~1 小时，费用 US$15），
前往圣佩德罗的航班每小时 1~2 班（需 1 小时~1 小时 30 分钟，费用
US$20），购买往返航班有折扣。

游船始发地点之一的平旋桥

伯利兹城　漫　步

　　建在郝罗佛河 Haulover Creek 河口处的伯利兹城比邻加勒比海，架在
河上的平旋桥 Swing Bridge 及新建设的贝尔支那桥将城内的两个街区连
接贯通。观光时可以首先围绕连接女王路 Queen St. 和阿尔伯特路 Albert
St. 邻近河口的平旋桥区域游览。平旋桥也是前往加勒比海各个岛屿的登
船点。

　　阿尔巴特路周边建有银行、超市、旅行社、药房、市场、咖啡馆以
及各式餐馆。女王路则开有许多小商店、咖啡馆、商住两用楼、中国人
经营的酒店以及中餐馆，更接地气，这里餐馆的费用更加公道，治安也
不错，邮局和警察局也坐落在这条路上，不用担心安全问题。

　　市区南面是贫民区，治安较差，不要孤身前往——当然我们压根也
不建议你前往该区域。

市内色彩丰富的各色民居

从平旋桥眺望河口

小贴士　如果你手里没有伯利兹元，大部分情况都可以用美元支付。但是店铺经常会找不开 US$50 或 US$100 等
大面额纸币，所以最好多备着些 US$20 以下的零钱，会更加方便。

由监狱改建的历史自然博物馆

伯利兹博物馆
Museum of Belize ★★

由建于 19 世纪中期，到 1993 年一直作为监狱使用的 2 层建筑改建而成的博物馆，2002 年起对公众开放参观。与 Central Bank 位于同一片区域。博物馆一层介绍伯利兹城的历史以及伯利兹城历年所遭遇的飓风及火灾等不幸经历。二层则是围绕塞罗斯遗迹、阿顿哈

外观整洁的博物馆

遗迹、卡拉科尔遗迹等伯利兹的古代遗迹进行讲解。馆内展出了各个遗迹的平面图，从遗迹中发掘的翡翠面具、项链等饰品，二层深处空间还展出了闪蝶、独角仙等栖息在伯利兹的昆虫的标本。

伯利兹博物馆
MAP p.127/A2
开 周一～周五 9:00~17:00
US$5

可以看到英国风格的教堂建筑

圣约翰大教堂
St.John's Cathedral ★

建于旧总督官邸旁，位于阿尔巴特路 Albert St. 的尽头。是伯利兹城中一座不多见的英式建筑。据说教堂的砖瓦都是从欧洲运过来的原产货，恐怕这就是它看起来那么正宗的原因之一吧。周末很多伯利兹市民都会来这里做弥撒，穿着正装的孩子被父母带来，脸上都露出了快乐的笑容。

以砖块为主材料的大教堂

圣约翰大教堂
MAP p.127/B1
开 周一～周三　8:00~16:00
　　周四～周六　8:00~19:00
　　周日　　　　6:00~11:00

展出众多与历史和文化相关的展品

老伯利兹博物馆
Old Belize Museum ★★

坐落在距离市中心西南方向 2 公里的地方，博物馆中再现了伯利兹的老村镇，可以在这里了解伯利兹的文化历史和自然资源。馆内有玛雅、加里富纳、克里奥尔等各民族的展品，伴随着 45 分钟左右的英文向导解说，可以深度了解博物馆所展示的各类内容。展区包括热带雨林区、玛雅文明区、英国人殖民区、15 世纪区等，穿梭其中，仿佛坐上了时光机一般。

馆内可以欣赏海景的餐馆很有人气，并设的礼物商店内出售各类礼物，很多游客都在这里挑选礼品用来馈赠亲友。额外支付 US$5 可以前往馆外的沙滩，这里有个规模很大的水滑梯，十分刺激。

在馆内游览可以了解当地人的日常生活

优美的白色沙滩很有人气

老伯利兹博物馆
MAP p.127/B1 外
☎ 222-4129
URL www.oldbelize.com
开 周一～周五 8:00~17:00
　（餐厅 11:00~22:00）
US$5

小贴士　进入圣约翰教堂虽然不用付费即可参观，但当地人通常都会象征性地支付 US$1~3 的"香火费"，注意教堂内不准大声喧哗。

医院

KHMH 医院 Karl Heusner Memorial Hospital
住 Princess Margaret Dr.
☎ 223-1548
URL www.khmh.bz

医学联合会医院 Medical Associates
住 #5791 Saints Thomas St.Kings Park
☎ 223-0302
URL www.belizemedical.com

航空公司

哥伦比亚阿维安卡航空 Avianca
住 #41 Albert St.
☎ 227-7363
URL www.avianca.com

美国航空 American Airlines
住 San Cas Plaza
☎ 223-2522
URL www.aa.com

联合航空 United Airlines
住 #4792 Whitfield Tower, 1st floor, Coney Dr.
☎ 822-1062
URL www.united.com

伯利兹城始发的旅游团

伯利兹城市内观光
　英语向导陪伴你游览伯利兹城的市区及旧城区，包含午餐，需 2~3 小时。US$50。

阿顿哈遗迹（→ p.151）
　英语向导陪伴你游览玛雅遗迹的半日观光行程，包含午餐，需 3~4 小时。US$100。

拉玛奈遗迹（→ p.151）
　全天都会有英语向导陪伴你游览的观光行程，包含游轮费及午餐，行程开始及结束时间分别为 8:00 和 16:00，需约 8 小时，费用 US$158。

蓝洞空中游览
　搭乘塞斯纳小型飞机游览约 1 小时，包含接送服务，费用 US$276，包机费用为一架飞机 US$650~。

伯利兹动物园及洞窟漂流项目
　坐在轮胎小船上进行洞窟漂流，包含入场费、器材费及午餐。行程开始及结束时间分别为 8:00 和 16:00，需约 8 小时，费用 US$130。

水晶坟墓洞窟探险
　非常有人气的洞窟探险之旅。还可以进行丛林历险，费用包含午餐，行程开始及结束时间分别为 7:30 和 17:30，需约 10 小时，费用 US$220。
※2 人以上即可成团，需要额外加收 12.5% 的税费

Tópico

市中心的木结构历史建筑

　　位于伯利兹城市中心的旧总督官邸（MAP p.127/B2）始建于 19 世纪初，是一座木质结构的政府官邸，由英国著名的建筑家克里斯托弗·雷恩所设计。这座旧殖民风格强烈的历史建筑在英国殖民时期曾作为总督官邸，伯利兹独立后则作为政府招待贵宾的迎宾馆使用。此前建筑中的部分空间作为文化会馆对公众开放，可以进内参观。但从 2015 年起，这里开始进行为期 4 年的大幅度装修工程，本书调查时尚无法入内参观。但这座建筑就位于圣约翰大教堂的旁边，可以在参观大教堂时顺路远观。至于你能不能看到该建筑物的崭新外观，就要看到时候的装修进程了。

装修前的旧总督官邸

酒店 & 餐馆
Hotel & Restaurant

伯利兹市内的高档酒店屈指可数，收费标准在 US$30~60 之间的中档酒店最为普遍。位于平旋桥东侧附近的民宿价格低廉，安全也比较有保障，推荐给经费不多的游客。每年 11 月～次年 4 月的旅游旺季期间，所有酒店的价格都会有所上调。餐馆和小餐馆在城内分布较为分散，大多数餐饮场所都会在周日闭店。

乔治堡雷迪森码头酒店
Radisson Fort George

◆伯利兹城内最高档的酒店　面向加勒比海的高档酒店。网罗了跳水、潜水、遗迹观光、游轮旅游等众多可以从伯利兹出发的旅游项目，落日时分从客房眺望着美丽的夕阳从加勒比海岸线逐渐消失，那种感觉真是十分美妙。

高档	Map p.127/B2
住 #2Marine Parade	
☎ 233-3333　fax 227-3820	
URL www.radisson.com	
CC AMV	
房間 102 间	
免费 Wi-Fi	
费 ＤUS$170~（税 +9%）	

华美达公主酒店
Ramada Princess

◆内设赌场的大型豪华酒店　旅游团经常包房的高档酒店，内部的赌场很有人气。配套的餐厅口味也有很高的评价。

高档	Map p.127/A2 外
住 Newton Barracks King Park	
☎ 223-2670　fax 223-2660	
URL www.wyndhamhotels.com	
CC AMV　房間 170 间　免费 Wi-Fi	
费 ＳＤUS$122~（税 +9%）	

波斯卡迪别墅酒店
Villa Boscardi

◆室内家具非常考究的人气民宿　由大型府邸改建而成，面向游客等用户群的民宿酒店。每间客房都有不同的主色调，意大利风格浓郁。酒店员工非常亲切友善，房费中包含早餐，早餐也不会令你失望。

中档	Map p.127/A1
住 #6043 Manatee Dr.	
☎ 223-1691　fax 223-1669	
URL www.villaboscardi.com	
CC AMV	
房間 8 间	
免费 Wi-Fi	
费 ＳＤUS$89~（税 +9%）	

伊莎贝尔民宿
Isabel Guest House

◆紧邻平旋桥的地理位置　酒店入口位于平旋桥旁边的药房后面，酒店前台位于二层，女性游客可以安心住宿的好民宿。

经济型	Map p.127/A1
住 #3 Albert St.	
☎ 207-3139	
fax 227-1582　CC 不可	
房間 4 间　免费 Wi-Fi	
费 ＳUS$27~、ＤUS$33~	

布利兹海洋民宿
Sea Breeze Guest House

◆邻近伯利兹博物馆　步行几分钟便可以到达搭船点，前往各个岛屿非常方便。酒店周围也有简易餐厅，地理位置优越。

经济型	Map p.127/A2
住 #7 Gabourel Ln.	
☎ 203-0043	
CC MV　房間 9 间	
免费 Wi-Fi	
费 ＳUS$35~、ＤUS$25~	

奈李的餐厅 2
Nerie's Restaurant 2

◆可以品尝到伯利兹地道的家庭菜　伯利兹当地知名老店的第 2 分店。价格公道，可以品尝到地道的伯利兹佳肴。

	Map p.127/A2
住 Cor.Queen &Daly St.	
☎ 224-4028	
URL www.neries.bz	
开 周一～周六 8:00~22:00、周日 8:00~15:00	
CC 不可　免费 Wi-Fi	

■=设有空调、■=未设空调、■=房间设有淋浴设施、■=公用淋浴设施、■=设有电视、■=未设电视
从国内拨打伯利兹当地电话 00+501+XXX-XXXX（→ p.123）

贝尔莫潘

贝尔莫潘 *Belmopan*

中美洲首屈一指的田园风格国家首都

政府相关的建筑大都集中分布在广场周围

人口 ▶ 1.6 万

贝尔莫潘
MAP p.121/A1

货币兑换
　　在政府机关聚集地区有多家银行，可以利用银行的ATM进行提款。

露天市场举办时间
　　贝尔莫潘市内每周二、周五上午，都会在距离巴士总站步行 1 分钟的广场上举办露天集市，除了售卖新鲜的蔬果、洋服、家具、杂货，甚至自行车都是市集上的商品。碰巧赶上的话不妨去转一转。

贝尔莫潘的餐馆
　　面向巴士总站的五彩芋餐厅 Caladium 是当地人的最爱，此外市内也有不少中餐馆可以满足国人的口味。

贝尔莫潘的巴士总站

水晶坟墓洞窟
MAP p.121/B1
　　闪烁着宛如水晶般璀璨光芒的钟乳洞神殿。目前从这里共出土了 1500 余件玛雅祭品及陪葬品等文物，14 名玛雅人的遗骨长眠于此。地名缩写很有意思——ATM。从伯利兹城有前往这里的旅游行程（→ p.130）。

来到这里仿佛化身为加勒比海盗一般，冒险气氛浓厚

　　伯利兹城西南方向，距离其 80 公里的地方，便是因伯利兹城屡次遭遇飓风侵袭而于 1970 年迁都的新首都——贝尔莫潘。
　　迁都初期这里是只有几座行政机关聚集地的人造小镇，完全没有大城市的车水马龙，因此也被称为世界各个国家中最有田园氛围的首都城市。即使是时至今日，贝尔莫潘也完全没有大城市的嘈杂与喧嚣，近年来开始有居民移居到贝尔莫潘来生活，城镇的规模也在逐渐扩大。除了伯利兹本国的行政机关，各国大使馆及相关机构的身影也可以在这座城市中看到。
　　这座首都目前只有 1.6 万左右的人口，完全可以用恬静来形容，而且治安也要比伯利兹城强上好几个档次，白天完全可以单独在城内活动。

◎ 交通方式

飞机

　　从伯利兹城郊外的国际机场（需 15~20 分钟，费用 US$87）以及距离城区较近的国内航线机场（需 25~30 分钟，费用 US$66）都有热带航空运营的前往贝尔莫潘机场的航线。从圣佩德罗（需 55~60 分钟，费用 US$118）、圣伊格纳西奥（需 10 分钟，费用 US$82）等地每天也有 1~3 班飞往贝尔莫潘的航班。

巴士

　　伯利兹城每天 5:00~21:00 期间，每小时都会有 3~4 班前往贝尔莫潘的巴士（需约 1 小时 30 分钟，费用 US$2.5）。

贝尔莫潘 漫步

　　贝尔莫潘是座步行便可以彻底完成游览的小城市。巴士总站旁设有市场、国会议事堂等各职能建筑，这里也是贝尔莫潘的城市中心。城内由名为环路的 Ring Road 主干路所串联。贝尔莫潘的治安要比伯利兹城好上不少。早晚气温比较凉爽的时间段经常可以看到在环路上慢跑的市民，为这座城市增添了不少青春活力。

　　小贴士 你在伯利兹动物园（→ p.133）可以体验"抚摸 & 亲吻美洲豹""与黑豹亲密接触""喂食巨嘴鸟""舞蛇"等丰富项目（各 US$5~），周六日人流量较大，最好错峰出行。

酒 店
Hotel

从伯利兹城可以实现贝尔莫潘的一日游，所以市内的酒店数量并不多，而且级别大多是中高档酒店。入住酒店后一日三餐都可以在酒店的餐厅内解决，如果还想节约花销的话可以前往市场内的简易食堂用餐。

牛蛙酒店
Bull Frog Inn

◆位于市内的高档酒店，环境安逸　建于市中心的高档酒店，酒店内设有餐厅和酒吧，人气很高。邻近购物中心，方便你外出购物。

高档	
住 25 Halfmoon Ave.	
☎ 822-2111　fax 822-3155	
URL www.bullfroginn.com	
CC AMV　客室 25 间　🛜 Wi-Fi	
费■—🛁🎥Ⓢ US$83~、Ⓓ US$98~（税+9%）	

埃尔·雷酒店
El Ray

◆多姿多彩的时尚酒店　酒店位置很好，出行便利，另外客房价格也很公道，并设有餐厅，提供机场及巴士总站的接送服务。

中档	
住 #23 Moho St.	
☎ 822-3438　fax 822-3262	
URL elreyhotel.com	
CC AMV　客室 12 间　🛜 Wi-Fi	
费■—🛁🎥ⓈⒹ US$40~	

贝尔莫潘　短途旅行

可以看到各类珍贵昆虫的绿色自然公园
冠卡斯特国家公园
Guanacaste National Park　★★

"允许带走的只有这里的美丽照片，允许留下的只可以是你曾到访过的新鲜足迹"是这家国家公园的宣传语，足见其倡导环保生态游的主体思想。公园内已经铺设了规整的步行路，可以沿路领略大自然的美景，但步行距离不短，建议穿着方便行走的鞋款。园内有许多高大参天的冷杉树，自然气息十足，运气好的话还可以看到珍稀的蝴蝶与蜻蜓。

自然动物的庇护所
伯利兹动物园
The Belize Zoo　★★

位于连接伯利兹城与贝尔莫潘的国道路上，可以说恰巧位于两座城市的正中间。这里几乎原原本本维护着动物栖息应有的自然环境，包括伯利兹国兽貘、吼猴、美洲豹、金刚鹦鹉、巨嘴鸟等125余种哺乳动物及鸟类都可以在动物园内一睹风采。

你在园内还可以看到伯利兹的国鸟——彩虹巨嘴鸟

透明度极高的大自然泳池
蓝洞国家公园
Blue Hole National Park　★

深达10米左右的藏蓝色水潭，由于潭水一直都在与外界相循环，所以透明度很高。这里宛如一座大自然开掘的泳池，天气好的话完全可以入内游泳。此外距离国道沿路贝尔莫潘大约2公里的地方还有一处洞窟，可以带着手电入内探险。周围也是美洲豹及豹猫的栖息之地。

冠卡斯特国家公园
MAP p.121/A1
开 每天 8:00~16:30
费 US$2.50

从贝尔莫潘前往伯利兹的巴士可以路过这里，需约5分钟，费用US$0.50。国家公园坐落在连接两座城市的国道沿路，距离贝尔莫潘只有3公里的距离。

伯利兹动物园
MAP p.121/A1
☎ 822-8000
URL www.belizezoo.org
开 每天 8:30~16:30
费 US$15

乘坐连接贝尔莫潘与伯利兹城两地的巴士车，无论从哪座城市出发，需约45分钟，费用US$2.50。

动物园入口虽然就在国道边上，但不太显眼，可以请教下司机具体的位置。园内设有商店，可以进店转转挑选合适的礼品及工艺品馈赠亲友。此外动物园内还有一家名为 The Belize Zoo Jungle Lodge（☎ 220-8003）的住宿设施，方便你在园内过夜。

蓝洞国家公园
MAP p.121/B1
开 每天 8:00~16:30
费 US$5

从贝尔莫潘前往坦克里克的巴士车会途经此地，需20分钟，费用US$1.50。国道旁还设有适合的游客中心，这个游客中心也是蓝洞国家公园的入口所在。

■=设有空调🈵=未设空调、🛁=房间设有淋浴设施🛀=公用淋浴设施、🎥=设有电视🈚=未设电视

库尔克岛 *Caye Caulker*

深受背包客喜爱的人气小岛

人口 ▶ 1300 人

库尔克岛
MAP p.121/A2

世界遗产

伯利兹堡礁保护区
（1996 年收录）

货币兑换
Ⓑ Atlantic 银行（MAP p.137/
B2）中设有 ATM 可以提取
现金。营业时间为周一～周
五的 8:00～14:00，周六的
8:30～12:00。

热带航空
☎ 226-0040
URL www.tropicair.com

玛雅岛航空
☎ 226-0012
URL www.mayaislandair.com

从机场前往市中心
库尔克岛机场 Caye Caulker
（CUK）距离岛内主干路最
南端的路只有 500 米的距
离。如果你的行李不是很
沉，完全可以从机场步行进
城。搭乘高尔夫代步车形式
的出租车，费用约为 US$3。

在海岸游玩的少女

乘船前往海上潜泳的度假客人

小岛特有的宜人氛围

库尔克岛位
于伯利兹城东北
方向约 33 公里，
安柏葛利斯岛以
南约 18 公里的地
方。相比已经成
为度假胜地的圣
佩德罗，这里规
模略小一些，与
其说库尔克岛是
度假地，不如说
是一座宜人的小岛更为合适。也正是由于这里还未完全商业化，物价也
比较低廉，不少游客都在这里长期停留。岛长约 7 公里，由南北两座细
长形的小岛组成，需要注意的是，酒店都位于南岛之上。2000 年开始库
尔克岛发展旅游资源，导致原本作为小岛主要产业的渔业逐渐消失。岛
上没有公路，所以既不会堵车也不会有尾气污染。你呼吸到的只有灿烂
阳光下的温暖海风，听到的则是海水拍击海岸以及徐徐吹拂的和煦之风。
国内空气质量就不在此赘述了，来库尔克岛好好做个深呼吸吧。

◎ 交通方式

飞机

　　每天从伯利兹城郊外的国际机场（需 15~20 分钟，费用 US$86）前
往圣佩德罗的热带航空及玛雅岛航空航班共有 25 班，距离城区较近的国
内航线机场（需 20~30 分钟，费用 US$52）前往圣佩德罗的热带航空及
玛雅岛航空航班则有 23 班。如果提前预约，可以以相同的费用前往库尔
克岛，需 10~20 分钟。

小贴士　库尔克岛的信息可以从 URL www.gocaycaulker.com 的官网上进行详细的了解，此外在 URL hotguidebelize.
com 的网站内可以了解岛内酒店、餐馆以及旅行行程等各类实用信息。

船

伯利兹城白天每小时都有 1~2 班大型游船可以前往库尔克岛。乘坐由 Ocean Ferry Belize 旅行社运营，在伯利兹市内平旋桥东面搭船的游船以及 Belize Water Taxi 旅行社运营，在伯利兹游客村旁登船的游船（航程 45 分钟~1 小时，US$15）都可以前往库尔克岛。天气不好的时候海面风浪较大，游船摇晃会比较剧烈，请多加注意。

乘船体验别样的交通方式

库尔克岛 漫步

库尔克岛的中心区域位于岛北面直径约 1 公里的范围内。岛内的 2 条白色沙滩路是这里的主干道。一路延伸到东边沙滩的前街 Front St. 建有酒店、餐馆、潜水商店、礼品店等设施。

乘坐游船抵达库尔克岛时，会从东侧的栈桥下船。入住南岛的酒店存放好行李后，你便可以前往北岛的沙滩游览了。下午海上的潮起潮落比较频繁，下水游玩尽量挑在上午海面比较平静的时段。库尔克岛的沙滩并没有十分宽阔，但澄清的海面上波光粼粼，一群又一群小鱼摆动着鱼鳍围绕着红树根转圈，白色的沙滩搭配嫩绿的椰子树，此时再下海游一游泳，真的自在舒服。

购买往返船票更加划算
往返伯利兹城的游船船票，如果购买往返程船票，价格会比单程合适不少。从伯利兹城往返于库尔克岛的船票总价为 US$25，回程的船票也没有固定时间，可以根据你自己的喜好决定返程上船时间。

旅行社
前街设有几家经营出海项目的旅行社。费用和内容大体相同，你可以货比三家后决定参报哪家旅行社的行程。

高尔夫代步车的租金
每小时收费 US$10，需要出示驾照才能租赁，所以在国内需要提前做国际驾照的公证。租赁自行车一天的费用是 US$7.50。

在栈桥慵懒度日的度假游客

前街的路面就是岛上的白沙，完全没有铺设柏油路

Yellow Page 库尔克岛的实用信息

库尔克岛始发的旅游团
从库尔克岛始发的旅游团价格相比伯利兹城始发的旅游团价格要偏贵一些，你可以对比一下决定最终的方案。

洞窟漂流·丛林探险
搭乘轮胎船沿着洞窟内的水流探险，价格包括入场费及午餐，2 人起成团，费用 US$78。

阿顿哈遗迹
伯利兹代表性的玛雅遗迹，费用包含英文导和早餐。乘船需要额外付费。2 人起成团，费用 US$88。

拉玛奈遗迹
旅行途中还可以体验乘船环节，费用包含英文向导和午餐。4 人起成团，费用 US$120。

库尔克岛的旅行社
Tsunami Adventures 旅行社
🗺 MAP p.137/A2　🏠 Front St.
☎ 226-0462
🌐 URL tsunamiadventures.com
🕐 每天 8:00~18:00
经营浮潜、海钓、内陆遗迹观光等各式旅游项目。

小贴士　伯利兹城始发的游船遇到不好的天气时由于海浪较大，船身会有比较明显的晃动，海浪也会翻涌上船。为避免行李淋湿，要用塑料布包好，做好防水措施。衣服也是挑选速干型的面料比较适合。

Belize Diving Services 旅行社

MAP p.137/A2

🏠 Chapoose St.

☎ 226-0143

🔗 belizedivingservices.com

🕐 每天 8:00~18:00

霍尔干海洋保护区 Hol Chan Marine Reserve

MAP p.121/A2

霍尔干在玛雅语中意为"小型海峡"，保护区位于圣佩德罗东南方向约6公里的位置，是一片100公里连绵不绝的珊瑚礁群。此外因为这里是自然保护区所以禁止捕鱼，保护区入场费US$12.5。

🔗 www.holchanbelize.org

恰佩尔岛

位于库尔克岛南面约2公里的位置，全长约5公里的小岛。乘船可以前往东面约2公里远的珊瑚礁游览。岛上的海滩比库尔克岛更加美丽。

前往圣佩德罗的旅游行程

在库尔克岛、霍尔干海洋保护区、圣佩德罗三地之间的旅游项目，包含浮潜项目（US$75，含器材费）。

伯利兹堡礁保护区旅游行程

在伯利兹堡礁保护区进行半天浮潜的快乐行程。可以在海中看到鲨鱼与黄貂鱼。行程举行时间为10:30~13:30以及14:00~17:00，费用US$35~。参加10:30~15:30的全天行程收费为US$70~。

海牛观光行程

上午前往海牛的栖息地燕子岛 Swallow Caye 游览，下午则是在伯利兹堡礁保护区浮潜。行程时间为9:30~16:30，费用为US$90~。

潜水（背氧气筒）
Diving

伯利兹的珊瑚礁群是欧美潜水爱好者的潜水胜地。除了收录于世界遗产名录的伯利兹堡礁保护区 Belize Barrier Reef Reserve System，南面海域也有很多亮点。特别是在海中宛如异次元圆形开口的蓝洞 Blue Hole 景区十分知名。

潜水费用根据下潜位置不同，收费标准也不尽相同，一般包含潜水器材租赁的标准金额为1天2次下潜（US$99~），1天3次下潜（US$170~），夜晚下潜（US$75~）。此外还有持续4天的潜水课程（US$395~）。

浮潜（无氧气筒，使用呼吸管呼吸）
Snorkeling

被誉为海洋绅士的珍奇生物海牛

在透明度很高，珊瑚礁分布较多的加勒比海浮潜也是一项很有乐趣的活动。如果想亲密接触小型热带鱼，相比潜水，浮潜可能更加合适。其中最有人气的便是包含浮潜项目的霍尔干海洋保护区 Hol Chan Marine Reserve 一日游行程与恰佩尔岛 Caye Chapel 的一日游行程了。此外在伯利兹堡礁保护区内的半日游行程中，通过浮潜可以近距离看到海下游走的鲨鱼以及黄貂鱼等大型鱼类，亲身了解这些海洋生物不为人知的独特一面。

此外你还可以参加周游蓝洞周边景区的特别行程，在蓝洞景区浮潜，想想是不是都不禁兴奋起来了呢？参加浮潜项目，通常都会提供潜水面罩与脚蹼等潜水器材的租赁。

海钓
Fishing

通过酒店及旅行社都可以预约钓鱼船，从海中刚刚钓到的梭子鱼以及鲷鱼直接烤熟食用，那种鲜美的滋味简直无法用语言形容。

出海时一定要戴上帽子，做好防晒工作

费用根据船只的大小以及钓鱼点的不同也不尽相同。通常是半天4人船（US$250~），全天（US$350~），如果打算垂钓旗鱼等大型鱼类，则会加收US$50。不过费用都是聊出来的，在海边找一个正好空闲趴活儿的船老大好好聊聊，说不定能直接半价出海。

小贴士 浮潜时即使下潜深度不深，也可以看到鲨鱼和黄貂鱼等大型鱼类的身影，使用5米防水的特制照相机，不用将相机放到防水袋里也可以正常拍摄，非常方便。

你在这里可以体验各式各样的拓展活动

与黄貂鱼结伴游泳

库尔克岛
Caye Caulker

区域地图 ▶ p.121/A2

0   200m

N

慵懒蜥蜴餐厅
Lazy Lizard

公共海滩

海洋之梦酒店
Sea Dreams

Hattie St.

Mara's Place

库尔克岛公寓酒店
Caye Caulker Condos

Chocolate's Gift Shop

Jan's Place

A

赤脚加勒比人酒店
Barefoot Caribe

Paradise,Too

彩虹酒店
Rainbow

Belize Diving Services旅行社

足球场

彩虹餐厅
Rainbow

高尔夫代步车租赁点

Tsunami Adventures
旅行社

Ocean Side

Miramar   E-Z Boy旅行社（旅行社）

后街栈桥
Back Bridge

Island Rentals

Atlantic

Mayan Magic Shop

Caye Caulker Bakery

班博泽餐厅 Bambooze

投币洗衣房

警察局

洛萨烧烤店
Rosa's Grill

Belize Water Taxi旅行社发船点
（一圣佩德罗、伯利兹城区间）

Syd's

哈瓦那人餐厅
Habaneros

Johnny's Rooms

Vega Inn & Gardens

Ocean Ferry Belize旅行社
（船票售卖点）

邮局

食材商店

China Town Palace

Marine's

尤马民宿Yuma's House

前街主桥
Main Front Bridge
（一圣佩德罗、伯利兹城区间）

B

邮局

Mario's Tours
旅行社

Marine's
I & I

Daisy's

卡巴纳斯滨海酒店
Seaside Cabanas

热带乐园餐厅
Tropical Paradise

Tree Tops

学校

Tom's

1

库尔克岛机场
Caye Caulker（CUK）方向

2

小贴士   如果你想从空中俯瞰宛如在海底张开异次元圆形大门的蓝洞景观，可以搭乘塞斯纳小型飞机游览。感兴趣的话可以在旅行社咨询。

酒店
Hotel

　　岛内坐落着几家高档酒店，但房间数不多的中等规模酒店才是岛上住宿设施的主力军，数量不少，所以想在岛上找个栖身之所不是什么难事。每年12月~次年3月以及6~8月，长期住客会有比较大的增幅，如果提前预约，可以在酒店满员前预订价格很划算的房型。宿舍的住宿模式也在库尔克岛比较常见。

卡巴纳斯滨海酒店
Seaside Cabanas

◆住客满意度很高的人气酒店　地理位置优越，黄色的酒店外观时尚且引人注目，酒店内除了泳池酒吧还设有礼品商店，方便你为亲友采买礼品。提供早餐。

高档	Map p.137/B2

🏠 Playa Asucion
☎ 226-0498　📠 226-0125
URL www.seasidecabanas.com
CC MV　客房数 18 间
📶 免费 Wi-Fi
费 ⊟ ⊟ 🚿 🖳 Ⓢ Ⓓ US$115~（税+9%）

库尔克岛公寓酒店
Caye Caulker Condos

◆设施完备内饰时尚　配有泳池等加分设施的优质酒店，客房内饰精美，还设有厨房，此外还会为房客准备沙滩毛巾及饮用水。作为房客，租借酒店的自行车也是免费的，非常便利。从屋顶可以眺望到优美的海景以及美丽的日出日落。

高档	Map p.137/A2

🏠 Front St.
☎ & 📠 226-0072
URL www.cayecaulkercondos.com
CC MV
客房数 24 间
📶 免费 Wi-Fi
费 ⊟ ⊟ 🚿 🖳 Ⓢ Ⓓ US$79~（税+9%）

彩虹酒店
Rainbow

◆周围有许多餐馆及商店　位于前街上的蓝色建筑，引人注目。规模不大但设施完备，酒店员工也十分亲切友善。旁边还设有木屋房型，海岸边则分布着不少餐馆，你可以在这里品尝到新鲜美味的海鲜菜肴。

高档	Map p.137/A2

🏠 Front St.
☎ 226-0123
URL www.cayecaulkerhotelbz.com
CC MV
客房数 12 间
📶 免费 Wi-Fi
费 ⊟ ⊟ 🚿 🖳 Ⓢ Ⓓ US$81~（税+9%）

赤脚加勒比人酒店
Barefoot Caribe

◆房间可以看到很棒的美景　价格实惠，住宿体验舒适。面向路边的客房价格较贵，但是可以眺望到美丽海景，还是物有所值的。挑选客房时尽量选择较高的楼层，这样视野会更加开阔。此外酒店内并设的餐厅也面向街面，菜品味道很受好评。

中档	Map p.137/A2

🏠 Front St.
☎ & 📠 226-0205
URL www.barefootcaribe.com
CC MV
客房数 13 间
📶 免费 Wi-Fi
费 ⊟ ⊟ 🚿 🖳 Ⓢ Ⓓ US$40~（税+9%）

尤马民宿
Yuma's House

◆紧邻搭船点的平价住宿地　一家很受欧美背包客喜欢的人气民宿，就建在搭船点的不远处，面向海岸地理位置优越，无论是其外观还是内设都很时尚却不落俗套，房客可以共用民宿的厨房，实现自己做饭的可能，便利又温馨。

经济型	Map p.137/B2

🏠 Playa Asucion
☎ 206-0019
URL yumashousebelize.com
CC 不可
客房数 11 间
📶 免费 Wi-Fi
费 🚿 🖳 Ⓢ Ⓓ US$38~
　　🚿 🖳 宿舍房型 US$15~

⊟ 设有空调　⊟ 未设空调　🚿 房间设有淋浴设施　公用淋浴设施　🖳 设有电视　未设电视

餐 馆
Restaurant

　　库尔克岛最值得推荐的当数这里的特产大龙虾了，虽然伯利兹国内为了保护龙虾资源对捕获数量及龙虾个头大小进行了控制，但岛上餐馆供应的龙虾准保你吃得过瘾，无须担心。此外这里的鲷鱼扇贝汤也十分鲜美，入夜后许多餐馆都会播放雷鬼音乐，分外热闹。

慵懒蜥蜴餐厅
Lazy Lizard

Map p.137/A2

◆**位于库尔克岛最北端的人气餐馆**　坐落在库尔克岛最北端的位置，可以隔海眺望对岸的无人岛。餐馆风格是海滩餐吧＆烧烤风格，餐馆旁边就是公共海滩，无论是游客还是当地居民都把这里当作他们最喜欢的地方。餐馆里经常播放着大音量的音乐，海岛风情十足。

- 住 Front St.
- ☎ 226-0636
- URL www.lazylizardbarandgrill.com
- 開 每天 10:00~23:00
- CC 不可
- 🛜 免费 Wi-Fi

洛萨烧烤店
Rosa's Grill

Map p.137/B2

◆**人气十足网罗多国菜品的烤肉馆＆酒吧**　供应晚餐的库尔克岛人气餐馆。用餐气氛很棒，菜品味道也备受好评。你在这里可以品尝到甄选龙虾等各色海鲜烹调的海鲜大餐，也有健康十足的素食。菜品很多，小心挑花了眼。用餐预算一般为 US$15~30。

- 住 Front St.
- ☎ 226-0407
- 開 每天 17:00~21:00
- CC MV
- 🛜 免费 Wi-Fi

哈瓦那人餐厅
Habaneros

Map p.137/B2

◆**奢华氛围的别致餐馆**　经营加勒比海鲜菜、伯利兹菜以及各式素菜及创意菜，可以在这里品尝到新鲜的海味。此外这里的鸡尾酒和红酒种类也很丰富，夜晚还有现场演出，用餐预算为 US$15~30。

- 住 Front St.
- ☎ 626-4911
- 開 周五～下周三 18:00~21:00
- CC MV
- 🛜 免费 Wi-Fi

热带乐园餐厅
Tropical Paradise

Map p.137/B1

◆**海鲜菜肴备受好评**　海鱼中尤数鲷鱼的味道最为鲜美，这里的炸鲷鱼、蒸鲷鱼或煎鲷鱼菜式独具一格，你可以任意挑选烹调方式，价格 US$8~10。套餐附带米饭和沙拉。店内用餐气氛很好，是游客经常光顾的一家餐馆。并设的酒店与旅行社生意也不错。

- 住 Front St.
- ☎ 226-0124
- URL www.startourbelize.com
- 開 每天 18:00~22:00
- CC MV
- 🛜 免费 Wi-Fi

班博泽餐厅
Bambooze

Map p.137/B2

◆**可以坐着秋千用餐的创意餐馆**　非常具有开放感的餐厅，菜品以海鲜为主。店内的秋千椅子很有特色，为用餐的食客内心增添了几分轻松与愉悦。鸡尾酒的种类也很多，来这里单点一杯酒品也未尝不可。16:00~20:00 是减价供应饮料的时间。

- 住 Front St.
- ☎ 625-0339
- 開 周六～下周四 10:30~23:30
- CC 不可
- 🛜 无 Wi-Fi

圣佩德罗
贝尔莫潘

圣佩德罗 *San Pedro*

伯利兹国内最大的度假岛屿

可以在圣佩德罗的周边海域进行各项扩展活动

人口▶ 1.3万

圣佩德罗
MAP p.121/A2

世界遗产
伯利兹堡礁保护区
（1996年收录）

旅游咨询处
MAP p.141/B2
住 Barrier Reef Dr.
开 周一～周六 10:00~13:00
你可以在这里领取地图
及宣传页。

货币兑换
B Atlantic 银行（MAP
p.141/B2）及 B Belize 银行
（MAP p.141/A2）的 ATM 可
以进行现金提取。银行的营
业时间为周一～周五的 8:00~
14:00，周六的 8:30~12:00。

热带航空
☎ 226-2338
URL www.tropicair.com

玛雅岛航空
☎ 226-2435
URL www.mayaislandair.com

从机场前往圣佩德罗中心
圣佩德罗机场 San Pedro
（SPR）位于城镇的南部
（MAP p.141/A3），从机场打
车前往市内价格为 US$5 左
右，有时候出了机场可能碰
巧没有在这里等活的司机，
这时候拜托机场工作人员帮
忙叫车就可以。

圣佩德罗机场

圣佩德罗作为伯利兹国内加勒比海上由沙子和珊瑚礁构成的最大的
Caye（岛屿）之一，看点十足。一望无垠的蓝天、反射着耀眼阳光的波
澜海面、乳白色的细腻沙滩、最有海滩氛围的排排椰子树，你在这座小
岛上既可以躺在沙滩悠闲地吹着海风，也可以积极参加各类海上项目，
可谓满足了各类人群的度假需求。

圣佩德罗距离伯利兹城北门约 58 公里的位置，是伯利兹国内最大的
龙涎香岛屿。坐落在岛屿正中心的城镇便是圣佩德罗。城镇的人口目前
约有 1.3 万，别看圣佩德罗是一座海岛，但白天每小时都有从伯利兹城
飞往这里的航班。圣佩德罗城内和陆地城市几乎没什么两样，但因为这
里是度假胜地，物价相比其他伯利兹城市要略高一些。相对于客户群以
背包客为主的库尔克岛，你在圣佩德罗可以更轻松地找到真正意义的度
假酒店及优质餐馆。

从这里可以很方便地前往世界第二大堡礁规模的伯利兹堡礁保护区，
你还可以搭乘玻璃船出海观光、进行浮潜或是潜水项目。不仅可以看到
有太阳与月亮相伴的海上风光，还可以下潜入海，领略加勒比海下的奇
妙世界。来到圣佩德罗，你一定会留下难忘的旅行回忆。

🌀 交通方式

飞机

每天从伯利兹城郊外的国际机场（需 15~20 分钟，费用 US$86）前
往圣佩德罗的热带航空及玛雅岛航空航班共有 25 班，距离城区较近的国
内航线机场（需 20~30 分钟，费用 US$52）前往圣佩德罗的热带航空及
玛雅岛航空航班则有 23 班。此外从科罗萨尔每天也有 10 班飞往圣佩德
罗的航班（需 20 分钟，费用 US$72）。

小贴士 Ocean Ferry Belize 旅行社与 Belize Water Taxi 旅行社所经营的前往伯利兹城的游船搭乘点位于圣佩德罗
的同一座栈桥上，但是从伯利兹城前往圣佩德罗的搭乘点不一样，如果你是从伯利兹城搭船前往圣佩德
罗，请注意搭船点的地址。

船

伯利兹城白天前往圣佩德罗的游船几乎每小时都有1~2班。乘坐由Ocean Ferry Belize旅行社运营，在伯利兹市内平旋桥东面搭船的游船以及Belize Water Taxi旅行社运营，在伯利兹游客村旁登船的游船都可以前往圣佩德罗。伯利兹城前往圣佩德罗的游船几乎都会经过库尔克岛（航程1小时~1小时30分钟，费用US$20），购买往返船票还会享受折扣价格。

从科罗萨尔也可以搭乘Thunderbolt Travel旅行社运营的游船前往圣佩德罗，每天共有两个班次（需约2小时，费用US$25）。

圣佩德罗始发前往伯利兹城的定期游船

Ocean Ferry Belize旅行社以及Belize Water Taxi旅行社运营的游船，在每天6:00~17:15期间，每小时都会有1~2班从圣佩德罗岛上的栈桥（MAP p.141/B2）始发前往伯利兹城的定期游船。这些游船几乎都会经过库尔克岛，往返船票费用为US$35。

乘船前往伯利兹城的游客

为行季做好防水准备，即使被海水浸湿，脱去防水外皮也会安然无恙

小贴士 从科罗萨尔（→p.146）前往圣佩德罗的高速游船由Thunderbolt旅行社运营，该社的游船开起来就像旅行社名字，坐在船上感觉像闪电打在船体一般摇晃得非常剧烈，建议容易晕船的客人还是搭乘飞机前往圣佩德罗更加合适。

出行租一辆高尔夫代步车会更加便捷

高尔夫代步车
城内的旅行社及酒店都提供高尔夫代步车的租赁项目。通常每小时收费US$10~15，多人乘坐因为费用可以均摊会更加实惠。但是驾驶代步车仍需要国际驾照，所以出国前最好做下国际驾照的公证工作。

城内主干路上设有许多礼品商店

布满纯白墓碑的当地墓地

位于主干路上的钟楼

浮潜项目
即使没有潜水证仍可以领略加勒比奇妙的海下世界，除了霍尔干海洋保护区的浮潜项目（US$40）、墨西哥岩的浮潜项目（US$40），还有包含海牛观光以及浮潜项目的综合旅游线路（US$150）。

圣佩德罗 漫 步

前往圣佩德罗游船的抵达点位于小岛的东岸，下船后便会看到城内的主干路大堡礁路 Barrier Reef Dr.。路两侧建有银行、邮局、旅行社、酒店、餐馆、礼品商店、潜水用品商店等设施，治安也很不错，可以安心逛街。

机场位于城镇的南面，但步行前往大堡礁路所在的市中心区域需要约5分钟。你在城内既可以欣然漫步悠闲游览，也可以租一辆高尔夫代步车走马观花，或者去城外你更感兴趣的地方。

圣佩德罗 扩展活动

浮潜
Snorkeling

出海行程大多是乘船游览几个知名景点，其中最受欢迎的当数前往霍尔干海洋保护区及墨西哥岩的浮潜项目了。搭乘小型游船在布满珊瑚礁的海下世界浮潜过后，前往库尔克岛或坎佩尔岛享用午餐，需要4~5小时的时间，费用US$40~（前往霍尔干海洋保护区需要额外支付US$12.5的入场费）。器材的租赁套餐费是US$5。

此外前往蓝洞的浮潜1日游行程（US$125~）也很热门，众多游客都对和海豚一起游泳跃跃欲试。

包含浮潜的旅游项目人气很高

帆船出海游
Yacht Sailing

搭乘帆船，吹着海风，探访周围的岛屿与沙滩，中途还可以在珊瑚礁浮潜，行程丰富。

费用为每人每天US$40~50。

在美丽的珊瑚礁旁小憩

潜水
Diving

在圣佩德罗龙涎香岛南面便是收录在世界自然遗产名录中的伯利兹堡礁保护区以及蓝洞景区，因此从圣佩德罗可以很轻松地实现在这两个加勒比海自然遗产中潜水的活动，大部分海域水深都在25米左右，潜水时有导师陪伴，无须额外担心。

包含器材租赁的总费用为1天潜水2次US$80~，夜晚潜水US$65~，城内的潜水商店还开设NAUI及PADI的潜水课程（US$375~），无论是讲课还是实操都使用英文。

每个人自己管理自己的器材用具

从空中俯瞰蓝洞景区

海钓
Fishing

通过大部分酒店及潜水商店都可以参报海钓行程，不仅可以在布满珊瑚礁的外海区域捕获旗鱼、金枪鱼等体型较大的鱼类，还可以体验撒网捕鱼的特别乐趣。

堡礁区域内海钓的费用是半天US$90~、全天US$125~；外海海钓的费用是半天US$300~，全天US$375~，渔船最多可以搭乘4人。

在堡礁保护区内潜水

行程涉及霍尔干海洋保护区及周边的堡礁保护区，每天9:00、11:00、14:00、16:00发团，需约2小时，适合在海岛停留时间较短但又想体验潜水乐趣的游客。费用US$65~80。

在蓝洞景区潜水
MAP p.121/A2

如果你从空中俯瞰蓝洞景区，会有一种海底张开了一个异次元入口的震撼感觉，能在这里潜水，是不是想想都非常刺激？这也是蓝洞景区成为伯利兹国内最有人气的潜水点的原因了。你在深度约为125米，直径300米的潜水区可以领略到宛如钟乳洞般奇妙的景色。附带午餐，一天可以下潜3次的旅游行程费用为US$260，此外需要额外支付US$40的景区入场费。

城内许多商店都会为你介绍很棒的海上扩展活动

圣佩德罗的实用信息
Yellow Page

圣佩德罗始发的旅游团

圣佩德罗作为著名的度假胜地，周边的海上扩展项目也十分丰富。此外你还可以参报可以参观内陆玛雅遗迹和洞窟景区的旅游项目，城内的旅行社和酒店都经营各式内容丰富的旅游团，挑一条最符合你喜好的旅行线路吧。

洞窟漂流·丛林探险

搭乘轮胎船沿着洞窟内的水流探险，价格包含午餐。7:00发团，包含伯利兹动物园（→p.133）游览内容的行程价格为US$150，包含苏南图尼奇遗迹（→p.154）游览内容的行程为US$220。包含飞索活动（高空滑索的刺激项目）的旅游行程价格为US$200。同时包括苏南图尼奇遗迹以及飞索活动的行程报价为US$220。无论哪种行程都需要搭船。

水晶坟墓洞窟

洞窟探险行程，费用包含午餐。7:00发团，费用US$230。

拉玛奈遗迹（→p.151）

玛雅遗迹参观行程，费用包含午餐。7:00发团，费用US$150。

圣佩德罗岛的潜水商店

Aqua Scuba 旅行社 MAP p.141/B2

Barrair Reef Dr. ☎ 226-4775

URL www.aquascubabelize.com

圣佩德罗当地最著名的旅行社之一，在浪花酒店设有柜台，方便游客报名各种旅游团。而且提供与住宿捆绑的旅游套餐，无论是报名还是付款都可以通过网络支付。网罗潜水、浮潜以及遗迹观光等各式观光内容。

小贴士　通常成团人数最少要有4人，如果4人以下强制发团则会收取额外的费用。你可以在市内旅行社及酒店的旅行社柜台咨询价格，货比三家后再决定最终行程。

143

酒店 & 餐馆
Hotel & Restaurant

　　圣佩德罗的平价酒店不是很多，大多是中高档酒店，其中在大堡礁路上多为中档酒店，机场附近以及小岛的南北两端则建有不少高档度假酒店。入住中档以上酒店都需要额外支付酒店税，酒店内的餐厅用餐方便，但是去街边的当地餐馆用餐也是个不错的选择。

可可沙滩度假酒店
Coco Beach Resort

◆ 很有人气的豪华度假酒店　位于圣佩德罗北面的四星级奢华度假酒店，设有泳池，房内有波浪式浴缸。提供接送服务。

高档	Map p.141/A3 外
住 3.5 Miles North，Ambergris Caye	
☎ 226-4840	
URL cocobeach.sandypointresorts.com	
CC AMV　房62 间　無 免费 Wi-Fi	
费 ⊟ ▧ Ⓢ Ⓓ US$232~（税 +13%）	

玛雅公主酒店
Mayan Princess

◆ 粉红色的外观非常讨喜　建在游船停靠点的高档酒店，藤质家具以及粉色基调的装潢布置很受女性欢迎。所有客房都配有卫生间，酒店住宿费包含早餐，每间客房的阳台也是绝佳的私人用餐地点。

高档	Map p.141/A2
住 Barrier Reef Dr.	
☎ 226-2778	
URL www.mayanprincesshotel.com	
CC AMV　房19 间	
無 免费 Wi-Fi	
费 ⊟ ▧ Ⓢ US$100~、Ⓓ US$120~（税 +19%）	

拉蒙乡村酒店
Ramon's Village

◆ 酒店服务完善，网罗各式旅游线路　拥有私人沙滩、泳池及餐厅，住客可以直接通过酒店预约潜水行程。提供机场的接送服务。

高档	Map p.141/B1
住 Coconut Dr.　☎ 226-2071	
URL www.ramons.com	
CC AMV	
房71 间	
無 免费 Wi-Fi	
费 ⊟ ▧ Ⓢ Ⓓ US$155~（税 +9%）	

浪花酒店
Spindrift

◆ 地理位置绝佳　酒店内并设潜水用品商店，店内除了可以采买各类装备，还可以参报丰富的海上观光行程，许多热爱潜水的客人都会挑选这家酒店，方便交换潜水信息。

中档	Map p.141/B2
住 Barrier Reef Dr.	
☎ 226-2174	
URL spindriftbelize.com	
CC ADMV	
房24 间	
無 免费 Wi-Fi	
费 ⊟ ▧ Ⓢ Ⓓ US$58~	

缇欧·皮尔斯酒店
Tio Pil's

◆ 面向海面的小型酒店　酒店内共有 8 间海景房，如果可以选择的话还是首选海景房。你可以通过酒店参报潜水及野生鸟类参观的旅行行程，与专业的工作人员交流，挑选最合适你的线路吧。

中档	Map p.141/A2
住 Barrier Reef Dr.	
☎ 206-2059	
CC MV	
房13 间	
無 免费 Wi-Fi	
费 ⊟ ▧ Ⓢ Ⓓ US$45~（税 +9%）	

卢比斯酒店
Rubie's

◆ 造型复古的不错平价酒店，比较推荐　中等规格、价格划算的平价酒店，木质建筑，让人放松舒适。面向海滩而建，还设有咖啡厅，方便你在酒店内打发空闲的时间。

经济型	Map p.141/B1
住 Barrier Reef Dr.	
☎ 226-2063	
URL rubyshotelbze.com	
CC MV　房23 间　無 免费 Wi-Fi	
费 ▧ Ⓢ Ⓓ US$38~、	
▧ Ⓢ Ⓓ US$22~	

⊟ 设有空调　≋ 未设空调　▧ 房间设有淋浴设施　▨ 公用淋浴设施　▣ 设有电视　▤ 未设电视

玛莎酒店
Martha's

◆**极具家庭氛围的温馨酒店** 规模不大但家庭气氛浓厚的温馨酒店，周围有家超市购物便利。

	经济型	Map p.141/A2
住	Pescador Dr. ☎ 206-2053	
fax	226-2488	CC 不可
室	12 间	
网	免费 Wi-Fi	
费	⦿▨Ⓢ US$23.20~、Ⓓ US$35.10~（税 +9%）	

野外芒果餐厅
Wild Mango's

◆**味道很受好评的当地餐馆** 沿海的休闲餐馆，由知名女性大厨掌勺，大厨沙拉 US$10 等各式菜品十分丰富。你在这里还可以品尝到地道的加勒比菜。此外这里的鸡尾酒和奶昔也值得一尝，饮品丰富，任你挑。

		Map p.141/B1
住	#42 Barrier Reef Dr.	
☎	226-2859	
开	周一～周六 11:30~21:00	
CC	AMV	
网	免费 Wi-Fi	

埃尔比的厨房餐厅
Elvi's Kitchen

◆**于 1974 年开业的老牌知名餐馆** 店内用餐气氛很好，几乎各个时段都很热闹。经营肉菜、海鲜及素食等各类菜品，套餐费用为 US$25，价格虽然略微有点小贵但是味道很不错。周四～周六晚上店内还有墨西哥和古巴音乐的表演。

		Map p.141/A2
住	Pescador Dr.	
☎	226-2176	
URL	www.elviskitchen.com	
开	周一～周六 11:00~22:00	
CC	AMV	
网	免费 Wi-Fi	

远航咖啡馆
Sail Away Café

◆**位于城中心的便利咖啡馆** 经营早餐、午餐、晚餐，身兼咖啡馆和酒吧两种作用。伯利兹风味早餐 US$8，店内饮品丰富，酒水饮品打折期间为周一～周四 17:00~21:00。一瓶啤酒 US$2，下酒菜免费提供，十分划算。

		Map p.141/A2
住	#25 Barrier Reef Dr.	
☎	206-2110	
开	周一～周六 7:00~21:00	
CC	AMV	
网	免费 Wi-Fi	

玛奈里斯手工冰激凌店
Manellys Homemade

◆**人气的冰激凌店** 手工制作冰激凌的人气专卖店，不仅是游客来这里尝鲜，当地人也经常光顾。从 1985 年开业至今，味道从未改变，此外店内还设有用餐桌及儿童游戏区。

		Map p.141/A2
住	Barriar Reef Dr.	
☎	206-2285	
开	每天 10:00~22:00	
CC	不可	
网	无 Wi-Fi	

里克斯海边咖啡馆
Licks Beachside Café

◆**海边的小型咖啡厅** 以咖啡为主，并提供各式奶昔饮品的咖啡厅。这里的早餐很受好评，面向大海的露台席位气氛很好，几乎随时都是满座的状态，想要看着海面细细品味一杯咖啡，那就要早点去喽。

		Map p.141/B2
住	Corner of Black Coral St.	
☎	226-5425	
开	周日 8:00~20:30	
CC	MV	
网	免费 Wi-Fi	

科罗萨尔
贝尔莫潘

人口 ▶ 1 万

科罗萨尔 *Corozal*

拉丁氛围浓厚的伯利兹与墨西哥边境城镇

面向大海的科罗萨尔

科罗萨尔
MAP p.121/A2

热带航空
☎ 422-0356
URL www.tropicair.com
从伯利兹城机场有途经圣佩德罗最终抵达科罗萨尔的航班。

玛雅岛航空
☎ 422-2874
URL www.mayaislandair.com
从伯利兹城机场在圣佩德罗经停后换乘其他航班可以前往科罗萨尔。

从机场前往市内
从科罗萨尔机场 Corozal（CZH）到市区区间并未设有巴士公交，只能打车前往（需约 10 分钟，US$3）。

国境信息
墨西哥的切图马尔与科罗萨尔的正中央，便是恩多河流经而过的国境线区域。从科罗萨尔搭乘巴士前往国境线需约 10 分钟（→p.338）。

与圣佩德罗区间的游船
从圣佩德罗前往科罗萨尔，由 Thunder Bolt Travel 旅行社经营的游船每天共有 2 班，需约 2 小时，费用US$25。

　　位于伯利兹的北端，邻近墨西哥国境线的小镇，以农业为支柱产业，是座非常平静祥和的小城。城内道路可以看到西班牙语的公告牌，街上的行人除了非洲人和拉丁美洲人外，还有不少华人，这种许多国籍人民会聚一堂的别样气氛对于游客来说很有吸引力。要说可以在中美洲轻松使用英语交流的国家，也就只有伯利兹了。如果有游客是从墨西哥进入伯利兹，可能都会有点不太适应。

　　平日比较安静的科罗萨尔，在每年的 9 月 10 日圣乔治节到 9 月 21 日的独立纪念日期间都会举行盛大的狂欢游行，10 月 12 日的哥伦布日及年底的圣诞节也会十分热闹。

◎ 交通方式

飞机

　　从圣佩德罗可以乘坐热带航空及玛雅岛航空运营的航班前往科罗萨尔。每天共有 10 个航班（需约 20 分钟，US$72），从伯利兹城郊外的国际机场及伯利兹城机场也可以搭乘途经圣佩德罗的航班前往科罗萨尔。

圣佩德罗便有前往科罗萨尔的航班

巴士

　　在墨西哥的切图马尔与伯利兹城区间运行的巴士都会在科罗萨尔经停，每天 6:00~18:00 期间几乎每小时 1 个班次，从切图马尔前往科罗萨尔（需 20~30 分钟，费用 US$1），从伯利兹城前往科罗萨尔（需约 2 小时 30 分钟，费用 US$4.50~8）。

小贴士 从科罗萨尔的巴士总站搭乘巴士（车费 US$1）或出租车（车费 US$10）前往国境约需 10 分钟的时间，从伯利兹前往墨西哥时需要在出入境管理局缴纳 US$18.75 的墨西哥过境费。

科罗萨尔　漫步

　　中央公园附近建有银行、市政厅、警察局及市场，巴士总站也位于公园附近，你在公园周边也很容易找到酒店和简易餐馆，有用的设施也都集中在了公园这里，可以说是一座很小的城镇。面向加勒比海岸的科罗萨尔湾面积不大，转一转就可以游览完毕。但是吹着和煦海风在海畔散步还是十分惬意的。

　　科罗萨尔的看点之一便是市政厅 Town Hall 内部的精美壁画。一进入市政厅就会看见迎面而来的内容丰富的壁画作品。描绘了科罗萨尔从玛雅文明的衰退到被西班牙殖民统治的历史时期，以及对西班牙的独立战争，涉及科罗萨尔的各个历史阶段，引人入胜。由出生在科罗萨尔的画家马努埃尔·毕夏摩尔绘制而成。

科罗萨尔　主要景点

保留着完好状态的玛雅拱形门
圣丽塔遗迹
Santa Rita Archaeological Site　★★

　　距离科罗萨尔约 2 公里的郊外坐落着一座规模虽然不大，但却建于公元前 300 年～公元 300 年时期的玛雅遗迹。这座遗迹的一大看点便是这里的玛雅拱形门。近年来为了研究玛雅族与西班牙军人俘虏是不是在 16 世纪中期第一次在中美洲举行婚礼的课题，从 2013 年 1 月开始又重新启动了这座遗迹的发掘工作。

　　当你登上这座遗迹的顶端时，可以看到科罗萨尔湾对岸茂密的热带雨林，塞罗斯遗迹便深藏于那片雨林之中。

在遗迹周边偶遇的当地孩童

外观保存良好的圣丽塔遗迹

曾是海上贸易的重要据点
塞罗斯遗迹
Cerros Archaeological Site　★

　　面向科罗萨尔湾，位于切图马尔半岛上的玛雅遗迹，这里在过去曾是加勒比海上的重要贸易场所，遗迹中高达 21 米的神殿中装饰着假面雕刻。据推测这里在公元前 300 年左右到公元 100 年期间曾是一座前古典时期的繁荣城市，不仅担当着交易场所的职能，也是和圣丽塔城轮番支配这片土地的核心城市。遗迹中装饰神殿的假面雕刻被誉为玛雅低地中最古老的面具作品。

遗迹中留有神殿建筑的塞罗斯遗迹

公园内的钟楼

市政厅
🗺 MAP p.148
🕐 周一～周五 9:00～12:00、13:00～17:00
💰 免费

圣丽塔遗迹
🗺 MAP p.121/A2
🕐 每天 8:00～12:00
💰 US$5
　　搭乘前往伯利兹城的巴士在圣丽塔遗迹站下车后，沿着向西延伸的小路前行途中还可以看到指示牌，一般不会迷路，大约步行半小时便可以到达圣丽塔遗迹。打车的话需约 5 分钟，车费 US$3。

塞罗斯遗迹
🗺 MAP p.121/A2
　　旱季可以打车前往这座遗迹，雨季则需要乘船前往。酒店内可以预约前往这里的行程，往返每人需要 US$50 的费用，遗迹参观无须额外付费，可以自由进出参观。

酒店 & 餐馆
Hotel & Restaurant

科罗萨尔城内酒店较少，可以找到的几家也是中档酒店以及民宿，如果打算吃顿好的，可以选择在酒店内并设的餐厅用餐，城中心有不少经营中餐及墨西哥菜的餐馆。

塔楼酒店
Mirador

◆ **城中的商务酒店** 坐落在海畔的4层中档酒店，一层作为餐厅空间。位于城中心，去哪里都很方便。可以通过酒店参报前往各个遗迹的旅游团。酒店内还设有礼品商店。

中档	Map p.148
🏠 4th Ave.and 3rd St.	
☎ 422-0189	
URL www.mirador.bz	
CC MV　24 间	
📶 免费 Wi-Fi	
🛁💵🛏️📺ⓈⒹ US$59~	

寇巴香蕉酒店
Copa Banana

◆ **价格公道的全套房酒店** 所有房间都是套房房型，无论是厨房还是起居室都空间很大。方便2人以上客人同时住宿。酒店内设有泳池，而且可以免费租借这里的自行车。距离机场及市中心大约有1.5公里，提供接送服务。

中档	Map p.148 外
🏠 #409 Bay Shore Dr.	
☎ 422-0284	
URL copabanana.bz	
CC MV　5 间	
📶 免费 Wi-Fi	
🛁💵🛏️📺ⓈⒹ US$67~（税 +9%）	

玛雅酒店
Maya

◆ **可以预约飞机票的酒店** 坐落在面向海面的大道上，步行到城内需要约10分钟，地理位置非常安静。你可以通过酒店前台预约机票。酒店内设有餐厅，可以品尝到地道的墨西哥佳肴。

经济型	Map p.148
🏠 7th Ave.and South End	
☎ 422-2082　📠 422-2827	
URL www.hotelmaya.net	
CC AMV　20 间　📶 免费 Wi-Fi	
🛁💵🛏️📺ⓈⒹ US$38~	

仙人掌广场餐厅
Cactus Plaza

◆ **墨西哥卷饼种类丰富** 可以以非常划算的价格品尝到墨西哥的各式佳肴，只在每周下半周的傍晚营业，食客大多是当地人，十分热闹，可见这里的味道有多好。餐馆内设有大型屏幕，是很不错的聚会场所。

	Map p.148
🏠 6th South	
☎ 422-0394	
🕐 周四～周日 18:00~24:00	
CC 不可	
📶 免费 Wi-Fi	

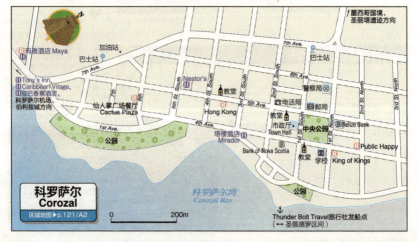

🛁=设有空调、🚫=未设空调、🛏️=房间设有淋浴设施、🚿=公用淋浴设施、📺=设有电视 📺=未设电视
从国内拨打伯利兹当地电话 00+501+XXX-XXXX（→ p.123）

奥兰治沃克 *Orange Walk*

邻近拉玛奈遗迹的甘蔗盛产地

建于城中心的钟楼建筑

奥兰治沃克
贝尔莫潘

人口▶ 1.3万

货币兑换
　城中心设有几家银行，你可以通过银行内的 ATM 提取现金。

　位于伯利兹城北面约 45 公里，邻近纽河的奥兰治沃克，是伯利兹北部代表性的商业城市。城内与伯利兹整体说英语的环境不太一样，主要以西班牙语为主，很有墨西哥的感觉。

　奥兰治沃克盛产甘蔗，经常可以看到市内拉着甘蔗到处跑的货车从眼前经过。这些甘蔗不仅是蔗糖的原料，也是朗姆酒的主要原料。

　奥兰治沃克是一座多民族共同生活的融洽之城。除了玛雅人、梅斯蒂索人、印度人以外，还有很多被称为门诺派教徒的白人生活在这里。门诺派作为基督教再洗礼教派的一支，多是原先在欧洲受到迫害，随后从北美迁徙到伯利兹定居生活。男性大多穿着罩衫搭配牛仔帽，女性则是连衣裙搭配无边帽的服装风格，完全是西部电影的即视感，很有特色。他们至今仍主要从事农业工作，前往其他地方时，习惯用马车作为交通工具来进行移动，生活作息也依然十分保守，但他们的农作物目前却是伯利兹国内最为重要的存在。

　奥兰治沃克虽是座小城，但这里却是伯利兹代表性玛雅遗迹拉玛奈遗迹的交通起点，因此许多游客都会途经这里。拉玛奈遗迹除了人文历史资源外，也是众多野生鸟类的栖息地，目前仅记录在案的鸟类种类就多达 350 余种。

◎ 交通方式

巴士

　伯利兹城与墨西哥的切图马尔区间的巴士车都会途经此地，伯利兹城在每天 5:00~20:45 期间每小时都有一班（需约 1 小时 30 分钟，费用 US\$2.50），从科罗萨尔也有前往奥兰治沃克的巴士（需约 1 小时，费用 US\$2）。

街边享受多米诺牌的当地人

怀抱当地名产橙子的花季少女

小贴士　门诺派教徒最早出自德语区，现在很多教徒也都用古德语沟通。他们在 18~19 世纪从德国前往俄罗斯，之后在 20 世纪前半叶移居到美国和加拿大，迁往伯利兹居住则是从 20 世纪 60 年代开始的。

奥兰治沃克 漫 步

在城内的主干路走走转转

奥兰治沃克城市规模比较小，步行游览完全没问题。这里与伯利兹城相比，治安要好上不少，城镇气氛安静宜人。中央广场周边设有不少商店，沿着市政厅旁的公园路 Park St. 及河畔的主路 Main St. 转一圈，可以在沿途看到餐馆和酒店等设施。奥兰治沃克是游客前往拉玛奈遗迹的中转站，你完全可以在这里停留一晚小憩一下。

此外在城内的班克塔斯文化会馆 Banquitas House of Culture 还可以参观介绍奥兰治沃克历史的各式展品，不需要门票即可免费参观，散步时可以顺道来这里转一转。

酒店 & 餐馆
Hotel & Restaurant

奥兰治沃克作为一座小镇，酒店的价格要比伯利兹城便宜一些。不少酒店的氛围都很温馨，工作人员也会热情相迎，住宿体验很好。城内虽然没有高档餐馆，但是咖啡馆和小餐馆却经常可以找到，除了伯利兹菜外，还可以品尝到美味的墨西哥特色菜。

兰花棕榈酒店
Orchid Plam Inn

◆ 缤纷多彩的花朵迎接着来宾　坐落在城中心，地理位置便利。酒店店如其名，栽培着众多兰花，营造出很好的环境与气氛。酒店员工亲切和蔼，提供优质到位的服务，十分推荐。

中档

🏠 #22 Queen Victoria Ave.
☎ 322-0719
URL www.orchidpalminn.com
CC AMV
🛏 8 间
📶 免费 Wi-Fi
费 Ⓢ US$40~、Ⓓ US$50~

圣克里斯托弗酒店
St.Christpher's

◆ 河畔的中档酒店　客房简洁干净，提供各种必需品，价格公道，住宿体验满意度很高。邻近市中心但客房非常安静，位于酒店内院的发船点还有直接前往拉玛奈遗迹的游船。

中档

🏠 #10 Main St.
☎ 302-1064
URL www.stchristophershotelbze.com
CC AMV　🛏 23 间
📶 免费 Wi-Fi
费 Ⓢ Ⓓ US$70~
　 Ⓢ Ⓓ US$40~

纳西尔·玛雅布餐厅
Nahil Mayab

◆ 可以品尝到热带美味的独到餐馆　热带风格的伯利兹菜品与特色饮品都备受好评，你在这里甚至可以体验到一丝绿洲特有的甜蜜与清凉。这里也是当地人著名的约会餐馆，用餐气氛很好。预算 US$15~30。

🏠 Cor.Guadalupe and Santa Ana St.
☎ 322-0831
URL www.nahilmayab.com
开 周一～周三 10:00~15:00
　 周四～周六 10:00~14:00、18:00~23:30
CC MV
📶 免费 Wi-Fi

密林中的神殿遗迹

阿顿哈遗迹

Altun Ha Archaeological Site ★★

阿顿哈遗迹
MAP p.121/A2
开 每天 8:00~17:00
费 US$10

阿顿哈遗迹位于伯利兹城与奥兰治沃克区间的旧公路沿线，通常都是从伯利兹城或奥兰治沃克（费用US$72~）前往遗迹游览，详情可以咨询当地旅行社或酒店前台。

　　距离伯利兹城以北约50公里的地方，便是这座在伯利兹本土产的伯利金啤酒上都有出镜的伯利兹代表城市遗迹——阿顿哈遗迹。1964年便有考古学者到访这里，并在次年开始了严谨的考古调查工作。直至今日，这里已

深受游客喜爱的阿顿哈遗迹

经被修复得非常漂亮。阿顿哈在玛雅语中是岩石沼泽的意思，遗迹内有两座广场和宫殿、神殿等建筑，其中最高的太阳神神殿高达18米，玛雅拱形门及各式面具装饰石雕都值得一看。

　　阿顿哈在长达1300余年的历史中，作为一个国家、一座都城而屹立不倒，在7世纪达到了发展巅峰。城内共留有5座大型金字塔形建筑遗迹，其中规模最大的便是7世纪时期建造的太阳神神殿，这里也是重达4.42千克的翡翠太阳神头像的发掘地。在这座玛雅文明中典型的斜坡3层金字塔塔顶还建有一座直径约2米、厚达1米的巨大石质圆台，目前被认为是供奉太阳神的祭坛之地。

　　作为距离大海不远的古代城市，这里也是海上交易的繁荣据点。对岸东部海面上圣佩德罗岛一段的马尔科·冈萨雷斯遗迹便被认为是阿顿哈设在对岸的办事处，可见当时阿顿哈的势力范围之大。

大自然氛围浓厚的伯利兹最大规模遗迹

拉玛奈遗迹

Lamanai Archaeological Site ★★

拉玛奈遗迹
MAP p.121/A1
开 每天 8:00~17:00
费 US$10

从奥兰治沃克有前往这里的旅游行程（费用US$72~）。

　　作为伯利兹规模最大的玛雅遗迹，从公元前500年左右到16世纪，拥有超长的历史。目前已经在这里清理出数百座建筑遗迹，其中包括坐落着人脸石像的面具寺院、猎豹寺院、古球场等知名景点。许多陪葬的精美宝石也都相继被发掘出来。

巨大的人脸石像

　　拉玛奈在玛雅语中意为水下的鳄鱼，1980年考古学家最初来到这座遗迹时发现了戴着鳄鱼面具的陪葬孩童的骸骨，遗迹因此得名。

　　拉玛奈遗迹也是伯利兹国内以高度为特色的遗迹之一。遗迹中最大的建筑N10-43高达33米，当你走到建筑物高层时，可以俯瞰到纽河及茂密的热带雨林。如果天气很好，你的视野将更加宽阔。你在遗迹中还可以看到伯利兹的国鸟巨嘴鸟、国花黑兰等珍稀物种。当你乘船前往这座遗迹时可以在沿途看到许多颜色鲜艳的野生鸟类，甚至还会偶遇鳄鱼。一个名为船坞ship yard的门诺派村子也坐落在遗迹附近。

小贴士 伯利兹的旅行社也经营前往阿顿哈遗迹以及拉玛奈遗迹旅游的精彩线路。

圣伊格纳西奥
贝尔莫潘

圣伊格纳西奥
San Ignacio

周围有许多玛雅遗迹的卡约省首府

人口▶ 1.7 万

圣伊格纳西奥
MAP p.121/A1

货币兑换
　城中心的 B Belize 银行、
B Atlantic 银行内的 ATM 都
可以提取现金。

巴士始发站
　城内巴士始发站的位置
不是很好找，最好向司机问
清楚后再下车。另外，乘车
时要确定巴士的目的地是危
地马拉国境城市本阙·雷·卡
门还是伯利兹城，千万不要
搞错方向。

从高地眺望圣伊格纳西奥城

圣伊格纳西奥
San Ignacio
区域地图▶ p.121/A1

伯利兹城西南方向 130 公里的地方坐落着一
座被群山环抱的小城——圣伊格纳西奥。马卡尔
河从城中心流过，酷暑的日子里经常可以看到在
河里洗澡解暑的亲子的欢乐场景。城内在马卡尔
河上架有两座桥梁，一座是霍克斯瓦斯桥，另一
座则是以木质结构而闻名的木桥。霍克斯瓦斯桥
下也是世界第二长度的独木舟竞技赛事"路塔玛
雅"比赛的始发点，这个竞技项目是 3 人一组，
从圣伊格纳西奥出发，中途需要露营，持续 3 晚
4 天，以伯利兹城的佩里坎桥为终点的精彩赛事，
残酷而持久，每年都吸引众多海外参赛者到访参
加。比赛的开赛时间是在 3 月，届时你可以看到
多支独木舟竞技队伍。圣伊格纳西奥的郊外也有
不少玛雅遗迹，作为观光城市人气也一直很高，
你可以在这里安然停留几日，在城内的时尚餐馆
和酒吧享受美食与美酒。

圣伊格纳西奥机场
　热带航空的航班运营圣
伊格纳西奥与伯利兹城和圣
佩德罗区间的航班。

  交通方式

飞机

　热带航空运营的航班可以前往伯利兹城郊外的国际机场（航程约
50 分钟，费用 US$120）、伯利兹城国内航线机场（需约 40 分钟，费
用 US$92）、贝尔莫潘（需约 10 分钟，费用 US$79）、圣佩德罗（需
约 1 小时 10 分钟，费用 US$139），每天共有 4 个航班。

小贴士　圣伊格纳西奥机场（CYD）位于城市的西南面，从市内打车前往需要约 15 分钟的时间，费用 US$10。如
果你打算前往加勒比海上的小岛圣佩德罗，推荐搭乘经由伯利兹城的航班前往，坐飞机快捷又舒适。

巴士

伯利兹城每天 5:00~21:30 期间，每小时 1~2 班巴士（需约 2 小时，费用 US$4），还有从贝尔莫潘出发的巴士（需约 1 小时，费用 US$1.50）和从危地马拉边境城市本阙·雷·卡门出发的巴士（需约 30 分钟，费用 US$1）。

巴士始发站附近热闹的街市

圣伊格纳西奥　漫　步

巴士始发站周边便是城镇的中心地区。礼物商店、餐馆、咖啡馆及酒店都建在这片区域。可以参报旅行团的几家旅行社也都可以在这里找到，你可以听听他们的意见，看看参加哪个遗迹观光项目最适合你。

巴士始发站北面 50 米的地方坐落着一座英伦风格的教堂，在每周五、周六马尔卡河的西岸还会举办露天市集，除了售卖新鲜蔬果的商贩，还有可以享用简餐的路边摊，时间合适的话不妨去那里转一转。

国境信息

从圣伊格纳西奥乘坐巴士前往危地马拉的边境城市本阙·雷·卡门需约 30 分钟，从那里打车前往国境线需约 10 分钟。

穿过国境线后，走过桥步行便可以前往危地马拉的梅尔乔·德门科斯，桥头也有前往弗洛雷斯的巴士车和迷你小巴，非常方便。

圣伊格纳西奥　短途旅行

伯利兹代表的古代都市遗迹

卡拉科尔遗迹

Caracol Archaeological Site ★★★

位于伯利兹西南部的一处规模很大的遗迹。卡拉科尔在西班牙语中是蜗牛的意思。目前遗迹玛雅语的名字尚未明确，但这里却是古典时期证实存在，鼎盛时期人口多达 15 万余人，城市规模在古典时期都是名列前茅的大规模都市国家。高达 43 米的金字塔形神殿称为 Caana，玛雅语中意为天之神殿，作为玛雅遗迹中的最大神殿建筑，蒂卡尔遗迹（→p.108）中的 III 号神殿也才高约 51 米，由此可见这座卡拉科尔遗迹的建筑规模了。据考古推论，这里在过去也曾是玛雅地区核心的典礼仪式举办场所。

这座遗迹在 1936 年被搜索树的当地劳动者意外发现，但由于其身处热带雨林的深处，前往遗迹的交通十分不便，真正的开掘工作从 20 世纪 80 年代才开始展开。

虽然目前我们知道卡拉科尔遗迹的规模完全足以媲美蒂卡尔遗迹，但是关于这个都市国家的兴衰历史却少之又少，通过解读发掘出的石质圣坛上的玛雅文字可以得知，这里在水王统治时期曾经赢得了与蒂卡尔之间的战争，并在低地地区确立了自己的核心城市地位。

卡拉科尔遗迹
MAP p.121/B1
开 每天 8:00~16:00
费 US$15

自由行几乎很难抵达这座遗迹，推荐参报旅游团前往游览，圣伊格纳西奥市内的 Mayawalk Tours 旅行社（参照本页小贴士）便经营前往卡拉科尔遗迹的旅游行程。7:00~17:00，费用 US$100，费用包含往返交通费、遗迹门票、向导费以及午餐费。

遗迹内复原了玛雅文字的浮雕

被精心修复的卡拉科尔遗迹的神殿建筑

小贴士　Mayawalk Tours 旅行社经营周边的玛雅遗迹观光游项目，最少成团人数为 3 人，参加旅行团可以前往自由行很难前往的卡拉科尔遗迹。MAP p.152　☎ 824-3070　URL www.mayawalk.com

苏南图尼奇遗迹
苏南图尼奇遗迹
Xunantunich Ruins
★★

从圣格纳西奥乘坐巴士前往遗迹入口需约 20 分钟的车程，从国境线打车到这里需要 10 分钟时间。进入遗迹后搭船前往河对岸，随后步行登山约 20 分钟即可抵达遗迹所在地。打车前往遗迹入口肯定会更加有效率。

遗迹门票包含往返船费，返程乘船时需要出示之前门票的票根，千万别弄丢了。

从圣伊格纳西奥与本阙·雷·卡门之间的公路中间点位置下车，随后沿着斜坡步行约 2 公里便可以抵达这座遗迹。苏南图尼奇遗迹作为伯利兹国内代表的古代遗迹之一，伯利兹纸质货币 2 伯利兹元的背面便是这座苏南图尼奇遗迹的风景图。

这座位于茂密森林覆盖的山丘之上的玛雅遗迹，被取名为苏南图尼奇，意为石之女。目前推测公元 9 世纪左右曾是这里最繁荣的发展期，距离苏南图尼奇大约 8 公里的卡哈帕奇遗迹，目前认为也是与苏南图尼奇同一时代的古代都市，两座城市借马卡尔河之便曾有过丰富的交流历史。

遗迹中最大的看点便是名为埃尔·卡斯缇乔的高约 40 米的巨型金字塔建筑。建筑墙壁上仍留有丰富的装饰图案，刻画了天神及跳舞的玛雅族人，还有怪兽及贝壳的画面，表现了玛雅族的独特世界观。遗迹中的管理事务所附近便有一座巨大的石像对外展出。

在伯利兹纸币上出现的埃尔·卡斯缇乔的实景图

遗迹中遗留的神殿基底

卡哈帕奇遗迹
卡哈帕奇遗迹
Cahal Pech Ruins
★★

从圣伊格纳西奥步行到这里需约 20 分钟的时间，打车则仅需 5 分钟。遗迹入口处有一座展出这里发掘的文物的小型博物馆。

遗迹坐落在圣伊格纳西奥郊外的丘陵地带，从城中心完全可以步行前往。据推测，这座遗迹是由玛雅族的莫潘族系以及从尤卡坦半岛迁徙而来的原住民族共同建造而成的。卡哈帕奇的意思是铭刻时间的场所。

遗迹的魅力之一便是玛雅建筑中独特的玛雅拱形门建筑，众多小型拱形门凌乱地分布在遗迹之中，走几步便会有迷路的感觉，这恐怕是为了当时应对敌人入侵而故意摆放的易守难攻阵型。

目前推测，卡哈帕奇的历史从公元前 10 世纪可以一直追溯到公元 9 世纪时期，目前遗迹内遗留的建筑多是公元前 3 世纪～公元 3 世纪前古典时期以及公元 6 世纪～公元 8 世纪中古典时期建造的。

保存状态很好的神殿遗迹

小贴士 卡约省有不少教徒大多是德国移民的门诺派（→p.149）的聚集地，圣伊格纳西奥每周五、周六开办的露天集市上可以看到门诺派手工制作的奶酪等乳制品。

酒店 & 餐馆
Hotel & Restaurant

圣伊格纳西奥城内主要以规模适中的中档酒店及平价民宿为主，价格比较实惠。高档酒店则大多位于郊外。餐馆及简易食堂位于市中心区域，周日经常会有停业休息的餐厅，用餐前请多加确认。

卡哈帕奇度假村酒店
Cahal Pech Village Resort

◆位于高地邻近遗迹的高档酒店　从客房可以俯瞰圣伊格纳西奥城镇，邻近卡哈帕奇遗迹，是建在高地的木屋型度假酒店。步行前往城区需约 20 分钟，提前预约的话，酒店巴士可以在市内的巴士始发站接你回酒店。

高档	Map p.152 外
住 San Ignacio	
☎ 824-3740　fax 824-2225	
URL www.cahalpech.com	
CC AMV	
室 57 间	
📶 免费 Wi-Fi	
费 ▭▭▧🖳 Ⓢ US$90~（税 +19%）	

玛莎民宿
Martha's Guest House

◆深受年轻女性喜爱的高档酒店　客房整洁时尚，欧美客人很多，一层设有味道很合游客口味的人气餐厅，酒店前台也设在这里。

中档	Map p.152
住 #10 West St.	
☎ 804-3647　fax 824-4963	
URL www.marthasbelize.com	
CC MV　室 16 间	
📶 免费 Wi-Fi	
费 ▭▭▧🖳 Ⓢ US$75~	

洛萨酒店
Rosa's

◆二层设有中餐馆的酒店　距离巴士始发点步行只要 2 分钟，地理位置方便。提供早餐，连住还会有房费折扣。8~10 月是房费最便宜的时期。

经济型	Map p.152
住 #65 Hudson St.	
☎ 804-2265	
CC MV	
室 13 间	
📶 免费 Wi-Fi	
费 ▭▭▧🖳 Ⓢ US$36~、Ⓓ US$43~	

J&R 民宿
J&R Guest House

◆价格亲民的民宿设施　很受欧美人欢迎的民宿设施，起居室有电视及厨房，虽然没有空调但是设有电扇，洗完澡吹风还是很凉爽的。可以用西班牙语与工作人员进行沟通交流。

经济型	Map p.152
住 #20 Far West St.　☎ 626-3604	
URL www.belize-cayo-tours.com	
CC 不可　室 6 间	
📶 免费 Wi-Fi	
费 ▨▧🖳 Ⓢ Ⓓ US$17~	
▨▧ Ⓢ Ⓓ US$23~	

酷欧克斯汉娜餐厅
Ko-Ox Han-nah

◆评分很高的亚洲餐厅　经营印度菜肴的亚洲餐馆，无论是当地居民还是游客都很爱来这里用餐。十分知名。

	Map p.152
住 #5 Burns St.	
☎ 824-3014	
开 每天 6:00~21:30	
CC MV	
📶 免费 Wi-Fi	

玛莎厨房餐厅
Martha's Kitchen

◆用餐氛围轻松的人气餐馆　并设在民宿设施的知名餐馆，经营多国菜肴，菜品从肉菜到简餐一应俱全，一定有合你胃口的一款。

	Map p.152
住 #10 West St.	
☎ 804-3647	
开 每天 7:00~22:00	
CC MV	
📶 免费 Wi-Fi	

▭=设有空调 ▨=未设空调、▧=房间设有淋浴设施 ▧=公用淋浴设施、🖳=设有电视 🖳=未设电视
从国内拨打往伯利兹当地电话 00+501+XXX-XXXX（→ p.123）

伯利兹历史

Historia de BELIZE

在几乎都以西班牙语作为官方语言的中美洲地区，伯利兹是这7个中美洲国家中唯一以英语作为官方语言的国家，颇具自己的风格。伯利兹于1981年9月实现独立，也是目前美洲大陆上最新成立的国家。

伯利兹的领土在危地马拉国内设有西班牙的总督府以来，很长一段时间其实都是属于危地马拉的，但是这里由于地处加勒比的沿海地区，地理位置偏僻而且人口稀少，对于设在内陆地区危地马拉国内的总督府来说几乎没有什么经济价值，一直处于被忽视的地位。直到1638年，英国的武装舰队在这里登陆，其中一部分英国人开始在此定居，伯利兹城海边的圣乔治岛成为英国人最初的基地，方便他们将这片土地的桃花心木、杨苏木砍取后运往英国国内。

当然，危地马拉的西班牙总督府不可能对英国人的这种行为坐视不管，这种行为在当时的国际法中也是板上钉钉的盗窃行为，所以总督府也屡次派出军队驱赶在现在的伯利兹领土中安营扎寨的英国人。

但随着加勒比海域的霸权地位逐渐从西班牙偏向英国，英国进出伯利兹的频率也与日俱增，定居在伯利兹的英国人逐渐增多，而且他们还将许多牙买加人作为自己的劳动力带到了这片土地之上，这也是现在伯利本土非洲裔居民的来历之一。此后伯利兹虽然没有官方的法律承认，但是已然成了英国的殖民地，最终在1763年的《巴黎条约》以及1783年的《凡尔赛条约》中，西班牙被迫向英国妥协，英国可以自由使用伯利兹的所有领土。

英国人最初的基地是圣乔治岛，随着人口逐渐增多，圣乔治岛已满足不了其作为根据地的需要，最终在1784年结束了其与英国有关的历史。英国人将大多数人口都迁移到了对岸现在伯利兹城的所在位置。

1859年刚刚独立的危地马拉政府与英国政府对于伯利兹的所有权展开了新一轮的交涉工作，英国以有权修建从伯利兹城到加勒比海岸的公路设施为交涉条件，继而承认了伯利兹的危地马拉所有权。此后的10年内，英国以修建公路为名，不断向这里输入英国移民，通过修建一座又一座城镇及村落，将势力从沿海的伯利兹逐渐扩大到了中美洲的内陆地区。直至1862年，英国宣布洪都拉斯属于英国领区。

在英国和危地马拉政府谈判之后，英国人几乎没有履行其为伯利兹修建公路的承诺，相比于危地马拉统领伯利兹，实质上的统领者早已不言而喻，这也是危地马拉人至今仍会宣称伯利兹的领土权的原因之一。

虽然伯利兹是英国发展中美洲势力的起点，但伯利兹的人口数量却未有很大幅度的增长。19世纪60年代，伯利兹的总人口只有2.5万余人，当时的人口组成主要是黑人、玛雅族原住民、中国人、与英国签订劳约的印度人，以及少量英国人，这也可以说是伯利兹诞生初期的人口比例实况。现在伯利兹增长最显著的当数从中国台湾及中国香港定居在此的华人，许多餐饮店和杂货店都是他们在经营，近年来不少华人还开始涉足酒店行业。

20世纪50年代之后，伯利兹民众开始萌生独立意识，随后人民统一党（PUP）在国内创建，并在1957年的普通选举中获得了自治权。1963年，自治政府的身份得到认同，1972年为了走向独立而做了进一步的准备工作。但是一直主张伯利兹的领土属于自己的危地马拉政府频频向伯利兹施加压力，最终使得伯利兹在1981年9月才获得独立。在伯利兹彻底独立之前，首都从伯利兹城迁到了贝尔莫潘，人们开始在这片平原之中重新建造各个政府机构，从零开始修建起了这座田园之都。而伯利兹迁都的首要原因便是飓风对伯利兹城的影响——伯利兹城由于屡次遭到飓风的侵袭才不得不有了迁都的举动。值得一提的是，英国作为伯利兹曾经的殖民国，对于伯利兹的迁都建都等工程还给予了资金赞助。1991年，危地马拉政府也承认了伯利兹的国家身份，但国境线等问题一直还是迟迟未决，直到2013年10月，两国国民才投票决定了现在的危地马拉—伯利兹国境线位置。

伯利兹现在虽然属于英联邦国家，但是却不会受到英国的干涉而是自主执政。在伯利兹政府独立之前便存在的PUP人民统一党的领袖乔治·普赖斯长时间都手握政权。其间曾有统一民主党（UDP）的曼努埃尔·埃斯基韦尔与其交换了统治席位。1998年的选举中，PUP击败了UDP重夺领导权，2008年的选举中UDP又夺回了政权，在2015年的选举中，UDP的党首迪安·巴罗再次当选总理席位，可以说伯利兹这个小国就是由人民统一党和统一民主党轮流执政而进行治理的。

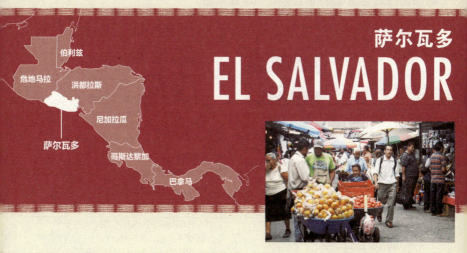

萨尔瓦多
EL SALVADOR

伯利兹

危地马拉

洪都拉斯

尼加拉瓜

哥斯达黎加

巴拿马

萨尔瓦多

危地马拉
GUATEMALA

洪都拉斯
HONDURAS

Río Hondo

La Entrada

奇基穆拉
Chiquimula

科潘城
Copán Ruinas

科潘遗迹
Copán

Santa Rosa
de Copán

科马亚瓜
Comayagua

埃斯基普拉斯
Esquipulas

Agua Caliente

埃尔·波伊 El Poy

La Esperanza

蒙特克里斯托
Montecristo
(2418m)

La Palma

Metapán

圣克里斯托巴尔
San Cristóbal

Santa Rosa
Guachipilin

卡萨布兰卡遗址
Casa Blanca

圣安娜
Santa Ana

Chalatenango

Sabanetas

Valle Nuevo

拉斯·支那马斯
Las Chinamas

Chalchuapa

考特佩克湖
Lago de Coatepeque

苏奇托托
Suchitoto

Ahuachapán

塞罗贝尔德
Cerro Verde
(2030m)

El Congo

霍亚·德塞伦遗迹
Joya de Cerén

Sensuntepeque

圣罗莎·德利马
Santa Rosa
de Lima

La Hachadura

塔苏马尔遗迹
Tazumal

Izalco

圣安德烈斯遗迹
San Andrés

伊洛瓦斯科
Ilobasco

San Francisco
Gotera

松索纳特
Sonsonate

巴博亚公园
El Parque Barboa

圣萨尔瓦多
San Salvador

Cojutepeque

埃尔·阿玛提洛
El Amatillo

Acajutla

拉利伯塔德
La Libertad

伊洛潘戈湖
Lago de Ilopango

圣维森特
San Vicente

克莱帕
Quelepa

圣米格尔
San Miguel

拉乌尼翁
La Unión

拉普尔塔·德尔·迪亚布罗
La Puerta del Diablo

Zacatecoluca

科马拉帕国际机场
Aeropuerto Internacional
de Comalapa

La Herradura
Costa del Sol

Usulután

圣米格尔火山
Volcán San Miguel
(2130m)

El Cuco

El Tamarindo

梅安格拉岛
Isla Meanguera

太 平 洋

0   50km

1

2

N

A   A

B   B

国旗

国旗设计继承了中美洲联邦时的设计图案，上下的蓝色代表太平洋和加勒比海，中间的白色则象征着和平。中央的国徽是一个等边三角形，三角形的三条黄线分别表示平等、真理和正义。5座火山在太平洋、大西洋之间拔海而起，象征着中美洲五国。周围的月桂树则代表着萨尔瓦多的 14 个省份。

国名

萨尔瓦多共和国
República de El Salvador

国歌

《自豪地向我们祖国致敬》
Himno Nacional de El Salvador

面积

约 2.1040 万平方公里

人口

约 638 万（2017 年数据）

首都

圣萨尔瓦多 San Salvador。首都人口约为 31.6 万人，首都圈人口大约为 174 万。

领导人

现任总统桑切斯·塞伦
Salvador Sánchez Cerén（2014 年 6 月就任，任期 5 年）

政体

立宪共和制，国民议会为一院制（议员名额固定在 84 人，任期 3 年）。

民族构成

欧洲人与玛雅原住民的混血人种 84%、欧洲裔 10%、原住民 6%。

宗教

基督教徒 50%、新教徒 38%、无信仰人士 9%、其余教派人士 3%

语言

官方用语为西班牙语。
→旅行会话 p.348
萨尔瓦多旅游资讯
URL www.elsalvador.travel

货币及汇率

科朗 Colon 曾是萨尔瓦多的通用货币，但从 2001 年 1 月起，美元 US$ 作为流通货币在萨尔瓦多全国开始流通。目前萨尔瓦多国内只认可美元，可以在国内提前兑换美元随身携带前往萨尔瓦多。2019 年 4 月的汇率为 US$1 ≈ 6.72 元，通过 ATM 机可以用国际现金卡 Cash Card、预存卡 Prepaid Card 和信用卡直接在萨尔瓦多国内提取美元，部分中高档酒店接受信用卡支付。

纸币分为 1、5、10、20、50、100 美元共 6 种面值。硬币分为 1、5、10、25、50 分（c）5 种面值。当地使用的美元和美国本土的美元完全是一种货币。
旅行资金准备→ p.343

1¢　　5¢　　10¢　　25¢　　50¢

US$1　　　　　　US$5

US$10　　　　　US$20

US$50　　　　　US$100

※VISA 信用卡最为普遍，信用卡的普及率由高到低为 VISA、万事达卡、美国运通卡。大来卡和 JCB 信用卡通常不支持使用。

时差与夏令时

比中国晚 14 小时，中国 0:00 的时候，萨尔瓦多是前一天的 10:00，萨尔瓦多未设夏令时。

小贴士　萨尔瓦多的货币兑换小谈：萨尔瓦多国内无法进行人民币的兑换，最好从国内换好美元直接带到萨尔瓦多使用。银行的 ATM（几乎 24 小时营业）可以支持写有 Cirrus、PLUS 等字样的信用卡直接取现。

如何拨打电话

电话及邮政→ p.344

从国内往萨尔瓦多打电话

| 国际电话识别号码 00 | + | 危地马拉的国家代码 503 | + | 区号（去掉前面第一个0） ×× | + | 对方的电话号码 ××××× |

从萨尔瓦多往国内打电话

| 国际电话识别号码 0 | + | 中国的国家代码 86 | + | 区号（去掉前面第一个0） ×× | + | 对方的电话号码 ××××× |

签证

虽然萨尔瓦多在2018年8月21日独立自主与中国建交，但我国尚未建立该国使（领）馆。在相关政策并未出台前，中国公民申办萨尔瓦多签证时首先要有和萨尔瓦多建交的国家签证，最知名的便是美国签证。持有效期大于6个月的美国签证，前往设有萨尔瓦多大使馆的国家（如美国、墨西哥）办理签证即可。

护照

进入萨尔瓦多前有效期要在6个月以上。

出入境

乘坐飞机途经美国，需要美国签证，在美国进行转机或停留时一定要注意，启程到美国前，所有通过豁免签证计划来到美国的旅游人士必须通过旅游授权电子（EVUS）系统（→ p.335）取得授权。详情请参照美国大使馆官网介绍。

从南美黄热病疫区国家进入萨尔瓦多，必须携带注射黄热病疫苗证明，否则将被拒绝入境。

穿越中美洲国家边境→ p.338

（1）APELLIDOS 姓
（2）NOMBRE 名
（3）DOCUMENTO 护照号码
（4）NACIONALIDAD 国籍
（5）PROFESION 职业
（6）FECHA DE NACIMIENTO 出生日期，以日期、月份、年份的顺序填写
（7）SEXO 性别（F=女性，M=男性）
（8）PAIS DE NACIMIENTO 出生国家

（9）PAIS DE RESIDENCIA 居住国家（TURISMO=观光）
（10）MOTIVO DE VIAJE 到访目的
（11）DIRECCION PREVISTA 住宿地点
（12）NUMERO DE VUELO 航班号
（13）PAIS DE PROCEDENCIA 从哪国而来（入境萨尔瓦多前所在的国家）
（14）PAIS DE DESTINO 往哪国而去（之后要去的国家）

出入境卡填写范例

【出入境税】

乘坐飞机出入境时，机票中已经包括了出入境税费。陆路交通进出萨尔瓦多也不会征收任何税金。

从中国乘坐飞机前往萨尔瓦多

目前国内并未开设直飞萨尔瓦多的航班，你可以搭乘联合航空、美国航空、达美航空或哥伦比亚阿维安卡航空在美国或墨西哥转机前往萨尔瓦多的首都圣萨尔瓦多。算上转机的等待时间，需16~30小时可抵达圣萨尔瓦多。

美国前往萨尔瓦多的主要航路→ p.333

利用ATM直接取现的汇率与在国内银行兑换美元的汇率会有几个百分点的出入，建议还是在国内提前兑换美元。

气候

日照强烈，步行时在阴凉处行走会舒服不少

旅游旺季是每年11月～次年4月期间的旱季时期。5～10月为萨尔瓦多的雨季，傍晚经常会有比较猛烈的雷雨天气，且通常都会持续2小时以上。

萨尔瓦多全年都比较炎热，湿度也相对比较高，因为国土面积不大，几乎所有城市都位于距离太平洋沿岸不远处的平原地区，受海洋性气候影响，高温多湿是这里的特点。

与邻国洪都拉斯相接的地区海拔略高，有时气温会偏低，前往该区域一件薄毛衣会比较保险。

由于萨尔瓦多常年较热，旅行服装主要以T恤为主，但是入夜后体感还是会微凉，所以多带一件长袖外套或夹克就足够了。雨季旅行时为了防雨，带一把折叠伞会方便不少。

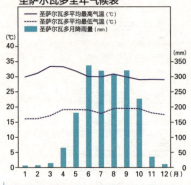

圣萨尔瓦多全年气候表

—— 圣萨尔瓦多平均最高气温（℃）
---- 圣萨尔瓦多平均最低气温（℃）
▮ 圣萨尔瓦多月降雨量（mm）

萨尔瓦多节日（主要节假日）

5月第一个周日在萨尔瓦多南面的帕奇马尔科镇会举办"花与羽毛的节日"

以下为2019年间的主要节假日。每年复活节的时间都会有所变动（不固定日期的节日用★标记），需要实际确认。※为当地风俗节假日，其余为法定节假日。

1月	1/1		新年
4月	(4/20~22 2019年)	★	复活节
5月	5/1		劳动节
	5/10※		母亲节
6月	6/17※		父亲节
8月	8/3~6		守护天使节
9月	9/15		独立纪念日
11月	11/2		诸灵节
12月	12/25		圣诞节

工作时间

以下介绍的是一般单位的工作时间，商店、餐馆等服务业会有所不同。服务游客的行业一般都会将工作时间延长一些。

【银行】

周一～周五通常营业时间为9:00~16:00，部分银行会在8:30开始营业。有的银行会在周六开门，所有银行周日及节假日都不营业。

【政府及一般企业】

周一～周五 7:30~12:00、13:00~15:30。

【商店】

每天的营业时间通常在8:00~18:00，部分商店会在周日休息。观光场所的民间工艺品店有的会全年无休。大型超市会在周六、日营业，通常22:00关闭。

【餐馆】

通常每天在10:00~15:00、18:00~22:00期间营业。

电压及插座

电压110V，频率为60Hz。插座为两眼扁平插座（A类型）及设有地线孔的3孔插座，但电压可能不太稳定，推荐携带变压器和转换插头。出发前请再次确认你的电器标准。

视频制式

与中国的PAL制式不同，萨尔瓦多是NTSC制式。在萨尔瓦多购买的DVD无法在国内播放。

小费

一般不需要支付小费，偶尔有需支付小费的场合。

【出租车】

通常不用额外支付小费。

【餐厅】

餐馆的结算单上如果包含服务费则无须额外支付小费，通常总餐费的10%作为小费支付即可。街头的平民餐馆无须支付小费。

【酒店】

拜托行李工搬运行李或提出打扫房间服务时，通常支付US$1左右的小费即可。

【参团】

通常支付旅游费的10%给向导作为小费。

饮用水

酒店及餐馆水龙头流出的水通常都可以直接饮用。但是在集市或街头小餐馆用餐时，以防万一，还是饮用瓶装矿泉水最为妥当。在超市和杂货店都可以轻松买到矿泉水。在餐馆点冷饮时，饮料里的冰块可能是用非饮用水制作而成的，尽量不要加冰。炎热天气下进行长时间遗迹观光时一定要注意水分补给。

邮政

寄往国内的明信片收费 US$0.85，信封文件 10g 以下收费 US$1.05、10g 以上收费 US$1.30~，城镇中几乎没有邮筒，可以前往邮局邮寄或是拜托高档酒店的前台代寄。信件抵达国内需 1~2 周的时间。

税金

日常商品的税率为 13%，入住高档酒店时加上酒店税需要支付 18% 的税金，中档及经济型酒店会在收费时将税费含在账单之中。

入住高档酒店便会加收额外税费

安全及突发情况

【强盗、小偷】

虽然萨尔瓦多政府将治安问题设为政府首要解决的第一课题，但名为马拉斯的武装犯罪集团所实施的强盗、诱拐、店铺袭击等恶性犯罪却以首都圣萨尔瓦多为中心，频频在萨尔瓦多国内出现。所以当你来到萨尔瓦多时，不仅是在圣萨尔瓦多，在萨尔瓦多国内的任何城市，都不要天黑之后外出。白天出行也尽量携带最少的行李，如果携带贵重物品，出行尽量使用出租车。

圣萨尔瓦多旧城区中，除了出现偷窃事件外，抢劫也时有发生，出门在外一定要多加小心。特别是从银行出来时要注意是否有人尾随。

【医疗事项】

各个城市都设有医院和诊所，如果你受伤或身体有所不适，联系酒店的工作人员，一般他们都会带你前往最近的医院。但这里医生的医术并不是很高，如果是重病还是推荐尽快回国医治。

当地的药品药效很强，对于东方人来说可能会引起不适，最好是自带药品以防万一。不过粉末状药物很有可能会被海关当作毒品，所以尽量不要携带。此外萨尔瓦多也是霍乱的流行地区，尽量不要饮用生水，前往值得信赖的餐馆用餐。

报警电话 123

旅行中的突发情况及安全知识→ p.346

※ 西部观光线路"拉斯·弗洛雷斯线"的展望台（米拉德尔）游览区，以及许多观光地区的展望台游览区都发生过持枪抢劫游客的事件，游览时一定要多加小心。

年龄限制

萨尔瓦多法律规定未满 18 岁不得饮酒及抽烟。观光景区的门票设有外国游客专用票、学生票和儿童票。

度量衡

和中国一样，长度单位为米，重量单位为克、千克。液体单位为升。咖啡的单位为磅（1lb=460g）。

国内交通

【飞机】

萨尔瓦多没有国内航线，作为国内唯一民用机场的科马拉帕国际机场运营中美洲各国之间的国际航线，科马拉帕国际机场也是哥伦比亚阿维安卡航空的枢纽机场。

【巴士】

首都圣萨尔瓦多有前往各个城市的巴士线路，主要城市间的干线铺设得非常平坦，可谓中美洲 7 国中最棒的公路。巴士班次很多，你在圣萨尔瓦多市内随时都可以看到前往各地的长途巴士。

行驶在城内的巴士车

其他

【参观教堂】

进入宗教建筑物后要脱帽，不要穿着背心短裤这种过于暴露的服装。不能把饮料食品带进教堂。此外也不能使用闪光灯拍照。

【洗手间】

城中的餐馆和购物商场都设有收费洗手间（费用 US$0.25），最好自备卫生纸。由于当地水压较低，上完厕所请把卫生纸扔到垃圾桶。

收费洗手间一般会备手纸或售卖手纸

小贴士 萨尔瓦多的安全状况最好实时关注网络的最新动态。

圣萨尔瓦多
San Salvador

从地震和内战的伤痛中复兴的神圣首都

当地人经常在此休憩的市中心的玻利瓦尔公园

人口▶ 31.6 万

圣萨尔瓦多
MAP p.157/B1

可以在这里领取用英语
及西班牙语介绍萨尔瓦多国
内及首都圣萨尔瓦多的地
图、景点介绍册等实用资
料。在科马拉帕国际机场也
设有对应窗口。

货币兑换
　市内设有许多家银行，
ATM 可以直接提取美元。此
外不少购物商场中也设有
ATM，方便顾客使用。

萨尔瓦多的首都圣萨尔瓦多的海拔为 660 米，首都圈的人口超过
174 万人。圣萨尔瓦多的意思虽是"神圣的救世主"，但这座城市却饱受
火山喷发以及地震等自然灾害的迫害，经历了十分沉痛的历史。此外这
里在 1980 年还爆发了长达 12 年的漫长内战，内战期间，众多灾民从萨
尔瓦多的其他城市涌入圣萨尔瓦多以谋求一丝生机。在内战结束后虽然
国家的经济得到复苏，但是因为许多内战的灾民依然生活在圣萨尔瓦多
市内，贫富差距十分明显，这也是现在市内治安恶化的原因之一。特别
是坐落着大教堂的市中心地区，周围有许多年久失修的荒废建筑，不少
灾民都生活在这一带，夜晚对于游客来说可谓十足的危险地区。不过白
天这里还是洋溢着城市应有的活力，旧城区中市场里商人喧闹的交易声、
路边小吃摊售卖的热腾腾的特色馅饼 Pupusa（→ p.22）、熙熙攘攘的大
人与小孩，仿佛可以让你忘记这里曾经遭遇的惨痛经历。

市中心西侧则是中产阶级以上人群的安逸住宅区，购物中心在市内
许多位置都可以找到，可以真切感受到圣萨尔瓦多市民的消费力在逐渐
增加。

◎ 交通方式

飞机

从机场前往市内
　作为从空中途径唯一可
以进入萨尔瓦多的抵达点，
科马拉帕国际机场 Comalapa
（SAL）位于圣萨尔瓦多南
面 44 公里的太平洋沿岸。从
机场打车前往市内需 40～50
分钟时间，费用 US$28~35。
除了在机场等活儿的出租车
外，还有无线出租车的预约
窗口，推荐搭乘 Acacya 公司
的出租车，员工听得懂英语。

萨尔瓦多国内未设有任何国内航线。
　科马拉帕国际机场作为哥伦比亚阿
维安卡航空的枢纽机场，运营着许多中
美洲各国前往北美或南美洲的航线，如
果你是搭乘阿维安卡航空在这里转机，
即使你是从其他国家来到萨尔瓦多也无
须再办理任何出入境手续，直接穿过机
场的换乘门即可。

科马拉帕国际机场

巴士

　　圣萨尔瓦多市内游客通常使用的巴士总站共有 3 个，前往时要确认好位置。

　　西巴士总站 Terminal de Occidente 是前往圣安娜、松索纳特、危地马拉边境城市拉斯·支配马斯等地的巴士始发地。东巴士总站 Terminal de Oriente 是前往圣米格尔、埃尔·阿玛缇洛、圣罗莎·德利马、洪都拉斯边境城市埃尔·波伊等地的巴士始发地。港口巴士总站 Terminal Puerto Bus 则是前往危地马拉城、圣佩德罗苏拉等地的国际巴士始发地。

　　从各个巴士总站打车前往市内需 US$5~8，行李多的时候，安全起见一定要乘坐出租车。

圣萨尔瓦多始发前往各地的巴士信息

目的地	车站所在地·时刻表	所需	费用
圣安娜	西巴士总站每 10 分钟（4:30-20:00 期间）就有普通巴士前往圣安娜，此外你还可以搭乘 201 路快车前往	1.5~2 小时	US$1~1.35
松索纳特	西巴士总站每 5 分钟（4:30-17:30 期间）就有普通巴士前往松索纳特，此外你还可以搭乘 205 路快车前往	1.5 小时	US$0.75~1.30
拉斯·支配马斯	西巴士总站每小时（6:00~17:00 期间）有多班普通巴士前往（危地马拉边境城市）拉斯·支配马斯	2~3 小时	US$1.50
圣米格尔	东巴士总站每 15 分钟（4:00~16:00 期间）有 305 路（普通巴士）前往圣米格尔，特别直达巴士在每天 10:30、13:00、14:00、15:00 分别发车	2~3 小时	US$3~6
埃尔·波伊	东巴士总站每 30 分钟（4:00~17:00 期间）有 119 路巴士前往（洪都拉斯国境城市）埃尔·波伊	4 小时	US$1.70
危地马拉城	港口巴士总站每天都有数班前往危地马拉城的巴士，除 TICA 旅行社运营的巴士外还有多班国际线巴士可以前往	5 小时	US$20~35
特古西加尔巴	除 TICA 旅行社运营的巴士外还有 5 班国际线巴士可以前往	7~8 小时	US$20~69
马那瓜	除 TICA 旅行社运营的巴士外还有 3 班国际线巴士可以前往	11~12 小时	US$35~51
圣何塞	TICA 旅行社运营的国际线巴士可以前往（3:00、5:00）	24 小时	US$56~84

从西巴士总站出发前往各地的巴士车

从市中心前往巴士总站的交通方式

西巴士总站

MAP p.163/A1

乘坐 4、27、34 路市内巴士所需约 15 分钟，费用 US$0.25

东巴士总站

MAP p.163/A2

乘坐 7、29、33 路市内巴士所需约 10 分钟，费用 US$0.25

港口巴士总站

MAP p.164/A1

Platinum 旅行社运营的多班国际巴士可以前往，跨越国境线时需要填写出入境卡，出发前 45 分钟会进行出入境手续的登记工作

TICA 旅行社（国际巴士）

MAP p.164/A2

☎ 2222-4808

运营前往中美洲各国的国际巴士

TICA 旅行社的巴士售票窗口

▶ p.164

圣萨尔瓦多
San Salvador

区域地图 ▶ p.157/B1

治安较差地区

大学城

World Trade Center

巴拿马航空
达美航空

真莱洲际酒店
Real Intercontinental

埃斯佩兰萨医院

东巴士总站
Terminal de Oriente

Crowne Plaza

Plaza Beethoven

尼加拉瓜大使馆

阿根廷大使馆

出入境管理局
Parque Infantil

警察局

Imperial

谦仓餐厅
Kamakura

Cofradias

Plaza de las Americas

地铁中心商场
Metro Centro

Izalco

Hospital de Diagnostico

巴拿马大使馆

都市大教堂

Paseo General Escalon

Alameda Franklin Delano Roosevelt

国家宫殿

A

Amor Tours

美国航空

Margoth

菱星森酒店
Morrison

Parque Cuscatlan

Ronald

萨尔瓦多美术馆
Museo de Arte de El Salvador

Venecia

Roma

中央市场
Mercado Central

Sheraton Presidente

Pasodena

Estadio Nacional
（国家体育场）

Pullmantour巴士
（国际巴士）

佛罗伦萨别墅酒店
Villa Florencia

西巴士总站
Terminal de Occidente

国家动物园
El Parque
Zoológico Nacional

Daruma

Platinum旅行社
（国际巴士）

总统府

国家人类学博物馆
Museo Nacional de Antropología

Plaza Álbol de la Paz

旧大总统府

Siesta

卡托利卡大学
（UCA）

Estadio Cuscatlan

平生三郎公园
Parque Saburo Hirao

瓜达卢普教堂

乔安酒店 Joan's

巴尔博亚公园方向

科马拉帕国际机场方向

0 1 2km

N

小贴士　萨尔瓦多的观光协会在周日会组织车费打折的巴士旅行线路。游览包括近郊的国家公园、遗迹、农园等观光地，每人的费用 US$5 左右，详情可以咨询市中心的旅游咨询处（MAP p.164/A1）。

出租车、城市巴士

　　市内有将私家车车体同样涂成黄色的假出租车，多加注意。上车前就要谈好价格，在圣萨尔瓦多市内移动的一般费用都是在US$4～9之间，包1小时出租车的费用在US$12左右，市内巴士的运行时间为4:30~21:00，费用为US$0.20~0.30。

A打头的车牌是正规的出租车

邮局

MAP p.164/A1
🏢 General de Correos
🕐 周一～周五　8:00~17:00
　　周六　　　8:00~12:00
　　地铁中心商场内设有EMS的邮寄窗口

　　旧城区中心的巴里奥斯广场 Plaza Barrios（**MAP** p.164/A2）北面坐落着洁白的大教堂和国家剧场，西面则是壮丽的国家宫殿 Palacio Nacional，白色的外观十分华丽。市内以大教堂的西北角为起点，建有东西向的卡勒路 Calle 以及南北向的阿维尼达路 Avenida，宛如棋盘纵横交错的街道几乎不会迷路。

　　巴里奥斯广场周围1公里的区域，从很久以前便是圣萨尔瓦多城内的商业地区。有聚集着许多生鲜食品店的中央市场 Mercado Central（**MAP** p.163/A2）、售卖各式民间工艺品和萨尔瓦多特产之一的毛巾制品的夸尔特尔市场 Mercado Cuartel，市场的繁荣使得这里车水马龙。在这里游览，相比搭乘汽车和巴士，还是走路会更有效率。路边除了可以看到旅游咨询处，还有许多大型商铺和快餐店，街边的杂货摊和蒸笼里冒着特色馅饼香味的小吃摊都为这里增添了十足的生活气息。但是夜晚市场周边的治安十分恶劣，非常危险，千万不要前往。

　　如果你想领略圣萨尔瓦多现代化的一面，可以从巴里奥斯广场沿大道向西前行2.5公里，在 Alameda Franklin Delano Roosevelt 及 49a Av.Norte 的交叉点向东北前行约1.5公里便可以抵达地铁中心商场（**MAP** p.163/A1），作为萨尔瓦多国内目前最大规模的现代购物商场，时尚服装店铺与餐馆都汇集于此，此外在 Paseo General Escalon 大道南面的洛萨地区

Zona Rosa 是高档时装店与各式餐馆的聚集地，各国大使馆也都建在这片高档住宅区内。你可以从市中心搭乘城市巴士（44路）前往洛萨地区，但是市内的巴士站不是很好找，打车的话会更加方便。

面向巴里奥斯广场的国家宫殿

小贴士　市场及商业街上经常可以听到喊着"克拉克拉"叫卖声的游走商贩，不过他们的商品可不是听起来的谐音"可乐饮料"哟，克拉其实指的是25c硬币的意思，是意为售卖廉价的，可以放进兜里的小瓶果汁及咖啡等小食品。

大教堂的外观

建于市中心巴里奥斯广场前的城市象征
都市大教堂
Catedral Metropolitana ★★

位于圣萨尔瓦多市中心，也是圣萨尔瓦多的城市地标之一。于20世纪50年代修建的大教堂在1986年和2001年的大地震中都受到了损毁，现在我们看到的是大教堂修复后的全新面貌。教堂建在巴里奥斯广场的前面，周边有不少水果市场和日用杂货店店，可谓城内气氛最活跃的地区。

内部挂有罗梅罗大主教的肖像画

都市大教堂
MAP p.164/A2
开 每天 7:00~18:00

市民经常来此休憩的日本庭院
平生三郎公园
Parque Saburo Hirao ★

圣萨尔瓦多市的街心公园。分为在平缓山丘斜面建造的儿童公园以及和风十足的日式庭院。此外园内还并设自然史博物馆，分为动植物、地质学、古代史等10个方面向游客进行展示。

很有人气的市民休憩之所

平生三郎公园
MAP p.163/A2
开 周三~周日 9:00~16:30（16:00停止入园）
费 US$1
从大教堂西侧可以搭乘巴士前往公园，需15分钟，费用US$0.25，打车的费用约在US$6。

馆内展出众多遗迹爱好者不容错过的各式展品
国家人类学博物馆
Museo Nacional de Antropología ★★

萨尔瓦多这片土地在从前曾深受奥尔梅加文化的影响，而市内这家博物馆便是以地域色彩强烈的玛雅文化为主题，介绍人类学和考古学的博物馆。展品从圣安德烈斯遗迹中出土的文物到贵重的石碑都一一罗列，对于了解中美洲古代文明有很高的参考价值，喜欢遗迹文化的游客也会被这里的各式展品深深吸引。

展出从国内遗迹中出土的各式文物

国家人类学博物馆
MAP p.163/A1
开 周二~周日 10:00~18:00（16:00停止入馆）
费 US$3
从大教堂西侧可以搭乘巴士前往公园，需10分钟，费用US$0.25，打车的费用约在US$7。

展出众多国内艺术家的优秀作品
萨尔瓦多美术馆
Museo de Arte de El Salvador ★★

建在治安较好的新城区洛萨地区的美术馆。展品以萨尔瓦多国内代表的画家、雕刻家的作品为主，除了常设展区，不同时期都有内容各异的特别企划展，介绍新锐艺术家的最新作品，你可以前往官网了解馆内最新的特别企划展。从这里步行前往国家人类学博物馆大约15分钟的时间，可以一并参观游览。

萨尔瓦多美术馆
MAP p.163/A1
☎ 2243-6099
URL marte.org.sv
开 周二~周日 10:00~18:00
费 US$1.50

小贴士 都市大教堂定期会举办弥撒，一般是周一~周六的17:00~，周日11:00~及13:00~，不过有时候时间会有变化，如果你在弥撒期间游览，注意不要打扰参加弥撒的教徒。

酒 店
Hotel

高档酒店大多分布在埃斯卡隆地区及洛萨地区，平价酒店则集中建在巴士总站周边。港口巴士总站也是国际巴士的发抵地，周围虽然游览方便，但是小偷强盗偶有出没，要多加小心。南部的卡托利卡大学（UCA）周边治安很不错，中档酒店分布较多。

真实洲际酒店
Real Intercontinental

◆代表性的高档酒店　市内等级最高的酒店之一，紧邻城市道路，正对面就是一家商场，购物便利。客房多为暖色系，非常舒适温馨。酒店员工也很友善。提供早餐。

高档	Map p.163/A1
住	Boulevard de los Heroes
☎	2211-3333
fax	2211-4444
URL	www.ihg.com
CC	ADMV
客房数	228 间
📶	免费 Wi-Fi

费 ▦ ▧ ▩ ⑤ ① US$160~（税 +18%）

佛罗伦萨别墅酒店
Villa Florencia

◆由府邸老宅改建而成的精美酒店　位于人类学博物馆的背后，邻近大总统府，周边地区治安不错。客房没有多余的空间，十分实用。提供机场接送服务，单程每人收费US$25。提供早餐。在港口巴士总站旁也有这家酒店的分店，收费标准为US$20~35。

中档	Map p.163/A1
住	Av. La Revolución y Calle Las Primas #262, Col. San Benito
☎	2563-7874
URL	www.hotelvillaflorencia.com
CC	ADMV
客房数	16 间
📶	免费 Wi-Fi

费 ▦ ▧ ▩ ⑤ US$55~、① US$60~（税 +18%）

港口巴士酒店
Puerto Bus

◆位于巴士总站的楼上　酒店就坐落在巴士总站的楼上，方便第二天一大早便要出行的客人。酒店内设有旅行社及餐馆。

中档	Map p.164/A1
住	Alameda Juan Pablo II y 19a Av.Norte
☎	2221-1000
URL	www.puertobus.net
CC	AMV
客房数	35 间

费 ▦ ▧ ▩ ⑤ US$36~、① US$48~

帕萨迪纳 II 世酒店
Pasadena II

◆邻近巴士总站但客房安静　坐落在宁静的住宅区之中，邻近港口巴士总站，另外这里还提供免费咖啡服务。

经济型	Map p.164/A1
住	3 Calle Poniente #1037 y 19a Av.Norte
☎	2221-4786
CC	不可
客房数	29 间
📶	免费 Wi-Fi

费 ▦ ▧ ▩ ⑤ US$25~、① US$30~
▧ ▩ ⑤ US$15~、① US$20~

埃尔卡斯蒂略民宿
El Castillo Guest House

◆房间朴素但酒店服务人员非常亲切热情　邻近港口巴士总站的民宿，周边治安不差。冰箱中有瓶装水方便房客饮用，很贴心。

经济型	Map p.164/A1
住	17 Avenida Norte y 1a Calle Poniente
☎	2221-2435
CC	不可
客房数	8 间

费 ▧ ▩ ⑤ ① US$13~

▬ 设有空调　▦ 未设空调　▧ 房间设有淋浴设施　▩ 公用淋浴设施　▣ 设有电视　未设电视

餐馆
Restaurant

　　萨尔瓦多当地的特色馅饼 Pupusa（→ p.22）近年来在中美洲各国开始变得十分流行。虽然中美洲其他国家也有售卖特色馅饼的店铺，但是论正宗，还要数萨尔瓦多本国的滋味最地道了。新城区街道两侧开有许多本土菜馆的连锁店和外资餐馆，商场也是餐馆分布比较集中的场所。

马尔格斯餐厅
Margoth

◆当地人力荐的本土餐馆　经营各式萨尔瓦多菜肴的连锁餐厅，价格公道，味道也是没的说，在市内共有 4 家分店。点菜后先付钱才会做菜。在这里还可以品尝到新鲜出锅的特色馅饼。每人的用餐预算为 US$6~10。

Map p.163/A1

住 77 Av. Norte y Pasaje Istmania #272, Col. Escalón
☎ 2250-5050
URL www.tipicosmargoth.com
开 每天 6:00~21:30
CC AMV
免费 Wi-Fi

埃尔·恰路亚餐厅
El Charrúa

◆深受周边居民喜爱的牛排餐馆　餐馆位于治安良好的埃斯卡隆地区，你在这里可以品尝到牛肉、猪肉以及各式香肠烧烤，每人预算 US$15 左右，很多来这里用餐的食客都是这家餐馆的常客，牛排味道深受各国商务人士好评。

Map p.163/A1

住 7a Calle Poniente y 81 Av.Norte
☎ 2264-9120
开 周一～周六 11:30~22:00
　　周日 8:00~15:00
CC MV
免费 Wi-Fi

镰仓餐厅
Kamakura

◆极具人气的日本料理店　于 1994 年创业，专营日本料理与日本文化的老店。除了包含金枪鱼、甜虾、三文鱼等刺身的人气菜品大名卷外，这里的天妇罗、炒面以及生姜烤肉也都味道不错。人均预算 US$20~。

Map p.163/A1

住 93 Avenida Norte #617，Col.Escalón
☎ 2263-2401
URL www.restaurantekamakura.com
开 周一～周六 12:00~14:30、18:00~22:00
CC MV
免费 Wi-Fi

Seguridad
圣萨尔瓦多的安全信息

　　虽然圣萨尔瓦多的治安情况相比 2010 年有了相对改善，但还是不能掉以轻心。设有众多经济型酒店的市中心区域、以巴里奥斯广场为中心扩散开来的街市贸易区都是人流量比较大的地区。部分场所对于外国游客来说仍是不太安全的，例如市中心 TICA 旅行社的国际巴士搭乘点的东侧是一片腐朽老化的建筑群，白天经常可以看到暗娼在这里拉客。

　　从市中心打车大约 5 分钟便可以到达东、西巴士总站，许多从地方城市前往圣萨尔瓦多的当地人都会在这里上下车，人流量很大，因此这里也是强盗频出的场所。从酒店前往巴士站时一定要打车出行。护照以及钱包等贵重物品的管理也一定不能松懈。

　　坐落着许多大使馆的洛萨地区等新城区治安较好，但周边有不少贫民区，出行也要多加小心。这里距离市中心有相当的距离，选择打车不要步行，夜晚前往餐厅用餐时也请一定要搭乘出租车。

大使馆

伯利兹大使馆 Embajada del Belize

住 Calle El Bosque Norte y Calle Las Lomas Candel-aeria #1, Block p. Col.Jardines de la Cima 1ra Etapa

☎ 2248-1423

出入境管理局 Migración MAP p.164/A1

住 9a.Calle Pte. y final 15 Av. Nte. Centro de Gobierno

☎ 2213-7700

开 周一～周五 9:00~15:00

旅行社

Calle Real Turismo 旅行社

住 Edif. Multiclínica Miramonte, Av. Los Andes #2919, Col. Miramonte

☎ 2260-9793

URL www.senderoselsalvador.com

除了组织萨尔瓦多国内的旅游线路外,还有邻国洪都拉斯的科潘遗迹观光行程。

航空公司

哥伦比亚阿维安卡航空 Avianca MAP p.163/A1

住 Urbano Madre Selva, Av. El Espino Edifcio Avianca Santa Elena

苏奇托托

MAP p.157/B1

从东巴士总站可以搭乘前往苏奇托托的巴士,需要 1 小时 50 分钟,费用 US$0.78。市内面向中央公园建有不少中档酒店,平价酒店在市中心也可以找到。苏奇托托市内还建有西班牙语学校。

☎ 2267-8222

URL www.avianca.com

联合航空 United Airlines MAP p.163/A1

住 Hotel Sheraton Presidente, Av. La Revolución

☎ 2207-2040

URL www.united.com

达美航空 Delta Airlines MAP p.163/A1

住 89 Av.Norte y Calle el Mirador, World Trade Center, Local 108

☎ 2275-9292

URL www.delta.com

美国航空 American Airlines MAP p.163/A1

住 Edif.La Centroamericana 1Planta, Alam. Roosevelt #3107

☎ 2298-0777

URL www.aa.com

医院

Hospital de Diagnóstico MAP p.163/A1

住 Col. Medica Diagonal Dr. Edimundo Vasques#429, Cerca de ex-Embajada Americana

☎ 2505-5700

URL www.hospitaldiagnostico.com 开 24 小时

圣萨尔瓦多　短途旅行

依旧铺设着石板路,旧殖民风情浓厚的城市

苏奇托托

Suchitoto ★★★

萨尔瓦多国内代表性的旧殖民风格城市,建于 16 世纪初期的古都苏奇托托位于圣萨尔瓦多东北方向约 47 公里,海拔 400 米左右的倾斜地区,城镇人口约有 2.5 万。顺着蜿蜒的石板路可以看到许多褐色砖瓦屋顶的当地民居,漫步其中十分享受。20 世纪 80 年代这里曾受内战的战火纷扰而一度荒废,20 世纪 90 年代开始修复并重现过去的城镇景观。

现在市中心的公共设施及民宅外墙都粉刷一新,作为国内首屈一指的观光地,每天都有许多从圣萨尔瓦多前来的外国游客。受到外国的资金支援,这里的蓝色染料产业也得到复兴,许多民间工艺品店及工艺工坊相继出现。从斯琪托蓝湖可以搭乘小型游船前往查拉特南戈。

砖瓦建筑的民宅前可以看到蜿蜒的石板小路

小贴士 面向苏奇托托的中央公园,可以看到不少售卖民间工艺品的礼品商店,此外市场内部也有售卖民间工艺品的商贩,时间充裕的话不妨去那里转转,看看是否有你心仪的商品。

位于近郊绿意盎然的国家公园

巴博亚公园
El Parque Barboa ★

距离圣萨尔瓦多市区南面 12 公里，位于前往潘奇马尔科沿路的海拔 972 米、面积为 28 公顷的宽阔国家公园。园内自然资源丰富，可以悠闲游览，亲密接触大自然。此外园内还有经营特色馅饼以及各式萨尔瓦多本土美食的小吃摊和餐馆。

可以将城镇与周边的自然景观一览无余

拉普尔塔·德尔·迪亚布罗
La Puerta del Diablo ★★

拉普尔塔·德尔·迪亚布罗是一片位于巴博亚公园南门 1 公里的宽阔景区。拉普尔塔·德尔·迪亚布罗意为"恶魔之门"，因景区内有两座宛如门框般的巨大岩石而得名。穿过这两座岩石中间的空当，前面便是断崖，据说内战时许多尸体都被直接从这处

被称作"恶魔之门"的圣萨尔瓦多近郊景区

断崖扔了下去，断崖高度不低，失足掉下去应该不会生还，一定要多加小心。

攀上右侧海拔 1131 米的岩石，可以将圣萨尔瓦多市、伊拉潘戈湖以及太平洋的景色尽收眼底，十分壮观与震撼。许多当地人也会在节假日前往这里游览，是十足的人气景点。

萨尔瓦多国内人口数量第三的城市

圣米格尔
San Miguel ★★

在圣萨尔瓦多以东 136 公里的位置坐落着拥有 25 万人口，也是萨尔瓦多国内人口数量第三的城市——圣米格尔。这里虽是西班牙殖民者佩德罗·德·阿尔巴拉戈建造的殖民城市，但是至今仍有许多兰卡族 Lenca 原住民在

圣米格尔的大教堂

此生活居住。城中心建有古兹曼公园 Parque Guzmán，公园对面坐落着白壁红顶的大教堂，市政厅与国家剧院也都分布在这片区域，你可以看到许多旧殖民风格的建筑。

在 20 世纪 80 年代的内战期间，圣米格尔这座城市曾遭遇了巨大创伤，内战结束后，在 20 世纪 90 年代后期接受了海外国家援助而不断进行市容修复，目前你在这里已经看不出战火纷扰的痕迹。距离圣米格尔城西北方向约 10 公里的郊外有一座名为凯勒帕 Quelepa 的兰卡部族村落，你在这里还可以看到土质遗迹。海拔 2130 米的圣米格尔火山便位于凯勒帕村子的南面，非常雄伟。

巴博亚公园
MAP p.157/B1
开 每日 8:00~17:00
费 US$1

从圣萨尔瓦多市中心打车前往需约 30 分钟，单程费用 US$12 左右。

拉普尔塔·德尔·迪亚布罗
MAP p.157/B1

与巴博亚公园相距步行大约 15 分钟。

圣米格尔
MAP p.157/B2

从东巴士总站前往圣米格尔的巴士每小时都有 5~6 班，快速巴士需约 2 小时，费用 US$6，普通巴士需约 3 小时，费用 US$3。圣米格尔市内有不少中档及经济型酒店，方便旅行停泊。

将 1300 年前的生活状态原封保存的霍亚·德塞伦遗迹

萨尔瓦多的古代遗迹

萨尔瓦多地处玛雅文化圈的东南端，除了本地的玛雅文化，也受到墨西哥湾及墨西哥中央高原跨过太平洋而来的浓郁异域文化的影响，因此萨尔瓦多国土面积虽然不大，却有许多与伯利兹国内的玛雅遗迹中心地区相比，风格文化不同、更有地域特色的遗迹建筑。

位于首都圣萨尔瓦多近郊的霍亚·德塞伦遗迹及包含圣安德烈斯遗迹、塔苏马尔遗迹、卡萨布兰卡遗迹、埃尔·特拉皮切遗迹在内的位于萨尔瓦多国内西部的查丘瓦帕遗迹群，还有坐落在苏奇托托近郊的西坞安坦等地的众多遗迹各有特色，搭配游览会非常有收获。

被称为中美洲庞贝的玛雅居住地遗迹
霍亚·德塞伦遗迹

Joya de Cerén

世界遗产

Map p.157/B1

位于圣萨尔瓦多西北方向约 36 公里，萨波提坦溪谷 Valle de Xapotitán 中的遗迹群，公元 600 年左右被近郊罗马·卡尔德拉火山喷发毁灭，整个村落都被掩埋在层层火山灰之下。1976 年因为恰巧在此地有工程施工，才意外发掘了这片已经沉寂 1300 余年之久，也被称作是"中美洲庞贝"的宝贵遗迹，受覆盖其上的层层火山灰影响，当时人们生活栖息的场景仿佛被放在保鲜盒中一般，几乎被原封保存下来，极具考古价值，在 1993 年被收录到世界遗产名录之中。

霍亚·德塞伦的意思是"塞伦之宝"，这个宝是什么呢？其实指的是这里拥有着萨尔瓦多国内屈指可数的一片肥沃土地。据推测，这片地区在公元 400 年左右开始出现以农耕为主要生存手段的村落，但饱受周边伊拉潘戈火山不定期喷发的

困扰，至今从这个地区的土壤断层中可以看到好几层横状条纹，这便是曾有数次火山灰降临这片土地的确凿证据。

2005 年以后，随着室外遗迹群、博物馆，以及遗迹内的各条道路逐渐修整完备，景区也慢慢扩大了可以参观的范围。直至 2017 年 8 月，这里已经实现了包括砖瓦民居以及仓库类建筑物等 10 栋建筑的参观可能。特马斯卡尔（玛雅传统桑拿）也在遗迹区内重新修复，游客可以进入内部进行观光。

并设的博物馆中展出了碳化的老玉米及豆类农作物，用泥土和植物纤维制作的家庭壁材及日常餐具，还有儿童的玩具等展品，让人感觉仿佛一下坐上时光机，穿越回到了 1500 年前的古代社会之中。

🕐 周二～周日 9:00～16:00
💵 US$3
🚌 从圣萨尔瓦多的西巴士总站搭乘 180 路前往欧皮克 Opico 的巴士，需约 45 分钟，费用 US$0.76，在霍亚·德塞伦遗迹站下车即可。

虽然规模不大却建有玛雅特色浓厚建筑的圣安德烈斯遗迹，它的正对面便是 1 号神殿

宛如覆盖着古神殿一般，塔苏马尔遗迹的新神殿共有 14 层之多

修缮完整坐落在草坪上的美丽遗迹公园

圣安德烈斯遗迹

San Andrés **Map p.157/B1**

这座遗迹是古典时期后期（600~900 年）在这片地区繁荣发展的核心势力所拥有的，兼具政治、经济、祭祀活动功能的中心地区。从出土的文物、建筑配置、建筑风格等多方面都可以证明这里与科潘王朝有很深的联系，目前认为这里是在当时强盛的科潘王朝援助下，为了确保玛雅势力在东南地区保有主导地位而建造的。

遗迹中并设的博物馆虽然不大，但是对于发掘调查的各建筑物内部结构以及出土文物都有充分详细的解读，参观遗迹前先来这里走上一圈可以更加深入地了解这片遗迹。

从入口沿着小路穿越一片树林便可以看到用凝灰岩所堆积垒建的 7 号建筑物。你可以从 1978 年在尤卡坦半岛中央地区的危地马拉佩滕省出土的陶器，以及由伯利兹当地特殊石材所锻造的石器、螺贝等文物中了解到这片地区在很久以前便存在远距离的贸易交流。遗迹北侧的 1 号神殿前还有一片宽阔的大广场 Gran Plaza。

目前这片与霍亚·德塞伦遗迹同样位于萨波提坦溪谷沿岸的遗迹仍有未调查的区域，当地政府连同未开发的地域一起在这里的土地上建立了遗迹公园，许多当地家庭都会选择这里作为家庭出游的目的地。每周三这里也是当地中小学的校外学习基地，十分热闹。遗迹入口处还遗留有西班牙殖民时期的蓝色染料工坊遗迹。

周二 ~ 周日 9:00~16:00
US$3
从圣萨尔瓦多的西巴士总站搭乘 201 路或 202 路前往圣安娜或阿瓦查普的巴士便可以到达这里，需约 50 分钟，费用 US$1.50，在圣安德烈斯遗迹站下车即可。

在圣安德烈斯遗迹还可以参观到 17 世纪蓝色染料工坊的遗迹

塔苏马尔遗迹中展出了埃尔·特拉皮切遗迹中发掘的奥尔梅加风格石雕

查丘瓦帕文化的中心地

塔苏马尔遗迹

Tazumal **Map p.157/B1**

位于萨尔瓦多第二城市，圣安娜西面约 15 公里的位置，周边是广达 10 平方公里的查丘瓦帕遗迹群，而塔苏马尔遗迹便是查丘瓦帕遗迹群中的重要一员。这里距离卡萨布兰卡遗迹和埃尔·特拉皮切遗迹也都不是很远。塔苏马尔从前古典时期到后古典时期一直存在，在公元 400 年，这里作为这片地区的中心城市开始蓬勃发展。目前遗迹东南面发现了用石土搭建的玛雅建筑，一大一小两座神殿，以及一座古球场和各式小型建筑物。大神殿高达 32 米，考古推测这座大神殿是在旧神殿的基础上重新搭建而成的新型 14 层神殿。从这里的出土文物和建筑风格可以看出浓厚的特奥蒂瓦坎与托尔特克文化影响，另外，塔苏马尔遗迹与洪都拉斯的科潘遗迹也有着相应的联系。

在城市开发阶段，这里的遗迹曾遭遇了大规模破坏，大神殿周边因其国家公园的身份才得以保存下来。遗迹内的小型博物馆除了展出塔苏马尔遗迹出土的各式文物，还展出了近郊遗迹中出土的前古典时期的奥尔梅加风格石雕。

周二 ~ 周日 9:00~16:00
US$3
从圣萨尔瓦多的西巴士总站搭乘 201 路前往圣安娜的巴士，抵达圣安娜后换乘每小时发车 4 班的 218 路巴士（需约 30 分钟，费用 US$0.30），在塔苏马尔遗迹站下车即可。下车后沿着正对面的小路直走还可以到达卡萨布兰卡遗迹。

同样建于很久以前的卡萨布兰卡遗迹就位于塔苏马尔遗迹的不远处

圣安娜 *Santa Ana*

咖啡产业繁荣的殖民风格都市

★ 圣安娜
圣萨尔瓦多

人口▶26.4 万

圣安娜
MAP p.157/B1

货币兑换
　市政厅前的中心街区可以看到数家银行，你可以在银行使用你的国际现金卡或信用卡直接提取美元现金。

前往塔苏马尔遗迹的交通方式
　每天 6:00~19:00 期间可以从市内搭乘 218 路巴士前往塔苏马尔遗迹，巴士班数为每小时 4 班。需约 30 分钟，费用 US$0.30。

咖啡农园
　萨尔瓦多在 19 世纪末~20 世纪一直被称为咖啡共和国，可见这里咖啡产业的强大。现在咖啡产业也占据了其国内农业生产总值的 1/3 之多，占由萨尔瓦多出口国外的出口品一半的分量。许多咖啡也出口到亚洲地区。

咖啡作为当地特色商品是很好的馈赠亲友的礼品

以漫步利伯塔德公园作为旅行起点

　从圣萨尔瓦多前往西北部这座人口约有 26.4 万的萨尔瓦多第二大城市、圣安娜省的首府，需约 1 小时 30 分钟。这里海拔 640 米，可谓萨尔瓦多国内最凉爽的城市。受地理条件及气候影响，这里也是萨尔瓦多国内非常适合栽培咖啡及甘蔗的地区，因而圣安娜成为生产并出口咖啡的重要商业城市。

　当你漫步城市之中，可以看到利伯塔德公园前耸立的大教堂、国家剧院，位于旧城区中的教堂等许多旧殖民风格的特色建筑，处处都体现着祥和与富饶。此外近郊也拥有考特佩克湖和名为塞罗贝尔德的活火山等自然景观，塔苏马尔古代遗迹也位于圣安娜的不远处，来到圣安娜，你可以搭配游览到许多的观光景区，定会让你不虚此行。

◎ 交通方式

巴士

　圣萨尔瓦多每天 6:00~18:00 期间，每小时都有 4 班前往圣安娜的 201 路快速巴士，需约 1 小时 30 分钟，费用 US$1.35，普通巴士需约 2 小时，费用 US$1。

　圣安娜每天 5:00~18:00 期间，每小时都有多班前往松索纳特的 216 路巴士，需约 1 小时 30 分钟，途经伊萨尔科，沿途可以俯瞰考特佩克湖的美丽湖光，最终穿过 El Congo 后抵达松索纳特。从圣安娜可以搭乘每天都发车数班的 210-A 路巴士（需约 1 小时 30 分钟）前往邻近危地马拉国境线的拉斯·支耶马斯。

　圣安娜的巴士总站位于市中心利伯塔德公园以西 1.5 公里，科隆市场之中（MAP p.173/A2）。这里的治安不是很好，需要多加留意。从这里发车的巴士通常都会经过人口比较稠密的市场地区，车速很慢。普通巴士与特快巴士的搭乘点不在同一个地方，请多加注意，不要上错车。

巴士穿行的市内建有许多旧殖民风格建筑

小贴士　从危地马拉城到圣萨尔瓦多的巴士通常都会路过邻近圣安娜的位置，从距离分叉路口约 3 公里的地方下车后，可以打车前往圣安娜。

圣安娜 漫步

圣安娜市中心由利伯塔德公园 Parque Libertad，旁边兼具哥特及拜占庭风格的大教堂，以及圣安娜国家剧院等以公园为圆点，半径 500 米的景区范围所构成。广场西面的白色建筑是圣安娜的市政厅，市政厅对面右手边道路两旁的奢华建筑则是以前上流阶级在市内的社交俱乐部。

卡门教堂前的道路

圣安娜市内共有 3 处市场，距离市中心最近的便是位于利伯塔德公园西面，步行只需 5 分钟的中央市场。从公园到中央市场的沿路也是时尚餐馆及咖啡馆的聚集地，此外从中央市场再往西走 600 米，便是科隆市场所在的街道，这里多是平民商店以及面向背包客的平价住宿设施。

利伯塔德公园周边可以看到许多优美的历史建筑，周围的小路上偶尔还能看到精致的雕刻图案，道路的车流量不是很大，你可以沿着小路漫步包括卡维理欧教堂在内的众多市内景点。

市政厅前为了周末集会而放置的座椅

圣安娜 主要景点

大教堂
MAP p.173/A1
开 每天 8:00~18:00

祭祀城市守护神圣母安娜之所
大教堂
Catedral ★★★

优美的哥特式大教堂

16 世纪时期，西班牙人在利伯塔德公园对面建造了一座小型教堂，进入 20 世纪后，这座新教堂被重新修建。于 1905 年竣工，1913 年确立了大教堂的地位，并于 1922 年落成。大教堂融合了欧洲的哥特风格及拜占庭风格，无论外观还是内部都兼具雄伟而不失优美的特色，与中美洲常见的巴洛克式教堂形成了鲜明对比。来到圣安娜一定要去这座大教堂看一看。

每年 7 月 26 日是城市歌颂这里的守护神圣母安娜的日子 Día de Señora Santa Ana，在圣安娜日之前的 1 周前，城内便会举办各式庆祝活动，十分热闹。

圣安娜国家剧院
MAP p.173/A1
开 周一~周五　　8:00~17:00
　　周六　　　　8:00~12:00
四 大堂展厅及剧院内部参观
（有西班牙语向导讲解）的
费用分别是 US$0.50

面向利伯塔德公园而建的豪华剧院
圣安娜国家剧院
Teatro Nacional de Santa Ana ★★

旧殖民风格的壮美建筑

这座于 1889 年对公众开放的剧院在 1901 年评上了国家剧院的称号，并在次年由曾设计建造哥斯达黎加国家剧院的意大利建筑家弗朗西斯科·德利米参与改造，变成了现在我们看到的华丽外貌。现在这里除了举办话剧及音乐会外，还有关于剧院的历史资料展出。

卡门教堂
MAP p.173/A2
开 每天 8:00~17:00

红砖白墙的时尚外观
卡门教堂
Iglesia El Carmen ★

利伯塔德公园西南面 500 米处坐落着这座红砖白墙，颜色对比鲜明的小教堂。教堂两侧耸立的高大椰子树使得这里更像是一处公馆。因为这里位于大教堂十字架的右手方向，所以也称作 Brazo Derecho（右胸），位于城镇北部，距离卡门教堂约有 1 公里远的圣罗兰索教堂则被称为 Brazo Izquierdo（左胸）。

外观新潮的卡门教堂

小贴士 大教堂在周六的 17:00~ 和周日的 10:00~ 会举行弥撒，如果你参观教堂内部时碰巧赶上弥撒活动，不要喧哗也不要接近祭坛，静心参观。

酒店 & 餐馆
Hotel & Restaurant

科隆公园及大教堂之间建有许多酒店，中档以上酒店的设施非常完备，平价酒店的设备也对得起它的价格。你在市内也完全不用发愁吃饭问题，利伯塔德公园周边就有不少咖啡馆和比萨店。巴士总站周边则有许多简易食堂。

撒哈拉酒店
Sahara

◆位于市中心的位置，安全安心　酒店周边十分安静，但这家酒店也是市中心房费最贵的酒店。酒店入口有保安站岗，可以安心入住。内部氛围很好，住宿体验舒适。并设餐厅，提供早餐。

中档	Map p.173/A1
住 10 Av.Sur y 3a Calle Pte.	
☎ 2447-8832	
CC ADMV	
房间 30 间	
免费 Wi-Fi	
⊞ ⊟ ⊡ S US$49〜、D US$60〜	

埃尔·法罗酒店
El Faro

◆邻近科隆公园的平价酒店　酒店的外墙绘有鲜艳的现代壁画，内饰也很考究，各个客房内都有令你眼前一亮的美丽壁画。在近郊及周边村落也开设连锁酒店。

经济型	Map p.173/A2
住 14 Av. Sur entre 9a. y 11a Calle Pte.	
☎ 2440-3339	
URL www.hoteleselfaro.com	
CC 不可	
房间 14 间	
免费 Wi-Fi	
⊞ ⊠ ⊡ S D US$14〜35	

洛斯·库涅多斯餐厅
Los Cuñados

◆从早餐到晚餐都可以在这里解决　面向梅内德斯公园的优质餐馆，入夜后很多餐馆都会歇业，这里却会化身为酒吧且可以为食客提供晚餐。当地佳肴 US$3〜7，早餐套餐 US$1.85〜3.60。

	Map p.173/A1
住 Calle Libertad Pte. y 10 Av.Sur#25	
☎ 2441-3540	
⊞ 每天 8:00〜21:00	
CC 不可	
免费 Wi-Fi	

圣安娜　短途旅行

湖光山色绝佳
考特佩克湖
Lago de Coatepeque　★

当你在圣安娜〜松索纳特区间乘坐巴士时，便可以俯瞰到景色优美的考特佩克湖。它的面积虽然只有伊拉潘戈湖的 1/3，但是深度却达到了 120 米。湖畔建有许多华丽的别墅，酒店、餐馆等旅游设施也十分齐全，你在大多数酒店都可以游泳并乘坐摩托艇游玩。此外这里距离被命名为 Cerro Verdo 的塞罗贝尔德火山环绕，建在高原避暑地区的国家公园也不是很远，很方便前往。从这里不但可以眺望太平洋的美景，还可以从周围步道所设的远望点欣赏考特佩克湖、伊萨尔科火山、圣安娜火山等众多景点的宏伟英姿。

考特佩克湖
MAP p.157/B1
从圣安娜的巴士总站搭乘每天在 5:50〜16:40 期间，每小时都有 2 班车的 220 路巴士，需 1 小时 30 分钟。前往塞罗贝尔德的 248 路巴士每天 8:30、10:00、13:30、15:30 发车，共计 4 班，需约 2 小时。

藏蓝色的考特佩克湖

萨尔瓦多的历史

Historia de EL SALVADOR

西班牙人最初踏上萨尔瓦多这片土地是在1522年，此前这里是以皮皮尔族为首、兰卡人、波科曼人、梅达加尔帕人及乌鲁亚人等玛雅原住民共同生活的区域。

由吉尔·冈萨雷斯·达比拉作为指挥官所率领的舰队从西印度群岛途经巴拿马后在现在的哥斯达黎加海岸登陆。趁着大部队在海岸建立基地的间隙，达拉的部下安德烈斯·尼约尔前往内陆探索，途经尼加拉瓜后从库斯卡特兰首次进入萨尔瓦多的领土。

但是达拉的舰队为了动真格地远征中美洲，将西印度群岛的圣多明戈统治权归还。以图拥有更多作战部队，恰巧在这时候被佩德罗·德·阿尔巴拉多的军队趁虚而入，因此萨尔瓦多从1525年起，直到从西班牙人手中取得独立的1821年9月，在近300年的光阴中一直是危地马拉总督府所占领的区域。

萨尔瓦多可谓名副其实的中美洲国家中取得独立的先导者，圣萨尔瓦多的牧师霍瑟·马提亚斯·德尔加德尝试了中美洲国家的第一次独立运动，虽然是以失败而告终，却为中美洲各国最终独立奠定了根基。

从西班牙的殖民统治中获得独立的中美洲各国曾于1823年成立了中美洲联盟，但是趁着中美洲各国纷纷独立建国时的混乱局面，墨西哥伊图尔维德皇帝麾下的军队南下至此，一时掌控了当时的中美洲各国。随着墨西哥的失势，中美洲各国又重新取得了独立的身份。

中美洲联邦共和国随着危地马拉的脱离而走向分裂，萨尔瓦多也于1841年建立了独立政府，形成了现在的国家雏形。国名萨尔瓦多虽意为"救世主"，但这里却饱经独裁、武装镇压、内战、大地震等各种天灾人祸，反观萨尔瓦多的近代史，可谓不折不扣的血泪史。

而萨尔瓦多这么多不幸的罪魁祸首便是"十四大家族"，他们是掌握着萨尔瓦多政治动向、经济命脉乃至军事权力的上层阶级。他们从西班牙殖民时期便是萨尔瓦多国内的地主阶级，历代政权都可以认为是他们的傀儡机构，从1864年开始的80年间，十四大家族开始接触咖啡豆栽培这

个劳动与金钱转换率最大的行业，他们从贫苦的农民手中变相掠夺农民赖以生存的土地，继而建立咖啡农园用以栽培咖啡，还将农民作为最廉价的劳动力为农园没日没夜地工作。

1929年，随着世界性的经济恐慌，咖啡的国际价格一落千丈，农园主开始无故解雇当地的劳动者，不支付土地租金，或是减免农民的薪水。在饥饿生存线上苟延残喘的萨尔瓦多农民经历了再一次惨无人道的压榨，终于，他们组建了萨尔瓦多共产党，准备向当局政府发动示威游行。共产党的领导人便是此后反政府武装组织的领袖——法拉本多·马蒂。但是示威游行的前夕，共产党的领导层便被大范围批捕，群龙无首的农民军队也因此遭到了政府军凶残的屠杀，不计其数的农民群众遭到了大规模屠杀。

此后萨尔瓦多人民沉寂了许久，终于在1980年，为了抵抗独裁政权而成立了萨尔瓦多法拉本多·马蒂民族解放阵线（FMLN）。由此也开启了萨尔瓦多长达多年的内战。

1979年10月，当时的军队稳健派成员库德塔发动军事政变，下令驱逐当时的独裁统治者罗梅罗总统。建立以马哈诺上校为中心的温和政府"执政委员会"，委员会提出农民解放等优先政策，明确了国内最大的矛盾所在是十四大家族，企图缓和国内矛盾，稳定政局。但这一举措也招致了极右势力与十四大家族的不满，最终马哈诺上校失势，执政委员会也开始右倾。左翼势力看到政治前途暗无天日，改革几乎没有任何转变的情况，开始为自己争取权力的武装斗争。1992年1月，当地政府与FMLN在墨西哥城签订了《萨尔瓦多和平协议》，结束了长达12年，共有8万余人牺牲的国家内战。

1994年，内战结束后由国会议员选举出卡尔德龙作为萨尔瓦多第一届总统，而已成为合法党派的萨尔瓦多法拉本多·马蒂民族解放阵线也产生了多名国会议员。

2009年，在国会议员选举中，萨尔瓦多法拉本多·马蒂民族解放阵线成了萨尔瓦多第一大党，掌握了国家的政权。2014年的总统选举也由FLMN的党员萨尔瓦多·桑切斯·塞伦所当选。

洪都拉斯
HONDURAS

伯利兹
危地马拉
萨尔瓦多
尼加拉瓜
洪都拉斯
哥斯达黎加
巴拿马

贝尔莫潘
Belmopan

伯利兹城
Belize City

Islas del Cisne

加勒比海

伯利兹
BELIZE

巴伊亚群岛
Islas de la Bahía

罗阿坦岛
Isla de Roatán

瓜纳哈岛
Isla de Guanaja

蓬塔戈尔达
Punta Gorda

奥马要塞
La Fortaleza
de Omoa

乌提拉岛
Isla de Utila

利文斯顿
Livingston

科尔特斯港
Puerto Cortes

特鲁希略
Trujillo

雷奥普拉塔诺
生物圈保护区
R.B.Río Plátano

危地马拉
GUATEMALA

巴里奥斯港
Puerto Barrios

特拉
Tela

拉塞瓦
La Ceiba

利蒙港
Puerto Limón

Tocoa

Brus Laguna

埃尔·蓬特遗迹
El Puente

圣佩德罗·苏拉
San Pedro Sula

El Progreso

Savá

莫斯基蒂亚地区
Mosquitia

Ahuas

科潘遗迹
Copán

拉安特拉达
La Entrada

Yoro

Dulce Nombre
de Culmí

伦皮拉港
Puerto Lempira

埃尔佛罗里多
El Florido

Santa Rosa
de Copán

Santa Bárbara

悠悠湖
Lago de Yojoa

Río Patuca

阿瓜·卡连特
Agua
Caliente

Gracias

科潘城
Copán Ruinas

Siguatepeque

科马亚瓜
Comayagua

胡蒂卡尔帕
Juticalpa

Río Coco

埃尔·波伊
El Poy

La Esperanza

La Venta

拉提瓜国家公园
P.N. La Tigra
San Juancito
安吉尔山谷
Valle de Angeles

Nueva
Ocotepeque

特古西加尔巴
Tegucigalpa

Santa Lucia

圣萨尔瓦多
San Salvador

萨尔瓦多
EL SALVADOR

Ojojona

El Paraíso

埃尔·阿玛提洛
El Amatillo

拉斯马诺斯
Las Manos

尼加拉瓜
NICARAGUA

Amapara

El Espino

圣米格尔
San Miguel

乔卢特卡
Choluteca

瓜萨乌莱
Guasaule

埃斯特利
Estelí

蒂格雷岛
Isla el Tigre

莱昂
León

太平洋

马那瓜
Managua

格拉纳达
Granada

0   100km

国旗

上下两条蓝色分别代表大西洋与太平洋，中间则是象征和平的白色。国旗正中央的 5 颗蓝色星星分别代表着各个中美洲国家（左上角是危地马拉、右上角是萨尔瓦多、左下角是尼加拉瓜、右下角是哥斯达黎加），正中央的星星则代表洪都拉斯自己。

国名

洪都拉斯共和国
República de Honduras

国歌

《你的旗是天国之光》
Himno Nacional de Honduras

面积

约 11.2492 万平方公里

人口

约 911.3 万（2016 年数据）

首都

特古西加尔巴 Tegucigalpa。首都人口约为 113 万，首都圈人口大约为 215 万。

领导人

现任总统胡安·奥兰多·埃尔南德斯 Juan Orlando Hernández（2017 年 12 月再次当选实现连任）。

政体

总统制共和制，国民议会为一院制（议员名额固定在 128 人，任期 4 年）。

民族构成

欧洲人与原住民的混血人种 91%，加里富纳人、兰卡族、乔尔蒂族等原住民 6%，非洲裔 2%，欧洲裔 1%。

宗教

基督教徒占比在 90% 以上，近年来新教徒的数量逐渐有增多的趋势，此外还有部分佛教徒及穆斯林。

语言

官方语言为西班牙语，加勒比海沿岸几乎都可以用英语沟通。你在各地也可以听到当地的原住民使用民族语言（加里富纳语、米斯基托语）进行日常会话。
→旅行会话 p.348

更多旅行信息可参考洪都拉斯观光信息官网或当地的免费指南手册 Honduras Tips。
URL www.hondurastips.hn

非常实用的免费旅游指南

货币及汇率

货币的单位为伦皮拉 Lempira，复数情况用 Lempiras 表示（简称为 L 或 lps）。2019 年 4 月的汇率为 L1 ≈ 0.28 元，US\$1 ≈ L23.37，1L=100 分 Centavos（简称为 c）。硬币分为 1、2、5、10、20、50 分共 6 种面值。小面值的硬币几乎很难用到。

观光相关的旅游团费与住宿费通常都会用美元表示，也几乎都可以用美元支付。不同地区对于伦皮拉与美元的汇率不太一致，兑换前最好提前确认。地方城市几乎不会有用到 US\$50 以上面值的美元或 L500 等高额货币的场合。
旅行资金准备→ p.343

※ 市面最常见的是 Visa 信用卡，信用卡的普及率由高到低为 Visa、MasterCard、American Express。Diners Club 和 JCB 的信用卡通常无法使用。

L1

L2

L5

L10

L20

L50

L100

L500

小贴士 洪都拉斯货币兑换小谈：洪都拉斯国内除了本国货币伦皮拉，部分高档酒店或旅行社可以接受美元支付。如果在国内来不及兑换伦皮拉，可以携带美元抵达洪都拉斯。银行的 ATM（几乎 24 小时营业）支持

如何拨打电话

从国内往洪都拉斯打电话

国际电话 识别号码 00	+	洪都拉斯的 国家代码 504	+	区号 （去掉前面第一个 0） ××	+	对方的 电话号码 × × × × × ×

从洪都拉斯往国内打电话

国际电话 识别号码 0	+	中国的 国家代码 86	+	区号 （去掉前面第一个 0） ××	+	对方的 电话号码 × × × × × ×

电话及邮政→ p.344

时差与夏令时

比中国晚 14 个小时，中国 0:00 的时候，洪都拉斯是前一天的 10:00，洪都拉斯未设有夏令时。

签证

洪都拉斯尚未与中国建交。与我国未建立外交关系的国家，一般都未设使（领）馆。所以中国内地和香港都没有办法办理洪都拉斯的签证。中国公民申办洪都拉斯签证时首先要有和洪都拉斯建交的国家签证，最知名的便是美国签证。持有效期大于 6 个月的美国签证，前往设有洪都拉斯大使馆的国家（如美国）办理签证即可。

护照

进入洪都拉斯前有效期要在 6 个月以上。

出入境

乘坐飞机途经美国，需要美国签证，在美国进行转机或停留时一定要注意，启程到美国前，所有通过豁免签证计划来到美国的旅游人士必须通过旅游授权电子（EVUS）系统（→p.335）取得授权。详情请参照美国大使馆官网介绍。
穿越中美洲国家边境→ p.338

（1）APELLIDOS 姓
（2）NOMBRE 名
（3）DOCUMENTO 护照号码
（4）NACIONALIDAD 国籍
（5）PROFESION 职业

（6）FECHA DE NACIMIENTO 出生日期，以日期、月份、年份的顺序填写
（7）SEXO 性别（F=女性，M=男性）
（8）PAIS DE NACIMIENTO 出生国家
（9）PAIS DE RESIDENCIA 居住国家
（10）MOTIVO DE VIAJE 到访目的（TURISMO=观光）
（11）DIRECCION PREVISTA 住宿地点
（12）NUMERO DE VUELO 航班号
（13）PAIS DE PROCEDENCIA 从哪国而来（入境洪都拉斯前所在的国家）
（14）PAIS DE DESTINO 往哪国而去（之后要去的国家）

出入境卡填写范例

【出入境税】

乘坐飞机出入境时，机票中已经包括了出入境税费。陆路交通进出洪都拉斯也不会收取任何税金。

从中国乘坐飞机前往洪都拉斯

目前国内并未开设直飞洪都拉斯的航班，你可以搭乘联合航空、美国航空、达美航空。新加坡航空、阿维安卡航空在美国转机前往特古西加尔巴（航程 22~33 小时）、圣佩德罗·苏拉（航程 20~33 小时）、罗阿坦岛（航程 29~36 小时）。无论前往洪都拉斯哪座城市，都需要在美国进行换乘。
美国前往中美洲的主要航线→ p.333

写有 Cirrus、PLUS 等字样的信用卡直接取现。银行支持美元与伦皮拉的货币互换，利用 ATM 直接提取伦皮拉的汇率与银行柜台的汇率不会有太大出入。

气候

旅游旺季是 12 月~次年 5 月初的旱季时节。参观科潘遗迹等内陆景区也推荐在旱季进行。巴伊亚群岛等加勒比海沿岸地区受热带气候影响，全年天气都比较稳定，但在 9~12 月海风较大，海面也会波涛汹涌，不时还会有飓风来袭。

内陆高原地区、加勒比海沿岸及太平洋沿岸三个地区气候各不相同。高原地区虽然也有白天超过 30℃ 的气温，但相对于沿海地区来说气候还是相当宜人的。要知道，加勒比海沿岸的海风可是没有停歇的日子，酷暑难耐也是形容这里很贴切的词汇。北部沿海地区以及许多小岛也会时常遭遇飓风侵袭。

洪都拉斯全年气候都比较温暖，轻装出行是最好的选择。雨季时期，首都特古西加尔巴和科潘城等高原地区会略有寒意，除了携带雨具以外，最好在行李里备一件薄毛衣。

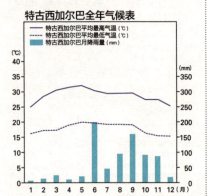

特古西加尔巴全年气候表

洪都拉斯节日（主要节假日）

以下为 2019 年间的主要节假日。每年复活节的时间都会有所变动（不固定日期的节日用 ★ 标记），需要实际确认。※ 为当地风俗节假日，其余为法定节假日。

1 月	1/1	新年
2 月	2/3 ※	苏雅帕圣母纪念日
4 月	（4/20~22 2019 年）	★ 复活节
4 月	4/14	美洲大陆纪念日
5 月	5/1	劳动节
9 月	9/1 ※	国旗日
	9/15	独立纪念日
10 月	10/3	弗朗西斯科·莫拉桑将军诞辰
	10/12	原住民日
	10/21	陆军节
12 月	12/25	圣诞节

※ 部分城镇除了上表的常规节日外，还有 1/25 妇女日、3/19 父亲节、5 月第二个周日的母亲节、5/30 植树节、9/17 教师节等。

工作时间

以下介绍的是一般单位的工作时间，商店、餐馆等服务业会有所不同。服务游客的行业一般都会将工作时间延长一些。

【银行】

周一~周五通常营业时间为 9:00~17:00，周六营业时间为 9:00~12:00。所有银行周日及节假日都不营业。

【政府及一般企业】

周一~周五 8:00~16:00，部分企业中午有 1~2 小时的休息时间。

【商店】

每天的营业时间通常在 10:00~19:00，部分商店会在周日休息。观光场所的民间工艺品店有的会全年无休。

【餐馆】

通常每天在 10:00~15:00、18:00~22:00 期间营业。

电压及插座

电压 110V，频率为 50Hz。插座为三眼扁平插座（A 类型），但电压可能不太稳定，推荐携带变压器和转换插头。出发前请再次确认你的电器标准。

视频制式

与中国的 PAL 制式不同，洪都拉斯是 NTSC 制式。在洪都拉斯购买的 DVD 无法在国内播放。

小费

一般不需要支付小费，偶尔有可以支付小费的场合。

【出租车】

通常不用额外支付小费。

【餐馆】

餐馆的结算单上如果包含服务费则无须额外支付小费，通常总餐费的 10% 作为小费支付即可。街头的平民餐馆无须支付小费。

【酒店】

拜托行李工搬运行李或提出打扫房间服务

时，通常支付 US$1~2 的小费即可。

【参团】

通常将旅游费的 10% 付给向导作为小费。

饮用水

酒店及餐馆水龙头流出的水通常都可以直接饮用。但是在集市或街头小餐馆用餐时，以防万一，还是饮用瓶装矿泉水最为妥当。在超市和杂货店都可以买到矿泉水。在餐馆点冷饮时，饮料里的冰块可能是用非饮用水制作而成的，尽量不要加冰。

邮政

寄往国内的明信片收费 L40，信封文件 20克以下收费 L60，城镇中几乎没有邮筒，可以前往邮局邮寄或是拜托高档酒店的前台代寄。信件抵达国内需 3 周~1 个月。

税金

日常商品的税率为 15%。在洪都拉斯入住高档酒店时还会加收酒店税，税率会达到 19%，中档以下的酒店会在收费时将税含在账单之中。

入住高档酒店会加收额外税费

安全及突发情况

【强盗、小偷】

洪都拉斯是中美洲治安最差的国家，屡次出现强盗和小偷引发的各类事件。在特古西加尔巴等大城市的市中心也经常可以看到武装警察四处巡逻的景象，所以夜晚外出有多危险就不用赘述了。

洪都拉斯国民日常都会随身持枪防身，所以强盗持枪也是再自然不过的事情了。如果你遭遇持枪抢劫，一定不要反抗，生命永远是第一位的，钱没了可以再赚，人没了可就什么都没了。此外有的强盗还会假扮成警察或士兵抢劫，一定要多加注意。

【医疗事项】

洪都拉斯的高温高湿地带登革热 Dengue 盛行，这是一种会持续高烧好几天的传染病，在当地一定要做好防范蚊虫叮咬的措施。此外，饮用生水或用不卫生的餐具用餐还会引发肝炎或感染寄生虫，所以大热天尽量不要在路边小摊用餐。各个城市都设有医院和诊所，如果你受伤或身体有所不适，联系酒店的工作人员，一般他们都会带你前往最近的医院治疗。当地的药品药效很强，对于东方人来说可能会引起不适，最好是自带药品以防万一。不过粉状药物可能会被海关认为是毒品，尽量避免携带。

报警电话 199

旅行中的突发情况及安全知识→ p.346

年龄限制

洪都拉斯法律规定未满 18 岁不得饮酒及抽烟。观光景区的门票设有学生票和儿童票。

度量衡

和中国一样，长度单位为米。重量单位除了克、千克以外，咖啡豆会用磅来做计量单位（1lb=460g）。液体单位为升。

国内交通

【飞机】

索萨航空运营洪都拉斯国内主要城市间及巴伊亚群岛的多条航线。

【巴士】

前往巴伊亚群岛的国内航线

连接各个城市的主干路路况良好，巴士班数也比较多，特古西加尔巴的巴士总站大多分布在柯马亚圭拉 Comayaguela 地区，圣佩德罗·苏拉当地的中央巴士总站是国际巴士和国内巴士的综合搭乘点。

【船】

港口城镇拉塞瓦每天都有前往罗阿坦岛及乌提拉岛等巴伊亚群岛的许多船次。

其他

【参观教堂】

进入宗教建筑物后要脱帽，不要穿着背心短裤这种过于暴露的服装。不能把饮料食品带进教堂。照相不允许使用闪光灯。

【洗手间】

您在城中游览时如果想要去方便，可以使用餐厅和商场里的卫生间，需要注意的是，用完的厕纸请扔到便器旁的垃圾桶里，由于中美洲的水压较低，直接扔到便器里很有可能会使下水道堵塞。

特古西加尔巴

特古西加尔巴

Tegucigalpa

洪都拉斯的首都，政治经济的中心

多洛雷斯教堂是市中心的地标建筑之一

人口▶ 113 万

特古西加尔巴
MAP p.177/B1

旅游咨询处
Instito Hondureño de
Turismo
MAP p.184/A2
住 Blvd. Morazán, Edificio
Europa
☎ 2238-3974
开 周一～周五 9:00~17:00
从旅游咨询处可以领取
地图、旅游信息杂志 *Hon-
duras Tips* 等实用资料。

货币兑换
城市中心的莫拉桑路沿路
（**MAP** p.184/A2~B2）建有
几家银行，你可以用这里的
ATM 提取现金或用美元兑
换当地货币伦皮拉，但是每
次兑换的金额通常不能超过
US$200 的上限。

邮局
MAP p.184/C1
住 Av.Miguel Barahona
开 周一～周五　8:00~15:30
　　周六　　　8:00~12:00

航空公司
● 阿维安卡航空
URL www.avianca.com

● 索萨航空
URL www.aerolineasosahn.com

从机场前往市内
通孔廷国际机场 Tonc-
ontin（TGU）位于市中心以
南 7 公里的位置，从机场搭
乘出租车前往市内费用大约
为 L180~250。所需 15~20 分
钟。反之从市内前往机场的
费用为 L120~180。

通孔廷国际机场内部的等候区

特古西加尔巴在原住民的语言中是银之丘的意思，这座城市在 1578
年作为西班牙人开采当地金银矿山的基地而被建立。此后随着城镇不断
发展壮大，1880 年开始，替代科马亚瓜而成为洪都拉斯的首都。现在这
里的人口数多达 113 万以上，作为洪都拉斯的政治及经济中心而繁荣发
展。从前开采的矿山现在大多沦为废坑，但在旧殖民风格的教堂以及坡
道较多的旧城区还可以看到殖民时期在这座城市所留下的痕迹。此外，
特古西加尔巴作为一处被 1000 米海拔的群山所环抱的盆地地区，全年气
候都比较凉爽，相比低地地区更加宜人。

邻近乔卢特卡河的柯马亚圭拉地区从 1938 年起与特古西加尔巴市合
并，这片地区虽然治安不太好，但是设有市场及巴士总站，很有生活气
息。如果你在柯马亚圭拉地区换乘巴士，一定要留意随身行李。

◎ 交通方式

飞机

圣佩德罗·苏拉每天都有 2 班阿维安卡航空的航班（需约 50 分钟，
费用 US$101~126）前往特古西加尔巴。拉塞瓦每天有 2 班索萨航空的航
班（需约 40 分钟，费用 US$91）。

▶中美洲内的主要航线→ p.338

巴士

特古西加尔巴并未设立中央巴士总站，各个巴士公司的巴士车都是
在柯马亚圭拉地区的巴士站发车。

前往市内的交通方式▶从巴士聚集地柯马亚圭拉地区打车前往市中
心需要 L100 左右的费用，安全起见，最好打车出行。

小贴士 免费旅游杂志 *Honduras Tips* 用英语和西班牙语详细介绍了洪都拉斯国内的观光资源、交通信息、地图、
酒店及餐馆等各方面信息，中档以上酒店内部会放置这种杂志，十分实用。

特古西加尔巴始发前往各地的巴士信息

目的地	车站所在地・时刻表	所需时间	费用
圣佩德罗・苏拉	除 Hedman Alas 旅行社（MAP p.184/B1，☎ 2516-2273）以外，Saenz 旅行社、El Rey 旅行社每天 5:00~18:00 期间每小时 2~3 班巴士	4 小时	L123~612
拉安特拉达	La Sultana 旅行社（MAP p.184/B1，☎ 2556-6989）运营的巴士每天 6:00~13:30 期间共有 7 班	6 小时	L211~258
拉塞瓦	Hedman Alas 旅 行 社（MAP p.184/B1，☎ 2516-2273）运营的巴士在每天 5:45、6:00、10:00、13:30 发车；Cristina 旅行社（☎ 2220-0117）每天 3:10~15:30 期间共有 3 班车	6 小时	L463~770
特鲁希略	Cotraipbal 旅行社（MAP p.184/B1，☎ 9763-0513）在每天 7:15 和 10:45 发车	9 小时	L208~335
乔卢特卡（邻近尼加拉瓜国境线）	Mi Esperanza 旅行社（☎ 2225-1800）在每天 7:30、11:00、12:00、16:00 发车	4 小时	L81
埃尔・帕拉索（邻近尼加拉瓜国境线）	Discua Litena 旅行社（☎ 2230-0470）每天 5:00~18:00 期间每小时 2 班车	2 小时	L44

前往科潘城

Henman Alas 旅行社在 5:45 会有前往圣佩德罗・苏拉的巴士，换乘后需约 8 小时方可抵达科潘城，费用根据座位不同价格也不一致，L774~1185。

国际巴士

● TICA 旅行社
MAP p.184/B1
🏠 5 y 6 Av. 16 Calle, Bo. Villa Adela, Comayagüela
☎ 2220-0579
URL www.ticabus.com
前往马那瓜的巴士于每天 9:30 发车（需约 8 小时，费用 US$26）。前往圣萨尔瓦多的巴士于每天 6:00 发车（需约 8 小时，费用 US$22）。

● Platinum 旅行社
🏠 Boulevard Comunidad, Económica Europea, La Granja Comayagüela
☎ 2225-5415
URL platinumcentroamerica.com
前往马那瓜的巴士于每天 5:30 发车（需约 8 小时，费用 US$44）。前往圣萨尔瓦多的巴士于每天 5:30 发车（需约 6 小时，费用 US$40）。

● Transnica 旅行社
🏠 Hotel Alameda Boulevard, Suyapa
☎ 2239-7933
URL www.transnica.com
前往马那瓜的巴士于每天 5:00 发车（需约 7 小时，费用 US$30）。

特古西加尔巴 漫 步

你可以将前方坐落着大教堂的中央公园 Parque Central 作为旅游起点游览特古西加尔巴的市中心。中央公园对面的大教堂 Catedral 里有一座雕工精美的祭坛，可谓西班牙殖民时期的艺术佳作。此外距离中央公园西北方向 3 个街

建有高楼大厦的新城区

区的多洛雷斯教堂 Iglesia los Dolores 因其壮丽的外观也是城内代表性的教堂建筑，教堂前的广场全天都十分热闹。这两座教堂周围的周边商业地区几乎汇集了酒店、餐馆、旅行社、银行等各类与游客息息相关的设施，前往其他城市的巴士始发站大多位于市中心西南面的柯马亚圭拉地区 Comayagüela。

市内相对可以比较安全游览的地区是新城区，即位于市中心东南面的莫拉桑路 Blvd. Morazán 所在的商业繁华街。这条宽阔大街的两侧坐落着高档餐馆、航空公司办公室以及大型商场，再往里的安静街区则是大使馆的聚集地。

Seguridad

关于洪都拉斯的治安问题

洪都拉斯 2011 年 12 月颁布了《国家非常态宣言》，并在 2015 年再度将非常态的时间继续拉长。2016 年被杀害的人数甚至比 2015 年增多。整个国家每天都发生着杀人、诱拐、强盗等各类事件，特别是首都特古西加尔巴的杀人事件发生率为世界第六位，圣佩德罗・苏拉则高至第二位，是一个极其危险的国家。

用餐请选择有武装警备人员驻守的餐馆，天

黑前一定要赶回酒店。即使是 19:00 天刚一擦黑，白天很热闹的市中心也一下会变得人烟稀少，尽可能避免夜晚外出。

※ 本书调查时，部分国家已经下达了"如非紧急事件请勿前往洪都拉斯北部城市"的警告，而本书中介绍的特古西加尔巴、圣佩德罗・苏拉、科潘城等城市都属于这个地区，一定要多加注意。

小贴士 位于市中心东南面 5 公里的复合广场购物中心 Mall Multiplaza（MAP p.184/B2）是特古西加尔巴市内最大的购物中心，游客来这里的美食广场用餐是个不错的选择。营业时间为每天 10:00~20:00。

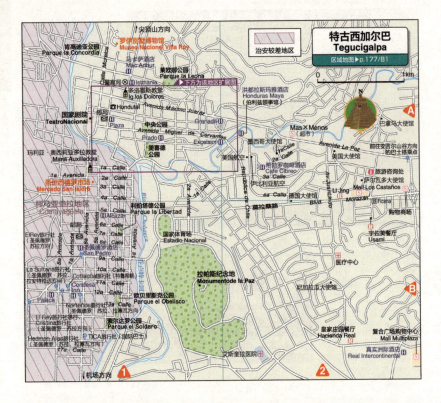

特古西加尔巴
Tegucigalpa
区域地图▶p.177/B1

治安较差地区

尖顶山方向
肯高迪亚公园
Parque la Concordia
罗伊别墅博物馆
Museo Nacional Villa Roy
马卡萨酒店
Mac-Arthur
莱维娜公园
Parque la Leona
Istmania
警察局
多洛雷斯教堂
Ig.los Dolores
Hondutel
Avenida Máximo Juárez
Granada
洪都拉斯玛雅酒店
Honduras Maya
(伯利兹领事馆)
国家剧院
TeatroNacional
Plaza
中央公园
Avenida Miguel de Cervantes
Prado
Excelsior
Mas×Menos
(超市)
前往安斯尔山谷方向
的巴士搭乘点
巴拿马大使馆
N
A
玛利亚·奥西莉亚多拉教堂
Maria Auxiliadora
美喜德
公园
墨西哥大使馆
美国航空
Avenida La Paz
美国大使馆
旅游咨询处
萨尔瓦多大使馆
Mall Los Castaños
圣伊西德罗市场
Mercado San Isidro
1a Avenida
2a Calle
3a Calle
4a Calle
希尔罗咖啡酒店
Cafe Cibreo
伊比利亚航空
德国大使馆
BLVD.
Li Jing
Ficeha
购物商场
科马亚瓜地区
Comayagüela
Rio Choluteca
利伯塔德公园
Parque la Libertad
Alcazar
Calle
国家体育场
Estadio Nacional
Morazán
宇佐美餐厅
Usami
ElRey旅行社
圣佩德罗
San Pedro
8a Calle
9a Calle
10a Calle
拉帕斯纪念地
Monumentode la Paz
医疗中心
La Sultana旅行社
Cottaipbati旅行社
Condesa
Inn
11a Calle
12a Calle
13a Calle
欧贝里斯克公园
Parque el Obelisco
尼加拉瓜大使馆
Palace
Nortenoc旅行社
14a Calle
15a Calle
El Rey旅行社
Cristina旅行社
16a Calle
豪尔达罗公园
Parque el Soldaro
皇家庄园餐厅
Hacienda Real
复合广场购物中心
Mall Multiplaza
Hedmon Alas旅行社
TICA旅行社
17a Calle
艾斯奎拉医院
真实洲际酒店
Real Intercontinental
B
机场方向
1
2

特古西加尔巴中心地区
Tegucigalpa Centro
N

治安较差地区

国家人类历史
博物馆方向
Av. Paulino Valladares
Fortuna
Sureño
Istmania
多洛雷斯教堂
Ig.los Dolores
Av. Máximo Jerez
Boston
多洛雷斯广场
HONDUTEL
Iberia
Av. Cristobal Colón
Krystal
DKD Donuts
敦坎玛雅餐厅
Duncan Mayan
拉伦达酒店
La Ronda
Granada III
Av. Miguel Barahona
邮局
Pana
Tour
Atlántida
电影院
Pizza Hut
圣弗朗西斯科教堂
San Francisco
格拉纳达 I 号酒店
Granada
中央公园
Parque Central
教堂
Yip Sing
Cosmo Travel
Av. Miguel de Cervantes
Comedor Kataline's
电影院
精益酒店
Excelsior
Burger
King
国家美术馆
Galería Nacional de Arte
旧总统府
Central
美喜德公园
Parque la Merced
Avenida la Plazuela
Rio Choluteca
Rica Bakery
Avenida Molina
Rio Chiquito
旧城区、机场方向
1
2
治安较差地区

184

展出玛雅遗迹出土文物与各式现代绘画作品

国家美术馆

Galería Nacional de Arte ★★

为了展示洪都拉斯众多艺术家的优秀作品，这座美术馆于1996年对公众开放营业。馆内展出从19世纪优秀画家的风景作品到现代画家们的抽象作品，几乎网罗了所有洪都拉斯杰出艺术家的各式佳作。此外科潘遗迹的出土文物以及曾经被教堂使

国家美术馆面向美喜德公园而建

用的古老银器也都是这里的珍贵展品，你来这里肯定可以一饱眼福。这座美术馆的前身是1890年创建的艺术大学的宿舍。

曾是总统私宅的宫殿般建筑对公众开放

罗伊别墅博物馆

Museo Nacional Villa Roy ★

前总统胡利奥·洛萨诺·迪亚斯的私人住所，从建筑物外的大街上便可以看到前庭的喷泉设施。目前这座博物馆除了展出描绘玛雅族风俗特色的浮雕及陶器外，还展出总统遗物、洪都拉斯脱离西班牙殖民统治独立后的相关介绍。通过这家博物馆你可以初步了解这个国家的历史概况。

可以亲眼看到特古西加尔巴人民的日常生活

圣伊西德罗市场

Mercado San Isidro ★

位于柯马亚圭拉地区，洪都拉斯最大规模的市场所在地。集市上售各类生鲜食品，是与当地居民生活密不可分的大菜市场。市场内部还有出售洋服、玩具等日用品和鲜花的摊贩，此外这里还有食用老鼠等珍稀食材，单是在这里闲逛便乐趣无穷，但是这片地区治安较差，游览时一定要多加注意。

可以眺望到市区景色的展望台，设有动物园

尖顶山

Cerro el Picacho ★★

坐落在特古西加尔巴的北面，从山顶的展望台可以俯瞰市区美景。周围没有住宅区，可以更加随意地游览，但周边的小型动物园及咖啡馆使这里成为市民常来的休憩之所。周末经常可以看到举家出游的当地居民，工作日则有许多儿童团体来此郊游。

从山顶俯瞰市区景色

国家美术馆
MAP p.184/C1
位于大教堂以南的1个街区
开 周一~周六　9:00~16:00
　　周日　　　9:00~14:00
费 L30

面向中央公园的大教堂

罗伊别墅博物馆
MAP p.184/A1
沿中央公园西侧，国家剧院前的道路向北前行1公里，爬一段石板路便可以看到这座博物馆。本书调查时处于施工阶段。

圣伊西德罗市场
MAP p.184/A1
从市中心打车前往柯马亚圭拉地区需要约L100的费用，请多留心市场内的小偷。

尖顶山
MAP p.184/A1 外
开 每天 9:00~16:00
费 包含动物园入场费共计L25
从市中心打车前往这里需约20分钟，单程L160左右。

小贴士　柯马亚圭拉地区中有不少治安比较恶劣的地方，尽量不要步行游览，如果你提着行李想乘坐巴士，一定要搭乘出租车前往巴士站。

185

酒店
Hotel

　　巴士站比较集中的柯马亚圭拉地区多是经济型酒店，考虑到当地治安及酒店设施，最好在特古西加尔巴市中心的中档酒店入住。此外市中心以东的新城区建有不少高档酒店，这里的客房可谓既安全又舒适。

洪都拉斯玛雅酒店
Honduras Maya

◆邻近市中心，视野开阔　建筑由酒店本馆、公寓、塔楼组成，每个部分的设施及氛围都各有特色，入住前可以逐一参观后再进行挑选。此外酒店内还有商店、旅行社和室外泳池，设施非常全面。提供早餐。

高档	Map p.184/A2

住 Av. República de Chile, Col. Palmira
☎ 2280-5000　fax 2220-6000
URL www.hondurasmaya.hn
CC AMV　客房 124 间
网 免费 Wi-Fi
费 ⟨图标⟩ Ⓢ US$110~、Ⓓ US$140~
（税 +19%）

精益酒店
Excelsior

◆并设有赌场的城市酒店　设施完备房间宽敞，可以舒适住宿。大堂内展出的数幅艺术作品都很有观赏性。提供早餐。

中档	Map p.184/C2

住 Av.Cervantes#1515，Bo. San Rafael
☎ 2237-2638　fax 2238-0468
URL www.hotelandcasinoexcelsior.com
CC AMV　客房 80 间
网 免费 Wi-Fi
费 ⟨图标⟩ Ⓢ US$50~、Ⓓ US$60~（税 +19%）

希勒罗咖啡酒店
Cafe Cibreo

◆时尚的精致酒店　位于治安相对较好的地区，并设有知名餐厅，提供免费的洗衣服务及丰盛早餐。机场接送为有偿服务。

中档	Map p.184/A2

住 452 Calzada San Martin，Col.Palmira
☎ 2220-5323
URL hospedajecafecibreo.cdvhotels.com
CC ADJMV　客房 15 间
网 免费 Wi-Fi
费 ⟨图标⟩ Ⓢ US$50~、Ⓓ US$60~（税 +19%）

拉伦达酒店
La Ronda

◆以宿舍房型为主的快捷酒店　位于市中心，如家般温暖的平价酒店，很受欧美背包客青睐，方便进行旅游信息的沟通。客房主要以宿舍房型为主，入住单间最好提前预约。

经济型	Map p.184/C2

住 Av. Máximo Jerez
☎ 9949-9108
URL www.larondahostel.com
CC MV　客房 7 间
网 免费 Wi-Fi
费 ⟨图标⟩ ⓈⒹ US$30~，
　　⟨图标⟩ 宿舍房型 US$12~

格拉纳达 I 世酒店
Granada I

◆周边经常可以看到水果摊贩　距离中央公园步行只有 10 分钟路程的经济型酒店，周边有不少售卖水果和调味料的小摊贩，可以采买一些，补充旅行中缺乏的维生素。

经济型	Map p.184/C2

住 Av.Gutemberg #1401
☎ 2237-2381
CC 无
客房 12 间
网 免费 Wi-Fi
费 ⟨图标⟩ Ⓢ L440~、Ⓓ L585~

⟨图标⟩ 设有空调　⟨图标⟩ 未设空调　⟨图标⟩ 房间设有淋浴设施　⟨图标⟩ 公用淋浴设施　⟨图标⟩ 设有电视　⟨图标⟩ 未设电视

餐馆
Restaurant

中央公园周边坐落着不少餐馆、简易食堂和快餐店。市中心东侧的莫拉桑路两侧则多是中档以上的高档餐馆。洪都拉斯当地的特色菜式铁扦烤串 Pincho（→ p.20）一定要点来尝一尝。

皇家庄园餐厅
Hacienda Real

◆ **位于新城区的高档餐馆** 作为在中美洲各国都设有分店的连锁品牌餐馆，你在这里可以品尝到中美洲各地的传统菜式。加入鲜虾的酸橘汁腌鱼 L255~、铁扦烤串 L430~。价格虽然偏高，但是餐馆所在的新城区治安较好，可以安心用餐。

Map p.184/B2

- 🏠 Av. Juan Pablo 2
- ☎ 2239-6860
- 🕐 周日～下周三 12:00~22:00
     周四～周六 12:00~23:00
- 💳 AMV
- 📶 免费 Wi-Fi

敦坎玛雅餐厅
Duncan Mayan

◆ **座位数较多的大众餐馆** 邻近中央公园的老牌洪都拉斯菜式餐馆。是当地人很喜欢的一家餐馆，用餐预算在 L100 左右。

Map p.184/C2

- 🏠 Av. Cristóbal Colón
- ☎ 2237-2672
- 🕐 周一～周六 8:00~21:00
     周日 8:00~18:00
- 💳 AMV
- 📶 无 Wi-Fi

Yellow Page 特古西加尔巴的实用信息

大使馆

伯利兹领事馆 Consulados de Belize 🗺 p.184/A2
- 🏠 Hotel Honduras Maya
- ☎ 2238-4616
- 🕐 周一～周五 8:00~12:00、13:30~17:00
- 🏨 在洪都拉斯玛雅酒店中设有办事窗口

出入境管理局 Migración
- 🏠 Anillo Periferico，Frente a la U.T.H.
- ☎ 2238-1115
- 🕐 周一～周五 8:30~16:30
     可以在这里办理签证延长手续。

观光警察局 Policia de Turismo
- 🏠 Edifi.Europa，2do Piso，Col. San Carlos
- ☎ 2222-2124

航空公司

美国航空 American Airlines 🗺 p.184/A2
- 🏠 Edificio Palmira，1 er pisc
- ☎ 2216-4800
- 🔗 www.aa.com

索萨航空 Aerolineas Sosa
- 🏠 Aeropuerto Tocontín
- ☎ 2233-4351
- 🔗 www.aerolineasosahn.com

阿维安卡航空 Avianca
- 🏠 Centro Comercial Plaza Criolla
- ☎ 2281-8222
- 🔗 www.avianca.com

阿维安卡航空公司的飞机

名为"天使之谷"的民间工艺品出产地

安吉尔山谷
Valle de Angeles ★★

城内洋溢着祥和的气氛

从特古西加尔巴乘车约需50分钟便可以来到这片被松林覆盖，令人神清气爽的山区地带——安吉尔山谷。这座意为"天使之谷"的城镇位于海拔1310米的高原之上，相比特古西加尔巴气候更加凉爽，非常宜人。

城镇不大，一刻钟的时间便可以转完，但这里是出名的民间工艺品出产地。朴素的陶瓷餐具、木头人偶、喂鸡水盆等，随便拿出一件便可以感到其间散发的温暖生活气息。在镇口附近的工艺品学校可以参观到这些工艺品的制作过程，可以顺道进去看一看。此外城镇的民间工艺品礼品商店也能看到各类商品的制作场景。

洪都拉斯的前首都，旧殖民气息十足

科马亚瓜
Comayagua ★★

位于特古西加尔巴西北面86公里，前往圣佩德罗·苏拉的途中，沿途绿意盎然，非常养眼。

海拔约300米，人口约11.8万的科马亚瓜现在虽是一座平静且不太起眼的城市，但其在1537~1870年期间却曾是洪都拉斯的首都之城。

现在城内留有包括大教堂、殖民时期的大学遗迹、美喜德教堂等众多旧殖民风格浓厚的历史建筑。大教堂南面建有旧殖民博物馆，博物馆规模虽然不大，但是城市作为首都时期所留下的宗教画卷、祭坛、武器、家具等各式展品都可以在此得见。大教堂以北1个街区还有一座考古学博物馆，时间充裕的话也可以进入参观。

科马亚瓜设有几家中档及平价酒店，餐馆及简易食堂大多位于市中心周边及市场附近。

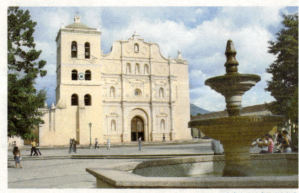
面向中央公园建立的大教堂

安吉尔山谷
MAP p.177/B1
从特古西加尔巴新城区前往安吉尔山谷的巴士搭乘点（MAP p.184/A2）每天7:00~20:00期间每小时都有1班巴士（需约50分钟，费用L19）。

售卖朴素的各类礼品

科马亚瓜
MAP p.177/B1
从特古西加尔巴搭乘El Rey旅行社经营的前往圣佩德罗·苏拉方向的巴士，前往科马亚瓜需约1小时30分钟的时间。下车后车站距离城市的中心地区仍有2公里的距离。从圣佩德罗·苏拉前往科马亚瓜需约3小时。

旧殖民博物馆
开 每天8:30~16:00
费 US$4

考古学博物馆
开 每天8:30~16:30
费 US$4

科马亚瓜的酒店
H America INC.
☎ 2772-0360
费 ⑤①L785~

H Halston
☎ 2772-0755
费 ⑤①L620~

小贴士 科马亚瓜虽然在2010年还是座治安较好的地区，但在近年来尤其是夜晚，治安逐渐恶化，周边还有巴士内的抢劫事件多有发生，出行请多加注意。

洪都拉斯咖啡小谈

位于洪都拉斯西部的科潘省气候凉爽，肥沃的山地地区遍布着一望无垠的咖啡园，当地劳作者的身影清晰可见，就让他们来为我们介绍下洪都拉斯咖啡的概览吧。

"作为咖啡大国的巴西拥有广阔的国土以及数不胜数的劳动力，生产了大量的咖啡豆。洪都拉斯虽是个小国，劳动力的数量也远不如巴西，但我们可以用高质量的咖啡豆与巴西这样以产量取胜的咖啡盛产国相抗衡。"

美洲大陆中，巴西、牙买加、哥伦比亚等国家是世界知名的南美洲咖啡生产国，中美洲则是以物美价廉的咖啡豆而闻名的危地马拉咖啡，这些地区的咖啡豆都很受咖啡爱好者的喜爱。

而被如此咖啡强国层层包围的洪都拉斯，近年来知名度也逐渐升高，"科潘咖啡"的名号逐渐开始打响，这座人口只有911万，国土面积只有11万平方公里的小国家，为何可以获得与咖啡盛产国相同的声名呢？其中的奥秘便是刚才洪都拉斯咖啡农民所透露的——优质的咖啡豆品质。

坐拥科潘遗迹的科潘省、与萨尔瓦多国境线相接的拉巴斯省等地都是洪都拉斯适合栽培咖啡豆的优质地区。虽然加起来的面积也不是很大，但是恰到好处的海拔高度、完美的温差、肥沃的土壤，都是种植优质咖啡豆不可或缺的关键所在。

而坐拥如此优越土地的洪都拉斯咖啡栽培者更是严格要求自己，不考虑栽培容易但品质较差的罗布斯塔咖啡豆，而是将精力都放在更加需要精心呵护、品质有保障的阿拉比卡咖啡豆上，并逐渐扩大农园规模。

1998年，一场历史知名的飓风侵袭了洪都拉斯的各处咖啡农园，但各位农场主完全没有被大

手工进行咖啡豆的分类工作

自然的这波洗礼所击倒，反而制定出更加彻底的危机管理方案，避免再次成为如此手足无措的大自然的受害者，咖啡豆的质量也随着管理加强而再上一个台阶。2000年以后无论是产量还是利润都再创新高。

知名度不断扩大的科潘咖啡品牌使得其产地之一的圣伊萨贝尔农园人气越来越高，这座农园以sustainable，即可持续发展为核心经营理念，兼顾环境保护与咖啡豆的高质量追求，实施环保农业。

当你来到这座农园时，从远处粗略一看，会觉得这里只是一片普通的树林，除了结着红色果实的咖啡树，还种植了很多阔叶树，这些名为Shadow Tree的树种担负着保护纤细的阿拉比亚咖啡树避免阳光直晒的重要作用。

此外由于种植各式各样的阔叶树，使得土中蚯蚓等生物数量增多，土壤也变得更加肥沃。而察觉到蚯蚓与昆虫气息的野生鸟类也迁徙至此，一个农园中的鸟类可多达85种，如此多样性的鸟类进一步促进了农园的生态系统，鸟类的捕食与排泄活动不但促进了生态系统的更新，也为农园创造了更多肥料，更加利于植物的生长。

在这样的生态循环系统下，不需要施加化学肥料便可以坐等咖啡豆的成熟，并由咖啡农民一颗一颗悉心采下成熟的咖啡豆。洪都拉斯的咖啡收获季节为旱季的10月～次年3月，干燥的空气搭配强烈的日光是咖啡豆最好的干燥期，5月上旬进入雨季后咖啡豆恰好结束了干燥期，以最佳状态投放到咖啡市场。你从科潘城可以参加咖啡农园生产现场的观光行程（→ p.197），值得一提的是，美国是洪都拉斯咖啡豆的首要采买国。

观光行程不容错过的圣伊萨贝尔农园

小贴士　圣伊萨贝尔农园附近坐落着一处正在修整的玛雅遗迹——埃尔·阿马里略遗迹 El Amarillo，部分旅游线路也会前来这里观光。

圣佩德罗·苏拉
San Pedro Sula

工商业发达的洪都拉斯第二大城市

★ 圣佩德罗·苏拉
特古西加尔巴

人口▶ 71.9万

圣佩德罗·苏拉
MAP p.177/A1

货币兑换
　　银行位于市内中央公园周边，除了可以将美元兑换为伦皮拉，通过 ATM 也可以直接提取现金。

前往危地马拉的航路
　　从圣佩德罗·苏拉北面50公里的科尔特斯港可以乘船（需约3小时）前往危地马拉的巴里奥斯港。从奥马要塞可以乘船（需约45分钟）前往危地马拉的利文斯顿及（需约1小时）巴里奥斯港。

前往科尔特斯港的巴士
　　Impala 旅行社、Citul 旅行社在 5:30~18:30 期间，每小时有 5 班巴士（需约1小时，费用 L40~50）。

从机场前往市内
　　莫拉莱斯国际机场 Villeda Morales（SAP）位于市区以东 15 公里的地方，打车前往市内费用为 L250，需约15分钟。圣佩德罗·苏拉城外是毒品交易频繁的危险地区，从机场打车前往市内时务必要送到酒店门口。市内巴士有时也有开往郊外的班次，最好不要乘坐。

航空公司
●阿维安卡航空
☎ 2545-2300
URL www.avianca.com
●索萨航空
☎ 2550-6545
URL www.aerolineasosahn.com

中央公园前的大教堂

　　建于 1536 年的圣佩德罗·苏拉是洪都拉斯的第二大城市。10 月～次年 3 月气候宜人，但是到了雨季气温可达 30℃以上，十分闷热。

　　工业、商业的中心地区科尔特斯港是邻近加勒比海的港口，作为香蕉、咖啡、木材、砂糖的交易场所而繁荣发展。前往圣佩德罗·苏拉的国际航班班次相比首都特古西加尔巴的要更多，可谓名副其实的洪都拉斯航空入口。近年来这里的人口增加，算上周围地区已经成长为拥有约 120 万人的大型都市圈。

　　但是近年这里的治安明显恶化，抢盗、杀人、诱拐等恶劣事件相继发生，白天在中央公园附近比较熙攘的道路游逛没什么问题，但是从下班高峰开始，随着交通量增大，小偷也开始活动起来。夜晚建议不要外出。

◎ 交通方式

飞机

　　特古西加尔巴每天都有 2 班阿维安卡航空的航班（航程约 50 分钟，费用 US$102~168）前往特古西加尔巴。拉塞瓦每天有 1~2 班索萨航空的航班（航程约 40 分钟，费用 US$78）。
▶ 中美洲内的主要航线→ p.338

洪都拉斯国内航线有时也会使用小型飞机

巴士

　　圣佩德罗·苏拉的中央巴士总站位于市中心以南 4 公里的地方，可以在这里搭乘前往各地的巴士。
前往市内的交通方式▶从中央巴士总站打车前往市中心约需 L200 的费用，安全起见，最好打车出行。

　小贴士　中央公园正对面便是名为 Pasaje Valle 的购物商场，餐馆和服装店都可以在商场内找到，门口也有警卫把守，可以安心购物。营业时间为每天的 9:00~19:00。

圣佩德罗·苏拉始发前往各地的巴士信息

目的地	车站所在地·时刻表	所需时间	费用
特古西加尔巴	Hedman Alas 旅行社、Saenz 旅行社、El Rey 旅行社每天的 5:45~18:10 期间每小时会有 2~3 班巴士	4 小时	L123~612
拉塞瓦	Hedman Alas 旅行社、Catisa 旅行社运营的巴士每天 5:50~18:20 期间每小时会有 1~2 班巴士	3.5 小时	L123~652
特拉	Hedman Alas 旅行社、Catisa 旅行社运营的巴士每天 5:45~18:00 期间每小时会有 1~2 班巴士	1.5 小时	L105~232
科潘城	Hedman Alas 旅行社、El Rey 旅行社、Gama 旅行社、Casasola 旅行社在每天 7:00~15:00 期间共有 10 班巴士	3.5 小时	L124~573
阿瓜·卡连特	Congolón 旅行社每天 6:00、8:30、10:30、12:30（邻近危地马拉国境线）分别发车	6 小时	L186

圣佩德罗·苏拉 漫 步

大教堂及中央公园 Parque Central 的周围坐落着人类学历史博物馆 Museo de Antropología e Historia 及民间工艺品市场，白天人流很多，在这里游逛不会有太大的危险，太阳下山

行人如织，大部分都是当地人的市中心

后即使是近距离移动也要打车行动。建有商场的新城区治安较好，住宅区中可以找到几家民宿及中档酒店。西南（S.O.）方向的 5a Av. 路沿线是平价酒店的聚集地，东南（S.E.）地区则是批发商店及工厂所在的贫民区，设有许多面向移民的木质房子，治安很成问题，尽量避免前往。打车在城内行动只需要 L80~200 便可以前往任何地方。

大教堂
Catedral

中央公园
Parque Central
潘普洛纳餐厅 Pamplona

中央巴士总站
Terminal de Autobuses
☎ 2516-2018
　　国际线路、国内线路的巴士都是在这里起始发车。

国内巴士
● Hedman Alas 旅行社
URL www.hedmanalas.com
　　虽然车费不便宜，但是有专门的巴士搭乘站，避免人多手杂遭遇偷窃事件。可以上网购买车票。

国际巴士
● Platinum 旅行社
🏠 Bario El Benque, 2 da Calle, entre 9a y 10a Av.
☎ 2553-4547
　　前往圣萨尔瓦多的巴士 7:00 发车（需约 7 小时，费用 US$45）。

● TICA 旅行社
🏠 塔马林多酒店内
　　前往马那瓜的巴士每天 5:00 发车（需约 12 小时，费用 US$42）。

当地市区标识
　　市区被环形公路包围，形成了一个圆形。连接大教堂与中央公园的南北向 3a Av. 路与通向机场的东北向的 1a Calle 相交在市中心，并将城区分为 4 个部分，分别为东北区（N.E.）、西北区（N.O.）、东南区（S.E.）、西南区（S.O.）。

人类学历史博物馆
MAP p.191/A2
🏠 3a Av.、4a Calle、N.O.
☎ 2557-1496
🕐 周三～下周一 9:00~16:00
　　周日 9:00~15:00
💰 US$3
※ 每月第一个周日免费

展出贵重出土文物的人类学历史博物馆

从中央公园沿西北方向步行 8 分钟左右便可以到达瓜米尔特市场，中央公园南面也有很多商店，路边还有不少路边摊，方便用餐。这里是当地居民经常采买蔬菜及杂货的中心地区，不时还会看到售卖民间工艺品的商铺，可以在这一带为亲友挑选旅行纪念品。

酒店 & 餐馆
Hotel & Restaurant

圣佩德罗·苏拉市内建有高档酒店、中档酒店、平价酒店等各式酒店，满足各种游客需求。尽量避免在治安较差的国际机场附近住宿，最好是在城区环路 Circunvalación 南侧的中心部，大型商场及外资酒店所坐落的地区挑选一家酒店。中央公园周边是餐馆聚集地。

格兰苏拉酒店
Gran Hotel Sula

◆位于中心地区的高档酒店　面向中央公园建造的酒店，地理位置极其优越。酒店内设有泳池、餐厅、酒吧、商店等设施，高层客房可以欣赏到美丽的市景。房费中包含早餐。

高档	Map p.191/A2

住 1 Calle, 3 y 4 Av., N.O.
☎ 2545-2600
fax 2552-7000
URL www.hotelsula.hn
CC ADMV　客室 117 间
📶 免费 Wi-Fi
费 US$69~、D US$79~（税 +19%）

圣胡安酒店
San Juan

◆精致时尚的酒店布置　位于距离环路 2 个街区，治安较好的地区，周边还建有超市，购物便利。客房虽然不大但是床可不小，客房干净卫生，布置用心。提供早餐。

中档	Map p.191/A1 外

住 5 Calle, 15 Av., N.O., Barrio Los Andres
☎ 2510-4998
URL www.hotelsanjuanhn.com
CC MV　客室 12 间
📶 免费 Wi-Fi
费 S D US$56~（税 +19%）

特拉萨斯酒店
Terrazas

◆步行约 2 分钟即可到达中央公园　无论是设施还是环境可能都和较贵的房价不太相称，但是地理位置有所加分。酒店内并没有餐厅。

经济型	Map p.191/A1

住 6 Av., 4y 5 Calle 3, S.O.
☎ 2550-3108
CC V
客室 44 间
📶 免费 Wi-Fi
费 S D L500~
S D L400~

洛萨酒店
Rosa

◆位于市场附近的中等规模酒店　相比于周边同价格的酒店，更推荐入住这家。客房宽敞舒服，附近还有露天集市，住宿舒适，出行方便。

经济型	Map p.191/B1

住 5 Av., 6y 7 Calle, S.O.
☎ 2557-5959
CC MV　客室 37 间
📶 无 Wi-Fi
费 S L250~、D L450~、
S L170~、D L240~

潘普洛纳餐厅
Pamplona

◆西班牙咖啡馆氛围的独特餐馆　店内张挂着潘普洛纳奔牛节的精彩照片，经营西班牙及洪都拉斯菜，饮品 L12~、三明治 L30~、肉菜 L120 左右，价格比较公道。

	Map p.191/A2

住 2 Calle, 3 y 4Av., S.O.
☎ 2550-2639
开 周一～周六 7:00~19:00
　　周日 8:00~16:00
CC A M V
📶 无 Wi-Fi

設有空调　未设空调　房间设有淋浴设施　公用淋浴设施　设有电视　未设电视

畅玩加勒比海岛

洪都拉斯北面的加勒比海中最知名的度假胜地便是巴伊亚群岛，其中人气最高的当数罗阿坦岛及乌提拉岛。这里相对内陆来说治安要好上不少，是体验潜水、浮潜等多样水上运动的好去处。岛内建有从奢华度假酒店到面向背包客的经济型酒店等各等级酒店，可以满足各类人群前往加勒比海度假的需求。

罗阿坦岛 Isla de Roatán　MAP p.177/A1~A2

东西长 50 公里左右，南北宽约 5 公里，细长形的罗阿坦岛是巴伊亚群岛中最大的岛屿。罗阿坦岛北面便是加勒比海首屈一指的潜水胜地，而且设有可以与海豚互动的设施，在欧美游客心中是名副其实的高度度假地。

岛西侧是白色洁净的宽广沙滩，海面也比较平稳，非常适合在这里进行海水浴。Sandy Bay、West End、West Bay 等地区都是深受游客欢迎的海水浴场所，并设有不少高档酒店，你可以体验各式海上项目。

小岛东面生长着茂密的红树林，因此几乎没有进行开发，也找不到什么像样的公路。蓬塔戈尔达 Punta Gorda、欧克里吉 Oak Ridge 等小岛中部地区是加里富纳族人的聚集地，可以看到色彩各异的水上民居。如果你搭乘游船，可以从加勒比海上眺望到这些美丽的水上村落。

乌提拉岛 Isla de Utila　MAP p.177/A1

在 20 世纪 90 年代，这里曾有"US$100 即可获得 PADI 潜水证"的宣传语，继而到访这里

罗阿坦岛的 West Bay

的游客逐渐增多。现在在这里考取潜水证的费用大约为 US$250，岛上的潜水用品商店也是客人络绎不绝。潜水课的老师英语普遍不错，上课体验很好。说这么多你已经知道乌提拉岛的最大魅力了吧？哈哈，这里依旧是考取潜水证非常实惠的地区。

但是乌提拉岛可以游泳的海滩比较有限，岛上的娱乐活动也因此受限，但众多游客到访这里的目的都是为了潜水，住宿设施也多以经济型酒店为主，许多酒店内都设有潜水用品商店。

乌提拉岛的物价相比罗阿坦岛整体都比较便宜，此外两座小岛几乎都可以通用美元，潜水花费及酒店房费都是美元的价格表，餐馆也都认可美元支付，所以你可以不用兑换伦皮拉便直接前往这两座小岛。

乌提拉岛海域可以进行潜水

交通方式

前往罗阿坦岛、乌提拉岛，都要先去拉塞瓦 La Ceiba（MAP p.177/A1）这座城市。从特古西加尔巴、圣佩德罗·苏拉可以搭乘索萨航空的飞机或城市巴士前往拉塞瓦，随后坐船前往这两座小岛。但是拉塞瓦治安不是很好，从巴士总站前往海港一定要打车。

Aerolineas Sosa（索萨航空）
URL www.aerolineasosahn.com

Galaxy Wave（运营前往罗阿坦岛的游船）
URL roatanferry.com

Utila Princess（运营前往乌提拉岛的游船）
URL www.utilaprincess.com

科潘城 *Copán Ruinas*

前往世界遗产地科潘遗迹的关口城市，一座田园之城

中央公园是游客的必去景点

人口▶3万

科潘城
MAP p.177/B1

科潘城注释
　　本书为了将科潘城区与科潘遗迹区分开，而特意将这里称为科潘城。

货币兑换
　　面向中央公园的圖Occi-dente银行可以兑换美元、伦皮拉以及危地马拉货币格查尔，银行内的ATM也可以提取现金。营业时间为周一～周五8:00~13:00、14:00~17:00，周六8:00~12:00。

旅游咨询处
MAP p.195
开 周一～周五　8:00~12:00
　　　　　　　13:00~17:00
　　面向中央公园设有一个小型窗口，你可以在这里获得遗迹、博物馆、市区及郊区各个旅游景点的相关信息。

特古西加尔巴前往科潘城
　　Hedman Alas旅行社的巴士于5:45发车（需约8小时，费用L774~1185），Hedman Alas旅行社的巴士站位于科潘城中央公园东南方向步行10分钟的位置。

从圣萨尔瓦多搭乘国际巴士前往科潘城
　　从萨尔瓦多的首都圣萨尔瓦多每天7:00，搭乘由Platinum旅行社运营的前往圣佩德罗·苏拉的国际巴士，在拉安特拉达下车（需约5小时，费用US$45）后换乘，即可当天抵达科潘城。

　　洪都拉斯西面邻近危地马拉国境的科潘遗迹（→p.198）是一座优美且经过历史洗礼的很有底蕴的玛雅遗迹。1980年收录于世界遗产名录之中。莫塔瓜河支流之一的科潘河沿岸，在公元前10世纪左右便有了人类栖息的迹象，5~9世纪作为玛雅文明屈指可数的大都市而繁荣发展。刻有神圣玛雅文字的台阶、施以精美雕刻的各式石碑是科潘遗迹的特征所在，具有极高的艺术性，吸引着众多遗迹爱好者慕名前来。这里与危地马拉的基里瓜遗迹也有不少相似点，不少游客都会将科潘遗迹搭配基里瓜遗迹一起游览。

　　前往玛雅遗迹最方便的城市便是这座科潘城了，虽然许多游客纷纷到访，这里却没有被现代都市的人流所改变，你在科潘城依然可以看到骑马往来的当地人，很有田园气息，非常安逸。许多游客都会从危地马拉乘坐旅行班车前往科潘，非常方便。以遗迹观光为目的前往这里的游客还可以在观光途中体验与危地马拉完全不同的洪都拉斯国家氛围，可谓一箭双雕。

 ## 交通方式

巴士

　　圣佩德罗·苏拉在每天5:35~15:00期间共有10班左右前往科潘城的巴士，需约3小时30分钟，费用L124~573。搭乘前往圣罗萨·德·科潘方向的巴士在拉安特拉达（需约2小时，每小时2班）下车换乘前往科潘城的巴士（需约2小时，每小时1班）也可抵达。

　　危地马拉的奇基穆拉每小时都有1班前往边境城市埃尔·佛罗里多（需约1小时30分钟）的巴士，从国境前往科潘城的迷你小巴（需约20分钟，费用L20）班数很多，前往科潘城十分方便。

科潘城 漫 步

　　前往科潘遗迹游览的起点城市便是位于其西面 1.5 公里的科潘城。城内中央公园 Parque Central 周边建有酒店、餐馆、礼品商店、银行等对于游客来说必要的设施。玛雅考古学博物馆与市场等也是城内的看点。步行 1 小时便可以周游这座规模不大的小城镇，城内处处都透露着悠闲的气氛。如果时间充裕，你除了可以游览著名的科潘遗迹，还可以在城内的石板小路漫步放松。在民间工艺品市场和公园附近经常可以看到出售描绘石碑图案的陶器、石质雕刻品、精美首饰的路边摊贩，值得多看看。

科潘城 主要景点

参观遗迹前最好来这里先转一下

玛雅考古学博物馆
Museo Regional de Arqueologia Maya　　★★

　　展出科潘遗迹中出土的石碑、陶器，以及由翡翠和贝壳制作的装饰品等各式精美展品，此外还有玛雅的踢球道具、玛雅历、象形文字的浮雕，以及从拉斯·塞普尔图拉斯遗迹 Las Sepulturas（→ p.200）中发掘的著名

博物馆规模虽然不大但展出丰富的贵重文物与资料

石室墓穴都可以在这里看见。馆内还设有中美洲各玛雅遗迹的图示对比图，清晰明了，对于各地的遗迹观光很有帮助。科潘遗迹发掘时期、修复时期的珍贵照片也陈列在这里的照片展区，通过这些历史照片可以了解考古工作的费时与辛酸。

西班牙语语言学校
Guacamaya
MAP p.195
☎ 2651-4360
URL www.guacamaya.com
　　一周的课时费为US$160（20 小时），包含家庭寄宿的课程方案的价格为US$260（一周时间，包含一日三餐）。学校不时组织近郊的旅游行程，在城北和城南分别开有 2 家学校。此外还会介绍志愿者服务。

电话局
MAP p.195
开 周一～周五　7:00~21:00
　　周六、周日　8:00~20:00

玛雅考古学博物馆
MAP p.195
开 每天 9:00~19:00
费 US$3

前往危地马拉的巴士
　　Hedman Alas 旅行社运营的前往危地马拉的巴士每天 14:20 发车，需时 5 小时，费用 US$37。

前往危地马拉的旅行班车
　　每天 12:00 出发的旅行班车会途经危地马拉城，最终抵达安提瓜。需时 6 小时，费用 US$25，酒店可以预约这种旅行班车。

科潘城
Copán Ruinas
区域地图 ▶ p.177/B1
0　　　　200m

Guacamaya（西班牙语语言学校）
足球场
Av. Centroamericano
Av. Copán
Av. Sesesmil
贝拉卡萨酒店 Berakah
Tipico el Rancho
Paty
布里萨斯·德·科潘酒店 Brisas de Copán
科潘遗迹 圣佩德罗·苏拉方向
Calle Acrópolis
El Jacal
Guaditas Mayas
玛丽娜科潘酒店 Marina Copán
拉波萨达酒店 La Posada
Mc Tours旅行社
Occidente
Los Gemelos
迷你巴士搭乘点（→危地马拉边境、埃尔·佛罗里多）
Los Jaguares
Av. Mirador
嘉玛·德尔·博斯克餐厅 Llama del Bosque
Calle 18 Conejo
市政厅
旅游咨询处
市场
中央公园 Parque Central
教堂
Plaza Copán
玛雅考古学博物馆 Museo Regional de Arqueologia Maya
Yaragua
Calle de la Plaza
Vía Vía
Av. La Cuesta
卡米诺玛雅酒店 Camino Maya
Yaragua Tours旅行社
Popol Nah
药房
电话局 HONDUTEL
亚体巴兰酒店 Yat B'alam
Galeria de Arte Machi
Calle Independencia
卡尔尼塔思·尼亚·罗拉餐厅 Camitas Nia Lola
Hedman Alas旅行社等运营的巴士搭乘点方向（约300米）

酒店 & 餐馆
Hotel & Restaurant

　　无论是高档酒店还是平价酒店，众多住宿设施都集中在中央公园附近。城内餐馆的用餐者大多是外国游客，很多餐馆的气氛都十分活泼，你既可以在这里吃到短时间解决战斗的三明治简餐，也可以品尝到美味奢华的牛排大餐，能满足你的各种需求。

玛丽娜科潘酒店
Marina Copán

◆旅游团游客的御用大型酒店　建在中央公园斜对面的大型酒店，是欧美团队游客的住宿首选。内部设有餐厅、桑拿，室外设有泳池等设施，炎热的天气从遗迹观光回来在泳池游一游泳，十分舒爽。

高档	Map p.195

住 Parque Central
☎ 2651-4070
fax 2651-4477
URL hotelmarinacopan.com
CC ADJMV
制室 49 间
📶 免费 Wi-Fi
费 ╤╳▧▣ⓈUS$90~、ⒹUS$100~（税+19%）

拉波萨达酒店
La Posada

◆价格实惠的干净酒店　邻近中央公园，房间干净的经济型酒店，提供免费的咖啡和饮用水，酒店内还设有旅行社柜台。

中档	Map p.195

住 1/2 Cuadra al Norte del Paque Central
☎ 2651-4059
URL www.laposadacopan.com
CC AMV
制室 8 间
📶 免费 Wi-Fi
费 ▨▧▣ⓈⒹUS$32~（税+19%）

布里萨斯·德·科潘酒店
Brisas de Copán

◆可以从高处领略美景　距离中央公园 2 个街区的酒店，可以自由登上酒店屋顶，在露天席位俯瞰美丽市景。

经济型	Map p.195

住 Barrio el Centro
☎ 2651-4118
CC AMV
制室 22 间
📶 免费 Wi-Fi
费 ▧▧▧ⓈⒹUS$20~

嘉玛·德尔·博斯克餐厅
Llama del Bosque

◆深受欧美游客欢迎　经营牛排及海鲜菜肴，面向游客的套餐 L150~200，比较公道，早餐套餐为 L65~75。

	Map p.195

住 2 Cuadras al Oeste del Museo de Antropología
☎ 2651-4431
开 每天 9:00~21:15
CC AMV
📶 免费 Wi-Fi

卡尔尼塔思·尼亚·罗拉餐厅
Carnitas Nia Lola

◆精致的用餐氛围　餐馆内的摆设十分考究，主要经营面向游客的简餐，预算约为 L70。

	Map p.195

住 2 Cuadras al Sur del Museo de Antropología
☎ 2651-4196
开 每天 11:00~22:00
CC AMV
📶 免费 Wi-Fi

▦=设有空调、▨=未设空调、▧=房间设有淋浴设施、▧=公用淋浴设施、▣=设有电视、▧=未设电视
从国内拨打洪都拉斯当地电话 00+504+×××× - ××××（→ p.179）

科潘城的实用信息

科潘城始发的旅游行程

科潘城郊外随处可见绿意盎然的溪谷地区、种植咖啡豆和烟草的农园，还有温泉地等，骑马游览当地自然景色的旅游行程很有人气，即使是没骑过马的游客也可以轻松驾驭，3 人即可成团。

科潘河沿岸的骑马行程

旅游行程需要 3~4 小时，费用 US$25~35，骑马沿着科潘河漫步，还可以探访近郊的咖啡豆农田、烟草地以及原住民乔尔提族的部族村落。

咖啡农园参观行程

约需 5 小时，费用 US$40。可以前往科潘咖啡品牌中著名的圣伊萨贝尔农园（→p.189），现场观看咖啡豆的生产流程。

埃尔鲁比瀑布游览行程

约需 3 小时，费用 US$25。从名为圣丽塔的村子出发深入山林，前往被森林和岩山环抱的瀑布。可以在瀑布附近自由游泳。

温泉旅游行程

约需 3 小时，费用 US$25~30。温泉距离科潘城大约有 25 公里的距离，喷涌而出的温泉水中含有丰富的矿物元素，可以放松身心享受大自然。

波克隆洞窟观光行程

需约 4 小时，费用 US$45。乘车前往距离科潘城约 23 公里的洞窟所在地，之后用 3 小时在洞窟中漂流，参观这里的钟乳洞。

旅行社

Mc Tours 旅行社 MAP p.195

☎ 2651-4161

URL www.mctours-honduras.com

在拉波萨达酒店设有对应窗口，服务十分友好，也可以进行英语邮件咨询。

Yaragua Tours 旅行社 MAP p.195

☎ 2651-4050

URL www.yaragua.com

斜对中央公园而建，对待自由行客人的咨询十分有耐心。

国境信息

科潘城距离危地马拉国境城市埃尔·佛罗里多约 12 公里，搭乘迷你巴士（需约 20 分钟，费用 L20）即可抵达，从这里还可以换乘前往危地马拉东部城市奇基穆拉（需约 2 小时）的巴士。

国境线会在每天 6:30~18:00 期间对前往该国家的客人放行，危地马拉出境时需要缴纳 Q10 的手续费，洪都拉斯入境时则需要缴纳 US$3。如果你在科潘城这样的洪都拉斯国内城市停留后再次返回危地马拉（中美洲 4 国停留总天数在 90 天以内）不用再支付任何费用（→p.340）。

科潘城 短途旅行

邻近国境线，留有玛雅拱门的遗迹

埃尔·蓬特遗迹

El Puente ★★

埃尔·蓬特遗迹
MAP p.177/A1
🕐 每天 8:00~16:00
💰 US$3

乘车在科潘城与圣佩德罗·苏拉之间的拉安特拉达附近的遗迹入口下车（需约 2 小时，费用 L50），下车后搭乘卡车沿公路辅路前行 6 公里便可抵达。从拉安特拉达打车往返费用在 L200 左右。

位于科潘遗迹东北侧，邻近拉安特拉达的玛雅遗迹。1938 年年初发现后曾被长期搁置，1984 年在外国的资金援助后开始了遗迹的调查整备工作，1994 年终于作为遗迹公园对公众开放。

遗迹中大多数都是建筑基坛，规模只复原到了可以看出建筑的雏形。遗迹以高度曾被推测有 18 米的金字塔建筑为中心，可以看到包括拥有玛雅拱门等建筑物及炊事场所在内的一共 5 座建筑物，与科潘遗迹相比乐趣可能略逊一筹，但是对于遗迹爱好者来说还是一座很有价值的玛雅遗迹。

埃尔·蓬特遗迹中醒目的金字塔建筑遗迹

小贴士 从危地马拉入境洪都拉斯时很多时候都会省略加盖入境章的步骤，但是护照上如果没有入境章很有可能会被误认为是非法入境，并会处以罚金，所以一定要拜托工作人员为你在护照上盖上入境章。

古球场作为玛雅祭典的一环，由两支球队相互竞技

科潘遗迹 *Copán*

世界遗产

玛雅遗迹中以极高艺术性浮雕雕刻而闻名的科潘遗迹，邻近危地马拉国境线，位于莫塔瓜河支流科潘河沿岸。被科潘河流域所滋养的富饶土地在公元前便是人类生活居住的地区，现在被我们称为科潘遗迹的，便是玛雅古典时期曾一度繁荣的科潘王朝的建筑遗迹群。

公元 426 年，与墨西哥中央高原特奥蒂瓦坎有很深渊源的科潘初代国王雅库莫（蓝鸟王）在如今的墨西哥中部某处接到了象征权力的徽章，3 天后他便动身前往如今的科潘地区。从他开始共有 16 代国王在此治理科潘王朝，也让科潘发展成了玛雅文化圈中东南位置的一座极为重要的城市，在整个玛雅世界都具有举足轻重的地位。

世人从 19 世纪 30 年代开始知道了科潘遗迹的存在，从此便开始不断有国内外考古学家到访这里进行研究调查。2012 年，整备完善的努涅兹琴其拉地区也开始对公众开放，至今仍在将最新的考古成果以及科潘王朝的历史和曾栖息在这里的人们的生活进行具体的描述与解读。近郊的埃尔·蓬特遗迹与科潘城内的博物馆也是了解这片地区文化与历史的好去处，可以多在这里待上几天，一同游览。

参观时有向导陪伴可以更加方便地理解科潘遗迹的内容

科潘遗迹的游览方式

科潘遗迹大体可以分为 2 片区域，其一是由科潘城市的中心地区普拉萨·普林西帕尔，建有众多神殿建筑群的卫城 Acrópolis 区，和石碑林立、南部设有古球场的大广场 Gran Plaza 区所共同组成的城市区。另一个区域便是城市区周边的居住群地区。位于东部 1 公里的拉斯·塞普尔图拉斯遗迹、遗迹公园入口附近的埃尔博斯克地区以及大广场北部刚刚修整好的努涅兹琴其拉地区都可以使用科潘遗迹的门票进行观光。

> **MAP** p.177/B1
> **开** 每天 8:00~17:00（16:00 结束入场）
> **费** US$15（当天有效）。参观卫城地下的隧道需要额外支付 US$15，2 小时的向导服务 US$25
> 从科潘城步行前往科潘遗迹需约 15 分钟时间。沿途可以看到各式石碑。从城内打一辆三轮出租车费用为 L20。位于遗迹入口附近的石雕博物馆需要额外支付 US$7 才可以进入参观（开放时间与遗迹相同），拉斯·塞普尔图拉斯则位于距离这里东部 1 公里的地方。

卫城
Acropolis

卫城的东广场

西广场的祭坛 Q

卫城由刻有神圣玛雅文字台阶的神殿 26 南侧的东广场 Patio Oriental（猎豹广场）与西广场 Patio Occidental 组成。作为国王和贵族举行仪式典礼的特别场所，广场周边都围绕建有神殿建筑群。东广场北面的神殿 22 是为了纪念新一代统治权，由被称为"18 只兔子"的第 13 代国王瓦乌卡修建而成的。神殿墙壁上由正方形的石雕组成了巨大的浮雕雕刻，十分震撼。东广场的东侧受科潘河日积月累的侵蚀，已经被大范围磨平。

卫城隧道
Tunel Acrópolis

西广场东南方向耸立的神殿 16 下方，发掘出了古老时期建造的地下神殿建筑。支付隧道的游览费用后便可以参观这座神殿遗迹，但是由于保存状态问题，仍有不少不对游人公开的区域。经过修复，颜色鲜艳的神殿复原文物在石雕博物馆的中央

进行展示，平时都可以进行参观。

神殿 16 前的祭坛 Q 刻画了科潘历代 16 位国王的名字及其身姿，是座十分知名的石雕。石雕正面是初代国王雅库莫向第 16 代国王雅帕灿约授予权杖的画面，从中可见第 16 代国王向当时人民传递自己王权正统性的意图。

石雕博物馆中展出的罗萨里拉神殿的复原文物

科潘遗迹
Ruinas de Copán
区域地图 ▶ p.177/B1

距离入口约100米，距离石雕博物馆约150米，距离塞普尔图拉斯约1.1公里

199

坐落着神殿与石碑的大广场

大广场
Gran Plaza

从入口进入遗迹后，首先抵达的便是这片宽阔的广场空间，大广场中可以看到几处精致的石碑。广场中央正方形的4号建筑物北面的大部分石碑都是第13代国王瓦乌卡统治时期的艺术杰作，石碑上几乎都雕刻着瓦乌卡国王的肖像画。石碑以编号C、F、4、H、A、B、R的顺序建于711~736年期间，至今依然可以从石碑上看到残留的红色颜料，可见当时每座石碑的颜色都十分艳丽。广场南面的古球场也是由第13代国王翻建而成的，可谓古典时期玛雅文化中最大规模、也是最精致的大型建筑。在古球场举行的玛雅球赛是玛雅宗教仪式的核心部分，一旦比赛决出胜负，负方即被斩首放血。古玛雅人相信，只有被击败方的鲜血才能让太阳永久地保持运动状态。

刻有神圣玛雅文字的台阶与石碑M

在古球场中的许多地方都可以看到造型各异的鸟类雕塑，其原型便是你在遗迹入口处自由投食喂养的金刚鹦鹉Guacamayo。金刚鹦鹉被玛雅人奉为神明，因此在玛雅神殿中经常可以看到金刚鹦鹉的浮雕身影，其实玛雅人将很多动物都信奉为神，在游览玛雅遗迹时经常与猎豹、鳄鱼、蝙蝠、猴子、青蛙等动物的石雕及关于它们的文字描述偶遇。现在既然你知道了这个小乐趣，不妨特意在即将前往的玛雅遗迹中搜寻各类动物的石雕踪影，应该也会令你的遗迹观光变得更有意思。

修复好的祭坛被放在遗迹之中

从古球场南面前往卫城的途中会看到一座全长约30米、共建有63级台阶、每级台阶上都刻有玛雅文字的阶梯建筑。这座阶梯建筑最初由第13代国王下令修建，但由于这位国王在与科潘直线距离50公里的新兴都市基里瓜（位于危地马拉）的战役中落败被俘，最后被杀，使得阶梯建筑的修造工作一度停滞，而后由科潘第15代国王伊灿卡再度下令修造，才有了现在我们看到的这座共有2500余个玛雅文字、从科潘王朝的起源开始讲述科潘王朝历史的文字阶梯。这座阶梯建筑也是美洲大陆最长的玛雅文字载体。

拉斯·塞普尔图拉斯、埃尔博斯克、努涅兹琴其拉
Las Sepulturas, El Bosque y Nuñez Chinchilla

拉斯·塞普尔图拉斯被认为曾是科潘贵族的居住地，当时人们生活居住的石质建筑物坐落在静谧的森林之中，是一座将空间利用得淋漓尽致的独特遗迹。目前考古调查已经确认了其历史甚至比科潘王朝还要早。

埃尔博斯克地区虽然几乎没有进行过整修，但是其位于科潘遗迹周围1公里的观光路的两侧，参观科潘遗迹时可以顺道游览。

大广场北面的努涅兹琴其拉地区曾发现了几处王室墓穴，现在考古学者已经复原了墓室模型，你可以看到下葬者身披盔甲的原始状态。通过说明板上的照片，你还可以了解到当时遗迹发掘的大体经过。

静静屹立在森林之中的拉斯·塞普尔图拉斯遗迹

玛雅及中美洲的古代文明史

公元前便开始在中美洲繁荣的玛雅文明，
通过各主要遗迹了解其曾经辉煌的历史。

前古典时期 PRECLÁSICO

（约公元前1800年～公元250年）

塔卡里克阿巴夫遗迹
（危地马拉）→p.75

卡米纳尔·胡尤遗迹
（危地马拉）→p.34

　　各地开展农耕活动并开始发展稳定的生活模式，随着人口不断增加出现了首长制社会并进一步向国家形式发展。各地区之间贸易频繁，用于祭祀的巨型神殿建筑开始陆续出现。文化的中心是玛雅高地及太平洋沿岸地区。卡米纳尔·胡尤以及塔卡里克阿巴夫等地开始使用玛雅历计年。

古典时期 CLÁSICO

（约公元250年～公元1000年）

基里瓜遗迹
（危地马拉）→p.95

亚克斯哈遗迹
（危地马拉）→p.115

　　玛雅众多王朝群雄割据，各领风骚的玛雅文明鼎盛时期。天文科学与艺术都达到了新的高度，建造了书写玛雅历的石碑与祭坛，在自己的都市记录自己王朝的战争史与王朝史。其间出现的知名玛雅城市包括农业部落霍亚·德塞伦（→p.170）、强力霸权国家蒂卡尔（→p.108）、科潘（→p.198）以及卡拉科尔（→p.153），卫星城市基里瓜、亚克斯哈等。

后古典时期 POSCLÁSICO

（约公元1000年～公元1500年）

库马尔卡夫遗迹
（危地马拉）→p.82

塔苏马尔遗迹
（萨尔瓦多）→p.171

　　玛雅文明的中心开始向尤卡坦半岛及危地马拉中央高地迁移。后古典时期的玛雅文化深受墨西哥的影响——从塔苏马尔周边的城市建筑也可以看出这点。中央高地的库马尔卡夫作为现代基切族和喀克其奎族的起源地而建立起最初的王国。由于后古典时期战乱频发，大多数城市都建在悬崖峭壁等易守难攻的地方，且多都是要塞形式。

玛雅年历

古代时期	公元前1万年以前	蒙古人迁往美洲大陆定居
	公元前8000年～公元前1800年左右	开始种植玉米等农作物
前古典时期	前期	公元前1800年～公元前1000年左右	玛雅低地开始出现小型村落
	中期	公元前1000年左右	玛雅低地各地开始出现陶器工艺
		公元前9世纪	塞瓦尔修造石质神殿
		公元前700年～公元前400年左右	蒂卡尔修造金字塔形神殿
	后期	公元前400年～公元250年左右	卡米纳尔·胡尤开始在玛雅高地蓬勃发展
		公元1世纪	蒂卡尔王朝建立
古典时期	前期	292年	蒂卡尔建国纪念碑出现
		426年	科潘及基里瓜的初代国王即位
		600年	霍亚·德塞伦被火山喷发掩埋
		618～658年	卡拉科尔在2世国王的治理下迎来了鼎盛时期
		628～695年	科潘在第12代国王的统治下迎来了鼎盛时期
	后期	734年	蒂卡尔第27代国王即位，建立最大的都市
		738年	基里瓜奇袭科潘，脱离科潘统治，实现独立
		755年	科潘王朝完成了玛雅文字阶梯建筑的建造
	终末期	810年左右	玛雅低地的阿瓜特卡王朝陷落
		869年	蒂卡尔建造最后的石碑
后古典时期	前期	1000年左右	玛雅低地地区出现许多中小型城市
	后期	1400年左右	库马尔卡夫王朝建立
殖民统治时期		1492年	哥伦布抵达美洲大陆
		1524年	库马尔卡夫被西班牙人侵略
		1697年	玛雅文明最后的城市塔亚萨尔陷落

洪都拉斯历史
Historia de HONDURAS

洪都拉斯在西班牙语的航海用语中意为"深渊"，这里也是哥伦布第4次前往美洲航海，也是他最后一次航海时在1502年登陆的地方，从此被欧洲所知。

在哥伦布登陆后的二十几年后，完成征服墨西哥领土伟绩的埃尔南·科尔特斯派遣其部下克里斯托巴尔·欧力德率领征服军队将洪都拉斯的国土纳入西班牙人的统治范围之中。为了抵抗西班牙人的统治，当地许多原住民奉献了自己宝贵的生命。1537年，原住民兰卡族的族长伦皮拉开始有规模地组织并领导当地原住民抵抗西班牙入侵者。

这场抵抗运动共有约3万名原住民参加，交战时间长达6个多月，但是族长伦皮拉惨遭西班牙的奸计杀害，随后群龙无首的反抗军迅速被西班牙军队镇压。虽然这场抵抗运动以失败告终，但是洪都拉斯人民依然牢记着这段勇于反抗的光荣历史，为了纪念伦皮拉，特将本国货币的单位以他的名字命名。

洪都拉斯另一位民族英雄便是在现在洪都拉斯首都特古西加尔巴出生的弗朗西斯科·莫拉桑。1821年脱离西班牙统治，实现独立的危地马拉与其他几个中美洲国家共同组建中美洲联邦共和国。该共和国的第一代总统由萨尔瓦多出生的曼努埃尔·何塞·阿尔塞担任，但是他的领导力不足，无法解决各地区的利害冲突以及地区纷争，对其无能统治无法容忍的莫拉桑集结了军队向政府施压，最终流放了阿尔塞并就任了联邦共和国的总统之位。

莫拉桑是一名拥护联邦主义的统治者，在他执政时期虽然也有武力干预，但其10年的统治对中美洲地区还是很有帮助与发展的，最后在1838年由危地马拉的反联邦主义者拉斐尔·卡雷拉领导的危地马拉印第安人军队击败了政府军，莫拉桑逃亡到萨尔瓦多，中美洲联邦也相继分崩离析。洪都拉斯在同年宣布以"洪都拉斯共和国"的身份独立，但与其他中美洲国家一样，国家的领导者是位独裁者，在其独裁统治下，贫富差距进一步拉大，大多数民众都生活在贫苦的环境之下。

现在加勒比海沿海地区坐落着广阔的香蕉种植园，而管理并运营这些农园的便是19世纪以资本形式进军洪都拉斯的美国水果公司。为了方便香蕉的运输，美国的许多公司出资修建了洪都拉斯国内的公路、铁路、电信、电网乃至发电厂和电力公司。可以说，洪都拉斯最初的社会基础便是由美国企业奠基建设的。而在美国水果公司进入洪都拉斯之前，洪都拉斯主要产业之一的矿业，其银矿总出口量的一半份额都是被美国的矿业公司独揽，可以说美国几乎一直控制着洪都拉斯的经济命脉。

即使到了今日，美国依然在背后控制着洪都拉斯的大权。20世纪80年代，在美国的要求下，洪都拉斯为美国提供了反对尼加拉瓜桑迪诺政权统治的反FSLN武装组织的战略基地，使得反FSLN势力最终从洪都拉斯边境入侵尼加拉瓜。

不过幸运的是，洪都拉斯并没有像周边的中美洲邻国一样饱经内战的痛苦折磨。虽然这里经济仍不发达，人民贫苦且社会贫富差距很大，十分不平等，但是在发达国家的经济援助等帮助下，国内的公路网以及社会基础设施都已十分完备。

洪都拉斯的政坛在20世纪初期由自由党和国民党2个政党轮流执政。但从1963年到1980年则是军人执政期。1981年举行的新一届总统选举使得政权在1982年再次回到了人民手中。此后共举行了7次总统选举，2009年6月洪都拉斯军方发动政变，流放了当时的总统塞拉亚，军事政变也使得洪都拉斯与邻国断交。2010年1月波菲里奥·洛沃当选总统，2011年通过《卡塔赫纳协议》达成和解，使得前总统塞拉亚得以回国。现任总统埃尔南德斯就任后将精力放在国内融合与国际关系的修复上。但是1998年的米奇飓风使得洪都拉斯国内元气大伤，加上2009年的军事政变，洪都拉斯国内失业者以及贫困阶级人数的增加也是不争的事实，随之引发的毒品交易等有组织犯罪与日递增，犯罪频发及治安恶化等情况一直延续到今日。

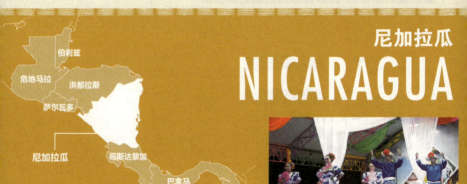

尼加拉瓜
NICARAGUA

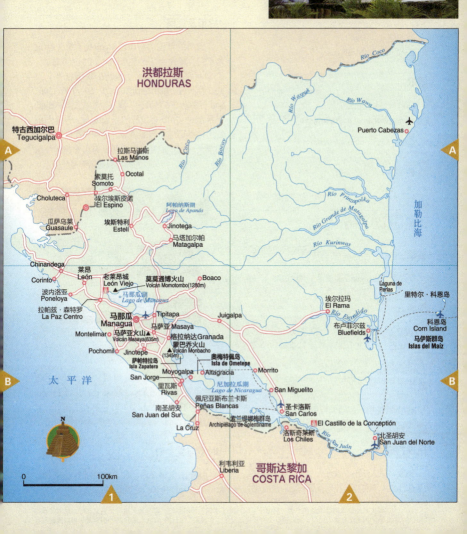

洪都拉斯
HONDURAS

特古西加尔巴
Tegucigalpa

拉斯马诺斯
Las Manos

紫莫托
Somoto

Ocotal

埃尔埃斯皮诺
El Espino

Choluteca

瓜萨乌莱
Guasaule

埃斯特利
Estelí

Jinotega

阿帕纳斯湖
Lago de Apanás

马塔加尔帕
Matagalpa

Río Coco

Río Waspuk

Río Wawa

Río Bocay

Río Coco

Puerto Cabezas

Río Prinzapolka

Río Grande de Matagalpa

Río Kurinwas

加勒比海

Chinandega

莱昂
León

Corinto

波内洛亚
Poneloya

拉帕兹·森特罗
La Paz Centro

老莱昂城
León Viejo

莫莫通博火山
Volcán Momotombo(1280m)

Boaco

马那瓜湖
Lago de Managua

马那瓜
Managua

Tipitapa

埃尔拉玛
El Rama

Laguna de Perlas

里特尔·科恩岛

马萨亚
Masaya

Juigalpa

Río Escondido

布卢菲尔兹
Bluefields

科恩岛
Corn Island

马伊斯群岛
Islas del Maíz

Montelimar

马萨亚火山
Volcán Masaya(635m)

格拉纳达Granada

蒙巴乔火山
Volcán Monbacho(1345m)

Pochomil

Jinotepe

萨帕特拉岛
Isla Zapatera

奥梅特佩岛
Isla de Ometepe

Altagracia

Morrito

太平洋

San Jorge

Moyogalpa

尼加拉瓜湖
Lago de Nicaragua

San Miguelito

里瓦斯
Rivas

圣卡洛斯
San Carlos

El Castillo de la Concepción

南圣胡安
San Juan del Sur

佩尼亚斯布兰卡斯
Peñas Blancas

索兰提娜梅群岛
Archipiélago de Solentiname

北圣胡安
San Juan del Norte

La Cruz

洛斯奇莱斯
Los Chiles

Río San Juan

N

利韦利亚
Liberia

哥斯达黎加
COSTA RICA

0   100km

国旗

延续了中美洲联邦共和国时期的国旗设计，上下两条蓝色代表加勒比海、太平洋、尼加拉瓜两大湖泊以及正义和忠诚之心。中间则是象征纯粹与和平的白色。国旗正中央的国徽由三条黄边所组成，象征平等、真理和正义。三角形内部的五座绿山象征原组成中美洲联邦的洪都拉斯、危地马拉、尼加拉瓜、萨尔瓦多和哥斯达黎加。蓝色象征由中美洲地峡分开的太平洋和加勒比海。总体象征了中美五国的团结和友爱。

国名

尼加拉瓜共和国
República de Nicaragua

国歌

《向你致敬，尼加拉瓜》
Himno Nacional de Nicaragua

面积

约 12.94 万平方公里

人口

约 628.4 万（2018 年数据）

首都

马那瓜 Managua。首都人口约为 145 万。

领导人

2007 年起便由奥尔特加 Daniel Ortega Saavedra 连任总统（2017 年 1 月第 4 次当选，任期 5 年）。

政体

总统制共和制，国民议会为一院制（议员名额固定在 92 人，任期 5 年）。

民族构成

梅斯蒂索人 70%，欧洲人 17%，非洲裔 9%、米斯基托族、斯莫族、拉玛族等玛雅原住民 4%。

宗教

传统的基督教占比在 50% 以上，近年来新教及福音教派的数量有增多的趋势。

语言

官方语言为西班牙语，大西洋沿岸几乎都可以用英语沟通。你在大西洋沿岸还可以听到当地原住民用米斯基托语等民族语言进行日常会话。

→旅行会话 p.348

尼加拉瓜观光信息官网
URL www.visitnicaragua.com

货币及汇率

货币的单位为科多巴 Cordoba（符号标记为 C$），2019 年 4 月的汇率为 C$1 ≈ 0.21 元，US$1 ≈ C$32.77。市面上流通的硬币分为 1、5 共 2 种面值。纸币分为 10、20、50、100、200、500 科多巴等 6 种面值。现在尼加拉瓜国内的纸币是 2009~2010 年发行的新版纸币，但是旧版纸币依然可以在市面流通。在观光景区以及首都等大城市中的礼品商店是认可小额美元纸币进行支付的，但是找回的零钱通常都是科多巴。

C$1　C$5　C$10　C$20

C$50　C$100

C$200　C$500

旅行资金准备→ p.343

※ 市面最常见的是 Visa 信用卡，信用卡的普及率由高到低为 Visa、MasterCard、American Express。Diners Club 和 JCB 在高档酒店有时候可以使用。

时差与夏令时

比中国晚 14 小时，中国 0:00 的时候，尼加拉瓜是前一天的 10:00。尼加拉瓜未设夏令时。

小贴士 尼加拉瓜的货币兑换小谈：尼加拉瓜国内除了本国货币科多巴，部分地区也接受美元支付。尼加拉瓜国内无法兑换人民币，所以请至少携带美元前往这个国家。银行的 ATM（几乎 24 小时营业）可以支持写有

如何拨打电话

从国内往尼加拉瓜打电话

国际电话 识别号码 00	＋	尼加拉瓜 国号 505	＋	区号 （去掉前面第一个0） ××	＋	对方的 电话号码 ×××××××

从尼加拉瓜往国内打电话

国际电话 识别号码 0	＋	中国的 国家代码 86	＋	区号 （去掉前面第一个0） ××	＋	对方的 电话号码 ×××××××

电话及邮政→ p.344

签证

尼加拉瓜尚未与中国建交。与我国未建立外交关系的国家，一般都未设使（领）馆。所以中国内地和香港都没有办法办理尼加拉瓜的签证。中国公民申办尼加拉瓜签证时首先要有和尼加拉瓜建交的国家签证，最知名的便是美国签证。持有效期大于6个月的美国签证，前往设有尼加拉瓜大使馆的国家（如美国）办理签证即可。

护照

进入尼加拉瓜前有效期要在6个月以上。

出入境

乘坐飞机途经美国，需要美国签证。在美国进行转机或停留时一定要注意，启程到美国前，所有通过豁免签证计划来到美国的旅游人士必须通过旅游授权电子（EVUS）系统（→ p.335）取得授权。详情请参照美国大使馆官网介绍。

搭乘飞机出入尼加拉瓜边境时机票中包含税费，无须额外支付。

中美洲旅行线路设计→ p.332

（1）APELLIDOS 姓
（2）NOMBRE 名
（3）DOCUMENTO 护照号码
（4）NACIONALIDAD 国籍
（5）PROFESION 职业
（6）FECHA DE NACIMIENTO 出生日期，以日期、月份、年份的顺序填写
（7）SEXO 性别（F=女性，M=男性）
（8）PAIS DE NACIMIENTO 出生国家
（9）PAIS DE RESIDENCIA 居住国家

（10）MOTIVO DE VIAJE 到访目的（TURISMO=观光）
（11）DIRECCION PREVISTA 住宿地点
（12）NUMERO DE VUELO 航班号
（13）PAIS DE PROCEDENCIA 从哪国而来（入境尼加拉瓜前所在的国家）
（14）PAIS DE DESTINO 往哪国而去（之后要去的国家）

出入境卡填写范例

【出入境税】

陆路交通入境尼加拉瓜时需要支付US$14，出境时需要支付US$4的税金。

从中国乘坐飞机前往尼加拉瓜

目前国内并未开设直飞尼加拉瓜的航班，你可以搭乘联合航空、美国航空、达美航空的航班在美国转机后前往尼加拉瓜的首都马那瓜。也可以搭乘阿维安卡航空在墨西哥进行换乘后前往首都马那瓜。算上转机时间，航程为18~25小时。

美国前往中美洲的主要航线→ p.333

气候

旅游旺季是11月~次年4月初的旱季时节。5~10月是尼加拉瓜的雨季，傍晚的雷雨十分猛烈，经常会下2个多小时。

尼加拉瓜位于中美洲的中央位置，北邻洪都拉斯，南邻哥斯达黎加，被太平洋与加勒比海包夹，地形分为马那瓜、莱昂、格拉纳达等

Cirrus、PLUS等字样的信用卡直接取现。银行支持美元与科多巴的货币互换。购物时虽然可以支付美元，但是找回的零钱通常都是科多巴。如果停留时间不长，可以不用兑换科多巴前往尼加拉瓜。

主要城市所在的尼加拉瓜低地地区，太平洋沿岸的火山地区，北部的中央高原地区，以及加勒比海沿岸和东部所组成的平原地区4种。

尼加拉瓜一半的人口都集中分布在尼加拉瓜的低地地区，此外一半的国土都是仍未开发的热带雨林。首都马那瓜的平均气温为26℃，不像加勒比海沿岸的低地地区旱季雨季分明，全年都处于高温多湿的炎热气候之中。但加勒比海沿岸的降水量也是马那瓜的2倍以上。

露天市集为了防晒也支起大型遮阳伞

前往尼加拉瓜旅游的服装以舒适的夏装为主，为了防晒，最好准备帽子、防晒霜、墨镜等用品。

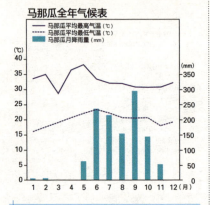

马那瓜全年气候表

— 马那瓜平均最高气温（℃）
---- 马那瓜平均最低气温（℃）
■ 马那瓜月降雨量（mm）

尼加拉瓜节日（主要节假日）

以下为2019年的主要节假日。每年复活节的时间都会有所变动（不固定日期的节日用★标记），需要实际确认。※为当地风俗节假日，其余为法定节假日。

1月	1/	新年
2月	2/1	空军纪念日 ※
4月	（4/20~22 2019年）	★复活节
5月	5/1	劳动节
	5/27	陆军纪念日 ※
7月	7/19	革命纪念日
8月	8/1·10	圣多明戈·德·古斯曼日（马那瓜地方节日）
9月	9/14	圣哈辛托战斗日
	9/15	独立纪念日
10月	10/12	原住民日 ※
11月	11/2	亡灵节 ※
12月	12/8	圣母受胎日
	12/25	圣诞节

每年1月17~27日在迪里安巴城为其守护神圣塞巴斯蒂安举办的庆祝活动中特别上演的艾尔·圭根斯舞蹈 El Gueguense 是入选世界文化遗产的尼加拉瓜国内代表性传统舞蹈。

工作时间

以下介绍的是一般单位的工作时间，商店、餐馆等服务业会有所不同。服务游客的行业一般都会将工作时间延长一些。

【银行】
周一~周五通常营业时间为8:00~16:00，部分银行营业至17:00。所有银行周六、周日及节假日都不营业。

【政府及一般企业】
周一~周五8:00~12:00、13:00~17:00。

【商店】
每天的营业时间通常在9:00~18:00，部分商店会在周日休息。观光场所的民间工艺品店有的会全年无休。

【餐馆】
通常每天在11:00~16:00、18:00~22:00期间营业。

电压及插座

电压110~220V，频率为60Hz。插座为两眼扁平插座（A类型），但电压可能不太稳定，推荐携带变压器和转换插头。出发前请再次确认你的电器标准。

视频制式

与中国的 PAL 制式不同，尼加拉瓜是 NTSC 制式，在尼加拉瓜购买的 DVD 无法在国内播放。

小费

【出租车】
通常不用额外支付小费。

【餐馆】
餐馆的结算单上如果包含服务费则无须额外支付小费，通常将总餐费的10%作为小费支付即可。街头的平民餐馆无须支付小费。

【酒店】
拜托行李工搬运行李或提出打扫房间服务时，通常支付 C\$30~50 的小费即可。

【参团】
通常将旅游费的10%付给向导作为小费。

饮用水

酒店及餐馆水龙头流出的水通常都可以直接饮用。但是在集市或街头小餐馆用餐时，以防万一，还是饮用瓶装矿泉水最为妥当。在超市和杂货店都可以轻松买到矿泉水。在餐馆点冷饮时，饮料里的冰块可能是用非饮用水制作而成的，尽量不要加冰。

邮政

寄往国内的明信片或信封文件20克以下收费C$35，40g以下收费C$50，信件抵达国内需1周～数周。邮局的营业时间为周一～周五的9:00~16:00，周六的8:00~12:00。

税金

入住中档以上酒店便会加收额外税费

日常商品的税率为15%。在尼加拉瓜入住高档酒店还会加收2%的酒店税，使税费变为17%，中档以下的酒店会在收费时将税费含在账单之中。

服务税通常为10%。

安全及突发情况

【强盗、小偷】

前往集市等人流量较大的地区需要留神不要被小偷盯上

相比周边中美洲国家，尼加拉瓜的恶劣犯罪发生率较低，是一个可以安心旅游的国度。首都马那瓜的部分地区曾发生过抢劫及偷窃案件，仍要多加注意，不能掉以轻心。城市中的出租车通常都是拼车模式，如果你拿的行李比较多或是携带贵重物品，最好多加些钱让司机不要再拉别的乘客。此外，曾有游客搭乘城市间的迷你巴士遭遇行李被盗的案件发生，所以乘坐迷你巴士时一定要拜托工作人员留意你放在行李车厢中的贵重行李。当然你自己在每次上下车时也要检查是否有人偷拿你的行李。

【医疗事项】

各个城市都设有医院和诊所，如果你受伤或身体有所不适，联系酒店的工作人员，一般他们都会带你前往最近的医院治疗。但是当地的医术并不高，如果是重病还是请尽快回国治疗。

当地药品药效很强，东方人可能会引起不适，最好是自带药品以防万一。不过粉状药物可能会被海关认为是毒品，尽量避免携带。

报警电话 118

旅行中的突发情况及安全知识→ p.346

年龄限制

尼加拉瓜法律规定未满18岁不得饮酒及抽烟。观光景区的门票设有学生票和儿童票。

度量衡

和中国一样，长度单位为米，重量单位除了克、千克以外，咖啡豆用磅做计量单位（1lb=460g）。液体单位为升。

国内交通

【飞机】

拉·科斯特纳航空LACOSTENA每天都运营从马那瓜出发途经大西洋沿岸布卢菲尔兹前往科恩岛（马伊斯群岛）的航班，以及前往Puerto Cabezas的航班，此外拉·科斯特纳航空也运营前往邻近哥斯达黎加国境线的尼加拉瓜湖湖畔城镇圣卡洛斯的航班。

即将前往各地的巴士车

【巴士】

马那瓜市内的3处巴士总站运营前往尼加拉瓜各主要城市的长途巴士。车型多是从美国采购的校车。前往格拉纳达、莱昂方向的巴士车多是迷你巴士，但是从马那瓜的Centro America大学也有频繁前往这两个地区的巴士车，相比之下大学始发的巴士更加便利和安全。

其他

【参观教堂】

参观教堂等宗教设施时一定要入乡随俗。进入建筑物后要脱帽，不要大声喧哗或穿着背心短裤等过于暴露的服装。不能把饮料食品带进教堂。照相不允许使用闪光灯。

教堂内部

【洗手间】

城中的餐馆和购物商场通常都设有洗手间。由于当地水压较低，上完厕所不要把卫生纸扔进便池，直接扔到垃圾桶。

小贴士 尼加拉瓜的安全状况最好实时关注网络的最新动态。

马那瓜

马那瓜 *Managua*

饱经天灾人祸洗礼并得以复苏的大城市

人口▶ 102 万

马那瓜
MAP p.203/B1

旅游咨询处 Intur
MAP p.210
☎ 2254-5191
URL www.intur.gob.ni
位于皇冠广场酒店的西南方向，距离酒店 1 个街区，可以从这里获得免费的观光手册以及地图资料，工作人员会说英语。
开 周一～周五　8:00～12:00
　　　　　　　13:00～17:00

货币兑换
机场内设有货币兑换窗口，可以在这里进行货币兑换。市内的银行也都可以兑换美元，并可以使用 ATM 提取现金。商场中也可以见到 ATM，但是曾有盗刷案件发生，所以最好前往市内银行的 ATM 进行取现。

从机场前往市内
奥古斯托桑迪诺国际机场 Augusto Sandino（MGA）位于市中心以东 12 公里，邻近湖畔的位置。尼加拉瓜的国内及国际航线都在这里起降。从机场打车前往市内的费用为 US$20，从机场前的马路拦出租车然后拼车前往市内费用约为 C$200，需 20～30 分钟。

拉·科斯特纳航空
LACOSTENA
☎ 2298-5360
URL www.lacostena.com.ni

从 UCA 大学前始发的前往各地的迷你巴士

立着旧教堂废墟的共和国广场

　　马那瓜在当地语言中是"多水之地"的意思。而城如其名，城市坐落在广阔的马那瓜湖南岸，无论是市内还是近郊都可以看到几座充盈着水资源的火山湖，马那瓜市内的上水道水源也是由火山湖供给。全年平均气温约 26℃，湿度超过 60%，是一座名副其实的高温多湿的城市。

　　湖畔对岸便是被中美洲代表性的尼加拉瓜诗人鲁文·达里奥称为"秃头和尚"的莫莫通博火山，南面则是优美的马萨亚火山。虽然风景绝佳，但马那瓜也正是因为坐落在这两座火山连线的断层区域，在过去的历史中曾遭遇过几次大地震的波及。特别是 1972 年的大地震后，城市的修复工作还没怎么开展便爆发了尼加拉瓜革命，随后整个国家进入内战期。内战结束后慢慢开始了各个城市的修复工作，共和国广场及大教堂废墟所在的市中心地区与过去千疮百孔的面貌挥别，变得焕然一新。城市南部也开始发展为新兴的商业地区。

🌀 交通方式

飞机

　　由拉·科斯特纳航空运营的国内航线每天有 3 班往返科恩岛的航班（航程约 1 小时 30 分钟，费用 US$107~136）。前往哥斯达黎加国境线附近的圣卡洛斯的航班每天共有 4 班（航程约 45 分钟，费用 US$88~101）。无论哪条航线购买往返票都会有相应折扣。
▶中美洲内的主要航线→ p.338

迷你巴士

　　迷你巴士相比大型巴士速度更快也更加便利。从 Centro America 大学 UCA（读作乌卡）出发的迷你巴士每 10~20 分钟一班，满员后立即发车。
　　前往格拉纳达的巴士需约 1 小时，费用 C$29，前往莱昂的巴士需约 1 小时 30 分钟，费用 C$54。

小贴士　尼加拉瓜当地有私自提供美元与科多巴兑换服务的换钱商人。但是不推荐游客与他们接触，一是因为他们的汇率里水分很大，此外与他们交易很有可能会被周围的小偷盯上，换完钱不久便遭遇抢劫盗窃。

巴士

马那瓜市内根据目的地的不同方向共设有 3 座巴士总站，每座车站都与相邻的市场有相同的名字，分别是共和国广场东南面距离广场约 4.5 公里的罗伯托休伯斯巴士总站 Terminal de Roberto Huembes，西南面距离广场约 3.5 公里的以色列乐维特斯巴士总站 Terminal de Israel Lewites，以及东面距离广场约 7.5 公里的马约莱欧巴士总站 Terminal de Mayoreo 三座巴士总站。

即将前往各地的巴士车与迷你巴士

马那瓜始发前往各地的巴士信息

目的地	车站所在地·时刻表	所需时间	费用
格拉纳达	罗伯托休伯斯巴士总站（MAP p.209/B2）每天 6:00~21:00 期间每小时各有 6 班巴士	1~1.5 小时	C$18~25
里瓦斯	罗伯托休伯斯巴士总站（MAP p.209/B2）每天 6:00~17:00 期间每小时各有 2 班巴士	3 小时	C$58~65
莱昂	以色列乐维特斯巴士总站（MAP p.209/B1）每天 4:00~20:00 期间每小时各有 4 班巴士	1.5~2 小时	C$40~45
埃斯特利	马约莱欧巴士总站（MAP p.209/A2 外）每天 4:00~21:00 期间每小时各有 2 班巴士	3 小时	C$55~60

国际巴士

● TICA 旅行社
MAP p.210　☎ 2222-3031
URL www.ticabus.com
每天 6:00、7:00、12:00、13:00 各有一班从马那瓜前往圣何塞的巴士（需约 9 小时，费用 US$31~46）。前往特古西加尔巴（需约 8 小时，费用 US$26）的巴士于每天 5:00 发车。前往圣萨尔瓦多的巴士（需约 12 小时，费用 US$41~58）于每天 5:00、11:00 发车。前往圣佩德罗·苏拉的巴士（需约 12 小时，费用 US$42）于每天 5:30、12:00 发车。

● Platinum 旅行社
MAP p.210　☎ 2222-2075
URL platinumcentroamerica.com
马那瓜前往特古西加尔巴（需约 7 小时，费用 US$54）的巴士于每天 11:30 发车。前往圣萨尔瓦多的巴士（需约 12 小时，费用 US$56）于每天 4:00 发车。

● Nicabus 旅行社
MAP p.210　☎ 2222-6746
URL nicabus.com.ni
马那瓜前往圣何塞的巴士（需约 9 小时，费用 US$29）于每天 5:30、9:30 发车。

马那瓜 Managua
区域地图 ▶ p.203/B1

萨尔瓦多港 Puerto Salvador
马那瓜湖 Lago de Managua
惠拉斯一德·阿卡胡林卡博物馆 Museo Huellas de Acahualinca
鲁文·达里奥国家剧院 Teatro Nacional Rubén Darío
展望台
马勒孔 Malecón
共和国广场 Plaza de la República
旧大教堂 Antigua Catedral
西蒙·玻利瓦尔雕像
电话局·邮局 TELCOR
文化会馆
国家文化宫殿（国家博物馆）Palacio Nacional de la Cultura (El Museo Nacional)
Pista Pedro Joaquín Chamorro
奥利安塔尔市场 Mercado Oriental
治安较差地区
Ruta Maya
国家体育场
p.210
Calle Colón
TICA 旅行社（国际巴士）
旅游咨询处
皇冠广场酒店 Crowne Plaza
提斯卡帕之丘国家历史公园 Parque Histórico Nacional Loma de Tiscapa
提斯帕卡湖 Laguna de Tiscapa
巴蒂斯塔医院 Hospital Bautista
Bolonia
Multi Cambio
Transnica 旅行社（国际巴士）
圭根斯环路交叉口 Rotonda el Güegüense
西班牙广场 Plaza España
阿维安卡航空公司
Centro America 大学 UCA
大都市教堂 Catedral Metropolitana
迷你巴士搭乘处（格拉纳达、马萨亚、莱昂方向）
地铁中心商店 Metro Centro
Managua Backpackers Inn
以色列乐维特斯巴士总站（莱昂方向）市场
拉·芬卡餐厅 La Finca
Colibrí
罗伯托休伯斯巴士总站（格拉纳达、里瓦斯方向）
佩里奥蒂斯塔环路交叉口 Rotonda del Periodista
Casa San Juan
拉·柯蕾娜·德·多娜·海德餐厅 La Cocina de Doña Haydee
金字塔酒店 La Pyramide
Va Pues Tours 旅行社（旅行社）
罗伯托休伯斯市场 Mercado Roberto Huembes
警察局
America Central
薇薇安·佩拉斯·都市医院方向
机场方向 约 10 公里
马约莱欧巴士总站 约 7.5 公里 方向
约 1km

警察局

MAP p.209/B2

位于和罗伯托休伯斯巴士总站所在的 Pista Portezuelo 路的沿路。

🏠 Estación 5 de Policia

☎ 2277-4505

电话局・邮局 TELCOR

MAP p.209/A1

位于共和国广场西南方向，相距 1 个街区，高高耸立的天线十分扎眼。邮局可以办理 EMS 业务。

🕐 周一～周五 8:00~16:00

市内交通

市内有公交车通行，但是游客一般都建议打车出行。出租车基本上都是拼车模式，沿途还会拉顺路方向的乘客。不过有时候强盗也会伪装成拼车客，上车后便实施犯罪，为了避免这种情况发生，可以多出些费用补上差价单独乘车。马那瓜市内打车花费 C$50~80 几乎可以去到任何地方，包 1 小时出租车费用在 C$200 左右。

早晚高峰市内路段比较拥堵

马那瓜 漫 步

马那瓜湖畔的马勒孔 Malecón 从过去的垃圾填埋场整备改造为娱乐场所，迎来第二春。散步道两旁坐落着经营各国菜式的别致餐馆与酒吧，特别是在周末，这里十分热闹。从这里还可以搭乘游船环湖游览。

马那瓜湖南面，纵贯城中心的玻利瓦尔路 Av.Bolívar 以东，便是鲁文・达里奥国家剧院、旧大教堂以及国家文化宫殿所在的共和国广场 Plaza de la República。横穿市内东西向的科隆路与因特尔广场 Plaza Inter 交叉口东南面的提ershort帕湖周边则坐落着众多高档酒店与政府机构。西南面是建有旅游局和国际巴士旅行社的马尔萨・克萨达 Martha Quesada 地区。这片地区因为是景点及政府机关的所在地，警备完善，治安良好，可以安心游览。市区内有不少观光景区，可以搭乘出租或参加一日游旅行团一并游览。

城市南面是新城区，在马尔萨・克萨达地区与圭根斯环路交叉口 Rotonda el Güegüense（西班牙广场）之间坐落着各国大使馆与高档餐馆。玻利瓦尔路以南便是大学城及购物商场的聚集地，气氛十分有活力。Centro America 大学（简称 UCA）前有发往格拉纳达及马萨亚等近郊城市的迷你巴士，搭乘便利。

面向马那瓜湖的马勒孔地区修缮完善，散步路上经常可以看到来这里散心的当地人

210　小贴士　马那瓜湖旧展望台附近正在建设一座名为萨尔瓦多港口 Puerto Salvador 的观光港口。许多加勒比及中美洲各国风味餐馆都建于此处，从这里还可以搭乘游船环湖观光。

山丘的展望台上可以远眺市区景色

提斯卡帕之丘国家历史公园
Parque Histórico Nacional Loma de Tiscapa ★★★

马那瓜的著名景点提斯卡帕湖

圆形火山湖提斯卡帕湖 Laguna de Tiscapa 的湖畔山丘上遗留着前总统的宫殿废墟。现在这里部分区域作为军事基地，另一部分则规划成历史公园对公众开放。山顶上有一座奥古斯托·塞萨尔·桑迪诺的巨大雕像，面朝市区，仿佛对于目前的和平时代十分欣慰。前总统府邸在索莫萨时代曾作为监狱使用，现在府邸中的部分空间改建为博物馆。

沦为废墟的旧大教堂与近代新式大教堂

大教堂
Catedral ★★

旧大教堂 Antigua Catedral 是从 1928 年耗时 10 年时间才竣工的新经典形式大教堂，但是在 1972 年的大地震中遭到损毁而失去宗教职能，现在教堂遗迹的内部已经有坍塌的风险，因此不允许游客入内参观。

1993 年建于新城区的大都市教堂 Catedral Metropolitana，是为了纪念 20 世纪 80 年代内战结束后的和平年代而建，很有意义。

曾是尼加拉瓜革命的舞台

国家文化宫殿（国家博物馆）
Palacio Nacional de la Cultura（El Museo Nacional） ★★

国家文化宫殿是在 1931 年被地震损毁后的国家宫殿遗迹上，于 1935 年开始重建的装饰艺术风格的 4 层建筑。这里在索莫萨独裁政府时代作为政府机关使用，1978 年更因国会议员被 FSLN（桑迪诺民族解放阵线）绑做人质的事件而被世人所知。

1996 年外国政府与联合国开发计划组织（UNDP）联手援助了这里历史建筑的保存修复工程，现在国家博物馆中并设有公文书馆、报纸博物馆、鲁文·达里奥图书馆等设施，作为一座复合型的文化设施对公众开放。

国家博物馆中除了展现尼加拉瓜的自然史、灭绝的大型动物化石外，更网罗了各地从前西班牙时期的文化内容到当今地域文化的介绍，通过珍贵的资料可以对尼加拉瓜有大体的了解。

提斯卡帕之丘国家历史公园
MAP p.209/A1~2
☎ 2265-0635
开 周二～周日 9:00~18:00（博物馆）
费 入园费 US$1（包含博物馆参观费用）

从马尔萨·克萨达地区或 UCA 周边打车前往这里都是大约 10 分钟，费用为 C$50 左右。

大地震曾发生过的证明——旧大教堂废墟

旧大教堂
MAP p.209/A1

大都市教堂
MAP p.209/B2

外观设计前卫的大都市教堂

国家文化宫殿（国家博物馆）
MAP p.209/A1
开 周一～周六　9:00~16:00
　周日　　　　10:00~17:00
费 US$5

现在也作为博物馆对公众开放

惠拉斯·德·阿卡胡林卡博物馆

Museo Huellas de Acahualinca ★★

惠拉斯·德·阿卡胡林卡博物馆 Museo Huellas de Acahualinca

MAP p.209/A1
☎ 2266-5774
开 周一～周五　8:00～17:00
　　周六、周日　9:00～16:00
费 US$4
　　从马尔萨·克萨达地区打车到这里的费用是 C$60～。这里是一片治安不太好的地区，出行一定要搭乘出租车。

这座位于马那瓜西北部阿卡胡林卡地区的野外博物馆建于 1953 年，馆内展出长达 4 公里的泥炭地面上遗留的 6000 多年前的古代人足迹脚印，这片泥炭地面是在 1874 年的一次碎石工程中被业务员意外发现的贵重文物。

目前确认足迹由一名身高 150 厘米的成年人与一名 10 岁左右儿童的脚印共同构成，看着这些 6000 多年前留在湖畔附近的脚印，结合现在美丽的湖光佳景，可以想象到古代人当年在湖畔捕猎生活的场景。

泥炭土地上留有清晰的古代人足迹

鲁文·达里奥国家剧院

Teatro Nacional Rubén Darío ★

鲁文·达里奥国家剧院

MAP p.209/A1
☎ 2222-3630
URL www.tnrubendario.gob.ni
开 周一～周五 9:00～17:00
费 免费
　　公演剧目的时间表可以通过剧院官网确认。

建于 1969 年，是尼加拉瓜文化的发送站，设有 1200 个坐席的大剧院是传统舞蹈表演与各类活动的举办地。剧院大堂定期会更新新晋画家的绝佳作品。

矗立在剧院前的鲁文·达里奥雕像

马那瓜湖

Lago de Managua ★

马那瓜湖

MAP p.209/A1~2
　　每周末在瞭望台旁便可以搭乘游船环游马那瓜湖，周六开放时间从 14:00 开始，周日为 9:00～18:00。

尼加拉瓜国内仅次于尼加拉瓜湖的第二大内陆湖，面积约 1000 平方公里，最深处可达 20 米。湖北岸是静静屹立着的莫莫通博火山 Volcán Momotombo，湖南岸则是热闹的马那瓜城。马那瓜湖的水质污染虽然是常年问题，但近年来已经开展了水质的改进工程。马那瓜湖还有一个别称——肖罗特兰湖 Lago Xolotlán。

罗伯托休伯斯市场

Mercado Roberto Huembes ★★

罗伯托休伯斯市场

MAP p.209/B2
　　从马尔萨·克萨达地区打车到这里的费用是 C$50～70。

距离共和国广场东南面约 4.5 公里的位置，邻近巴士总站的大型市场，售卖生鲜食材及日常杂货，是当地人经常光顾的市场。不少摊贩还售卖民间工艺品，非常方便游客来此选购。市场内的人流量普遍较大，注意不要迷路，留心随身物品，以防被小偷盗窃。

市场售卖品种繁多的民间工艺品

航空公司

美国航空 American Airlines
🏠 Plaza España
☎ 2255-9090
URL www.aa.com

哥伦比亚阿维安卡航空 Avianca MAP p.209/B1
🏠 Plaza España, Edificio Barcelona #17
☎ 2276-9982
URL www.avianca.com

联合航空 United Airlines
🏠 Centro Financiero Invercasa, Torre 1, Oficina 101
☎ 2276-8129
URL www.united.com

巴拿马航空 Copa Airlines
🏠 Km. 4.5 Carr. Masaya, Edificio CAR #6 Planes de Altamira
☎ 2233-4878
URL www.copaair.com

拉·科斯特纳航空 La Costeña
🏠 Aeropuerto Internacional Augusto C. Sandino
☎ 2298-5360 URL www.lacostena.com.ni

租车公司

百捷乐租车 Budget
🏠 Montoya 1c. oeste, 1c. sur
☎ 2255-9000
URL www.budget.com

赫兹租车 Hertz
🏠 Hotel Crown Plaza, Av. Bolívar
☎ 2222-2320
URL www.hertz.com

旅行社

Va Pues Tours 旅行社
MAP p.209/B2
🏠 Restaurante La Marseillaise 1C. Sur, 1/2 C. arriba, casa #6
☎ 2270-1936
URL www.vapues.com

尼加拉瓜国内规模最大的旅行社，经营前往各地的旅游线路。在莱昂和格拉纳达也设有门市，方便游客报名。

医院

薇薇安·佩拉斯·都市医院
Hospital Metropolitano Vivian Pellas
MAP p.209/B2 外
🏠 Km. 9 3/4 Carr. a Masaya, 250m al Oeste
☎ 2255-6900
URL www.metropolitano.com.ni

Seguridad

马那瓜的安全信息

尼加拉瓜相比邻国洪都拉斯和萨尔瓦多的治安要好上不少，毒品交易以及黑帮活动等犯罪组织都不是很活跃，势力较弱，加上当地政府积极发展本国的观光资源，为了让来到这里的游客可以安心游览，更是对治安做了很大的改善。首都马那瓜的治安普遍不错，注意两点便可以安心游玩：不前往治安较差的地区；市内移动选择打车出行。做到这两点，几乎就不会遭遇偷窃及抢劫事件。

说起马那瓜市内的繁荣地区，就不得不提马尔萨·克萨达地区了，现在这里虽然是旅游咨询处、经济型酒店以及国际巴士搭乘点所在的中心功能区域，但这里在2006年曾一度发生游客遭遇集团强盗组织袭击的事件，导致这里直到2015年一直未被政府使用。现在随着治安等级上升，随处都可以看到在此巡逻的警察，已经恢复了往日的人气，甚至比以前的人流量更加多，游客即使夜晚在这里步行也几乎没有任何危险。

建有旧大教堂及国家文化宫殿的共和国广场到湖畔的马勒孔区域也是警备完善，很少出现问题。但是东西两旁的小路还是偶尔会有盗贼出没，游览时记得不要脱离广场及主干路即可。此外，展出古代人足迹的惠拉斯·德·阿卡胡林卡博物馆所在的地区治安较差，往返一定要打车。

马那瓜的出租车一般都是拼车模式，虽然搭乘出租车本身是一种很安全的出行模式，但是曾有强盗假扮客人拼车后实行抢劫的事件发生，所以当你携带大件行李或贵重物品时，支付额外费用让司机不再搭载别的客人会更加安全。

为出行安全起见请选择出租车

酒店 & 餐馆
Hotel & Restaurant

　　UCA大学南侧静谧的住宅区中有不少中档酒店和民宿，平价酒店则大多分布在TICA旅行社发车点所在的马尔萨·克萨达地区一带，这片区域白天也有强盗出没，出行一定要搭乘出租车。用餐可以选择在商场内的餐馆和快餐店解决，十分便利。

皇冠广场酒店
Crowne Plaza

◆新城区的地标性建筑　金字塔造型的高档酒店，并设有餐厅、健身房和赌场等设施，酒店内还有租车公司的业务窗口。

高档	Map p.210
住 Octava Calle Sur Oeste 101	
☎ 2228-3530　fax 2222-3087	
URL www.ihg.com　CC AMV	
185 间　免费 Wi-Fi	
费 🚫🛏️📺 ⑤① US$111~（税 +17%）	

金字塔酒店
La Pyrámide

◆位于住宅区造型独特的新颖酒店　坐落在住宅区的三角形别致酒店，每间客房的布置都不尽相同，客房宽敞舒适。提供美味早餐。

中档	Map p.209/B1
住 Gimnasio Hércules, 1C. al Sur, 1C. al Este, 2 1/2C. al Sur ☎ 2278-0687	
URL www.lapyramidehotel.com	
CC ADMV　10 间　免费 Wi-Fi	
费 🛏️📺 ⑤ US$49~，① US$59~（税 + 17%）	

欧元酒店
Euro

◆设有室内泳池的舒适酒店　位于马尔萨·克萨达地区，出行便利。酒店内设有餐厅，提供机场接送服务，提供早餐。

中档	Map p.210
住 Plaza Inter, 1cuadra abajo	
☎ 2222-2292　CC MV	
20 间　免费 Wi-Fi	
费 🛏️📺 ⑤ US$45~，① US$55~	

潘多拉酒店
Pandora

◆马尔萨·克萨达地区面向背包客的平价酒店　阿拉伯风格的特色装潢，是背包客的聚集地，非常方便交换旅游情报。距离TICA旅行社的巴士站也很近，方便出行。

经济型	Map p.210
住 Bolonia, por Ticabus 1 cuadra sur, 1 cuadra este#613 ☎ 7524-5303	
URL www.pandorahostel..com	
CC 不可　8 间　免费 Wi-Fi	
费 🛏️📺 ⑤① US$30~	
🛏️📺 宿舍房型 US$12~	

洛斯·梅西亚·戈多依餐厅
Los Mejía Godoy

◆可以在用餐时欣赏现场音乐表演的知名餐馆　以著名音乐家名字命名的餐馆，经营当地菜肴，每周四、周五晚上不定期举行音乐表演，梅亚迪·戈多依本人也可能来此表演，餐食预算C$100~，观赏音乐演出额外支付C$120~250。

	Map p.210
住 Costado Oeste del Hotel Crown Plaza	
☎ 2222-6110	
URL www.losmejiagodoy.com	
开 周一、周二 8:00~16:30	
周三~周六 8:00~24:00	
CC ADJMV	
免费 Wi-Fi	

拉·芬卡餐厅
La Finca

◆可以在此品味尼加拉瓜的绝品牛肉　午餐花费C$170~200便可以品尝到尼加拉瓜本土优质牛肉的牛排专营店。尼加拉瓜牛肉肉质柔软，肉香在齿间久久不散。

	Map p.209/B1
住 Costado Noreste Rotonda Periodista	
☎ 2278-5542	
开 每天 11:00~22:00	
CC AMV　免费 Wi-Fi	

拉·柯喜娜·德·多娜·海德餐厅
La Cocina de Doña Haydee

◆尼加拉瓜家常菜的首选　1996年开业的尼加拉瓜家庭风味餐馆，在国内的厨艺比赛中曾夺得冠军。市内开有分店，主菜平均价格在C$150左右。

	Map p.209/B2
住 Carr.a Masaya Km.4 1/2, Optica Matamoros 1 C. abajo #71	
☎ 2270-6100　开 每天 7:00~22:00	
CC AMV　免费 Wi-Fi	

🚫=设有空调／🛏️=未设空调、🛁=房间设有淋浴设施／🚿=公用淋浴设施、📺=设有电视／📺=未设电视
从国内拨打尼加拉瓜当地电话 00+505+×××-××××（→p.205）

各式各样的民间工艺品在这里的集市售卖

马萨亚
Masaya ★★★

选购民间工艺品馈赠亲友再好不过

马萨亚位于格拉纳达西方向 16 公里、马那瓜东南方向 29 公里处，是一座人口约 16 万的尼加拉瓜小城，这座城镇以制作民间工艺品而知名，邻近巴士总站的大型市场中可以看到各式各样的民间工艺品店铺，营业时间通常在 9:00~17:00。

如果你能来到这座小镇，推荐在这里选购质量极佳的皮革鞋子与拖鞋、靴子等鞋品，缀有穗ми工艺的吊床也十分有趣。此外，皮革材质的钱包、皮带、植物纤维编织的垫子和笼子、人偶、陶器及木质餐具、玩具、乐器、尼加拉瓜本土咖啡、北部埃斯特利出产的优质雪茄、索兰缇娜梅群岛的民间画作等尼加拉瓜国内的特色民间工艺品都可以从这里购买。

另外，马萨亚城周边的区域也被划为马萨亚火山国家公园，你可以轻松便可以看到马萨亚城以西约 15 公里、海拔 635 米的高耸的马萨亚火山。时间充裕的话还可以前往山顶的火山口观景台一睹火山风貌。

俯瞰马萨亚火山口

坐拥美丽田园风光的高原城市

埃斯特利
Esteli ★★

从马那瓜搭乘巴士约 3 小时，便可以抵达这座人口约 12 万的尼加拉瓜与洪都拉斯接壤的边境城市埃斯特利。这是一座山间氛围浓厚的宁静小城，从炎热的马那瓜前来，肯定会觉得这里十分凉爽舒适。绿意盎然的城镇令人心旷神怡。巴士总站位于城镇东面坐落着酒店、商店及市场的城镇主大道上，城中心则可以看到这里的大教堂。埃斯特利也是雪茄茄心的著名出产地，城内有加工烟草的工坊。城镇周边的广阔农田种植着烟草与棉花，充满着生机与祥和的气息。从城内步行向南走大约 5 公里便可以看到一座大瀑布。

马萨亚
MAP p.203/B1
马那瓜市内的 UCA 大学校门口随时都有前往马萨亚的迷你巴士，需约 50 分钟，费用 C\$20。从市内罗伯托休伯斯巴士总站出发前往马萨亚的巴士需约 1 小时，费用 C\$12。

格拉纳达前往马萨亚的迷你巴士班数也比较多，需约 30 分钟，费用 C\$25。

马萨亚火山国家公园
从马萨亚市内可以打车前往这座国家公园（往返费用在 C\$300 左右）。需 15~20 分钟。
开 周二～周日 9:00~20:00
费 US\$5（18:00 以后价格升为 US\$10）

马萨亚的酒店
H Masaya
☎ 2522-1030
费 S US\$35~、US\$40~
除这家酒店以外，城内还有几家经济型的平价酒店可供挑选。

埃斯特利
MAP p.203/A1
马那瓜市内的马约莱欧巴士总站每小时都有 1 班前往埃斯特利的巴士（所需约 2 小时 30 分钟，费用 C\$55~60）。

前往洪都拉斯国境线
埃斯特利每小时都有 1 班前往索莫托 Somoto 的巴士车，需约 1 小时，随后可以在索莫托换乘前往边境城市埃尔埃斯诺诺 El Espino 的巴士。

索莫托作为欧美游客的人气观光地，特别开设了生态旅游与丛林跳伞活动，喜欢亲近大自然的游客不妨尝试一下。

当地手工艺人精心制作卷烟

小贴士 马萨亚的民间工艺品市场在每周四的 19:30 左右还会上演传统舞蹈表演。前往马那瓜最晚的一班巴士车是 19:00 发车，如果有想观看传统舞蹈表演的游客，可以考虑在马萨亚城里住上一晚。

科恩岛

Corn Island（*Isla del Maíz*）

位于加勒比海上的隐世度假地

欣赏海景的同时深度放松身心

人口 ▶ 7500 人

科恩岛
MAP p.203/B2

拉·科斯特纳航空
马那瓜
☎ 2298-5360
科恩岛
☎ 2575-5131
URL www.lacostena.com.ni
　马那瓜前往科恩岛的航班于每天 6:30、11:00、14:30 起飞，科恩岛前往马那瓜的航班于每天 8:10、12:45、16:00 起飞。

搭乘飞机时的注意事项
　当你抵达科恩岛后请尽快在科恩岛机场 Corn Island（RNI）的柜台窗口确认返回马那瓜的预约航班信息。即使当初你从马那瓜前往科恩岛时已经购买了往返机票，但是由于往返两地的机型是小型螺旋桨飞机，经常因为客人携带的行李超重而导致无法承接余下的客人。所以如果不在科恩岛机场确认你回程航班的日期，很有可能无法保证你回程的机位。一定要记得抵达科恩岛后便确定回程机位。

位于尼加拉瓜东海岸，漂浮于加勒比海上的科恩岛，过去曾是海盗的根据地。

科恩岛直到 1894 年仍处于英国的统治之下，随后从 1914 年开始一直是美国的租界地，1971 年才重新回到尼加拉瓜的怀抱。小岛周围分布着许多珊瑚礁，作为一处知名的度假胜地，吸引了许多游客慕名前来，甚至在此住上一段时间，宛如一处避世的桃花源。白天可以在海滩玩耍，也可以在岸上的小木屋悠闲度日，傍晚则是品尝海鲜盛宴的时间。你在这里可以体验包括浮潜、海钓等丰富的水上项目。

从马那瓜搭乘飞机前往科恩岛时，场景会从祖母绿色茂密的热带雨林切换为蔚蓝的加勒比海以及洁白沙滩上的棵棵富有热带风情的椰子树。岛上居民以捕获龙虾等海产品为生的非洲人居多，日常生活主要用英语交流，孩子们最主要的娱乐活动不是足球而是棒球，十分特别，足以看出这座小岛的文化与中美洲特有的拉丁文化圈不尽相同。当地的广播节目中经常可以听到欢快的雷鬼音乐，可以说这座小岛完全就是尼加拉瓜的另一张名片。

科恩岛的全称为马伊斯岛 Isla del Maíz，但是无论是当地人还是马那瓜机场这种官方机构，一般都会称这里为科恩岛。此外，为了区分位于其北面 18 公里的小科恩岛，有时也会称这里为大科恩岛。

科恩岛
Corn Island
区域地图 ▶ p.203/B2

小贴士　科恩岛以龙虾等海鲜最为出名，甄选新鲜龙虾与海鱼搭配芋头和蔬菜并加入椰子调味的当地菜肴很有特色。岛北面的 ℝ Big Fish Café 餐厅和 ℝ Maris 餐厅都推荐你去尝一尝。

◎ 交通方式

飞机

马那瓜前往科恩岛的拉·科斯特纳航空的飞机每天设有 3 班（航程 1 小时 30 分钟，费用 US$107~136）。

船

从布卢菲尔兹的埃尔布拉夫港口 El Bluff 前往科恩岛的船只每周设有 2 班（周三 8:00、周六 6:00 出发，需约 7 小时）。

从马那瓜前往布卢菲尔兹时首先要从马约莱欧巴士总站（**MAP** p.209/A2 外）搭乘前往埃尔拉玛 El Rama 的巴士（需约 6 小时），抵达后搭乘名为"潘佳"的快艇（每天有 1 班）前往布卢菲尔兹（需约 2 小时），最有效率的移动方法便是 22:00 从马那瓜搭乘快速巴士，第二天一早抵达埃尔拉玛后几乎不用等待便可以搭乘潘佳快艇前往布卢菲尔兹。

科恩岛 漫步

从马那瓜、布卢菲尔兹搭乘飞机抵达科恩岛时，在科恩机场的跑道旁便是坐落着航空公司的小型办公室、餐馆及各式商店的小商区。从布卢菲尔兹乘船前往科恩岛时则是在小岛西面的港口停靠。无论你是搭乘飞机还是船只前往科恩岛，从抵达地前往酒店最方便的方法便是选择搭乘出租车，此外，每小时岛内也有 1 班循环巴士途经机场及港口。

你在岛上可以沿着海岸线漫步，遇到心仪的海滩便在松软的沙滩上躺上半天或是下海游玩一下。岛内最受当地人认可的海滩便是位于小岛西南面的"野餐中心"Picnic Center 了。这片海滩种植着许多海岛风格浓郁的椰子树，海风温柔，饿了的话可以直接在这里开设的简易食堂用餐。小岛北部到东部地区的海浪很小，人也不多，可以安心休闲度假。

科恩岛的海滩是不设遮阳伞的，这里的居民十分自在，没有飞机进港的时候机场的跑道上也经常可以看到人们穿行而过。棒球是这座小岛最热门的娱乐项目，在岛上奔行的卡车上用大喇叭播报着即将举办的比赛时间预告，棒球场上则经常播放着欢快的雷鬼音乐。当地的女子棒球甚至完全不输给男子，颇具魅力。

酒 店
Hotel

机场北面地区坐落着几家酒店，由于岛上物资有限，所以无论是物价还是房费都比想象的要贵一些。从客房便可以眺望到一望无垠的广阔加勒比海，楼下的海滩宛如自己的私家沙滩一般。餐馆和简易食堂都可以在机场周边的商业街找到。

帕莱索俱乐部酒店
Paraiso Club

◆ 度假氛围浓厚　坐拥一片绿意盎然的草地，木屋风格的客房十分舒适。客房外设有吊床和摇椅，度假气氛满点。酒店内便可以品尝新鲜打捞的龙虾美味。

中档	Map p.216

住 Corn Island ☎ 2575-5111　URL www.paraisoclub.com　CC MV　房间数 14 间　📶 免费 Wi-Fi　费 🛏✕📺 ⑤ US$45~、Ⓓ US$60~（税 +15%）

拉斯拉公主酒店
La Princesa de la Isla

◆ 在制高点俯瞰优美景色　由一对意大利夫妇经营的小型酒店，坐落在科恩岛的海角位置，可以眺望到一望无垠的美丽海景，酒店气氛十分宁静，令房客心情平和自得。泥墙瓦砾地板组成的客房十分宽敞，细心观察的话可以看到点缀在客房中的贝壳及盆栽装饰。

中档	Map p.216

住 Waula point　☎ 8854-2403　URL www.laprincesadelaisla.com　CC V　房间数 5 间　📶 免费 Wi-Fi　费 🛏✕📺 ⑤Ⓓ US$58~

小科恩岛

从科恩岛在早间和晚间都可以坐船前往距其 18 公里的小科恩岛，没有固定的出航时间，请在搭乘前做好确认工作。小科恩岛上有家名为 🅷 Iguana 的酒店，可以住宿。

在科恩岛购物

因为科恩岛并非处于尼加拉瓜的内陆地区，所以物价相比内陆要高一些。机场附近设有商业街，你可以在这里的杂货店和超市购买蔬果和生活日用品。

海岛气象十足

在海里游玩，在岛上生活的孩子

=设有空调 ✕=未设空调、🛏=房间设有淋浴设施 🚿=公用淋浴设施、📺=设有电视 ✕=未设电视
从国内拨打尼加拉瓜当地电话 00+505+×××× - ×××× （→ p.205）

莱昂
马那瓜

人口 ▶ 20 万

莱昂
MAP p.203/B1

世界遗产

莱昂大教堂（2011 年收录）
莱昂·别霍（老莱昂城）
（2000 年收录）

旅游咨询处 Intur
MAP p.219/A2
🏠 Av.Central Noreste
☎ 2311-3682
🕐 周一~周五　8:00~12:00、
　　　　　　　13:00~17:00
可以在此领取市内地图
与旅游宣传册。

货币兑换
市内中央公园东北方向
是银行的聚集地，你可以在
Ⓑ Banpro 银行兑换货币或使
用这里的 ATM 提现。

郊外海滩波内洛亚
从莱昂搭乘巴士约 1
小时便可以抵达西面距其
20 公里远的海滩波内洛亚
Poneloya。这里是尼加拉瓜
国内的人气海滩，周末及复
活节期间经常有举家来这里
游玩的当地人。附近建有不
少酒店和餐馆，可以用实惠
的价格品尝龙虾等美味海鲜。

前往洪都拉斯国境线
瓜萨乌莱的国境线开放
时间为周一~周五的 7:00~
17:30、周六、周日的 7:00~
17:00。尼加拉瓜与洪都拉斯
的出入境机构相距 1 公里左
右，可以骑自行车或打车往
返两地。

从巴士总站前往市中心
出租车费用为 C$30，步
行 20 分钟也可以抵达市内。
MAP p.219/A2 外

莱昂 *León*

留有许多历史建筑的古老小镇，诗人鲁文·达里奥的故乡

面向莱昂大教堂的中央公园

　　尼加拉瓜的第二大城市莱昂，直到 1851 年
之前的 200 多年时间一直是尼加拉瓜的首都，
作为军事、文化、宗教的中心地带而蓬勃发展。
如果说格拉纳达是一座保守的城市，那莱昂绝对
可以说是一座革新之城了。尼加拉瓜内战中，这
里的游击队颇负盛名，而手握当今尼加拉瓜政权
的桑迪诺民族解放阵线（FSLN）的总部也设在
这里。

　　市区中最大的看点便是号称中美洲最大规模
教堂的世界遗产——莱昂大教堂，以及 1812 年

莱克雷西恩教堂

尼加拉瓜国内的第一所大学。此外这里也因是著名诗人鲁文·达里奥的出
生地而被世人所知。这座坐落在从北面到东面连绵不绝的火山山脉山脚
下的城镇，遗留有许多旧殖民风格的民居与引人注目的大教堂，整座城
市都洋溢着厚重的历史氛围。

　　莱昂城郊外有一座名为莱昂·别霍老城遗迹，这座殖民城市曾因火
山喷发而被火山灰深埋地下，现在作为世界遗产可供世人参观。

◎ 交通方式

迷你巴士

　　从马那瓜的 Centro America 大学（UCA）可以搭乘前往这里的迷你
巴士（需 1 小时 30 分钟，费用 C$54）。

巴士

　　马那瓜的以色列乐维特斯巴士总站每天 4:00~20:00 期间，每小时有
3 班前往这里的巴士（需 1 小时 45 分钟~2 小时，费用 C$40~45）。

　　从洪都拉斯边境城市瓜萨乌莱前往这里需要在奇南德加进行换乘，
瓜萨乌莱每小时有 2 班前往奇南德加的巴士，需 2 小时；从奇南德加前
往莱昂的巴士每小时有 4 班（约约 1 小时，费用 C$16）。

莱昂 漫步

　　市中心地区是莱昂城的旧城区，从建有莱昂大教堂的中央公园 Parque Central 步行前往这里游览非常方便。城内的道路几乎都是以公园为中心，根据方向和数字进行命名。巴士总站位于距离市中心 1.5 公里的东北方向，沿途可以领略古老城镇的无限魅力。市内有不少壮丽雄伟的大教堂，你可以走进教堂慢慢品味其精美的内饰与寓意深刻的宗教绘画作品。中央公园以西 3 个街区的位置便是为纪念尼加拉瓜代表诗人鲁文·达里奥而建造的鲁文·达里奥博物馆 Museo Rubén Darío。博物馆东北方向相距 2 个街区的地方则是曾用军事力量独

颜色鲜艳的卡尔瓦里奥教堂

裁统治尼加拉瓜的索莫萨将军遇袭的旧宅，现在这里改建为桑迪诺民族解放阵线（FSLN）的事务所，飘扬的红黑色桑迪诺民族解放阵线旗帜仿佛象征着尼加拉瓜和平年代的到来。英雄纪念馆 Galería de Héroes y Martires 也坐落在附近，纪念馆内展示着许多为革命浴血奋战的桑迪诺民族解放阵线斗士的照片，时间充裕的话不妨来这里转一转，看到照片上天真烂漫的孩童与刚正不阿的女性士兵，你肯定也会为之动容。值得一提的是，纪念馆内还出售手工艺品。

周游莱昂市内教堂

　　拥有古老历史的殖民城市莱昂的一大看点便是坐落在这座古城中的诸多教堂。其中颇具代表的便是建于 1701 年正面装饰华丽的莱克雷西恩教堂 Iglesia de la Recolección（MAP p.219/A2），天花板装饰精美的卡尔瓦里奥教堂 Iglesia el Calvario（MAP p.219/A2），以及备受原住民拥戴的拉斯卡萨斯主教布道的斯布提阿瓦教堂 Iglesia Subtiava（MAP p.219/A1 外）等。

英雄纪念馆
MAP p.219/A1
周一～周五　9:00～17:00
周六　　　　9:00～12:00
C$25
　　纪念馆入口不是很好找，位于设有 Policlinica 看板的建筑物之中。

莱昂
León
区域地图 ▶p.203/B1

0　　　250m

N

5a Calle Norte
4a Calle Norte
3a Calle Norte
2a Calle Norte
1a Calle Norte
Calle Central Rubén Dario
1a Calle Sur

Av. José de la Cruz Mena
1 a Av. Nordeste
Av. Central Noreste
1a Av. Noreste
Av. Santiago Arguello
Av. 14 de Julio

旧火车站
市场
圣胡安公园
圣胡安·巴提斯塔教堂

加油站

拉罗西塔餐厅 La Rosita
旅游咨询处 Intur

莱克雷西恩教堂 Ig. de la Recolección

欧洲酒店 Europa

巴士总站方向（约500米）

索莫萨将军遇袭的旧宅 Casa del Obrero
英雄纪念馆 Galería de Héroes y Martires

Banpro
鲁文·达里奥过世的故居
大脚怪酒店 Bigfoot
Vía Vía

Casa de Cultura Popular

美喜德教堂
BAC
BDF

斯布提阿瓦教堂方向（约2公里）

埃尔孔本托酒店 El Convento
阿尔·卡本餐厅 Al Carbón
圣弗朗西斯科教堂

埃尔·瑟斯特奥特咖餐厅 El Sesteo
市政厅
旅游咨询处（非官方）
革命纪念碑

洛斯·巴尔克奈斯酒店 Los Balcones

鲁文·达里奥博物馆 Museo Rubén Darío
鲁文·达里奥公园（诗人们的公园）
中央公园 Parque Central
莱昂大教堂 Catedral de León
中央市场
América
卡尔瓦里奥教堂 Ig. el Calvario

奥尔蒂斯歌迪亚基金会艺术博物馆 Museo Ortiz-Gurdián
剧院
学校

Kamaña方向
卡萨·依瓦纳酒店 Casa Ivana
1
2

莱昂大教堂
MAP p.219/A2

外观洁白的莱昂大教堂

鲁文·达里奥博物馆
MAP p.219/A1
开 周二~周六　8:00~12:00、
14:00~17:00
　　周日　8:00~16:00
需 根据自身条件捐赠（最好
是C$20~30左右）

博物馆内展出许多鲁文·达里
奥的旧书柜

老莱昂城
MAP p.203/B1
开 周一~周六　9:00~17:00
　　周日　9:00~16:00
需 US$2，拍照额外收取
C$40

从莱昂的巴士总站搭乘
巴士前往拉帕兹·森特罗 La
Paz Centro（需约1小时，费
用C$27）。随后在这里换乘
前往莫莫通博 Momotombo
的巴士（需约30分钟，费
用C$18），坐到终点的村落
即可。

从莫莫通博村的终点站
下车后，步行10分钟便可以
抵达莱昂·别霍，虽然距离
不远，但是指路牌不是很好
认，可能会多花些时间。莫
莫通博与拉帕兹·森特罗间
的巴士每小时便有1班，拉
帕兹·森特罗还有往返马那
瓜的巴士，可谓是个小型交
通枢纽。

2011年收录在世界遗产名录中的中美洲最大规模教堂

莱昂大教堂
Catedral de León　　　★★★

大教堂内部

　　1747年便开始施工，19世纪初期竣工的基督教大教堂，号称中美洲最大规模的历史性宗教建筑。建筑形式是兼具巴洛克与新古典主义的复合形式，室内采光使用自然光，考虑到地震波及的可能，建筑底盘向下层区域特意建得十分敦实。教堂内由尼加拉瓜艺术家安东尼奥·萨莉亚打造的木质祭坛引人注目。此外著名诗人鲁文·达里奥也埋葬于此。

来到这里便可以进一步了解国民诗人鲁文·达里奥的生活点滴

鲁文·达里奥博物馆
Museo Rubén Darío　　　★★

　　1867年出生于莱昂的诗人鲁文·达里奥，在19世纪不仅对拉丁美洲区域，甚至对西班牙的诗词文化都产生了很大的影响。而与他出生地相同的莱昂老乡则更加爱戴这位诗人，并将他成长的屋子改建为博物馆对公众开放。馆内可以看到当时他所使用的各式家具，建筑物本身也很有历史感，即使你对文学没有兴趣，来到这里也可以很好地了解19世纪尼加拉瓜民居的结构，很值得一去。

因火山喷发而被火山灰掩埋的殖民城市遗迹，已经收录在世界遗产名录中

老莱昂城
León Viejo　　　★★

　　1524年由西班牙人建造的殖民地遗迹，其实莱昂最早便是指在这片土地建造的老莱昂城，但是还没经过1个世纪便被周边的莫莫通博火山喷发及地震波及所毁坏，当时的人们便不得不举家迁徙到现在莱昂城的位置。

　　随着遗迹调查的不断开展，教堂和民居遗迹逐渐被发掘出来，甚至修建莱昂及格拉纳达的西班牙人弗朗西斯科·费尔南德斯的遗体也在这里被找到。因其建筑的重要性，老莱昂城在2000年被收录在世界遗产名录之中。

　　遗迹中对于建筑的修复只做到了了解其大体规模的程度，对西班牙殖民历史感兴趣的游客来到这里应该会很有收获。

500年前火山喷发前的莱昂人居住地

可以从中想象当时的生活场景

小贴士　莱昂大教堂的开放时间为每天的7:00~12:00，周六、周日会在17:00~20:00开放，但是具体时间无法确定。教堂正面朝西，上午拍摄的话是逆光，中午过后拍照效果会更好。

酒店 & 餐馆
Hotel & Restaurant

　　莱昂城面积不大，酒店数量也比较有限，大多分布在设有巴士总站的市场周边以及中央公园附近。餐馆也主要分散在中央公园周边。此外在市场中也有简易食堂，街上不时可以看到咖啡馆和家常菜馆，不用发愁找不到吃饭的地方。

埃尔孔本托酒店
El Convento

◆ 旧殖民风格的华美酒店　由建于17世纪的圣弗朗西斯科修道院建筑改造的酒店，于2000年12月对外开放运营。酒店庭院十分考究，每个季节都有不同的花朵相继开放。酒店院内还有一座古老的礼拜堂。

高档	Map p.219/A1

住 Del Parque Central 2 cuadras al Oeste, 1/2 cuadra al Norte
☎ 2311-7053
URL www.elconventonicaragua.com
CC AMV　室 32间　📶 免费 Wi-Fi
费 🛏 US$74~、Ⓓ US$95~（税+17%）

欧洲酒店
Europa

◆ 开放庭院，住宿体验悠闲自得　酒店院内种植着许多树木，气氛静谧舒适。内设的餐厅菜品种类丰富。

中档	Map p.219/A2

住 3 Calle Norte, 4 Av.
☎ 2311-0016
URL hoteleuropaleon.com.ni
CC ADJMV　室 37间　📶 免费 Wi-Fi
费 Ⓢ Ⓓ US$46~
　　Ⓢ Ⓓ US$41~

大脚怪酒店
Bigfoot

◆ 很受欧美背包客欢迎的平价酒店　酒店内设有泳池、台球台及公共厨房等实用设施。此外咖啡馆和酒吧也可以在酒店内找到。酒店还经营火山观光行程，可谓面面俱到。

经济型	Map p.219/A2

住 Del Banco Procredit 1/2 cuadra al Sur
☎ 8852-3279
URL www.bigfoothostelleon.com
CC 不可　室 16间　📶 免费 Wi-Fi
费 Ⓢ Ⓓ US$28~
　　宿舍房型 US$8

卡萨·依瓦纳酒店
Casa Ivana

◆ 邻近中央公园的平价酒店　位于剧院的背面，距离中央公园很近。虽是家平价酒店，但是房间宽敞，甚至还设有摇椅，住宿体验舒适。

经济型	Map p.219/A1

住 Costado Sur Teatro Municipal
☎ 2311-4423
URL www.hostalcasaivana.com
CC 不可　室 7间
📶 免费 Wi-Fi
费 Ⓢ US$7~、Ⓓ US$8

埃尔·瑟斯特欧餐厅
El Sesteo

◆ 装修时尚的精致咖啡馆　位于中央公园前的咖啡馆，店内宽敞，服务员也十分友善。汉堡包等简餐 C$70~。

	Map p.219/A2

住 Costado Norte Parque Central
☎ 2311-5327
开 每天 7:00~22:00
CC ADJMV
📶 免费 Wi-Fi

阿尔·卡本餐厅
Al Carbón

◆ 很受游客喜爱的人气牛排餐厅　白天及周末有很多当地人来此用餐，工作日傍晚则是游客居多，是一家十分热闹的肉食菜馆。座椅以包围中庭的形式摆放，服务员也很友善细心。牛排 C$180~。

	Map p.219/A1

住 Parque la Merced 25vrs.abajo
☎ 2311-4761
开 每天 11:00~23:00
CC ADJMV
📶 免费 Wi-Fi

🛏=设有空调🛏=未设空调、🛁=房间设有淋浴设施🛁=公用淋浴设施、📺=设有电视📺=未设电视
从国内拨打尼加拉瓜当地电话 +00+505+××××-××××（→ p.205）

格拉纳达 *Granada*

旧殖民风格气氛浓厚的古城

马那瓜
格拉纳达

人口▶ 12.3 万

格拉纳达
MAP p.203/B1

旅游咨询处 Intur
MAP p.223/B1
开 周一～周五　8:30～12:00、
　　　　　　　14:00～17:00
　　可以从这里领取市区地
图以及餐馆咨询册等实用
资料。

货币兑换
　　市内中央公园西侧建有
银行，可以在这里的银行窗
口兑换货币或使用 ATM 提
取现金。

陆路方式前往哥斯达黎加
　　里瓦斯每小时都有 2 班
前往哥斯达黎加边境城市佩
尼亚斯布兰卡斯，此外也可
以打车前往。
　　边境城市佩亚斯布兰
卡斯的出入境管理局办公时
间为每天的 8:00～20:00。尼加
拉瓜与哥斯达黎加两国的出
入境窗口只相隔 300 米左右。
　　哥斯达黎加一侧的出入
境管理局附近便有前往利比
利亚、圣何塞等地的巴士。

从巴士总站前往市内
　　不同地区前往格拉纳达
的巴士下车点并不相同，从
马那瓜前往格拉纳达的巴
士下车地可以打车前往市
内（费用 C$15）。从马萨亚、
里瓦斯等地往返格拉纳达的
巴士则在市场附近的地方上
下车。

前往各地的旅行班车
　　格拉纳达市内旅行社运
营的前往莱昂的旅行班车通
常都是在每天 8:00 左右发车
（需约 2 小时 30 分钟，费用
US$20）。集齐 4 人以上的乘
客还可以前往太平洋沿岸的
南圣胡安 San Juan del Sur。

从教堂高塔俯瞰中央公园

　　这座尼加拉瓜的古城位于首都马那瓜东南约 45 公里的地方。1524
年由西班牙人建设而成，也是尼加拉瓜国内第一座城市，城内仍留有许
多旧殖民风格的建筑及教堂。以大教堂为中心的历史地区内的建筑物保
存完好，城内公路上马车与出租车并行，可谓一座中世纪风情浓厚、很
有历史味道的老城。

　　当地居民也十分注重传统，相比于革新派的莱昂人，格拉纳达人则
显得更加保守，他们的衣着十分考究，男性的举止也大多比较严肃古板。

　　格拉纳达西北面便是中美洲最大的湖泊，宛如海洋一样宽广的尼加
拉瓜湖的所在地。格拉纳达从很久之前便作为湖畔城市兼运营着前往奥
梅特佩岛、索兰缇娜梅群岛等湖对岸地区的水上交通的枢纽地而繁荣发
展。此外这里也是陆路前往哥斯达黎加的据点城市。

◎ 交通方式

迷你巴士

　　马那瓜的 Centro America 大学校门口随时都有前往格拉纳达的迷你巴
士在等客，白天每隔 10～20 分钟便可以发车，需约 1 小时，费用 C$29。
从大学前往格拉纳达的迷你巴士下车位置位于科隆公园附近，十分便利。

巴士

　　马那瓜市内的罗伯托休伯斯巴士总站每小时都有 4 班前往格拉纳
达的巴士（需约 1 小时 30 分钟，费用 C$18~25）。尼加拉瓜南部的交
通枢纽城市里瓦斯前往格拉纳达的巴士是 1 天 9 班（需约 2 小时，费用
C$35）。

小贴士　Erick Tours 旅行社（MAP p.223/B1　☎ 8484-0326）经营尼加拉瓜湖群岛环游、马萨亚火山观光、近郊的
溪谷探访等众多类型的旅游项目。团费一般是 US$15~30。

格拉纳达
Granada

区域地图 ▶p.203/B1

圣帕布洛岛、奥梅特佩岛方向

阿瑟瑟港方向

尼加拉瓜湖
Lago Nicaragua

步行者专用道

马勒孔

观光公园

游船售票处

科尔多瓦像

Calle San Juan del Sur

Calle Santa Lucia

瓜德鲁普教堂
Ig.Guadalupe

格拉纳达酒店
Granada

Calle El Ganado

Calle la Calzada

Nicaragua Mia

中国年餐厅
Año Nuevo Chino

柯西波尔卡酒店
Cocibolca

修道院博物馆
Museo Antiguo Convento

Erick Tours旅行社
（旅行社）

Calle El Caimito

萨卡特利格河 Arroyo Zacaleligüe

圣弗朗西斯科修道院遗址
Convento San Francisco

文化会馆

拉·哈希安达餐厅
La Hacienda

Nuevo Central

大教堂
Catedral

Calle Gusman

洛斯·珀塔勒斯餐厅
Los Portales

中央公园
Parque
Central

市政厅

旅游咨询处
Intur

阿汉布拉酒店
Alhambra

Bampro

迷你巴士搭乘点
（马那瓜方向）

Calle Vega

巴士总站
（里瓦斯方向）

Mi Museo

BAC

Calle Atravesada

市场

加油站

Arroyo Aduana

Calle 14 de Septiembre

绿洲酒店
Oasis

巴士搭乘站（马萨亚方向）

Av. Barricada

美喜德教堂
Ig.Merced

伊萨贝拉自助餐厅
Isabella Buffet

埃尔俱乐部酒店
El Club

Calle Real Xalteva

扎尔特瓦公园
Parque Xalteva

扎尔特瓦教堂
Ig.Xalteva

巴士总站
（马那瓜方向）

医院

Calle El Tamarindo

TICA旅行社（国际巴士）

巴士总站
（哥斯达黎加国境方向）

0   500m

小贴士 Mi Museo MAP p.223/C1 每天 8:00~17:00 US$5 URL www.granadacollection.org
展示尼加拉瓜国内各地原住民村落遗迹发掘出的各式土器及陶器文物。

223

安全信息

格拉纳达作为尼加拉瓜最著名也是最大的观光城市，城内建有 100 余处酒店及餐馆设施，这里全年几乎都能看到游客的身影，夜晚外出也很安全，不用过分担心。城市整体氛围也十分安逸，相比首都马那瓜安全程度更高。许多海外游客都是抵达马那瓜后直接前往格拉纳达入住。

观光马车

在中央公园停泊的马车便是格拉纳达市内特色的观光马车。乘坐这类马车可以巡游市内的教堂及湖畔地区，抵达观光景点后还可以下车短暂观光。每小时收费标准为 US$20/2~5 人。

西班牙语语言学校

格拉纳达市内开办有几所西班牙语语言学校，除了教授西班牙语课程外，还举办厨艺及舞蹈等扩展课程。

● Nicaragua Mia
MAP p.223/B1
☎ 8966-5385
URL www.spanishschoolnicaraguamia.com

大教堂
Catedral

MAP p.223/B1
开 每天 7:00~17:30
费 单纯参观教堂不收取任何费用，登塔需要加收 US$1

沿着螺旋楼梯攀爬而上，便可以来到教堂的钟塔上端。从这里可以俯瞰中央公园。

修道院博物馆

MAP p.223/B1
开 周一~周五　8:00~17:00
　　周六、周日　8:00~16:00
费 US$2

游览格拉纳达这座古城，把中央公园 Parque Central 选作旅行起点再好不过。中央公园周边几乎都是旧殖民风格浓厚的古老建筑，从中可以领略到格拉纳达这座古都往日的辉煌。公园东侧坐落着洁白的大教堂 Catedral，市政厅前矗立的方尖碑则是巴西献给尼加拉瓜知名诗人鲁文·达里奥的珍贵赠品。当地的文化会馆不定期举办当地艺术家的优秀作品展。

中央公园周边可以看到不少当地特色的观光马车，马蹄踩踏路面发出的嘎达嘎达声搭配周边众多的旧殖民风格建筑，让人一下子会有种穿越时空的错觉。

中央公园以西相距 3 个街区的美喜德教堂 Ig.Merced、东北方向相隔数个街区的圣弗朗西斯科教堂遗迹都是建于 18~19 世纪的古老教堂建筑。从市中心可以沿着大教堂东面的卡尔扎达路一直走到尼加拉瓜湖畔，沿途可以欣赏到许多设计别致的古老民居，餐馆、民宿、旅行社也都分布其中。湖畔的观光公园是野餐的绝佳场所，时间充裕的话还可以搭乘游船巡游尼加拉瓜湖上的诸多群岛。

从大教堂塔楼远眺尼加拉瓜湖畔方向

在中央公园即兴演奏的当地乐团

格拉纳达 主要景点

展出考古学的出土文物以及当地艺术家的各类作品

修道院博物馆
Museo Antiguo Convento ★★

圣弗朗西斯科修道院是 16 世纪下半叶建造的教堂建筑，这里也曾是卡萨斯主教布道演讲的场所。1856 年被美国威廉·沃克的佣兵部队毁坏，我们现在看到的可以说是重新建造的改建版。

现在修道院的遗迹被改建为博物馆，展出尼加拉瓜的艺术与历史相关的珍贵文物。此外这里还展出在尼加拉瓜湖内的萨帕特拉岛内发现的、公元 800~1200 年间由乔罗特加人打造的石像，以及各式可以感受原住民生活的古老展品。

馆内还有传统的手工艺品展品，其中索兰缇娜梅群岛的素朴画作等艺术作品尤为经典。

改建为博物馆的圣弗朗西斯科修道院遗迹

小贴士 美喜德教堂 MAP p.223/C1 开 周二~周日 9:00~12:00、14:00~18:00 费 上塔收取 US$1，参观教堂免费。有时上塔的入口可能会关闭，请提前做好准备。

酒店 & 餐馆
Hotel & Restaurant

　　格拉纳达中央公园所在的市中心东面有不少新兴酒店，酒店的整体质量都不错。餐馆则大多分布在中央公园附近以及市场周边，面向背包客的平价酒店和简易餐馆也都可以在这片区域找到，物美价廉，适合预算不多的游客。

阿汉布拉酒店
Alhambra

◆**格拉纳达的高档酒店**　面向中央公园的西面，旧殖民风格浓厚的高档酒店。一层设有旅行社柜台，并设的咖啡馆气氛也很不错。二层设有 6 间带阳台的高档客房，可以开窗走到阳台欣赏明媚街景。

高档	Map p.223/B1
🏠 Calle Vega
☎ 2552-4486
URL www.hotelalhambra.com.ni
CC AMV　🛏 60 间
🛜 免费 Wi-Fi
费 💡 🚿 📺 ⓈUS$75~、ⒹUS$88~（税+17%）

埃尔俱乐部酒店
El Club

◆**设有泳池，住宿体验舒适**　邻近美喜德教堂的旧殖民风格精致酒店，入口设有酒吧，住宿供应早餐。

中档	Map p.223/C1
🏠 Calle de la Libertad y Av. Barricada
☎ 2552-4245　📠 2552-0871
URL www.elclub-nicaragua.com
CC AMV　🛏 15 间　🛜 免费 Wi-Fi
费 💡 🚿 📺 ⓈUS$35~、ⒹUS$40~（税+17%）

绿洲酒店
Oasis

◆**深受年轻游客喜爱的平价酒店**　邻近市场，很多欧美年轻游客都愿意再次入住。大堂宽阔，设有酒吧和餐厅，此外这里还有泳池可供房客彻底放松身心。

经济型	Map p.223/C2
🏠 Calle Estrada#109
☎ 2552-8005
URL www.nicaraguahostel.com
CC 不可　🛏 19 间
🛜 免费 Wi-Fi
费 💡 🚿 ⓈⒹUS$30~
🚿📺 宿舍房型 US$10~

柯西波尔卡酒店
Cocibolca

◆**无论是观光还是用餐都十分方便，地理位置绝佳**　酒店坐落在卡尔扎达路上，是一座家族经营的别致酒店，给人一种回到自己家的温馨感。

经济型	Map p.223/B1
🏠 Calle la Calzada
☎ 2552-7223
CC ADJMV
🛏 24 间
🛜 免费 Wi-Fi
费 💡 🚿 📺 ⓈUS$16~、ⒹUS$20~

洛斯·珀塔勒斯餐厅
Los Portales

◆**经营墨西哥及尼加拉瓜菜式的优秀餐馆**　主要以尼加拉瓜当地菜肴为主，可以选择的菜品非常丰富。预算在 C$100~175 便可以饱餐一顿。面向街道的区域改建为咖啡区，一举两得。

	Map p.223/B1
🏠 Plaza de los Leones
☎ 8883-0214
🕐 每天 8:00~22:00
CC 不可
🛜 免费 Wi-Fi

伊萨贝拉自助餐厅
Isabella Buffet

◆**邻近市场的大众餐馆**　包含肉类或鱼类的套餐价格为 C$70~，在这里可以品尝到尼加拉瓜的传统家庭菜式。味道很好，价格也公道，物美价廉。

	Map p.223/C2
🏠 Calle la Concepción
☎ 2552-1301
🕐 每天 12:00~23:00
CC 不可

💡=设有空调　=未设空调　🚿=房间设有淋浴设施　=公用淋浴设施　📺=设有电视　=未设电视
从国内拨打尼加拉瓜当地电话 00+505+××××-××××（→ p.205）

奥梅特佩岛

MAP p.203/B1

格拉纳达港口在每周一·周四都有前往阿尔塔格拉西亚的船只，航程约为4小时。途经莫利托、圣米格利托后抵达哥斯达黎加的边境城市圣卡洛斯。

名为"欧震·德·阿瓜"的水池十分清澈，可以自由游泳

圣卡洛斯

MAP p.203/B2

马那瓜每周有4班前往圣卡洛斯的航班（航程约45分钟，费用US$88~101），长途巴士则是每天2班，需约7小时。

格拉纳达前往圣卡洛斯的快艇每周3班，航程为3~4小时。

这里每周也有多班前往哥斯达黎加边境城市洛斯奇莱斯 Los Chiles 的船只（航程约5小时）。

全世界淡水湖中最大的岛屿

奥梅特佩岛
Isla de Ometepe ★★

从船上便可以看到岛上宏伟的火山

漂浮在尼加拉瓜湖上规模最大，也是全世界淡水湖中最大的岛屿，面积约276平方公里，人口约有3.5万人。奥梅特佩意为"两座大山"，分别对应岛上的康赛普希恩火山和马德拉斯火山。

阿尔塔格拉西亚 Altagracia 因为留有许多历史遗迹而被世人所知，其本身也是奥梅特佩岛上最大的城镇。教堂前的小路上坐落着许多石像，博物馆中也有史前时期人们打造的岩石雕刻的照片。这些岩石雕刻分布在奥梅特佩岛的东面，感兴趣的游客可以通过旅行社或酒店聘请向导带你前往游览。

奥梅特佩岛 Isla de Ometepe
区域地图 ▶p.203/B1

酒店和餐馆大多分布在圣豪尔赫前往奥梅特佩岛的船只所停泊的莫约加尔帕 Moyogalpa 地区。沿港口通往城内的上坡路走4个街区便可以抵达广场和教堂。岛内交通主要以巴士和出租车为主。

邻近国境线的湖畔东部城镇

圣卡洛斯
San Carlos ★

位于尼加拉瓜湖最东面的圣卡洛斯，是前往尼加拉瓜湖上的索兰缇娜梅群岛的交通要地，沿圣豪安河乘船东下，沿途还可以看到于1675年由西班牙人修建的埃尔卡斯蒂约要塞。此外这里距离哥斯达黎加的卡诺乃格罗野生保护区也不远。

Tópico

格拉纳达起始环尼加拉瓜湖一日游

坐落在尼加拉瓜湖对面的格拉纳达是开展环湖群岛一日游的好地方。你可以搭乘各式游船在湖上欣赏周围的火山及大小岛屿，邻近格拉纳达还有一座留有要塞遗迹的圣帕布洛岛。周末包括本地人在内的许多游人都会在湖中游泳嬉戏，十分热闹。周末不定期还会在11:00或13:00举行时长约2小时的游船周游活动，费用C$250。旅行社也经营各式环湖行程，观光时间大约为1小时30分钟，费用US$15。

从栈桥搭乘游船开启环湖之旅

小贴士 甄选奥梅特佩岛上本土栽培的蔬菜、谷物、水果等农作物及湖鱼等海鲜烹制的当地菜都十分美味，近年来岛上也增加了不少欧美人经营的有机菜肴餐馆，很顺应时下流行风潮。

尼加拉瓜的历史
Historia de NICARAGUA

欧洲人首次登陆尼加拉瓜这片土地便是在1502年，即哥伦布第4次航海时期。随后在1523年、1524年相继在格拉纳达和莱昂建造殖民城市，据说当时尼加拉瓜国内曾生活有约100万的原住民，但在殖民统治后还没经过二三十年，原住民的数量便迅速锐减到仅剩几万人的规模，可见当时殖民时代的黑暗。

1821年尼加拉瓜脱离了西班牙人的殖民统治，并迅速与周边几个国家共同组建中美洲联邦共和国。但是联邦共和国仅在历史长河上昙花一现地短暂存在了14年便分崩瓦解，此后尼加拉瓜便陷入争夺莱昂和格拉纳达两座古城所有权的尴尬局面。而正在此时，雇佣莱昂自由派人士的美国人威廉·沃卡所率领的佣兵军团趁机入侵了尼加拉瓜，随后自诩自己为总统，开始统治尼加拉瓜这片领土。没过多久，在1857年爆发的里瓦战役中，佣兵军团被中美洲联合军击败，沃卡在洪都拉斯的特鲁希略被俘虏，并最终被枪决。

沃卡死后保守派一直掌握着尼加拉瓜政权将近30年，1893年成为尼加拉瓜总统的何塞·桑托斯·塞拉亚开始实行独裁统治。从1911年的阿道尔夫·迪亚斯总统开始，尼加拉瓜便一直接受着美国援助，政治上以依靠美国为主要方针，美国甚至开始驻军于尼加拉瓜国内，尼加拉瓜宛如美国手下的傀儡政府。美国的派遣军队一直在尼加拉瓜驻扎到1933年，而将他们驱逐出尼加拉瓜领土的便是由奥古斯托·塞萨尔·桑迪诺领导的游击部队。

出生于1895年的桑迪诺在20岁时便离开家乡前往洪都拉斯和危地马拉的制糖工厂和香蕉农园工作学习，最后前往墨西哥的一家石油公司做工。在流转各地接触不同工作的十年间，桑迪诺结交了许多劳动者，并从他们身上学到了很多专业知识，最后在30岁的时候返回祖国尼加拉瓜。回国后他马上便组织领导了一支以矿工为主力的队伍。他们不畏强权，与美国侵略军奋勇交战，屡获战果，得到了国内人民的广泛支持，最终将美国派遣的军队驱逐出境。但不幸的是，在1934年，时任尼加拉瓜国民警卫队司令的安纳斯塔西奥·加西亚·索莫萨秘密逮捕了未携带武器的放松警惕的桑迪诺，并将其暗杀，至此尼加拉瓜便开始了长达多年的索莫萨家族亲美独裁统治。

索莫萨成为总统后长达近半个世纪之久的时间里，尼加拉瓜这个国家宛如索莫萨家族私有的巨大农场一般。1972年惨遭大地震侵袭的包括首都马那瓜在内的众多城镇都遭到毁灭性打击，借此契机，索莫萨家族开始接受世界各国的资金援助，而这也令早就饱受剥削统治的劳动者们揭竿而起。一直睁一只眼闭一只眼的企业家的利益也因为索莫萨家族的行为受到侵占，逐渐开始有尼加拉瓜的资本家加入反索莫萨的势力中。随着反政府势力的逐渐壮大，最终索莫萨举家于1979年逃亡到美国，而尼加拉瓜国内也成立了FSLN（桑迪诺民族解放阵线）。

FSLN在法律上进行了农地改革、征收最低份额的土地租赁金、男女平等等等多项内容的修改，此外也完善了尼加拉瓜国内的教育制度，改善了医疗卫生水平，可谓为近现代的尼加拉瓜改革起到了推波助澜的关键作用。但随着1981年里根的美国政府暂停了对尼加拉瓜国内的经济援助，反之开始对反桑迪诺势力进行资金援助，最终在国外一直潜伏的旧索莫萨军队主力（反FSLN武装组织）在美国的支持下从洪都拉斯边境入侵尼加拉瓜，引发内战。这场内战有3万余人牺牲，最终FSLN的奥尔特加总统在国内经济破裂的背景下签订了停战条约，并在1990年2月重新进行总选举。而这次结果倾向了反FSLN势力，其代表查莫罗最终当选总统。

此后尼加拉瓜积极引入外资势力，而本已暂停对桑迪诺政权资金援助的美国、欧洲乃至日本等国家都开始对尼加拉瓜进行援助活动。与外资注入同时期进行的还有国营企业民营化的改革活动，这也导致了尼加拉瓜基础产业再度被美国所掌控。

2001年当选的博拉尼奥斯总统因涉嫌在任职期间包庇渎职的前移民局局长卡卡维洛斯，损害了国家利益导致支持率显著下降，而反政府势力FSLN则再次时来运转，最终在2006年的选举中，奥尔特加时隔16年重新入主总统府，再次担任尼加拉瓜的总统。此后奥尔特加总统以古巴改革为蓝本，与中美洲各国加强联合，为达到21世纪社会主义的目标而不断改进尼加拉瓜，并加入了美洲玻利瓦尔同盟（ALBA）。在奥尔特加执政期间，国家积极处理贫困阶层的各项问题，减少了国家的犯罪事件，使得尼加拉瓜成为一个治安很不错的国家。现在中国一家民营企业正在尼加拉瓜开展当地的尼加拉瓜运河建造工程。

哥斯达黎加

COSTA RICA

伯利兹

危地马拉

洪都拉斯

萨尔瓦多

尼加拉瓜

哥斯达黎加

巴拿马

佩尼亚斯布兰卡斯
Peñas Blancas

尼加拉瓜
NICARAGUA

圣卡洛斯
San Carlos

加勒比海

La Cruz

洛斯奇莱斯
Los Chiles

奥罗西火山
Volcán Orosi (1487m)
瓜纳卡斯特国家公园
P.N.Guanacaste

卡诺乃格罗
野生保护区
R.N.Caño Negro

佩斯卡岛
Isla de Peska

A

圣塔罗莎国家公园
P.N.Santa Rosa

林孔德拉别哈国家公园
P.N.Rincón de la Vieja

里孔火山
Volcán火山 (1633m)

巴拉德尔科罗拉多
野生保护区
R.N.Barra del Colorado

托图格罗
Tortuguero

瓜纳卡斯特保护区
Area de conservación
Guanacaste

利韦里亚
Liberia

阿雷纳湖
Lago de Arenal

达巴贵
Tabacón

拉福图纳
La Fortuna

托图格罗国家公园
P.N.Tortuguero

拉马海边休养地
Playa Panama

蒂兰
Tilaran

穆埃列圣卡洛斯
Muelle San Carlos

萨拉皮克旧港
Puerto Viejo
de Sarapiquí

格兰德海边休养地
Playa Grande

圣塔埃莱纳
Santa Elena

克萨达
Quesada

圣克鲁斯
Santa Cruz

帕洛贝尔德
国家公园
P.N.Palo Verde

阿雷纳火山
Volcán Arenal

阿雷纳火山
Volcán Poás

布劳里欧卡里略国家公园
P.N.Braulio Carrillo

西基雷斯
Siquirres

莫因
Moin

马林多海边休养地
Playa Tamarindo

巴拉翁达
国家公园
P.N.Barra
Honda

扎尔赛罗
Zarcero

利蒙港
Puerto Limón

尼科亚
Nicoya

拉戈斯
Lagartos

蒙特韦尔德
自然保护区
R.B. Bosque Nuboso
Monteverde

萨尔基
Sarchí

埃雷迪亚
Heredia

伊拉苏火山
Volcán Irazú (3432m)

图里亚尔瓦
Turrialba

尼科亚半岛
Península de Nicoya

蓬塔雷纳斯
Puntarenas

阿拉胡埃拉
Alajuela

圣何塞
San José

卡塔戈
Cartago

卡惠塔国家公园
P.N.Cahuita

奥罗西
Orosi

卡惠塔
Cahuita

纳兰霍海边休养地
Playa Naranjo

帕克拉
Paquera

托尔图加岛
Isla Tortuga

卡拉拉国家公园
P.N.Carara

奥罗西溪谷
Valle de Orosi

塔拉曼卡旧港
Puerto Viejo de Talamanca

卡里略海边休养地
Playa Carrillo

蒙特苏马海边休养地
Playa Montezuma

坦博尔海边度假地
Playa Tambor

哈科
Jacó

洛斯绿咬鹃国家公园
P.N.Los Quetzales

塞罗奇里波
Cerro Chirripó (3819m)

锡克绍拉
Sixaola

B

萨马拉海边休养地
Playa Sámara

死亡谷
Cerro de la Muerte (3491m)

克波斯
Quepos

奇里波国家公园
P.N.Chirripó

巴拿马
PANAMÁ

马努埃尔·安东尼奥
Manuel Antonio

圣伊西德罗
San Isidro

拉阿米斯塔德国际公园
Parque Internacional
la Amistad

马努埃尔·安东尼奥国家公园
P.N.Manuel Antonio

乌维塔
Uvita

布埃诺斯艾利斯
Buenos Aires

圣赫拉尔多
San Gerardo de Dota

迪奎斯三角洲石球以及前哥伦比亚人酋长居住地
Asentamientos cacicales precolombinos con esferas de piedra de Diquís

北棕榈镇
Palmar Norte

科罗纳多湾
Bahia de Coronado

南榕榈镇
Palmar Sur

圣维托
San Vito

太 平 洋

德雷克湾
Bahía de Drake

赛尼普
Sierpe

赛克湾
Drake Bay

内利
Neily

卡诺岛
Isla del Caño

戈尔菲托
Golfito

卡诺斯阳口
Paso Canoas

N

科尔科瓦杜国家公园
P.N.Corcovado

吉梅内兹港
Puerto Jiménez

0   50km

欧萨半岛
Península de Osa

距离可可岛大约150km

1   2

哥斯达黎加基本信息

国旗

红色象征着为了追寻哥斯达黎加的自由所流下的鲜血，白色代表和平，蓝色象征天空。国徽由加勒比海、太平洋以及位于它们之间的哥斯达黎加三座大山和大航海时代的代表船只组成。

国名

哥斯达黎加共和国 República de Costa Rica

国歌

《庄严的祖国，你美丽的旗》
Noble patria, tu hermosa bandera

面积

约 5.11 万平方公里

人口

约 495 万（2018 年数据）

首都

圣何塞 San José。首都人口约为 33 万，首都圈人口大约为 216 万。

领导人

现任总统卡洛斯·阿尔瓦拉多 Carlos Alvarado（2018 年 5 月就任，任期 4 年）。

政体

总统制共和制，国民议会为一院制（议员名额固定在 57 人，任期 4 年）。

民族构成

西班牙人及西班牙与原住民的混血种人 95%、非洲裔 3%、原住民 2%。

宗教

国教的基督教占比 85%，此外新教占比 15%。

语言

官方语言为西班牙语。

→旅行会话 p.348

哥斯达黎加旅游资讯
URL www.visitcostarica.com

货币及汇率

货币的单位为哥斯达黎加科朗 Colón（货币符号 ₡ 或 ¢），货币名称来源自哥伦布。2019 年 4 月的汇率为 ₡1 ≈ 0.0119 元，US$1 ≈ ₡573。纸币分为 1000、2000、5000、10000、20000、50000 科朗共 6 种面值。硬币分为 5、10、25、50、100 及 500 科朗 6 种面值。现在的纸币为 2009~2010 年度新发行的币种，市面上也流通着少量旧版货币。

中档以上等级酒店的房费、国内航线机票价格以及旅游团费很多时候都是用美元表示，所以也接受客人使用美元进行支付。面向游客开设的餐馆一般也是认可美元支付的。哥斯达黎加国内的银行汇率不会因为城市不同而产生差异，但是地方小镇可以兑换货币的银行较少，所以最好提前在圣何塞进行兑换。你可以使用国际现金卡 Cash Card、预存卡 Prepaid Card 和信用卡直接在哥斯达黎加国内的 ATM 进行取现，很多 ATM 都可以选择提取的币种是科朗还是美元。

旅行资金准备→ p.343

※ 信用卡的普遍率由高到低为 Visa、MasterCard、American Express。圣何塞及观光景区也有不少认可 Diners Club 和 JCB 信用卡的商铺和酒店。

签证

哥斯达黎加在 2007 年与中国建交，中国公民赴哥斯达黎加旅游需向哥驻华使领馆申请旅游签证。以下为哥斯达黎加关于中国公民免签入境的最新规定：

1. 中国公民持外交、公务和公务普通护照可免签入境，停留期最多为 30 天。

2. 中国公民持因私护照中有美国 B1-B2 型、

小贴士 哥斯达黎加的货币兑换小谈：哥斯达黎加除了本国货币科朗外很多场合也支持美元支付。在哥斯达黎加国内无法兑换人民币，所以请至少携带美元前往。银行的 ATM（几乎 24 小时营业）可以支持写有

如何拨打电话

从国内往哥斯达黎加打电话

| 国际电话
识别号码

00 | + | 哥斯达黎加
国号

506 | + | 区号
（去掉前面第一个0）

×× | + | 对方的
电话号码

××××× |

从哥斯达黎加往国内打电话

| 国际电话
识别号码

00 | + | 中国的
国家代码

86 | + | 区号
（去掉前面第一个0）

×× | + | 对方的
电话号码

××××× |

电话及邮政→ p.344

或 D 型多次入境签证、加拿大多次入境签证，可免签入境，停留期最多为 30 天，且不得超过签证有效日期。（注：此前关于持日本、韩国、欧盟多次入境签证享受免签入境规定同时废止）

3. 中国公民持因私护照，如有允许多次入境美国、加拿大和欧盟国家的合法居留身份（包括定居、工作、学习、避难），可免签入境，停留期最多为 30 天。

4. 持有效英国海外公民护照 British National Overseas/BNO 的香港市民可免签入境，停留期最多为 30 天。

特别提示：入境时，所持护照及美国、加拿大和欧盟合法居留身份剩余有效期不得少于6 个月；许可停留具体时间由入境时移民官员决定；如需长期停留，请在入境后 30 日内尽快办理相关居留手续。

护照

进入哥斯达黎加前有效期要在 6 个月以上。

出入境

乘坐飞机途经美国，需美国签证，在美国进行转机或停留时一定要注意，启程到美国前，所有通过豁免签证计划来到美国的旅游人士必须通过旅游授权电子（EVUS）系统（→ p.335）取得授权。详情请参照美国大使馆官网。

机票内通常包含出境税及机场使用费。

从南美黄热病疫区国家进入哥斯达黎加，必须携带注射黄热病疫苗证明，否则将被拒绝入境。

中美洲旅行线路设计→ p.332

（1）APELLIDOS 姓
（2）NOMBRE 名
（3）DOCUMENTO DE VIAJE NO 护照号码
（4）NACIONALIDAD 国籍
（5）OCUPACION AC-TUAL 职业
（6）FECHA DE NACI-MIENTO 出生日期，月份、年份的顺序填写
（7）SEXO 性别（F=女性，M= 男性）
（8）PAIS DE NACI-MIENTO 出生国家
（9）PAIS DE RESID-ENCIA 居住国家
（10）MOTIVO DE VIAJE 到访目的（TURISMO= 观光）
（11）DIRECCION PREVISTA 住宿地点
（12）PAIS DE PROCEDENCIA 从哪国而来（入境哥斯达黎加前所在的国家）
（13）PAIS DE DESTINO 往哪国而去（之后要去的国家）

出入境卡填写范例

【出入境税】

无论是乘坐飞机入境还是陆路交通入境时都不会收取入境费。乘坐飞机出境也无须支付出境费，不过乘坐陆路交通离开哥斯达黎加时，要征收 US$8 的出境费。

从中国乘坐飞机前往哥斯达黎加

目前国内并未开通直飞哥斯达黎加的航班，你可以搭乘美国航空、联合航空、达美航空等美国承运的航空公司在美国进行转机，或者搭乘加拿大航空在温哥华进行转机后前往哥斯达

＼Cirrus、PLUS 等字样的信用卡直接提取科朗或美元。银行支持美元与科朗的货币互换，利用 ATM 直接取现的汇率与银行的汇率不会有太大出入。不过使用美元支付时找的零钱是科朗，所以算下来可能会有 1~2 成的损失。

黎加首都圣何塞。算上转机的等待时间，需约
19~33 小时便可抵达圣何塞。

美国前往中美洲的主要航线 → p.333

气候

12 月~次年 4 月作
为旱季是哥斯达黎加的旅
游旺季，非常适合旅行，
但是称为 Green Season 的
5~11 月，即哥斯达黎加
的雨季，无论是酒店房价

前往降雨频繁地区旅游时
穿着雨衣防雨效果最好

还是旅游团费用都会下调，此外这期间游客数
量也会明显下降，可以更悠闲地旅游。

如上文所述，哥斯达黎加的气候分为 5~11
月的雨季以及 12 月~次年 4 月的旱季，由于哥
斯达黎加被加勒比海和太平洋包夹，不仅地形
多变，不同地区的降水量也完全不同。圣何塞
周边的高原地区在 6~11 月的雨季期间，下午经
常会出现狂风暴雨，但是除太平洋沿岸及南部
的欧萨半岛以外的地区却很少降雨。加勒比海
沿岸的降雨集中在 7 月及 12 月。

哥斯达黎加中央地区的平均海拔是
1000~1500 米的高原地区，包括首都圣何塞在内
的阿拉胡埃拉、卡塔戈、埃雷迪亚等主要城市都
位于中央盆地，这些城市中的人口占据了哥斯达
黎加总人口的五成之多。加勒比海沿岸及哥斯达
黎加与巴拿马国境接壤的地区则是低地地带，全
年都是闷热气候。

前往哥斯达黎加穿着夏季服装完全足够，
雨季期一定要携带雨具，做好防雨准备。

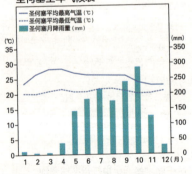

圣何塞全年气候表

- 圣何塞平均最高气温（℃）
- 圣何塞平均最低气温（℃）
- 圣何塞月降雨量（mm）

时差与夏令时

比中国晚 14 小时，中国 0:00 的时候，哥
斯达黎加是前一天的 10:00。哥斯达黎加未设有
夏令时。

哥斯达黎加节日（主要节假日）

以下为 2019 年的主要节假日。每年复活节
的时间都会有所变动（不固定日期的节日用 ★
标记），需要实际确认。※ 为当地风俗节假日，
其余为法定节假日。

1 月	1 月 1 日	新年
4 月	（4/20~22 2019 年）	★复活节
4 月	4/11	胡安·圣玛丽亚纪念日
5 月	5 月 1 日	劳动节
7 月	7/25	瓜纳卡斯特省并入哥领土纪念日
8 月	8/2※	天使圣母日
	8/15	母亲节
9 月	9/15	独立纪念日
10 月	10/12※	文化节
12 月	12/25	圣诞节
	12/31	除夕

工作时间

以下介绍的是一般单位的工作时间，商店、
餐馆等服务业会有所不同。服务游客的行业一
般都会将工作时间延长一些。

【银行】

周一～周五通常营业时间为 8:00~16:00，
部分银行会在 18:00 结束营业。有的银行会在周
六营业。所有银行周日及节假日都不营业。

【政府及一般企业】

周一～周五 8:00~17:00。

【商店】

每天的营业时间通常在 8:00~18:00，部分商
店会在周六下午及周日休息。观光场所的民间
工艺品店有的会全年无休。

【餐馆】

通常每天在 11:00~15:00、18:00~23:00 期间
营业，部分餐馆也会在年末年初及复活节期间
暂停营业。

电压及插座

电压 120V，频率为 50Hz。插
座为三眼扁平插座（A 类型），需使
用变压器和插头转换器。出发前请
再次确认你的电器标准。

视频制式

与中国的 PAL 制式不同，哥斯达黎加是
NTSC 制式。在哥斯达黎加购买的 DVD 无法在
国内播放。

小费

哥斯达黎加国内本身没有索取小费的习惯，但是因为到访这里的欧美游客较多，逐渐让他们有了索取小费的意识，分场合给点小费说不定会有更好的效果。

【出租车】

通常不用额外支付小费，可以在付钱时把零头凑整当作给司机的小费。

【餐馆】

餐馆的结算单上通常包含13%的税金以及10%的服务费，无须额外支付小费，街头的平民餐馆无须支付小费。

【酒店】

拜托行李工搬运行李或提出打扫房间服务时，通常支付₡1000~2000。

【参团】

通常将旅游费的10%给向导作为小费。

饮用水

酒店及餐馆水龙头流出的水通常都可以直接饮用。但是在集市或街头小餐馆用餐时，以防万一，还是饮用瓶装矿泉水最为妥当。市面上的矿泉水分为苏打水（con gas）和普通矿泉水（sin gas）。在超市和杂货店都可以轻松买到矿泉水。在餐厅点冷饮时，饮料里的冰块可能是用非饮用水制作而成的，尽量不要加冰。

邮政

寄往国内的明信片、信封文件20g以下收费₡750，城镇中几乎没有邮筒，可以前往胡安·圣玛利亚国际机场及邮局邮寄或是拜托高档酒店的前台代寄。信件抵达国内需1~2周。

税金

日常商品都会在价格内含消费税，入住中档以上酒店的税费会上升到13%。经济型酒店会在收费时将税费包含在账单之中。

中档以上的酒店便会加收额外税费

安全及突发情况

【强盗、小偷】

哥斯达黎加近年来恶劣犯罪事件呈上升趋势，晚上外出时要多加注意。特别是首都圣何塞中心地区以及可口可乐巴士总站周边在白天都有强盗和小偷出现，当地旅游局甚至对游客发出了注意安全的通告。如果你打算拿着大型行李前往巴士总站搭乘巴士，那一定要打车前往。

在圣何塞的餐馆以及加勒比海沿岸的沙滩上也曾出现偷窃事件，希望你加强警惕。此外，在巴士总站以及巴士车上也曾有人假扮司机和售票员骗取乘客行李，请多加注意。圣何塞的平价酒店也曾发生贵重物品失窃事件，所以请尽量入住中档以上酒店。

【医疗事项】

各个城市都设有医院和诊所，如果你受伤或身体有所不适，联系酒店的工作人员，一般他们都会带你前往最近的医院。但这里医生的医术并不是很高，如果是重病还是推荐尽快回国医治。

当地的药品药效很强，对于东方人来说可能会引起不适，最好是自带药品以防万一。

报警电话 911

旅行中的突发情况及安全知识→ p.346

※ 哥斯达黎加认可外国游客的护照复印件

年龄限制

哥斯达黎加法律规定，未满18岁不得饮酒及抽烟。观光景区的门票设有外国游客票、学生票和儿童票。部分博物馆持国际学生卡或当地语言学校的学生卡可免费参观，参观游览时不要忘了带学生卡。

度量衡

和中国一样，长度单位为米。重量单位除了千克以外，咖啡豆会特别用磅（1lb=460g）来做计量单位。液体计量单位为升。

其他

在哥斯达黎加境内的河、沼、湖中钓鱼需要许可证，如果发现你在没有许可证的情况下钓鱼会没收钓具并罚款。请多加注意。想在哥斯达黎加国内钓鱼可以前往旅行社咨询。

【参观教堂】

参观教堂等宗教设施时一定要入乡随俗，尊重当地信仰。进入建筑物后要脱帽，不要穿着背心短裤类过于暴露的服装。不能把饮料食品带进教堂。禁止在教堂内使用闪光灯拍照。

【洗手间】

城中的餐馆和购物商场通常都设有洗手间。由于当地水压较低，上完厕所不要把卫生纸扔进便池，直接扔到垃圾桶。

圣何塞

圣何塞 *San José*

重视自然保护与教育的哥斯达黎加中心城市

人口▶ 33 万

圣何塞
MAP p.229/A2

旅游咨询处 ITC
MAP p.237/B3　Plaza de la
Cultura, Av.Central #140
☎ 2299-5800
URL www.visitcostarica.com
週一～週五 9:00~17:00

国际机场设有旅游咨询处的服务窗口（营业时间每天 8:00~20:00），下了飞机便可以前往这里领取地图及旅游介绍手册等实用资料。

货币兑换
市内的银行都可以提供美元与科朗的兑换业务，但是银行经常排队，需要等些时间。高档酒店的前台也可以进行货币兑换业务（每次最多兑换 US$100~200），但是汇率相比银行要略高一些。设有大型超市内设置的 ATM 一般都可以提取科朗及美元现金。

胡安·圣玛利亚国际机场中也设有货币兑换窗口，但是汇率比较不划算。如果你抵达哥斯达黎加后特别想换些科朗，请尽量换最低的份额，否则也会吃亏。从国际机场出来后二层没有 ATM。

从机场前往市内
作为哥斯达黎加航空关口的胡安·圣玛利亚国际机场 Juan Santamaría（SJO）（MAP p.236/C1）位于圣胡安市中心西北方约 17 公里的位置。从机场打车前往市内费用为 US$35~45，需 30~40分钟。机场外的公路上也设有巴士站，往来圣何塞~阿拉胡埃拉区间的巴士会在这里停车。乘车时为了不坐错车请提前与司机确认目的地。圣何塞市中心的巴士站终点位于 Av.2（MAP p.236/B1），从机场到这处 Tuasa 旅行社运营的巴士站需 40~50 分钟，费用 ₡545。

面向市中心医院的美喜德公园

圣何塞是一座被咖啡农园和众多火山层层包围的高原城市，海拔 1150 米，全年气温都比较凉爽舒适，相比其他中美洲城市，是一座气候很宜人的小城。但是雨季期间不仅会有暴风骤雨，有时一下雨还会持续很长时间。

圣何塞的历史要从 1737 年被殖民统治开始说起。起初这里只有几家简陋的民宅，但不断进行的香烟和咖啡的贸易使得这里有了飞跃性的发展。在 1823 年与当时的首都迦太基政治对立，在战争结束后作为胜利的一方，其自身也成为哥斯达黎加的新首都。但当时辉煌时期所建造的大多数建筑都被地震摧毁，没有保留下来，不过地震后修建的旧殖民风格城市都被很好地保留了，因此这里也有"中美洲瑞士"的美称。

哥斯达黎加也是世界开展生态旅游的代表国家，许多欧美游客都远道而来探访这里的自然公园和自然保护区。圣何塞现在不仅是哥斯达黎加政治与文化的中心，这里也担负着前往各个城市的交通枢纽的功能，哥斯达黎加国内的飞机和巴士都以圣何塞为中心向四周辐射，所以即使你不特意前往圣何塞而是去其他城市，也大都会路过这里。圣何塞的酒店和餐饮设施十分完备，不用担心住宿及用餐问题。

不过作为首都的圣何塞因为人口比较集中，交通拥堵及治安较差也是在所难免的现实问题。要知道哥斯达黎加一半以上的人口都生活在圣何塞以及周边地区，各个阶层的人们生活在一起也是产生问题的原因之一。现在这里主要发展农业和旅游业两大产业，逐渐走向新时代。

交通方式

飞机

桑撒航空及自然航空运营着哥斯达黎加国内各地的航空航线。圣何塞作为国内航线的中心原点，非常方便游客前往各地旅游。

小贴士 圣何塞市内的 ATM 在 2016 年曾频发信用卡盗刷事件，2017 年以来这类事件虽然有所减少，但还是使用银行的 ATM 最为安全，尽量避免使用人迹罕至地区的 ATM。

克波斯（航程约25分钟，费用US$69~94）及吉梅内兹滋港（航程50分钟~1小时10分钟，费用US$108~168）每天都有3~8班前往圣何塞的航班。利韦利亚（航程45~55分钟，费用US$94~151）每天有3~5班前往圣何塞的航班，塔马林多海边休养地（航程40分钟~1小时15分钟，费用US$88~155）每天有2~5班前往圣何塞的航班。托图格罗（航程约25分钟，费用US$88~155）每天也有1班（淡季一周4班）由自然航空公司运营的前往圣何塞的航班。南棕榈镇则是每天有1~2班自然航空公司运营的前往圣何塞的航班（航程约45分钟，费用US$110）。12月~次年4月旺季期间前往海滩地区的航班班数相比9~10月的旅游淡季，航班数要多出一倍。

▶中美洲内的主要航空线路 → p.338

桑撒航空的飞机机型

即将前往各地的长途巴士

巴士

圣何塞作为前往各地陆路交通的巴士站起点，有许多前往各城市的频繁巴士，班次很多。巴士搭乘点大多分布在可口可乐地区（MAP p.236/A1）。

圣何塞始发前往各地的巴士信息

目的地	车站所在地·时刻表	所需时间	费用
阿拉胡埃拉	Tuasa 旅行社（MAP p.236/B1、☎ 2242-6900）每天 4:00~20:00 期间每小时设有 6 班	1 小时	₡545
卡塔戈	Lumaca 旅行社（MAP p.237/B3、☎ 2537-2320）在每天 5:15~22:00 期间每小时设有 6 班	1 小时	₡580
伊拉苏火山	Metropoli 旅行社（MAP p.237/B3、☎ 2591-1138）在每天 8:00 有圣何塞前往伊拉苏火山的巴士，伊拉苏前往圣何塞的巴士则是 12:30 发车	2 小时	₡3190
埃雷迪亚	Rapidos Heredinos 旅行社（MAP p.237/A3、☎ 2233-8392）每天 5:00~20:00 期间每小时设有 6 班	1 小时	₡430
克波斯、马努埃尔·安东尼奥国家公园	Tracopa 旅行社（MAP p.237/C3、☎ 2221-4214）每天 6:00~19:00 期间共有 9~12 班	3.5 小时	₡4575
北棕榈镇（科尔科瓦杜国家公园）	Tracopa 旅行社（MAP p.237/C3、☎ 2221-4214）每天 5:00、7:00、8:30、10:00、13:00、14:30、18:30 发车	5 小时	₡5830
拉福图纳	Autotransportes San Carlos 旅行社（MAP p.236/A2、☎ 2255-4318）每天 6:15、8:40、11:50 发车	4 小时	₡2495
蒙特韦尔德自然保护区	Trans Monteverde 旅行社（MAP p.236/A2、☎ 2645-7447）每天 6:30、14:30 发车	4.5 小时	₡2810
洛斯奇莱斯（卡诺乃格罗野生保护区）	Autotransportes San Carlos 旅行社（MAP p.236/A2、☎ 2460-5032）每天 5:30、15:00 发车	5 小时	₡2915
利韦利亚	Pulmitan 旅行社（MAP p.236/A1、☎ 2666-0458）每天 6:00~20:00 期间每 1~2 小时设有 1 班	4 小时	₡3920
尼科亚	Alfaro 旅行社（MAP p.236/A2、☎ 2222-2666）5:30、13:00、15:00、17:00 发车	4 小时	₡3730
圣科鲁兹	Alfaro 旅行社（MAP p.236/A2、☎ 2222-2666）7:00、9:45、11:00、14:00、16:30、19:00 发车	5 小时	₡5175
佩尼亚斯布兰卡斯	Deldu 旅行社（卡里贝巴士总站 MAP p.236/C2、☎ 2222-0610）每天 3:00~19:00 期间，每 2 小时 1 班	6 小时	₡4625

桑撒航空
☎ 2290-4100
URL www.flysansa.com
从胡安·圣玛利亚国际机场起航。

自然航空
☎ 2299-6000
URL www.natureair.com
自然航空公司运营的飞机是从距离圣何塞市中心西北方向 8 公里的帕瓦斯机场 Pavas（SYQ）（MAP p.236/C1）起航，相比桑撒航空的价格略微便宜一些，但是安全性和航班准点率要更高一筹，该公司也运营圣何塞前往尼加拉瓜马那瓜的航班。

国际巴士

● TICA 旅行社
MAP p.236/C2
☎ 2296-9788
URL www.ticabus.com
每天 12:00、24:00 各有 1 班前往巴拿马城的国际巴士（所需时间 15 小时，费用 US$42~58），在 6:00、12:30 各有 1 班前往马那瓜的国际巴士（需约 9 小时，费用 US$31~46）。

● Transnica 旅行社
MAP p.236/A1
住 Calle 22、Av.3-5
☎ 2223-4242
URL www.transnica.com
在 4:00、5:00、9:00、12:00 各有 1 班前往马那瓜的国际巴士（需约 9 小时，费用 US$28~38）。

● Nicabus 旅行社
MAP p.236/A1
☎ 2221-2679
URL nicabus.com.ni
在 4:00、6:30 各有 1 班前往马那瓜的国际巴士（需约 9 小时，费用 US$29）。

TICA 旅行社旗下的国际巴士

小贴士 巴士站云集的可口可乐地区是一片治安较差的区域，如果携带大件行李前往巴士站或从巴士站前往酒店，请打车前往。时刻留意自己的随身物品。

235

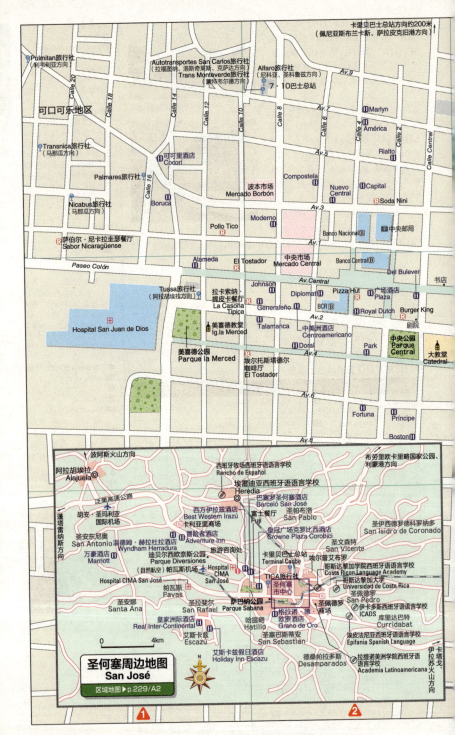

卡里贝巴士总站方向约200米
（佩尼亚斯布兰卡斯、萨拉皮克旧港方向）

Pulmitan旅行社
（利伯利亚方向）

Autotransportes San Carlos旅行社
（拉福图纳、洛斯奇莱斯、克萨达方向）
Trans Monteverde旅行社
（蒙特维尔德方向）

Alfaro旅行社
（尼科亚、圣卡鲁兹方向）
7·10巴士总站

可口可乐地区

Transnica旅行社
（马那瓜方向）

可可里酒店
Cocorí

Marlyn

América

Rialto

Palmares旅行社

Boruca

Compostela

Nuevo
Central

Capital

Soda Nini

Nicabus旅行社
（马那瓜方向）

波本市场
Mercado Borbón

Moderno

Pollo Tico

Banco Nacional

中央邮局

萨伯尔·尼卡拉圭慈餐厅
Sabor Nicaragüense

Paseo Colón

Alameda

El Tostador

中央市场
Mercado Central

Banco Central

Del Bulever

书店

Hospital San Juan de Dios

Tuasa旅行社
（阿拉胡埃拉方向）

拉卡索纳·
提皮卡餐厅
La Casona
Típica

Johnson

Av.Central

Diplomat

Pizza Hut

广场酒店
Plaza

Generaleño

BCR

Royal Dutch

Burger King

美喜德教堂
Ig.la Merced

Talamanca

中美洲酒店
Centroamericano

剧院

美喜德公园
Parque la Merced

Doral

Park

中央公园
Parque
Central

大教堂
Catedral

埃尔托斯塔德尔
咖啡厅
El Tostador

Fortuna

Príncipe

Boston

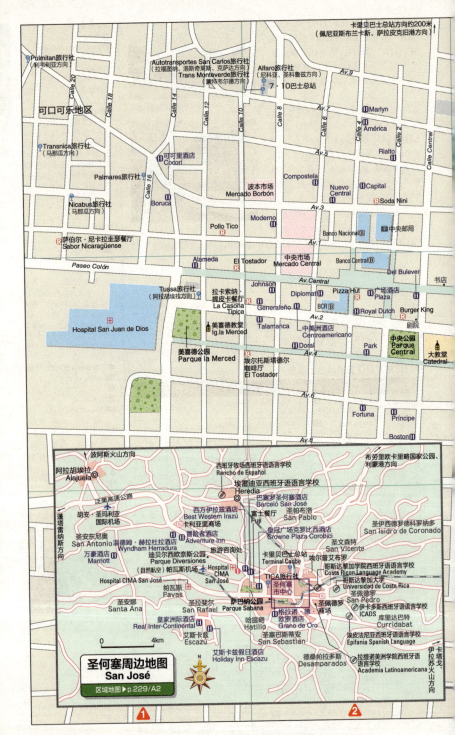

波阿斯火山方向

阿拉胡埃拉
Alajuela

西班牙牧场西班牙语语言学校
Rancho de Español

埃雷迪亚西班牙语语言学校
Heredia

布劳里欧卡里略国家公园、
利蒙方向

泛美高速公路

胡安·圣玛利亚
国际机场

西方伊拉兹酒店
Best Western Irazú

巴塞罗圣何塞酒店
Barceló San José

圣帕布洛
San Pablo

圣伊西德罗德科罗纳多
San Isidro de Coronado

圣安东尼奥·温德姆·赫拉杜拉酒店
San Antonio·Wyndham Herradura

富士酒店
Fuji

冒险者酒店
Adventure Inn

皇冠广场罗们西酒店
Crowne Plaza Corobicí

圣文森特
San Vicente

万豪酒店
Marriott

迪贝尔西欧奈斯公园
Parque Diversiones

旅游咨询处

卡里贝巴士总站
Terminal Caribe

埃尔普艾布罗

哥斯达黎加语学院西班牙语语言学校
Costa Rican Language Academy

（自然航空）帕瓦斯机场

Hospital
CIMA
San José

TICA旅行社

圣何塞
市中心

哥斯达黎加大学
Universidad de Costa Rica

Hospital CIMA San José

帕瓦斯
Pavas

拉萨斐尔
San Rafael

萨巴纳公园
Parque Sabana

哈提略
Hatillo

格拉诺·德·
欧罗酒店
Grano de Oro

圣佩德罗商场
San Pedro

圣佩德罗
San Pedro

伊利多西班牙语语言学校
ICADS

库里达巴特
Curridabat

圣安娜
Santa Ana

皇家洲际酒店
Real Inter-Continental

艾斯卡兹
Escazú

圣塞巴斯蒂安
San Sebastian

埃皮法尼亚西班牙语语言学校
Epifania Spanish Language

伊拉苏火山方向

艾斯卡兹假日酒店
Holiday Inn Escazú

德桑帕拉多斯
Desamparados

拉提诺美洲学院西班牙语语言学校
Academia Latinoamericana

0   4km

圣何塞周边地图
San José

区域地图 ▶ p.229/A2

1

2

236

小贴士 近代美术 & 设计美术馆 Museo de Arte y Diseno Contenporaneo，俗称 MADC，Map p.237/A4
☎ 2257-9370 URL www.madc.cr 周一～周六 9:30~17:00 US$3。

埃雷迪亚方向

托莱多河
Río Torres

西蒙·玻利瓦尔动物园
Parque Zoológico
Simón Bolívar

入口

Vesuvio

La Amistad

A

Rapidos Heredinos旅行社
（埃雷迪亚方向）

Dunn Inn

Hemingway Inn

Alóki

穆多咖啡馆
Café Mundo

R

Kekoldi

卡洛斯酒店
Don Carlos

Santo Tomás

Jojo

Pensión Otoya

Aurola Holiday Inn

西班牙公园
Parque España

近代美术&设计美术馆
Museo de Arte y Diseño Contenporáneo

国家图书馆
Biblioteca Nacional

阿特兰提考站
Estación Atlantico

卡塔戈方向

Auto Mercado
（超市）

OTEC
（国际机票）

莫拉桑公园
Parque Morazán

Av.3

Morazán

国家公园
Parque Nacional

卡萨德尔公园酒店
Casa del Parque

萨穆埃利特餐厅
Samuelito

Diana's

Amstel Morazán

Del Rey

睡眠酒店
Sleep Inn

旅游咨询处
ITC

La Vasconia

纽沃马拉家托酒店
Nuevo Maragato

电影院

7th Street

NCR

Apartamentos Lamm

Pensión la Cuesta

国会

Bellavista

巴尔莫勒尔酒店
Balmoral

总统酒店
Presidente

国艺旅行社
Goyi Tours

Mas×Menos（超市）

王朝餐厅
Wong's Restaurant

R

文化广场
Plaza de
la Cultura

哥斯达黎加
中央银行博物馆
Museo Banco Central
de Costa Rica

切列斯餐厅
Chelles

Av.Central
Galilea

民间工艺品市场

民主广场
Plaza de la
Democracia

国家博物馆
Museo Nacional de Costa Rica

国家剧院
Teatro Nacional

圣佩德罗方向

庸才城精西班牙语语言学校
Universal de Idiomas

入口

Washington

翡翠博物馆
Museo del Jade

市政厅

Campesino

TICA旅行社售票处

诺艾斯特拉
纽艾拉餐厅
Nuestra Tierra

Apartotel San José

B

阿特兰提考站方向

国家剧院咖啡馆
Café del Teatro Nacional

Gran Hotel Costa Rica

拉·索莱达
教堂

多纳·伊奈斯
酒店
Doña Inés

弗洛尔·德·里斯酒店
Fleur de Lys

哥斯达黎加背包客酒店
Costa Rica Backpackers

Metropoli旅行社
（伊拉苏火山方向）

Don Wang

司法警察总局

La Cocina de Bordolino

Lumaca旅行社
（卡塔戈方向）

缇因霍餐厅
Tin Jo

Casa Ridgeway

El Shakti

Mansion Blanco

La Gema

步行者专用道

Hospital Clínica Bíblica

圣何塞中心部
San José Centro

区域地图▶p.236

N

Tracopa旅行社
（克波斯、马努埃尔·安东尼奥、北榈镇方向）

帕瓦斯方向

0

300m

3

4

小贴士 圣何塞市内运营的巴士班数很多，乘坐巴士前往郊外的商场十分方便。费用根据目的地不同也有所区别，巴士车前方都有详细的费用表，₡145~。乘车时直接向司机付费即可。

市内常见的附有黄三角形图案的红色出租车都是根据码表计算费用，起步价₡645，此后每1公里加收₡650，市中心地区的移动一般在₡1000~3000。司机发车时最好确认他有没有按下公里表，不过如果行驶距离超过12公里则一般不看公里表计费而是直接议价。

出租车公司
- San Jorge 公司
☎ 2221-3434
- Alfaro 公司
☎ 2221-8466
- Unidos Aeropuerto 公司
☎ 2222-6865
专业运营机场接送服务

中央邮局
MAP p.236/A2
开 周一~周五　7:30~18:00
　　周六　　　7:30~12:00
你可以在这里购买纪念邮票。

国家博物馆
MAP p.237/B4
开 周二~周日 8:20~16:00
跑 US$9

圣何塞　漫　步

俨然成为著名步行路的中心大道

市中心的酒店和餐馆、博物馆等主要设施几乎都位于一片方圆2平方公里以内的区域。市内有出租车和公交车等多种交通工具，不过不乘坐任何交通工具，单靠步行，1天的时间也够你转完核心城区了。

圣何塞是一座中美洲特色分明的城市，城内的公路都像棋盘一般横平竖直，十分好走。东西向的大道 Av. 以市中心的 Av.Central 为界，南面为偶数路号，北面为奇数路号。南北向的大街 Calle 以市中心的 Calle Central 为界，东面为偶数路号，西面为奇数路号。东西南北的路号都是从市中心向市外区域延伸的过程中不断增大。

市区内最热闹的街道当数中心大道 Av.Central 了，路如其名，这是一条贯穿市中心的大马路，路两旁除了酒店和餐馆等设施外，还有不少时尚商店。路东面的国家博物馆、路西面的中央市场 Mercadao Central 都是值得一去的地方，不过最不容错过的当数文化广场 Plaza de la Cultura（MAP p.237/B3），展示众多贵金属工艺品的哥斯达黎加中央银行博物馆也位于这个广场的地下。

文化广场的南面便是哥斯达黎加人引以为傲的国家剧场。百余年前使用国家坐拥的巨额咖啡税费建设而成，至今参观这处国家剧场时仍可以感受到当时哥斯达黎加的强大财力，剧院内部由欧洲一流雕刻家精致打造的内饰也十分精美，值得仔细品味。

圣何塞　主要景点

过去曾是陆军司令部的要塞遗迹

国家博物馆
Museo Nacional de Costa Rica
★★★

如果你想了解哥斯达黎加的历史与文化、动植物生态系统，那来这家博物馆参观是再好不过了。这座建筑在1949年之前一直作为哥斯达黎加陆军的司令部，直到军队制度被废止。你在博物馆的外墙上仍可以看到当时城市街巷战留下的弹孔。

博物馆内部展出史前时代的石器、陶器、化石、矿石，西班牙殖民时代的家具、装饰品，历代总统肖像以及与咖啡产业历史相关的展示品。

值得一看的当数摆放在博物馆中庭的圆形石球（→ p.250）。这类石球都是在原住民的坟墓附近发现的，现在发现的所有石球都分布在哥斯达黎加南部的迪奎斯地区，但是至今仍没人可以详细解释这些石球的来由。

由一座过去的要塞建筑改建而成的博物馆

国家剧院
Teatro Nacional ★ ★ ★

面向文化广场的国家剧院

哥斯达黎加至今没有发生革命，据说就是因为民众不想因发生的暴乱使得这座宝贵的国家剧院的玻璃震碎，可见这里的国民是多么热爱这座建筑。在1890~1897年，共历经8年之久建造的这座建筑由许多欧洲一流建筑师参与建设，据说是以巴黎歌剧院为蓝本建造而成。

剧院正面的屋顶立有三座雕塑，分别代表着舞蹈、音乐和名声。剧院入口左右两边则分别摆放着贝多芬及17世纪西班牙剧作家卡尔德隆·德·拉·巴尔卡的雕像。这两座精致的雕塑出自意大利高超的雕塑家之手。

进入剧院后会有一种身在欧洲的错觉，大理石台阶与各个房间的枝形吊灯和烛台都透露着这里的豪华气息。直到你不经意间抬头仰望屋顶，看到描绘着采摘咖啡豆的天花板壁画，思绪才会被重新拉回到哥斯达黎加。国家剧院最值得一看的区域当数休息大厅了，甄选黄金与威尼斯玻璃装饰的内饰令人叹为观止，天花板上的意大利式水彩壁画也很华美，毕竟这是出自为莫斯科剧院施加装饰的顶级画家之手。

剧院中的圆形舞台被观众坐席环环包围，乐团的座位高度与观众席处在同一高度，颇具匠心。芭蕾舞表演也会不时在这座剧院内上演。全年的演出内容由包括芭蕾舞在内的舞蹈、音乐和话剧构成，有机会的话不妨来这里欣赏一场演出。

国家剧院
MAP p.237/B3
URL www.teatronacional.go.cr
开 每天 9:00~19:00
费 US$10

参观人数较多时会有导游带领游客进行游览，有时因为当晚有演出白天会有排练环节，所以可能会中断白天的参观。平日经常会有音乐会和话剧在这里演出，开演时间为20:00左右。剧院内设有礼品店和杂货店，还有一家咖啡店。

年末年初的停业信息
圣何塞的博物馆及剧院从圣诞节开始到新年期间一般都会暂停演出，请多加注意。

展出高品质的翡翠艺术品

翡翠博物馆
Museo del Jade ★ ★

无论是从考古学角度还是艺术品欣赏的角度，馆内展出的哥斯达黎加国内出土的翡翠装饰品都评价很高。这里展出的翡翠制品，相比普通的宝石颜色要更深一些。

当然馆内的展品也不限于翡翠装饰品，哥斯达黎加国内发掘的前哥伦布时期陶器、装饰品以及各式石像都很有看点，其中在壶形容器的3个支脚上装饰的奇特动物十分有趣，动物的表情千差万别，有的惶恐，有的微微露出笑容，单是看这些小动物，时间便会不知不觉流逝而过。此外你在器皿和道具上还可以看到猎豹和鳄鱼等动物的身影，仔细观察的话一定会有意外收获。馆内还有陶器制作方法以及旧时人们生活方式的深入讲解，对于了解哥斯达黎加的古代文明很有帮助。

馆内展出翡翠装饰品

翡翠博物馆
MAP p.237/B4
URL www.museodeljadeins.com
开 每天 10:00~17:00
费 US$15

中央市场
MAP p.236/A~B2
开 周一~周六　6:30~18:00

1880年开业，售卖蔬果等生鲜食品、鲜花、服装布料等各式商品。市场十分热闹，里面还有简易食堂，早餐和午餐都可以在这里解决，价格低廉。但是市场里人流较大，小心提防小偷出没，看管好你身上的贵重物品。

小贴士 面向文化广场有一家名为 **H** Gran Hotel Costa Rica 的老牌酒店，1930年开业，资历颇深。

MAP p.237/B3
URL museosdelbancocentral.org
开 每天 9:15～17:00
费 US$11
　　馆内不允许拍照。

以动物为设计主题的黄金工艺品很有看点

哥斯达黎加中央银行博物馆
Museo Banco Central de Costa Rica ★★

入口设在文化广场下面的博物馆

设在文化广场下方的博物馆。馆内展出黄金收集品及前哥伦布时代的各式遗产，对通货膨胀的相关历史也有所展示。由于哥斯达黎加受到西班牙人的侵略抢掠较少，所以这里可以看到一些中南美洲比较早期非常稀有、一直被法律所保护的文化财产，展品可谓质量优越，非常丰富。

展品分为几个主要展区，其中最棒的看点当数位于地下 2~3 层的前哥伦布黄金博物馆 Museo de Oro。这里展出从 5 世纪开始一直到西班牙人入侵以来的 16 世纪期间的黄金装饰品。这些本身藏于墓穴中作为陪葬品的黄金饰品大多以动物为设计主题，很有意思。你可以看到蛇、蜥蜴、蜘蛛甚至海虾、螃蟹、鱼类等海洋生物。

哥斯达黎加受到墨西哥和哥伦比亚的古代文明影响，太平洋沿岸南部的黄金出土量比较惊人，而从公元 5 世纪开始的黄金衣饰及工艺品最初都是作为宗教仪式的必用道具而被制造的。

博物馆的地下一层为货币博物馆及展示画廊，哥斯达黎加从古至今发行的货币以及用于咖啡农园交易的特别代币 Token 都在此展出。地下二层的画廊展出有银行私藏的哥斯达黎加现代绘画作品。

西蒙・玻利瓦尔动物园
MAP p.237/A4
开 周一～周五　8:30～16:00
　　周六、周日　9:00～16:30
费 ¢2700

郊外的主题公园
消遣公园
住 La Urca, 2km Oeste del Hospital México
URL www.parquediversiones.com
开 9:00～17:00
　　不定期休业，具体的营业时间请到网站上确认
　　圣何塞郊外的拉・乌尔卡 La Urca 设有一处名为消遣公园的主题公园。这里除了有一座游乐园外，还再现了一个名为普艾布罗・安提古的哥斯达黎加古村落。

可以近距离观看栖息在自然保护区中的各式动物

西蒙・玻利瓦尔动物园
Parque Zoológico Simón Bolívar ★

坐落在圣何塞市内的小型动物园，周末是当地家庭出游的热门目的地。目前园内饲养的动物大多数是哥斯达黎加国内的常见动物，对于打算前往自然保护区及国家公园的游客来说这里也很有看头。野外很难近距离观看的珍稀动物都可以在这里仔细观赏。园内从最具人气的浣熊、虎猫、猎豹等动物到蜘蛛猴、白喉卷尾猴等珍奇猴类，再到美洲鬣蜥、箭毒蛙等两栖爬行类动物，还有巨嘴鸟等鸟类，种类多种多样。

与活泼的小动物亲密接触

酒 店
Hotel

　　高档酒店大多分布在机场周边以及圣何塞郊外及萨巴纳公园附近。市内可以找到从高档酒店到平价酒店的各类酒店，大多数酒店都是旧殖民风格的建筑外观，可口可乐地区的平价酒店也有不少，但是这里的治安不是很好，尽量避免夜晚外出。

格拉诺·德·欧罗酒店
Grano de Oro

◆豪华的精致酒店　位于圣何塞市中心的西面，由历史已有100年的建筑改造而成，是一家无论外观还是内饰都十分精美的高档酒店。床铺很讲究，住宿舒适。酒店可以为房客提供各式旅游行程，十分便利，并设的餐厅味道也很不错。

高档　　Map p.236/C2
- 住 Calle 30, Av.2 y 4
- ☎ 2255-3322
- URL www.hotelgranodeoro.com
- CC ADJMV
- 室 32 间
- 🛜 免费 Wi-Fi
- 费 ■ ■ ＼ 圖 Ⓢ Ⓓ US$225~（税+13%）

冒险者酒店
Adventure Inn

◆邻近国际机场的小型高档酒店　虽然酒店规模较小。但是设备完善级别堪称高档。酒店内设有餐厅、酒吧、泳池、健身房等各式设施，坐落在远离市区的僻静之地，非常安逸。从这家邻近国际机场的高档酒店前往市内，打车约10分钟。

高档　　Map p.236/C1
- 住 50m al este de Los Arcos, Cariari
- ☎ 2239-2633
- fax 2293-2778
- URL www.adventure-inn.com
- CC ADMV　室 34 间
- 🛜 免费 Wi-Fi
- 费 ■ ■ ＼ 圖 Ⓢ Ⓓ US$104~（税+13%）

巴塞罗圣何塞酒店
Barceló San José

◆价格公道的连锁酒店　邻近机场到市中心的主干路，酒店设有泳池和网球场，是一座地理位置优越的大型酒店。

高档　　Map p.236/C2
- 住 Robledal de la Uruca, San José
- ☎ 2220-2034　URL www.barcelo.com
- CC ADMV　室 254 间　🛜 免费 Wi-Fi
- 费 ■ ■ ＼ 圖 Ⓢ Ⓓ US$79~（税+13%）

睡眠酒店
Sleep Inn

◆酒店内并不设有赌场　位于莫拉桑公园和国家公园之间的静雅环境之中。距离繁华的商业街很近，方便购物。不少商务客人都选择入住这里，当然这里也很受外国游客欢迎。值得一提的是，酒店内有一家24小时营业的赌场。

高档　　Map p.237/A3
- 住 Av.1 y 3, Calle 9 y 11
- ☎ 2521-6500
- URL www.sleepinnsanjose.com
- CC AMV　室 86 间
- 🛜 免费 Wi-Fi
- 费 ■ ■ ＼ 圖 Ⓢ Ⓓ US$84~（税+13%）

卡洛斯酒店
Don Carlos

◆内饰很有艺术性的人气旅游酒店　由著名艺术家参与设计的酒店，客房共有3种房型，由绘画作品和假面装饰的客房内饰十分精致，旧殖民风格浓厚。酒店内并设大型商店以及提供音乐表演的餐厅。提供早餐。

高档　　Map p.237/A3
- 住 Calle 9, Av. 7 y 9#779
- ☎ 2221-6707
- URL www.doncarloshotel.com
- CC AMV　室 30 间　🛜 免费 Wi-Fi
- 费 ＼ 圖 Ⓢ US$70~、Ⓓ US$80~（税+13%）

弗洛尔·德·里斯酒店
Fleur de Lys

◆酒店氛围宁静安谧　从民间工艺品市场穿过市内大街，便可以在一条小道看到这家酒店，坐落在市中心，地理位置便利，但酒店周围又十分安静，可谓占尽优势，木质建筑也十分耐人寻味。酒店内部并设有餐厅，可以品尝哥斯达黎加的各式菜肴。酒店提供早餐。

中档　　Map p.237/B4
- 住 Calle 13, Av. 2 y 6
- ☎ 2223-1206
- fax 2221-6310
- URL www.hotelfleurdelys.com
- CC AMV　室 31 间
- 🛜 免费 Wi-Fi
- 费 ■ ＼ 圖 Ⓢ US$68~、Ⓓ US$75~

■=设有空调 ■=未设空调、＼=房间设有淋浴设施 ＼=公用淋浴设施、圖=设有电视 圖=未设电视
从国内拨打哥斯达黎加当地电话 00+506+×××××-××××（→p.231）

多纳·伊奈斯酒店
Doña Inés

◆ **内饰精致的小型酒店** 红色外观十分显眼，是拥有一座小型庭院的酒店，规模不大，但气氛典雅。工作人员亲切友善，让你有一种回家的感觉。客房内可以连接无线 Wi-Fi。房费包含早餐。

中档	Map p.237/B3
住 Calle 11，Av. 2 y 6	
☎ 2222-7553	
URL hoteldonaines.com	
CC ADMV　房 20 间	
📶 免费 Wi-Fi	
费 ▨▨▨⑤⑩ US$67~	

哥斯达黎加背包客酒店
Costa Rica Backpackers

◆ **设施充足的平价酒店** 深受欧美年轻背包客喜爱的人气酒店，设有泳池和公共厨房。为房客提供各式旅游行程，机场接送服务 US$26。

经济型	Map p.237/B4
住 Avenida 6，Calle 21 y 25	
☎ 2221-6191　URL costaricabackpackers. com　CC MV　房 11 间　📶 免费 Wi-Fi	
费 ▨▨▨⑤⑩ US$30~、	
▨▨▨ 宿舍房型 US$10~	

卡萨德尔公园酒店
Casa del Parque

◆ **坐落在国家公园对面，面向年轻游客的经济型酒店** 紧邻阿特兰提考站，在欧美背包客中很有口碑，几乎总是客满。一层是旅客的公共区域，可以自由使用这里的厨房和冰箱，推荐喜欢自己做饭的客人在此住宿。宿舍房型为男女共用，请注意。

经济型	Map p.237/B4
住 Calle 19，Av.1 y 3　☎ 2233-3437	
URL www.hostelcasadelparque.com	
CC AMV　房 6 间	
📶 免费 Wi-Fi	
费 ▨▨▨⑤⑩ US$30~、	
▨▨▨ 宿舍房型 US$10~	

可可里酒店
Cocori

◆ **位于可口可乐地区巴士搭乘点附近** 酒店距离各巴士公司所设的巴士站很近，方便清晨或深夜出发或抵达的客人入住。周围还有几家简易食堂，方便用餐。

经济型	Map p.236/A1
住 Calle 16，Av.3　☎ 2233-0081	
CC 不可　房 26 间	
📶 免费 Wi-Fi	
费 ▨▨▨⑤⑩ ₡10000、⑩₡16000	

餐馆
Restaurant

你在圣何塞不仅可以品尝到地道的地域美食，还可以找到烹饪中餐、意大利菜肴等等各国菜式的各色餐馆，每天决定到底要吃哪家可能会是个幸福的困扰呢。高档餐馆大多位于酒店内以及市中心主干路的西侧，市区中可以看到名为索达 Soda 的简易食堂，价格实惠，在中央市场内部也可以看到。

努艾斯特拉·缇艾拉餐厅
Nuestra Tierra

◆ **全年无休的本土菜餐馆** 位于市内主路一侧，斜对面便是国家博物馆，是一家经营哥斯达黎加本土菜式的当地菜馆。游客是其主要客源，所以这家餐馆全年无休，你在这里可以品尝到大鱼大肉等各式菜肴，每人预算平均在 ₡17000~20000。

	Map p.237/B4
住 Av.2，Calle 15	
☎ 2258-6500	
🕐 每天 6:00~24:00	
CC MV	
📶 免费 Wi-Fi	

国家剧院咖啡馆
Café del Teatro Nacional

◆ **你在这里可以品尝到高档咖啡** 位于国家剧院内的豪华咖啡厅，天鹅绒地毯以及室内豪华的装潢无一不透露出这里的品位。你在这里可以品尝到数十种咖啡，一进店便能闻到扑面而来的咖啡香气。此外这里的蛋糕品种也很多。

	Map p.237/B3
住 Plaza de la Cultura	
☎ 2010-1100	
🕐 周一～周六 9:00~18:45	
周日 9:00~18:00	
CC ADJMV	
📶 免费 Wi-Fi	

埃尔托斯塔德尔咖啡厅
El Tostador

◆ **你在这里可以品味店家亲手煎焙的美味咖啡**　是面向步道的一家时尚咖啡馆，店主亲手煎焙的咖啡豆分外飘香。还提供本土菜肴，花费 ₡3500 左右便可以吃个饱。在 Av.Central 也设有店铺，不过那家店只提供饮品没有简餐。

🏠 Av. 4，Calle 10
☎ 2256-1210
🕐 周一～周五 7:00～19:30
　　周六・周日 9:00～18:00
CC MV
📶 免费 Wi-Fi

切里斯餐厅
Chelles

◆ **至今经营已有百余年历史的老牌餐馆**　位于散步小路上的餐馆，1909 年开业，拥有悠久的历史。白天很多当地的商务人士都来这里用餐，傍晚则是外国游客的用餐集中地，主营哥斯达黎加风格菜肴，每人预算在 ₡2500~4000。

🏠 Av. Central，Calle 7 y 9
☎ 2221-1369
🕐 24 小时
CC AMV
📶 免费 Wi-Fi

拉卡索纳・提皮卡餐厅
La Casona Tipica

◆ **可以以比较公道的价格品味当地美味菜肴**　餐馆面向经常往来巴士的大马路，非常接地气。主要经营当地美食，食客既包括当地居民也有外国游客，从早餐到晚饭都可以在这餐馆解决。每人的预算为 ₡2500~3000。

🏠 Av. 2，Calle 10
☎ 2248-0701
🕐 每天 7:00~22:00
CC ADJMV
📶 免费 Wi-Fi

萨穆埃利特餐厅
Samuelito

◆ **经常排起长队的当地面包房**　面向散步小路的一家面包房，现场烘焙数十种面包，可以在店内的桌子上享用早餐。

🏠 Av. Central，Calle 1y 3
☎ 2222-9180　🕐 每天 5:00~21:30
CC 不可　📶 无 Wi-Fi

皇朝餐厅
Wong's Restaurant

◆ **物美价廉的一家中餐馆**　面向民间工艺品市场开办的一家中餐馆，工作日的 11:00~14:00 为自助餐时段（₡4000），十分受欢迎，味道也很正宗，经常座无虚席。面类 ₡2500~，炒饭 ₡2000~3000，价格公道。

🏠 Plaza de la Democracia
☎ 2255-0824
🕐 每天 8:00～次日 2:00
CC AMV
📶 免费 Wi-Fi

Tópico

圣何塞购物

市中心以中心大道 Av.Central 为轴，两侧开设着不少民间工艺品商店，民主广场（MAP p.237/B4）西面每天都会开办民间工艺品市场，出售各式饰品、绘画、T恤等可以馈赠亲友的商品，每周日的市场规模会额外增大，届时可以从更多的商贩手中挑选商品。莫拉桑公园周边也有不少民间工艺品商店，出售的原住民面具、牛车小型模型等单是看看便十分有趣。从中心大道向北走 2 公里左右，便可以来到礼品商店及餐馆云集的埃尔普艾布罗（MAP p.236/C2）观光村落。

另外在中央市场（MAP p.236/A~B2）中也有面向游客的民间工艺品商品区，中央市场本身便是当地居民采买食材及日用商品的地方，所以当你来到这里，可以最直观地感受圣何塞的民风与柴米油盐酱醋茶的日常生活。当地超市经常可以看到品质一般但价格低廉的各式咖啡豆，还有许多当地特色的瓶装辣酱，这些也是馈赠亲友的良好的礼品选择。

开在民间工艺品市场西面的民主广场

圣何塞起始的观光项目

如果你的旅行时间较短，想更有效率地了解哥斯达黎加，推荐参加下文这些当地起始的观光项目。许多国家公园几乎无法以自由行的身份轻松前往，即使抵达也没有向导陪伴，还是参团观光会更加方便且深入。而且有一些项目是只有参团才可以开放体验的。下面便来了解一下当地有哪些有趣的观光项目吧（旅游时间和费用为大体估算）。

San José
圣何塞市内

参观时段为 8:00~12:00 或 13:00~17:00，行程包含国家博物馆及圣何塞市内的景观游览。

国家博物馆内的精致展品

Sarchí, Café
萨尔基村，咖啡农园

8:00~17:00，费用 US$69（包含午餐），在参观完被热带雨林环抱的咖啡农园后驱车前往当地传统牛车的盛产地——萨尔基村。

萨尔基村内的特色民间工艺品

Los Quetzales
绿咬鹃观测团

5:00~12:00，费用为 US$150（包含早餐），前往洛斯绿咬鹃国家公园（→ p.255）近距离观察栖息在这片热带云雾森林里的奇幻鸟类——绿咬鹃。

运气好的话可以亲眼看到传说中的绿咬鹃

在 12 月~次年 3 月的旱季之外几乎很难成功观测，尽量挑选旱季前往参观。

Canopy, Rafting
高空索道滑行与激流勇进项目（顺流而下）

6:30~18:00，费用 US$126（包含午餐）。可以体验丰富的户外活动，很受欧美年轻游客欢迎。

Sarapiquí
萨拉皮克

行程时间为 6:30~18:00，费用为 US$136（包含午餐）。沿着萨拉皮克河顺流而下，沿途可以欣赏水鸟、猴子、树懒、美洲鬣蜥、鳄鱼等多种动物的丛林观光行程。穿越热带雨林时还可以看到颜色鲜艳的箭毒蛙，搭乘观光索道从空中俯瞰茂密的热带雨林，这种通过多种角度观察大自然的行程可谓十分精彩。包含夜间漫游及清晨鸟类观光的 2 天 1 晚行程 US$410。

乘船游览萨拉皮克河（→ p.251）

Vocán Irazú, Orosi, Lankester
伊拉苏火山、奥罗西溪谷、兰基斯特植物园

8:00~17:00，费用 US$133（包含午餐），游览海拔 3432 米的伊拉苏火山口、奥罗西溪谷旁的广阔咖啡农园以及兰基斯特植物园（→ p.254）等景区。

伊拉苏火山国家公园的展望台

Carara, Tárcoles
卡拉拉国家公园及塔克勒斯河

5:00~15:00，费用 US$230（包含早餐及午餐），探访卡拉拉国家公园（→ p.265）内的热带雨林及热带旱生林。塔克勒斯河是美洲鳄鱼的聚集地，运气好的话还可以看到颜色鲜艳的金刚鹦鹉等珍奇野生鸟类。

塔克勒斯河沿岸的广袤大自然

Arenal, Tabacón
阿雷纳火山及达巴贡

8:30~23:00，费用 US$146（包含午餐及晚餐）。有向导陪同你一起游览阿雷纳火山国家公园（→ p.276），并亲身探访达巴贡度假区的美妙温泉。

一边眺望近在咫尺的阿雷纳火山，一边在国家公园内游览

Isla Tortuga
托图加岛游览

5:00~15:00，费用 US$125~145（包含早餐及午餐），乘船前往尼科亚半岛（→ p.258）东面的托图加岛，在岛上的海滩举办烧烤大餐。参团不要忘了携带泳衣。

Monteverde
蒙特韦尔德自然保护区

探访蒙特韦尔德自然保护区（→ p.270）中茂密的热带云雾森林，费用包含入园费、住宿费和饭费，但是如果单人参团需要补交房费差价。2 天 1 晚的行程 US$390~，3 天 2 晚的行程 US$520~。

途中可以欣赏许多动植物

Tortuguero
托图格罗国家公园

托图格罗国家公园（→ p.282）作为海龟产卵地而知名，由加勒比海沿岸的运河前往这座国家公园，每

充满热带特有的活力气氛

年 7~9 月是观测海龟产卵的特定旅游时段，费用包含住宿费及餐费。如果单人参团需要补交房费差价。2 天 1 晚的行程 US$295~。

旅行社

从圣何塞参团的游客数量非常多，每天都有各类旅游团发团。市内的酒店几乎都有各类旅游行程的宣传页，方便你进行比较和挑选。确定行程后便可以前往市内的旅行社询价，货比三家，最后选择你最心仪的旅行社参团。

樱花旅游 Sakura Tourist
☎ 2272-8745
URL www.sakuracostarica.com

除了固定内容的行程外，还可以根据你的需求特别定制，服务十分贴心。

H.I.S 哥斯达黎加 H.I.S Costa Rica
☎ 6048-6638
URL www.his-costarica.com

除了组织旅游团，旅行社还可以承接私人观光行程。

胜子观光 Katsuko Travel
☎ 2258-0568
URL katsukotravel.net

由在哥斯达黎加生活已有 40 余年之久的老板经营的老牌旅行社。

去大自然中看一看吧

旅行班车

除了常规的长途巴士车型外，还有面向游客的中型面包车。旅行班车主要由 Interbus 旅行社及 Grayline 旅行社运营，这两家旅行社一般都使用可以搭乘 7~15 人的迷你巴士，带领游客游览首都圣何塞及周边的旅游景区。需要注意的是，旅行班车一般都是要上满人才会发车。除了可以通过酒店及旅行社报名乘车外，也可以直接打电话或通过网络进行预约。

Interbus 旅行社
☎ 4100-0888
URL www.interbusonline.com

Grayline 旅行社
☎ 2220-2126
URL www.graylinecostarica.com

移动方便的旅行班车

圣何塞的西班牙语语言学校

先参观一下学校环境，旁听一些课程再决定最终在哪所学校报名

　　号称中美洲教育水平最高的哥斯达黎加，其国内开办的西班牙语语言学校也很受大众认可。大多数西语学校都集中分布在首都圣何塞。每年都有学生组团上课的时期，不过由于大部分学生都是美国人，课堂上他们经常会用英语闲聊，纪律比较散漫，请做好心理准备。你可以根据你想要掌握哪种程度的西班牙语、是全天上课还是半上课半观光，根据自身需求挑选最适合你的学校。缴费时请确认学费里包括了机场接送、家庭寄宿（包含早晚餐）、课外活动费、入校费、教材费中的哪几项，不要缴纳多余的费用。所有语言学校都会为你介绍靠谱的哥斯达黎加当地家庭作为日常学习语言的寄宿生活地。

Rancho de Español

西班牙牧场西班牙语语言学校

MAP p.236/C1

🏠 Guácima de Alajuela　☎ & fax 2438-0071
URL www.ranchodeespanol.com
💰 每天上课 4 小时、一周 5 天课程
　　每周费用 US$750、两周费用 US$1500

　　距离圣何塞市区驱车约 35 分钟，周边环境绿意盎然的西班牙语语言学校。校内设有迷你足球场、篮球场和台球台，供你随时玩耍。每个语言班最多接受 4 名学生，一般都是 1~2 人，家庭寄宿的费用为 1 周 US$210 元，寄宿家庭通常距离学校不远，方便你前往学校上课。乘坐前往阿拉胡埃拉方向的巴士，随后换乘 Guácima 方向的巴士，即可抵达这所学校。在这里你可以体验远离喧闹市区的安逸田园生活。

Academia Latinoamericana

拉提诺美洲学院西班牙语语言学校

MAP p.236/C2

🏠 Av.8、Calle 31 y 33　☎ 2224-9917
URL www.alespanish.com
💰 每天上课 4 小时、一周 5 天课程
　　每周费用 US$190

　　堪称中南美洲排名前 20 名的西班牙语语言学校。包括校长在内的许多讲师都是语言学者，对于教授外国人语言很有一套。学校使用校长亲自编写的教材，循序渐进地教授学生语法及听说读写的能力，校长的口号"保证每一位学生学会西班牙语"十分响亮。教学旺季一个班最多会有 5 名学生，教学等级分为 6 个层次，如果你希望在当地家庭寄宿，学费之外额外缴纳 US$180 即可进行一周的寄宿体验。在上课的同时还会不定期举办近郊远足活动。

小组学习十分有趣

Universidad de Costa Rica
哥斯达黎加大学

MAP p.236/C2

🏠 Universidad de Costa Rica ☎ 2511-8430
URL www.spanishclasses.ucr.ac.cr
💰 每天上课4小时、一周5次课程，四周费用 US$700

哥斯达黎加大学内也有面向外国人开设的西语课程，教学周期为一个月。每班学生4~12人。学费包含教材费、大学内的设施使用费等。在哥斯达黎加大学内学习西班牙语，不仅可以使用这里的图书馆和学生食堂，还可以和当地的在校生直接交流，练习口语。体验4周的寄宿家庭活动额外收取US$510~。

Epifania Spanish Language
埃皮法尼亚西班牙语语言学校

MAP p.236/C2

🏠 Curridabat ☎&📠 2524-1726
💰 每天上课4小时、一周5天课程，包含家庭寄宿体验
每周费用US$435、两周费用US$775

坐落在宁静住宅区库里达巴特的西语学校。亚洲学生很多，从没学过西班牙语的人也可以安心上课。使用原创教材授课，教学方式多样化，通过很多途径促进学生掌握西班牙语，使用CD及DVD等视频教学也十分有新意。一个班最多会有6名学生，教学等级分为5个层次。除了西语课程外，还开设舞蹈课、烹饪培训班等课外课程，不时还会举行前往郊外的远足活动。

学校内几乎都可以连接无线Wi-Fi，此外也提供每天上课6小时、一周4天课程，包含1周家庭寄宿体验的课程选择，费用US$683。

Costa Rican Language Academy
哥斯达黎加学院西班牙语语言学校

MAP p.236/C2

🏠 Calle Ronda, San Pedro ☎ 2280-5834
📠 2280-2548 URL spanishandmore.com
💰 每天上课4小时、一周4天课程，每周费用US$385
每天上课4小时、一周5天课程，每周费用US$450（两种课程都包含家庭寄宿费）

班级为2~3人的小班教学，课程主要以语法的变化练习为主，讲师大多是哥斯达黎加大学出身，教学使用独立教材，注重朗读和小组讨论。不时会前往市内的博物馆进行校外扩展学习。

校园内可以连接Wi-Fi，十分便利，傍晚开设包括拉丁舞和厨艺课程在内的免费课外课程，通过学校还可以参报价格实惠的旅游团，学费中包含家庭寄宿费及机场的接送费用。如果你不愿意体验寄宿家庭，则会在上述学费上减去US$150/每周。

ICADS
伊卡多斯西班牙语语言学校

MAP p.236/C2

🏠 San Pedro ☎ 2225-0508 URL www.icads.org
💰 每天上课4小时、一周5天课程、包含家庭寄宿体验 4周费用为US$1990（3、4、8、11、12月费用为US$1790）

位于圣何塞近郊住宅区圣佩德罗的西语学校。开设每天4小时授课，持续4周的集中性课程，小班授课，每班最多4名学生。除了教授西班牙语课程外，课外还会开展各式社会活动及讲座。无论是参加福利机构和环境保护团体组织的志愿者活动，还是前往乡村和国家公园开展户外拓展活动，都很有趣。

Universal de Idiomas
庸才成精西班牙语语言学校

MAP p.237/B3

🏠 Av.2, Calle 9 ☎ 2257-0441 URL www.universal-edu.com 💰 每天上课3小时、一周5天课程，每周费用US$230
每天上课4小时、一周5天课程，每周费用US$265

位于圣何塞市中心一幢大楼的二层，地理位置优越。以小组形式进行语法授课，并会开展课外活动。许多商务人士都会在这里精炼自己的西班牙语。设有1对1课程，每天上课3小时，一周5天课程，每周费用US$355，如果体验寄宿家庭活动每月额外支付US$180。校内可以连接Wi-Fi，入校费US$35，机场接送服务US$40。

位于圣何塞市区的庸才成精西班牙语语言学校

政府机构

中国大使馆 Embajada del China

住 De la casa de Don Oscar Arias 100 metros sur y 50 metros oeste

☎ 2291-4813　8982-7147（24 小时领事保护热线）

🕐 周一、周三、周五 9:00~12:00

出入境管理局 Migración

住 La Uruca, 1km Norte del Hospital México

☎ 2220-0355　fax 2231-7553

🕐 周一～周五 8:00~16:00

司法警察总局（OIJ） MAP p.237/B4

☎ 2295-3000

　　如果你遭遇抢劫或盗窃，除了拨打 911 电话报警外，若你希望获得保险公司理赔，还需要在司法警察总署（OIJ）开具"被害证明"，以便到时候顺利理赔。

航空公司

哥伦比亚阿维安卡航空 Avianca

住 Edificio Avianca, La Uruca, San José

☎ 2290-4400　URL www.avianca.com

美国航空 American Airlines

住 Centro de Servicio Sabana, Edificio Centro Cars, Sabana Este, San José

☎ 2248-9010

URL www.aa.com

联合航空 United Airlines

住 Hotel Indigo, Pozos de Santa Ana, San José

☎ 0800-044-0005

URL www.united.com

医院

Hospital Clínica Bíblica MAP p.237/C3

住 Calle Central y Primera, Av.14, San José

☎ 2522-1000

🕐 24 小时

Hospital CIMA San José MAP p.236/C1

住 Escazú, San José

☎ 2208-1000　🕐 24 小时

Hospital San Juan de Dios MAP p.236/B1

住 Paseo Colón

☎ 254-6282　🕐 24 小时

Tópico

中美洲最高峰·奇里波国家公园　世界遗产

　　哥斯达黎加南部，塔拉曼卡山脉北端坐落着这座奇里波国家公园 Parque Nacional Chirripó。公园中央便是哥斯达黎加国内的最高峰奇里波山。奇里波山海拔 3819 米，也是中美洲境内最高的山峰。山体被棕榈和各式生活在干燥寒冷地区的高山植被所覆盖，来到这里你可以一眼便分辨出低地森林与高原森林的巨大差别，可以说这两种森林是由完全不同的生态系统构成。即使这里很少下雪，山顶的气温夜间也会降至冰点以下，冰晶体可谓奇里波山的常见物，暂时忘记你身处热带地区吧。从古代便受塔拉曼卡原住民信仰，被认为是神圣之山的奇里波山至今也没有失去其古老的神秘色彩，不断吸引着登山者勇攀高峰。现在作为拉阿米斯塔德国际公园的部分区域也被收录在世界自然遗产名录之中。

　　圣何塞东南面距离其约 136 公里的圣伊西德罗（正式名称为圣伊西德罗·德·埃尔·杰奈罗 San Isidrode El General），是前往奇里波国家公园的关口城市。从圣伊西德罗乘坐巴士约 2 小时，便可以抵达山下一处名为圣杰勒德·德·里瓦斯 San Gerardo de Rivas 的村落。

　　奇里波山作为中美洲最高峰，其登山线路是面向高端登山客而设计的。如果你没有太多的登山经验，只是想感受一下奇里波山的氛围，那在山下的圣杰勒德·德·里瓦斯村周边转转就足够了。

奇里波国家公园 MAP p.229/B2

圣伊西德罗国家公园事务局

☎2742-5348　URL www.chirripo.org

　　登山客实际攀登奇里波山前，要进行信息收录。由于山上的住宿小屋对于住宿人数有限制，所以每天只能允许 60 人进山。公园内无法安营扎寨，利用住宿小屋最为明智。登山旺季时往往需要提前好几个月进行预约，邻近登山季是绝对无法预约到临近日期的。

奇里波山的壮美风光

邻近咖啡农园的学生城镇

埃雷迪亚

Heredia　　　　　　　　　　　　★★

　　埃雷迪亚位于圣何塞北面约11公里的地方，介于圣何塞与阿拉胡埃拉之间的位置，是埃雷迪亚省的首府。由于这里设有哥斯达黎加的国立大学，所以许多大学生都在这座城市生活。城镇的构造与近郊的阿拉胡埃拉和卡塔戈有相似之处，都是以中央公园及其对面的大

埃雷迪亚的中央公园

教堂为中心原点，以棋盘形式不断向外辐射，城镇街道可以说是横平竖直。大教堂以南2个街区有一处市场，这里是城内最热闹的地区，市场周围分布着酒店与餐馆。埃雷迪亚以北约2.5公里的小村落巴尔瓦 Barva 附近便是以生产最高档咖啡豆而闻名的布里特公司的下属咖啡农园。

以制造颜色鲜艳的牛车而闻名

萨尔基

Sarchí　　　　　　　　　　　　★★

　　萨尔基是一处位于峡谷之中，以制造传统牛车"卡雷塔" Carreta 而声名远扬的工艺品村落。在殖民统治时期，西班牙人为了搬运咖啡豆而将这种名为卡雷塔的载具带入哥斯达黎加，哥斯达黎加人将车身和车轮绘以鲜艳颜色，使其成为可以代表哥斯达黎加特色象征

你在这里可以看到五颜六色的鲜艳卡雷塔牛车

的存在，至今在哥斯达黎加的乡下地区也经常可以看到农民使用这种卡雷塔牛车的景象。在圣何塞郊外的艾斯克斯地区，每年3月还会举办别开生面的卡雷塔牛车节。

　　此外，这个村子出产的摇椅与木质家具也十分有名，售卖这类商品的店铺在路两边随处可见，价格也比在圣何塞购买要便宜很多。

位于广场的艺术性园艺十分优美

扎尔赛罗

Zarcero　　　　　　　　　　　　★

　　位于圣何塞西北方向约61公里，是坐落在圣卡洛斯省的宁静高原之城。城镇中心的广场内有被精美园艺所修饰的别致树木，造型十分有趣。在市中心的广场和田园牧歌氛围十足的城镇中散步时，你的内心会变得十分平静，仿佛与大自然建立了联系。有时间的话真心推荐你来这里懒散度过一天美妙的时间。

　　扎尔赛罗周边的畜牧业十分发达，由牛奶和玉米制作的一种名为"塔玛尔"的甜品十分有名。当你在城内散步时，上午经常可以看到售卖牧场当天现挤牛奶的商人身影。

埃雷迪亚
MAP p.229/A2

　　圣何塞市内的巴士搭乘点（MAP p.237/A3）每天5:00~20:00期间每小时都有6班前往埃雷迪亚的巴士（需约30分钟，费用₡430）。此外圣何塞的阿特兰提考站（MAP p.237/A4）在早晨和傍晚也共有15班前往埃雷迪亚的火车。需约30分钟，费用为₡420。

萨尔基
MAP p.229/A1

　　从圣何塞前往阿拉胡埃拉（→p.256）后，在阿拉胡埃拉的巴士总站搭乘巴士前往即可。每天5:00~22:00期间每小时有2班前往萨尔基的巴士，需约30分钟，费用₡400。

萨尔基的卡雷塔牛车工坊

　　从阿拉胡埃拉乘车前往萨尔基时，进村前1公里的地方便会路过这家卡雷塔牛车的制作工坊。你在这里可以参观手艺人雕刻车轮并为车体上色的全过程，村内也开有专门出售卖卡雷塔牛车的商店，巨大的车轮标志十分显眼。这家工坊距离民间工艺品市场也不是很远。

扎尔赛罗
MAP p.229/A1

　　从圣何塞市内的巴士搭乘点（MAP p.236/A2）搭乘前往克萨达 Quesada 方向的巴士，中途下车即可抵达扎尔赛罗。每天5:00~19:30期间，每小时都会有一班前往克萨达的巴士，需约1小时30分钟，费用₡1330。

造型别致的庭院树木值得一看

波阿斯火山

MAP p.229/A2

波阿斯火山公园一度因为火山喷发造成的有害气体而关闭。在建立包括由哥斯达黎加国家应急中心（CNE）火山学和地震学技术咨询委员会（CAT）制定的一系列应急措施以保证区域内人员生命安全的风险管理系统后，于2018年8月底重新对公众开放。哥斯达黎加也成为中美洲首个在火山公园启动风险管理系统的国家。

被动植物繁多的热带雨林所包围的活火山

波阿斯火山国家公园

Parque Nacional Volcán Poás   ★★

波阿斯火山海拔2704米，被美丽的热带雨林环抱，作为一座活火山，至今火山口仍"炊烟袅袅"。祖母绿色的火山湖景色震人心魄。山顶周边栖息着许多动植物，数十种蜂鸟都生活在这片区域。火山湖中也生活有灵蛇和色彩极其艳丽的青蛙。

前往火山顶的沿途风光十分丰富，穿越咖啡农田以及峡谷内绿意盎然的广阔牧场绝对会让人感到神清气爽。沿途可以看到许多欧洲人的面孔，不禁有种身在欧洲田园的错觉。

天气好的时候可以看到清晰的火山口

从山顶的停车场及餐馆步行数十分钟便可抵达火山口及火山湖。波阿斯火山在清晨到上午期间云雾较重，即使你参报火山口及火山湖的观光团也不一定保证一定可以看到火山，请提前做好心理准备，避免失落。

Tópico

南部迪奎斯地区发现的谜之石球   世界遗产

2014年"迪奎斯三角洲石球以及前哥伦比亚人酋长居住地 Asentamientos cacicales precolombinos con esferas de piedra de Diquís"收录在世界遗产名录之中，这些石球最早是在1930年于哥伦比亚南部迪奎斯地区的密林之中所发现，至今已经发掘出共计200余个大小不等的神秘石球。小型石球的直径只有2厘米，但最大的石球直径可长达260厘米，重量足有25吨。

目前勘测出这些石球的原材料取自塔拉曼卡山脉的花岗岩，打造于公元300~800年繁荣的迪奎斯石器文化时代，但是现在这里生活的原住民并未传承这门打造石球的绝妙手艺。当你仔细观察这类石球时，可以发现它们表面极其光滑，可以打造如此圆球状的物体可见当时匠人的技艺高超，甚至可以说是出神入化。不过至今这些石球到底是出于什么目的而被打造仍是一个未解之谜，可以说是名副其实的谜之石球。

石球的发现地至今仍留有不少石球，这里也被划分为保护公园对公众开放，旅行社（→ p.245）通常都是把这处公园和科尔科瓦杜国家公园串联起来带领游客进行游览。如果你只想看一看这些谜之石球，可以前往圣何塞的国家博物馆（→ p.238），这里展出了10个左右的大小石球，很值得一去。

比人还高的巨大石球

国家博物馆中庭摆放的各式谜之石球

小贴士 从圣何塞前往波阿斯火山沿途路面起伏较大，比较颠簸，此外还有不少急转弯，不少游客都会出现晕车症状。此外，由于火山的海拔足有2700米之高，有高原反应的游客也要多加注意。

乘船进行野生鸟类观光

萨拉皮克旧港
Puerto Viejo de Sarapiquí ★★★

这座位于圣何塞以北85公里位置，作为通向加勒比海的门户而曾一度繁荣的萨拉皮克河 Río Sarapiquí 的水上交通要地——萨拉皮克旧港，现在虽然很少承担物流的功能，却是萨拉皮克河游船观光的大本营。城内的栈桥停靠着专门用于观光的各式游船，酒店和餐馆也可以在这座港口小城内找到。

萨拉皮克河的观光行程中可以看到白鹭、美洲蛇鹈等水生鸟类，会有一种与参观卡诺乃格罗保护区和托图格罗国家公园相似的感觉，不过由于萨拉皮克河沿岸有不少香蕉农园和牧场，可以观察到的鸟类数量可能要比国家公园内少一些。从圣何塞出发可以实现萨拉皮克河游船观光的一日游行程，可谓圣何塞关联的热门旅游项目。

萨拉皮克旧港
MAP p.229/A2
从圣何塞市中心以北的卡里贝巴士总站（MAP p.236/C2）每天6:30~18:00期间共有9班巴士，需约2小时，费用₡2525。乘车时注意不要搞错目的地，搭上了前往塔拉曼卡旧港的错误巴士，上车时一定要再次确认。
圣何塞的旅行社每天都经营萨拉皮克河游船的1日游项目（→p.244），感兴趣的话可以前往旅行社详细咨询。

从栈桥搭乘萨拉皮克河观光的特定游船

沿途可以观察到各式野生鸟类

InFormación

可以领略萨拉皮克自然美景的住宿设施

萨拉皮克旧港附近建有不少可以亲近热带大自然的住宿设施。下文介绍的酒店设施不仅可以进行野生鸟类及蛙类的观测活动，在私有的丛林领地来一次深入雨林的远足活动也是可以实现的。清晨和傍晚观测野生鸟类，夜晚则是夜行性动物，挑选不同时段与哥斯达黎加的热带动植物亲密接触吧。

H 斑布 Bambú
☎ 2766-6005 FAX 2766-6132
URL www.elbambu.com 费⑤①US$86~
位于萨拉皮克旧港的市中心，有不少野生动物栖息在酒店的巨大庭院内。

H 塞尔瓦·韦尔德 Selva Verde
☎ 2761-1800

URL www.selvaverde.com
费⑤US$104~、①US$123~
酒店位于萨拉皮克旧港西面约7公里处，小木屋式的客房散落分布在面向萨拉皮克河的密林之中，广阔的酒店庭院内甚至设有步道，顺路而行可以看到各类动物的身影，想多走些路的话还可以跨过吊桥，前往萨拉皮克河对岸的区域游览。

此外，你还可以参加有向导陪伴的夜晚步行活动，收费标准为1人US$47，包含三餐。

酒店的所有地内甚至还有一座吊桥

在泳池中悠闲度过美妙的一天

通风很好的别致客房

小贴士 通常都是参报萨拉皮克河的游船观光团进行游览，但是自由行也是可以独立前往的。栈桥上有承接自由行游客的船家，凑齐5人即可发船。

圣何塞

卡塔戈

卡塔戈 *Cartago*

在这里可以看到哥斯达黎加的守护圣母黑色玛利亚雕像

人口▶15万

卡塔戈
MAP p.229/A2

货币兑换
　市内中央公园周边设有银行，可以在银行窗口进行美元与科朗的兑换。银行的ATM也可以提取现金，营业时间为周一～周五的9:00～15:00。

卡塔戈的酒店
H Dinastia
MAP p.252
☎ 2551-7057
⑤① ₡10000～12000
　客房清洁干净。市场北面还坐落着几家经济型酒店。

卡塔戈的地标建筑，洛斯安杰丽斯大教堂

　　卡塔戈位于伊拉苏火山的山脚下，是一个被群山环抱的城镇。气候温暖舒适，非常宜人。是仅次于卡塔戈省首府圣何塞、阿拉胡埃拉的哥斯达黎加第三大城市。位于圣何塞东南方向22公里处，距离不远，许多游客都会把卡塔戈当作一日游的目的地。

　　卡塔戈是哥斯达黎加国内最古老的城镇，建于1563年，当时每每雨季来临城内的道路便会被泥水淹埋。直到1823年圣何塞成为哥斯达黎加的首都之前，这里在250余年的历史长河中都是哥斯达黎加的首都。在圣何塞继承首都之位后，1841年和1910年的两次大地震波及了卡塔戈这座古城，使其损毁严重。这也是当你来到这座古城却很难看到古建筑的主要原因。偶尔看到的殖民风格建筑也是翻建或重新仿旧建造的。

　　城内拜占庭风格的大教堂内供奉着哥斯达黎加的守护圣母——黑色的玛利亚雕像。与墨西哥瓜达卢佩圣母齐名的圣母玛利亚在传说中屡创奇迹，每年8月2日卡塔戈城内都会有圣母玛利亚雕像的巡游仪式，卡塔戈也因此成为哥斯达黎加的宗教中心。

从伊拉苏火山方向眺望卡塔戈城

中央公园对面的教堂遗迹

　小贴士　连接圣何塞与卡塔戈的主干路在早晚都会出现比较严重的道路拥堵情况。特别是7:00～9:00及16:00～18:00期间会更加拥堵，尽量避开这两个时段出行。

交通方式

巴士

圣何塞在 5:15~22:00 期间每小时都有 3 班巴士前往卡塔戈，需约 40 分钟~1 小时，费用 ₡ 580。

铁路

圣何塞的阿特兰提考站在早晚共有 8 班列车前往卡塔戈，需约 45 分钟，费用 ₡ 550。

卡塔戈　漫 步

正中心坐落着被地震损毁的教堂遗迹以及遗迹对面的中央公园 Parque Central。教堂遗迹现在已经变为开满鲜花的和平庭院，为市民带来一丝闹市中少有的宁静与淡然。当你漫步于这片鲜花丛中，不禁可以感受到历史流经的痕迹。

洛斯安杰丽斯大教堂位于市中心的东面，非常显眼，不需要路标就可以顺着眼睛看到的建筑方向顺利抵达。华丽优美的教堂外观非常有震撼力，估计没有人会不为所动。市场邻近火车站，你可以在市场中找到不少简易食堂，用低廉的价格解决伙食问题。周边也有不少商店，熙熙攘攘，气氛十分热闹。

卡塔戈　主要景点

讲述奇迹圣母传说的拜占庭风格教堂

洛斯安杰丽斯大教堂
La Basílica de Nuestra Señora de los Ángeles　★★★

这座教堂在两次大地震中遭到破坏，并于 1926 年重建为拜占庭风格，祭祀哥斯达黎加的守护圣母——黑色利亚雕像。拉尼日利亚 · 德 · 洛斯安杰丽斯 La Negrita de Los Ángeles，这位圣母玛利亚是奇迹的创造者，深受中美洲各地信徒的爱戴，各国信徒都会前往卡塔戈朝拜这位神圣的圣母。

奇迹的发生时间要追溯到 350 年前，当时一位拾柴少女在卡塔戈的黑人街区捡到了一尊黑色玛利亚雕像，当她带回家后，这尊雕像却忽然不翼而飞，当女孩再次寻找这尊雕像时，却在最初捡到它的地方发现了它。随后少女将这尊雕像交给了当地教堂的主教，但之后这尊雕像却再次消失，而发现它的地点还是最初的那个场所。这样离奇的事件此后又反复发生了几次，最终人们便在雕像每次都能被找到的发现地建造了一座教堂，用于安放这尊神秘的黑色玛利亚雕像。这便是这座洛斯安杰丽斯大教堂的由来。

现在这尊黑色玛利亚雕像被安放在地下的礼拜堂中，信徒排着长队虔心朝拜这尊高度只有 15 厘米的黑色雕像。地下礼拜堂的上方可以看到一些玻璃盒子，里面装着的都是银质的人体器官和部位。当地人相信将自己得病的部位或器官锻造成相似形状的银器供奉在教堂之中，便可以表达自己祈愿痊愈的心情或对治疗表达感谢的情意。这个想法最初起源于墨西哥，逐渐受到中美洲圣母奇迹的传说影响，在沉寂许久之后重现于中美洲哥斯达黎加的卡塔戈。

前往卡塔戈的巴士搭乘点

圣何塞市内有专门前往卡塔戈方向的巴士站（MAP p.237/B3）。

往返卡塔戈和圣何塞两地的火车

洛斯安杰丽斯大教堂
MAP p.252
可以自由进入教堂内部参观。

庄严肃穆的大教堂内部

安放在礼拜堂中的黑色玛利亚雕像

小贴士　黑色圣母像作为哥斯达黎加的守护圣母，每年 8 月 2 日举行的天使圣母日都会有国内各地的信徒来此朝拜，人们坚信如果可以从自己家步行前往这座教堂，那什么愿望都可以得到实现，可见信仰力量的强大。教堂北面的泉水也被称为"奇迹之泉"，十分有名。

可以看到中美洲的各色热带植物

兰基斯特植物园
Jardín Botánico Lankester ★★

从卡塔戈打车前往植物园费用大约为 ₡2800，巴士站位于中央公园东面步行约 3 分钟的地方（MAP p.252），需约 15 分钟，下车后步行约 500 米即可到达植物园。

温室内栽培着各色兰花

位于卡塔戈近郊东面 6 公里处的兰基斯特植物园，坐落在海拔 1400 米的地方，全年气温都没有太大浮动，比较恒温，非常适合种植从中美洲各地搜罗过来的各式热带植物。广阔的植物园内设有几条步道，漫步其中可以听到野生鸟类的种种鸟鸣。植物园入口附近的温室里共栽培了 800 余种兰花，每年 3~5 月是兰花的观赏季。植物园内还设有日本庭院。

哥斯达黎加国徽上的知名火山

伊拉苏火山国家公园
Parque Nacional Volcán Irazú ★★

每天 8:00 在圣何塞市区文化广场附近的巴士搭乘点（MAP p.237/B3）都有前往伊拉苏火山国家公园的巴士，返程巴士的发车时间为 12:30，往返费用 ₡3190。此外你也可以参加旅行社组织的旅游团（→ p.245），从卡塔戈也可以直接打车前往伊拉苏火山国家公园。

可以近距离观看火山口景色

伊拉苏在原住民语中意为奔雷之山，这座活火山在 1963 年喷发后进入了沉寂期，所以目前可以前往火山口观光。这座火山与巴尔巴火山、波阿斯火山一同被绘于哥斯达黎加的国徽之上，可见其对于哥斯达黎加的影响。从停车场出来可以看到 2 条步道，火山口周围的地势极其陡峭，千万不要脱离设定的道路私自行动。火山口内的火山湖在 2013 年彻底干涸，晴朗的日子攀上海拔 3432 米的火山顶，可以眺望到山两侧的太平洋与加勒比海。不过山顶的天气变化比变脸还快，本以为晴空万里，一眨眼便会被云雾覆盖，紧接着甚至会有仿佛沙尘暴一般的阴暗天气。此外山顶的气温比山下要低很多，长袖衣服以及雨具必须随身携带。停车场有一家商店，饿了的话可以在那里食用简餐。

被咖啡农园包围的古老小镇

奥罗西溪谷
Valle de Orosi ★

位于卡塔戈教堂遗迹一角的巴士站（MAP p.252）每天 5:00~21:00 期间，每小时都有一班前往奥罗西溪谷的巴士，需约 40 分钟，当你看到右手边出现米拉德尔奥罗西 Mirador Orosi 的指示牌时下车即可，由于下车比较仓促，注意不要将随身物品遗落在巴士车上。

奥罗西古城内至今依然留有建于 17 世纪殖民时期的古老教堂，古城周围现在几乎都是咖啡农园。在地震频发的哥斯达黎加国内，留有古老殖民时期建筑的城镇可谓少之又少，奥罗西便是其中之一。从城外的米拉德尔奥罗西展望台（开 每天 8:00~17:00）可以眺望到非常优美的风景。

周围分布着许多咖啡农园

小贴士 伊拉苏火山很多时候都是云雾缭绕，能否看到火山口全看运气，火山附近的天气变化也是瞬息万变，如果稍微花些时间等待，说不定就可以等到云雾散去见美景。

可以观赏到珍奇野生鸟类的云雾森林

洛斯绿咬鹃国家公园
Parque Nacional Los Quetzales ★★★

从卡塔戈向南前往圣伊西德罗的途中会经过这片国家公园。这座云雾森林由于很容易观测到绿咬鹃 Pharomachrus mocinno 而很受欢迎，国家公园由西面的塞罗·德·拉·穆尔特山麓 Cerro de la Muerte 和流淌着撒贝格尔河 Río Savegre 的溪谷地区组成。山中的倾斜山体上有许多牛油果树，要知道小型牛油果可是绿咬鹃最爱吃的食物，每年 12 月~次年 3 月的旱季是牛油果树结果的时节，这段时期也是最容易观测到绿咬鹃的时期。在前往圣伊西德罗的公路途中，当你看到竖有 km80 的路标时，附近便有一条通向名为多塔圣赫拉多 San Gerardo de

途中偶遇的一处绿咬鹃鸟巢，右手边是雌鸟，左手边的是雄鸟

Dota 的小型村落的小路，沿着这条小路向撒贝格尔河的方向下行便可以抵达为游客设建的小木屋旅店。此外在公路竖有 km70 字样的路标附近还有一个写着米拉德尔绿咬鹃 Mirador de Quetzal 招牌的木屋旅店及咖啡馆。

洛斯绿咬鹃国家公园
MAP p.229/B2

你可以选择从圣何塞参报旅游团前往游览，也可以自行联系公园附近的住所提供接送服务。从卡塔戈乘坐前往圣伊西德罗的巴士时在竖有 km70 字样的路牌位置下车，需约 30 分钟，此后步行 20 分钟左右便可以抵达名为米拉德尔绿咬鹃的木屋旅店。

ℹ️ Información

方便在绿咬鹃国家公园观察鸟类的住宿设施

洛斯绿咬鹃国家公园周边有几处木屋旅店，这些旅店中常年都有向导入住，他们非常熟悉公园内绿咬鹃的鸟巢位置，可谓了如指掌，如果你在这样的设施住上一晚，在第二天清晨或是前一天傍晚与向导结伴前往公园内观光，很大概率是可以看到绿咬鹃的。需要注意的是，绿咬鹃栖息的地方海拔通常在 2700 米左右，气温较低，请做好防寒工作。

H 托洛干木屋旅店 Trogon Lodge
☎ 2293-8181
📠 2239-7657
URL www.trogonlodge.com
💵 Ⓢ US$98~、Ⓓ US$118~

位于撒贝格尔河沿岸的木屋旅店，提前预约的话还可以直接为你提供往返圣何塞的接送服务。

H 撒贝格尔山木屋旅店 Savegre Mountain
☎ 2740-1028
URL www.savegre.com

💵 Ⓢ Ⓓ US$90~

邻近撒贝格尔河的完备木屋旅店，提供一日三餐额外加收 US$35/ 人。

H 帕莱索绿咬鹃木屋旅店 Paraiso Quetzal
☎ 2200-0241
URL www.paraisoquetzal.com
💵 Ⓢ US$90~、Ⓓ US$151~

邻近公路竖有 km70 字样路牌的不远处，海拔近 3000 米，早晚气温很低，请注意多加保暖。

运气好的话就可以亲眼见到美丽的绿咬鹃

小贴士 洛斯绿咬鹃国家公园周边的山区海拔很多都接近 3000 米，旱季早晚温度会有低于 10℃的时候，一定要做好防寒保暖准备再前往当地进行野生鸟类观测活动。

255

阿拉胡埃拉
★★
圣何塞

阿拉胡埃拉 *Alajuela*

邻近波阿斯火山的哥斯达黎加第二大城市

面向中央公园建造的大教堂

人口▶25.5万

阿拉胡埃拉
MAP p.229/A2

货币兑换
　市内中央公园周边设有几家银行，可以在银行窗口进行美元与科朗的兑换。银行的 ATM 也可以提取现金，营业时间为周一～周五的9:00~15:00。

阿拉胡埃拉近郊的鸟园 Zoo Ave
MAP 地图外
☎ 2433-8989
URL rescateanimalzooave.org
開 每天 9:00~17:00
圏 US$20（外国学生 US$15）
　你在园内可以看到金刚鹦鹉、巨嘴鸟、凤冠雉等70余种哥斯达黎加的珍贵鸟类，鸟园的经营宗旨意在有效繁殖这些珍贵鸟类的后代，雏鸟出生不久便会重新回归大自然的怀抱。园内面积宽广，不时还会看到珍珠鸡和鹦鹉的身影，鳄鱼和猴子也在园内生活。
　从阿拉胡埃拉搭乘前往阿特纳斯 Atenas 或拉加里塔 La Garita 方向的巴士，在右手边看到鸟园大门后下车即可。

　阿拉胡埃拉位于圣何塞西北方向约 20 公里的位置，从市内可以眺望到北面雄伟的阿波斯火山，这里作为阿拉胡埃拉省的首府，也是哥斯达黎加国内的第二大城市。

　阿拉胡埃拉自古和圣何塞、卡塔戈、埃雷迪亚一起作为哥斯达黎加的中心地而蓬勃发展，这里也正是国民英雄胡安·圣玛利亚的出生地而更加为人所知。他本是一介普普通通的鼓笛手，但是在 1856 年与美军交战时只身前往美军阵营，为了让友方军队清楚需要攻击的目标而放火做信号，为了国家的自由奉献了自己年轻的生命。城内为了纪念他建造了几处公园和博物馆，城市南面的国际机场也是以他的名字命名的。

　阿拉胡埃拉郊外不远处便是高耸的波阿斯火山，萨尔基和扎尔赛罗（→p.249）等田园村镇也分散在阿拉胡埃拉的城市周边。

胡安·圣玛利亚纪念碑

小贴士　阿拉胡埃拉相比圣何塞其实距离胡安·圣玛利亚国际机场更近，近年由于圣何塞的治安逐渐变差，如果你只是单纯乘坐飞机在哥斯达黎加转机，选择在阿拉胡埃拉住宿是很明智的。

交通方式

巴士

圣何塞每天4:00~20:00期间，每小时共有6班前往阿拉胡埃拉的巴士，根据路况不同需40分钟~1小时，费用为₡545。途经埃雷迪亚的巴士车程略长，需要1小时，但是沿途可以欣赏到很不错的美景，推荐搭乘这趟稍微有点绕路的巴士。从胡安·圣玛利亚国际机场Aeropuerto Juan Santamaría前往阿拉胡埃拉市内只需要10~20分钟的时间，距离很近，车费₡480。

阿拉胡埃拉 漫 步

城中心建有大教堂Catedral和中央公园，大教堂的红色穹顶由镀锌铁皮搭建，不易生锈，虽然材质很现代化，但是大教堂却很有哥斯达黎加的特有风格。树木茂盛的中央公园是当地市民最常去的休憩之所，周围还有几家快餐店和餐馆，距离中央公园以西2个街区的市场附近设有不少商店，从这里到巴士总站的一段路可谓城内最热闹的地段。

距离中央公园南面2个街区的地方坐落着胡安·圣玛利亚公园，其内建有民族英雄胡安·圣玛利亚的纪念碑，公园里繁花盛开，随意闲逛便会心情舒畅。中央公园北侧则是胡安·圣玛利亚历史文化博物馆Museo Histórico Cultural Juan Santamaría。

时间富余的话不妨进入历史文化博物馆中参观一下

从机场前往市内
　从胡安·圣玛利亚国际机场打车前往市内只要10分钟，车费₡3000~4000。

胡安·圣玛利亚历史文化博物馆
MAP p.256
周二～周日 10:00~17:30
免费

在中央公园小憩的当地市民与游客

酒 店
Hotel

阿拉胡埃拉距离机场仅有2公里的距离，这里相比圣何塞的治安状况要好上不少，如果你只是单纯乘坐飞机在哥斯达黎加转机，那选择在阿拉胡埃拉住宿是很明智的。这里虽然没有高档酒店，但是市中心附近也有几家物美价廉的经济型酒店，餐馆则大多分布在中央公园周边，市场内及市场附近也设有简易食堂。

卡拉酒店
Cala Inn

◆邻近市中心的平价酒店　紧邻胡安·圣玛利亚公园的小型酒店，周围除了有几家餐馆外还有一个小超市，非常方便。宿舍房间为男女混住，每间宿舍可以入住6人，提供机场接送服务以及洗衣服务（均收费），需要的话可以向店家咨询。房费中包含早餐。

经济型	Map p.256
Calle 2　☎ 2441-3219
URL www.hotelcalacr.com
CC MV　26间　免费Wi-Fi
ⓈUS$26~、ⒹUS$36~、宿舍房型 US$15~

阿拉胡埃拉背包客酒店
Alajuela Backpackers

◆居住舒适的平价酒店　紧邻市内前往圣何塞方向的巴士站，这个巴士站出发的巴士也会经过国际机场，所以如果你不想打车，住在这里前往机场会非常方便。酒店上层设有酒吧，可以眺望美丽的阿拉胡埃拉市区夜景，周围也有不少售卖食材的商店和简易食堂，生活方便。

经济型	Map p.256
Av.4 y Calle 4
☎ 2441-7149
URL www.alajuelabackpackers.com
CC MV　22间　免费Wi-Fi
ⓈUS$48~、ⒹUS$54~、宿舍房型 US$15~

= 设有空调、 = 未设空调、 = 房间设有淋浴设施 = 公用淋浴设施、 = 设有电视 = 未设电视
从国内拨打哥斯达黎加当地电话 00+506+××××-××××（→p.231）

尼科亚半岛
★
圣何塞

尼科亚半岛
Península de Nicoya

拥有美丽海滩的太平洋沿岸半岛

海滩连绵不断的科科斯海边休养地

尼科亚半岛
MAP p.229/A1~B1

货币兑换
　　城内及主要沙滩都设有银行，但是货币兑换不是很方便，最好在圣何塞等大城市中兑换好当地货币科朗再前往尼科亚半岛。中档以上酒店说不定可以支持信用卡刷卡消费。

尼科亚半岛的机场
　　尼科亚半岛设有塔马林多 Tamarindo（TNO）等几处机场。

桑撒航空
Tamarindo
☎ 2290-4100
URL www.flysansa.com

自然航空
Tamarindo
☎ 2653-1452
URL www.natureair.com

　　哥斯达黎加太平洋海岸一侧突出的尼科亚半岛拥有连绵不断的优美海滩（海边休养地）。从北端的巴拿马海边休养地到南段的卡波布兰可，总海岸线长达 130 公里，沿线既有开发为海滩度假地的高端场所，也有保持原生态大自然的优美沙滩，满足各类人群的需求。

　　好动的客人可以参加海钓、潜水、冲浪等各式海上活动和瑜伽，好静的客人则可以参加海龟产卵的观察活动以及热带雨林的生态旅游。只想静静享受假期的游客还可以在白色的沙滩上悠闲躺上一天，享用海边的美味大餐。总之尼科亚半岛的玩法众多，挑选最适合你的度假方式，享受美妙假期吧。

◎ 交通方式

飞机

　　从圣何塞可以搭乘桑撒航空和自然航空的航班前往人气海滩——塔马林多海边休养地。每天共有 2~5 班航班（需 50 分钟~1 小时 15 分钟，费用 US$88~155）。

巴士

　　圣何塞有前往各个海滩的直达巴士，但是都需要在圣科鲁兹或尼科亚进行换乘。圣何塞的 7·10 巴士总站（**MAP** p.236/A2）每天 7:00~19:00 期间都会有 6 班前往圣科鲁兹的巴士，需约 5 小时，费用 ₡5175。每天 5:00~17:00 期间则有 4 班前往尼科亚的巴士，需约 4 小时，费用 ₡3730。利韦利亚每天 3:30~21:00 期间每小时也有 2 班前往圣科鲁兹和尼科亚的巴士，需约 1 小时 30 分钟。

　　此外圣科鲁兹~尼科亚区间每天 3:50~20:30 期间每小时也有 2 班往返两地的巴士，需约 30 分钟。

海滩南国气氛满点

小贴士 尼科亚半岛的海岸地区常年都是炎热天气，但不时会有气温骤降的情况，所以前往尼科亚半岛时带一件冲锋衣是很明智的决定。

尼科亚半岛 漫 步

如果你单纯只是前往尼科亚半岛的一个心仪海滩作为整个假期的度假场所，那直接从圣何塞搭乘直达巴士或飞机，又或是参报目的地行程与旅游团一起前往即可。但如果你打算巡游多处尼科亚半岛的海滩，由于海边的公路不是很完备，需要以圣科鲁兹 Santa Cruz、尼科亚 Nicoya 等内陆城镇作为起点，前往不同位置的各个海滩。

作为交通起点的尼科亚镇

尼科亚半岛 主要景点

可以在这里观测丽龟产卵
奥斯蒂奥纳尔自然保护区
Reserva Nacional Ostional ★★

每年 8 月末~10 月期间可以观看名为阿里巴达的海龟在沙滩上产卵的景象，不过这片自然保护区交通不便也没有酒店，旅游旺季可以从尼科亚半岛各地的度假酒店参报旅游团前往这片自然保护区。

冲浪胜地的人气海滩
塔马林多海边休养地
Playa Tamarindo ★★

仅是塔马林多海边休养地便有 30 余家酒店，可见这里的人气之旺。休养地北面设有一个野生动物保护区，参加热带雨林观光游便可以来到这里观赏各式动物和鸟类。

知名却素朴的塔马林多海边休养地

塔马林多海边的海浪很高，是冲浪迷都知道的著名冲浪胜地，你在这里可以遇到很多长期住在这片区域的欧美冲浪爱好者。休养地内的商店出售冲浪板、爱斯基摩皮艇、浮潜用具、喷气水艇等各式海上活动用品，旅行社也有很多家，方便你咨询各式线路及海上活动。

来到这里的很多游客都是冲浪迷

棱皮龟产卵的知名地
格兰德海边休养地
Playa Grande ★★

位于塔马林多北面 5 公里的位置，拉斯巴劳斯海洋国家公园内的这片海滩，以濒临灭绝的棱皮龟产卵地而闻名。每年 12 月~次年 3 月期间，足有一张床大小的巨大海龟便会上岸产卵，届时你也可以观测到海龟一边流泪一边产卵的奇妙时刻。海滩周边有不少酒店和木屋旅店，即使夜晚观测也是出门就到，非常方便。格兰德海边休养地也有冲浪点，如果你从没有过冲浪经历却想体验，也可以参加这里的冲浪课程。

奥斯蒂奥纳尔自然保护区
MAP p.229/A1

你可以从圣科鲁兹打车前往（单程 US$50 左右），或搭乘每天 12:00 发出的巴士前往。

圣何塞的 7·10 巴士总站（MAP p.236/A2）每天 6:00 都有 1 班前往诺萨拉的巴士（需约 6 小时，费用₡6520）。不过诺萨拉没有前往奥斯蒂奥纳尔自然保护区的巴士，可以租车或步行（1 小时 30 分钟左右）前往。

塔马林多海边休养地
MAP p.229/A1

圣何塞的 7·10 巴士总站（MAP p.236/A2）每天 11:30 和 15:30 都有 1 班前往塔马林多海边休养地的巴士（需约 5 小时，费用₡5375）。利韦里亚每天 3:50~18:30 期间每小时也有 1 班前往塔马林多海边休养地的巴士，需约 2 小时。圣科鲁兹每天 4:20~19:00 期间每小时也有 1 班前往塔马林多海边休养地的巴士。塔马林多海边休养地每天 6:00、9:00、12:00、14:00、15:00、16:00 都有前往圣科鲁兹的巴士，需约 1 小时 30 分钟。

塔马林多海边休养地的酒店
Ⓗ Capitan Suizo
☎ 2663-0075
🛏ⓈⒹ US$192~
Ⓗ Cabina Roda Mar
☎ 2663-0109
🛏Ⓢ US$30~、ⒹUS$50~

格兰德海边休养地
MAP p.229/A1

圣科鲁兹每天 5:30 和 13:00 各有一班前往格兰德海边休养地的巴士（所需约 2 小时，费用₡1290）。

圣何塞

马努埃尔·安东尼奥
国家公园

马努埃尔·安东尼奥国家
公园
MAP p.229/B2

邻近海岸栖息的美洲鬣蜥

桑撒航空
☎ 2777-1912
URL www.flysansa.com

自然航空
☎ 2777-2548
URL www.natureair.com

克波斯机场前往国家公园
的旅行班车
　　从克波斯机场 Quepos
（XQP）下飞机后可以搭乘
航空公司运营的旅行班车前
往马努埃尔·安东尼奥国家
公园，需约 10 分钟。

马努埃尔·安东尼奥国家公园
Parque Nacional Manuel Antonio

同时享受森林氧吧与海水浴场

在海滩看着着平静的大海，悠哉度过这美妙的一天

　　马努埃尔·安东尼奥国家公园是哥斯达黎加国内人气最高的国家
公园之一，位于首都圣何塞南面约 157 公里的地方，从圣何塞可以搭
乘直达巴士前往这座国家公园，需约 3 小时 30 分钟，不是很远。园内
设有完备的雨林步道，白色的沙滩上随处可见热带风情浓厚的椰子树，
此外丰富的住宿设施也使得这里成为实至名归的优越度假胜地，很有
魅力。

　　当你来到这座国家公园后，可以先去园内的热带雨林漫步，虽然刚
进入雨林时只能听到零星的鸟鸣，但是随着不断深入，树叶的沙沙声逐
渐增大，树枝和树叶也不时会从树上掉落，而这时候再仔细观察这片热
带雨林，美洲鬣蜥、树懒、猴子以及各种野生鸟类便会映入眼帘。

　　公园内共有 4 处美丽的白色沙滩，微波荡漾的海边可以看到不少珊
瑚礁，是很好的浮潜地点。国家公园入口处也有一片海滩，很多年轻人
都在这里进行冲浪和骑马的户外活动。你既可以在沙滩悠闲度日，也可
以参加激流勇进等活力四射的拓展项目，还可以参加附带午餐的游船观
光游，玩法多样。

◎ 交通方式

飞机

　　搭乘飞机从圣何塞前往马努埃尔·安东尼奥国家公园时，克波斯是距
离国家公园最近的机场，桑撒航空和自然航空每天都有 3~7 班前往克波
斯的航班，航程约 25 分钟，费用 US$69~94。

小贴士　国家公园内的海滩沿岸建有卫生间及淋浴设施，不过没有售卖食物或饮品的地方，所以为了避免脱水，
旅行时一定要随身携带饮用水。

巴士

圣何塞 Tracopa 旅行社的巴士搭乘点（**MAP** p.237/C3）每天 6:00~19:00 期间每小时都有 1 班前往克波斯的巴士，需约 3 小时 30 分钟，费用 ₡4575。

克波斯在 5:00~19:30 期间都有返回圣何塞的巴士，直达巴士由于都是座位限定制，特别是周末经常出现满座的情况，所以最好提早购票，确保即使是周末返回也能有座。如果能够提前确认从克波斯返回圣何塞的日期，那在圣何塞直接购买往返车票更加省事。售票窗口就在巴士站附近的商店里。

蓬塔雷纳斯每天 5:00~16:30 期间共有 6 班前往克波斯的巴士，需约 3 小时 30 分钟；从克波斯前往蓬塔雷纳斯的巴士则是在 4:30~17:30 期间运营。

前往克波斯的巴士

克波斯~马努埃尔·安东尼奥之间的交通

克波斯在每天 6:00~19:30 期间，马努埃尔·安东尼奥在每天 6:00~22:25 期间，每小时都有 3 班前往对方城镇的巴士，需约 15 分钟，费用 ₡315。打车费用在 ₡5000 左右。

海滩游玩的注意事项

①海滩的偷窃事件可是绝不少见，一定要看管好随身的贵重物品。此外酒店中的窗户房门也要确保关好锁好。

②白喉卷尾猴、松鼠猴等野猴子也会来到海滩，注意不要向它们喂食。有的猴子会拿走你的帽子和眼镜，一定要多加注意。

③海岸上有许多茂密的树木，其中有一种名为曼萨尼约的树木，注意不要在这种树下乘凉或触摸这种树。不清楚的话可以向这里的护林员询问，他们会热情解答。

马努埃尔·安东尼奥国家公园　漫步

提到国家公园，让人首先想到的便是穿梭于热带雨林中观赏栖息在森林中的动物植物，但马努埃尔·安东尼奥国家公园及其周边地区拥有哥斯达黎加国内屈指可数的优美海滩，虽然是国家公园，但也是货真价实的顶级度假休闲地。不但有清澈的海水与连绵不断的海滩，还有林荫道中不时映入眼帘的野生动物、野生鸟类及各类昆虫，相比寻常的国家公园乐趣翻倍。

如果你喜欢游泳，推荐你前往西面海水像游泳池池水一般平静的南埃斯帕蒂拉海边休养地 Playa Espadilla Sur，酒店和餐馆集中分布在距离公园入口 500 米左右的巴士站周边，此外距离国家公园约有 6 公里，从圣何塞前往马努埃尔·安东尼奥国家公园的必经之地——海港小镇克波斯 Quepos 到国家公园的这段路上也有不少度假酒店。

邻近城镇的海岸可以体验乘船出海等各式户外活动

树上打盹儿的树懒

小贴士　并不属于马努埃尔·安东尼奥国家公园领区内的马努埃尔·安东尼奥城中也有一处沙滩，虽然不像高档度假海滩那样洁白，但是可以免费进入，很受欢迎。国家公园内的海滩白沙看着就让人心里软软的，游人也相较城内要少一些，但是入园需要门票。可谓各有利弊。

马努埃尔·安东尼奥国家
公园
开 周二～周日 7:00~16:00
金 US$16

在公园管理事务所前的
特设窗口（MAP p.229/B2）可
以购买公园门票，门票有效
期为1天，即使当天出园后
也可以不用购票再次入园。
向导也可以在公园入口处雇
用，每人收费US$15~25。
国家公园周一关闭，请多加
注意。

与向导一起进行自然观光

自然步道
Nature Trail

漫步在热带雨林中的散步小径中，与大自然亲密接触

从停车场沿一条细长的步行道向东北方向前行，便可以到达马努埃
尔·安东尼奥国家公园的入口。入口附近有一个国家公园内地图的指示
板，你可以先观察一下计划好线路再出发。

公园内的步道铺设完备，即使一个人闲逛也不会迷路。如果想多看
些野生动物，可以雇用公园入口接客的向导同行。他们手里有特别用于
远距离观察的望远镜，使用望远镜甚至连动物的表情都可以看到。

国家公园西面有一条名为普林西帕尔步道 Sendero Principal 的海滩沿
路小径，漫步这条小路时可以与美洲鬣蜥、螃蟹、寄居蟹等小动物不时
偶遇，让你更加确认自己就在真实的大自然之中。小径沿途可以欣赏到
优美的白沙海滩、南埃斯帕蒂拉海边休养地 Playa Espadilla Sur，卫生间
和淋浴室也设在路两边，使用方便。海滩对面还有一处环礁湖，仔细观
察的话可以看到浣熊、宛如大老鼠般的刺豚鼠等哺乳类动物的身影。

公园南面会分为两条线路，环游公园内突出海面小半岛一周的蓬塔
卡特多拉尔步道 Sendero Punta Catedral 的小路路面偶有起伏，下雨的时
候一定要注意，不要脚下打滑，崴脚了那可就得不偿失了。切叶蚁经常
在此出没，感兴趣的游客不妨多仔细留心观察一下周围的环境，以寻找
它们的身影。

马努埃尔·安东尼奥海边休养地坐拥一片风平浪静的优美海滩，白
喉卷尾猴也栖息在这片地区。休养地中的休憩场所设有淋浴室、卫生间
和小卖部，你可以在这里购买饮品和三明治等简餐，树懒经常在休憩点
周围的树上睡觉，运气好
的话肯定可以看到它们酣
睡的可爱样子。

公园内的沙滩垃圾很
少，可以享受质量很高的
海水浴，别忘了带上你的
泳衣哟。

栖息在国家公园内的白喉卷尾猴

小贴士 蓬塔卡特多拉尔步道 Sendero Punta Catedral 途中设有一处展望台，从这里可以眺望到远方小岛和岩礁的
美丽景色。这条小路很少有游客的身影，可谓不为人知的好地方。

激流勇进
River Rafting

马努埃尔·安东尼奥城周边有很多清澈的溪流，是得天独厚的漂流场所。

前往漂流出发地点沿途的风光也十分宜人，从马努埃尔·安东尼奥城或是克波斯的酒店出发，需约1小时30分钟，沿途穿越茂密的森林，走过湍湍河流上的小桥，可以看到许多绿意盎然的棕榈树和柚木林。

去旅行社的窗口直接咨询

漂流地有专业的工作人员为你提供漂流指导，即使是初次体验漂流的游客也完全没有问题。漂流途中还可以穿上救生衣跳入清澈的河水中游上几个来回，从水中的视角欣赏周围的山脉与雨林，别有一番滋味。各式野生鸟类、海龟、美洲鬣蜥等动物也可以在漂流途中看到，一举两得。

马努埃尔·安东尼奥巴士站周边有几家旅行社，提供价格在US$85~120的各式漂流行程，费用包含接送、漂流用具和午餐费。

其他户外活动
冲浪
浮潜

马努埃尔·安东尼奥的巴士站（MAP p.263/A1）附近有许多为游客提供冲浪板（1天租金US$10~20）及浮潜用具（1天租金US$15~）租赁服务的店铺，部分酒店还直接向游客提供可以参加的浮潜项目（US$50~70）。

骑马

国家公园入口前的海滩设有骑马场，可能会有游客从没骑过马或觉得一个人骑马不安全，但马场里有专业的指导人员，大可放心。骑马可以前往附近的瀑布及许多景色宜人的地方，在海边骑马更会令你记忆难忘。包含向导的骑马观光团设有两条线路，海滩线路US$55~，山地线路US$75~。需约1小时30分钟。

马努埃尔·安东尼奥国家公园
Parque Nacional Manuel Antonio

区域地图 ▶ p.229/B2

克波斯方向（约5公里）
H 哥斯达韦尔德酒店方向（约500米）
H 希科莫诺酒店方向（约1.5公里）

哥斯达琳达酒店 Costa Linda
贝拉巴尔酒店
Vela Bar
埃斯帕蒂拉海边休养地度假酒店 Playa Espadilla
Villabosque
公园恩尺酒店 Inn On the Park
布鲁餐厅 Buru
公园售票处
入口
公园管理事务所
Mary Sombra
超市、旅行社
马尔咖啡馆 Café del Mar
维斯塔塞里娜酒店 Vista Serena
停车场
克波斯、圣何塞方向

N

A

南埃斯帕蒂拉海边休养地 Playa Espadilla Sur

卫生间、淋浴室
普林西帕尔步道 Sendero Principal（2.2公里）
公园管理路（1.3公里）
环礁湖
休息点（卫生间、淋浴室）
Sendero Mirador（1.3km）
Sendero Playas Gemelas y Pto. Escondido（1.6km）

B

马努埃尔·安东尼奥海边度假地 Playa Manuel Antonio

蓬塔卡特多拉尔步道 Sendero Punta Catedral（1.4公里）

0   500m

1   2

优美的自然景色令人陶醉

小贴士　推荐在克波斯的 Iguana Tours 旅行社参报各类户外观光项目，这家旅行社在马努埃尔·安东尼奥城内也设有服务窗口，通过各家酒店前台也可以参报这家旅行社的观光项目。☎ 2777-2052　URL www.iguanatours.com

263

酒店 & 餐馆
Hotel & Restaurant

海滩周边有许多价格实惠的酒店，步行前往国家公园也就需要 5 分钟，如果打算入住价格更加低廉的酒店，则推荐你在克波斯镇内的平价酒店中进行挑选。克波斯到马努埃尔·安东尼奥这段路上还有不少设有泳池的度假酒店。餐馆则大多分布在城镇之中。

埃斯帕蒂拉海边休养地度假酒店
Playa Espadilla

◆一家地理位置优越的舒适度假酒店　酒店院内十分宁静，不时可以看到栖息于此的野生鸟类，另外酒店设有泳池，餐厅的菜品也十分丰富，提供早餐。

高档	Map p.263/A1

住 Manuel Antonio　☎ 2777-0903
URL www.espadilla.com
CC AMV　🛏 26 间　📶 免费 Wi-Fi
费 ⬛➖🚿📺Ⓢ Ⓓ US$147~（税 +13%）

公园咫尺酒店
Inn On the Park

◆紧邻国家公园入口　紧邻马努埃尔·安东尼奥国家公园入口处的别致酒店，客房宽敞明亮。设有沙发和厨房，你可以自己做菜。酒店内还有一个小型泳池，方便爱游泳的房客使用。提供早餐。

高档	Map p.263/A1

住 Manuel Antonio
☎ 2777-3791　fax 2777-3794
URL innontheparkcostarica.com
CC MV　🛏 6 间
📶 免费 Wi-Fi
费 ⬛➖🚿📺Ⓢ Ⓓ US$140~（税 +13%）

哥斯达韦尔德酒店
Costa Verde

◆猴子可是这家酒店的"常客"　位于距离公园入口 2 公里的山丘之上，酒店内餐厅的视野很好，可以眺望到美丽的风景。你在这家酒店不时可以看到猴子和蜂鸟的身影。

高档	Map p.263/A1 外

住 Manuel Antonio
☎ 2777-0584　fax 2777-0580
URL www.costaverde.com
CC AMV　🛏 54 间　📶 免费 Wi-Fi
费 ⬛➖🚿📺Ⓢ Ⓓ US$107~（税 +13%）

贝拉巴尔酒店
Vela Bar

◆酒店内并设餐厅　这是一家坐落在山丘上的小木屋风格酒店，融入大自然之中，仿佛打开窗户便来到了森林。提供早餐。

中档	Map p.263/A1

住 Manuel Antonio　☎ 2777-0413
URL www.velabar.com
CC AMV　🛏 16 间　📶 免费 Wi-Fi
费 ⬛➖🚿📺Ⓢ Ⓓ US$62~

维斯塔塞里娜酒店
Vista Serena

◆居高远眺的舒适酒店　邻近国家公园的经济型酒店，由于酒店地势较高，可以眺望到美丽的大海与沙滩，视野很好。

经济型	Map p.263/A1

住 Manuel Antonio　☎ 2777-5162
URL www.vistaserena.com　CC MV
🛏 7 间　📶 免费 Wi-Fi
费 ⬛➖🚿📺Ⓢ Ⓓ US$50~、
➖🚿📺 宿舍房型 US$12~

哥斯达琳达酒店
Costa Linda

◆想要低廉的房费，选这里没错　公园附近唯一的廉价酒店，深受年轻人欢迎。提供公共厨房方便做饭。你还可以在酒店内享用免费咖啡。

经济型	Map p.263/A1

住 Manuel Antonio　☎ 2777-0304
CC 无　🛏 19 间　📶 免费 Wi-Fi
费 ⬛🚿📺Ⓢ US$30~、Ⓓ US$60~、
➖🚿 宿舍房型 US$12~

布鲁餐厅
Buru

◆紧邻公园入口　游览完国家公园后顺路便可以在这家餐馆用餐，十分方便，哥斯达黎加风味餐预算在 ₡6000~8000。

	Map p.263/A1

住 Manuel Antonio　☎ 2777-3015
开 每天 6:30~20:00　CC AMV
📶 无 Wi-Fi

马尔咖啡馆
Café del Mar

◆面向海岸的舒适咖啡馆　餐馆邻近巴士站，出了餐厅便是海滩，可以欣赏美丽的海景，你在这里可以单点饮品。

	Map p.263/A1

住 Manuel Antonio　☎ 2777-1035
开 周二 ~ 周日 11:00~19:30
CC MV　📶 无 Wi-Fi

⬛=设有空调　➖=未设空调、🚿=房间设有淋浴设施　=公用淋浴设施、📺=设有电视　=未设电视
从国内拨打哥斯达黎加当地电话 00+506+××××-××××（→ p.231）

距离公路不远处的密林地区，动植物生态资源丰富

卡拉拉国家公园
Parque Nacional Carara

★★

塔尔科莱斯河流域所滋养的茂密森林

卡拉拉国家公园
- MAP p.229/A1
- 开 每天 7:00~16:00
- 费 US$10

　搭乘蓬塔雷纳斯前往克波斯的巴士需约1小时30分钟，从圣何塞前往克波斯或哈克方向的巴士需约3小时。参观完卡拉拉国家公园后直接步行前往马努埃尔·安东尼奥国家公园也是个很不错的旅游线路。

　圣何塞的旅行社经营卡拉拉国家公园的一日游观光行程（→p.245）。

　这处国家公园位于蓬塔雷纳斯与克波斯之间的公路附近，最终流入太平洋的塔尔科莱斯河下游流域也途经这片国家公园，使得这片密林地区树木茂盛，动植物资源十分丰富。此外这处国家公园内既有湿润的热带雨林地区，也有爽干的旱生林地区，进而也包含两种截然不同的生态体系，多种多样的动植物都栖息在这里。

　园内最容易观察到野生鸟类的观光小路是一条名为拉古纳曼德里卡步道 Sendero Laguna Meándrica 的路段，这条小路位于国家公园管理事务所偏向蓬塔雷纳斯方向约3公里的地方，入口邻近塔尔科莱斯河，路面平缓非常好走，从小路入口开始，步行约1.5公里后便会到达一处野生鸟类聚集的沼塘，是一个名副其实的观景佳地。虎鹭等鹭类野生鸟类时常出现在水畔，此外美洲蛇鹈、水雉、红树林燕子也在这里也不算是太稀少的物种，只要静心等候，一定可以看到飞到这里歇脚的野生鸟类。

　最后再向你介绍一个很不错的观光点：从拉古纳曼德里卡步道的入口向蓬塔雷纳斯方向步行一会儿后便会看到一座架在塔尔科莱斯河上的小桥，这座小桥是观察美洲鳄的绝佳场所，运气好的话可以看到长达5米以上，极具压迫感的大鳄鱼在河里游泳的情景。

桥下可以看到美洲鳄集群

卡拉拉国家公园
Parque Nacional Carara
区域地图▶p.229/A1

蓬塔雷纳斯、圣何塞方向
观景桥（可以看到美洲鳄集群）
塔尔科莱斯河 Río Tárcoles
卡拉拉河 Río Carara
沼塘（野生鸟类常见地区）
拉古纳曼德里卡步道 Sendero Laguna Meándrica
马努埃尔·安东尼奥·酒店、克波斯方向
公园管理事务所
N
0　　　2km
虚线为观光步道

河畔经常可以看到降落歇脚的野生鸟类

小贴士　卡拉拉国家公园以南5公里的地方坐落着一家名为卡拉拉 H Carara 的中等规模酒店，面朝大海，住宿舒适。通过酒店你还可以参观动物观察及激流勇进漂流等各式观光行程和活动。☎ 2637-0178　房S⑤D雙US$85~（税+13%）

265

圣何塞

科尔科瓦杜国家公园 ★

科尔科瓦杜国家公园
Parque Nacional Corcovado

海岸沿线的广袤原生态热带雨林

从海岸步行前往雨林游览

科尔科瓦杜国家公园
MAP p.229/B2

国家公园附近的机场
距离科尔科瓦杜国家公园最近的机场便是德雷克湾机场 Drake Bay（DRK）。此外从南棕榈镇机场 Palmar Sur（PMZ）和吉梅内兹港 Puerto Jiménez（PJM）也可以前往科尔科瓦杜国家公园。

桑撒航空
Drake Bay
☎ 2815-5191
Palmar Sur
☎ 2290-4100
Puerto Jiménez
☎ 2735-5890
URL www.flysansa.com

自然航空
Drake Bay
☎ 8897-9393
Palmar Sur
☎ 8843-3535
Puerto Jiménez
☎ 2735-5428
URL www.natureair.com

哥斯达黎加虽然拥有丰富的自然资源，但是保留着几乎原生态的热带雨林，被称为最后的秘境的地方便只有这座科尔科瓦杜国家公园。这座国家公园距离巴拿马国境线不远，几乎占据了突入太平洋的欧萨半岛一半的面积。当你从德雷克湾搭船前往这座公园的沿岸沙滩时，途中可以路过中美洲规模数一数二的红树林群，景色美不胜收。

栖息在公园内的野生鸟类品种繁多，你在这里还可以看到其他地方难得一见的虎猫、美洲豹、貘等大型哺乳类动物的身影，将科尔科瓦杜称为野生动物的王国绝对不会过分。

此外这里也是前往潜水及浮潜胜地——卡诺岛的出发地，附近可以找到不少住宿设施。如果你想体验海洋与森林的双重魅力，那么来这座公园肯定不会失望。

🌀 交通方式

飞机
圣何塞每天有 1~4 班前往德雷克湾 Drake Bay 的桑撒航空及自然航空的航班（需约 45 分钟，费用 US$105~159）。每天前往南棕榈镇 Palmar Sur 的桑撒航空及自然航空的航班则有 1~3 班（需约 45 分钟，费用 US$110）。克波斯每周有 3~5 班前往南棕榈镇的航班（需约 25 分钟，费用 US$54）。从南棕榈机场打车或享用酒店接送服务前往赛厄普 Sierpe 需约 30 分钟。你可以从德雷克湾或赛厄普直接乘船前往国家公园。

巴士
搭乘巴士的目的地是北棕榈镇 Palmar Norte，圣何塞的 Tracopa 旅

 科尔科瓦杜国家公园内的海边海浪较大，海滩沿线也有很多岩石分布较多的地区，所以可以游泳的场所较少。如果你打算游泳，请谨遵向导提醒，从安全的地点入海畅游。

行社的巴士搭乘点（ MAP p.237/C3）在每天 5:00、7:00、8:30、10:00、13:00、14:30、18:30 共有 7 班前往北棕榈镇的巴士（需约 5 小时，费用 ₡5830）。

从北棕榈镇前往科尔科瓦杜国家公园的交通方式与南棕榈机场一样，都要先打车或搭乘巴士（每天 4:30、7:00、9:30、14:30、17:30 从北棕榈镇发车）前往船只的发船地赛厄普。

赛厄普的栈桥

乘船穿过红树林森林前往国家公园

科尔科瓦杜国家公园 漫 步

从圣何塞前往科尔科瓦杜国家公园游览的最常规模式便是参团游玩，团费包含机票、机场接送、木屋酒店住宿、游览行程等费用，如果你想节省费用，也可以以自由行的方式前往科尔科瓦杜：首先搭乘并换乘巴士后前往赛厄普 Sierpe，在赛厄普住上一晚后第二天参加赛厄普始发的科尔科瓦杜国家公园 1 日游行程即可。如果你是户外游高手，还可以以吉梅内兹港 Puerto Jiménez 为起点，一路安营扎寨进入国家公园。

最具人气的观光线路是先在面向德雷克湾的木屋旅店住上一晚，第二天以位于国家公园西侧圣佩得利略 San Pedrillo 的公园管理处为起点开始踏上观光小径，开启观光之旅。赛厄普起始的 1 日游行程也是从圣佩得利略的这条观光小路开始的。此外你也可以去位于德雷克湾中的卡诺岛 Isla del Caño 游玩，也是个很不错的目的地。

科尔科瓦杜作为哥斯达黎加国内降水量最多的区域之一，天气多变，阴晴不定，前往此地一定要携带雨具。照相机和双筒望远镜的防水工作也要做好，避免器械遇水损坏。

从巴拿马方向前往科尔科瓦杜国家公园

以欧萨半岛东面巴拿马方向的吉梅内兹港 Puerto Jiménez 为起点，也有一条前往公园的线路。圣何塞出发前往吉梅内兹港的桑撒航空和自然航空航班每天有 2~8 班（需约 50 分钟~1 小时 10 分钟，费用 US$108~168）。

圣何塞在 6:00、12:00 也有 2 班前往吉梅内兹港的巴士（需约 9 小时，费用 ₡6120）。

吉梅内兹港周边的酒店

H Lapa Rios
☎ 2735-5130
URL www.laparios.com

酒店位于吉梅内兹港南面约 19 公里，被热带雨林包围的山丘之上。占地足有 400 公顷，设有横纵多条观光小路供你深入大自然进行观光。提供配有向导的雨林探险、野生鸟类观测、夜晚远足等各类旅游活动。

H Corcovado Lodge Tent Camp
☎ 8386-2296
URL www.corcovado.com

坐落在拉諾欧娜公园管理处旁边的帐篷式旅店，旅店前的大海可以进行冲浪，但是潮汐时段海流吸力很大，要多注意安全。

密林中的古老大树

科尔科瓦杜海岸是鹈鹕等野生鸟类的栖息地

小贴士 从吉梅内兹港前往科尔科瓦杜国家公园的道路难度系数较大，再加上欧萨半岛经常下雨，路面湿滑，单人前往十分危险，最好参团或聘请当地向导一同前往。

运气好的话连貘这种动物都可以亲眼看到

赛厄普的旅行社
Southern Expedition 旅行社
☎ 2787-0100
URL www.southernexpediti-
onscr.com
　位于赛厄普栈桥旁的旅行社，包含科尔科瓦杜国家公园和卡约岛的一日游行程费用为 US$140~。

摆在树上睡觉的树懒

卡约岛
MAP p.268/A1

海龟也是这片海域的常客

自然步道
Nature Trail

进入原生态森林进行探索

　　在这片面积约为 4.1788 万公顷的国家公园内，共设有 4 处公园管理处，你在公园内可以体验各类不同风景的观光线路。

　　公园及周边的雨林地带可谓珍稀动物的生态宝库，貘、虎猫、美洲豹、大食蚁兽等大型哺乳动物都栖息在这里。不过它们的行踪都很难寻觅，加上不少夜行性动物也生活在这里，如果你能看到那真是时运俱佳。此外，科尔科瓦杜国家公园周边生活的鸟类足有 400 余种，这里也是色彩艳丽的金刚鹦鹉最大的栖息聚集地。同时濒临灭绝的美洲角雕也不时在这片区域出没。

　　科尔科瓦杜国家公园内的植物生态系统也非常特别，在枝繁叶茂的热带雨林中，谁能争取到更多的阳光谁便能更茁壮地成长，幼小的树叶为了追寻阳光的方向，以螺旋状的方式顽强生长，或是寄生在高大的树木上以获取更加充足的阳光，你视线里的绿意盎然都是一片片树叶、一株株野草、一条条藤蔓所蕴含的旺盛生命力的最好体现。

潜水
Diving

　　建有许多舒适木屋旅店的德雷克湾 Bahía de Drake 是潜水的出发地。在德雷克湾西面约 20 公里处漂浮的卡约岛 Isla del Caño 周边便是备受世界潜水爱好者喜爱的潜水胜地。养分十足的洋流从墨西哥漂流而来，蝠鲼和巨大的石斑鱼都是这片海域的常居者，潜泳时运气好的话可以偶遇

德雷克湾 Bahía de Drake
赛厄普、欧拉依依塞雷诺酒店
卡约岛 Isla del Caño
德雷克 Drake
蓬塔马伦科旅店 Punta Marenco Lodge
欧萨之鹰酒店 Aguila de Osa Inn
圣何赛希托海边休养地 Playa San Josecito
卡萨科尔科瓦杜酒店 Casa Corcovado
圣佩得利路公园管理处 San Pedrillo
欧萨半岛 Península de Osa
Rincón
杜勒斯湾 Golfo Dulce
La Palma
洛斯·帕托斯公园管理处 Los Patos
太平洋
Playa Llorona
科尔科瓦杜湖 Laguna Corcovado
吉梅内兹港 Puerto Jiménez
Dos Brazos
Playa Corcovado
科尔科瓦杜国家公园 Parque Nacional Corcovado
希莱纳公园管理处 Sirena
拉莱娜公园管理处 La Leona
Corcovado Lodge Tent Camp
Lapa Rios
科尔科瓦杜国家公园
Parque Nacional Corcovado
区域地图 p.229/B2
0　　　20km
Cabo Matapalo 马塔帕罗海角
A
B
1
2

小贴士　国家公园的雨林中不时可以看到溪流和瀑布，部分行程可以允许游客在淡水区涉水下几圈。相比大海来说，在内陆河流游泳更加安全。想游泳的游客请在前往国家公园内的雨林观光时随身携带泳衣。

巨大的黄鲷鱼鱼群或是数百条各自为营的蝠鲼从你眼前穿游而过，如此震撼的水下景观一定会给你留下深刻的印象。卡约岛的海滩不时也会看到海龟上岸的景象，如此自然资源丰富的卡约岛也顺理成章地被指定为自然保护区。德雷克湾的各家酒店都可以为房客提供潜水的设备及安排。

酒店
Hotel

国家公园周边的欧萨半岛分布着几家各具特色的度假型酒店，清晨和傍晚可以在酒店院内进行野生鸟类的观察，大部分酒店都是一日三餐全包的住宿模式。作为大本营的赛厄普城内也有几家中档酒店和平价酒店，方便预算较少的客人。

欧萨之鹰酒店
Aguila de Osa Inn　　面向德雷克湾的著名潜水活动酒店

◆建于可以俯瞰德雷克湾的高地上的老牌度假酒店，木屋型酒店设在茂密的热带雨林之中，不时可以看到浣熊和南浣熊的身影，非常贴近大自然。酒店提供潜水、钓鱼、国家公园内的雨林步道漫步及卡约岛周边的浮潜活动等各式项目，酒店的房费包含机票、船只接送费、一日三餐的全部费用。需要注意的是，这家酒店最短的住宿时间是2晚，长期住宿方案也十分完备。

高档	Map p.268/A1
住 Bahía Drake	
☎ 2296-2190	
fax 2232-7722	
URL www.aguiladeosa.com	
CC AMV　客室 13 间	
🛜 无 Wi-Fi	
费 ■ ❄ ▧ 🚿 📺 ⑤ ⑩ US$628~（2晚费用）	

蓬塔马伦科旅店
Punta Marenco Lodge　　在专用观光步道进行动植物的观测活动

◆面向德雷克湾的木屋旅店之一，建在海滩略微偏上的斜坡位置，从客房可以俯瞰碧蓝的大海，视野很棒。只要西面的天空是晴朗的天气，傍晚便可以从酒店欣赏到慢慢消失于海平线的赤美夕阳。客房分

为整间的木屋建筑与公寓式客房两种，无论哪种的客房空间都十分宽敞。另外酒店还十分周到地为你准备了薄如蝉翼的蚊帐，进一步提高你的睡眠质量，免除蚊虫叮咬之扰。木屋旅店的周边还设有专用的自然步道，无论是白天还是夜晚，行走在这条步道都会很有收获。清晨和傍晚是野生鸟类及猴子最常出没的时段，你从房间的窗户便可以远距离观赏这些富有生机的野生动物。

高档	Map p.268/A1
住 Corcovado	
☎ 8877-3535	
URL puntamarenco.com	
CC AMV	
客室 25 间	
🛜 无 Wi-Fi	
费 ■ ❄ ▧ ⑤ US$295~、⑩ US$441~（1晚费用）	

卡萨科尔科瓦杜酒店
Casa Corcovado　　推荐自然爱好者入住的木屋旅店

◆舒适的雨林木屋旅店，为了方便住客更加深入地体验热带雨林的气氛而将酒店建造在国家公园的边线上，客房的窗户是围着屋子360°无死角的环形窗，大自然的气息可谓从四面八方与你相会，当之无愧是最适合自然爱好者的酒店。酒店费用包括从圣何塞

前往这里的机票及船只的打包费用、餐食费用、国家公园的游览费用及卡约岛的出海费用，同样需要注意的是2晚起住。

高档	Map p.268/A1
住 Corcovado	
☎ 2256-3181	
fax 2256-7409（圣何塞事务所）	
URL casacorcovado.com	
CC AMV	
客室 14 间	
🛜 无 Wi-Fi	
费 ■ ❄ ▧ 🚿 📺 ⑤ ⑩ US$745~（2晚费用）	

欧拉依塞雷诺酒店
Oleaje Sereno　　邻近赛厄普栈桥的酒店

◆这家酒店位于前往科尔科瓦杜国家公园的大本营赛厄普城内，邻近栈桥，地理位置优越，此外酒店内也设有餐厅，方便你足不出户便可以享用美食。酒店附近还有一家旅行社，你可以进店咨询参报各类出游团队。房费包含早餐。

经济型	Map p.268/A1 外
住 Sierpe	
☎ 2297-5854	
CC MV　客室 10 间	
🛜 免费 Wi-Fi	
费 ■ ▧ 📺 ⑤ US$45~、⑩ US$70~	

■=设有空调 ❄=未设空调 🚿=房间设有淋浴设施 ▧=公用淋浴设施 📺=设有电视 =未设电视
从国内拨打哥斯达黎加当地电话 00+506+××××-××××（→p.231）

蒙特韦尔德自然
保护区
★
圣何塞

蒙特韦尔德自然保护区
MAP p.229/A1

旅游咨询处
MAP p.271/C1
开 每天 9:00~12:00、13:00~19:00

货币兑换
　　圣埃伦娜的银行和旅行社可以进行美元与哥斯达黎加科朗的兑换，但是蒙特韦尔德的大部分场所都是可以直接用美元进行支付的，除了B Nacional银行内设有ATM外，圣埃伦娜城内也可以找到几个ATM。

身长10厘米左右的蜂鸟

蒙特韦尔德自然保护区
Reserva Biológica Bosque Nuboso Monteverde

栖息着各式各样野生鸟类的云雾森林

蒙特韦尔德自然保护区也是绿咬鹃的知名栖息地

　　蒙特韦尔德自然保护区位于蓬塔雷纳斯的正北方，从圣何塞乘坐巴士前往这里约有4小时30分钟的车程。热带云雾森林构成了这里独一无二的生态环境，各式各样的野生动物都栖息生活在这里。

　　目前这里观测到的野生鸟类足有400余种，五颜六色小身材的蜂鸟、古玛雅圣鸟也是危地马拉国鸟的绿咬鹃都是蒙特韦尔德自然保护区的常客，因此全世界野生鸟类爱好者都为了目睹这些珍贵的鸟类慕名而来。

　　蒙特韦尔德本身并不是哥斯达黎加的国家公园，而是一处民间团体运营管理的自然保护区，从诞生到今日有着一段独特的历史。1951年，来自美国，为了追求自由的贵格会教友派教徒们将这片土地视为理想的生活地，购买土地并开始居住生活在这片地区。他们将1/3的所有土地保留其原生态的自然环境而未进行开发，这便是今日我们眼中蒙特韦尔德自然保护区的根基。此后自然保护区的管理交由热带科学研究所接管，用收到的捐款和保护区的入场费作为资金进行园区的运营。现在这片足有1.1万公顷的自然森林是热带雨林研究及自然保护教育的珍贵场所。

　　当你前往蒙特韦尔德时，作为入口城镇的圣埃伦娜便是你的必经之地，从城镇到自然保护区之间长约6公里的公路两侧建有酒店旅馆、礼品商店、餐馆等各类设施。选择这片静谧山岳地区的蒙特韦尔德作为你的旅游目的地，将全身心沉浸在森林氧吧之中，与种类繁多的动植物相遇，来一场实实在在的放松之旅，相信一定会给你留下美好难忘的旅行回忆。

小贴士 蒙特韦尔德的旱季是每年的1~3月，除此之外的时间几乎每天都会阴雨连绵，所以旱季是这里当之无愧的旅游旺季，各家酒店的客房几乎都是满房状态，最好提前预订。

交通方式

巴士

　　圣何塞的 7・10 巴士总站（**MAP** p.236/A2）每天 6:30、14:30 各有一班前往圣埃伦娜的巴士（需约 4 小时 30 分钟，费用 ₡2810）。蓬塔雷纳斯前往圣埃伦娜的巴士每天 13:15 和 14:15 发车（需约 2 小时 30 分钟，费用 ₡1520）。从阿雷纳火山前往这里，因途中的公路尚未修缮，路况较差，可通过参报旅行社的越野车及游船的接送服务前往蒙特韦尔德，每天的 8:00、14:00 发团，需约 3 个小时便可以将你送达圣埃伦娜。如果是搭乘普通巴士，首先要从拉福图纳在 8:30 搭乘前往提拉蓝 Tilaran 的巴士，需约 3 小时 30 分钟，随后在 12:30 搭乘提拉蓝前往圣埃伦娜的巴士，需约 2 小时 30 分钟。

蒙特韦尔德起始的交通情况
　　圣埃伦娜在每天的 6:30 和 14:30 都有前往圣何塞的巴士，车票最好提前一天在圣埃伦娜的巴士搭乘点前的窗口购买。前往蓬塔雷纳斯的发车时间则是每天的 4:20、6:00、15:00。

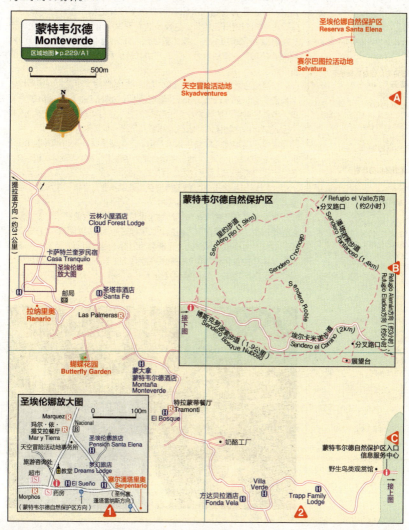

连接圣何塞及蒙特韦尔德两地，由旅行社运营的旅行班车（→ p.245）很有人气，旅游旺季期间提前数日便都是满座的状态。如果你也想乘坐这班旅行班车，一定要提早进行预约。

可以观察各类草木及附生植物

圣埃伦娜～蒙特韦尔德自然保护区区间的交通

黄色车体的巴士车在圣埃伦娜～蒙特韦尔德自然保护区之间往返运行，中途可以自由上下车。圣埃伦娜的发车时间为6:15、8:30、13:15、15:00，需约25分钟，费用₡600，蒙特韦尔德自然保护区出发的返程车则是在圣埃伦娜发车时间的大约半小时之后发车。从圣埃伦娜城镇打车前往蒙特韦尔德自然保护区费用为US$14，步行前往的话需约1小时30分钟。

蒙特韦尔德自然保护区
🕖 每天7:00~16:00
💲 US$20
☎ 2645-5122
总时长大约3小时的向导览游在每天7:30和11:30发团，需要额外支付US$15的导游费。

保护区内的住宿

自然保护区内共有三处名为Refugio，可以供游客住宿的避难小屋，住宿的话需要你自备睡袋、食物及饮用水，每晚除了每人需要缴纳US$5外的住宿费外，还要根据你停留的天数收取园区停留费、向导费（平均每组团队收费US$20）等费用，此外住宿的话需要至少提前一天进行预约，下方（）的内容为入口距离各避难小屋的路程时间。
Refugio El Valle
需约2小时30分钟
Refugio Alemán
需约4小时
Refugio Eladios
需约6小时

蒙特韦尔德自然保护区 | 漫 步

圣埃伦娜城镇东南方向约6公里的地方便是蒙特韦尔德自然保护区的入口所在地，设在信息服务中心前50米的野生鸟类观赏馆内可以看到各式各样的蜂鸟，不要错过。

自然保护区内设有多条步道，除了部分参团旅游的特别线路外，原则上都是单方向通行，被称为Sendero的自然步道，每条都有独立的名字，你可以根据从入口处获得的地图指示制定适合你自身的观光线路。

园内的步道都很完备，即使是徒步新手走起来也没有问题，不过如果你平时不怎么走路，步行途中可能会有疲累的感觉。进入保护区入口后，在车道右侧便是一条步道的入口，这条名为博斯克努波索步道Sendero Bosuque Nuboso的林间小径位于热带云雾森林之中，约1.9公里，沿途你会看到依次标有1~27数字字样的指示牌，对应地图可以了解你即刻的所在位置，这段步道有不少平缓但是上坡的路段，走下来需1小时30分钟。从步道终点的分叉路口右拐，步行4分钟左右便可以来到一座展望台，天气好的话从这里可以欣赏到非常怡人的美景。

从展望台返回分叉路口，这次选择左边的路段便可以来到通向埃尔卡米诺步道Sendero el Camino及潘塔诺索步道Sendero Pantanoso的分叉口，如果你对自己的体力没太大自信，可以选择沿埃尔卡米诺步道返回公园入口。反之如果你是步行爱好者又想进一步接触大自然的话，可以选择漫步于湿地地区的潘塔诺索步道，这条路平缓好走，全长约1.4公里，走下来大约1小时，随后你便会来到名为里约步道Sendero Río的一条沿河建造的步行路段，这段行程的路面起伏较多，全长约1.9公里，走下来大约1小时30分钟。沿着博斯克努波索步道、潘塔诺索步道、里约步道走一大圈需3~4小时的时间。

虽然栖息在热带雨林中的动物无论是种类还是数量都非常多，但它们还是很少主动出现在世人面前，如果你是为了一睹野生动物的身姿而来到蒙特韦尔德自然保护区，可能会因为看不到它们而失望，所以不如把享受纯净的森林氧吧和对植物的观察作为主要的旅游目的，遇见野生动物则是意外之喜，这样会玩得更加开心。

观察栖息在树木上的野生鸟类

投稿　如果运气好的话，可以在蒙特韦尔德自然保护区的入口附近看到绿咬鹃的身影，我们当时是清晨6:00左右乘坐出租车出发，相比7:00乘坐巴士抵达的大部分游客，我们抵达的时间更早，7:00之后人多声音也大，几乎不可能看到惊飞而散的绿咬鹃了。

位于高海拔的另一处自然保护区

圣埃伦娜自然保护区
Reserva Santa Elena
★★★

　　位于圣埃伦娜东北方向约 7 公里的地方，是一片面积足有 600 公顷的自然保护区，这里生长着与蒙特韦尔德类似的云雾森林，这里的游客较少，因此更容易与野生鸟类及动物邂逅，园内设有共计 12 公里的 4 条环行步道，展望塔和观景台设在沿途之中，天气晴朗的时候可以眺望到远处的阿雷纳火山。不过这里由于海拔较高经常会起雾，温度也相对较低，请做好防寒准备。

这里可以看到云雾森林特有的各式植物

了解从虫卵到成虫的昆虫生态知识

蝴蝶花园
Butterfly Garden
★★

　　位于圣埃伦娜自然保护区西南方向约 8 公里的位置，从圣埃伦娜城向东南方向前行约 1 公里，再从分叉路口进入狭长小路继续前进约 1 公里便可以抵达。在这里可以参加时长约 1 小时 30 分钟、介绍以栖息在蒙特韦尔德的蝴蝶为主的各类昆虫的生态讲解。只要集合到相应的人数便会有英文或西语导游带游客开始游览，平均每半小时会有一次新的讲解。以信息服务中心饲育的长戟大兜虫、竹节虫、螳螂、巨大蟑螂、狼蛛等昆虫为起点开始为游客进行解说服务。这里共有 4 个供蝴蝶生活的温室设施，熠熠生辉的闪蝶以及拟态界的楷模枯叶蝶等各式珍贵蝶类都可以在这里看到。

在这里与珍贵的热带青蛙偶遇

拉纳里奥
Ranario
★★

　　这里饲养着包括颜色艳丽的箭毒蛙在内的中美洲各式珍贵蛙类，伴随着耳边西语和英语的导游讲解，你可以打开手电筒仔细观察平时难以注意到的蛙类栖息地，由于蛙类多是夜行性动物，所以挑选它们活动活跃的 18:30 以后进行观光可能会更有收获。

热带蛇类的聚集地

塞尔潘塔里奥
Serpentario
★

　　距离圣埃伦娜城中心步行仅需 3 分钟，在这里可以看到 40 余种中美洲各地的蛇类、蜥蜴、龟等爬虫类动物，不仔细看根本注意不到的细小青蛇、长达数米的大蟒蛇是这里当仁不让最夺人眼球的动物，此外还有毒蛇专区供游客观赏。

圣埃伦娜自然保护区
MAP p.271/A2
☎ 2645-5390
URL www.reservasantaelena.org
开 每天 7:00~16:00
费 US$14
　　（额外收取 US$15 的向导费用）
　　圣埃伦娜城内每天 6:30、8:30、10:30、12:30 都有前往圣埃伦娜自然保护区的巴士（需约 30 分钟，费用US$2）。

推荐旅行途中找向导陪伴

这里饲育着品种繁多的各类蝴蝶

蝴蝶花园
MAP p.271/C1
☎ 2645-5512
URL www.monteverdebutterflygarden.com
开 每天 8:30~16:00
费 US$15

拉纳里奥
MAP p.271/B1
☎ 2645-6320
开 每天 9:00~20:30
费 US$14

塞尔潘塔里奥
MAP p.271/C1
☎ 2645-6002
开 每天 9:00~20:00
费 US$13

小贴士　圣埃伦娜城内可以看到越野出租车，对于停留时间有限的游客来说，搭乘出租车是提高旅行效率的好方法，从圣埃伦娜前往蝴蝶花园的费用为 US$5。

蒙特韦尔德自然保护区 户外活动

天空冒险活动地

MAP p.271/A1
☎ 2479-4100
URL skyadventures.travel
开 每天 7:00~18:00

名为 SKY WALK，约 2.5 公里的步道中设有 8 座吊桥，需约 2 小时，费用 US$35。名为 SKY TREK 的滑行索道同样也设有 8 条，需约 2 小时，费用 US$71，最长的索道长达 750 米，最高的地方距离陆地约 100 米，惊险十足。你可以直接带去酒店参报这类令人难忘的刺激体验活动。

赛尔巴图拉活动地

MAP p.271/A2
☎ 2645-5929
URL www.selvatura.com
开 每天 7:00~16:00

全长约 2 公里，沿途共有 10 座吊桥相连的吊桥漫步，需约 2 小时，往返酒店的接送服务费用为 US$30。这里还有 12 条索道滑行线路，需约 2 小时 30 分钟，费用 US$45。赛尔巴图拉活动地的设施相比天空冒险活动地新，价格也低，近年来人气不断上涨，提供往返酒店的接送服务。

不论老少都尽得其乐的高空滑索项目

野生鸟类观察活动

你可以通过旅行社或酒店进行野生鸟类的活动预约，即使是一个人也可以联系导游，进而与你的私人向导进行一场别开生面的野鸟探索之旅。需约 4 小时，费用 US$35。

夜间步行活动

通常通过旅行社或酒店进行夜间步行活动的预约，由于夜间的步行路比较特殊，需要搭乘接送巴士往返酒店与步道。每天的 18:00、19:30 分别有 2 组夜间步行活动，时长约 1 小时，费用 US$25。

夜晚可以看到白天难得一见的小型蛙类

吊桥漫步
Bridge Walk

架设在茂密热带云雾森林中的吊桥建筑

吊桥漫步可谓蒙特韦尔德最具人气的户外活动之一了，在天空冒险活动地 Skyadventures 和赛尔巴图拉活动地 Selvatura 分别设有 10 座左右的吊桥建筑，通过穿梭在热带云雾森林中的一座座吊桥，你可以更近距离地与大自然接触，游览的氛围也更加到位。吊桥通常设于与树同高的位置，虽然刚开始走起来一摇一晃可能会让人感到害怕，但很快便会适应这种行走模式。从吊桥俯瞰下方的云雾森林，以吊桥的高度近距离接触树上的附生植物，都会是你难得的旅行体验。

索道滑行
Canopy

沿茂密树林间搭设的索道进行远距离移动，省时省力，最初只是方便科研人员调查移动而建，现在则是备受游客欢迎的别样旅游项目。在天空冒险活动地和赛尔巴图拉活动地都设有专业教员为你培训的索道体验项目，穿着特制的服饰，无须担心危险的可能性，十分安全。高空索道为你带来的疾速体验十分刺激，仿佛置身于游乐园之中，但缓进神来其实却身在生长着茂密热带雨林的大自然之中，这种感觉真的很奇妙。

野生鸟类观察活动
Birdwatching

近距离观赏颜色艳丽的蜂鸟

专门观察热带云雾森林中所栖息的野生鸟类的旅游团，在黎明前的 5:00 便动身出发，有对于野生鸟类知识相当渊博的向导陪同，搭乘专用观光车并搭配步行在清晨进行鸟类观测活动。每个季节可以观测到的鸟类不尽相同，蜂鸟和侏儒鸟则是全年都可以看到的鸟类。在每年 1~3 月的旱季期间，运气好的话还可以看到绿咬鹃的魅影，最好准备望远镜和远视能力较高的相机以备你更好地进行观察。

夜间步行活动
Night Walk

专门为了观察夜行性动物而设立的行程，由 5~10 名游客与一名向导组成旅游团，深入密林中进行夜行性动物的观察活动。官方会为参与者提供手电筒和头盔，方便你进一步观测蛇类、蛙类乃至各类昆虫及在树上搭窝睡觉的野生鸟类。为了避免蚊虫叮咬，参团时请穿着长裤长袖服装以及方便步行的运动鞋。

小贴士 蒙特韦尔德经常是小雨连绵的日子，有时还会下起大暴雨，所以参加户外活动时一定要准备好雨衣和防风衣，脚上也最好穿一双雨鞋。

酒店 & 餐馆
Hotel & Restaurant

平价酒店大多位于圣埃伦娜城镇的南面，高档度假酒店则位于静谧的森林之中，但是如果没有汽车，无论是雨天还是夜晚都不太方便出行。酒店中一般都设有餐厅，但是晚间的自助晚餐通常都是 US$15~，价格偏贵，在外用餐会更加划算。

云林小屋酒店
Cloud Forest Lodge

◆ 安静的住宿环境令人无比放松　位于距离连接着圣埃伦娜和蒙特韦尔德的区间公路 1 公里的云雾森林之中，空气中便是大自然最纯粹的味道。院内设有长达 5 公里的专用步道及索道设施，提供早餐。

高档	Map p.271/B1
住 Santa Elena	☎ 2645-5058
fax 2645-5168	
URL www.cloudforestlodge.com	
CC AMV　 客 20 间　 無 免费 Wi-Fi	
费 ⬛◻🚿📺 S US$90~・D US$106~（税+13%）	

方达贝拉酒店
Fonda Vela

◆ 木屋风格的宽敞客房别具魅力　木屋风格的客房内，各式木质家具更为其锦上添花。从客房眺望的景色也非常怡人。酒店内设有泳池。

高档	Map p.271/C2
住 Monteverde	☎ 2645-5125
fax 2645-5119　 URL www.fondavela.com	
CC MV　 客 40 间　 無 免费 Wi-Fi	
费 ⬛◻🚿📺 S US$110~・D US$124~（税+13%）	

圣塔菲酒店
Santa Fe

◆ 设备全面的舒适酒店　距离圣埃伦娜步行约 15 分钟，酒店老板十分亲切，你还可以向他这位当地人咨询各类旅行线路。

中档	Map p.271/B1
住 Monteverde	☎ 2645-6050
CC MV　 客 8 间　 無 免费 Wi-Fi	
费 ⬛🚿📺 S D US$36~（税+13%）	

梦幻旅店
Dreams Lodge

◆ 位于城中心的便利酒店　酒店位于圣埃伦娜城中心的位置，无论是就餐还是购物都很方便，酒店内还为房客提供各类旅游行程的预约服务。

中档	Map p.271/C1
住 Santa Elena	☎ 2645-7590
URL dreamslodge.com　 CC ADMV	
客 12 间　 無 免费 Wi-Fi	
费 ⬛🚿📺 S D US$37~・S D US$42~（税+13%）	

卡萨特兰奎罗民宿
Casa Tranquilo

◆ 设有公共厨房的人气民宿　客房价格公道，也很干净，旅游旺季午后几乎都是满房状态。提供早餐。

经济型	Map p.271/B1
住 Santa Elena	☎ 2645-6782
URL www.casatranquilohostel.com	
CC MV　 客 9 间　 無 免费 Wi-Fi	
费 ◻🚿📺 S D US$30~	
◻🚿📺 S D US$24~	

圣埃伦娜旅店
Pensión Santa Elena

◆ 备受年轻游客欢迎的平价酒店　一直备受年轻游客欢迎的经济型酒店，前台旁设有公告栏，上面记载着廉价旅游行程等各式参观信息，十分实用。

经济型	Map p.271/C1
住 Santa Elena	☎ 2645-5051
URL www.pensionsantaelena.com	
CC 无　 客 25 间　 無 免费 Wi-Fi	
费 ◻🚿📺 S D US$32~	
◻📺 宿舍房型 US$14~	

特拉蒙蒂餐厅
Tramonti

◆ 地道的意大利餐馆　山间小屋风格的意大利餐馆，意大利面煮得很有嚼头，新鲜出炉的意大利比萨味道也是地道得没话说。

	Map p.271/C1
住 Monteverde	☎ 2645-6120
URL www.tramonticr.com	
开 每天 11:30~21:30	
CC ADJMV　 無 无 Wi-Fi	

玛尔·依·提艾拉餐厅
Mar y Tierra

◆ 提供赏心悦目的丰盛菜肴　位于圣埃伦娜城内，玻璃建筑使得这家餐馆的室内空间十分明亮而且分外时尚，用餐时心情会很不错。哥斯达黎加菜的价格为 US$12~18。

	Map p.271/C1
住 Santa Elena	
☎ 2645-6111	
开 每天 11:00~22:00	
CC AMV　 無 无 Wi-Fi	

⬛=设有空调　◻=未设空调　🚿=房间设有淋浴设施　🚿=公用淋浴设施　📺=设有电视　📺=未设电视
从国内拨打哥斯达黎加当地电话 00+506+××××-××××（→p.231）

COSTA RICA

阿雷纳火山国家公园
圣何塞

阿雷纳火山国家公园
Parque Nacional Volcán Arenal

在熔岩地带散步并享受温泉泡汤

阿雷纳火山国家公园
MAP p.229/A1

货币兑换

　　大部分场所都可以直接使用美元，银行和酒店都可以兑换美元与哥斯达黎加科朗，城内设有 ATM，但是使用的信用卡种类根据不同机型不尽相同。

海拔 1633 米的阿雷纳火山

　　作为哥斯达黎加境内最活跃的活火山——阿雷纳火山所在的阿雷纳火山国家公园，从圣何塞乘坐巴士前往需约 4 小时 30 分钟，这里的游客数量很多，周围的温泉更使得公园人气倍增。

　　阿雷纳火山位于盘踞在圣何塞东北方向的提拉蓝山脉北端，海拔 1633 米，从远处眺望这座拥有优美身姿的圆锥形大山，很难想到它其实是一座活火山。当我们距离山体越来越近时，可以看到从山体中飘散而出的或浓或淡的烟雾，火山口不时还会有赤红色的岩浆喷涌而出，只有与阿雷纳火山近到一定距离才能感受到如此壮观且震撼人心的景象。

　　阿雷纳火山山脚下的阿雷纳湖也是哥斯达黎加境内最大的人造湖泊，此外，一定不容错过的还有名为达巴贡度假地的著名温泉地。中美洲的绝大部分温泉场所都是比较简陋，设备不完善的，但这处达巴贡温泉却十分现代化，设施完善，无愧于度假地的名号，人们在这里可以享受很棒的温泉体验。一边仰望着远处雄伟的阿雷纳火山，一边在汤池中放松身心，绝对可以一洗旅途的疲惫。你可以在达巴贡度假地找到多处温泉场所及 SPA 水疗中心。

　　距离阿雷纳火山国家公园最近的城市便是拉福图纳 La Fortuna，虽然相比雄伟的阿雷纳火山，这座据点城镇显得十分渺小，但是价格公道的酒店和餐馆却不在少数，对于游客来说是一座功能性十足的优秀城镇。从这座位于火山山脚下平野上的城市到达巴贡度假地沿途约 12 公里的公路上分布着多家度假酒店，这条路段也是观赏火山的最佳区域。

从拉福图纳城内也可以眺望到阿雷纳火山美景

276　小贴士　阿雷纳火山在 20 世纪中期曾发生过几次大规模乃至改变山体外观的火山喷发，20 世纪 90 年代以后检测出周边不再有有毒气体成分，熔岩地区的步行游览也变为可能。

交通方式

巴士

圣何塞的 7·10 巴士总站（**MAP** p.236/A2）每天 6:15、8:40、11:30 各有一班前往拉福图纳的巴士（需约 4 小时，费用 ₡2495）。此外在克萨达 Quesada 也可以换乘巴士前往拉福图纳。

圣何塞的 7·10 巴士总站每天 5:00~19:00 期间每小时也有一班前往克萨达的巴士（需约 3 小时，费用 ₡985）。克萨达每天 5:40~21:30 共有 12 班前往拉福图纳的巴士（需约 1 小时，费用 ₡720）。

阿雷纳火山国家公园 漫 步

如果你以自由行的形式来到这片地区，那以拉福图纳 La Fortuna 作为前往阿雷纳火山的起点再合适不过。你可以在城内找到多家酒店和餐馆以及旅行社，通过旅行社组团前往阿雷纳火山国家公园是最常见的方式，你可以在多家旅行社进行询价对比后决定最终参报哪家旅行社的线路。

旅游团通常都会进入国家公园的园区，步行穿梭于茂密森林之中，观察在此栖息的野生鸟类与猴子。随后经过散落着黝黑石头与沙砾的熔岩地区，便可以见到阿雷纳火山 Volcán Arenal 的真面目。由于阿雷纳火山是一座活火山，受烟雾及熔浆的影响，可以进行游览的区域也会有所限制，参团的时候请向旅行社确认你可以游览的公园范围及相应的行程内容。

拉福图纳城外还有一座拉福图纳瀑布 Catarata de La Fortuna。

参团游览熔岩地区

拉福图纳前往各地的巴士

前往圣何塞的巴士每天 12:45 和 14:45 从拉福图纳发车，你也可以搭乘前往克萨达的巴士并在克萨达进行换乘后迂回前往圣何塞。此外，由旅行社运营的旅行班车也可以将你送往圣何塞，车费 US$50。

搭乘飞机前往阿雷纳

从圣何塞的帕瓦斯机场每天有 1 班自然航空的航班前往阿雷纳机场 Arenal（FON），航程约 20 分钟，费用 US$88。

阿雷纳火山国家公园

MAP p.278
开 每天 8:00~16:00
费 US$10

拉福图纳瀑布

MAP p.278
开 每天 7:00~17:00
费 US$10

搭乘越野出租车前往瀑布所在区域需约 20 分钟，从区域入口步行走到瀑布前大约还需要 20 分钟的时间。瀑布周围的水域允许游泳。

飞流直下的拉福图纳瀑布

小贴士 如果你的旅行时间比较紧张，可以考虑搭乘飞机前往阿雷纳。提前预约酒店接送班车的话，从阿雷纳机场下了飞机便可以直接搭乘酒店班车前往酒店。

阿雷纳火山国家公园 | 主要景点

达巴贡度假地

MAP p.278

☎ 2519-1999

URL www.tabacon.com

开 每天 10:00~22:00

费 US\$85（18:00 后入场价格降为 US\$70）

从拉福图纳可以打车（费用 US\$14）或搭乘旅行班车（中央公园附近发车，一天 7 班，从达巴贡度假地前往拉福图纳的返程末班车的发车时间是 22:00），需约 20 分钟。

其余温泉乐

巴尔迪 Baldi（MAP p.278）设有 10 余处温泉池，可以让你花费公道的价格享受泡汤的乐趣。不过这里无法观赏到阿雷纳火山，年轻人也比较多，可能会有喧闹的感觉。

更推荐你的是洛斯·劳雷斯 Los Laureles（MAP p.278）温泉，这里不但可以眺望到阿雷纳火山的美景，价格也比较合适，且环境淡雅。从拉福图纳打车前往这里大约 15 分钟。

URL www.termalesloslaureles.com

被大自然环抱的温泉休憩地

达巴贡度假地

Tabacón Resort　　　★★★

位于拉福图纳以西 12 公里，在前往阿雷纳湖的途中便会路过这处高档温泉度假地。这里被纯粹的大自然环抱，度假地内宛如植物园一般，随处可见绿意盎然的植被树木。共设有 8 处大小不一的温泉池，除了温泉泡汤，你在这里还可以享受按摩服务。这里既是哥斯达黎加人举家出游的热门目的地，同样也是外国游客不容错过的特色"景点"，相信你一定可以满意而归。度假地内的庭院被温泉水流奇妙分割，很有意境。另外你在这里还可以体验高处落下，宛如古人练功时让身体千锤百炼般的瀑布温泉池，度假地内的温泉池几乎都可以看到阿雷纳火山的雄姿。白天由于气温较热，推荐你从日落开始到夜间进行泡汤，更为享受。夜晚伴随着温泉汤池散发的白色热气，遥看远处的阿雷纳火山剪影，更是韵味独特。

温泉池内还设有酒水吧台

阿雷纳火山国家公园
Parque Nacional
Volcán Arenal

区域地图 ▶ p.229/A1

阿雷纳河 Río Arenal

阿雷纳帕莱索酒店 Arenal Paraíso

拉瓦斯塔科塔勒酒店 Lavas Tacotal Lodge

洛斯·劳雷斯 Los Laureles

蒙大拿·德菲戈酒店 Montaña de Fuego

达巴贡度假地 Tabacón Resort

达巴贡度假酒店 Tabacón Resort

巴尔迪 Baldi

拉福图纳放大图 ▶ p.277

拉福图纳 La Fortuna

阿雷纳机场、圣何塞方向

阿雷纳火山 Volcan Arenal

塞罗查托 Cerro Chato

公园管理事务所

阿雷纳湖 Lago Arenal

阿瓜卡连特河 Río Agua Caliente

阿雷纳火山国家公园 Parque Nacional Volcán Arenal

福图纳河 Río Fortuna

埃尔卡斯蒂略 El Castillo

入口

拉福图纳瀑布 Catarata de La Fortuna

0　　　　　3km

N

小贴士 达巴贡度假地的温泉早已声名远扬，这里的 Spa 水疗设施也好评度很高。此外，2012 年这里的水疗客房完成了翻新工程，12 月~次年 3 月经常有客满的情况，如果你有入住的打算最好提前预约。

阿雷纳火山国家公园的实用信息

拉福图纳始发的旅游行程

拉福图纳城内分布有多家旅行社，每天都有不同类型的旅行团发团。虽然各家旅行社经营的线路内容没有太大区别，但是关键点的差异还是会导致价格的变化。你可以通过入住酒店的前台或是城内的旅行社进行线路的咨询及参股。通常团费都会包含酒店的接送费用，是否包含餐费也会产生不同的结算价格。

阿雷纳火山远足及温泉泡汤行程

这条最有人气的旅游线路于早晨7:30出发，在阿雷纳火山周边的热带雨林与向导一起进行1~2小时的探索活动，运气好的话可以看到不少野生鸟类与猴子。夕阳西下时分，伴着火红的落日在展望台欣赏火山口流出的滚烫熔浆，随后前往温泉地，并于21:00驱车返回酒店。根据所前往的温泉地点不同，费用也不尽一致，巴尔迪的费用是US$225，达巴贡度假地的费用则是US$261。

卡诺乃格罗野生保护区（→p.281）行程

行程于早晨7:30出发，搭乘迷你巴士大约1小时30分钟便可抵达尼加拉瓜国境线附近的洛斯奇莱斯，随后乘坐船只沿弗里奥河上行，沿途可以观察栖息在这里的野生动物。大约于16:00返回拉福图纳。费用US$75。

骑马及拉福图纳瀑布游览

行程时间分为7:00~11:00或14:00~18:00。起点设在拉福图纳郊外的农场，从这里开始骑马活动，一边欣赏着远处的阿雷纳火山的英姿，一边前往拉福图纳瀑布。抵达瀑布后大约停留1小时的时间，可以在瀑布下的水域游泳。骑乘的马儿都接受了良好的调教，即使是第一次骑马也完全不需要害怕。参加骑马及瀑布行程请准备好运动鞋、适合骑马的裤子、毛巾和泳衣。费用US$81。

索道滑行

邻近阿雷纳河的 H 阿雷纳帕莱索酒店（→p.280）可以体验索道滑行项目。酒店内设有12个滑行平台及长约350米的索道，你可以乘坐索道车往返各个平台，最高处距离地面高达85米。在上午和下午分别会举行2次滑行活动，费用US$60，此外你还可以在这里体验漂流及骑马活动。

旅行社

Aventuras Arenal 旅行社　MAP p.277
☎ 2479-9133
URL aventurasarenal.com

开设在拉福图纳城中心的旅行社，除了经营各类旅游线路，还可以为你预约旅行班车。

Tópico

骑马前往拉福图纳瀑布

你在阿雷纳火山周边可以体验骑马前往拉福图纳瀑布游览的特色行程。即使从没有过骑马经验，马厩的工作人员也会为你选择一匹最适合你的骏马，它们都接受了良好的训练，不用担心任何危险。酒店通常都会提供前往拉福图纳郊外牧场马厩的接送专车，十分方便。

马厩的工作人员会教你如何用缰绳命令马儿是前进、停下还是右转。掌握技巧后你才可以在外骑乘。这里所有的马儿每天几乎都在驮送游客，可以说即使你不用缰绳牵动它们，它们也知道线路的行进方向。行程正式开始后，会经过一条比较难走的上坡路，之后跨过小河，大约15分钟后便会来到一片广阔的区域，阿雷纳火山可谓近在咫尺。相比最初骑马的恐惧，此时的骑乘游客大多已经开始变得放松一些，甚至会命令胯下的骏马加快速度。如果你觉得马走得太快了，也随时可以勒住缰绳命令其停下。从马厩出发40分钟便可以进入专门通往拉福图纳瀑布的柏油道路。

从瀑布景区的入口步行前往瀑布所在地需约20分钟的时间，由于瀑布周边并未设有更衣室，想游泳的游客可以在景区入口的卫生间换上泳装。希望游泳的游客请提前备好泳衣、毛巾及拖鞋。深藏于热带雨林中的拉福图纳瀑布相当壮观，尤其是近距离观看，更是魄力十足，瀑布倾泻而至的水潭向外引出溪流，喜欢游泳的客人可以在这里游上几圈。不过水温十分寒冷，游泳的时间最多一个小时，随后便要返回马儿的位置并沿原路返回马场。回程时骑马肯定会适应很多，但还是不要掉以轻心，速度太快会有坠马的可能，以自己适合的速度前进最为安全。骑马及瀑布观光的行程可以从Aventuras Arenal 旅行社申请参股。

享受骑马旅行的别样乐趣

酒店 & 餐馆
Hotel & Restaurant

度假酒店大多分布于从拉福图纳到其西面的达巴贡度假地的沿路两侧，此外，在阿雷纳湖的西畔也可以找到度假酒店。有的酒店内设有用火山灰为原料的按摩水疗场所，不妨体验一下。拉福图纳城内建有平价到中档等多种规格的酒店，价格公道的餐馆也有不少。

达巴贡度假酒店
Tabacón Resort

◆这里的温泉绝不会令你失望 位于拉福图纳以西约 12 公里的位置，在度假地内的度假酒店入住可以随意体验各式温泉。提供一日三餐。

高档	Map p.278
住 12km a La Fortuna	
☎ 2479-2000　URL www.tabacon.com	
CC AMV　房 102 间　免费 Wi-Fi	
费 ■ 🛁 📺 Ⓢ ① US$250~（税 +13%）	

蒙大拿·德菲戈酒店
Montaña de Fuego

◆位于阿雷纳火山山脚下的隐秘旅馆 酒店内设有泳池、泡泡浴及按摩水疗场所，此外还设有步道和骑马设施。客房都是平房建筑。

高档	Map p.278
住 8km a La Fortuna　☎ 2479-1220	
URL www.montanadefuego.com	
CC ADMV　房 58 间　免费 Wi-Fi	
费 ■ 🛁 📺 Ⓢ ① US$109~（税 +13%）	

阿雷纳帕莱索酒店
Arenal Paraíso

◆客房的阳台可以欣赏到火山美景 酒店内共设有 11 处温泉汤池和 3 个泳池，此外你还可以在这座度假酒店中体验 Spa 水疗、步道漫步、高空滑索等项目。

高档	Map p.278
住 8km a La Fortuna	
☎ 2479-1100　fax 2479-1090	
URL www.arenalparaiso.com	
CC AMV　房 118 间　免费 Wi-Fi	
费 ■ 🛁 📺 Ⓢ ① US$94~（税 +13%）	

圣博斯科酒店
San Bosco

◆城内舒适的中规模酒店 位于拉福图纳城内的中档酒店，客房风格简约，干净舒适。酒店内还有一个小型泳池，你在游泳的同时还可以欣赏远处的火山雄姿。此外酒店还经营各式旅游行程。

中档	Map p.277
住 La Fortuna　☎ 2479-9050	
URL www.hotelsanbosco.com	
CC AMV　房 34 间	
免费 Wi-Fi	
费 ■ 🛁 📺 Ⓢ US$31~、① US$38~（税 +13%）	

拉斯科里纳斯酒店
Las Colinas

◆价格公道的精致酒店 酒店的一层为餐厅空间，二至三层则是客房。晴朗的天气可以从露台眺望到正对面的雄伟火山。提供早餐。

中档	Map p.277
住 La Fortuna　☎ 2479-9305	
fax 2476-8180　URL lascolinasarenal.com	
CC MV　房 17 间　免费 Wi-Fi	
费 🛁 📺 Ⓢ ① US$62~（税 +13%）	

拉福图纳背包客酒店
Backpackers la Fortuna

◆位于城中心，地理位置优越的平价酒店，深受年轻人喜爱 酒店的步行范围内设有多家餐厅，用餐方便。别看是家经济型酒店，也可以在这里参报各类旅游线路。宿舍房型为男女混住模式。

经济型	Map p.277
住 La Fortuna　☎ 2479-9129	
URL hostelbackpackerslafortuna.com	
CC MV　房 8 间　免费 Wi-Fi	
费 🛁 📺 Ⓢ ① US$29~	
🛁 📺 宿舍房型 US$10	

卡斯卡达农场餐厅
Rancho La Cascada

◆三角形的茅草屋顶引人注目 面向拉福图纳中央公园的餐馆，主营各式牛排及海鲜菜品，每人用餐预算为 US$5~15。

	Map p.277
住 La Fortuna　☎ 2479-9145	
开 每天 7:00~23:00　CC AMV	
免费 Wi-Fi	

拉乔飒·德·劳莱尔餐厅
La Choza de Laurel

◆菜量很足 稍微远离拉福图纳中心街道的大型餐馆，烹制各式哥斯达黎加风味菜肴，每人预算为 US$10 左右。

	Map p.277
住 La Fortuna　☎ 2479-7063	
URL lachozadelaurel.com	
开 每天 11:00~22:00	
CC MV　免费 Wi-Fi	

■=设有空调　■=未设空调　🛁=房间设有淋浴设施　□=公用淋浴设施　📺=设有电视　📺=未设电视
从国内拨打哥斯达黎加当地电话 00+506+××××-××××（→ p.231）

弗里奥河沿岸的水鸟乐园

卡诺乃格罗野生保护区
Refugio Nacional Caño Negro

★★★

上 团队游览的专用船只
左 颜色艳丽的绿双冠蜥

从船上可以近距离观察各种野生鸟类

　　位于尼加拉瓜国境线附近的卡诺乃格罗国家野生保护区是知名的水鸟乐园。流向卡诺乃格罗湖的弗里奥河 Río Frío 将水域与生长着茂密椰子树的热带雨林分割得泾渭分明。乘船划行于弗里奥河，你可以看到白鹭、美洲蛇鹈等水生鸟类以及包括侏儒鸟、翠鸟在内的各类颜色鲜艳的小型飞鸟。此外，号称世界上最美蜥蜴的绿双冠蜥和凯门鳄也可以在岸边得以一见。

　　驱船向卡诺乃格罗湖 Lago Caño Negro 方向前行时，种类众多的野生动物便会接二连三地映入你的眼帘。可能刚要招呼伙伴一起欣赏岸旁的美丽水鸟，前面便会出现鳄鱼、猴子等更令人拍案叫绝的野生动物。乘船时为了方便观看各类动物，一定不要忘了携带双筒望远镜以及可以大幅度拉近焦距的高档照相机。

　　行程起点洛斯奇莱斯 Los Chiles 也是前往尼加拉瓜前的主要边境村落，圣何塞前往这里的巴士会停靠在村中心的广场位置。这里距离卡诺乃格罗野生保护区大约有 20 公里，通常都是沿弗里奥河搭船前往。抵达野生保护区后不会进入便折返，可以说沿途的风景才是游览重点。

卡诺乃格罗野生保护区
MAP p.229/A1

圣何塞起始的巴士
　　圣何塞的 7·10 巴士总站（MAP p.236/A2）每天 5:30 和 15:00 共有 2 班前往卡诺乃格罗野生保护区游览的起点村落洛斯奇莱斯。需约 5 小时，费用 ₡2915。

前往尼加拉瓜国境
　　从洛斯奇莱斯每天都有多班前往尼加拉瓜至卡洛斯的船只，但是发船时间并不固定，集齐相对人数后才可以发船，需要提前确认。

Imformación

拉福图纳起始的旅游项目

　　前往卡诺乃格罗野生保护区通常是参加拉福图纳起始的一日游行程，各家旅行社经营的行程内容和费用几乎没有太大区别，其中尤数 Aventuras Arenal 旅行社（→ p.279）的行程最令游客满意，而且几乎全年都在发团，成团率很高，推荐你将之作为备选旅行社。

　　旅游团于 7:30 从拉福图纳出发，中途在伊瓜纳桥休息后于 9:30 左右抵达洛斯奇莱斯。随后在 10:00~13:00 期间搭乘专用游船周游卡诺乃格罗，午餐也会在团内解决。向导会讲英语和西班牙语。大约于 16:00 返回拉福图纳，行程费用为 US$75。

281

托图格罗国家公园
★
圣何塞

托图格罗国家公园
Parque Nacional Tortuguero

海龟产卵的密林秘境

托图格罗国家公园
MAP p.229/A2
开 每天 8:00~17:00
费 US$10

　　在托图格罗村旁的夸特罗爱斯基纳斯岛上，建有一处公园管理事务所。

货币兑换

　　托图格罗村内并未设有银行设施，不过中档以上的酒店都可以为房客提供美元与哥斯达黎加科朗的兑换业务。虽然酒店和公园都认可美元支付，不过通常找回的零钱会是哥斯达黎加科朗，这也是在所难免。

茂密的热带雨林看不到尽头

　　位于加勒比海沿岸北部的托图格罗国家公园，是一片尚未开发的雨林地带。从利蒙港北面的莫因港前往距离其80公里的托图格罗，沿途的运河及周边的热带雨林中不仅可以看到水生鸟类、鳄鱼，还是猴子、树懒、巨嘴鸟、美洲豹、貘等动物的栖息地，可谓野生动物的乐园。托图格罗的含义便是海龟的产卵地，国家公园内的海岸是海龟固定的产卵场地，当地对于海龟的保护极其用心，持续进行着海龟的生态环境调查。当你来到托图格罗，如果赶上海龟的产卵季节，便可以参加产卵观赏游，与专业的向导一起前往海岸观察海龟产卵的情景。在产卵季节，托图格罗海岸仿佛设有特别的"海龟磁体"一般，不断吸引着身长1.5米以上的巨大海龟登陆上岸，伴随着月光在夜晚的海滨产下众多的龟蛋，随后雌海龟便静静游回大海。如果你能观赏海龟产卵的全部过程，一定会被这种自然与生命完美融合的神秘气氛莫名感动。

　　由于前往托图格罗只能搭乘飞机和船只，所以交通上可能会有些不便，但是前往国家公园沿途乘坐的运河游船冒险感十足，本身就很有乐趣。如果你非常喜欢野生动物，那途中一定会为各类跑进、游进或是飞进你视野中的野生动物而感到惊喜和高兴。从圣何塞也有包含酒店住宿在内的不少旅游套餐（→p.245），可以货比三家后决定。

可以看到鲜艳的美丽花朵

沿途可以观看到各类野生鸟类

小贴士　托图格罗是著名的降雨地区，无论是旱季还是雨季，每天几乎都会下雨，来到这里游览前请一定提前准备好雨衣和防风衣。参团步行游览雨林时，租赁一双长靴会使旅行轻松不少。

交通方式

飞机

圣何塞每天都有 1 班自然航空的航班前往托图格罗（旅游淡季为一周 4 班，航程约 25 分钟，费用 US$99~134）。飞机抵达托图格罗 20 分钟后便会折返圣何塞。从托图格罗机场只能乘船前往各个住宿设施，提前预约的话便会有船只前往机场接你至酒店。

船只

沿途搭乘巴士和船只最终前往托图格罗

许多港口都有前往托图格罗的船只，但是河路的水流深浅会影响各个港口的出航情况，其中最常前往托图格罗的便是距离其 30 公里的卡诺布兰科港 Caño Blanco，参团游览托图格罗的情况通常都是由各家酒店的巴士车将你从圣何塞拉往卡诺布兰科港，随后搭乘专用船只前往托图格罗。

不参团而是自由行前往托图格罗的交通方式则是先从圣何塞的卡里贝巴士总站（MAP p.236/C2）搭乘前往卡利阿里 Cariari 的巴士，随后从卡利阿里换乘前往帕沃纳 Pavona 的巴士，再从帕沃纳港口搭乘船只前往托图格罗。雨季需约 1 小时便可以抵达托图格罗，旱季则需要 2 小时的时间才能抵达目的地。

圣何塞～托图格罗之间的飞机

圣何塞的帕瓦斯机场在每天清晨 6:00 都有一班前往托图格罗机场 Tortuguero（TTQ）的自然航空的航班。

自然航空
☎ 2299-6000
URL www.natureair.com

圣何塞～托图格罗之间的交通移动

圣何塞的卡里贝巴士总站每天 6:00、9:00、13:30 各有一班前往卡利阿里的巴士（需约 2 小时，费用 ₡1580），从卡利阿里乘车前往帕沃纳需约 1 小时，费用 ₡1060。从帕沃纳乘船前往托图格罗的时间也是 1 小时左右，船费 ₡1620。

独木舟

租一条独木舟自己泛舟探索托图格罗周边地区也很有意思。租赁方式及费用可以向入住的酒店询问，或是直接与当地的船老大交涉价格。

田园风格惬意的托图格罗村

托图格罗国家公园 漫步

托图格罗全年降雨量高达 5000 毫米，可谓雨水丰沛，虽然每年的 2~5 月及 9 月降水量相对较少，但还是要随身准备雨具。此外驱虫喷雾也必不可少。

由于托图格罗公园的占地面积广达 1.88 万公顷，目前对游客开放的游览范围只有公园管理事务所周边可以控制的部分区域。酒店每天都会组织游览托图格罗公园的旅游团，跟团游览最为省心。此外这里也有一个名字叫作托图格罗的小型村子，酒店和餐馆都可以在村内找到。旅游团通常住宿的酒店都坐落在运河的两岸，这里的海浪较大，还有鲨鱼出没，禁止游泳，请多加注意。

面向加勒比海的连绵海岸

水边经常可以看到的大白鹭

小贴士 托图格罗村的人口大约有 1200 人，村子位于加勒比海与运河之间的中州地区，村中心栈桥附近开有众多民间工艺品店，野鸟的纪念牌很引人注目。

乘船在托图格罗可以欣赏到的各种动物

哺乳类：树懒、吼猴、蜘蛛猴

爬虫类：凯门鳄、绿双冠蜥、龟

鸟类：巨嘴鸟、美洲蛇鹈、红树林燕子

水牛也可以在这里看到，不过它们是从泰国引进哥斯达黎加的，现在已经处于半野生化的状态。

丛林巡航
Jungle Crusing

从莫因港起始，途经托图格罗，最终通向巴拉德尔科罗拉多的运河沿途几乎都与加勒比海的海岸线相平行，运河的支流还会在中途不断汇入东侧的大海。这条运河大部分干流都是天然形成的，当然也利用人工手段修造了部分支流，可以说在这片没有陆路交通的地区，运河上的水路交通承担了不可或缺的重要作用与角色。

不同季节会导致运河水位产生不同的变化，由于有的时期部分河段的水位会变得极浅，导致出发前往托图格罗的港口位置也会随之移动变化。现在最常见的航线便是由卡诺布兰科港口前往托图格罗的2小时标准航程。船只出港后，起初还是可以看到水牛及白色水鸟成群的普通水域，不一会儿四周便开始出现越来越茂密且绿意盎然的雨林植被，宛如航线旁的两堵绿色围墙。船上都会有向导作陪，如果发现了珍稀动物，便会将船只拉近距离让你更清楚地进行动物观察，并为你提供详细的讲解服务。

第二天一早的乘船出游根据前一晚住宿地点的不同，游览的区域也会有相应的变化，大体上都会前往北面的托图格罗之丘进行观光。这时候你便需要向公园管理事务所支付托图格罗国家公园的入园门票。入园后你可以看到穿梭跳跃于一棵棵树木上的吼猴、栖息于水面树枝上的各种水鸟，幸运的话还能一睹绿双冠蜥的魅影。将视线落回水面

搭乘观光专用游船在运河上行进

还可以看到鳄鱼和海龟的踪影，当然，为了更好地观测各种动物，一定要备好双筒望远镜以及镜头倍率较高的高档相机。

与向导一同漫步密林之中

巴拉德尔科罗拉多野生保护区

位于托图格罗北面数十公里处的便是巴拉德尔科罗拉多野生保护区（**MAP** p.229/A2）。包括身长足有2米的大海鲢在内的多种鱼类都在此生活，来访这里的游客虽然不多，但却是钓鱼爱好者圈内出名的钓点，无论是海边还是河边都是很好的钓鱼地点。

前往巴拉德尔科罗拉多野生保护区的交通方式之一便是从托图格罗租船前往，不过更常见的

前往方式还是从圣何塞跟团前往，旅游团会为你安排包办行程中的住宿酒店、餐食、往返交通费和钓鱼活动，可以为你省去很多烦恼。每年2~5月期间是旅游旺季，不过9月也是不为人知的出游好时段。6~8月和11~12月是暴雨时节，出行一定要注意安全。此外巴拉德尔科罗拉多野生保护区内也有禁止钓鱼的区域，一定要跟随导游前往对游客开放的钓点，才能享受钓鱼的乐趣。

海龟产卵观光游
Turtle Nesting Tour

前往托图格罗海岸产卵的海龟主要有 2 个品种，其中最知名的当属体重足有 60~200 千克的绿海龟 Green Turtle，这类海龟的产卵期是每年的 7~10 月，其中 8 月是产卵的鼎盛时段。据说产卵季来到托图格罗的海龟足有数千只，每只海龟一次会产下约 100 只龟蛋，但是其中可以茁壮成长的不足 1%。

另一种海龟则是比绿海龟个头更加庞大的棱皮龟 Leatherback Turtle，龟如其名，棱皮龟的外壳宛如皮革一般，很有特色。每年 2~7 月是它们的产卵季，不过没有针对棱皮龟的观光游行程。

夜晚是海龟的产卵时段，如果想一睹海龟产卵的场景一定要参加有专业向导跟团的观光团。这样的观光团原则上都是 10 人以下的小团，只允许向导携带手电筒这类光源设备。从海上来到托图格罗沙滩上的海龟寻求在松软的地方完成产卵活动，会缓慢地爬行到陆地的斜面地区。不过由于海龟的警惕性极强，但凡听到风吹草动或是有人影掠过便会立马逃回海里，所以观察时一定要小心翼翼，避免发出较大响声。此外也建议你不要穿着颜色鲜艳的服装，暗色衣物再好不过。不过一旦海龟开始产卵，便会变得平静许多，这时候靠近它也没有什么问题。此外，无论你的相机是否有闪光灯，都是不允许进行拍照的，用肉眼静静将海龟产卵的难忘时刻记录在脑海吧。

海龟产卵观光游
观光游开展于 7~9 月的夜间时段，费用 US$15~25。

来到托图格罗海岸产卵的海龟

酒店
Hotel

下文介绍的酒店都是面向河畔，设备完善，经常被选作旅游团驻地的沿途酒店。最少需要入住两晚，长期停留的话可以入住一周的时间。如果你是自由行身份入住酒店，那最好提前联系酒店为你提供接送服务。村子中有十几家民宿，住宿费用通常在 US$10 左右。

埃弗格林木屋酒店
Evergreen Lodge

在酒店园内便可以观赏各类动植物

◆托图格罗代表性的木屋酒店之一，酒店的面积宽广，客房全是木屋式结构。延伸向每座木屋的木步道宛如栈桥一般编织起酒店内的行走线路，沿途可以看到各类植物、青蛙以及昆虫。房费包含 2 晚的住宿费、圣币塞前往这里的交通费及向导费和每天的三顿餐食。用餐模式为自助餐，菜品丰富。

经济型
住 Tortuguero
☎ 2222-6841
fax 2257-7742
URL www.evergreentortuguero.com
CC AMV
客 72 间 免费 Wi-Fi
费 ⑤US$296~、⑩US$486~（2 晚）

马瓦巴木屋酒店
Mawamba Lodge

被加勒比海与河流包夹的豪华木屋酒店

◆ 酒店坐落在村子外的河边，可以步行前往村中心。海龟产卵的沙滩也就在酒店的前面，是很好的观看场所。客房配有电扇，住宿非常舒适。此外酒店内还有一座宽敞的泳池。房费包含 2 晚的住宿费、圣币塞前往这里的交通费及向导费以及入住期间的餐食费用。

经济型
住 Tortuguero ☎ 2790-8181
fax 2709-8080 URL www.mawamba.com
CC AMV 客 24 间 免费 Wi-Fi
费 ⑤US$279~、⑩US$460~（2 晚）

发财树木屋酒店
Pachira Lodge

时尚气氛浓厚

◆ 从托图格罗国家公园乘船前往这里需约 5 分钟的时间，酒店庭院绿意盎然，客房十分宽敞。房费包含 2 晚的住宿费、圣币塞前往这里的交通费及向导费和入住期间的餐食费用。

经济型
住 Tortuguero ☎ 2256-7080
URL www.pachiralodge.com
CC AMV 客 88 间 免费 Wi-Fi
费 ⑤US$296~、⑩US$486~（2 晚）

★ 利韦利亚

● 圣何塞

利韦利亚 *Liberia*

邻近尼加拉瓜国境线的瓜纳卡斯特省中心城市

利韦利亚周边是旱生林与草原构成的自然风景

人口▶ 5.7 万

利韦利亚
MAP p.229/A1

世界遗产

瓜纳卡斯特自然保护区
（1999 年，2004 年收录）

货币兑换

Av.Central 沿路两侧建有银行设施，可以在此进行美元与哥斯达黎加科朗的兑换。ATM 也可以直接提现。

医院（紧急）
☎ 2666-0318

交通警察
☎ 2666-1116

桑撒航空
☎ 2668-1017
URL www.flysansa.com

自然航空
☎ 2668-1106
URL www.natureair.com

从机场前往市内

利韦利亚国际机场 Aeropuerto Internacional Daniel Oduber Quirós（LIR）位于市区以西 12 公里的地方，可以打车前往市内。

利韦利亚始发的巴士

利韦利亚每天 5:00~18:00 期间每小时都有一班前往尼加拉瓜国境城市佩尼亚斯布兰卡斯的巴士，需约 2 小时。每天上午 5:00~11:00 期间，每小时也有一班前往科科斯海边休养地的巴士，下午则是在 12:30、14:30、18:30 共有 3 班前往科科斯海边休养地的巴士。

利韦利亚坐落在从太平洋北部的尼科亚半岛内陆一侧直至尼加拉瓜国境线的广大区域，是瓜纳卡斯特省的首府。泛美高速公路穿其而过，哥斯达黎加国内四大机场之一的利韦利亚机场也建在这里，使得利韦利亚成为哥斯达黎加太平洋海岸旅游乃至前往周边国家公园观光的枢纽转乘点。

瓜纳卡斯特省自古便是原住民文化十分繁荣的地区，8 世纪时期从墨西哥南下至此的奥尔梅加人便将这里作为繁衍生息的中心地。在哥斯达黎加隶属于危地马拉国土的时代，瓜纳卡斯特省因其独特的背景文化和地理条件曾一度属于尼加拉瓜的领土，直到 1858 年才正式隶属于哥斯达黎加。可能正是因为有这样的历史，相比于哥斯达黎加国内的小规模自营农场，瓜纳卡斯特省内的牧场内的牧牛数量有显著增多，农作物也不是种植传统的咖啡豆和香蕉，而是将大米和玉米作为主要产物。虽然整个哥斯达黎加国内已经逐渐变得与世界接轨，现代感与日剧增，但是当你来到瓜纳卡斯特省，仍可以感受到浓厚的原住民文化气息。林孔德拉别哈国家公园和圣洛萨国家公园，以瓜纳卡斯特自然保护区 Área de Conservación Guanacaste 之名被收录在世界自然遗产名录之中。

◎ 交通方式

飞机

首都圣何塞每天都有 3~5 班桑撒航空和自然航空运营的航班前往利韦利亚，航程 45~55 分钟，费用 US$94~151。

巴士

圣何塞的巴士站（MAP p.236/A1）每天 5:00~20:00 期间，每 1~2 小时便有一班前往利韦利亚的巴士（费用 ₡3920，需约 4 小时）。蓬塔雷纳斯每天 5:00~15:15 期间共有 7 班前往利韦利亚的巴士（需约 3 小时）。科科斯海边休养地每天则有 3 班（需约 1 小时）前往利韦利亚的巴士。尼科亚半岛的圣科鲁兹和尼科亚每天 5:00~20:00 期间每小时有一班前往利韦利亚的巴士（需约 1 小时）。可见利韦利亚所担负的交通功能的重要性。

小贴士 从尼加拉瓜搭乘 TICA 旅行社的国际巴士前往哥斯达黎加时，如果你提前和司机说打算在利韦利亚下车，巴士便会为你停靠在泛美高速公路与 Av.Central 的交叉路口附近。

利韦利亚 漫 步

从各地前往利韦利亚的巴士车都会抵达在市场附近的巴士总站（**MAP** p.287/A1），下车后步行 10 分钟左右便可以来到市中心的大教堂区域。城内建有许多酒店、餐馆和银行，是一座生活便利，也很适合漫步游览的小城。如果你是从尼加拉瓜初来哥斯达黎加，利韦利亚一定会让你感觉到分外的平静。

建于近代的大教堂

酒 店
Hotel

大教堂南面建有不少平价旅店和中档酒店，是一片出行很方便的居住区。市中心东面的街道附近也有几家酒店，餐馆则大多数集中分布在中央公园的周边，你在市内还可以找到快餐店和当地的简易食堂。

谢思塔酒店
La Siesta

◆酒店坐落在安静的地区　酒店内还设有一处小型泳池，前台十分友好，整座酒店的氛围都十分自在。由于酒店位置稍微远离市内的繁华商业街，所以客房环境都很安静淡雅。

中档	Map p.287/A1
住 Calle 4，Av.4 y 6　☎ 2666-0678
Fax 2666-0103　CC MV　房 24 间
🛜 免费 Wi-Fi　费 ▭ 🛏 📺 S US$40~、
D US$60~（税 +13%）

阿塞拉德罗酒店
Aserradero

◆邻近交叉路口的酒店　虽然建在主干路的一旁，但由于酒店的庭院十分宽广，隔离了马路喧闹的车流声，客房还是十分安静舒适的。可以在酒店庭院悠哉漫步，慢慢品味这里的鸟语花香。

经济型	Map p.287/A1
住 50m Norte de los semaforos entrada
Liberia　☎ 2666-1939　CC AMV
房 32 间　🛜 免费 Wi-Fi
费 ▭ 🛏 📺 S US$30~、D US$35~

瓜纳卡斯特旅店
Guanacaste

◆利韦利亚城内的青年旅舍　客房略微昏暗，布置也比较简单，旅店内便设有餐厅，距离巴士总站的距离也很近，非常方便。此外酒店经营前往各个国家公园的观光行程。宿舍房型每人收费 US$14~。

经济型	Map p.287/A1
住 25 Oeste y 100 Sur Terminal　☎ 2666-
0085　CC MV　房 27 间
🛜 免费 Wi-Fi
费 ▭ 📺 S US$20~、D US$36~

利韦利亚旅店
Liberia

◆受理前往国家公园的观光行程　坐落在中央公园附近的小型酒店，客房虽然布置比较简单，但是住宿舒适，你可以直接通过酒店参报各类国家公园的观光行程，费用也相对便宜。

经济型	Map p.287/A2
住 50 Sur del Parque Central
☎ 2666-0161　CC AMV　房 21 间
🛜 免费 Wi-Fi
费 ▭ 📺 S D US$42~　▦ 🛏 宿舍
房型 US$14~

利韦利亚 Liberia　区域地图 ▶ p.229/A1

林孔德拉别哈国家公园

MAP p.229/A1
开 每天 7:00~17:00
费 US$15

利韦利亚有前往这座国家公园的观光行程，费用US$30，从酒店便可以参报这类观光团。

林孔德拉别哈国家公园的酒店

H Rincon de la Vieja
☎ 2661-8198

酒店位于公园护林员小屋的前面，你可以通过这家酒店参报各类旅游行程或雇用向导。

圣洛萨国家公园

MAP p.229/A1
开 每天 7:00~17:00
费 US$15

利韦利亚有前往这座国家公园的观光行程，费用US$35，从酒店便可以参报这类观光团。

你可以在公园内露营住宿，如果费用有富余，也可以在公园科考队的宿舍住宿。公园本部（**☎** 2666-5051）中配有专业向导。

帕洛贝尔德国家公园

MAP p.229/A1
☎ 2524-0628
开 每天 8:00~16:00
费 US$15

利韦利亚有前往这座国家公园的观光行程，费用US$80，从酒店便可以参报这类观光团。

全年都有机会看到黑腹树鸭

周围被火山环抱的自然公园

林孔德拉别哈国家公园
Parque Nacional Rincón de la Vieja ★★

林孔德拉别哈国家公园作为哥斯达黎加国内重要的水源地而被指定为国家公园，在其内矗立着林孔德拉别哈火山（1895米），每年的旱季都有大量的背包客来此观光。除了从升起袅袅炊烟的护林员小屋到别哈火山这段长约8公里的主步道（往返需6~8小时）外，园内还有一条通向圣玛利亚火山（1916米）的游览线路。如果你打算来这座国家公园远足，请尽早于清晨开始你的旅程，当然别忘了从护林员小屋领取当地的地图和旅游信息资料。这座国家公园与圣洛萨国家公园一起作为瓜纳卡斯特自然保护区 Área de conservación Guanacaste 被收录在世界自然遗产名录之中。

---

500 余种生物都栖息于此的中美洲最大旱生林

圣洛萨国家公园
Parque Nacional Santa Rosa ★★

一望无垠的旱生林与广袤的草地

这座国家公园便是中美洲最大旱生林所在的地区，从每年5月中旬这里的雨季开始后，冬天一度凄凉的枯枝烂叶之景只需1周的时间便完全变成绿意盎然，堪称"绿色奇迹"。位于露营地东面的圣洛萨农场，曾在1856年成功抵抗了从尼加拉瓜侵入这里的威廉·沃克的佣兵部队，并因此闻名，现在这里的建筑复原后作为博物馆对公众开放参观。农场旁边约长1.5公里的自然步道则一路通向茂密的旱生林。雕刻精美的石桥下方是蝙蝠的巢穴，每年旱季在这里的水域地区都可以看到猴子、野猪、小鹿以及很多野生鸟类。

中美洲最大规模的水生鸟类繁殖地之一

帕洛贝尔德国家公园
Parque Nacional Palo Verde ★★★

公园由流入尼科亚湾的滕皮斯克河两岸不断蔓延开来的广阔湿地构成，也是中美洲最大规模的水生鸟类繁殖地。在这座湿地面积足有1.68万公顷的国家公园内，从裸颈鹳、朱鹭、白琵鹭、夜行性的船嘴鹭、鸭子、秧鸡等水生鸟类到金刚鹦鹉、凤冠鸟等森林鸟类，足有300余种鸟类都在此生活，可谓地地道道的鸟类爱好者乐园。推荐在蚊虫较少，迁徙鸟类于此停留较多，交通比较方便的旱季（12月~次年3月）来此游览；相反在降雨很多的9~10月这一带则是货真价实的"湿地"地区，道路泥泞，游览起来会比较不便。

坐拥广阔优美湿地的帕洛贝尔德国家公园

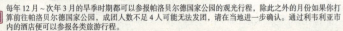
小贴士 每年12月~次年3月的旱季时期都可以参报帕洛贝尔德国家公园的观光行程，除此之外的月份如果你打算前往帕洛贝尔德国家公园，成团人数不足4人可能无法发团，请在当地进一步确认。通过利韦利亚市内的酒店便可以参报各类旅游行程。

哥斯达黎加历史
Historia de COSTA RICA

◎ 前史

哥斯达黎加同洪都拉斯、尼加拉瓜一起被欧洲所知晓，是受哥伦布最后一次航海活动的影响。而当时哥伦布登陆的地方便是现在的利蒙港。

随后不久西班牙的殖民者来到这里，并将最初的殖民地设在太平洋沿岸的布鲁塞拉斯，即现在作为知名的港口城镇和海水浴场被世人所知的蓬塔雷纳斯。不过在最初的殖民时期，布鲁塞拉斯并未得到很好的发展。

哥斯达黎加开始真正意义的殖民统治还要从胡安·巴斯克斯·德·科罗纳多统治这片土地的时代讲起。1564年，他选择建城已有30年历史的卡塔戈作为殖民地的心脏城市，直到1823年大地震彻底摧毁卡塔戈为止，这里一直作为哥斯达黎加的核心城市而蓬勃发展。

胡安·巴斯克斯曾构想过一个完美的殖民方案，不断从伊比利亚半岛的卡斯提尔、安达卢西亚等地抽调西班牙人迁居到哥斯达黎加的中央高原。另外他也将马、牛、猪等动物运送至哥斯达黎加这片新大陆，相继在这里开办以前从未有过的农场牧场。眼看形势大好，不料却被国王费利佩二世召回西班牙，就在他刚刚动身返航西班牙不久，他悉心经营的哥斯达黎加便和其他中美洲地区一起被编入到危地马拉总督府的统领之下。

◎ 独立后的日子

1821年，哥斯达黎加与其他一同被危地马拉总督府统治的国家一起获得独立，但没过多久，便被墨西哥合并。在哥斯达黎加建国时期一定不容忘记的当数弗朗西斯科·莫拉桑了，这名军人政治家在洪都拉斯同样被视作国家英雄，他参与了中美洲摆脱墨西哥统治的运动，并且作为中美洲联邦共和国的第二代总统深得民心。在联邦共和国的最后时日，莫拉桑败于反联邦主义的拉斐尔·卡雷拉，流亡哥伦比亚。

中美洲联邦共和国也受卡雷拉的分崩离析政策影响自动解散，不过当时试图重建中美洲联邦共和国的势力仍十分强大。

哥斯达黎加也于1838年由布劳利奥·卡里略宣布脱离中美洲联邦而彻底独立，同时卡里略也自称为终身统治者。不过卡里略的政敌很多，这些势力最终将莫拉桑重新迎回到哥斯达黎加的领土，虽然卡里略立即指派军队前去阻止莫拉桑的行动，但军队的司令官却倒戈于莫拉桑，此后莫拉桑几乎不费吹灰之力便取得了哥斯达黎加的军事力量，成了该国第二代总统。

莫拉桑身为联邦主义者，重建联邦的想法未曾在他的心里磨灭，在他成为哥斯达黎加的总统后力量增大，更燃起了他重建联邦的信心。于是他再次与卡雷拉统治的危地马拉交战，但悲伤的历史再次重演，他再次败于卡雷拉的军事力量，并在9月15日，即中美洲联邦共和国成立纪念日的当天被处决。

1856年，美国人威廉·沃克趁着尼加拉瓜国内自由派与保守派对立的内忧局面入侵尼加拉瓜，并夺得了尼加拉瓜的总统名号。

与此同时，哥斯达黎加预测沃克的野心不只局限于尼加拉瓜，还会染指周边的中美洲国家。当时的总统拉斐尔·莫拉·波拉斯命令托马斯·瓜迪亚·古铁雷斯作为司令官，带领军队前往尼加拉瓜驱赶威廉·沃克。随后萨尔瓦多、洪都拉斯、危地马拉的军事力量也加入驱赶军队，最终将沃克的佣兵军团赶出了尼加拉瓜乃至整个中美洲。

十多年后，在驱赶沃克军团战役中军功卓越的托马斯·瓜迪亚·古铁雷斯发动政变，成为哥斯达黎加的新一届总统。他治理哥斯达黎加的方式十分独特，在施行军事独裁统治的同时也颁布了民主主义的宪法，可谓双管齐下。

宪法中加入了废除死刑等一系列崭新且很有远见的条例，在1984年的改宪过程中都没有被修改，运用至今。

在托马斯·瓜迪亚·古铁雷斯后继任总统之位的贝尔纳多·索托，于1889年开展自由选举并确立了哥斯达黎加国内的民主主义体制，专注于普及初等教育并不断完善社会制度。此后虽然曾有2次反民主主义的政权产生，但很快便被国民的意向所否决，将这些反动政权扼杀在摇篮里。

◎ 通向非武装、积极中立的治国之道

1949年，对于哥斯达黎加来说同样是极其重要的一年。当年宪法在托马斯·瓜迪亚·古铁雷斯制定的宪法基础上增加了一条"作为恒久制度而不再保有国家军队"，至此相比军事力量更着重发展经济力量的政治宗旨已经十分明了了，这也是哥斯达黎加国内经济开始发展的原动力之一。

1982年当选总统的路易斯·蒙赫·阿尔瓦雷斯进一步加强了宪法中废除军队的理念，于1983年宣布哥斯达黎加永久处于积极的中立身份。

但是哥斯达黎加所处的中美洲的整体政治局势却仍十分严峻，哥斯达黎加与尼加拉瓜国境线

地区经常会发生武力冲突，此外国内接受美国资金援助的极右势力也相继露头，蒙赫政权也在哥国没有十足的政治地位。

哥斯达黎加在中美洲地区虽然表面上看来拥有最稳定的经济状态，但是对外债务却是绝对不容忽视的问题，这也是它不得不接受美国资金援助的原因。吃人嘴短，这也使得哥斯达黎加无法拒绝敌视尼加拉瓜桑迪诺政权的美国人的意图。外表看起来光鲜亮丽的非武装中立小国哥斯达黎加，直至今日仍然独善其身，其背后的努力是我们常人所无法简单设想的。

20世纪末期，哥斯达黎加国内曾一度掀起了到底是追随美国的势力成为美国的走狗国家，还是积极打造成为中美洲和平象征的国家的两种言论，1986年的总统选举更是两种言论所代表的不同党派的实质角逐，最终以积极建立中立国家为宗旨的国民解放党成员奥斯卡·阿里亚斯·桑切斯当选为新一任总统。

在阿里亚斯执政时期，他曾牵头在危地马拉的埃斯基普拉斯市举行中美洲和平交涉（《埃斯基普拉斯协议》），在协议签订过后，一直处于内战状态的萨尔瓦多和尼加拉瓜才开始向停战的方向发展。在哥国内政方面，他进一步加强了哥斯达黎加的非武装中立身份，废除了以美军战斗服为蓝本的本国警卫队服装，同时将重武器从自卫使用的武器列表中剔除，事实上完成了军事力量的进一步净化。这也使哥斯达黎加在中美洲确立了中立国家的身份，获得了周边国家的信赖，为萨尔瓦多和尼加拉瓜等国传递和平的信号。

而投身哥斯达黎加和平建设的阿里亚斯总统

也被国际所认同，他于1987年获得了当年的诺贝尔和平奖。1989年在阿里亚斯任期期间，哥斯达黎加国内还举行了民主主义体制确立100周年的纪念仪式。

2014年推崇革新思想的左派人士路易斯·吉列尔莫·索利斯就任总统，他改变了以往向来保守的哥斯达黎加政界。2018年5月，卡洛斯·阿尔瓦拉多当选为新一任哥斯达黎加总统。

过去曾是陆军司令部的国家博物馆（→ p.239）

Tópico

哥斯达黎加的当地礼物

哥斯达黎加的咖啡豆出口海外，品质很高，此外以咖啡豆为原料酿制的各种规格的利口酒也是馈赠亲友非常不错的礼物。

施以鲜艳色彩的卡雷塔牛车模型也是很独特的礼物之一。手工绘制的精美外观搭配仅有手掌大小的玲珑尺寸，可谓哥国人气极高的高档传统工艺品。无论是车身的大小还是外观模样都非常丰富，此外运用卡雷塔牛车传统工艺制作的其他木制品也是花样繁多。

原住民文化浓厚的民间工艺品以及描绘哥斯达黎加动植物图案的T恤衫也是这段旅行很棒的纪念品。

追逛礼品商店也十分有趣

巴拿马
PANAMÁ

伯利兹
危地马拉
洪都拉斯
萨尔瓦多
尼加拉瓜
哥斯达黎加
巴拿马

圣安德烈斯岛
Isla de San Andrés
（哥伦比亚领区）

Cayos de E.S.E.

Cayos de
Albuquerque
（哥伦比亚领区）

0   100km

加勒比海

玛利亚基奇塔
María Chiquita

科隆
Colón

查格雷斯国家公园
P.N.Chagres

哥斯达黎加
COSTA RICA

圣洛伦索
San Lorenzo

波托韦洛
Portobelo

埃韦尼尔岛
El Porvenir

圣巴拉斯群岛
Archipiélago de San Blás

利蒙港
Puerto Limón

拉诺阿米斯塔德国际公园
Parque Internacional la Amistad

圣洛伦索要塞
Fuerte de San Lorenzo

Narganá

锡克绍拉
Sixaola

钱吉诺拉
Changuinola

圣洛伦索国家公园
P.N.San Lorenzo

Sabanitas

索贝拉尼亚国家公园
P.N.Soberanía

Corazón de Jesús

Playón Chico

瓜维托
Guabito

博卡斯德尔托罗
Bocas del Toro

Gamboa

巴亚诺湖
Lago Bayano

Alligandí

Achutupo

阿尔米兰特
Almirante

巴拿提门托斯国家海洋公园
P.N.Marino Bastimentos

Donosa

巴拿马运河
Panamá Canal

巴拿马城
Panama City

Ogobsucum

Mualtupo

阿鲁火山
Volcán Barú
(3475m)

莫斯基托斯湾
Golfo de los Mosquitos

阿奇欧特 Achiote

Chiriquí Grande

Chorrera

塔沃加岛
Isla Taboga

康塔多拉岛
Isla Contadora

Santa Fé

Mato del
Volcán

博科特
Boquete

中央山脉
Cordillera Central

埃尔瓦耶
El Valle

圣卡洛斯
San Carlos

拉斯帕拉斯群岛
Archipiélago
de las Perlas

欧巴尔迪亚港
Puerto Obaldía

诺沃阿诺斯渡口
Paso Canoas

戴维
David

佩诺诺梅
Penonomé

纳塔
Nata

布兰卡海边休养地
Playa Blanca

San Miguel

La Palma

Yaviza

阿穆埃耶斯港
Puerto Armuelles

圣地亚哥
Santiago

奇特尔
Chitré

布艾纳万图拉
Buenaventura

圣何塞岛
Isla del Rey

Garachiné

El Real de
Santa María

Playa Las
Lajas

洛斯桑托斯
Los Santos

达连国家公园
P. N. del Darién

奇里基湾
Golfo de Chiriquí

圣卡塔丽娜
Santa Catalina

拉斯塔布拉斯
Las Tablas

巴拿马湾
Golfo de Panamá

Bahía Piña

柯义巴岛
Isla de Coiba

阿苏埃罗半岛
Península de Azuero

Jaqué

哥伦比亚
COLOMBIA

柯义巴岛国家公园
P. N. Coiba

太平洋

1   2

国旗

国旗中的红色和蓝色分别代表独立时期的原巴拿马自由党和保守党。白色则象征着两党间的和平氛围。蓝色的星星代表廉洁与忠诚，红色的星星代表法律的权威。

国名

巴拿马共和国
República de Panamá

国歌

《地峡颂》
Himno Istmeño

面积

约 7.5517 万平方公里

人口

约 410 万（2017 年数据）

首都

巴拿马城 Panama City（正式名称为西班牙语的 Ciudad de Panamá）。首都人口约为 81 万，首都圈人口大约为 120 万。

领导人

现任总统胡安·卡洛斯·巴雷拉 Juan Carlos Varela Rodríguez（2014 年 7 月就任，任期 5 年）。

政体

总统制共和制，国民议会为一院制（议员名额为 71 人）。

民族构成

混血种人 70%，非洲裔 14%，欧洲裔 9%，库纳族、安巴拉族等原住民 7%。

宗教

基督教占比 85%，新教占比 13%，其他信仰 2%。

语言

官方语言为西班牙语。
→旅行会话 p.348
巴拿马旅游资讯
URL www.visitpanama.com

货币及汇率

巴拿马以美元作为流通货币，本国货币为巴波亚，与美元等值并同时在境内使用，是世界上第一个除美国以外使用美元作为法定货币的国家。2019 年 4 月的汇率为 US$1 ≈ 6.86 元，酒店和餐馆内的价格单上如果看到 B. 的符号，其实这就是当地代表美元的意思，本书中将价格单位都写作 US$。，部分中高档酒店接受信用卡支付。

当地流通的纸币分为 1、5、10、20、50、100 美元共 6 种面值。硬币分为 1、5、10、25、50 分（c）5 种面值。硬币有巴拿马国内的巴波亚和美元硬币两种，无论是硬币的材质还是大小都是同等规格，可以互相通用。不过仔细观察就会发现硬币上的图案不尽一致，巴拿马的巴波亚硬币上刻画的是巴波亚的肖像画。虽然美元可以在巴拿马使用，但是巴拿马的硬币在美国是不被认可的。

你可以使用国际现金卡 Cash Card、预存卡 Prepaid Card 和信用卡直接在巴拿马国内的 ATM 进行提现。
旅行资金准备→ p.343
※ 信用卡的普及率由高到低为 Visa、Master Card、American Express。部分高档酒店认可 Diners Club 和 JCB 的信用卡。

小贴士 巴拿马的货币兑换小谈：在巴拿马国内无法兑换人民币，所以请至少携带美元前往。银行的 ATM（几乎 24 小时营业）可以支持写有 Cirrus、PLUS 等字样的信用卡直接提取美元。但是相比在当地直接用信用卡提现，还是在国内提前兑换好美元更加划算。

如何拨打电话

从国内往巴拿马打电话

| 国际电话识别号码 00 | + | 哥斯达黎加的国家代码 507 | + | 区号（去掉前面第一个0）×× | + | 对方的电话号码 ××××××× |

从巴拿马往国内打电话

| 国际电话识别号码 + | + | 中国的国家代码 86 | + | 区号（去掉前面第一个0）×× | + | 对方的电话号码 ××××××× |

电话及邮政→ p.344

签证

巴拿马在 2017 年与中国建交，以下为巴拿马关于中国公民入境的最新规定。

中国公民持外交、公务、公务普通护照人员可免签入境巴拿马。

因私赴巴需向巴拿马驻中国使馆领事部申请签证，签证手续较多，办理周期较长。若持有美国、欧盟、英国、加拿大、澳大利亚签发的多次有效、之前在颁发国使用过且剩余有效期不少于 1 年的签证，或有上述国家及地区的永久居留卡，可免签进入巴拿马，停留期限最长为 30 天。

护照

进入危地马拉前有效期要在 6 个月以上。

出入境

乘坐飞机途经美国，需要美国签证，在美国进行转机或停留时一定要注意，启程到美国前，所有通过豁免签证计划来到美国的旅游人士必须通过旅游授权电子（EVUS）系统（→ p.335）取得授权。详情请参照美国大使馆官网。

在巴拿马国内停留期间有义务随身携带护照原件，护照的复印件可以交由酒店保管。

中美洲旅行线路设计→ p.332

（1）APELLIDOS 姓
（2）NOMBRE 名
（3）DOCUMENTO 护照号码
（4）NACIONALIDAD 国籍
（5）PROFESION 职业

（6）FECHA DE NACIMIENTO 出生日期，以日期、月份、年份的顺序填写
（7）SEXO 性别（F=女性，M=男性）
（8）PAIS DE NACIMIENTO 出生国家
（9）PAIS DE RESIDENCIA 居住国家
（10）MOTIVO DE VIAJE 到访目的（TURISMO= 观光）
（11）DIRECCION PREVISTA 住宿地点
（12）NUMERO DE VUELO 航班号
（13）PAIS DE PROCEDENCIA 从哪国而来（入境巴拿马前所在的国家）
（14）PAIS DE DESTINO 往哪国而去（之后要去的国家）

出入境卡填写范例

【出入境税】

乘坐飞机出入境都不会收取额外费用，有时也会省略右侧出入境卡的填写过程。

从中国乘坐飞机前往巴拿马

目前国内尚未开设直飞巴拿马的航班，你可以搭乘美国航空、联合航空等美国承运的航空公司在美国进行转机，或者搭乘法国航空、汉莎航空在欧洲城市进行转机后前往巴拿马首都巴拿马城。算上转机的等待时间，需约 19~40 小时便可抵达巴拿马城。2018 年 4 月，中国国航开通了北京—休斯顿—巴拿马城的航班。

美国前往中美洲的主要航线→ p.333

气候

由于巴拿马的位置靠近赤道，全年都处于高温多湿的亚热带气候之中。每年1~4月是巴拿马的旱季，当中4月最为炎热。全年的气温几乎没什么变化，但是旅游的话还是选择1~3月最为合适。

巴拿马国土的地势大部分都是丘陵与山地，邻近哥斯达黎加国境线的奇里基山脉、塔巴拉山脉、加勒比海沿岸一直延伸到哥伦比亚国境线的圣布拉斯山脉都盘踞在巴拿马国内。而流淌在国家中央位置，地峡最狭窄的巴拿马运河则将太平洋一侧的巴拿马城与加勒比海岸边的科隆市相连接。值得一提的是，巴拿马国内23%的国土都被指定为国家公园，可见其保护大自然的坚定决心。

巴拿马的常用服装除了简单舒适的夏天服饰外，帽子、防晒霜、墨镜也是很重要的用品。如果你打算前往位于高原地区的博科特，由于那里入夜后气温有显著下降，一定要备一件长袖。此外长途巴士内的空调也调得很凉，乘车时别忘了带一件外套上车。如果你打算来巴拿马游泳或是参加水上项目，那泳衣也是行李箱里的重要成员。雨季一定不要忘记携带雨具，做好防雨准备。

巴拿马城全年气候表

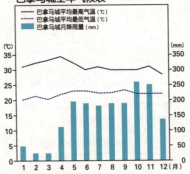

- 巴拿马城平均最高气温（℃）
- 巴拿马城平均最低气温（℃）
- 巴拿马城月降雨量（mm）

时差与夏令时

比中国晚13小时，中国0:00的时候，巴拿马是前一天的11:00。巴拿马未设夏令时，但是巴拿马国内的时间要比其他中美洲国家快1小时。

巴拿马节日（主要节假日）

以下为2019年的主要节假日。每年复活节的时间都会有所变动（不固定日期的节日用★

标记），需要实际确认。※ 为当地风俗节假日，其余为法定节假日。

1 月	1/1	新年
	1/9	●烈士纪念日
3 月	※（3/5 2019 年）	★狂欢节（谢肉节）
4 月	（4/20~22 2019 年）	★复活节
5 月	5/1	劳动节
8 月	8/15	巴拿马城城市日（仅在首都举行）
11 月	11/1 ※	国歌日
	11/2 ※	万灵节
	11/3	●独立日
	11/4 ※	国旗日
	11/5	●科隆独立节
	11/10	●巴拿马桑托斯省独立呐喊日
	11/28 ※	巴拿马西班牙独立日
12 月	12/8	●母亲节（圣母受胎日）
	12/25	圣诞节
	12/31	除夕

标注●的节日当天如果与周日重合，则将假期顺延到周一。
※ 狂欢节期间巴拿马各地都会举办热烈的游行活动。

工作时间

以下介绍的是一般单位的工作时间，商店、餐馆等服务业的营业时间会有所不同。

【银行】

周一～周五通常营业时间为8:00~15:00，也有部分银行会在18:00结束营业。周六的营业时间为9:00~12:00。所有银行周日及节假日都不营业。

【政府及一般企业】

周一～周五 8:00~12:00、13:00~17:00。

【商店】

每天的营业时间通常在9:00~18:00，部分商店会在周日休息。观光场所的民间工艺品店有的会全年无休。你在巴拿马城内还可以找到全年无休并且24小时营业的超市。

【餐馆】

通常每天在11:00~15:00、18:00~22:00营业。

电压及插座

电压110V，频率为60Hz。插座为三眼扁平插座（A类型），电压可能不太稳定，需使用变压器和转换插头。出发前请再次确认你的电器标准。

视频制式

与中国的PAL制式不同，巴拿马是NTSC

制式，在巴拿马购买的 DVD 无法在国内播放。

小费

巴拿马国内本身没有索取小费的习惯，但是因为到访这里的欧美游客较多，逐渐让他们有了索取小费的意识，分场合给点小费说不定会有更好的效果。

【出租车】
通常不用额外支付小费。

【餐馆】
餐馆的结算单上如果包含服务费的话是无须额外支付小费的，如果不含服务费可以支付餐费 10% 的费用作为小费。街头的平民餐馆无须支付小费。

【酒店】
拜托行李工搬运行李或提出打扫房间服务时，通常支付 US$1~2。

【参团及户外活动】
通常将旅游费的 10% 给向导作为小费。

饮用水

巴拿马当地水龙头流出的水通常都可以直接饮用，为了卫生煮开再喝最为妥当。当然，购买瓶装矿泉水也是很好的饮水方式。基本上酒店和餐馆的自来水都可以饮用，但是开在市场内的简易食堂的自来水则并不是那么卫生，渴了的话喝自己携带的矿泉水最放心。在超市和杂货店都可以轻松买到矿泉水。在餐馆点冷饮时，饮料里的冰块可能是用非饮用水制作而成的，尽量不要加冰。

邮政

寄往国内的明信片收费 US$0.45、信封文件 20g 以下收费 US$0.70，城镇中几乎没有邮筒，可以前往邮局寄或是拜托高档酒店的前台代寄。信件抵达国内需约 1~2 周。

税金

日常商品都会在价格内含 5% 的消费税，入住中档以上酒店则会加收 10% 的税费。经济型酒店会在收费时将税费含在账单之中。

入住中档以上的酒店会加收额外税费

安全及突发情况

【强盗、小偷】
巴拿马城的新市区和巴拿马国内的地方城市治安都很不错，1999 年随着运河流域地区的管理权归还于巴拿马本国，巴拿马的旅游业作为国内的支柱产业蓬勃发展，进一步巩固了国内的经济稳定局面。随着游客不断增多，观光警察的配比也逐渐加大，现在每家酒店都至少有一名警察常驻。出租车的改革与管理制度的强化也有显著的积极变化。

不过巴拿马仍有需要提高警惕的区域，包括邻近巴拿马城旧街区的贫民区、圣米格利特以及整座科隆城。治安较差地区恶劣犯罪率也会明显升高，请提前了解信息并加强警惕。市内及机场都曾发生偷窃案件，请看好随身物品。达连省、安巴拉族自治区、库纳·雅拉自治区与哥伦比亚接壤的密林地区是当地游击队的潜伏地点，十分危险，请不要靠近。

【医疗事项】
各个城市都设有医院和诊所，如果你受伤或身体有所不适，联系酒店的工作人员，一般他们都会带你前往最近的医院。虽然这里医生的医术在中美洲堪属上乘，但如果是重病还是推荐尽快回国医治。游客进入巴拿马国内的前 30 天时间可以享受免费的紧急医疗保险。

【报警电话 104】
旅行中的突发情况及安全知识→ p.346

年龄限制

巴拿马法律规定未满 18 岁不得饮酒或抽烟。观光景区的门票设有学生票和儿童票。

度量衡

和中国一样，长度单位为米，重量单位为千克、克，液体计量单位为升。

其他

【参观教堂】
参观教堂等宗教设施要尊重当地信仰。进入建筑物后要脱帽，不要穿着背心短裤等过于暴露的服装。不能把饮料食品带进教堂。禁止在教堂内使用闪光灯拍照。

【洗手间】
城中的餐馆和购物商场通常都设有洗手间。由于当地水压较低，请把卫生纸扔到垃圾桶内。

【吸烟】
巴拿马从 2009 年起开始实行建筑物内的全面禁烟条例，餐馆室外的露台地区也是禁烟区，一定要多加注意。

小贴士 巴拿马的安全状况最好实时关注网络的最新动态。

巴拿马城

巴拿马城
Panama City（*Ciudad de Panamá*）

融合古老历史与现代商业元素的巴拿马首都

卡斯柯别哈地区色彩各异的旧殖民风格建筑

人口▶ 81 万人

巴拿马城
MAP p.291/B2

老巴拿马城考古遗迹
（1997 年收录）
巴拿马城历史区域
（2003 年收录）

旅游咨询处 IPAT
阿尔布鲁克机场内
周一～周五　7:00～18:00
周六、周日　7:00～15:00

卡斯柯·安提国事务所
Oficina del Casco Antiguo
MAP p.297/B2
周一～周五　8:30～15:30
邻近宗教美术馆的一家私
营性质的旅游咨询处，你可以
在此里免费领取旧城区的地图。

巴拿马城观光信息
　　网络上随时都有最新版
的 FOCUS Panamá 旅游指南，
设有英语和西语两版。
URL www.focuspanama.com
　　观光报纸 THE VISITOR 每
周发行，报页为英语和西语
的双语模式。
URL www.thevisitorpanama.com

货币兑换
　　作为中美洲数一数二的
金融城市，新城区随处可见
国内外的各家知名银行，银
行内的 ATM 都可以提取美元，
不过当地银行无法兑换人民
币，请注意。此外在购物商
场和大型超市内也设有 ATM，
非常方便。

巴拿马航空
☎ 316-9000
URL www.airpanama.com

从托库门国际机场前往市内
　　从托库门国际机场
Tocumen（PTY）打车前往市
内，车费大约为 US$30，如
果你能凑齐 4 人，则可以包
一辆出租车前往市内，平均
每人 US$20。线路通常是沿
海的高速公路，需约 20 分
钟，从市内打车前往国际机
场的车费也在 US$30 左右。

被称作"世界十字路口"的巴拿马首都巴拿马城，是位于连接着北
美洲、南美洲两大陆的中美洲地区最狭窄地峡地带的城市，从西班牙殖
民时期起便担任着连接美洲和欧洲的重要交通职能。

现在市中心以东约 6 公里的位置坐落着老巴拿马城考古遗迹，其
建成历史可以追溯到 1519 年。当时这里作为西班牙人在美洲大陆的殖
民基地而曾一度非常繁荣，但是后来被担任牙买加副总督的英国海盗哈
利·摩根所彻底毁坏，巴拿马城不得不迁往现在的旧城区地区。此后，随
着人类历史上最大规模的土木工程——巴拿马运河在 1914 年竣工，巴拿
马城的重要性也上升到全球级别。1999 年，随着美国将巴拿马运河的管
理权返还巴拿马本国，过去的美军基地也改建为巴拿马的国内机场，一
条条高速公路也建设开来，可以说运河的管理权重回巴拿马手中也为巴
拿马城带来了巨大的积极改变。

漫步旧城区中仍可以看到西班牙殖民时代为这座城市留下的点点滴
滴，街上不时可以看到穿着库纳族传统服饰的当地女性；而新城区中高
楼大厦林立，衣装革履的商务人士穿梭于城市之中。同时保有新旧两幅
面貌的巴拿马城十分值得我们学习与尊敬。

交通方式

飞机

　　阿尔布鲁克机场 Albrook（PAC）每天都有 3～4 班由巴拿马航空运营，
飞往戴维的国内航线（需 35～45 分钟，费用 US$111～135），前往包括圣
布拉斯群岛在内的国内各地也有定期航班。
▶中美洲内的主要航线 → p.338

小贴士 巴拿马城市内的工作日早晚间都会出现上下班高峰时段，出行最好避开，以免堵车。如果你的随身行李
不多，也可以搭乘地铁进行移动，既便宜又方便。URL www.elmetrodepanama.com

巴士

前往巴拿马国内各地的国内巴士和前往哥斯达黎加的国际巴士发车地都位于阿尔布鲁克地区的国营巴士总站 Gran Terminal Nacional de Transporte（MAP p.297/A1）。这座 2 层建筑的巴士总站分工明确，二层是到达站台，一层则是出发站台。

从巴士总站打车前往新城区车费 US$6~9，行李多的时候安全起见，还是推荐选择出租车出行。

交通方式

从国营巴士站所在的阿尔布鲁克 Albrook 可以搭乘地铁 Metro 前往巴拿马城的新城区。你可以在地铁站购买交通卡（US$1）并充值适当金额后开启你的地铁之旅，每次乘坐地铁花费 US$0.35。地铁在 5:00~22:00 期间，每小时会有 6~12 班列车，此外巴拿马城市内也有一种名为 Metrobus 的公交车，交织形成市内的交通网，每次乘车收费 US$0.25。乘坐地铁使用的交通卡也可以直接乘坐市内的 Metrobus。

非常便利的地铁设施

前往各地的巴士

● **科隆方向**
每天 8:00~22:00 期间，每小时都有 2~4 班前往科隆的急行巴士，需约 1 小时 15 分钟。速度较慢的普通巴士则是从清晨到深夜时段，每小时共有 4 班，需约 2 小时，费用相对便宜，US$1.35。

● **埃尔巴耶方向**
每天 6:00~18:00 期间，每小时都有 2 班前往埃尔巴耶的巴士，费用 US$3.50~4.25，需约 2 小时 ~2 小时 30 分钟。

● **戴维方向**
每天 5:30~24:00 期间，每 1~2 小时便有 1 班前往戴维的巴士，费用 US$15.25，需约 7~8 小时；速度更快的直达巴士费用 US$19，需约 6 小时 30 分钟。

● **圣何塞方向**
巴拿马城每天 11:00 和 23:55 各有一班前往圣何塞的巴士，费用 US$42~58，需约 15 小时。

巴拿马城

巴拿马

小贴士 巴拿马城内曾发生过游客搭乘黑车结果遭遇抢劫的事件，所以安全起见请搭乘黄色车体且车牌上写有 SET 字样的正规出租车，一定不要上错车。

道路介绍

道路以从旧城区延伸向东北方向的 Av.Central（中途改为 Vía España）为主干道，平行主干道的 Avenida 也根据南北方位分为北道（Norte）和南道（Sur），路牌号从南向北由 1 号开始逐渐增大。与 Avenida 相交的东西向道路 Calle 则分为东街（Este）和西街（Oeste）。当地人会将 Av.1 Sur 称 为 Av.Perú，Av.2 Sur 称 为 Av.Cuba，Av.3 Sur 称为 Av.Justo Arosemena，相比数字，当地人更喜欢上文这样的表达方式。

邮局

MAP p.299/A2

Credicorp Bank 内，Calle 50

☎ 512-7601

出租车

司机会根据移动地区的不同而以区域制收费。通常从新城区到卡斯柯别哈费用为 US$5~8，前往巴士站费用为 US$6~9，清晨和傍晚会加收费用。

黄色车体的巴拿马出租车

巴拿马城区由架设在巴拿马运河太平洋沿岸入口的美洲大桥一路延伸到东面的老巴拿马城考古遗迹，城区总长约 10 公里，你可以从旧城区和新区城两个视角来游览巴拿马城区。

从旧城区看到的新城区高楼大厦之景

当你从城市西面途经美洲大桥进入巴拿马城后，不一会儿便可以在左手边看到肘山上随风飘扬的巴拿马国旗。作为巴拿马城象征的肘山西侧，便是设有旧火车站和巴波亚港的巴波亚地区。从这里继续向东南方向行进，便会来到旧城区的历史地区——卡斯柯别哈 Casco Viejo。

卡斯柯别哈隶属于费利佩区，作为从西班牙殖民时期便繁荣起来的古城遗迹，当地居民也称其为"卡斯柯·安提国"，卡斯柯别哈中宏伟的大教堂和国家剧院建筑、西班牙风格的旧殖民历史建筑都很有看头，这片区域也作为巴拿马的历史地区于 2003 年收录在世界遗产名录之中。

从卡斯柯别哈向东北方向延伸的中央大道 Av.Central 两侧开有各式商店，是一条十分繁华、一直贯通到新城区的商业街，人流量很大，十分富有活力。新城区几条主干道的交会地 5 月 5 日广场 Plaza 5 de Mayo（MAP p.299/B1）周围的交通经常比较混乱。

Seguridad

巴拿马的安全信息

巴拿马城新城区的治安除了深夜以外可以说都还不错，选择柏拉维斯塔地区 Bella Vista、马尔贝拉地区 Marbella、圣弗朗西斯科地区 San Francisco 等位于新城区中心的酒店住宿，平时在市内游览时多留几个心眼，一般不会遇到危险。

过去旧城区的卡斯柯别哈地区在夜晚的治安还是不太安全的，不过从 2010 年开始整改以来有了显著的改善。2012 年酒店和餐饮店也都在此相继开业，夜晚路面上也有很多当地人和游客游玩和用餐，可以说已经十分安全。不过远离主干道的街道人迹罕至，如果你发觉周围气氛异常安静或是感到有异样，请立即返回主干路的繁华街区。

当你前往旧城区时，一定要特加留意的当数被中央大道和肘山包夹的埃尔科尔里略地区 El Chorrillo、以及被中央大道和巴拿马湾相夹的圣安娜地区 Santa Ana。这两个地区分别紧邻卡斯柯别哈的西侧和北侧，虽然都比邻中央大道，但是由于这两个地区是著名的贫民区，夜间犯罪还是时有发生的。此外，机场东面的古龙度地区 Curundu 也是值得注意加强警惕的区域，卡里多尼亚地区 Calidonia 中也没有不少中档酒店，如果你选择在这里住宿，夜间出行请乘坐出租车。在旧城区观光时请谨记，除了卡斯柯别哈的景区以外，走在中央大道上都没有什么问题，千万不要远离中央大道。

※ 由于一些亚洲公民在案件发生后，因语言困难和害怕报复，不愿报警与警方合作，致使犯罪分子逍遥法外，故亚洲公民遭险的事件时有发生。建议大家积极通过法律途径维护自身正当权益。

小贴士 观光巴士分为每天设有 7 班（8:25~16:30，需约 35 分钟）的城市游巴士和每天设有 8 班（9:00~18:45，需约 2 小时）的运河游巴士，支付 US$29 便可以 24 小时自由上下任意观光巴士，US$39 则可以将乘车时间延长到 48 小时。URL citytourspanama.com

当你游览完古香古色的巴拿马旧城区，前往新城区时会感到扑面而来的现代气息。在这片建有 3000 余幢高楼大厦的现代城区中，世界各国的银行、高档酒店、购物商场、各式餐馆都分布其中，街上往来的商务人士与高档轿车也使得这座城市更加繁华热闹。

新城区的中心区域当数面向大道而建的高档酒店 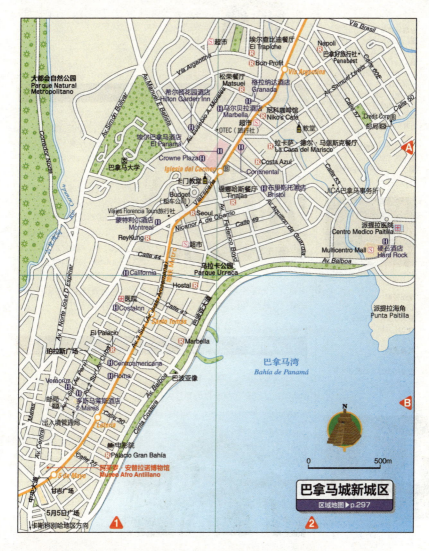 埃尔巴拿马酒店周围。银行、酒店、高档时装店与24小时营业的咖啡馆都集中分布于此，夜晚这里则会被霓虹灯点缀得灯火辉煌，深夜出行也十分安全，不用过分担心。

从这里前往东北方向位于太平洋沿岸的老巴拿马城考古遗迹 Panamá Viejo，你便会来到巴拿马城的最东端。在老巴拿马城考古遗迹博物馆旁边还可以找到售卖各式工艺礼品的民间工艺品市场。

民间工艺品市场
MAP p.297/A2
周一～周五　8:00~17:00
周六、周日　10:00~17:00

巴拿马城新城区
区域地图▶p.297

巴拿马湾
Bahía de Panamá

派提拉海角
Punta Paitilla

0　　　　500m

小贴士　Albrook 商场（MAP p.297/A1），Multicentro 及 Multiplaza 商场（MAP p.297/A2）都开有知名品牌时装店和各式餐厅，游客在这些商场购物都会有相应折扣，此外这些商场也是观光巴士的出发点，更加方便游客的城市观光行程。

大教堂
MAP p.297/B2

大教堂内部

巴拿马市政厅
MAP p.297/B2

🕐 周一～周五 8:30～15:30

💰 US$1

建于大教堂南面的巴拿马市政厅的一层是一处面积不大的历史博物馆，你可以在该馆参观殖民时期的民众服装以及城镇的古地图等资料。

巴拿马运河博物馆
MAP p.297/B2

🕐 周二～周日 9:00～17:00

💰 US$10

馆内展出关于运河的各类照片

观光警察
MAP p.297/B2

📍 Av.Central y Calle 3

☎ 211-3365

国家剧院
MAP p.297/B2

☎ 262-3525（剧院事务所）

古老建筑与改建建筑融洽分布于城镇之中

巴拿马城　主要景点

面向独立广场的旧城区地标建筑

大教堂
Catedral ★★★

通常作为观光起点，坐落于独立广场对面的大教堂

从新城区沿中央大道一路直行，便可以来到旧城区卡斯柯别哈的中心——独立广场。而面向独立广场矗立的便是旧城区的地标建筑——大教堂。据说这座教堂从 1688 年便开始搭建，一直到 1794 年才竣工，可谓花费百余年漫长时间的心血之作。现在你还可以在这里看到从被英国海盗哈利·摩根摧毁的老巴拿马城旧教堂中迁移而来的 3 座大钟。教堂内部对公众开放，可以自由参观。

想要了解运河的历史，就来这里看看

巴拿马运河博物馆
Museo del Canal ★★

面向旧城区独立广场的运河博物馆

同样面向独立广场而建，比邻巴拿马市政厅。馆内的资料囊括了从巴拿马运河建设阶段到现代巴拿马运河职能介绍的各个方面。馆内的讲解员只讲西班牙语，但是你可以租借英语或法语的语音向导设备（US$3）。运河建造时期的影像资料、巴拿马运河游以及美国返还巴拿马运河管理权的过程都可以通过馆内的影片进行了解，此外馆内还会不定期进行包括绘画展在内的各项展出。

包括大理石地板在内的内部装饰一定不容错过

国家剧院
Teatro Nacional ★

各式音乐会都于此举办

位于独立广场以东 3 个街区的国家剧院于 1908 年竣工，当时还以威尔第作曲的《阿伊达》作为开幕庆祝歌剧。经典的马蹄形客席，由大理石、天鹅绒以及古典吊灯装饰的内部场景都令人暗暗称绝。现在这里依然上演着各式歌剧和古典音乐会，陶冶着当地居民的情操。剧院前令人印象深刻的钟楼建筑则是圣弗朗西斯科大教堂。

小贴士　卡斯柯别哈地区的专用地图可以免费领取，上面记载着包括博物馆、教堂等观光景点以及各类商店、餐馆的实用信息，让你的旅游如虎添翼。你可以从卡斯柯·安提国事务所（→ p.296）处领取。URL www.cascoantiguo.gob.pa

圣何塞教堂
Iglesia de San José ★★★

距离独立广场步行只需要3分钟的圣何塞教堂，其内金碧辉煌的黄金祭坛十分出名。1671年极度繁荣的老巴拿马城遭到海盗哈利·摩根的彻底摧毁，当时城内的金银财宝几乎都被一掠而光，只有这座黄金祭坛由于外层被石灰材质涂抹变得极不显眼才逃过一劫。你来到卡斯柯别哈地区时，一定不要错过这个黄金祭坛。

设置在教堂内部的黄金祭坛

宗教美术馆
MAP p.297/B2

建于圣多明戈教堂中的宗教美术馆，馆内还留有过去的修道院废墟，可以免费进行参观。

宗教美术馆区域内的修道院废墟

法国广场
Plaza de Francia ★★

由于这座广场邻近法国大使馆而取名法国广场，是卡斯柯别哈地区东南面一座十分优美的广场设施。广场内立有最初参与巴拿马运河建造的法国人雷塞布的胸像，以及救助运河建设劳动者脱离疟疾危险的古巴医生纪念像，可以说是巴拿马国内关于运河主题的国家性纪念广场。广场一侧便是可以眺望大海的散步道，你在这里可以360°地观赏新城区高楼大厦组成的现代夜景，同时这里也是深夜情侣卿卿我我的浪漫之地。广场周边还有外观装饰华丽的国家文化院，每天都会有话剧上演的剧场设施离这里也仅几步路的距离。

位于卡斯柯别哈地区一端的法国广场

法国广场
MAP p.297/B2

水产市场
Mercado de Mariscos ★★

位于卡斯柯别哈地区北面的海鲜专营市场，卫生方面管理得十分到位。是当地居民和餐饮界人士利用率很高的民间市场，游客也可以随意进入参观和购买。市场内有一条并设有10余家餐馆的饮食街，你在这里可以以十分公道的价格品味极其新鲜的海鲜菜肴。

水产市场
MAP p.297/B1
⏰ 每天 6:00~17:00
（饮食街营业时间为9:00~21:00）

品味鲜美的海鲜菜肴

阿芙罗·安替拉诺博物馆
Museo Afro Antillano ★

介绍从加勒比海的各岛而来，运河建设中最主要劳动力——黑人的文化的博物馆。参观结束后你可能会产生"如果没有这些加勒比海出身的非洲系劳动者的参与，恐怕运河不会顺利竣工"的奇妙感受。

阿芙罗·安替拉诺博物馆
MAP p.299/B1
📅 周二～周六 9:30~15:30
💰 US$1

博物馆的入口如果是关闭的状态不要担心，敲门后便会有工作人员为你开门。

老巴拿马城考古遗迹

Panamá Viejo　　　　　　　★★★

遗留有旧时居所和教堂废墟的老巴拿马城考古遗迹

这片由西班牙人在 1519 年于太平洋沿岸建造的第一座殖民城市，现在也被称为老巴拿马城考古遗迹 Panamá la Vieja。西班牙殖民者在太平洋沿岸印加帝国掠夺的黄金等财宝经由这里的地峡地带和大西洋海岸的波托韦洛，最终运抵西班牙。这也使得这座城镇在当时极为重要，从而变得十分繁荣，但是在 1671 年，英国人哈利·摩根率领其旗下的海盗从内陆地区攻入此地，并最终焚毁了整座城镇。随后重建城市的西班牙人从废墟的建筑物中获取各类建筑资源，并建设了我们现在看到的卡斯柯别给地区。此前几乎被人们遗忘的老巴拿马城近年来经过修复与翻修，成为了一处宛如遗迹公园的场所。大教堂遗迹中的钟楼是老巴拿马城的塔楼，塔楼内部建有精致的台阶，上到塔顶便可以纵览周围地区的美丽景色。1997 年老巴拿马城考古遗迹被收录到世界遗产名录之中。

沿着通往新城区的街道一路前行，会在右手边看到修道院的古老遗迹，此后步行约 20 分钟便可以来到老巴拿马城考古遗迹博物馆 Museo de Sitio Panamá Viejo，博物馆的一层介绍西班牙人殖民中美洲的历史，二层则对老巴拿马城的历史内容进行了展示介绍。

弗拉门戈岛内设有一个免税购物中心

铁路爱好者不容错过的火车站遗迹

巴波亚火车站

Estación de Balboa　　　　　　★

这座位于巴拿马运河沿岸、过去曾是火车站的建筑遗迹现在作为商场对外营业。建筑的广阔庭院与设立的停车场中都有追溯到运河建造时期的历史遗产。利用轨道行驶的大型蒸汽式起重车与运送沙土的货车等展示车辆也都值得细细观察。

在火车站遗迹前被绿意盎然的草坪覆盖的小山丘上坐落着巴拿马运河管理局 Edificio Administración del Canal 的宏伟建筑。当时为了进行运河管理而由美国人建设而成，现在这里种满热带树木的茂密广场中庭是当地市民的休憩之所。

可以欣赏新城区景色的绝佳位置

推荐情侣来此欣赏美景

阿马多尔

Amador　　　　　　　　★★

位于巴拿马城南面，从架设在巴拿马运河河口的美洲大桥向东稍微走一会儿便会来到巴波亚游艇俱乐部，从这里可以俯瞰穿过美洲大桥往返于巴拿马运河的各色船只。名为阿马多尔的这片区域，由运河建设期间挖掘运河所产生的沙土最终堆积而成，从这里向南延伸到包括弗拉门戈岛在内的 3 座小岛的堤道 Causeway，也起着防波堤的功能与作用。你在阿马多尔可以找到各式咖啡馆与餐馆，是一处欣赏海景的绝佳地点。巴拿马城的居民也十分热爱这里，周末从早到晚都可以看到情侣和举家出游至此的当地居民。

小贴士 著名建筑家弗兰克·欧·盖里在阿马多尔建造了生物博物馆 Biomuseo。作为堤道目的地的三座小岛之一的弗拉门戈岛 Isla Flamenco 上还设有一座免税购物中心和各式餐馆，周末十分热闹。

巴拿马城的实用信息

政府机构

中国大使馆 Embajada del China

住 El Edificio Smart Business Center, Vía Cincuentario y Avenida 3C Sur

☎ 265-4058 10-12308（24 小时领事保护热线）

开 周一、周三、周五 9:00~11:00

伯利兹大使馆 Embajada del Belize

住 Calle 22, Villa de Las Fuentes, #1, F-32

☎ 236-4132

开 周一～周五 9:00~13:00

出入境管理局

Migración y Naturalización　MAP p.299-B1

住 Av.2a Sur y Calle 29 Este

☎ 227-1077

航空公司

哥伦比亚阿维安卡航空 Avianca

住 Calle 50, edificio Solendeg

☎ 206-8222

URL www.avianca.com

巴拿马航空 Copa Airlines

住 Av.Justo Arosemena y Calle 39

☎ 217-2672

URL www.copaair.com

美国航空 American Airlines

住 Calle 50, Plaza New York

☎ 269-6022　URL www.aa.com

联合航空 United Airlines

住 Av.Balboa, Edif.Galerias Balboa

☎ 265-1544　URL www.united.com

租车公司

安飞士租车 Avis

住 Edif.Romaney, Calle D, El Cangrejo

☎ 213-0555　URL www.avis.com

百捷乐租车 Budget

住 Vía España, Entrada la Cresta

☎ 263-8777　URL www.budget.com

医院

派提拉医院 Centro Medico Paitilla　MAP p.299/A2

住 Av.Balboa y Calle 53

☎ 265-8800

URL www.centromedicopaitilla.com

巴拿马城内的私立综合医院，配有 24 小时急诊救治体系。

巴拿马城始发的旅游线路

巴拿马运河及市内观光

巡游巴拿马运河米拉弗洛雷斯游客中心、旧城

区以及阿马多尔等市内精致景点的行程，需约 8 小时，费用 US$125~。

巴拿马运河巡游（→ p.304）

巴拿马运河游船于每周五、周六定期发班（也设有不定期航班），提供往返酒店的接送服务，游船时长约 6 小时，费用 US$135~。

巴拿马运河铁路（→ p.305）及圣洛伦索要塞（→ p.311）观光

清晨通过巴拿马运河铁路（工作日）从巴拿马城前往科隆，行程约 8 小时，费用 US$160~。

查格雷斯国家公园及安巴拉族部落的实地参观（→ p.313）

实地参观安巴拉族村落，欣赏传统舞蹈并品尝当地菜肴，行程约 6 小时，费用 US$190~。

参加旅游团探访安巴拉族村落

甘博阿度假区游览

搭乘电车游览完雨林地区后乘船参观查格雷斯河流域并参观栖息在巴拿马运河的各类野生动物。需约 8 小时，费用 US$145~。

圣巴拉斯群岛（→ p.314）

通过陆路交通和乘船进行的一日游行程，耗时约 12 小时，费用 US$250~。也可以搭乘飞机更有效率地参加这个行程。

索贝拉尼亚国家公园（→ p.309）野生鸟类观测活动

时长约 5 小时，费用 US$160~。

博科特（→ p.324）

2 晚 3 天的观光行程，费用 US$660~。

柯义巴岛

2 晚 3 天的观光行程，费用 US$720~。

※ 需要 2 人以上才可以成团，提供英文向导。

旅行社

巴拿好旅行社 Panabest　MAP p.299/A2

住 Calle 60 con Av.Samuel Lewis y Av. Abel Bravo, Casa 30, Local 10, Obarrio

☎ 396-9575

URL Panamatourstravel.com

除了上述行程，你还可以咨询更多的巴拿马国内精彩行程。

小贴士　卡斯柯别哈地区既是观光地也是当地政府机构的所在地，治安情况可以说是相当好，在此散步不用担心安全问题。2012 年以来各式酒店和餐馆也在此相继开业，这里已然被建成了新巴拿马城旅游核心地的象征。

巴拿马运河 Canal de Panamá

穿行于米拉弗洛雷斯水坝的各色船只

　　连接太平洋与大西洋的巴拿马运河，横穿于同样连接着南北美洲大陆的这片地势最狭长的巴拿马地峡，这条水闸式运河长度约有 80 公里，以位于巴拿马地峡，海拔 26 米的加通湖作为水源供给来源。整条运河便是利用如加通湖这样与海平面具有相应高度差的地方建设的诸条水路。往来这里的船只驶过 3 座开闭式水坝后通过水位的调节便可以进入下一段运河水路之中。巴拿马运河虽然于 1914 年便开通运行，但是无论是运河本身还是两岸的地域长期都处于美国的管理与支配之下，直到 1999 年美国将管理权归还于巴拿马。现在则作为观光地，将包含米拉弗洛雷斯水坝在内的运河地区都对公众开放。2006 年巴拿马国民投票通过了新巴拿马运河的扩建工程，工程于 2007 年开始施工，增设了全长 366 米，河宽 49 米的新型运河。这条新巴拿马运河本打算于巴拿马运河建设 100 周年的 2014 年竣工，但由于工程量较大，最终于 2016 年 6 月才彻底竣工。

巴拿马运河游船

Acerca del Canal de Panamá

　　每周五、周六从巴拿马城的巴波亚港始发的巴拿马运河游船项目。从巴波亚港出航的游船途经美洲大桥后前往米拉弗洛雷斯水坝。游船与大型货运船只一同随着水流逐渐接近米拉弗洛雷斯水坝，随着钢铁大坝缓缓升起，船只也即将驶向大坝后的下一段运河。

　　随着大坝在放行船只后逐渐关闭，水坝后的水域水位也随之开始不断上升，船只水涨船高，游客的视线也将不断上升到新的高度。当水位一直上升到水坝之上后，你甚至可以看到从河岸两旁前来观看水坝工程的各路游人从观看席向你挥手致意。当你置身于水坝前后不断变化的水位之中，便会更加深入地了解巴拿马运河的运作原理。随着水位不断上升，游船进入米拉弗洛雷斯湖并前往佩德罗·米格尔水坝。旅游旺季游船的班次也还会相应增至每周 3~4 班。

　　游船行程分为水坝游起始点的 6 小时往返行程以及前往科隆的 8 小时单程巡游，无论哪条游船线路都附带游船内的自助餐和饮品服务。

Panamá Marine Adventures 旅行社
（主营运河游船的旅行社）
☎ 226-8917
💳 US$135~、全套行程费用 US$180~
URL www.pmatours.net

窗明几净的玻璃观光列车

从列车车窗可以眺望到运河美景的观光铁路

巴拿马运河铁路

Panamá Canal Railway

这条最初连接太平洋和大西洋的铁路于 1855 年正式开通，在巴拿马运河开通之前对于当地的货物运输起着举足轻重的作用。铁路全长约 77 公里，是你来到巴拿马一定要乘坐体验的交通工具。过去曾有暂停列车运行、铁路休线的情况发生，但随着巴拿马运河的管理权归还于巴拿马政府，铁路也在 2001 年再次作为交通工具对公众重新开放。列车面向科隆城自由区 Zona Libre 工作的上班族而设，在每周一～周五，每天都有 1 班往返巴拿马城与科隆的区间列车。共有 6 节车厢，其中一节是专为旅客而设立的观光车厢。2 层的观光车厢中玻璃车窗很大，可谓观景的绝佳场所，座位则是先到先得，自由挑选。

巴拿马城的运河火车站位于市内西北方向 3 公里的科罗萨尔，车票可以当天购买，但是最好还是提早前往火车站，以免因为购票耽误时间而错过火车。列车内空调系统完备，可以享用免费咖啡，服务非常到位。火车轨道设在民居和自动车道都较少的巴拿马运河沿岸，视野很好。如果你从巴拿马城开始乘坐这班列车，推荐你坐在左手边的座位，因为运河一路都会出现在左侧。发车 30 分钟后，列车便会抵达加通湖，为了不绕湖前行而浪费时间，你将随列车一起横穿设于加通湖上的一条狭长铁路，列车左右两侧优美的加通湖风光也十分迷人。从巴拿马城出发 1 小时左右（中途没有任何停靠的车站）便会抵达此行的终点——科隆站。由于科隆城的治安不是很好，最好不要长久逗留，你可以直接前往附近的巴士总站搭乘前往巴拿马城的巴士折返，也可以参观波托韦洛后搭乘当天返程的列车原路返回巴拿马城。

巴拿马运河铁路

☎ 317-6070 🚊 单程 US$25 URL www.panarail.com

周一～周五于 7:15 从巴拿马城出发前往科隆，17:15 从科隆出发前往巴拿马城。从新城区打车前往巴拿马城的运河火车站（MAP p.297/A1 外）需约 US$10~12。

动力十足的火车头拉动整列车厢平稳前行

近距离观看船只通过水坝的情景

可以参观大型船只通过水坝的景象

米拉弗洛雷斯水坝

Esclusas de Miraflores

巴拿马运河共设有 3 座大坝，分别是距离巴拿马城最近的米拉弗洛雷斯水坝、中间位置的佩德罗·米格尔水坝，以及邻近大西洋一侧科隆城的加通水坝。水坝作为为船只放行的大型设施，调节水位以便船只进入下一段水域，可以说是观赏运河运作原理的绝佳场所。而这三座水坝之中最方便前往的自然是距离巴拿马城最近的米拉弗洛雷斯水坝。

进入水坝后，左侧是正在用英语和西班牙语轮流进行讲解的幻灯片展厅。右侧是水坝博物馆，一层介绍巴拿马运河建设的历史，二层对巴拿马的生态系统进行展示，三层针对运河和水坝的作用进行介绍。水坝开闭系统的模型十分精致，你在这里还可以看到船只通过水坝后的模拟画面，仿佛身临其境一般。

这里有 2 个参观水坝的观测点，分别是位于建筑外侧台阶上方的站廊以及乘坐电梯向上可以来到的屋顶区域。虽然这两个观测点都可以看到船只通过水坝的场景，但是屋顶上的区域视野更加开阔清晰，欣赏到的景色也更加生动，富有活力。虽然不同日期的船只通过时间不尽相同，但是基本上 15:00 便是最后一艘船只的通行时间，所以最好是在上午进行观光游览。游客中心内还有经营国际风味的高档餐馆、简餐餐馆以及售卖纪念品的商店，有时间的话不妨前去转转。

米拉弗洛雷斯水坝（游客中心）

MAP p.297/A1 外

开 每天 9:00~17:00

圐 用 US$15

从新城区打车前往这里费用为 US$20~25，从旧城区搭乘出租车的费用则在 US$15 左右。搭乘巴士的话可以选择每小时 1 班从阿尔布鲁克国营巴士总站驶来的巴士，需约 20 分钟。

酒店
Hotel

2013年相继在新城区开业的面向商务人士的大型高层酒店，是很不错的住宿选择。卡斯柯别哈地区也有几家由旧殖民风格建筑改建而成的酒店，以及面向背包客的青年旅舍。此外在卡里多尼亚地区也有几处古色古香的中档和平价酒店。

美洲交易酒店
American Trade

◆旧殖民风格的时尚酒店　位于卡斯柯别哈地区，面向艾莱拉广场的白色奢华风格酒店。由建于20世纪前半叶的旧殖民风格建筑改造而成，客房宽敞明亮，中庭还设有泳池，住宿舒适享受。

高档　　　　　　　　Map p.297/B2

🏠 Plaza Herrera
☎ 211-2000
URL www.acehotel.com/panama
CC AMV
🛏 50 间
📶 免费 Wi-Fi
费 ▭ ▧ ◥ ▨ Ⓢ Ⓓ US$178~（税 +10%）

特朗普海洋俱乐部酒店
Trump Ocean Club

◆当地最前卫的奢华酒店　独特的建筑外观引人注目，面向巴拿马湾而建，视野开阔。酒店拥有私人海滩及船坞，你可以在海边的泳池及餐吧享受安静的休闲度假时光。此外酒店的SPA水疗设施以及餐厅也都有不错的评价。

高档　　　　　　　　Map p.297/A2

🏠 Calle Punta Colón
☎ 215-8000
URL www.trumphotels.com
CC ADMV
🛏 369 间
📶 免费 Wi-Fi
费 ▭ ▧ ◥ ▨ Ⓢ Ⓓ US$179~（税 +10%）

马尔贝拉酒店
Marbella

◆位于新城区的商务酒店　距离新城区的大道只有一条马路，地理位置优越，出行十分便利，周围也都是安全的场所。客房虽然不是很大，但设备完善，十分整洁，房客中相比游客的数量，商务目的的住宿客人更多。酒店内设有餐厅，足不出户便可解决一日三餐。

中档　　　　　　　　Map p.299/A2

🏠 Calle D，El Cangrejo
☎ 263-2220
fax 263-3622
URL www.hmarbella.com
CC AMV
🛏 84 间
📶 免费 Wi-Fi
费 ▭ ▧ ◥ ▨ Ⓢ US$45~、Ⓓ US$50~
（税 +10%）

多斯马莱斯酒店
2 Mares

◆价格公道住宿舒适的中档酒店　位于中档酒店分布很密集的卡里多尼亚地区，酒店屋顶上有一个小泳池，可以从这里眺望到大海和旧城区的优美景色。

中档　　　　　　　　Map p.299/B1

🏠 Av. Perú y Calle 30
☎ 227-6150
URL hotel-dosmares.com
CC MV
🛏 78 间
📶 免费 Wi-Fi
费 ▭ ▧ ◥ ▨ Ⓢ US$42~、Ⓓ US$46~
（税 +10%）

▭ 设有空调　▨ 未设空调　◥ 房间设有淋浴设施　▨ 公用淋浴设施　▨ 设有电视　▨ 未设电视

蒙特利尔酒店
Montreal

◆位于大道一侧，地理位置优越　邻近卡门教堂，步行到新城区繁荣商业街只需要5分钟的中档酒店。酒店内设有餐厅，房顶还设有泳池。

中档	Map p.299/A1

📍 Vía España y Av. Justo Arosemena, La Cresta
☎ & 🖷 263-4422
URL hotelmontrealpanama.com
CC MV　房 80 间
📶 免费 Wi-Fi
費 ⬜ 🛏 📺 S US\$31～、D US\$35～（税+10%）

露娜城堡酒店
Luna's Castle

◆位于卡斯柯别哈地区的青年旅舍云集各国背包客的青年旅行社，酒店内受理圣巴拉斯群岛等地的旅游团参报活动，提供包括厨房在内的宽广公共空间，旅游信息也非常充足，你在这里还可以免费寄存你的行李。提供免费咖啡和早餐。

经济型	Map p.297/B2

📍 Calle 9a Este #3-28, Casco Viejo（San Felipe）
☎ 262-1540
URL lunascastlehostel.com
CC 无　床 80 张床
📶 免费 Wi-Fi
費 🛏 S D US\$34～
　宿舍房型 US\$13～

餐 馆
Restaurant

　　在巴拿马城可以品尝到包括巴拿马当地菜肴、中餐、意大利菜等世界各地美食，新城区、阿马多尔地区以及堤道上都有很多高档餐馆，近年来卡斯柯别哈地区的餐馆数量也有提升。从卡斯柯别哈地区到中央大道的区间路段上也有很多路边摊和简易食堂，价位会更加亲民。

缇娜哈斯餐厅
Tinajas

◆在这里可以品尝巴拿马当地菜肴并欣赏到当地的传统舞蹈表演　在周二～周六的21:00~22:00，餐馆内会举办巴拿马的传统舞蹈表演（观看需要额外支付US\$10），中午的套餐费用是US\$10，囊括巴拿马各式菜肴的美食盛宴US\$14，如果你想在这里用餐，最好提前打电话预约一下。

	Map p.299/A2

📍 Calle 51 #22, Bella Vista
☎ 263-7890
URL www.tinajaspanama.com
開 周一～周六 11:00~23:00
CC ADMV
📶 免费 Wi-Fi

埃尔查比迪餐厅
El Trapiche

◆在这里可以品尝到地道的巴拿马风味菜肴　餐馆位于阿根廷路Vía Argentina上，白天在这里用餐的客人很多。在这里可以品尝到地道的中美洲风格菜肴以及各式巴拿马菜，面向马路还设有露天席位，用餐的预算为US\$15~30。

	Map p.299/A2

📍 Edif. Alejandra #10, Vía Argentina
☎ 269-4353
開 周日～下周四 7:00~23:00
　周五、周六 7:00~24:00
CC AMV
📶 免费 Wi-Fi

拉卡萨·德尔·马里斯克餐厅
La Casa del Marisco

◆ **经营海鲜及西班牙菜肴的餐馆** 1963 年开业的巴拿马当地最高档的顶级餐馆，店内氛围十分奢华，用餐请注意你的着装。餐费预算为 US$30~70。

Map p.299/A2

🏠 Av. Manuel María Icaza
☎ 223-7755
URL www.lacasadelmariscoacha.com
🕐 每天 12:00~22:30
CC AMV
📶 免费 Wi-Fi

迪亚布利克斯餐厅
Diablicos

◆ **经营巴拿马菜肴的知名餐馆** 你在这里可以品尝到巴拿马的各式菜肴（周四～周六 20:30~、周日 14:30~），还有精彩的民俗舞蹈表演上演。

Map p.297/B2

🏠 Av.Central y Calle 3，Casco Viejo（San Felipe）
☎ 228-9495
URL www.diablospanama.com
🕐 每天 11:30~24:00
CC MV
📶 免费 Wi-Fi

卡萨斯库莱咖啡厅
Casa Sucre

◆ **观光间隙不妨在此小憩一下** 可以实惠价格品味巴拿马本土咖啡的咖啡馆，当你游览旧城区略感疲惫之时，不妨在这里点杯咖啡歇歇脚。

Map p.297/B2

🏠 Calle 8 y Av.B
☎ 393-6130
URL www.tecafepanama.com
🕐 周一～周五 7:30~20:00
　　周六、周日 8:00~19:00
CC MV
📶 免费 Wi-Fi

尼科咖啡馆
Niko's Café

◆ **24 小时营业的家庭餐馆** 在巴拿马城内开有多家分店，24 小时对外营业。在点餐台用手指指点菜品便可点菜，沟通方便。用餐预算为 US$5~18。

Map p.299/A2

🏠 Calle 51 Este y Vía España
☎ 223-0111
URL www.nikoscafe.com
🕐 24 小时
CC AMV
📶 免费 Wi-Fi

巴哈莱克咖啡厅
Bajareque Coffee House

◆ **人气很高的咖啡店铺** 店内现场煎焙国内外各地优质咖啡，此外这里还售卖著名的瑰夏 Geisha 咖啡豆。

Map p.297/B2

🏠 Av. A y Calle 10 Este，Casco Viejo（San Felipe）
☎ 6157-9348
URL bajarequecoffee.com
🕐 周一～周六 8:00~18:00
　　周日 9:00~19:00
CC MV
📶 免费 Wi-Fi

小贴士　巴拿马博科特地区出产的瑰夏咖啡 Geishar 的最初起源地要追溯到埃塞俄比亚的瑰夏森林，是世界咖啡界非常稀少也因此十分昂贵的咖啡，如果你对咖啡情有独钟，不妨趁此机会买来尝一尝。

可以观赏到各类动植物，位于城市近郊的热带雨林

索贝拉尼亚国家公园
Parque Nacional Soberanía

★★

索贝拉尼亚国家公园
MAP p.291/B2
每天 7:00~16:00
US$5
☎ 232-4192

坐落在巴拿马城与科隆之间，巴拿马运河流经水域之一的加通湖的东面，是面积约有 2.2 万公顷的国家公园。包括查格雷斯河、阿瓜萨尔河在内的多条河流都流经这片热带雨林，致使这里衍生出数不胜数的湖沼地区。数百种野生鸟类都栖息在这座公园之中，热带特有的茂密植被也令其更显生机勃勃。

其中最引人入胜的便是这里号称 Pipeline 的登山路径，全称卡米诺·德尔·奥莱欧度科特 Camino del Oleoducto。这条登山路长约17公里，大部分旅行社组织的观光团会先开车登上一段路程后才由导游带领大家一同步行开始登山之旅。清晨行走于这条登山小路，可以看到野生鸟类、猴子等哺乳类动物以及蝉虫等昆虫，耳畔同时响起十余种动物的叫声也不足为奇。运气好的话还可以看到巨嘴鸟、啄木鸟、蜂鸟以及吼猴的身影。

国家公园的事务所设在距离巴拿马城西北方向约15公里的公园入口处，在这里缴纳入园费后方可入园参观。巴拿马城的旅行社也经营与索贝拉尼亚国家公园相关的旅游线路（US$125~）。

与向导一同探访热带雨林　　品种多样的蜂鸟也栖息于此

Tópico

前往黄金之路——卡米诺德克鲁斯

巴拿马运河开通以前，连接太平洋和大西洋的道路一直是 16 世纪西班牙人建造的全长 10 余公里的专用公路。至今这条路段也留存于索贝拉尼亚国家公园之中。当时印加帝国的黄金都先集中汇集在太平洋沿岸的巴拿马别哈地区，随后通过陆路手段将这些财富转移到与大西洋贯通的加通湖上游地区。随后通过水路的形式运送到大西洋一侧。而这段线路中的陆路部分便是称为卡米诺德克鲁斯 Camino de Cruces 的古老道路。

当时运送财宝的人力物力主要由黑人奴隶与驴子构成，由于手持毒箭的原住民以及意图夺取财宝的各路强盗都是这条古道的常客，这里可以说是非常危险的地段。虽然 16~18 世纪这条名为卡米诺德克鲁斯的货运古道曾有过昙花一现的繁荣期，但随着 1855 年巴拿马铁路的开通，利用这条路段运送货物的频率逐渐降低，最后甚至几乎很少有人仍记得这里的存在。

现在连接巴拿马与科隆的机动车道正巧将这条旧时的货运之路从中间切开，而这个切断点便是游览卡米诺德克鲁斯之路的步行入口所在地。虽然这条路段由石板铺设而成，但走起来还是比较平坦舒适的。中途偶尔会看到开阔的草地，但是大部分路段都是被热带雨林环环包围，至今仍可以在沿路看到旧时驴子驮运货物遗留下的足迹。虽然在办理入园手续后便可以自行游览这条道路，但是从公园管理事务所聘请向导的话会玩得更加深入。这段历史地位很重的古道现在几乎很少被游客关注，但确实值得一游。

卡米诺德克鲁斯古道入口处的大炮遗迹

小贴士　邻近索贝拉尼亚国家公园的巴拿马热带雨林发现中心 Panama Rainforest Discovery Center 是一处可以观测野生鸟类的很不错的观察点。每天 6:00~16:00，US$30（10:00~US$20）URL www.pipelineroad.org

309

科隆

巴拿马城

人口▶ 24万

科隆
MAP p.291/B2

世界遗产

波托韦洛和圣洛伦索
（1980年收录）

自由区
Zona Libre

周一～周五 8:00～17:00

位于世界性自由贸易港口科隆城内的巨大免税地区。这里作为中南美洲重要的货品交易及批发场所而远近闻名，个人身份也可以在此选购你心仪的物品。进入自由区一定要出示护照，所以游览当日一定要随身携带。当然既然带了护照就要保管好它，不要丢失，一定要提高警惕。从火车站或是巴士总站下车后，城市中的移动最好选择出租车出行。

往来于科隆城内的大型巴士

送乘客前往科隆城的火车

科隆 *Colón*

作为世界性自由贸易港的巴拿马第二大城市

位于近郊的世界遗产波托韦洛

科隆作为巴拿马运河位于加勒比海岸的关口城市，是人口约有24万的巴拿马第二大城市。科隆也是仅次于香港，号称世界第二大规模的自由贸易港，市内称为自由区（免税区）的大型免税街区吸引了中美洲各地的商家前来采购和批发货物，气氛十分热闹。虽然从巴拿马城也有专门前往科隆购物的购物旅行程，不过这里的商家对于只买一两件货品的客人一般都不太重视。

此外科隆也是"中美洲首屈一指治安较差的城市"，不过近年来科隆市为了减少人们对这座城市的误解，在主要大道上都分配了更多的警力维持秩序，巴士总站周边以及新城区的氛围还是比较平稳安全的。

科隆城近郊收录了世界遗产的波托韦洛和圣洛伦索，以及自然风光绝佳的查格雷斯国家公园都是很不错的旅行目的地，你也可以把科隆城作为旅行据点方便你前往各个景点。不过科隆城内确实没有什么著名的观光名胜，没必要在此多加逗留，单纯只是利用科隆进行交通换乘的话一般也不会有什么安全问题。

◎ 交通方式

巴士

巴拿马城设有前往科隆的急行和普通巴士，两类巴士的始发地都是国营巴士总站，急行巴士每天 8:00～22:00 期间，每小时都有 2~4 班前往科隆的巴士，需约 1 小时 15 分钟，费用 US$3.15；普通巴士则是从清晨到深夜，每小时都有 4 班前往科隆的巴士，需约 2 小时，费用 US$1.35。

铁路

每周一～周五，巴拿马运河铁路都有 1 班往返于巴拿马城和科隆的列车，巴拿马城的发车时间为 7:15，科隆城的发车时间为 17:15。火车的时长约 1 小时，单程费用 US$25。

小贴士 与索贝拉尼亚国家公园和巴拿马运河接壤的甘博阿雨林度假地 Gamboa Rainforest Resort，是开在茂密的热带雨林之中的豪华度假地，人气很旺，你还可以在这里参加各类生态旅游活动。URL www.gamboaresort.com

科隆 漫 步

虽然近年来科隆城的治安有所改善，但是它仍然是中美洲治安最差的城市之一。当你来到科隆城可能会觉得这里确实没有传言中那么危险，但是真的不要掉以轻心、放松警惕。如果你对于科隆这座城市还是比较不放心，那请尽可能在白天前往游览。如果你打算前往波托韦洛和圣洛伦索的要塞进行观光游览，那其实只利用科隆城内的巴士总站进行公交换乘即可。称为自由区 Zona Libre 的免税地区距离巴士总站步行只需要10 分钟，但是安全起见，最好还是打车前往。

科隆 短途旅行

与波托韦洛齐名的世界遗产要塞遗迹

圣洛伦索
San Lorenzo ★★

从科隆前往运河的西侧地区，沿着查格雷斯河最终注入加勒比海的方向一路前行，便会在河口处看到这处建于殖民地时期的要塞遗迹。这处名为圣洛伦索 Fuerte de San Lorenzo 的要塞遗迹建于 1597~1601 年，历史上曾被英国海盗哈利·摩

突出到加勒比海的要塞遗迹

根多次袭击。作为与科隆东面波托韦洛相对应的要塞遗迹而拥有很高的历史价值，并于 1980 年被收录在世界遗产名录之中（2012 年收录世界濒危遗产名录）。

巴拿马运河被加通湖和加勒比海包围的地区，便是圣洛伦索国家公园 Parque Nacional San Lorenzo，这片面积约有 1.2 万公顷的公园也是野生动植物的保护区。这里作为野生鸟类的宝库被世人所知，公园西侧名为阿奇欧特 Achiote 的村落面向的卡米诺·德·阿奇欧特 Camino de Achiote 公路也是非常容易观测到野生鸟类的路段。包括巨嘴鸟、咬鹃在内的野生鸟类以及猴子和树懒等经常出没于树干之间的动物都会不时地映入你的眼帘。

阿奇欧特村附近还有一条专门用于野生鸟类观测的短途步道——咬鹃步道 Sendero de Trogón。你在这里可以欣赏到包括咬鹃在内的多种野生鸟类，若你参团或是跟随导游进行游览，则会有更多的惊喜发现。

科隆新城区

巴士总站北面便是克里斯托巴尔港的入口。这片区域聚集了银行、礼品商店等设施，氛围与科隆的旧城区截然不同，大气且安定。即使是治安较差的旧城区，步行于商店街之中也是无须过分担心安全问题的。但是如果偏离主干道进入人流较少的地区还是很危险的，一定不要走小道。

圣洛伦索要塞
MAP p.291/B2
开 每天 10:00~16:00
费 US$5

位于科隆城西面约 30 公里位置的要塞，由于周围没有任何村子和部落，所以也未设有前往这里的巴士线路。你可以从科隆的巴士总站打车，约 40 分钟，车费约 US$50。

圣洛伦索国家公园
MAP p.291/B2

科隆城内的巴士总站每小时都有一班以科斯塔阿巴乔 Costa Abajo 为目的地，途经距离圣洛伦索公园距离最近的阿奇欧特村的巴士，需约 1 小时~1 小时 30 分钟，由于巴士需要途经运河的加通水坝，所以行车途中有时候需要花费 20~30 分钟等待水坝下船只通行。

经常出没于国家公园树枝上的野生猴子

希望你可以在旅途中见到咬鹃的身影

小贴士 阿奇欧特村附近的咬鹃步道设有一处公园管理事务所，向这里的工作人员支付 US$30 便可以享受 1 小时的向导服务，方便你更加容易地发现栖息在这里的咬鹃和霸鹟等野生鸟类。

波托韦洛

MAP p.291/B2

科隆的巴士总站每天7:00~18:00期间，每小时都有1~2班前往波托韦洛的巴士，费用US$1.40，需约1小时20分钟。

从巴拿马城前往波托韦洛时，先乘前往科隆的巴士，在距离科隆还有10公里的萨瓦尼塔斯 Sabanitas 下车。萨瓦尼塔斯的公交站有一个很显眼的 Rey 超市，而通向波托韦洛的公路便是超市旁的那一条，从这里搭乘由科隆发车前往波托韦洛的巴士即可（需约1小时，费用US$1）。

海关博物馆

开 每天 9:00~17:00

费 US$1

波托韦洛

Portobelo ★★

波托韦洛是距离巴拿马城北面约 100 公里的大西洋沿岸的小型港城。波托韦洛在意大利语中是美丽港口的意思，哥伦布在第四次出海航行途中曾在此停泊。并为这里取了波托韦洛这个优美的名字。这里无论是地理环境还是地形地势都非常富饶，作为新大陆中为西班牙国内运送各式财宝的重要港口而蓬勃发展。从秘鲁等地搜刮而来的金银财宝最初汇集在巴拿马城中，通过陆路和水路方式运往波托韦洛，货物在这里运上帆船并横穿大西洋送往西班牙国内。此外从西班牙运往新大陆的物资和人力也是通过波托韦洛进入中美洲的。16 世纪末期，为了抵御海盗的攻击而建设要塞加固这座港口，虽然短时间内很有效地保护了财宝，甚至在当地建造了仓库和海关设施，但是 1668 年这里还是没有抵抗住哈利·摩根旗下海盗的猛烈攻击，最终这里被海盗攻破，并遭遇了长达 15 天十分彻底的抢劫行为。

波托韦洛城内共设有 2 处堡垒建筑，巴士途经位于城镇入口处的圣地亚哥要塞 Fuerte Santiago 后，便会将车停在城中心的位置，以便乘客下车观光。从这里前往海湾方向大约 100 米的地方设有一座海关博物馆

保存很好的圣杰罗米诺要塞

Museo de Aduana，你在这里也可以看到城内的第二处堡垒建筑圣杰罗米诺要塞 Fuerte San Jerónimo。至今这座要塞中仍然遗留着当时镇守城镇与海湾的 18 门大炮，这些遗留至今的史迹建筑与圣洛伦索要塞一并在 1980 年被收录在世界遗产名录之中。

从巴拿马城可以实现波托韦洛的一日游，这里不但拥有大规模的历史遗迹，也是欣赏加勒比海美景的绝佳地点，值得一来。

Información

在丛林内的木屋旅店观察野生鸟类

从巴拿马城驱车约 1 小时便可以抵达这边的丛林小屋。当你距离萨瓦尼塔通向波托韦洛的公路分叉口还有 2 公里时，进入东侧的树林便可以看到这处丛林小屋。木屋庭院内栖息着各类蜂鸟，清晨和夕阳西下之时可以从木屋观测到各类野生鸟类。此外木屋附近还设有一条观光步道，与木屋旅店的导游一同步行游览时可以看到这片热带雨林特有的植物以及蛙类等野生动物。

这家木屋旅店共设有 7 间客房，深受自然爱好者青睐，许多住客都会在第一次住宿后再次选择这里居住。老板娘过去曾在高档连锁酒店工作，服务细致到位，你还可以从这里参照包括波托韦洛、圣洛伦索、查格雷斯国家公园在内的近郊旅游观光团。

H 希拉·罗拉那·巴拿马木屋旅店
Sierra Llorona Panmá Lodge
☎ 442-8104
费 ⑤①US$72~

在密林中的木屋住上一晚更近距离观赏各类野生动植物

小贴士 波托韦洛城内设有几家专门面向游客的特色餐馆，主营海鲜菜肴，当然你也可以只在餐馆内点选饮品休闲片刻，是观光疲劳时歇脚的好去处。

查格雷斯国家公园
Parque Nacional Chagres

★★★

通常都是从巴拿马城参团（→ p.303）前往这里游览，包括自然观光、安巴拉族探访的深度行程长约7小时，费用 US$190~。

巴拿马国内代表河流之一的查格雷斯河，从圣洛伦索要塞的河口流出，一路途经加通湖后汇聚到阿拉朋埃拉，从这里开始的上游区域便是查格雷斯国家公园，总面积广达12.9万公顷，广阔的面积使得公园的地势气候也不尽相同，你在这座公园既可以看到茂密的热带雨林也可以看到干燥的旱生林，栖息于此的动植物可谓多种多样。乘船沿河参观这家公园，鸬鹚和咬鹃不时会飞入你的眼帘，耳边还能听到从森林那边传来此起彼伏的猿猴鸣叫声。

国家公园及周边区域目前约有1000名安巴拉族 Emberá 的原住民居住生活。他们的衣着近乎于裸体，至今仍过着非常原始的生活。沿着河流行船的途中不时便可以看到几处安巴拉族的部落，参加特定旅游团还可以实地探访他们的居住地。

通过在查格雷斯河漂流领略周围密林地区的无限风光

停留在树梢上的当地鸟类

活泼可爱的安巴拉族儿童

Tópico

何为安巴拉族人

巴拿马国内目前居住着约有1万安巴拉族人，而其中大部分族人都居住生活在巴拿马与哥伦比亚国境接壤的达连地区，以及哥伦比亚国内的巧克省中。男性的服装只有兜裆布和贴身裙，部分女性平时只会穿一件贴身裙，上身裸露。虽然安巴拉族人已经开始使用摩托艇等现代交通工具，但是他们依然不接受电力和煤气设备，至今仍过着近乎原始的自给自足的生活。

生活在查格雷斯国家公园内的安巴拉族人，由于受到自然保护的模式制约，狩猎与农耕的范围都受到限制，目前他们的生活来源主要依靠当地的旅游业。也因此游客们才可以实地探访他们的部落，观赏他们的音乐与舞蹈表演，即使是为他们拍照也不会遭到拒绝而是笑脸相迎（均包含在团费内，无须额外支付费用）。部落中也售卖他们自制的手工艺品，用椰子叶编织而成的笼筐、栩栩如生的动物木雕，无一不是馈赠亲友的绝佳礼物。

观看当地安巴拉族的舞蹈表演

小贴士 从科隆前往波托韦洛途中会路过一个名为玛利亚基奇塔 Maria Chiquita 的小镇，这里的海水浴场是游泳爱好者的好去处。城内还建有多家小型酒店，周末来自巴拿马的本国游客使这里熙熙攘攘。

圣巴拉斯群岛 ★
巴拿马城

圣巴拉斯群岛
Archipiélago de San Blás

过着传统生活的库纳族所居住的各座岛屿

人口 ▶ 5万

圣巴拉斯群岛
MAP p.291/B2

货币兑换

圣巴拉斯群岛内并未设有任何银行机构，此外这里既无法使用信用卡也不认可高额纸币的支付行为。所以上岛前请多准备些面值US$1~20的小额美元，方便你的岛上游览。

学几句库纳族用语

圣巴拉斯群岛上生活的库纳人虽然会讲西班牙语，但是他们与家人和朋友交流时都使用本族的库纳语。如果你用库纳语和他们交流，会很容易拉近距离。下面不妨来学几句库纳语。
谢谢…努艾迪
你好…努艾迪·艾米·瓦依达拉齐
你最近还好吗…特企图·努艾迪
再见…德吉玛罗

另外圣巴拉斯群岛在库纳语中叫作库纳雅拉 Guna Yala（或 Kuna Yala）。

岛上出售各式莫拉风格民俗工艺品的商摊

位于巴拿马东北部的加勒比海沿岸地区到哥伦比亚国境线，由350余座岛屿构成的圣巴拉斯群岛，目前共有5万余名库纳族原住民在此生活居住。

将近100年前，当时库纳族的大长老奈莱·坎托莱在1925年从巴拿马政府手中争取到了库纳族在圣巴拉斯群岛的自治权，从此库纳族在这片拥有350余座岛屿的狭长地域中不受外界任何干涉地繁衍生息，至今仍保留着其自古流传下来的独特文化与习惯、服装乃至本族的古老语言。

他们独特的民族文化中，最知名的当数由库纳族女性制作的名为"莫拉"的传统服装。在多层布料上进行刺绣和贴花工艺，创造出各式各样的服饰图案。从事渔业的族人服装图案会是螃蟹、大虾或海龟，但图案并不局限在与库纳族的生活息息相关的素材上，还有与圣经故事有关的题材、运动者、直升机和热气球、架空的奇幻动物……从服饰上的各式图案便可以看出库纳族人丰富的想象力。这类莫拉服饰除了丰富的图案以外，艳丽的服装颜色也是它的特色，穿着莫拉衣饰的库纳族人也被称为"被太阳眷顾的人们"。

在圣巴拉斯群岛中的多座岛屿中，实际有人生活居住的只有40余座。岛上的民居、渔船等生活必要建筑和设施，几乎都是手工制作。大部分岛屿中既没有电力设备也没有下水道，做饭或是洗衣服需要用水时，都要前往当地的溪流打水。岛上的土地被开垦为农田，或用作墓地，见证着一代又一代的库纳族在此生老病死，繁衍生息。另外库纳族人的一大经济来源便是岛上的椰子树，他们为了保护这些椰子树资源，即使是无人岛屿也会派人驻守看管。

接纳游客的岛屿数量不多，考虑到交通方式和住宿设施的相对环境，推荐你前往邻近设有飞机场的波韦尼尔岛的纳尔奈迦岛。

穿着当地莫拉风格服饰的库纳族女性

小站士　由于圣巴拉斯群岛是巴拿马的自治区，即使是搭船移动有时也需要出示护照，如果你是参加一日游行程，那护照一定要随身携带，肯定会用得到。另外，圣巴拉斯群岛只认可库纳族人在这里做生意，保护意识非常强。

交通方式

飞机

首先从巴拿马城的阿尔布洛克机场前往圣巴拉斯群岛中客运量最大的波韦尼尔岛，再由此前往圣巴拉斯群岛的各个岛屿。

巴拿马航空除了经营巴拿马城飞往波韦尼尔岛的航班（6:00起飞，需约20分钟，费用US$77）外，每天各有一班飞往柯拉松耶稣岛 Corazón de Jesús（6:30起飞，需约25分钟，费用US$85）和阿楚图珀 Achutupo 的航班。此外每周还有3班前往穆埃尔图珀 Mualtupo、欧巴尔迪亚港 Puerto Obaldia、普里农奇科 Playón Chico 及欧古布斯克姆 Ogobsucum 的航班。

但是并不是所有的目的地都开设有住宿设施，启程前请先确认好住宿酒店再选择目的地。

巴拿马航空
☎ 316-9000
🔗 www.flyairpanama.com

前往圣巴拉斯群岛的观光行程

包含往返巴拿马城的机票、住宿费以及岛内观光的2晚3天行程，团费US$540~。你可以去巴拿马城内的旅行社实地咨询。

飞抵波韦尼尔岛机场的小型飞机

Tópico

库纳族传统的莫拉风格服饰

莫拉最初是指生活在圣巴拉斯群岛中库纳族女性的传统上衣。是以红、黑、橙色的长方形布料为基底，添加各式鲜艳的颜色，并刺绣20余种花饰作为点缀的独特艺术服饰。服饰的图案以花鸟鱼虫乃至椰子树、彩虹等岛上的自然景观为题材，此外还有打鱼与农耕的剪影等反映生活题材的别致图案。

莫拉的历史其实并不久远，至今也只有100年左右，此前岛上的库纳族人无论男女都是赤裸上身并在皮肤上涂饰彩绘生活的。莫拉可以认为是当地族人将身体彩绘绘于布料上进而诞生的民族服饰。现在岛内的库纳族女性不断精进自己的针线活技艺，创作新的图案设计，来到圣巴拉斯群岛的你千万不要错过心仪的莫拉风格商品。

莫拉风格的商品多种多样，从可以放些小物件的布包到手机套，乃至平板电脑大小的包袋，可谓与时代共同变化和发展。女性的肩挎背包即使在现代都市也完全不落俗套，很有韵味。除了莫拉风格的各式商品，还有库纳族用玻璃珠制作的项链和手链，都是馈赠亲友的不错选择。

缝制莫拉衣物的库纳族女性

🏷小贴士 库纳族女性手工缝制的50厘米见方的布料每张的价格为US$10~15，10厘米见方的杯垫等布艺品价格在US$2~5不等。岛上没有针对商品的固定价格，如果你发现心仪的物品，可以和店主砍价沟通，争取以更实惠的价格买到旅游纪念品。

岛上随处可见的库纳族民居

波韦尼尔岛
MAP p.317

如果想拍摄库纳族人的照片

穿着莫拉服饰的库纳族人具有独特的魅力，不由得就想按下快门记录下来，但是拍照一般都会被索要小费，如果私自拍照则可能会引起不必要的争端。如果你在商摊购买了他们的商品，可能会乐意配合你进行拍摄，平时拍照的话一般都要支付US$1的小费。

圣巴拉斯群岛内的酒店都提供往返设有机场的波韦尼尔岛 El Porvenir 的船只接送业务。

靠近波韦尼尔岛且设有住宿设施的岛屿是纳尔奈迦岛和维丘布瓦拉岛，如果你提前预订了岛上的酒店，酒店会派船只前往机场接你上岛入住酒店。其中最具人气的岛屿当数酒店价格公道，环岛周长数百米，共有约350人口在此居住的纳尔奈迦岛 Nalunega。你在该岛不仅可以领略优美的自然风光，还可以近距离接触当地库纳族的日常生活。

分布于岛内的各式库纳族民居，用稷米根茎打造房屋墙壁，再用椰子树叶铺设厚厚的屋顶。每家每户都会有一只独木舟，家里的男性每天便会划着这只独木舟出海打鱼。村内也设有小学，库纳族的儿童穿着校服开心地在这里学习西班牙语和库纳语。岛上的女性大多穿着引以为豪的莫拉风格上衣，搭配头上黄色或红色的发带，下身则是简单的布裙系在腰上。仔细观察的话，当地女性的手脚都会装饰精致的手工艺品，需要穿着正装的场合，她们还会戴一条项链来装饰上身。此外库纳族女性的化妆手法也是独具特色，双颊涂抹成红色，鼻子则是用黑色染料笔直地纵画出一条黑线。上年纪的女性还会在鼻子上装饰鼻环，闲适地吸着烟，慵懒度日。

小岛中央设有一个小广场，居民们在这里摆摊售卖莫拉风格的各式商品，在旅游旺季这里还会有当地居民为你表演库纳族的传统舞蹈。每年3月19日和8月20日更会因作为当地的节日会场而格外热闹。

广场附近有一座比普通民居面积更大的长型建筑，这便是称为卡萨·德·康格莱索 Casa de Congreso 的小岛村议会所在地。每晚这里都会由村中的长老坐镇，主持集会并作出各类民主决议，在圣巴拉斯群岛的各座岛屿你都可以找到类似于 Casa de Congreso 这样的小岛村议会场所。

纳尔奈迦岛的面积可以说是真的很小，步行绕岛一周也只需要20分钟的时间。你可以参加岛上的游船旅行，出海前往附近的岛屿游玩。纳尔奈迦岛附近的维丘布瓦拉岛 Wichub-Walá 相比纳尔奈迦岛而言，规模更大一些，岛上的酒店也都更具有现代风格。此外位于波韦尼尔岛以东50公里的纳尔加纳岛也建有酒店，可以前往住宿停留。

购买莫拉风格商品馈赠亲友再合适不过

零星分散在珊瑚礁环绕的大海上的各个岛屿

小贴士　当地有一种名为齐拓拉的小型蚊虫，叮咬后被叮的地方会变得非常痒，所以上岛前请带好驱蚊喷雾并减少皮肤裸露，做好防蚊工作。

浮潜时可以在海底看到古老沉船

佩罗岛
Isla de Perro ★★

佩罗岛
MAP p.317

穿梭于珊瑚礁的各种鲜艳鱼类

　　这座岛屿是游船观光游中会前往的小岛之一，当你来到这座小岛，会感觉这里仿佛梦境一般美妙。洁白的沙滩被珊瑚礁围绕，各种鱼类都生活在这里。如果你来这座岛屿，一定要提前和酒店租赁浮潜装备，才会不虚此行。岛下 10 米的海底留有一艘沉船遗迹，古老的船体已经被铁锈和海藻覆盖，逐渐成了这片水域中热带鱼类的大本营。为了管理岛上的椰子树资源，一个家族长期在此驻守，你可以用合适的价格从他们手中购买质量很棒的莫拉风格制品。

介绍岛上库纳族的生活模式

库纳博物馆
Museo de Kuna ★

库纳博物馆
MAP p.317
每天 8:00～16:00
US$2

建有博物馆的卡尔提·斯格图普岛

　　从纳尔奈迦岛乘船向南行驶约 45 分钟，便可以抵达一座名为卡尔提·斯格图普 Cartí Sugtupu 的小岛。这座岛屿相对圣巴拉斯群岛内的众多岛屿，规模更大一些，岛上建有邮局、中学、医院等设施，共有 800 余人在这里生活居住。

　　库纳博物馆虽然只有一座小屋的大小，却是了解库纳族文化、历史乃至生活习惯最合适不过的地方。馆内的展品包括库纳族固有的象形文字（库纳·希艾罗立丽夫），讲述库纳族人从出生、成年、结婚到死亡的人生轮回及民间神话的解说图，所狩猎动物的标本以及各式生活用具。展品旁都有英语和西班牙语的解说词，同时也有会讲英语和西班牙语的男性向导为你进一步进行讲解。

　　岛上生活的库纳族人日常都以农耕或捕鱼作为赖以生存的生活方式，有时如果想吃肉还会去内陆进行狩猎，狩猎的对象通常是貘、兔子或是蜥蜴。另外这座岛上不立墓碑，可谓岛民自古以来的传统风俗。

库纳博物馆中的各式展品

圣巴拉斯群岛
Archipiélago de San Blás
（波韦尼尔岛周边）

区域地图 ▶ p.291/B2

Isla Wichitupo Grande
佩罗岛
Isla de Perro
维丘布瓦拉岛
Wichub-Walá
（H Kuna Yala）
乌库普图普酒店
Ukuptupu
纳尔奈迦岛　圣巴拉斯酒店
Nalunega　San Blás
波韦尼尔岛
El Porvenir
波韦尼尔酒店
Porvenir

伊瓜纳岛
Isla Iguana

圣巴拉斯湾
Golfo de San Blás

卡尔提·斯格图普岛
Cartí Sugtupu
（库纳博物馆 Museo de Kuna）

Naranjos Grande

Cartí

0　　　　10km

N

小贴士　乘船前往附近海域进行浮潜活动的费用为 US$10~20，部分住宿设施在房费中便会包含出海浮潜费用，可更加省心。在你预约酒店时请确认该酒店是否可以提供各类观光行程。

317

下文中介绍的酒店都是几乎只有床铺的简易客房，酒店建筑也大多由木材、竹子以及茅草屋顶构成，部分酒店的房费中包含一日三餐、乘船出海观光游以及往来机场的接送服务费用。在旅游淡季还可以与店家沟通砍价。部分酒店在机场也会分派人员为酒店进行揽客活动。

杨杜普岛木屋酒店
Yandup Island Lodge

◆圣巴拉斯群岛中最具人气的高档酒店　酒店可以为住客提供各类观光行程（例如库纳族部落探访、红树林观光、库纳族墓地游览、雨林探险、海滩度假等），酒店设施也相对完善，提供一日三餐，而且还提供往返普里农奇科 Playon Chico 机场的接送服务。

高档	Map 地图外
住 Playón Chico	
☎ 202-0854	
URL www.yandupisland.com	
CC 无	
房 10 间	
📶 无 Wi-Fi	
费 🛏🍴🚿📺 Ⓢ Ⓓ US$190~	

乌库普图普酒店
Ukuptupu

◆邻近维丘布瓦拉岛的岛屿酒店　这座酒店便占据了整座小岛的土地，客房都建成延伸到海面的木屋形式，洗澡就是用水桶里的水来清洁身体。酒店提供潜水及浮潜等水上活动。

中档	Map p.317
住 Wichub-Walá y Nalunega	
☎ 6746-5088	
URL www.ukuptupu.com	
CC 无　房 17 间	
📶 无 Wi-Fi	
费 🛏🍴🚿 每人 US$220~（2晚3天）	

波韦尼尔酒店
Porvenir

◆建在飞机场所在小岛上的便利酒店　这家酒店是建在飞机场的波韦尼尔岛上唯一的酒店设施，飞机的滑翔跑道近在咫尺。酒店前还有一片面积不大的沙滩，可供房客休憩游玩。

中档	Map p.317
住 El Porvenir ☎ 6718-2826	
URL www.hotelporvenir.com	
CC MV（需要提前通过网络支付）	
房 40 间　📶 无 Wi-Fi	
费 🛏🍴🚿 每人 US$60~	

圣巴拉斯酒店
San Blás

◆体验在库纳族风格的房子中住宿　设在纳尔奈迦岛的住宿设施，房费包含从巴拿马城的陆路接送服务以及 2 晚的住宿费、餐费和巡岛观光游费用。

中档	Map p.317
住 Nalunega ☎ 6552-5757	
URL hotelsanblaspanama.webs.com	
CC 无　房 30 间　📶 无 Wi-Fi	
费 🛏🍴🚿 每人 US$200~（2晚3天）	

Tópico

圣巴拉斯群岛的酒店事宜

当你入住圣巴拉斯群岛的各个酒店时，只要提前与酒店进行客房预约，酒店都会为游客提供往返机场的接送服务。此外机场内也有各家酒店的揽客人员，所以即使你没有提前预约酒店，也不用担心无法前往酒店。不过需要注意的一点是，当地很有可能无法使用信用卡，而且商家的零钱也不是很多，最好携带面额较低的美元前往入住。此外岛上的餐饮价格要比巴拿马的内陆地区更贵一些，请做好心理准备。

参加游船观光的话可以前往拥有优美沙滩的佩罗岛、建有库纳博物馆的卡尔提·斯格图普岛等地，十分方便。

岛上的酒店大部分都是自行发电，每晚在 10:00 左右便会断电，这之后如果没有凉爽的穿堂风，夜晚的睡眠可能会比较难熬。酒店的餐除了早餐外，平时都是选用鲜鱼、龙虾以及螃蟹、章鱼等海鲜作为主菜食材，非常丰盛。

品尝新鲜的海鲜大餐

🛏=设有空调🛏=未设空调、🚿=房间设有淋浴设施🚿=公用淋浴设施、📺=设有电视📺=未设电视
从国内拨打巴拿马当地电话 00+507+XXX-XXXX（→ p.293）

埃尔巴耶 *El Valle*

观光景点众多的避暑小镇

巴拿马城
埃尔巴耶

人口 ▶ 7000 万

埃尔巴耶
MAP p.291/B1

周日的露天市场
　　每周日的 7:00~18:00 期间，城内都会举行十分热闹的原住民市集，在周边村落生活的原住民会来到这里选购蔬菜水果，此外市场上还有许多精致的木质品、陶器制品、装饰品等民间工艺品，非常值得一逛。

市中心售卖民间工艺品与花卉的原住民市场

即将前往巴拿马城的巴士

埃尔巴耶始发的巴士
　　每天在 4:00~17:00 期间，每小时都有 1~2 班前往巴拿马城的巴士，每天在 5:00~18:30 期间则有 9 班前往圣卡洛斯的巴士。

　　位于巴拿马城西南方向约 90 公里处的优美高原度假地。当地海拔约 600 米，空气凉爽，可谓逃离巴拿马酷暑天气的绝佳去处。城内可以看到名为拉娜·多拉达 Rana Dorada 的黄金蛙以及各式兰花，每周日城内举办的原住民市场也是购买民间工艺品的好地方。虽然这里拥有岩石刻画、动植物园、瀑布等诸多看点，但是这座小城并没有因旅游业而变得十分商业化，你依旧可以悠哉品味这座小城的淳朴滋味。

　　城内的盆地是由距今 2.5 万年~1 万年前的古老火山湖干涸后形成的。你在城中可以看到城北面的 3 座大山，正中央的一座曾经剧烈喷发，是一座火山。周围作为巴拿马城富豪们的别墅集中地而十分出名。埃尔巴耶西面则有一座形状宛如少女仰面卧躺的山脉，传说这位少女是当地酋长乌拉卡的女儿，由于与西班牙人相恋但不得善终而在山谷之中望着天空悄然逝去，她象征永恒之爱的灵魂最终化作山体的轮廓而留存于世。

◎ 交通方式

巴士

　　巴拿马城在 6:00~18:00 期间，每小时都有 1~2 班巴士前往埃尔巴耶，需约 2 小时~2 小时 30 分钟，费用 US$3.50~4.25，埃尔巴耶城内前往巴拿马城的巴士则是从市场附近的城中心发车。

　　从戴维可以搭乘前往圣卡洛斯的巴士，通过换乘前往埃尔巴耶。圣卡洛斯每天 6:00~17:00 期间，每天共有 9 班出发的巴士，需约 1 小时，中途在高速公路上前往埃尔巴耶的分叉口下车，在此等候从巴拿马城前往埃尔巴耶的巴士即可。从埃尔巴耶前往戴维则是这个换乘方式的反向操作即可。埃尔巴耶城中心的巴士站虽然位于市场前面，位置便利，但假如你想在其他地方下车也是完全没有问题的。

当地特有的黄金蛙也成为民间工艺品的素材之一

小贴士　巴拿马城内设有往返埃尔巴耶的一日游行程，周末城内会有许多从首都前来这里选购兰花的巴拿马人，十分热闹，如果你想静静品味这座小城的独特魅力，推荐你在工作日来此游览。

埃尔巴耶博物馆

MAP p.321

邻近圣何塞教堂，仅有一间房屋大小的博物馆。馆内有展示盆地形成过程的图解板，此地出土的陶器文物，自殖民时期开始的美术品、民俗品以及民俗服饰。开馆没有固定时间，由馆内的管理人员自行决定，基本上周六、日的白天都会开放。

埃尔尼斯佩罗动植物园

MAP p.321
开 周三～下周一 7:00~17:00
费 US$3

步行到城中心的市场只需要 15 分钟，打车的单程费用约为 US$3。

当地特色生物黄金蛙

埃尔巴耶 漫 步

以市场为中心，东西延伸的城内主干道在每周日都会吸引周边村落的原住民在此开办露天市集。而其中吸引游客的当数与农作物、木质家具、各色兰花一同售卖的精美石雕、陶瓷品、笼筐等民间工艺品。如果你对这座城镇的兴趣更浓，不妨抽时间去埃尔巴耶博物馆 Museo El Valle 转转，也会很有收获。

埃尔巴耶这座城镇不大，稍微花点时间便可以步行逛完，当然打车移动的效率会更高。

埃尔巴耶 主要景点

可以在这里一睹当地知名动物黄金蛙

埃尔尼斯佩罗动植物园

Vivero y Zoológico El Nispero ★★

在原有的自然地形上未经太大改造而建设的动植物园，宽广的园区内不仅可以看到貘、食蚁兽等陆行动物，还有鹦鹉、鹭鹰等鸟类，各式各样的动植物都饲养在这片地区。此外园区内的热带植物也十分丰富，世界各地的兰花种类都能在这里看到。在专门饲养十余种蛙类的水槽中，还可以看到这里特有的黄金蛙。

在动植物园中享受内心的平静

Tópico

外国人着力开发的兰花栽培设施

埃尔巴耶有一座名为阿波罗瓦卡 APROVACA，保护并栽培兰花的设施。APROVACA 是 Asociación de Productores de Orquídeas de El Valle y Cabuya 的简称，意为"埃尔巴耶与卡布亚的兰花生产者协会"。这座由外国人在 2001 年设立的设施，意图保护濒临灭绝的巴拿马特色兰花品种，通过人工栽培的手法延续这些花种的存活率，并最终将它们重新栽种回到大自然的怀抱。

设施内不仅有巴拿马当地的工作人员，还有各国海外研究者和志愿者。目前园内共有 50 余种兰花，每株兰花旁都有其栽培者的姓名。这座兰花栽培设施对包括游客在内的公众正常开放，设施内的工作人员也会用西班牙语或英语为你提供更加深入的讲解。

园内各类兰花争相开放

进行兰化栽培工作的各国志愿者

阿波罗瓦卡
APROVACA
MAP p.321
开 每天 9:00~16:30
费 US$2

小贴士 阿波罗瓦卡 APROVACA 在当地人口中会被称为"阿尔奎德雅思 Orquídeas"，意为兰花，打车或者问路的时候，说这个发音当地人一般都会知道你的目的地。

各式象形文字刻画在一大块岩石表面

岩石刻画
Petroglifos

★

在一块 5 米见方的巨大岩石表面，用象形文字刻画了人、动物及难以理解的各式图案，是一处十分神秘的观光景点。不过这些象形文字并非出自远古时代，据考古推测，大概绘于300~400 年前。这些图案为何会画在这块大石头上，它所表达的意义又是什么，至今仍不为人知。当参观这里的游客有了相对规模时，当地的巴拿马男孩还会热情地为大家讲解，意图收点小费。

刻画在巨大岩石上的各类象形文字

岩石刻画
MAP p.321
景点位于城中心西北面约 2 公里的位置，沿着两岸被树木包夹的溪流步行约 5 分钟便可以抵达这块大岩石。打车（车费 US$4）会将你送到景点前的小卖部，和司机说一声"皮埃多罗·贫塔达（岩画）"，司机师傅便会清楚你的目的地是哪里了。

酒店
Hotel

埃尔巴耶的酒店大多集中在普林西帕尔大道 Av.Principal 之上，巴士在这条大道的沿路都可以停靠，但是为了方便旅游，还是在市场附近下车最为合适。餐馆及简易食堂也大多分布在这片区域，不少酒店设有自己的餐厅。

坎佩斯特里酒店
Campestre

◆以广阔酒店园区面积为豪的度假酒店　酒店园区内还饲养着当地特有的黄金蛙，并设的餐厅中可以品尝到瑞士菜。提供早餐。

高档	Map p.321
住 Calle El Hato　☎ 983-6146	
fax 983-6460　CC AMV　20 间	
免费 Wi-Fi	
费 ⬛ S US$84~、D US$105~	

佩佩酒店
Don Pepe

◆位于城中心的便捷酒店　邻近城中心巴士站的中档酒店，无论是观光还是购物，地理位置都非常方便。

中档	Map p.321
住 Av.Principal　☎ 983-6425	
URL hoteldonpepe.com.pa	
CC MV　14 间　免费 Wi-Fi	
费 ⬛ S D US$55~	

埃尔巴耶住宅酒店
Residencial El Valle

◆紧邻市场的中档酒店　面向埃尔巴耶城内大型超市的中档酒店，一层为酒店的餐厅及礼品店，客房很新也很整洁，提供热水器及电视。紧邻市场，出租车也经常在酒店门口接客，十分便利。

中档	Map p.321
住 Av.Principal	
☎ 983-6536	
URL www.hotelresidencialelvalle.com	
CC MV　17 间	
免费 Wi-Fi	
费 ⬛ S D US$53~	

埃尔马乔布瀑布方向约1.5公里

坎佩斯特里酒店
Campestre

岩石刻画
Petroglifos

方形树

埃尔尼斯佩罗动植物园
Vivero y Zoológico
El Níspero

Kiosko la Pintada

N

天主教堂

圣何塞教堂前

巴士搭乘点

自行车租赁处

电话局

1km

市场

Av.Principal

佩佩酒店 Don Pepe

埃尔巴耶住宅酒店
Residencial El Valle

Cabanas Gysell

El Greco

圣卡洛斯·
巴拿马城方向

埃尔巴耶
El Valle
区域地图 ▶ p.291/B1

埃尔巴耶博物馆
Museo El Valle

阿波罗瓦卡
APROVACA

巴拿马 ● 埃尔巴耶

巴拿马城

戴维

戴维 *David*

被大自然环抱的奇里基高原绿意之城

人口▶ 14.48 万

戴维
MAP p.291/B1

巴拿马航空
☎ 721-0841

货币兑换
　邻近巴士总站的 Av.Belisario Porras 路上设有 Istmo 银行，可以通过银行内的 ATM 提取美元。

巴士总站
MAP p.322
　车站内还设有咖啡馆风格的餐馆以及行李寄存窗口（收费）。

国境信息
　哥斯达黎加一侧的出入境处在每天 6:00~23:00 办公，巴拿马一侧的出入境处则是 24 小时对公众开放。Tracopa 旅行社每天都运营 4 班从哥斯达黎加国境线的卡诺阿斯隘口 Paso Canoas 前往圣何塞的巴士。此外 TICA 旅行社运营的从巴拿马城始发的巴士也会在 20:00 左右途经这里。

从戴维乘车约 1 小时便可以抵达博科特进行远足活动

　巴拿马国内仅次于巴拿马城、科隆的第三大城市——戴维，也是巴拿马最西端奇里基省的首府，不仅是丰富的农产品集散地，也是往来哥斯达黎加的重要边城市。现在戴维已经和首都巴拿马城建设了高速公路，戴维当地也设有机场。

　戴维全年的气温都十分闷热，不过从这里北上驱车约 1 小时，随着海拔逐渐上升，你便会来到气候清爽的广阔高原奇里基高原。特别是位于巴拿马最高峰巴鲁火山（海拔 3475 米）山脚下溪谷的博科特城更是知名的山地度假地。在咖啡豆成熟收获的季节，你可以看到穿着传统长裙的原住民圭米族（亦称 Ngobe-Bugle）女性在田野里采摘咖啡豆。

　当你来到戴维这座城市时，不妨顺路前往自然风景绝佳的博科特放松身心。

◎ 交通方式

飞机

　巴拿马航空每天都运营 3~4 班从巴拿马城前往恩里克马利克国际机场 Enrique Malek（DAV）的航班（需约 35~45 分钟，费用 US$111~135）。此外哥斯达黎加的首都圣何塞每周也有 3 班飞往这里的航班（需约 1 小时，费用 US$185~262）。

巴士

　巴拿马城每天 5:30~24:00 期间，每 1~2 小时便有 1 班前往戴维的巴士（需约 7~8 小时，费用 US$15.25），急行巴士的费用则是 US$19，需约 6 小时 30 分钟。从哥斯达黎加国境线的卡诺阿斯隘口 Paso Canoas 每天 5:30~22:00 期间，每 40 分钟也有 1 班前往戴维的巴士，需约 1 小时 30 分钟。

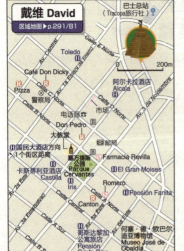

戴维 David
区域地图 ▶ p.291/B1

巴士总站
（Tracopa旅行社）

Calle E.Norte

Toledo

Av. Central

Calle B Norte

Av.1a Este

Av.1a Este(2 de Enero)

Café Don Dicky

Pizza

警察局

电话局

Don Pedro

大教堂

国民大酒店方向
（1个街区距离）

卡斯蒂利亚酒店
Castilla

Iris

哥斯达黎加
公寓旅店

Pensión
Costa Rica

阿尔卡拉酒店
Alcalá

Calle E.Norte

Av.3 de Noviembre

市场

邮局

Farmacia Revilla

塞万提斯
公园
Parque
Cervantes

El Gran Moises

Romero

Canton

Pensión Fanita

Av.2a Este

Av.2a Este

Calle Central

Av.3a Este

Calle A Sur

何塞·德·欧巴尔迪亚博物馆
Museo José de
Obaldía

Pensión
Iris

Av.1a Sur

200m

小贴士　戴维是你前往博科特途中的中转城市，相比戴维炎热的热带气候，地处高地的博科特十分凉爽，当心两地的温度差，不要让身体感冒或生病。

戴维 漫步

　　城中心的塞万提斯公园 Parque Cervantes 位于巴士总站南面 500~600 米的位置，广场对面还有一座小教堂，周边则是各式商店、餐馆以及银行设施，气氛十分热闹。距离广场 2 个街区，半径 200 米以内的区域内还有几家价格公道的酒店设施。东面相距 4 个街区距离的位置则是展出前哥伦比亚时代石像、陶器、石器等文物的何塞·德·欧巴尔迪亚博物馆 Museo José de Obaldía。

　　戴维对于游客来说通常是一座起着交通枢纽功能的城市，市内并没有特别值得一看的景点，不过从戴维驱车 1~2 小时，便可以来到坐落在巴鲁火山所在高原的博科特 Boquete、卡尔德拉等山地度假地。

　　如果你厌烦了巴拿马的炎热气候，不妨前往高原上的城镇，呼吸几天凉爽的空气。

何塞·德·欧巴尔迪亚博物馆
Museo José de Obaldía
MAP p.322
住 Av.8 Este y Calle A Norte
开 周二～周六 9:00~17:00
费 US$1

市中心的塞万提斯公园

酒店
Hotel

　　城内的住宿设施大多都建在塞万提斯公园周边，种类囊括了从高档奢华酒店到廉价的背包客旅舍，提供充足的选择方案。餐馆则大多分布在巴士总站到塞万提斯公园的路段之间。

国民大酒店
Gran Hotel Nacional

◆位于戴维城郊外的高档酒店　坐落在稍微远离市中心的宁静郊外，酒店院内设有餐厅、会议室、赌场、泳池等各类设施，甚至还有一家电影院。

高档　　　　　　Map p.322 外
住 Av. 1 Este y Calle Central
☎ 775-2222
URL www.hotelnacionalpanama.com
CC AMV
室 119 间
📶 免费 Wi-Fi
费 ■□■▦ⓈⒹ US$95~（税 +10%）

阿尔卡拉酒店
Alcala

◆位于巴士站与城中心之间　对于搭乘巴士出行的住客来说，地理位置十分便利，酒店内设有餐厅和酒吧，并提供上网服务。

中档　　　　　　Map p.322
住 Av. 3a Este y Calle D Norte
☎ 774-9018　CC AMV　室 55 间
📶 免费 Wi-Fi
费 ■□■▦Ⓢ US$40~、Ⓓ US$45~（税 + 10%）

卡斯蒂利亚酒店
Castilla

◆位于市中心的便利位置　邻近塞万提斯公园的中规模酒店，周围设有餐厅和简易食堂，出行便利。

中档　　　　　　Map p.322
住 Calle A Norte　☎ 774-5260
URL www.hotelcastilladavid.com
CC MV　室 68 间　📶 免费 Wi-Fi
费 ■□■▦ⓈⒹ US$52~（税 +10%）

哥斯达黎加公寓旅店
Pensión Costa Rica

◆深受背包客喜爱　房费较低，深受年轻人青睐的平价酒店，邻近设有电视的客厅区域的客房会略显喧闹。不同房型的价格也不一致，可以参观各类客房后再做决定。

经济型　　　　　Map p.322
住 Av. 5 Este、Calle A Sur
☎ 775-1241
CC 无
室 48 间
📶 免费 Wi-Fi
费 ■□■▦Ⓢ US$10~、Ⓓ US$18~

■=设有空调 ■=未设空调、■=房间设有淋浴设施 ■=公用淋浴设施、■=设有电视 ■=未设电视
从国内拨打巴拿马当地电话 00+507+×××-××××（→ p.293）

博科特
MAP p.291/B1

戴维的巴士总站每天4:20~21:45 期间，每小时都会有 2~3 班巴士前往博科特，需约 1 小时，费用 US$1.75，打车前往的费用为 US$35~40。

博科特的节日活动信息

博科特在 1 月会举办咖啡＆鲜花节，3~4 月则是兰花节，跨过吊桥的会场区域可谓百花争艳，当地圭米族原住民还会在此开办售卖民间工艺品的特色市集。

咖啡农园和工厂

博科特城内的露易兹咖啡馆 Café Ruiz 提供咖啡农园和工厂的参观旅游行程，在每周周一~周六的9:00~13:00 期间举办，总时长约 3 小时，每人的参团费用为 US$30。每年 10 月~次年 3 月则可以看到农园内采摘咖啡豆的丰收之景。

☎ 730-9575
URL www.caferuiz-boquete.com

全年花朵盛开的高原度假地

博科特
Boquete ★★★

从博科特城内出发，步行约 3 小时便可以眺望到远处的加勒比海

收获前的咖啡果实

位于戴维北面 35 公里的小城博科特，是一处知名的山地度假地。这里的海拔大约为 1100 米，全年都是凉爽舒适的宜人气候，因为各种高原之花都在这里盛开，也被称为"鲜花与永恒之春的山谷"。在周边山谷内的清澈溪流中经常可以看到鲜活的虹鳟鱼，可以在这里体验河流垂钓、远足、观赏鸟类、漂流等多项户外活动。城镇沿巴士途经的中央大道 Av.Central 向南北两个方向不断延伸，最终构成一片狭长的街区。城中心巴士停留点所在的小广场周围设有酒店、餐馆和超市。是一座步行仅需1~2 小时便可以游览完毕的山谷小城。

此外你还可以从博科特出发，攀登巴拿马最高峰——海拔 3475 米的巴鲁火山 Volcán Barú。汽车会将你送抵山脚下的牧场区域，从这里需 7~8 小时便可以登顶。如果你不想花费这么长的时间登山，也可以前往博科特城附近海拔 1591 米的皮亚尼斯塔山 Cerro el Pianista，单程约 3 小时便可以登顶。天气晴朗的时候，从这两座山顶都可以眺望到湛蓝的太平洋和加勒比海，以及西面与哥斯达黎加接壤的世界自然遗产地拉阿米斯塔德国际公园 Parque Internacional la Amistad 内的连绵山脉。包含向导及接送服务的半日游价格为 US$65~。

ImFormación

参观博科特咖啡农园

博科特作为巴拿马国内的咖啡豆产地，其产量占据了整个国家的七成之多。你在名为卡托瓦 Kotowa 的咖啡庄园中可以品尝到最高等级的咖啡豆瑰夏咖啡 Geisha，并参观这里的咖啡农园。整个行程分为上下午两个时段，分别从 8:00 和 13:00开始进行，时长约 3 小时，费用 US$30。你可以用英文与这里的工作人员交流。此外这里也有绿咬鹃观光项目和高空滑索项目可供游客参与游玩。

博科特远足 Boquete Tree Trek
☎ 720-1635
URL www.boquetetreetrek.com

1 晚的住宿费是 US$72~（包含早餐），设施内并设有酒吧和餐馆

  博科特是美国退休老人钟爱的移居城市，甚至设有专用的养老社区，可以说是别墅林立。此外城内还有语言学校及各式餐馆，物价相比巴拿马其他城市要略高一些。大部分人都可以用英语进行沟通。

酒店 & 餐馆
Hotel & Restaurant

　　博科特城内没有大型酒店，基本上不是十几间客房的小型酒店就是平价的公寓旅店。夜晚客房内的体感温度通常较凉，最好准备件长袖上衣用来保暖。城内也有不少气氛很好的餐馆、咖啡馆和酒吧，可以静静品尝当地的美味佳肴。

帕纳蒙特酒店
Panamonte

◆**群花围绕的优雅酒店**　位于市中心北面的知名酒店，是不少名人出行的首选住宿地。酒店规模虽然不大，但是群花围绕十分雅致。酒店并设的餐厅可以品尝到博科特著名的虹鳟。提供早餐。

高档

🏠 Av.11 de Abril
☎ 720-1324　fax 720-2055
URL www.panamonte.com
CC AMV　🛏 25 间
🛜 免费 Wi-Fi
费 ➖🖥️ⓈⒹ US$207~（税 +10%）

绿洲酒店
El Oasis

◆**精致的酒店与餐厅的结合体**　酒店面积虽然不大，却规整地建有 6 间套房客房，提供早餐，并设的餐厅也很受好评。

高档

🏠 Av.Buenos Aires　☎ 720-1586
URL oasisboquete.com
CC MV　🛏 17 间　🛜 免费 Wi-Fi
费 🖥️ⓈⒹ US$72~（税 +10%）

玛玛莲娜旅店
Mamallena

◆**深受欧美年轻人欢迎**　旅店内提供公共厨房、电脑、有线电视等设施设备，并且可以通过旅店参报各类行程。提供早餐。

中档

🏠 Parque Central　☎ 720-1260
URL www.mamallenaboquete.com
CC AMV　🛏 14 间　🛜 免费 Wi-Fi
费 🖥️ⓈⒹ US$33~

托帕斯民宿
Pensión Topas

◆**艺术气息浓厚的民宿旅店**　位于城中心广场南面 300 米的位置，由一对德国艺术家夫妇共同经营，室内的墙壁上装点着各式画作。庭院中有一个泳池，方便房客游泳。此外你还可以通过旅店报名参加骑马以及鸟类观赏活动。早餐需要额外付费。

中档

🏠 Av.Belisario Porras，200m sur de Policia
☎ 720-1005　CC MV　🛏 8 间
🛜 免费 Wi-Fi
费 🖥️Ⓢ US$22~、Ⓓ US$38~
　 🖥️Ⓢ US$16~、Ⓓ US$28~
（税 +10%）

玛丽罗斯民宿
Pensión Marílos

◆**外观美丽的民宿**　邻近博科特的中心大街，是一家家族经营的优雅民宿。客房洁净整齐，提供公共厨房，房客可以自己烹调美食。店家还会为你介绍前往巴鲁火山的远足线路，十分贴心。房价中包含早餐。

经济型

🏠 Av.A Este y Calle 6 Sur
☎ 720-1380　CC 不可
🛏 20 间
🛜 免费 Wi-Fi
费 🖥️ⓈⒹ US$20~
　 🖥️Ⓢ US$9~、Ⓓ US$12~

石头餐厅
The Rock

◆**博科特知名的高档餐馆**　距离市中心 2 公里，巴拿马风味餐馆在博科特城的分店。提供完备的英文菜单，红酒品种丰富，用餐预算为 US$20~60。

🏠 Palo Alto，Calle Principal
☎ 720-2516　URL www.therockboquete.com
🕐 每天 12:00~21:00
CC AMV　🛜 免费 Wi-Fi

奈尔比斯餐厅
Nervis

◆**供应价格公道的早餐和午餐**　供应平价巴拿马菜肴的家常菜馆，早餐 US$2.50~，午餐 US$3.40~。

🏠 Calle A Oeste　☎ 6888-7601
🕐 周一～周六 7:30~15:00
CC 不可
🛜 无 Wi-Fi

🖥️=设有空调、=未设空调、🚿=房间设有淋浴设施、=公用淋浴设施、=设有电视、=未设电视
从国内拨打巴拿马当地电话 00+507+××× ×-×××× ×（→p.293）

巴拿马历史

Historia de PANAMÁ

　　1501年西班牙探险家巴斯提达斯在波托韦洛首次登陆，次年，航海家哥伦布在莫斯基托斯港留下了他的足迹。而将这片土地变为西班牙殖民地的则是瓦斯科·努涅里·巴波亚，他在1513年探索了这条狭长地峡，从加勒比沿海一侧一路穿越到太平洋的沿岸，随后他意识到了这片土地的宝贵价值，并宣布地峡为西班牙王室所有。此后麦哲伦将巴拿马比邻的和平之海命名为现在我们俗称的"太平洋"。

　　1519年，巴拿马城建在了巴波亚登陆海岸略微偏南的位置，这便是现在老巴拿马城的前身。当时巴拿马地峡上位于太平洋沿岸的巴拿马城，加勒比海岸的波托韦洛、农布雷·德迪奥斯作为自治殖民区而不断繁荣发展，此后巴拿马更作为帮助西班牙殖民者运送财宝返回西班牙的重要枢纽而起着至关重要的作用：印加帝国的财宝运到巴拿马地峡后，通过陆路交通运往波托韦洛，随后从港口发船前往西班牙。

　　1718年，巴拿马与哥伦比亚、委内瑞拉、厄瓜多尔一并被划归到新格拉纳达总督区。

　　19世纪随着南美大陆独立运动的兴起，被尊为中南美洲各国历史英雄的玻利瓦尔领导人民战胜了西班牙人的殖民统治，并将原有的新格拉纳达总督区改称为大哥伦比亚共和国，不过随着共和国内各个地区的矛盾加剧，大哥伦比亚共和国也随之分解，委内瑞拉和厄瓜多尔相继建国，而此时的巴拿马则属于大哥伦比亚共和国的一个州郡。

　　这段时期大陆间的贸易量逐渐增多，在与墨西哥战争中获得太平洋沿岸广阔领土的美国人，将巴拿马作为美国东海岸起始的运输重要衔接地，这便是巴拿马运河建造的契机。修造巴拿马运河的基础结构的设计师是建造苏伊士运河的欧洲英雄雷塞布。他在法国建立公司，为运河的修建募集资金，当时的人们对于成功建造苏伊士运河的雷塞布可谓信心有加，不料他却在巴拿马运河的修建过程中因对巴拿马的地形地势分析不够透彻导致工程失败，这也使得他创建的公司遭遇了致命的打击。

　　此后承担运河工程的国家一直迟迟未定，美国虽然取得了巴拿马地峡10年的租界条约，但其修造运河的主动权仍被哥伦比亚国会否决。此后美国开始转手策动巴拿马脱离哥伦比亚的独立运动，在巴拿马真正独立后马上与其签订著名的《美马条约》，此后巴拿马运河的建造权和管理权终于如愿以偿地回到了美国人手里。运河于1903年开始建造，并于1914年开通运行。

　　运河竣工后，巴拿马政府意识到运河的重要性，开始向美国索要巴拿马运河应有的权益，在总统选举中，从美国手中夺回运河管理权也是当时著名的竞选口号。巴拿马人在独立后真正的民族感情通过巴拿马运河体现得淋漓尽致。1968年，马尔·托里霍斯将军通过发动军事政变推翻时任政府并开始执政，执政期间推行稳健独立的民族主义，培养了巴拿马人的民族自豪感，在人民的支持下，多次公开要求美国归还运河的管理权，最终在1977年，时任美国总统卡特终于与他签订条约，完成了20世纪末归还运河的条款签订，这便是著名的《托里霍斯—卡特条约》。

　　1983年掌握巴拿马政权的诺列加开始了一系列全面抗争美国的政治决策，1987年6月美国国会谴责诺列加"破坏人权"，要求"解除诺列加职务""还政于民"，并停止了对巴拿马的经济援助。1988年2月，经美国司法部批准，迈阿密联邦法院大陪审团向诺列加正式提起诉讼，指控他参与走私贩毒活动。1989年12月20日美军出兵巴拿马，迫使诺列加到美国受审。在诺列加被捕后，巴拿马政坛迎来了积极意义的改革契机。

　　1997年9月，巴拿马加入WTO，1999年5月米雷娅·莫斯科索·德格鲁韦尔作为巴拿马史上第一位女性总统成功当选，美国也将巴拿马运河及运河两岸的领土在莫斯科索的政权管理下于1999年年末归还于巴拿马政府，并完成了美军从巴拿马国内撤军的约定。

　　2004年9月就任总统的马丁·托里霍斯进行了宪法和税收制度的改订，并提出了巴拿马运河的扩张计划。2006年10月，国民投票通过了运河的扩张计划，这项工程在2016年竣工。在托里霍斯就任总统之后，巴拿马国内的经济水平飞速上升了7%，失业率也得到很大的改善，不过国内治安较差以及国民不满率较高也是当时的真实写照。2012年10月，美国和巴拿马的自由贸易协定（FTA）生效，2014年5月，胡安·卡洛斯·巴雷拉宣布就任大总统。

旅行的准备和技巧

TRAVEL TIPS

旅行前的信息收集

海外旅游一定会为你制造一段美好的回忆，但是前提是需要你做好行前的信息收集工作，以便更好地开始这段美妙旅程。

在国内进行信息收集

收集旅游信息的手段多种多样，在当今的网络时代，只需动动手指在网上输入中美洲各国的国名、城市名，各种信息便会扑面而来。

另外，经营中美洲线路的旅行社对当地的旅游资源了解得比较深入，当你需要预订机票、确定往返城市位置以及制定旅游线路时，不妨前去咨询一下，说不定会有意外收获。

目前哥斯达黎加和巴拿马在中国设有大使馆，通过大使馆说不定也可以获得当地的地图和宣传册。

在当地进行信息收集

在游客众多的城市和度假地一般都有当地政府运营的旅游咨询处或是旅游咨询窗口，虽然从国内获取当地的观光资料比较有限，但是当你真正来到观光地后，各类旅行信息可谓唾手可得，尤其是在各地的旅游咨询处，工作人员都会非常友好地回答你的问题，当地的地图以及旅游宣传册更是令你的旅途更有保证。不过部分咨询处的工作人员可能只会讲西班牙语，无法和你用英语沟通，但你通过资料也可以对当地的旅游资源了解得很清楚了，旅游咨询处的重要性可谓旅行的灯塔，为你更加准确地指引旅行方向，所以来到一座城市，就先去找找当地的旅游咨询处吧。

洪都拉斯的 *Honduras tips* 以及危地马拉的 *REVUE* 都是当地十分实用的免费旅游杂志，你在这两个国家的景区、酒店、餐馆都可以免费领取这类干货十足的旅游杂志。不要小看了这类主要以宣传为主的旅游指南，由于上面的信息都是用英语书写，看得懂的才实用。

■□■对旅行有帮助的网站■□■

Visit Guatemala	www.visitguatemala.com（英语、西语）
El Salvador Travel	www.honduras.teavel（英语、西语）
Honduras Travel	www.visitanicaragua.us（英语）
Visita Nicaragua	www.visitanicaragua.us（英语）
Go Visit Costa Rica	www.govisitcostarica.co.cr（英语、西语）
中华人民共和国驻哥斯达黎加共和国大使馆	cr.china-embassy.cn/
哥斯达黎加共和国驻华大使馆官网	www.emb-costarica.cn/?lang=zh
哥斯达黎加移民局官方网站	www.migracion.go.cr/extranjeros/visas.html
Visit Panamá	www.visitPanamá.com（英语、西语）
巴拿马—中国贸易发展办事处	www.Panamáchinatrade.com/

目前只有哥斯达黎加和巴拿马在中国设有大使馆或外交机构，地址如下

●哥斯达黎加驻华大使馆

🏠 北京市朝阳区建国门外外交公寓 1-5-41

●哥斯达黎加驻上海总领事馆

🏠 上海市南京西路 1376 号上海商城 507 室

●巴拿马驻华大使馆

🏠 北京市朝阳区东直门外新东路 1 号塔园外交使馆区 6-1-11

携带的现金

由于在中美洲各国的银行都无法将人民币兑换为该国货币，所以请至少携带美元现金前往中美洲旅游。中美洲国家很认可美元，在各国的银行使用美元兑换该国的货币都非常方便，此外萨尔瓦多、巴拿马以及伯利兹三国还都可以直接用美元进行支付。其他中美洲国家的高档酒店以及各国当地旅行社中的价格表也都用美元作为货币标识，并且认可顾客使用美元进行支付。（→p.343）

信用卡

中档以上的酒店、商店、餐馆和旅行社一般都可以使用信用卡，你也可以用信用卡在当地的 ATM 进行取现。中美洲最被认可的当数 VISA 信用卡。信用卡的普及率由高到低的排序为 Visa、MasterCard、American Express。Diners Club 和 JCB 的信用卡通常只在高档酒店才可能可以使用。

借记卡

国内印有 VISA 字样的借记卡也可以和信用卡一样在中美洲进行支付，相比信用卡使用流程更加简单。

预存卡

免去携带现金的困扰，提前将可消费的货币存入卡中并在当地实现支付可能。你也可以用该卡在中美洲的 ATM 提取该国的相应货币（可能会收取手续费）。

出发前的准备工作

海外旅行，必不可少的证件便是你的护照，入境各国时会检查护照的有效期，各个国家的要求并不一致，一定要提前进行确认。此外海外旅行保险以及当地的货币也请尽早准备。

护照

海外旅行的开始便是申办普通护照。2019 年 4 月 1 日起，中华人民共和国普通护照等出入境证件实行"全国通办"，即内地居民可在全国任一出入境管理窗口申请办理，申办手续与户籍地一致。国家移民管理局政务服务平台同步上线，可进行预约申请、证件进度查询等。

申请护照时必要的书面材料

1. 制证照片。照片应当符合《出入境证件相片照相指引》；2.《中国公民出入境证件申请表》；3. 居民身份证原件及复印件；4. 国家工作人员还须提交本人所属工作单位或者上级主管单位按照人事管理权限审批后出具的《同意申办出入境证件的函》。

对于未满 16 周岁的申请人，除上述 1、2、3 材料外，还应当提交监护证明（如出生证明、户口簿等），以及监护人的居民身份证或者护照等身份证明及复印件。未办理居民身份证的可不提交居民身份证。未满 16 周岁的申请人，应当由监护人陪同办理。

10 年有效期的中国护照

海外旅行保险

目前市面上有各类旅行保险可以任意选购，无论你是自由行还是商务出行，都有适合你的特色保险。参团时旅行社的团费中一般不包含保险，需要你额外进行购买。购买保险可以让你在旅行中发生事故或得病时处理问题更加游刃有余，而且保险的价格其实都不是很贵，相比出问题后的巨额费用，提前投保省心又安心。

海外旅行保险可大致分为：①伤害保险（死亡、创伤后遗症险）；②可以自行增加的伤害保险（治疗费用）；③疾病保险（治疗费用、死亡）；④赔偿责任保险（物品意外损坏、误伤他人时支付赔偿等）；⑤救援保险（境外受伤返回国内的资金费用）；⑥行李保险（旅行中行李丢失、破损、被盗时的补偿）等。

市面上的海外旅游保险通常都会将上述险种一并包含。

美国签证及 EVUS 信息登记

从中国搭乘飞机前往中美洲时，通常都需要在美国进行转机，这时便需要在美国办理登记入境手续。详细要求参考 p.335 专栏。

申请办理护照

据《护照法》规定，护照的有效期分别为"十六岁以下为五年，十六岁以上为十年"，办理费用为 160 元。你可以在护照有效期内进行出入境活动，但最好不要在截止日期前 3 个月内再进行任何出入境活动。

中国公民申领因私普通护照须向公安局出入境管理部门申请，提交必要的书面材料，并由本人领取制作好的护照原件。公民申请普通护照或者申请普通护照变更加注、换发、补发的，公安机关出入境管理机构应当自收到申请材料之日起十个工作日内签发。对于符合加急办理普通护照条件的，公安机关出入境管理机构应当自收到申请材料之日起五个工作日内签发。

在偏远地区或者交通不便地区或者因特殊情况，不能按期签发普通护照的，经省级地方人民政府公安机关出入境管理机构负责人批准，签发时间可以延长至 30 天。北京的通常办照时限为 8 个工作日（自现场递交申请后第二个工作日开始计算），上门取证办理时限为 7 个工作日（自 EMS 上门揽取证件后第二个工作日开始计算），特殊情况除外。

护照的剩余有效期

中美洲大部分国家都会要求入境人员提供的护照有效期大于 6 个月以上，所以出发前一定要再核对下你护照的有效期。

黄皮书（国际预防接种证书）及签证事宜

详见各国基本信息专页。

气候及旅游季节

中美洲的地形变化多样，很难说出一个统一的旅游适宜时间，不过大部分国家在 5-10 月都是雨季，其他时间则是旱季，通常在中美洲旅行还是选择天气比较稳定的旱季出游最为合适。

不同国家的雨季也有不同的特色，有的国家整天都是连绵小雨，有的国家则会在傍晚突降暴雨之后便雨过天晴，详情可以参照各国基本信息一节的气候专栏。

预订机票

从中国前往中美洲

前往中美洲旅行一般都是从危地马拉或是哥斯达黎加入境，由于中美洲国家认可不用在同一个国家完成航空方式的出入境手续（※1），所以你完全可以从哥斯达黎加入境，随后通过陆路交通或是航空手段途经几个国家后最终从危地马拉返回中国，机票的金额与同一个国家往返几乎没有什么差别。此外，当你乘坐飞机前往中美洲国家时，你的里程点（※2）同样会被记录，为你的里程数锦上添花。
※1 从中国前往中美洲的入境国家与返回中国时的出境国家不是同一个国家的情况
※2 搭乘飞机所获得的里程积分。值得一提的是，阿维安卡航空与联合航空都属于星空联盟，可以安心积累你的里程积分。

购买机票

从中国出发时，比如春节、十一、五一及各类节假日期间的机票价格都会有很大幅度的增长，其实稍微错开几天，机票的价格便会十分合适，所以建议你尽量错峰出游。

机票中通常还会包含机场使用费以及燃油附加费，预约和购买的时候请仔细确认。

中国前往中美洲的航线通常都要在北美洲进行转机后才可以抵达中美洲各国。所以几乎无可避免的，你都会途经美国、加拿大或墨西哥等国后才会最终进入中美洲。

淡季从北京飞往危地马拉或哥斯达黎加的往返机票价格大约在6000~8000元（含税），但是在春节、国庆以及各个节假日期间，机票价格会成倍上涨，几乎都会突破1万甚至2万的大关。

旅行团及半自由行

你也可以在旅游目的地参加当地的旅游团

国内的旅行社中有经营中美洲线路的，免去了你预约酒店以及旅行时雇用向导、与当地人沟通的麻烦，适合不在乎旅行花销、力图省心省时的游客。不过中美洲的旅游团期通常可能都集中在旅游旺季，如果你想淡季出游，可以拜托旅行社帮你预订机票以及当地的交通方式和住宿的酒店，这种半自由行虽然在旅途中没有导游陪伴，但是可以令你更灵活地安排每天的行程，对于前往加勒比海地区潜水或是度蜜月的游客尤为适用。具体的旅游内容搭配方案可以实际与旅行社的工作人员进行沟通。

短期自由行

只在国内购买好前往中美洲的机票，其余事项都在当地解决的纯自由行游客近年来也逐渐增多。利用1~2周的假期前往自己感兴趣的城市或是遗迹所在地深度游玩，一切都是你自己说了算。如果想游览更多的景点，还可以在当地参报旅游团进行更有效的异国旅行。

美国前往中美洲的主要航班（※ 同一天的航班信息）　　※ **本书调查时信息**

	危地马拉城	伯利兹城	圣萨尔瓦多	特古西加尔巴	马那瓜	圣何塞	巴拿马城
洛杉矶	2班 （AV, DL）	—	3班 （AV）	—	—	2班 （AV, DL）	5班 （CM, UA）
休斯顿	3~4班 （UA）	2~3班 （UA）	4~5班 （AV, UA）	1班 （UA）	2~3班 （UA）	3~4班 （UA）	3班 （CM, UA）
达拉斯	1~2班 （AA）	2~3班 （AA）	2班 （AV, UA）	—	—	1~2班 （AA）	—
迈阿密	4班 （AA, AV）	2班 （AA）	4班 （AA, AV, UA）	1班 （AA）	4~5班 （AA, AV）	5班 （AA, AV）	8班 （AA, CM）

※ 航空公司代码　AA= 美国航空、AV= 阿维安卡航空、CM= 巴拿马航空、DL= 达美航空、UA= 联合航空

旅行需携带的物品

	物品名称	必要程度	是否拥有	备注
贵重物品	护照	◎	□	提前确认护照有效期的剩余时间
	现金（外币、人民币）	◎	□	不要忘了携带国内往返机场所需的人民币
	电子机票凭证	◎	□	出发前一天再确认下航班的日期和时间
	EVUS 认证	○	□	即使获得美国签证也需要激活证明
	海外旅行保险	◎	□	不怕一万就怕万一，有备无患
	信用卡	◎	□	有大额支付时比较方便
	借记卡	○	□	只可以消费卡内提前存入的金额
	证件照（48mm×33mm）	○	□	护照丢失时会需要提交 1 张
	户口本的复印件	○	□	补办护照的必要证明
	手机／智能电话	○	□	话费和上网设定提前都要处理妥当
洗漱用具	肥皂	△	□	随时可以保持双手清洁
	沐浴露、护发乳	○	□	小瓶旅行装可以更加节省你行李箱的空间
	毛巾	△	□	平价酒店中有时不会为客人提供
	剃须刀	◎	□	自行携带，卫生方便
	手帕、卫生纸	○	□	如果再有湿纸巾则会更加卫生
	洗衣液	○	□	方便旅行时间较长的游客清洗衣物
	防晒霜	○	□	中美洲的阳光可是很毒的
衣物	短袖	◎	□	带领子的短袖会更加实用
	短裤、裙子	◎	□	方便换洗的一类衣物
	冲锋衣	○	□	海拔较高地区早晚温差较大，做好保暖工作
	泳装	○	□	去海滨地区游玩必不可少
	沙滩鞋	○	□	平时短时间外出也很实用
	旅游鞋	◎	□	选择平时常穿的不会磨脚的鞋款
	帽子	○	□	白天游玩时的遮阳利器
	内裤	◎	□	2~3 件就足够，方便换洗
	袜子	○	□	炎热地区光脚穿鞋也是很好的选择
药品·杂货	药品类	◎	□	止痒药、感冒药、胃药、腹泻药等
	生理用品		□	虽然当地也可购买，但还是平时用的最舒服
	笔	◎	□	没带也可以在当地购买，还算一件纪念品
	笔记本	◎	□	可以记一些当地人告诉你的出行建议
	小腰包或背包	○	□	存放贵重物品，更加方便你看管
	手电筒	△	□	适用于远足游客或是住宿平价酒店的游客
	笔记本电脑	○	□	方便及时保存照片和视频，上网利器
	电池	○	□	携带充电器器则必不可少
	太阳镜	○	□	在沙尘天气也有奇效
	雨具	○	□	雨季穿一件雨衣行动会便利很多
	驱蚊喷雾、蚊香	○	□	热带雨林和遗迹地区都是蚊虫的聚集地
	手表	○	□	外出旅行尽量不要露富，带一块便宜的就好
	锁具	○	□	带一个传统小锁和 TSA 锁都会很有帮助
	旅游丛书	◎	□	带一本《走遍全球》就足够了
	西班牙日常用语集	○	□	会让旅途变得方便太多
	望远镜	△	□	可以更愉快地进行鸟类观赏活动

◎必需品　○携带的话会便利很多　△根据你的需求自行判断　※乘坐飞机对于液体的携带可能会有所限制，请提前咨询航空公司。

中美洲旅行线路设计

中美洲旅游经典线路

■ **探访古都与玛雅遗迹**

以危地马拉城作为游览起点，游览中美洲最著名观光地的古都安提瓜以及蒂卡尔遗迹。时间充裕的话还可以前往洪都拉斯的科潘遗迹以及伯利兹的玛雅遗迹进行游览，此外从收录在世界遗产名录中的安提瓜前往富有地域传统特色的奇奇卡斯特南戈等地游览也是个很不错的主意。

■ **巡游"世界花园"的自然观光行程**

以探访哥斯达黎加的国家公园及自然保护区为主的中美洲自然观光游，是近年来随着生态旅游逐渐开始变得火爆而备受欢迎的亲近大自然的特别行程，目的地主要围绕着作为野生鸟类观光胜地的哥斯达黎加展开。线路包括蒙特韦尔德自然保护区、阿雷纳火山国家公园、马努埃尔·安东尼奥国家公园等，同时从从哥斯达黎加前往巴拿马以及尼加拉瓜也十分便利，可以这个行程组合变换成中美洲三国游，更加多元化。

■ **中美洲 7 国纵览行程**

从危地马拉一路游览到巴拿马的中美洲周游行程。是深受时间充裕的背包客们青睐的旅游线路，沿途可以体验中美洲各国不同的人文与自然风光，通常中美洲国家间的移动都是选择国际巴士，如果时间紧张的话也可以选择乘坐飞机。

想在有限的时间中尽可能多地体验当地的风俗文化与自然风光，旅行前就一定要更加详细地制定旅游线路。想象着即将前往的异域国家，制定你专属的观光行程吧。

从哪里开始你的中美洲之旅

中国目前没有直飞中美洲城市的航班，前往中美七国的首都和主要城市通常都要在美国进行转机，航程时间几乎都没有太大的出入，所以比起时间的合理安排，选择你最感兴趣的国家才是关键，这个时候还是应该感性一点的。

不过假如你只有 1~2 周的旅游时间，可能会更加重视往返两地的航班所消耗的时间，在制定目的地后挑选换乘耗时最短的航班，或多看几天的航班，从中挑选最省时的班次后再确定你的出行日期，也是很好的方法。

如何挑选旅游目的地

每个人的旅游方式都不尽一致，根据自己的喜好挑选交通方式、住宿酒店、餐馆即可。好不容易去海外旅游，对于自己最感兴趣的项目一定不要吝啬时间，你可能对"巡游中美洲各地的玛雅遗迹""体验潜水""接触当地原汁原味的传统文化""慵懒地在沙滩度假"中某种活动最感兴趣，即使旅行时间有限，也请尽最大限度优先安排你所感兴趣的活动，一定不要在这次难得的中美洲之旅中留有遗憾。

中美洲的地方小城也别有乐趣

前往中美洲旅游，接触当地的民俗文化同时亲近大自然，这种两全其美的地方可谓最具魅力。而中美洲的地方小城恰巧可以满足你的这个要求。你在当地不仅可以亲身体验当地居民的生活方式与传统文化，大自然也是触手可及，城内的百姓大多比较友好，物价更比大城市要便宜一些。

各个国家的首都往往都作为本国的经济与政治中心而存在，很难深入接触当地的风俗文化，治安也比地方小城要差上不少。你可以把各个国家的首都当作你前往周边遗迹及自然公园的交通枢纽地而顺路前往。

安提瓜（→ p.40）是一座拥有众多长期旅居游客的著名观光城市

更多预留出旅行的富余量

中美洲经常会出现些你计划之外的变量。比如各地巴士的出发与抵达时间可能会有多达几个小时的误差，不过大家都是只要能安全抵达目的地便没有什么怨言。此外中美洲的航班也可能会因为乘坐该班次的乘客较少而临时取消，所以为行程留出些富余量是十分必要的。

中美洲的交通移动方式

中美洲的陆路交通通常都是以巴士移动为主，巴士行驶在各座城市之间，为当地居民和游客提供出行之便。危地马拉国内针对往返安提瓜、潘纳加切尔两地游览的游客还设有专用的旅行班车，十分便捷。此外这类旅行班车也会为乘客提供酒店接送服务，省去再搬运沉重行李的烦恼。

各国的航线情况各有不同，伯利兹、洪都拉斯、哥斯达黎加、巴拿马等国家国内都有完备的航空线路网，方便你前往该国的重要城市。危地马拉则主要运营危地马拉城到弗洛雷斯区间的航班，尼加拉瓜也是仅运营首都马那瓜到科恩岛间的航线。萨尔瓦多则根本没有国内航线。

拥有富余量的旅游计划会令你游刃有余

非常理解你想在有限的假期中尽可能多地体验当地风俗文化、自然风光等各种魅力的想法，但是不制定太过详细、可丁可卯的行程才是中美洲旅游的特别之处。特别是对于预算较低的游客来说，确认好抵达以及返回的国家、出发前留意下目的地的安全状况，其他事宜不太多考虑而是到当地顺其自然地旅游也是很好的旅行方式。此外，如果你想通过在当地获得的旅游资讯更合理地调整接下来的行程，也需要前期为旅行时间留出更多的富余量。决定好你一定要去的目的地或景区后，其他的行程安排自由一点，随心一点，就和国内自由行一样，会是很好的旅行体验。

前往中美洲各国各区域的航空公司
哥伦比亚阿维安卡航空 URL www.avianca.com
巴拿马航空 URL www.copaair.com
TAG 航空 URL www.tag.com.gt
热带航空 URL www.tropicair.com
玛雅岛航空 URL www.mayaislandair.com
索萨航空 URL www.aerolineasosahn.com
巴·科斯特纳航空 URL www.lacostena.com.ni
桑撒航空 URL www.flysansa.com
自然航空 URL www.natureair.com
巴拿马航空 URL www.airpanama.com

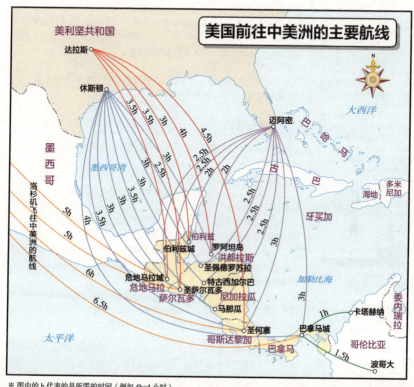

美国前往中美洲的主要航线

※ 图中的 h 代表的是所需的时间（例如 4h=4 小时）。

出入境手续

中美洲各国的入境税

入境税的信息可以参照各国基本信息中的专题介绍，大多数国家在机票中都会包含入境税。

关于携带液体及瓶装水登机

中国民航总局关于随身携带液体物品的规定如下（分为国际及地区航班和国内航班）：

国际及地区航班：

①乘坐从中国境内机场始发的国际、地区航班的旅客，其携带的液态物品容积不得超过100毫升（mL）。容器容积超过100毫升（mL），即使该容器未装满液体，也不允许随身携带，需办理交运。

盛放液态物品的容器，应置于最大容积不超过1升（L）的、可重新封口的透明塑料袋中。每名旅客每次仅允许携带一个透明塑料袋，超出部分应交运。盛装液态物品的透明塑料袋应单独接受安全检查。

②在候机楼免税店或机上所购物品应盛放在封口的透明塑料袋中，且不得自行拆封。旅客应保留购物凭证以备查验。

③婴儿随行的旅客携带液态乳制品，糖尿病或其他疾病患者携带必需的液态药品，经安全检查确认无疑后，可适量携带。

④旅客因违反上述规定造成误机等后果的，责任自负。

详情可以前往民航总局官网（http://www.caac.gov.cn/index.html）及各家航空公司的官网进行确认。

机内可以携带的液体物品标准详见民航总局官网

途经美国的飞机

途经美国飞往中美洲的航班，不允许乘客对自己的行李进行上锁。如果发现TSA锁以外的锁具在行李箱上，会出于反恐目的将锁具破坏来检查行李箱内的内容。

从中国出境

通常要提前2~3个小时抵达机场，自由行旅客请直接前往相应的航空公司柜台办理登机手续，参团游客则在旅行社指定的地点集合即可。

①办理登机手续

在机场办理登记手续也被称为Check-in，通常都是在航空公司柜台或自助登机服务机办理。如果你将乘坐两家航空公司共有的代号共享航班，前往任意一家航空公司的柜台办理登机即可。如果是电子机票，完全可以通过机场的自助登机服务机进行办理。通过触摸屏的提示进行操作，手续完成后机器便会为你打印机票。行李的托运服务需要在航空公司的柜台进行办理。

②安检

办理完登机及托运手续后前往安检，机场工作人员会对你全身及随身携带的行李进行安检。将随身携带的笔记本电脑、手机、腰带、钱包等金属物品放在塑料托盒中接受X线检查。需要注意的是，通过安检前要将水和打火机等物品提前处理掉，这些是不允许随身携带的。

③海关申报

如果携带高价值国外制造的物品出国，需要填写报关单，以防当你回国时对本属于你的物品进行错误收税。这类提前报关的物品由于需要向海关出示，请不要放在托运行李之中。

④出境审查

通常都是向工作人员出示护照和机票，一般不会对你有什么问题的询问，在护照上盖上出境章后便会将护照和机票退还给你。请提前将护照套从护照上卸下来，方便工作人员的检查。

⑤前往登机口

前往自己航班所对应的登机口，通常会从起飞前30分钟开始登机，在登机口出示机票和护照即可完成登机。

入境中美洲各国

在美国等地进行转机后，进入中美洲七国的手续基本相同。

①入境审查

向工作人员出示护照和出入境卡即可，在哥斯达黎加和巴拿马入境时，还需要向工作人员出示你入境的机票。

②提取行李

通过入境审查后，核对你所搭乘航班所对应的行李提取区，在行李传送带前等待即可。部分机场会要求你出示行李牌才可拿取相对应的行李，不要把行李牌弄丢。如果最终没有在传送带上找到你的行李或是行李发生破损，请当场联系机场工作人员为你解决问题。

③海关申报

如果你所携带的物品在免税范围内便无须申报，拿着填好的海关申报书直接前往出口即可；如果超出免税范围，请前往海关进行申报。有时当地的工作人员还会打开你的行李箱进行检查。

中美洲各国签证

详情请参照各国基本信息一节的签证专栏。

从中美洲各国出境

基本上都不需要与航空公司进行返程机票的再确认，如果你担心有停航的情况可以给航空公司打电话进行确认。

①办理登机手续

通常需要提前3个小时抵达机场办理登机手续，准备好护照和电子机票凭证便可以在航空公司的柜台办理登机服务。随后进行行李托运便可以拿到行李牌。在哥斯达黎加办理出境手续时还需要在特别柜台支付出境税。

②安检

办理完行李的托运手续后前往安检，机场工作人员会对你全身及随身携带的行李进行安检。将随身携带的笔记本电脑、手机、腰带、钱包等金属物品放在塑料托盒中接受X线检查。需要注意的是，通过安检前要将水和打火机等物品提前处理掉，这些是不允许随身携带的。

③出境审查

通常都是向工作人员出示护照和机票，一般不会对你有什么问题的询问，在护照上盖上出境章后便会将护照和机票退还给你。请提前将护照套从护照上卸下来，方便工作人员的检查。登机之前的剩余时间便可以游览机场内的免税店，进行本次旅行的最后一次境外购物。

④航班途经北美的情况

与来时在美国、加拿大、墨西哥等国经停的情况一样，需要下飞机办理转机手续。

中国入境

①检疫

正常通过即可，患有发热、呕吐、黄疸、腹泻、急性皮疹、淋巴腺肿、艾滋病、性病、精神病、开放性肺结核的入境旅客请主动向检验检疫官员申报；来自黄热病流行区的旅客，请主动向检验检疫官员出示有效的黄热病预防接种证书。

②入境审查

工作人员会在窗口检查你的护照并为你加盖入境章。

③提取行李

前往你所乘坐的航班相对的行李提取区提取行李，如果最终没有在传送带上找到你的行李或是行李发生破损，请当场联系机场工作人员，出示你的行李牌寻找解决办法。

④海关

如果你携带有向海关申报的物品，须填写《中华人民共和国海关进出境旅客行李物品申报单》，选择"申报通道"（又称"红色通道"）通关；如果没有，无须填写《申报单》，选择"无申报通道"（又称"绿色通道"）通关（按照规定享有免验和海关免于监管的人员以及随同成人旅行的16周岁以下旅客除外。）

美国出入境事宜

途经美国往返中美洲，需要在美国办理入境手续才可以完成转机行为。

●美国签证

一般情况，中国公民想要进入美国，必须首先取得短暂停留的非移民签证或永久居留的移民签证。符合资格国家的公民可通过签证审核获得签证进入美国。在启程前往美国前，自2016年11月起，所有持有中华人民共和国护照同时持有10年有效期B1/B2、B1或者B2美国签证的旅行者须进入签证更新系统EVUS网站进行信息登记。详情请访问 www.cbp.gov/EVUS。

EVUS 认证

启程到美国前，所有通过豁免签证计划来到美国的旅游人士必须通过旅游授权电子（EVUS）系统取得授权。详情请参照美国大使馆官网或咨询各地旅行社。

途经墨西哥前往中美洲

如果你是持有美国/英国/加拿大/日本/申根国家等任意国家有效签证页的申请人可以免签墨西哥。如果没有则需要提前办理相应签证以完成转机行为。

EVUS 概况

根据美国国土安全部网站的说明："持有2016年11月之前签发的10年有效期B1/B2、B1或B2签证的申请者，必须在该规定生效后登录EVUS登记，方可使用签证。自2016年11月起获得10年有效期B1/B2、B1或B2签证的申请者，必须在首次前往美国旅行前登记。所有申请者的登记维持两年有效，若旅客的签证或护照两者中有任何一者过期，EVUS登记的信息便失效。"此外，每两年进行EVUS登记，都需要额外收取少量费用。

■ 美国海关申报表填写范例

※ 如果正面全部在"NO"打钩，便无须填写背面的内容

旅行的准备和技巧 ● 出入境手续

海关申报单填写方法

●哥斯达黎加 & 洪都拉斯　※2 国通用

①姓　　②名
③国籍　　④护照打√
⑤护照号码
⑥性别（M=男性，F=女性）
⑦出生日期（日/月/年）
⑧入境方式（Air=空路/Ground=陆路/Sea=海路）
⑨航班号　　⑩航空公司名称
⑪常居国　　⑫出生国
⑬旅行住宿地址　　⑭同行家属人数
⑮行李数
⑯是否曾在外国农场、牧场、食品加工厂停留或工作
⑰是否携带活的动植物以及食物
⑱是否携带化学制品、毒药、武器、发射物
⑲是否携带 US$1 万以上的现金或等值的其他国家货币入境
⑳如果你在 19 画钩，请填写相应金额
㉑近 6 个月是否减免过纳税
㉒是否在其他国家停留 3 天以上（哥斯达黎加/洪都拉斯除外）
㉓是否有非随身载运行李
㉔如果你在 23 画钩，请填写以下内容
（数量/物品名/金额/合计额）
㉕填写日期（日/月/年）
㉖签名（与护照相同姓名）

危地马拉

① ARRIVAL= 入境
②姓
③名
④护照号码
⑤性别（M=男性，F=女性）
⑥职业
⑦国籍
⑧常居国
⑨出生国 & 出生日期（日/月/年）
⑩旅行住宿地址
⑪出境地
⑫入境地
⑬旅行目的（Tourism= 观光/Official= 公务/Business= 商务/Residence= 居住/Transit= 途经/Other= 其他）
⑭入境方式
⑮航班号
⑯是否携带 US$1 万以上的现金

或等值的其他国家货币入境
⑰如果你在 16 选择 YES，请在下方填写 Currency= 货币种类/Cresit Title= 面额 /Amount= 总金额/Origin of Funds 资金来源
⑱是否携带 19~25 项内容入境危地马拉
⑲捐赠品、答谢品或是他人赠送的物品
⑳商业货物
㉑商务制品、宣传用品、工具等
㉒制品样本
㉓活的动植物、花、种子、水果、肉类、食物
㉔手枪等武器
㉕药品、需要特别许可的药品
㉖旅行中是否曾在农场、牧场停留
㉗签名（与护照相同姓名）

伯利兹

①姓名
②护照号码
③入境方式（空路/海路/陆路）（航班号/船舶号/车牌号）
④同行家庭人数
⑤行李数
⑥常居国
⑦旅行住宿地址
⑧来访目的（Business= 商务/Pleasure= 观光/Official= 公务）
⑨是否携带植物、水果、蔬菜、肉类、动物入境
⑩是否携带武器入境
⑪是否携带 BZS1 万以上的现金入境
⑫携带入境伯利兹的商品总计（商品名/价格/总额）
⑬签名及日期（日/月/年）

●萨尔瓦多

①姓
②名
③护照号码
④性别（M=男性，F=女性）
⑤出生日期（日/月/年）
⑥入境方式（空路/陆路/海路）
⑦旅行目的（观光/居住/公务/商务/其他）
⑧航班号
⑨航空公司名称
⑩出生国
⑪目的国
⑫同行家庭人数
⑬是否在萨尔瓦多以外的其他国家停留3天以上
⑭携带行李数
⑮托运行李数

⑯是否携带 US$11428.57 以上的现金或等值的其他国家货币入境
⑰如果你在 16 选择 YES，请填写具体金额
⑱是否持有动物、食材、花、水果、化学制品、生物药品、农业用品及危险物
⑲是否持有武器和军需品
⑳是否持有工作相关的专业器械
㉑商品样本
㉒是否有商业目的的非随身载运行李
㉓如果你在 22 选择 YES，请在下方写具体信息（数量/内容/金额）
㉔日期（日/月/年）
㉕签名

●尼加拉瓜

①姓名　②国籍
③护照打✓　④护照号码
⑤常居国　⑥出生日期（日/月/年）
⑦入境方式（航班号/船舶号/车牌号）
⑧抵达日（日/月/年）
⑨旅行住宿地址　⑩同行家庭人数
⑪携带行李数
⑫是否持有活的动植物以及食材
⑬是否携带 US$1 万以上的现金入境
⑭是否持有需要先海关申报上税的商品
⑮如果你在 14 选择 YES，请在下方填写具体信息（商品名/金额）
⑯签名及日期（日/月/年）

●巴拿马

①护照号码
②名·姓/出生日期（日/月/年）
③同行家庭人数
④航空公司名称/航班号
⑤搭乘地
⑥是否是巴拿马市民
⑥-1 国籍
⑥-2 巴拿马停留天数
⑦旅行住宿地址（省/市/区/路/酒店名）
⑧旅行住宿地址的电话号码
⑨旅行目的（留学/观光/商务/其他）
⑩是否携带水果、植物、肉类、食材或活动物入境
⑪是否持有需要先海关申报的物品？
⑫如果你在 11 选择 YES，请在下方填写具体信息（US$2000 以下的商品不需要申报）（商品名/金额）
⑬是否携带 US$1 万以上的现金或等值的其他国家货币入境
⑭所持有的货币来源（商务/家族/个人/贷款/其他 说明）
⑮所持有的货币币种及面额（US$/其他货币/其他财产/合计总额）
⑯除美元及巴波亚以外的货币请在下方记录（货币名称/国家名）
⑰签名及日期（日/月/年）

穿越中美洲国家边境

　　穿越国境线前往另一个国家是旅行中十分令人期待的环节，虽然同在中美洲地区，但是每个国家都有其独特的文化和社会制度，当你从一个刚刚熟悉一些的国家前往与其接壤的陌生国家，心中难免会有莫名的紧张与期待，这便是旅行的魅力之一吧。在中美洲各个国家移动的时候，除了乘坐飞机，还可以使用船只、巴士等水路与陆路交通方式。

飞机

　　阿维安卡航空与巴拿马航空的航线覆盖了中美洲的7个国家，阿维安卡航空将圣萨尔瓦多的科马拉帕国际机场作为其旗下的枢纽机场，巴拿马航空则将巴拿马城的托库门国际机场作为其旗下的枢纽机场，拥有枢纽机场的航空公司可以更灵活地安排其设在整个中美洲的航空线路网。哥斯达黎加的自然航空虽然也在各个国家设有办事处，但是由于它基本不和其他航空公司竞争市场上连接各座城市的热门航线，所以也基本不会买到低价机票。

　　虽然中美洲搭乘飞机前不需要与航空公司进行再确认，但是这里的航空公司可能会由于某班次的乘客很少而突然取消航班，为了不收到这种"惊喜"，乘机前再做下确认也未尝不可。

中美洲内的主要航线

※ 图中的h代表航程所需的时间（例：4h=约4小时）。

船

中美洲在洛斯奇莱斯（哥斯达黎加）~ 圣卡洛斯（尼加拉瓜）区间运营船只航线，方便乘客乘船前往其他国家。此外也有旅行社运营从墨西哥的帕伦克前往弗洛雷斯（危地马拉）的航线。

虽然是坐船横渡海域，但是乘客也只有 10~20 人，所以船只不大，风浪较大的时候还会有剧烈晃动。乘船前请准备好雨具，并对行李做好防水工作。

巴士

除了各国的当地巴士外，国际长途巴士也是很好的国境穿越交通工具，乘坐这类巴士时办理国境穿越手续十分方便且安全。在中美洲各国都设有交通网的 TICA 旅行社，运营从危地马拉城到巴拿马城的各国首都及主要城市的巴士车。将圣萨尔瓦多设为巴士起点的 Platinum 旅行社，运营乘坐感舒适的高档巴士。此外以马那瓜作为旅游起点的 Transnica 旅行社，也运营前往中美洲各地的巴士。巴士详情可以参照各个城市的交通方式专栏。

穿越国境的主要线路

乘坐国际巴士穿越国境

墨西哥 ~ 危地马拉

● 塔帕丘拉 ~ 特昆·乌曼

从墨西哥城搭乘直达巴士前往塔帕丘拉需约 18 小时，从塔帕丘拉前往边境城市特昆·乌曼需约 1 小时。从特昆·乌曼到危地马拉城需约 6 小时，每小时都有 2 班这样的巴士。这条从墨西哥城途经塔帕丘拉、特昆·乌曼，最终抵达危地马拉城的线路是连接墨西哥与危地马拉两个国家最便捷的陆路线路，办理入境手续也比较简单。

● 瓜特穆斯城 ~ 拉梅西拉

从墨西哥的柯米坦途经瓜特穆斯城后前往危地马拉的边境城市拉梅西拉，需约 2 小时。从拉梅西拉乘车前往距离它最近的危地马拉城市韦韦特南戈（→ p.83）需约 2 小时 30 分钟。

各个区间的机票价格会随着季节在 US$250~400 的浮动，提前几个月预订机票可以享受 US$120~150 不等的优惠折扣。

从哥斯达黎加的洛斯奇莱斯乘船前往其他中美洲国家

国际巴士公司
● TICA 旅行社
URL www.ticabus.com
● Platinum 旅行社
URL platinumcentroamerica.com
● Transnica 旅行社
URL www.transnica.com

国际巴士的搭乘方式

以 TICA 旅行社运营的国际长途巴士为例，每天都会有该公司的巴士从中美洲的各座城市出发前往目的地城市。出示护照便可以在乘车前一天在窗口购买车票，第二天提前 45 分钟抵达发车的巴士总站即可。各个国家的出入境手续不尽相同，有时国际巴士的司机会为你代办出入境手续，有时则需要你本人下车前往国境线的边检大厅办理出入境手续。

各式旅行方式的大体费用

选择住宿高档酒店、打车出行、游览国家公园时雇用向导的奢侈旅游模式，每天的消费可能高于 2000 元人民币；相反，如果你在中美洲的一座城市长期旅居不怎么移动，住在宿舍型客房，就餐选择简易食堂的话，每天的费用则不会超过 100 元人民币。

根据你的经济条件规划旅行的费用构成吧，其实中美洲各国的物价都比较低，不是奢侈旅游的话预算都不会太高。

通常你可以把 1 周的旅游费用定在 2000~3000 元，这样的旅游消费相对合理。

切图马尔前往伯利兹的巴士总站

出入境章的关键性

此前曾有游客从危地马拉出境前往萨尔瓦多之时被罚款Q200的事件发生，原因是他的护照上没有找到入境危地马拉的入境章，中美洲国家出入境大厅的工作人员经常会不为游客加盖出入境章，入境没问题，但是出境时就可能成为大问题。为避免这类纠纷请在出入境时留心让工作人员一定为你的护照加盖出入境章，出境为印有S字样的圆章，入境则是印有E字样的圆章。一定要多加确认。

由埃尔佛罗里多出入境的手续费

陆路方式进出危地马拉、洪都拉斯时本身不需要支付出入境税和手续费，但是当你从邻近科潘遗迹的埃尔佛罗里多出境危地马拉时，需要支付Q10的出境费，入境洪都拉斯时则需要支付US$3的入境费，此外当地工作人员还会适当收取出入境手续费。

● **帕伦克 ～ 弗洛雷斯**

乘船穿越边境线

从墨西哥代表遗迹所在地帕伦克城前往蒂卡尔遗迹附近的关口城市——危地马拉国内的弗洛雷斯（→p.100），可谓人气很高，使用率也很高的跨国线路。在旅行社报名便可以乘坐旅行班车和船只跨越国境线。从帕伦克前往弗洛雷斯的路程约8小时。

墨西哥 ～ 伯利兹

● **切图马尔 ～ 科罗萨尔**

从位于尤卡坦半岛南部，墨西哥的切图马尔途经伯利兹最北部的城镇科罗萨尔（→p.146）后前往伯利兹城。这趟线路的巴士每小时有1～2班，需约3小时30分钟。切图马尔每天还有一班船只前往圣佩德罗（→p.140），航程约1小时30分钟。

伯利兹 ～ 危地马拉

● **本阙·雷·卡门 ～ 梅尔乔·德门科斯**

从圣伊格纳西奥（→p.152）乘坐巴士约30分钟便可以抵达邻近国境线的本阙·雷·卡门，从这里打车前往国境线只需要10分钟时间。

穿过国境线后过桥不久便是危地马拉的梅尔乔·德门科斯，从这里搭乘前往弗洛雷斯（→p.100）的巴士或迷你巴士，需约2小时30分钟。

危地马拉 ～ 萨尔瓦多

● **巴耶努埃沃 ～ 拉斯·支那马斯**

在国境线办理出入境手续

从危地马拉城途经巴耶努埃沃穿越国境线来到萨尔瓦多的拉斯·支那马斯后继续搭乘巴士，途经阿瓦查潘后抵达圣安娜（→p.172）。危地马拉城直抵圣萨尔瓦多（→p.162）的直达巴士通常都是沿这条路线行驶。

危地马拉 ～ 洪都拉斯

● **埃尔佛罗里多**

作为前往科潘遗迹（→p.198）的人气线路而备受欢迎，从危地马拉的奇基穆拉前往位于边境线的埃尔佛罗里多需约2小时。从国境线有班次非常频繁的迷你巴士可以将你送抵洪都拉斯的科潘城（→p.194），需约20分钟。危地马拉城起始的国际巴士也是从这条线路前往洪都拉斯。

萨尔瓦多～洪都拉斯

●埃尔～阿玛缇洛

从萨尔瓦多的圣米格尔（→p.169）途经圣罗莎·德利马后前往位于国境线的埃尔·阿玛缇洛，需约4小时。从埃尔·阿玛缇洛乘车前往洪都拉斯的特古西加尔巴（→p.182）需约3小时。

●埃尔波伊

埃尔波伊作为萨尔瓦多北部的城镇之一，几乎位于危地马拉、洪都拉斯和萨尔瓦多三国的交界线附近。连接圣萨尔瓦多（→p.162）和圣佩德罗·苏拉（→p.190）区间，Platinum旅行社的国际巴士便从这里穿越国境线往返两国。从这里途经洪都拉斯的拉安特拉达便可以前往科潘遗迹（→p.198）。

在埃尔波伊国境线处整装待发的各类卡车

洪都拉斯～尼加拉瓜

●瓜萨乌莱

从萨尔瓦多前往尼加拉瓜的国家巴士便是由此穿越国境线。洪都拉斯的乔卢特卡和尼加拉瓜的莱昂（→p.218）便是距离洪尼国境线最近的知名城市。

尼加拉瓜～哥斯达黎加

●佩尼亚斯布兰卡斯

从尼加拉瓜的格拉纳达（→p.222）搭乘巴士前往佩尼亚斯布兰卡斯，需约2小时30分钟，从里瓦斯可以打车前往位于国境线的佩尼亚斯布兰卡斯。从佩尼亚斯布兰卡斯有直达哥斯达黎加圣何塞（→p.234）和利韦利亚（→p.286）的直行巴士。

车流量和人流量都很大的佩尼亚斯布兰卡斯

●圣卡洛斯～洛斯奇莱斯

从尼加拉瓜湖的奥梅特佩岛可以搭船前往圣卡洛斯（→p.226），航程约1天。从这里每天都有数班前往哥斯达黎加的洛斯奇莱斯的船只，以洛斯奇莱斯作为起始点还可以前往卡诺乃格罗野生保护区（→p.281）。

哥斯达黎加～巴拿马

●卡诺阿斯隘口

圣何塞（→p.234）与巴拿马城（→p.296）区间运营着直达巴士。推荐在哥斯达黎加的欧萨半岛周边或是巴拿马的奇里基地区中途下车。穿越国境线的时候，无论是哥斯达黎加一方还是巴拿马一方的出入境管理局都需要你出示之后出国的机票以及巴士车票。

从南美洲入境伯利兹、萨尔瓦多、哥斯达黎加的情况

哥斯达黎加要求入境者若是从南美6国易患黄热病风险的国家而来，有义务向官方出具注射黄热病疫苗证明（黄热病预防接种10天以上的医务证明），但是如果你在前往黄热病风险国家后又去了其他国家，最后前往的中美洲伯利兹、萨尔瓦多、哥斯达黎加三国，则无须出示注射黄热病疫苗证明。

中美洲旅游指南

道路及地址

西班牙语中表达道路的词语很多，Calzada、Paseo、Avenida（缩写为 Av.）、Calle 等。

中美洲大多数的城镇结构都是横平竖直，街道如棋盘一般布局。东西向的道路称为 Calle，南北向的道路称为 Avenida（有时根据城市的方向不同会有互换）。路牌号则是从横穿中心的主干道开始由小到大递增变化。通常都会用道路的号码来表达地址，"Calle 11，Av. 6 y 8" 指的是位于 "11 大街，坐落在第 6 大道和第 8 大道之间"。部分城市会用历史名人及基督教圣人的名字为道路命名。

关于卫生间

中美洲各国的卫生间虽然基本都配有冲水马桶，但是水压较低，上完厕所请不要把卫生纸扔进便池，要扔到垃圾桶里。

如果你在街面上没有找到公共卫生间，也可以去附近的酒馆和餐馆。博物馆和遗迹景区中虽然也有卫生间，但大多不配手纸，一定要提前随身备好。收费卫生间较多（通常收费 US$0.20~0.30）。

旅游季节

中美洲的旅行旺季当数复活节（3~4 月）以及圣诞节期间。这个时期中美洲不仅涌入许多外国游客，本国人也将这段时间作为出游季，所以无论是交通工具还是住宿设施都会人满为患，在此时段许多酒店还会调高房费。如果你打算在这段时间出游，推荐提前预约，以防出现无房无车的尴尬局面。

反之，在被称为绿色季节 Green Season 的雨季期间，哥斯达黎加等国的酒店还会降低 10%~20% 的房费价格吸引游客，不妨考虑一下。

民宿搜索网站
Couch Surfing
URL www.couchsurfing.com

城镇的基本构成

中美洲城镇中几乎都可以看到教堂、广场、学校、杂货店等基础设施。即使是再小的地方，有了这些设施也可以称为城镇了。由于西班牙人曾经殖民中美洲，这里的殖民城市街道几乎都是横平竖直的棋盘形结构，无论是大城市还是小城镇都是这样的布局。

人们将市中心或是城中心称为 Centro，在此建造大教堂 Catedral 或是相应规模的中央教堂。教堂前则建有名为 Parque Central 的中央公园及广场，更大些的城镇还会在中央公园对面建造市政厅，小村镇则是建造村委会等设施。

此外，与当地居民生活息息相关的中央市场 Mercado Central 以及看点十足的博物馆等设施也大多分布在城中心的位置。可以说，中美洲的城镇都是围绕大教堂为中心建造起来的，当你游览城市的时候也可以将城镇的大教堂作为旅行起点，展开你乐趣十足的中美洲之旅。

小城镇中的长途巴士总站通常都会设在中央公园或是广场附近。大城市的巴士总站则一般会设在距离市区数公里的位置，需要你搭乘城市公交或是打车前往。此外大城市的巴士总站根据巴士运营公司的不同，其搭乘点也会设在不同的位置。

酒店基础知识

中美洲各国知名景区及大城市通常都设有从平价酒店到五星级大酒店等各种规模的住宿设施。特别是在危地马拉、哥斯达黎加、巴拿马等地，由于当地政府重视旅游发展，你可以在这几个国家找到很多知名高档酒店，让你的旅途更加安心。

小城镇及村落中肯定可以找到名为欧斯佩达亥或是波萨达的简易旅店。通常这样的旅店客房只有桌子和椅子，房费在 US$30 以上的客房则会配有床套及装饰品，更为美观有品位。房费在 US$80 以上的高档酒店则是配有餐厅、酒吧、小卖部甚至泳池，设施完善。收费标准高于 US$30 的酒店基本上都支持用信用卡支付房费。

支付房费前最好实地考察一下

旅行资金准备

中美洲各国的货币不尽相同，基本上分为只能用本国货币进行交易；即使没有当地货币，大部分都支持美元进行支付；以及未设有本国货币，用美元代替本国货币三种情况。

中美洲 7 国货币浅谈

萨尔瓦多和巴拿马都没有本国货币而用美元作为其流通货币。伯利兹元 BZ$ 和美元则是 US$1=BZ$2 的固定汇率，美元也可以直接在伯利兹境内使用。不过在这些美元通用的国家，如果你掏出 US$50 及 US$100 这样大面额的钞票，当地商人很有可能以找不开为理由拒收，请多准备些 US$20 以下的小额现金。

中美洲其余的 4 个国家则是本国货币与美元共同流通。在尼加拉瓜（科多巴 C$）和哥斯达黎加（科朗 ¢）境内，基本上既支持本国货币消费也支持美元支付，不过即使你用美元进行支付，也会用该国货币为你找零。危地马拉（格查尔 Q）及洪都拉斯（伦皮拉 L）境内则通常只认可本国货币，只有在高档酒店和旅行社等场所才支持美元进行支付。

由于中美洲各国不支持人民币与各国币种的兑换服务，旅行启程前请至少准备好美元现金。中美洲的银行在你出示护照的前提下可以为你将美元兑换为各国的相应货币。危地马拉和洪都拉斯 1 天内只允许客人兑换不超过 US$200 的本国货币。

前往印有 Cirrus、PLUS 字样的 ATM 机刷卡提现

货币兑换请前往银行和兑换所

中美洲可为你提供货币兑换的包括称为 Banco 的银行及称为卡萨德·坎比奥 Casa de Cambio 的兑换所。各国的国际机场内通常都设有货币兑换所，但汇率比较不划算，只兑换乘车前往市区的最低限度花销即可。城区内的货币兑换所稍好于机场，但最好去银行进行兑换。银行在周末及工作日的部分时段人流较多，请做好排队的准备。

使用 ATM 提现

银行通常都会设有名为卡海洛·奥拓马提科 Cajero Automático 的自动取款机（ATM），国际机场及各大城市的商场、大型超市中也设有，部分机器甚至提供 24 小时服务。你可以通过插入你的借记卡（→ p.328）或信用卡从 ATM 取现。

机场内的 ATM

ATM 的使用方法

如果你不懂西班牙语，可以先在机器的语言选择栏中选择英语，随后选择 "Withdrawal（取钱）" 或 "Cash Advance（提现）"，之后如果你打算使用借记卡，请选择 "Saving（预存账户）"，使用信用卡选择 "Credit Card"，随后将你的银行卡插入 ATM 即可。如果你需要支付高档酒店的房费或是旅游团费，最好直接刷卡支付，免去去银行取现的麻烦。

国际 ATM 网络系统

标有 Cirrus、PLUS 字样的银行卡都可以找到相应的 ATM 进行提现，不过出于安全考虑，请尽可能在白天前往人流量较大场所内的 ATM 进行提现。有时机器可能会发生故障而将你的银行卡吞掉并且无法提现，为了避免并解决这类问题，最好在工作日银行的正常营业时间使用银行内的 ATM，最为安心。

提防货币兑换摊贩

当你通过陆路方式跨越国境线时，经常可以看到被称作科约特 Coyote 的货币兑换摊贩，虽然他们也有正规的营业执照，但是汇率很不划算，而且可能给你掺杂假币。如果你真的需要兑换货币，请尽可能将兑换金额只限制在前往下一座城镇的交通费以及餐费的最低标准。

丢失信用卡时请马上联系为你办理信用卡的相应银行

- 中国银行 +86-10-66085566
- 建设银行 +86-95533
- 工商银行 +86-95588
- 招商银行 +86-755-84391000
- 民生银行 +86-400-66-95568
- 浦发银行 +86-21-38784988
- 交通银行 +86-400-800-9888
- 农业银行 +86-95599

电话及邮政

中美洲各国有一种名为普莱帕格 Prepago 的手机十分方便。只要你向当地的运营商出示护照便可以轻松购买。别忘了把 SIM 卡和电话卡也一并购入，不然无法使用。电话卡的话费打光后再次充值即可激活使用。

不过如果你在 A 国购买的手机拿到 B 国使用，会产生昂贵的国际电话费，请提前在运营商的商店将手机此前内置的 A 国 SIM 卡（价格约 US$2）更换为当前国家的 B 国 SIM 卡。当地的电话费一般每分钟收取 US$0.1~0.2 不等，US$5 的电话卡拨打中国电话大约可以支持你通话 5 分钟。

中美洲的电话通信

各国的酒店和电话局都能为你提供通话服务，部分咖啡馆也设有可以拨打国际电话的电话机。如果你携带笔记本电脑或是智能手机，也可以使用微信、QQ 等软件进行网络通话，价格更加低廉，甚至免费。随着手机的普及，中美洲各国的电话亭（插卡式及投币式）数量也被大幅度削减，不过如果你看到电话亭，也可以使用电话亭内的电话拨打国际电话。

从国内携带智能手机前往中美洲

开通漫游服务后你的手机便可以直接拨国内电话（国际电话花费较高，请提前在运营商处确认好收费标准）。你也可以咨询运营商看看是否有适合你的出行套餐。

如果你的手机可以自行切换 SIM 卡，SIM 卡卡槽的大小型号也与中美洲所匹配，则可以在当地购买该国 SIM 卡。若你拨打该国电话，费用将大幅度缩减（10 分钟通话大约花费 20 元左右）。

中美洲邮政

中美洲各国的城市几乎都不设邮筒邮箱，如果你需要邮寄，请前往邮局办理业务或是拜托酒店前台代为邮寄。普通信件通过空运抵达国内需 1~3 周的时间，危地马拉目前仍处于邮政机能暂停状态。

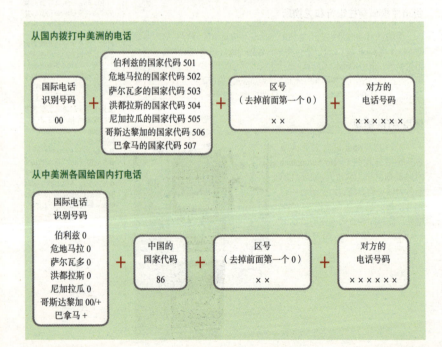

从国内拨打中美洲的电话

| 国际电话识别号码 00 | + | 伯利兹的国家代码 501
危地马拉的国家代码 502
萨尔瓦多的国家代码 503
洪都拉斯的国家代码 504
尼加拉瓜的国家代码 505
哥斯达黎加的国家代码 506
巴拿马的国家代码 507 | + | 区号（去掉前面第一个 0）×× | + | 对方的电话号码 ×××××× |

从中美洲各国给国内打电话

| 国际电话识别号码
伯利兹 0
危地马拉 0
萨尔瓦多 0
洪都拉斯 0
尼加拉瓜 0
哥斯达黎加 00/+
巴拿马 + | + | 中国的国家代码 86 | + | 区号（去掉前面第一个 0）×× | + | 对方的电话号码 ×××××× |

网 络

中美洲 Wi-Fi 环境

无论是高档酒店还是经济型酒店，酒店内几乎都提供 Wi-Fi 上网服务。平价酒店可能只能在酒店大堂上网，客房中无 Wi-Fi 信号覆盖。这几年餐馆和咖啡馆内也逐渐设置 Wi-Fi 信号，方便食客随时上网。连接 Wi-Fi 时通常都需要输入密码（克拉贝 clave），请向服务人员进行咨询。

使用智能手机连接无线网络

将自己手机的蜂窝网络关闭，手机便只可以连接 Wi-Fi 无线网络，以免造成手机自动上网产生昂贵上网费的情况出现（不过你用手机通话或是发送短信与上网无关，照样会收取价格不菲的海外通信费）。如果你不打算在旅行中接听电话或是接收 SMS 短信，则可以将手机一直打开飞行模式，这样手机便会变成只可以用 Wi-Fi 网络通信的智能"仪器"，不会产生任何海外通信费。如果你觉得只使用酒店和餐馆 Wi-Fi 限制了你的上网活动范围，可以在出发前租一个随身 Wi-Fi，提供更方便的上网环境。

酒店内的电脑及网络咖啡馆

部分酒店的大堂会设有可供住客使用的公共电脑，不过由于数量较少，在傍晚众多住客陆续返回酒店之后会产生排队使用现象，需要耐心等候。高档酒店使用电脑还可能会收取相应的服务费。

城市中还有网吧这类设施，随着智能手机逐渐普及，许多当地人家里没有电脑，这里便是他们的上网场所。大部分电脑可能都是英文或是西班牙系统，使用前请提前确认。

Tópico

中美洲使用智能手机上网浅谈

首先你可以利用酒店内的网络服务（收费或免费）以及 Wi-Fi 热点进行上网活动。中美洲的大部分酒店都覆盖了 Wi-Fi 信号，你可以在挑选酒店时提前调查了解。不过使用酒店的 Wi-Fi 信号上网有时候会比较慢，甚至出现无法连接网络的情况，此外你的上网地点也十分受限（只能在酒店区域内），如果你想更自由地上网，可以参照下列方法尝试一下。

☆购买运营商的流量包进行上网服务

无须使用随身移动 Wi-Fi 设备便可以直接通过手机连接当地网络，可以作为紧急时刻的救命套餐，但是收费一般较高。具体套餐项目及收费标准请致电你的移动运营商客服确认。

☆利用海外随身移动 Wi-Fi 设备上网

随身移动 Wi-Fi 设备是一种可以直接为你的笔记本电脑、平板电脑和智能手机提供 Wi-Fi 信号源的设备，提前与商家预订并缴费，在机场便可以领取相应的设备。使用随身移动 Wi-Fi 设备上网只需支付机器的租赁费用，一台机器同时可以为多台设备提供上网服务（旅游同伴可以共享 1 台机器），只要机器电量充足且使用地点有通信信号，便可以随时随地上网，十分方便。

在机场租赁随身移动 Wi-Fi 设备

旅行中的突发情况及安全知识

贵重品收纳服饰

你可以在旅游用品商店和服装店购买方便藏匿贵重品的特殊服装。包括设有内兜的裤子和上衣、可以将钱放入腰带机关中的特色皮带等。穿着这类特殊服饰几乎不用担心盗窃问题。

中美洲旅行的必需品

中美洲的阳光十分强烈，为了避免紫外线直接射，帽子和墨镜都是必不可少的出行利器。

炎热的天气很容易出汗，这时候补水工作必不可少，带一个可以接水的水壶或水瓶很有必要，当然也可以购买饮用水。你可以在每天出发前一早在酒店将水壶灌满，节省一部分饮水花销。

此外，中美洲还会有蚊媒传染病发生的可能，登革热和基孔肯雅热都是著名的蚊媒传染病（→ p.347）。一定要加强防护，避免蚊虫叮咬。驱蚊喷雾和蚊香都是旅行必不可少的物品，如果你忘了带也可以在当地的药房购买。此外雨季探访雨林遗迹时，长袖长裤都是必备服装，想要在中美洲游泳的游客不要忘了带泳衣。

行李丢失

如果你在中美洲丢失行李，基本上不要奢望再找回它们。出行前提前购买海外旅行保险可以获得保险公司的赔偿，但前提是至少要在失窃地的警察局开具被盗证明。部分警察局还会立即根据你的报案展开取证调查工作。届时你也应该迅速联系你的保险公司，如果你的旅

想要享受愉快的旅途，避免发生突发情况便是重中之重。即使发生问题，以最恰当的方式解决问题，将危害最小化，也是十分值得学习的一点，发生突发情况时，你的心态与所做的对策都十分重要。而其中无论是对于旅行新手还是老手来说最重要的一点，便是小心谨慎，只有小心谨慎才可能避免突发情况的发生。万一发生问题，也要灵活运用你的海外保险保障自身权益与利益。

旅游不可或缺的一项——常识

骑着自行车在市内巡逻的巴拿马警察

你在国内生活之所以可以避免各类危险事件的发生，其中起着关键作用的便是你的生活常识，这些常识会让你自觉远离危险的人和场所，进而避免意外的发生。而旅行中同样重要的便是将你的常识感应打开，远离"测试"出的危险信号。

在中美洲旅行时，尤其是需要在夜间行动时要提高警惕，避免行走在人迹罕至的道路。出行前提前向酒店确认周围的危险区域和危险时段，尽量避免前往危险地区。此外，出行选择打车的方式也是很好的提高安全性的办法。

预防偷窃行为

将最重要的贵重物品放进你的贴身衣物中，将仅次于最重要级别的贵重物品放于内兜，相机、手表、指南书等观光必需品可以放到小型拎包中并背在胸前，换洗衣物和洗漱用具则可以放入旅行背包。

在你搭乘交通工具，处在比较安全的环境下时，可以将随身的小型拎包放入旅行背包之中，腾出更多的自由空间。在你穿越国境线的时候，可以将护照放在衣服的内兜之中，方便使用。

随身的现金可以"分散投资"，不要集中放在同一个口袋或是背包中。最常使用的钱包内放的现金要最少，不要露富。当你在酒店办理入住和退房手续、上厕所以及等车的时候，都不要将注意力离开背包和行李，加强警惕。

中美洲各国发生偷盗及抢劫事件的概率不算低，可以说是时有发生，出行前最好投保海外旅行保险（→ p.329）以防意外发生。

遭遇抢劫

中美洲的强盗至少是持刀抢劫，如果运气不好遭遇强盗，一定不要进行反抗，交出现金财物后走为上策。

如果你提前投保海外旅行保险，在遭遇抢劫后也可以获得合理的赔偿。本书中对各大城市都进行了危险性的相关介绍，如果你即将前往十分危险的国家，一定要购买海外旅行保险，为你保驾护航。

丢失贵重物品

如果在与中国建交的国家（萨尔瓦多、哥斯达黎加、巴拿马）丢失护照，可以前往这三个国家的中国驻该国大使馆或领事馆补办护照或回国用旅行证，办理新护照或回国用旅行证时至少需要原护照的复印件、户口本及身份证复印件、丢失证明以及本人照片等资料。为顺利办理，建议先在护照丢失地警察局开具护照丢失记录表。

为了避免银行卡的全部丢失，请将你的信用卡、借记卡或是多个银行的信用卡分别收纳在不同的地方，提前记录好自己的卡号以及发卡行的海外联系电话，以便在银行卡丢失后迅速联系发卡行进行业务冻结服务。

应对疾病

天气和健康也是十分影响旅游的要素。俗话说得好，身体是革命的本钱，这句话在旅行时同样适用，尽量避免不合理的旅行方案，以免对人身造成威胁。另外注意饮食，不要因拉肚子影响行程的开展。此外，投保合适的旅行保险，得病时及时前往当地医院治疗。

近年来中美洲内多发登革热和基孔肯雅热等蚊媒传染病。基孔肯雅热的症状是在蚊虫叮咬的几天后产生轻度发热、结膜炎、起疹子、头痛等表现，如果你也有这样的症状，一定要及时前往邻近的医院就医。登革热的症状则是急性发热伴随头痛、起疹子、关节痛、呕吐等连锁反应，通常会在发病后的2~7天降温，随之便是起疹子的环节。所以，为避免感染上述的蚊媒传染病，请不要将肌肤暴露在空气中，而且要经常使用驱蚊喷雾，避免被蚊虫叮咬。

如果你不幸在中美洲感染病毒性肝炎，则更加需要迅速就医。病毒性肝炎的初期症状为发热（38~39℃高烧）、头痛、乏力等，虽然看起来像是感冒一样，但是退烧后会出现更明显的肝炎症状：尿液颜色变化（变黄变浓）、黄疸深（眼球出现微黄色脂肪堆积）、大便颜色发浅等。此外，阿米巴痢疾也要多加提防，如果出现血便和腹泻症状请尽快前往当地的医院治疗，延误治疗很有可能会对脏器造成更大的伤害。饮用生水或是生吃蔬菜都有感染阿米巴痢疾的可能性，所以请不要在卫生质量较差的小餐馆吃生菜沙拉，出行尽量饮用矿泉水或是开水。只有多加提防，小心谨慎，才是安全旅行的正道所在。

行时间较长，最好争取保险公司可以在你其后的旅行期间为你提供补偿。详情可以咨询投保的保险公司。

信用卡的紧急补发

旅行中丢失信用卡后部分银行可能可以紧急为你提供补发服务，但是考虑到至少需要长达1周的受理和邮寄时间，对于短期旅游者来说几乎没有什么帮助。所以出行在外最好带两张信用卡，而且分别放在不同的位置，这样即使一张卡丢失，迅速联系银行冻结这张卡后你还可以使用另一张信用卡在旅途中进行正常消费。

随身现金全部失窃

如果你没有可以信赖的人帮忙，那就把希望寄托在当地的中国大使馆（目前中美洲仅有萨尔瓦多、哥斯达黎加、巴拿马设有中国的驻外大使馆）。需要注意的是，海外旅行保险不会对你的现金和信用卡失窃进行补偿，所以为了避免现金大量失窃的事件发生，一定要分散放置在身上的多个位置或是几个同伴共同分担。

不要购买盗版物品！

中美洲当地的市场和商场经常会售卖盗版名牌商品或CD、DVD光盘，需要注意的是这类物品在我国海关也被认为是盗版物品，是禁止携带入境的，请不要购买。

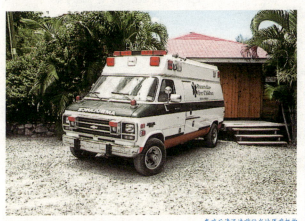

患病后请迅速前往当地医疗机构

旅行会话

中美洲各国的官方语言基本上都是西班牙语（伯利兹为英语），加勒比海沿岸地区虽然也有些会讲英语的当地居民，但是中美洲基本上可以说是只会讲西班牙语的拉丁国度。如果你掌握一些最基本的西班牙语，旅行的流畅度仿佛是在游戏中开了修改器一般，而且随着你在当地的居住时间增加，用所知的单词甚至可以和当地人对话起来。此外，如果你会讲些西班牙语，当地人也会对你好感倍增，为旅行带来更融洽的氛围。

基本会话

■打招呼

布艾诺斯 迪亚斯
Buenos días.（早上好）

布艾诺斯 塔尔德斯
Buenas tardes.（上午好 / 你好）

布艾诺斯 诺切斯
Buenas noches.（晚上好、晚安）

欧拉
¡Hola !（啊）

古拉西亚斯
Gracias.（谢谢）

德 纳达
De nada.（不客气）

科莫 艾斯塔
¿Cómo está?（身体还好吗）

姆依 比恩
Muy bien.（身体不错）

阿迪奥斯
Adiós.（再见）

基本单词

■日常会话

霍依	马尼亚纳	帕萨多 马尼亚纳	
hoy：今天	mañana：明天	pasado mañana：后天	

阿吉艾尔 马尼亚纳 塔尔切 诺切
ayer：昨天 mañana：早上 tarde：下午 noche：夜晚

普隆托 阿霍拉 德斯普艾斯
pronto：马上 ahora：现在 después：等会儿

阿吉 阿杰 迪亚
aquí：这里 allí：那里 día：天、白天

梅斯 赛马那 阿诺 农布莱
mes：月 semana：周 año：年 nombre：名字

阿佩基多 塞克所 巴龙
apellido：姓 sexo：性别 varón：男性

菲梅尼诺 艾达 艾斯塔多 希维尔
femenino：女性 edad：年龄 estado civil：婚姻状况

索尔特罗 卡萨多 迪来克西恩
soltero：单身 casado：已婚 dirección：住址

德斯提诺 菲彻 德 纳西缅托
destino：目的地 fecha de nacimiento：出生年月日

卢伽尔德 纳西缅托 纳西恩纳里达
lugar de nacimiento：出生地 nacionalidad：国籍

欧酷派西恩 颇费西恩 埃斯托迪安特
ocupación/profesión：职业 estudiante：学生

欧布杰托 德 比亚哈 纳格西恩
objeto de viaje：旅行目的 negocio：商务

■人称

鹏	图	乌斯特	埃尔	艾夹
yo：我	tú：你	usted：你	el：他	ella：她

诺所托罗斯 乌斯德斯 艾洛斯
nosotros：我们 ustedes：你们 ellos：他们

■星期

路奈斯 马尔特斯 米埃尔克莱斯
lunes：周一 martes：周二 miércoles：周三

费贝斯 威尔奈斯 萨巴多
jueves：周四 viernes：周五 sábado：周六

多明戈
domingo：周日

■月

艾乃罗 费布莱洛 马尔索
enero：1月 febrero：2月 marzo：3月

阿布利尔 马约 弗尼欧 弗里欧
abril：4月 mayo：5月 junio：6月 julio：7月

阿戈斯托 斯普缇安布莱 欧酷图布莱
agosto：8月 septiembre：9月 octubre：10月

诺比安布莱 迪鲜布莱
noviembre：11月 diciember：12月

■数字

乌诺 多斯 托莱斯 库阿托罗 辛克
uno：1 dos：2 tres：3 cuatro：4 cinco：5

赛斯 西艾特 欧乔 努艾贝 蒂艾斯
seis：6 siete：7 ocho：8 nueve：9 diez：10

恩斯 多塞 托莱色 卡托尔塞
once：11 doce：12 trece：13 catorce：14

钦瑟 荻艾西赛斯 荻艾西谢特
quince：15 dieciséis：16 diecisiete：17

荻艾西欧乔 荻艾西努艾贝 贝因特
dieciocho：18 diecinueve：19 veinte：20

贝因缇乌诺 托莱因塔 库阿兰塔
veintiuno：21 treinta：30 cuarenta：40

辛克安塔 赛森塔 赛腾塔 欧秋恩塔
cincuenta：50 sesenta：60 setenta：70 ochenta：80

诺本塔 西恩 多斯西恩斯
noventa：90 cien：100 doscientos：200

托莱斯西恩斯 库阿托罗西恩托斯
trescientos：300 cuatrocientos：400

奇尼安托斯 赛斯西恩托斯 谢特西恩斯
quinientos：500 seiscientos：600 setecientos：700

欧乔西恩斯 诺文西恩托斯 米尔
ochocientos：800 novecientos：900 mil：1000

蒂艾斯米尔 西恩 米尔
diez mil：10,000 cien mil：100,000

乌恩 米连 蒂艾斯 米连
un millón：1,000,000 diez millón：10,000,000

西恩 米连 塞罗
cien millón：100,000,000 cero：0

348

阿斯塔 马尼亚纳
Hasta mañana.（明天见）

佩尔东
Perdón.（对不起）

波尔 法沃尔
Por favor.（请）

梅 夹莫
Me llamo~（我的名字是~）

科莫 赛 夹玛 伍斯特
¿ Cómo se llama usted ?（你的名字是？）

梅 阿莱格洛 德 贝尔莱
Me alegro de verle.（和你见面十分愉快）

西 / 诺
Sí. / No.（是 / 不是）

艾斯塔 比恩
Está bien.（没事）

索伊 奇诺（萨）
Soy chino<sa>（我是中国人〈女性〉）

诺 安替安多 比恩 艾丝帕尼尔
No entiendo bien eapañol.（不太会讲西班牙语）

马斯 德斯帕西欧 波尔 法沃尔
Más despacio, por favor.（请你再讲慢一点）

■紧急用语

艾斯 德 乌耳根西亚 索科罗
¡Es de urgencia ! ¡Socorro!（着急！救命！）

东德 艾斯塔 埃尔 巴诺
¿ Dónde está el baño?（厕所在哪里？）

夹梅 阿 吴恩 梅迪科 波尔 法沃尔
Llame a un médico, por favor.（请联系医生）

夹贝梅 阿尔 好斯皮托 波尔 法沃尔
Lléveme al hospital, por favor.（请带我去医院）

赛 梅 佩尔迪奥 埃尔 帕萨博尔特
Se me perdió el pasaporte.（护照丢失了）

阿依 阿尔金 克 阿布莱 奇诺思
¿ Hay alguien que hable chino?
（有没有会讲中文的人？）

各种情况的对话示范

■机场、入境审查时

下文中 I 为入境检察官（= Inmigrante（因米古兰特）），Y 为我（=Yo（哟））。

库安托斯 迪亚斯 巴 埃斯塔尔 恩 瓜特马拉
I：¿ Cuántos días va a estar en Guatemala?
（打算在危地马拉停留多久？）

乌恩 梅斯 马斯 欧 梅诺思
Y：Un mes más o menos.（大概 1 个月。）

阿 东德 巴
I：¿ A dónde va?（打算去哪里？）

波伊 阿 安提瓜
Y：Voy a Antigua.（打算去安提瓜。）

伊 帕拉 克
I：¿ Y para qué?（入境目的是？）

图里斯莫
Y：Turismo.（观光。）

提艾奈 阿尔戈 克 德克拉拉尔
I：¿ Tiene algo que declarar?
（是否有携带需要申报海关的物品？）

诺 托多斯 索恩 密斯 克萨斯 佩尔索娜莱斯
Y：No. Todos son mis cosas personales.
（没有，都是我的随身日常用品。）

艾斯 托多 古拉西亚斯
I：Es todo. Gracias.
（好了，可以入境了。谢谢配合。）

因米古兰西恩
inmigración：出入境管理

帕斯波尔特
pasaporte：护照

塔尔黑塔 德 图利斯塔
tarjeta de turista：游客卡

阿多乌阿娜
aduana：海关

艾奇帕黑
equipaje：行李

艾奇帕黑 德 马诺
equipaje de mano：手提行李

阿艾罗普埃尔托
aeropuerto：机场

康费尔马西恩
confirmación：（预约）确认

阿比恩
avión：飞机

益达
ida：去程

布埃尔塔
vuelta：返程

图里斯莫
turismo：观光

托蓝斯波尔塔尔
transbordar：换乘

塔里法
tarifa：费用

阿波尔多
abordo：搭乘·乘船

■在医院、药房时

腾戈 多罗尔 德 卡贝萨 腾戈 菲艾布莱
Tengo dolor de cabeza. Tengo fiebre.
（头疼，发烧）

腾戈 噶纳斯 德 波米塔尔 腾戈 米莱欧
Tengo ganas de vomitar. Tengo mareo.
（恶心，头晕）

腾戈 艾斯卡洛弗里欧 埃斯托伊 莱斯弗里阿多 莱斯弗里阿达
Tengo escalofrío. Estoy resfriado（resfriada）.
（身体发冷，有点感冒）

腾戈 多罗尔 德 埃斯托玛格
Tengo dolor de estómago.（胃痛）

腾戈 克 霍斯皮塔利萨尔梅
¿ Tengo que hospitalizarme?
（需要住院吗？）

奈瑟西托 巫娜 欧佩拉希恩
¿ Nececito una operación?
（需要做手术吗？）

库安托 提恩波 德波 德斯堪萨尔
¿ Cuánto tiempo debo descansar?
（需要休养几天呢？）

德梅 拉 梅迪希娜 康托拉 拉 古丽巴
Déme la medicina contra la gripa.
（请给我开些感冒药）

拉 戈塔
la gota：眼药

拉 梅迪希娜 伽斯托英特丝缇纳尔
la medicina gastrointestinal：胃药

埃尔 阿娜尔黑西科
el analgésico：镇痛剂

埃尔 多罗尔 阿古多
el dolor agudo：剧痛

埃尔 多罗尔 索尔多
el dolor sordo：阵痛

拉 安布兰西亚
la ambulancia：救护车

拉 波利西亚
la policía：警察

■ 在购物场所时

缇艾来
¿ Tiene ~? (请问有～吗？)

普爱多　贝尔 艾斯托
¿ Puedo ver esto? (请给我看看这个)

斯托　波尔 法沃尔
Esto, por favor. (请给我来一个)

库安托　库艾斯塔
¿ Cuánto cuesta? (价格是？)

艾斯　姆伊 卡罗
¡ Es muy caro! (价格太贵了！)

马斯 巴拉托 波尔 法沃尔
Más barato, por favor. (请再便宜一些)

马斯　古兰德
Más grande. (请给我再大一个型号)

马斯　佩克诺
Más pequeño. (请给我再小一个型号)

波托利亚 布罗巴尔罗
¿ Podría probarlo? (可以试穿一下吗？)

波多利亚 帕加尔 波尔 艾斯塔 塔尔黑塔 德 库莱获托
¿ Podría pagar por esta tarjeta de crédito?
(可以用这张卡进行支付吗？)

德斯昆托	欧托罗
descuento：打折	otro：其他的
印谱艾斯托	伊瓦
impuesto：税费	I. V. A：附加商品税

■ 在酒店时

腾戈　拉 莱塞尔巴西恩　索伊
Tengo la reservación. Soy ~.
(我已经进行预约了，我是～）

缇艾奈 阿比塔西恩 里布莱　艾斯塔 诺切
¿ Tiene habitación libre para esta noche?
(今晚就入住吗？)

库安托 库艾斯塔 拉 哈比塔西恩
¿ Cuánto cuesta la habitación?
(房费是多少钱？)

缇艾奈 欧托拉 哈比塔西恩 马斯 巴拉塔
¿ Tiene otra habitación más barata?
(还有价格更低廉的客房吗？)

普爱多　波尔 埃尔 夸尔托
¿ Puedo ver el cuarto?
(能给我看一下你这里的客房吗？)

阿 克 欧拉　腾戈 克 德哈尔 拉 哈比塔西恩
¿ A qué hora tengo que dejar la habitación?
(要求几点退房呢？)

诺　萨莱 埃尔 阿瓜 卡里恩特
No sale el agua caliente. (没有热水)

康　杜茶
(con) ducha：(提供) 淋浴设施
康　缇娜
(con) tina：(设有) 浴池
康　德萨旧诺
(con) desayuno：(提供) 早餐
阿比塔西恩 英迪比独阿尔
habitación individual：单人间
阿比塔西恩 多布莱
habitación doble：双人间

■ 在餐厅时

埃尔 梅诺　波尔 法沃尔
El menú, por favor. (请给我看下菜单)

齐爱罗 托马尔 拉 科密达 提皮卡 德 艾斯特 卢伽尔
Quiero tomar la comida típica de este lugar.
(我想尝尝当地的知名菜肴)

乌馬 咖啡　波尔 法沃尔
Un café, por favor. (请给我来一杯咖啡)

拉　库安塔 波尔 法沃尔
La cuenta, por favor. (麻烦结账)

库查拉	特奈多尔	
cuchara：勺子	tenedor：叉子	
库奇略	莱斯塔乌兰特	
cuchillo：刀子	restaurante：餐厅	
卡菲特利亚	巴	
cafetería：咖啡馆	bar：酒吧	
德萨久诺	科密达	瑟纳
desayuno：早餐	comida：午餐	cena：晚餐
帕拉 杰巴尔		
para llevar：打包		

项目策划：王欣艳　翟　铭
统　筹：北京走遍全球文化传播有限公司　http://www.zbqq.com
责任编辑：王佳慧
责任印制：冯冬青

图书在版编目（CIP）数据

中美洲 / 日本《走遍全球》编辑室编著；赵智悦译
. -- 北京：中国旅游出版社，2019.6
（走遍全球）
ISBN 978-7-5032-6269-2

Ⅰ.①中… Ⅱ.①日…②赵… Ⅲ.①旅游指南－中
美洲 Ⅳ.①K973.09

中国版本图书馆CIP数据核字（2019）第086277号

北京市版权局著作权合同登记号　图字：01-2019-1064
审图号：GS（2019）1297号　本书插图系原文原图

本书中文简体字版由北京走遍全球文化传播有限公司独家授权，全
书文、图局部或全部，未经同意不得转载或翻印。
GLOBE-TROTTER TRAVEL GUIDEBOOK
Central America 2018 ~ 2019 EDITION by Diamond-Big Co., Ltd.
Copyright © 2018 ~ 2019 by Diamond-Big Co., Ltd.
Original Japanese edition published by with Diamond-Big Co., Ltd.
Chinese translation rights arranged with Diamond-Big Co., Ltd.
Through BEIJING TROTTER CULTURE AND MEDIA CO., LTD.

书　　名：中美洲　危地马拉　哥斯达黎加　伯利兹　萨尔瓦多
　　　　　洪都拉斯　尼加拉瓜　巴拿马

作　　者：日本《走遍全球》编辑室编著；赵智悦译
出版发行：中国旅游出版社
　　　　　（北京市建国门内大街甲 9 号　邮编：100005）
　　　　　http://www.cttp.net.cn　E-mail: cttp@mct.gov.cn
　　　　　营销中心电话：010-85166503
排　　版：北京中文天地文化艺术有限公司
经　　销：全国各地新华书店
印　　刷：北京金吉士印刷有限责任公司
版　　次：2019年6月第1版　2019年6月第1次印刷
开　　本：889毫米×1194毫米　1/32
印　　张：11.5
印　　数：5000册
字　　数：508千
定　　价：118.00元
ISBN　978-7-5032-6269-2